COURS
DE LINGUISTIQUE
GÉNÉRALE

BIBLIOTHÈQUE SCIENTIFIQUE

FERDINAND DE SAUSSURE

COURS DE LINGUISTIQUE GÉNÉRALE

Publié par

CHARLES BALLY   *et*   **ALBERT SECHEHAYE**
Professeur à l'Université de Genève   Professeur à l'Université de Genève

Avec la collaboration de

ALBERT RIEDLINGER
Maître au Collège de Genève

ÉDITION CRITIQUE PRÉPARÉE
PAR TULLIO DE MAURO

Postface de Louis-Jean Calvet

PAYOT, PARIS
106, Boulevard Saint-Germain
—
1985

INTRODUCTION

Depuis les premières années du XVIIIe siècle, de génération en génération, se succèdent dans la vieille famille genevoise des Saussure des naturalistes, des physiciens, des géographes. Mener plus loin les connaissances dans le domaine des sciences naturelles et des sciences exactes est une hérédité familiale, acceptée avec un orgueil conscient. Seule Albertine-Adrienne de Saussure, aux débuts du XIXe siècle, s'éloigne de cette habitude pour se tourner vers l'esthétique des lettrés romantiques et des philosophes idéalistes allemands, ainsi que vers la pédagogie. Deux générations plus tard Ferdinand de Saussure fait un choix tout aussi inhabituel dans la famille (et un ami de l'aïeule paternelle, Adolphe Pictet, initiateur des études de paléontologie linguistiques et patriarche de la culture genevoise au milieu du XIXe y a certainement une part notable). A dix-neuf ans, après avoir étudié durant deux semestres la chimie, la physique et les sciences naturelles à l'université de Genève, le jeune Saussure reprend décidément les études littéraires et en particulier les études linguistiques, déjà amorcées dans son adolescence, et il se rend pour ce faire en Allemagne, à Leipzig et à Berlin, capitales mondiales des études philologiques à cette époque.

Le refus de la tradition familiale concerne cependant le contenu des recherches. La *forma mentis* scientifique, héritée du passé familial à travers l'enseignement direct du père, fournit les traits les plus typiques de sa personnalité intellectuelle et de son œuvre : le refus de toute mystification, de toute fausse clarté ; la parcimonie galiléenne dans l'introduction de néologismes techniques (il leur préfère la voie de la définition stipulative qui redétermine et discipline techniquement l'usage des mots courants) ; la disposition à remettre en jeu les thèses et les démonstrations les plus chères sous l'impulsion de nouvelles considérations ; l'attention accordée aussi bien aux faits particuliers qu'à leur concaténation systématique. A la fin de son *Autobiographie,*

Darwin dépeint le comportement scientifique comme une combinaison bien dosée de scepticisme et d'imagination confiante : chaque thèse, même la plus admise, est considérée comme hypothèse, et chaque hypothèse, même la plus étrange, est considérée comme une thèse possible, susceptible d'être vérifiée et développée. Ferdinand de Saussure a incarné ce comportement en linguistique.

C'est peut-être justement la tendance innée à la recherche poussée aux limites du connu qui le mène hors des domaines dans lesquels avaient évolué ses aïeux, vers une discipline encore *in fieri*, ce qu'était encore à cette époque la linguistique. Dans la sphère de ces études, l'affirmation du jeune homme est prodigieusement rapide. Il a vingt ans lorsqu'il conçoit, vingt et un lorsqu'il rédige ce qu'on a considéré comme « le plus beau livre de linguistique historique qui ait jamais été écrit », le *Mémoire sur les voyelles* ; il a vingt-deux ans lorsque, juste avant d'obtenir son diplôme, il s'entend demander avec bienveillance par un docte professeur de l'université de Leipzig s'il est par hasard parent du grand linguiste suisse Ferdinand de Saussure ; il n'a pas encore vingt-quatre ans lorsque, après un semestre d'études à la Sorbonne où il était allé perfectionner sa formation, il se voit confier l'enseignement de la grammaire comparée dans la même faculté et, par là, se charge d'inaugurer la nouvelle discipline dans les universités françaises.

Il est compréhensible que succède aux débuts précoces et intenses une longue pause de recueillement. Mais la pause se prolonge avec les années : les travaux de Saussure sont toujours des « pièces de musée » (comme le dira plus tard Jakob Wackernagel), mais sont toujours plus réduits et plus rares. En 1894, trois ans après son retour à Genève, l'organisation du congrès des orientalistes et la participation à cette manifestation par un mémoire de grande importance dans l'histoire des études baltes sont les dernières manifestations publiques importantes de son talent. Il s'enferme ensuite dans des recherches dont il livre parfois quelques mots à ses amis ; mais il observe un silence presque complet devant le public scientifique international.

En 1913, juste après sa mort, un élève et ami genevois écrit de lui qu'il avait « vécu en solitaire ». L'image du solitaire se justifie certainement par son isolement croissant, par son silence scientifique prolongé, par certains traits de sa vie privée, par la tristesse qui voile les dernières rencontres avec ses élèves et les lettres.

Et pourtant, même en termes strictement biographiques, ce serait une erreur que de n'accorder d'importance qu'à la constatation de sa solitude. Il eut effectivement peu d'amis : mais c'étaient Michel Bréal, Gaston Paris et Wilhem Streitberg, grands noms des études linguistiques et philologiques des deux pays alors à l'avant-garde en ces domaines, l'Allemagne et la France. Et si ses salles de cours, à Paris et à Genève, pouvaient paraître et étaient à moitié vides, la liste de ses élèves, récemment reconstituée avec une patience méritoire, montre que beaucoup d'entre eux ont été ceux qui vers la fin du xixe siècle et au début du siècle suivant ont constitué les cadres moyens, le chaînon vital de l'université française et suisse romande. Plus encore : ceux qui ont guidé la linguistique moderne se sont formés à l'enseignement de Saussure : Paul Passy qui, parmi les premiers, élabora une vision fonctionnelle des phénomènes phonétiques ; Maurice Grammont, un maître de la phonétique du xxe siècle, parmi les premiers à proposer une interprétation systématique des changements diachroniques ; Antoine Meillet, qu'un grand philologue comme Giorgio Pasquali considérait comme « le linguiste le plus génial du xxe siècle », chef incontesté de l'école française de linguistique historique, se distinguant par l'élaboration et la vérification d'une interprétation sociologique de l'histoire linguistique ; Charles Bally, qui a amené à un niveau scientifique les recherches de stylistique des langues ; Albert Sechehaye, qui entrouvrit le fertile champ de recherche à l'intersection de la psychologie et de la linguistique ; Serge Karcevskij, qui appliqua au domaine slave la vision dynamique du mécanisme linguistique élaborée par Saussure, et qui, à Moscou en 1915, à Prague dans les années vingt, co-auteur des *Thèses* rédigées par les linguistes moscovites fondateurs de l'école de Prague, a transmis les idées du maître genevois à Trubeckoj, à Jakobson, et même à plusieurs des linguistes suisses plus jeunes.

Il y a là trop de personnalités exceptionnelles pour penser à un pur hasard, pour ne pas y voir le résultat d'une profonde vocation pour l'éducation à la recherche, le signe d'une volonté de se perpétuer dans les élèves et de vaincre, par ce moyen, le sens de l'isolement.

Le contraste entre isolement et participation ne domine pas seulement la vie privée, le destin humain de Saussure. Nous le retrouvons à un niveau plus profond dans ses rapports avec la linguistique et la pensée de son temps et du nôtre.

Les thèmes et instances de recherches que nous considérons aujourd'hui comme typiquement saussuriens circulent dans toute la culture de la deuxième moitié du xixe siècle. L'instance d'une grammaire descriptive, statique, est ressentie par Spitzer, accentuée par Whitney, Brugmann et Osthoff, Ettmayer, Gabelentz, Marty ; la nécessité d'étudier les phénomènes phoniques en rapport avec leur fonction significative est soutenue par une vaste troupe de savants, Dufriche, Winteler, Passy, Sweet, Baudouin, Kruszewski, Noreen ; Frege distingue entre sens (*Bedeutung*) et signifié (*Sinn*) ; Svedelius préconise une « algèbre de la langue » ; Noreen distingue entre étude substantielle et étude formelle des contenus sémantiques et des aspects phoniques ; Whitney, Steinthal, Paul, Finck insistent sur l'aspect social des faits linguistiques et, avec beaucoup de néogrammairiens, sur la nécessité de considérer la langue dans son contexte social ; Steinthal, sur les traces de Humboldt, propose à nouveau la vision globale des faits linguistiques. On pourrait continuer, en évoquant les réflexions de Schuchardt, qui affinaient la sensibilité à l'aspect concret individuel de l'expression, les néogrammairiens et la géolinguistique, qui soulignaient différemment l'aspect accidentel des changements linguistiques, Peirce et Marty qui sentaient l'urgence d'une science générale des signes, et encore Peirce, Marty, Mach et Dewey qui commencèrent la réévaluation des moments abstraits de l'expérience humaine. Il n'est pas toujours possible de dire si ces savants connaissaient les idées de Saussure et si Saussure connaissait les leurs. Mais même si l'on devait toujours répondre négativement, il resterait cependant vrai que, dans l'ensemble, Saussure a vécu dans un rapport de profonde harmonie, d'échange mutuel avec son temps.

On sait d'autre part combien la linguistique, la sémiologie, l'anthropologie de notre temps doivent à Saussure. Des concepts et des thèmes contenus dans le *Cours de linguistique générale* ont été utilisés au centre de différentes directions de recherche. Se réclament en effet du *Cours* la sociolinguistique avec Meillet et Sommerfelt, la stylistique genevoise avec Bally, la linguistique psychologique avec Sechehaye, les fonctionnalistes comme Frei et Martinet, les institutionnalistes italiens comme Devoto et Nencioni, les phonologues et structuralistes pragois comme Karcevskij, Trubeckoj et Jakobson, la linguistique mathématique avec Mandelbrot et Herdan, la sémantique avec Ullmann, Prieto, Trier, Lyons, la psycholinguistique avec Bresson et Osgood, les historicistes comme Pagliaro et Coseriu ; et encore Bloomfield (mais pas ses disciples), Hjelmslev et son école glossématique, Chomsky (plus que ses partisans).

Il suffit du reste de regarder la liste des mots qui apparurent pour la première fois dans le *Cours* ou qui y reçurent une sanction définitive dans une acception déterminée et demeurée ensuite valide : *synchronie, diachronie, idiosynchronique, panchronie, panchronique, etc.; langue, langage, parole; signe, signifiant, signifié; unité linguistique; syntagme, syntagmatique; exécution, conscience linguistique; phonème, phonologie; substance* et *forme linguistique; économie linguistique, valeur linguistique; code, circuit de la parole, modèle; état de langue, statique, sémiologie, sémiologique, sème; opposition, oppositif, relatif, différentiel; chaîne,* peut-être *structure,* certainement *système.* Rares sont les mots clef de la linguistique contemporaine qui, communs à plusieurs directions de recherches, n'ont pas leur source dans le *Cours de linguistique générale.*

Et cependant, malgré toutes ces attaches, la personnalité de Saussure ne cesse de se détacher, originale, sur le fond de son époque. Le fait est que seule la matière de ses réflexions lui a été fournie par

son époque ; mais la forme ultime de la conception est originellement
à lui. Parvenir à cette forme a été le problème central de sa biographie scientifique et intellectuelle, le terme de trente années de recherches insatisfaites. Il l'atteint dans les dernières années de sa vie,
et il en trace les contours dans les ouvertures, les conclusions, les
moments principaux du second et du troisième cours de linguistique
générale (1908-1909, 1910-1911) à Genève. Les récents travaux de
R. Godel et R. Engler nous permettent de la saisir.

On ne peut cependant pas en dire autant du *Cours de linguistique
générale*. Comme chacun sait, le texte de l'œuvre a été élaboré par Bally
et Sechehaye en fondant en une rédaction se posant comme unitaire les
notes prises par les élèves durant les trois cours de linguistique
générale tenus par Saussure et les rares notes autographes retrouvées dans ses papiers après sa mort. Les fragments de la pensée
saussurienne (mis à part quelques rares malentendus) sont en général heureusement compris et fidèlement reportés. Le *Cours* est
donc la somme la plus complète de la doctrine saussurienne, et il
est probablement destiné à le rester. Notre dette envers Bally et
Sechehaye est donc grande et évidente. Mais ce serait trahir ce qu'ils
ont accompli pour diffuser les théories du maître que de cacher que
le *Cours*, fidèle dans sa reproduction de certains éléments de la doctrine
linguistique de Saussure, ne l'est pas autant dans sa reproduction de
leur agencement. Et l'ordre, comme le soulignait Saussure lui-même,
est essentiel dans la théorie de la langue, peut-être plus que
dans toute autre théorie. L'œuvre de Bally et de Sechehaye n'est
aujourd'hui vraiment continuée que par celui qui contribue 'à
comprendre et à faire comprendre que, consciemment ou pas, une
bonne partie de la linguistique du xxe siècle a œuvré afin que, par-
delà la rédaction du *Cours*, l'enseignement de Saussure soit retrouvé
dans sa forme la plus authentique, et qu'ainsi il voie de nouvelles
perspectives s'ouvrir devant lui.

Le point de départ des réflexions de Saussure est la conscience
aiguë de l'individualité absolue, unique, de chaque acte expressif,
cet acte qu'il appelle *parole*. Il invite ses élèves à prêter attention à un
individu qui est en train de parler et qui s'exclame par exemple :
« La guerre, je vous dis, la guerre! » Nous constatons spontanément que l'orateur a répété deux fois le même mot, a dit deux
fois *guerre*. Cela est vrai, mais n'est vrai que dans un certain sens.
Si nous nous intéressons au contenu « psychologique » (pour utiliser le terme même de Saussure) effectif et concret que *guerre*
communique chaque fois, ou bien à l'acte phonatoire concret par
lequel *guerre* est chaque fois réalisé, nous nous trouvons à chaque
fois devant quelque chose de différent. Qui, en disant *guerre*, aura
en tête les fanfares, les défilés glorieux, les drapeaux claquant au

vent ; qui un frère mort ou une maison détruite ; von Clausewitz pensera au prolongement de la politique par d'autres moyens, et le soldat Schweik pensera à des mots que, par décence, nous ne pouvons transcrire ici. Mais Saussure veut dire que jusqu'à la même personne, et jusque dans le même discours, si l'on répète deux fois le même mot on communiquera deux choses différentes la première et la seconde fois : « La guerre, je vous dis, la guerre! » Et la prononciation concrète ne sera pas moins différente d'une fois à l'autre, jusque, on peut l'affirmer avec certitude, chez la même personne. Les tests d'analyse psychologique et d'association d'une part, les instruments d'analyses électroacoustiques et électromiographiques toujours plus raffinés d'autre part, nous donnent aujourd'hui une confirmation instrumentale de ce que Saussure affirmait sur des bases pour ainsi dire artisanales. Le même mot, répété dans le discours d'une même personne, a, d'un moment à l'autre, une exécution différente : si on ne fait vraiment abstraction d'aucun détail, le sens précis, dans sa réalité concrète, apparaît d'une manifestation à l'autre comme formé d'associations et de résonances émotives différentes ; et la phonie réelle, elle aussi, si on la considère dans son intégrité effective, a des inflexions et des nuances chaque fois différentes. Seul Croce a insisté avec autant de force sur le caractère individuel, unique de l'acte expressif particulier. Mais ce qui est pour Croce un point d'arrivée est pour Saussure le point de départ.

S'il est vrai que *guerre* varie d'un cas à l'autre, il est également vrai que nous disons que *guerre* varie parce qu'il a, dans d'autres contextes, des nuances de sens différentes. Pour affirmer cela, il est clair que nous devons avoir un *ubi consistam*, un point ferme qui ne varie pas et qui nous permette de dire que quelque chose varie et est différent. Mais, laissant de côté ces considérations, regardant non pas notre façon d'utiliser, mais notre façon d'apprécier la langue que nous utilisons, c'est justement dans le discours concret que, comme locuteurs et auditeurs, nous reconnaissons d'une occurrence à l'autre les différentes répétitions de *guerre* précisément comme des répétitions, autrement dit comme variations d'une certaine chose qui, pour varier, doit bien rester identique d'un quelconque point de vue.

Ce point de vue n'est pas et ne peut pas être celui de la substance psychologique ou phonique dont sont faits les actes de *parole*. De ce point de vue, les actes de *parole* sont, nous l'avons vu, irrévocablement différents les uns des autres. Donc, le point de vue qui permet l'identification n'est pas celui de l'exécution. Il doit être cherché non pas dans ce que les locuteurs « font » mais dans ce que les locuteurs « savent », c'est-à-dire à l'intérieur même de leur savoir : les locuteurs savent que les deux, et même les innombrables répétitions de *guerre* sont, au-delà de toute variation de sens et de phonie, les répliques d'une même entité.

La série indéfinie des différents produits phoniques et la série tout aussi indéfinie des différents sens constituent deux séries que l'on peut dire continues (« continues » dans l'acception mathématique, en ce sens que, étant donnés deux phonies ou deux sens extrêmement rapprochés, il est toujours possible de trouver une phonie ou un sens intermédiaire). Dans ces séries continues, les locuteurs font divers regroupements, se référant à des limites à l'intérieur desquelles des phénomènes psychologiquement ou phoniquement différents sont identifiés sur la base de leur identité de fonction : les phonies d'un certain groupe sont phoniquement différentes mais *peuvent* toutes transmettre un même sens particulier ; les sens d'un certain groupe sont psychologiquement différents mais *peuvent* tous être transmis par une même phonie particulière. L'ensemble des limites entre les différents regroupements est la langue. Elle est donc un ensemble de limites, d'articulations qui rendent discontinue la masse des réalisations phoniques et la masse des sens. Grâce à la langue, l'auditeur ramène une réalisation phonique particulière à l'une ou l'autre des classes de réalisations phoniques et une signification particulière à l'une ou l'autre des classes de significations. Pour mieux marquer la différence entre les deux points de vue, celui de la *parole*, de l'exécution, et celui de la *langue*, du savoir, Saussure introduit une discrimination terminologique : il réserve *sens* (ou *signification*) et *phonation* à la substance dont est faite la *parole* et, après bien des hésitations, propose *signifiant* et *signifié* pour désigner les classes de *sens* et de *phonations*.

Les classes que Saussure appelle *signifiants* et *signifiés* sont, comme nous n'avons aujourd'hui aucune difficulté à le dire, des classes « abstraites » ; et lorsque, entendant une certaine phonie dans une certaine situation particulière, nous ramenons phonation et sens à une certaine union de signifiant et de signifié, par exemple à *guerre*, nous accomplissons une opération de classification par abstraction. D'autre part, lorsque nous nous exprimons, nous ne réalisons pas seulement une union de signification et de phonie qui se situe statiquement dans la classe constituée par l'union d'une classe signifiante et d'une classe signifiée. Nous réalisons également une union de signification et de phonie qui constitue, dynamiquement, une *actualisation* d'une classe (ou d'une union de classes) existant *en puissance* « dans le cerveau » (comme aime à le dire Saussure). La désignation des rapports entre langue et *parole* du côté de la réalisation, active, est faite par Saussure en adoptant les vieux termes scolastiques de *puissance* et d'*acte*, mais il lui est plus difficile de désigner les mêmes rapports du côté de l'audition. La facilité avec laquelle, au deuxième tiers du xxe siècle, nous pouvons adopter des termes comme *abstrait*, *abstraction* est, comme nous le verrons, inconnue à la fin du siècle dernier, alors que, dans le sillage de Kant, cent ans de pensée philosophique avaient couvert ces deux termes de valeurs négatives, au point qu'*abstrait* et *abstraction* signifiaient unanimement « laissé de côté », ou indûment et faussement laissé de côté.

C'est pourquoi Saussure, saisissant pourtant et définissant parfaitement le caractère abstrait des entités linguistiques, est contraint d'éviter l'usage d'*abstrait*, exposé à des malentendus indésirables. Il finit ainsi par parler d'entités *psychiques* (terme qu'il distingue soigneusement de *psychologique*), ou bien à se tourner vers un autre couple scolastique : *substance* et *forme*. La *parole*, union d'une phonie concrète et d'un sens concret, est *substance*, tandis que ce qui s'actualise dans la *parole* et qui sert à classer la *parole*, c'est-à-dire l'ensemble des signifiants et des signifiés, la langue, est nommé et défini par Saussure comme *forme*.

La constitution des classes abstraites ou formelles que Saussure appelle signifiants et signifiés ne dépend d'aucun motif intrinsèque à la substance phonique ou psychologique. Par exemple, ['mite] et ['mi:te] sont classés en italien comme des manifestations différentes d'une même entité signifiante, entité que nous pouvons symboliser par /mite/, tandis qu'ils sont classés en allemand comme des manifestations différentes de deux entités différentes, que nous pouvons symboliser dans la graphie allemande courante par *Mitte* « centre » et *Miete* « loyer » ou bien par /mite/ et /mi:te/. La même différence au niveau de la substance est ignorée dans une langue, elle est utilisée dans une autre pour constituer deux classes formelles différentes. Les classes formelles ne dépendent donc pas mécaniquement, de façon déterminée, des caractères physiques de la substance. Il se produit la même chose pour les significations et les signifiés. La désignation d'une jeune créature de sexe féminin et la désignation d'une jeune créature de sexe masculin sont ramenées à un même signifié en allemand (« Kind »), en grec (« téknon ») ou en napolitain (« criatura »), alors qu'elles sont rattachées à deux signifiés différents en latin (« puella » et « puer »), en romain (« pupa » et « pupo ») et en italien (« bambino » et « bambina »).

En somme, les distinctions que signifiants et signifiés introduisent dans les réalisations phoniques et les significations sont *indépendantes* des caractéristiques intrinsèques de la substance phonique et psychologique. C'est-à-dire qu'elles sont a r b i t r a i r e s. Il n'y a pas à leur origine la dépendance mécanique des caractères prélinguistiques de la substance phonique, des caractères du monde objectif ou encore de notre façon de le percevoir, mais il y a au contraire la capacité (innée dans le cerveau de tout homme) de discriminer librement et d'associer librement en classes les actes et les données de son expérience, et de coordonner différemment les classes ainsi formées.

Avec quelques oscillations, Saussure tend à appeler *signe* toute union d'un signifiant et d'un signifié, depuis les unités minimums (que Frei a ensuite appelées *monèmes* : *aim-,-ont, parl-,-er,* etc.) jusqu'aux unités complexes, que Saussure appelle *syntagmes* (*chien; il parle; par ici s'il vous plaît; ce soir, la lune rêve avec plus de paresse,* etc.). Il peut donc dire que le signe, en tant que constitué par l'union de deux classes abstraites formées arbitrairement, est radicalement arbitraire.

Saussure voit dans l'arbitraire du signe le principe fondamental de toute la réalité linguistique. Cet arbitraire fournit un principe de classification des systèmes sémiologiques (rites, coutumes, codes de communication, langages de toutes sortes) selon leur degré plus ou moins élevé d'arbitraire. En second lieu, l'arbitraire permet au langage verbal de se réaliser selon l'autre principe, celui de la linéarité : si les signes linguistiques n'étaient pas arbitraires tant du point de vue sémantique que du point de vue du signifiant, ils ne pourraient pas codifier (comme ils codifient en effet) en une succession linéaire des situations, « purports » (Hjelmslev), qui se présentent de façon unitaire à la mémoire, à la perception, à la connaissance des sujets parlants.

L'organisation de la langue provient avant tout du croisement des deux principes. L'arbitraire est à l'origine du caractère oppositif des entités signifiantes et signifiées : celles-ci, n'ayant pas une base absolue, sont ce qu'elles sont parce qu'elles sont délimitées par les autres entités avec lesquelles elles coexistent. La linéarité est au contraire à l'origine du caractère syntagmatique des entités : celles-ci, dans la mesure où elles se déroulent linéairement, le long de l'axe des successions, peuvent se décomposer en segments sémantico-signifiants de moindre extension. Oppositivité et syntagmaticité sont la double racine de ce que Saussure appelait l' « équilibre » et que les éditeurs, suivis ensuite par Martinet, ont appelé l' « économie » de la langue. La langue est, et peut être considérée comme, plus que l'ensemble de tous les signes, l'ensemble de tous les signes possibles. C'est-à-dire qu'elle est constituée des segments signifiants et signifiés les plus petits (les *unités concrètes* de Saussure, les *monèmes* de Frei et de Martinet) et des schémas fondamentaux (que Saussure appelle « abstraits ») de leurs combinaisons possibles. Autrement dit : la langue est le système des structures possibles de signes minimums. Saussure insiste avec force sur le caractère potentiel, sur la « productivité » et, comme il dit, sur la « créativité » de la langue : le fait qu'une combinaison syntagmatique déterminée existe a une importance nettement moindre que le fait qu'elle *puisse* exister. La modalité de production de nouveaux signes complexes est l'analogie, qui est la force créative de la langue.

Le caractère « systémique » de la langue impose à la linguistique une attitude « systématique » : même s'il s'agit de décrire une unité minimum, car la décrire implique qu'on en détermine la *valeur*, il est nécessaire de la voir dans toutes ses associations oppositives possibles (que nous appelons aujourd'hui paradigmatiques) et dans toutes ses possibilités de combinaison syntagmatique. Autrement dit, même si

l'objectif de l'étude n'est pas directement le système mais n'en est
qu'une partie, même minime, il faut toujours, si l'on veut que l'étude
soit complète, considérer la partie en rapport à cette totalité qui lui
donne sa valeur, ou bien en rapport à tout le système linguistique.

Le caractère systémique de la langue impose également que la
linguistique développe ses recherches avant tout sur le plan où
coexistent les différentes unités et structures possibles, c'est-à-dire
sur le plan de la contemporanéité et de la coexistence fonctionnelle : ce
plan est appelé par Saussure *synchronique* ou, plus exactement,
idiosynchronique. L'étude idiosynchronique n'exclut pas, dans les
intentions de Saussure, l'étude diachronique, c'est-à-dire l'étude de
l'évolution d'un système et d'une de ses parties à travers le temps, pas
plus qu'elle n'exclut la comparaison de systèmes et de parties de systèmes génétiquement apparentés, dans laquelle la linguistique du
xixe siècle plaçait tout le travail du linguiste. Saussure donne le
primat à l'étude idiosynchronique, mais (à la différence de ce que
faisait la linguistique du xixe siècle pour la comparaison) il ne lui
donne pas le monopole des recherches linguistiques.
Et la raison de ce primat est simple : ce n'est que sur la base idiosynchronique que nous pouvons prouver la légitimité des confrontations
entre unités linguistiques appartenant à des systèmes linguistiques
différents. Ce point est extrêmement délicat pour deux motifs :
parce que, du point de vue biographique, c'est certainement là le
thème des premières réflexions de Saussure en matière de « philosophie
de la linguistique » ; et parce que deux des interprètes les plus péné-
trants de Saussure, Mario Lucidi et Robert Godel, indépendamment
l'un de l'autre, ont soutenu que la conception saussurienne du système et de l'idiosynchronie enfermait la linguistique « dans un cercle »
(Godel SM 221) et compromettait la possibilité de comparaison diachronique (Lucidi, écrit inédit cité in De Mauro 1966, 130-131). A
leur suite, l'auteur de ces lignes s'est permis de dire que cette conception portait en elle, entre autres conséquences, celle de l'impossibilité de communiquer. Et, à dire vrai, les deux savants et celui qui les
a rejoints avaient raison dans la mesure où ils ne voyaient pas que
Saussure avait élaboré avec soin la distinction entre sens et signifié,
entre phonation et signifiant, c'est-à-dire entre exécution ou *parole* et
système ou langue. Cette distinction, sur laquelle nous avons insisté
dès le début de cette introduction et sur laquelle Saussure lui-même
a plusieurs fois arrêté ses réflexions, aussi incroyable que cela puisse
paraître après coup, n'a pas été saisie dans toute sa portée
jusqu'à un bref et important article de A. Burger que beaucoup,
encore aujourd'hui, n'ont pas remarqué : quelques pages sur
sens ou *signification*, *signifié* et *valeur* qui, en désaccord apparent
avec ce que Godel avait décrit dans SM, en réalité parfaitement à

l'unisson avec le reste des interprétations que Godel avait élaboré, ont mis toute l'exégèse de la pensée saussurienne sur son véritable axe et ouvert des perspectives théoriques de la plus grande importance. Grâce à la distinction entre signification et signifié, phonation et signifiant, Saussure est en mesure d'élaborer une notion de système et d'idiosynchronie qui se trouve à l'abri des conséquences absurdes qui la frapperaient sans cette distinction (et la frappent aux yeux de ceux qui ne récupèrent pas cette distinction dans toute sa portée). En outre, cette distinction fournit une base à l'étude diachronique.

Au nom de quelle légitimité confrontons-nous comme génétiquement apparentées des unités linguistiques appartenant à des systèmes linguistiques différents? Non pas sur la base de leur identité phonatoire (sans quoi nous ne pourrions pas expliquer pourquoi nous confrontons, comme termes d'une succession continue, le latin *calidum* et le français | ʃo |, *chaud*, qui ne présentent aucune ressemblance phonique, et pourquoi, à l'inverse, nous ne considérons pas comme placées sur une même ligne continue de développement deux phrases comme le latin I VITELLI DEI ROMANI SONO BELLI, « va, O Vitellius, au son de guerre du dieu romain », et la phrase italienne homographe [1]) ; ni sur la base de leur identité de sens (auquel cas nous devrions considérer l'italien *spada* comme un développement de *gladium* et nous ne pourrions pas considérer l'italien *cattivo*, « méchant », comme développement du latin *captivus*, « prisonnier ») ; ni sur la base de la similarité contemporaine de sens et de phonie : dans ce cas nous devrions considérer comme génétiquement apparentés (mais nous nous en gardons bien) l'allemand *Feuer* « feu » et le français *feu*, l'anglais *bad* « méchant » et le persan *bad* « méchant ». Enfin, la valeur elle-même n'est pas non plus une base suffisante : deux termes, dans la mesure où ils appartiennent à des systèmes différents, ont une valeur irrémédiablement différente (Lucidi avait parfaitement raison de le souligner). Chomsky et Halle ont donc raison de parler de « the still puzzling phenomenon of language change » : le changement linguistique est en effet un phénomène encore énigmatique pour les linguistes étrangers à la pensée saussurienne. Énigmatique au point que nous ne parvenons même pas à justifier la base sur laquelle nous constatons un changement.

Le problème est pour Saussure, au terme de ses méditations, relativement simple. La formule par laquelle il le résout est la suivante : une série d'équations idiosynchroniques entre significations divergentes et phonies divergentes, mais qui cependant, dans chaque état de langue où elles coexistent, sont des variantes du même signifié et du même signifiant, lie, d'un état de langue à l'autre, les points extrêmes

---

1. La phrase italienne homographe, *I vitelli dei romani sono belli*, signifie « les veaux des Romains sont beaux » (Note du traducteur).

d'une série diachronique (*calidum* et *chaud*) ou d'une série comparative (latin *nātus* et vieil-indien *jātás*). C'est en se fondant sur ces équations que le linguiste comparatiste pouvait et peut étonner le profane en lui expliquant, par exemple, que l'allemand *Tür* est « la même chose » que l'italien *fuori*, *zehn* est « la même chose » que *dix*.

On voit donc que la conception saussurienne de la langue comme système idiosynchronique, avec la distinction entre exécution et système, non seulement ne nient pas mais corroborent au contraire de la façon la plus rigoureuse l'étude diachronique. Il vaut la peine d'ajouter que cette même conception clarifie, comme nous aurons en partie l'occasion de le voir, d'autres problèmes, tel que celui de la communication entre deux individus ou celui (qui est une variante plus compliquée du précédent) de la traduction d'une langue vers l'autre. Mais Saussure ne s'est pas arrêté sur ces deux problèmes qui ont retenu l'attention à une époque plus récente : il a pourtant fourni, à notre avis, la clef pour les résoudre de la meilleure des façons.

De l'arbitraire découlent deux autres caractères antithétiques de la langue. Avant tout, sa mutabilité au cours du temps. Les signifiants, les signifiés et leur organisation en système étant libres de liens rigides qui les relient à la réalité logique ou naturelle etc., la langue est sujette aux changements les plus profonds, les plus imprévisibles, les moins « logiques » et les moins « naturels ». Il arrive ainsi que de lointaines traditions linguistiques puissent se mettre à converger, ou bien qu'une même tradition linguistique puisse se scinder en idiomes profondément divergents. Les langues n'ont devant elles d'autres limites que celles, uniquement et vraiment universelles (universelles, bien sûr, pour l'espèce humaine), de la structure de l'appareil perceptif et conscient de l'homme et de son appareil phonatoire et acoustique : à l'intérieur de celles-ci, les possibilités de regrouper en signifiants et en signifiés l'infinie série des différentes phonies et des différents sens sont infinies.

L'arbitraire est par ailleurs, en dernière analyse, ce qui amortit les secousses provoquées par les changements possibles des phonies et des significations. Les phonies et les significations représentent les signifiants et les signifiés d'une langue, les réalisent, mais ne les épuisent pas. Elles peuvent donc osciller même considérablement, et de fait elles oscillent considérablement (on se souvient de la diversité des sens et des phonies qu'a la phrase « la guerre, je vous dis, la guerre! ») sans que change le système des limites. L'arbitraire est donc tout autant la condition et le coefficient du changement que de la stabilité des systèmes linguistiques.

Enfin, grâce à l'analyse pénétrante de Saussure, de l'arbitraire découle une conséquence : l'aspect radicalement social de la langue. Puisque les signes, dans leur différenciation réciproque et dans leur organisation en système, ne répondent à aucune exigence naturelle qui leur serait externe, la seule base valide de leur configuration particulière dans telle ou telle langue est le consensus social. Certes le consensus social a une part même dans les conceptions conventionnalistes, d'Aristote à Whitney : mais il trouve sa limite dans le fait que la langue, conçue comme une nomenclature, englobe comme partie essentielle des « signifiés » qui coïncident avec les « choses » et sont donc des faits préconstitués. C'est-à-dire que le consensus social n'a les mains libres que pour organiser les signifiants : mais le monde des signifiés s'impose à la convention comme une réalité qui lui préexiste. Dans la conception saussurienne de la réalité linguistique, l'organisation des significations en signifiés n'étant pas moins arbitraire que celle des phonies en signifiants, le consensus social est tout. L'usage qu'une société fait de la langue est la condition pour que la langue soit *viable*. Seul Wittgenstein, et seulement quarante ans plus tard, a atteint avec une semblable clarté la vision du caractère radicalement social de la langue. « Le système de signes est fait pour la collectivité, comme le vaisseau est fait pour la mer », disait Saussure lors d'une leçon du second cours avec une image qui n'est pas passée dans le texte de la vulgate ; une de ces nombreuses images suggestives avec lesquelles, comme Wittgenstein précisément, il cherchait à fixer, en lui donnant un corps sensible, une pensée dont nous mesurons aujourd'hui la profonde nouveauté historique. Tout comme l'arbitraire, le lien social est facteur de stabilité et, en même temps, de changement. C'est précisément le fait qu'elle est sociale qui soustrait la langue aux caprices des individus ou des groupes restreints. D'autre part, ce même caractère social expose la langue aux changements, lorsque l'exigence de distinctions déjà existantes diminue ou, au contraire, lorsque surgit l'exigence de distinctions nouvelles.

L'arbitraire et l'aspect social de la langue, combinés à la complexité des relations oppositives et syntagmatiques entre les unités concrètes, font que l'apparition et la disparition de distinctions au cours du temps sont absolument imprévisibles. Le changement atteint la distinction et réagit sur le système des façons les plus variées. Les passages d'un état de langue à un autre ne répondent à aucune rationalité universelle. La linguistique se trouve, dans leur description, devant des phénomènes contingents, temporellement et spatialement circonscrits, produits par le résultat imprévisible de la rencontre, dans le système, d'événements hétérogènes, internes et externes par rapport à l'équilibre du système linguistique en une certaine phase.

Avoir posé l'arbitraire au centre des aspects universels, communs à toutes les langues, implique en dernière analyse de reconnaître ceci : les langues particulières, tant sur le plan des signifiants que sur le plan des signifiés, sont de nature contingente, ont une validité cir-

conscrite dans le temps et dans l'espace, liée à la durée d'aménage-
ments déterminés de la société humaine.

Histoire et *historique* sont des termes qu'une longue tradition a chargés
de multiples sens, et qui en sont devenus équivoques. En linguistique,
histoire a entre autres été utilisé et est encore utilisé comme synonyme
de *devenir*, de *diachronie*. En pensant à cette acception, Saussure
insiste sur le caractère « antihistorique » du système linguistique et
de la linguistique synchronique qui le décrit. Mais *histoire* et *historique*
ont aussi un autre sens : le sens selon lequel on dit par exemple qu'est
historique un système de lois juridiques, en tant qu'il est lié aux
contingences temporelles et sociales, indépendamment du fait qu'il
ait eu ou non un développement dans le temps. En ce sens, comme
l'a bien vu Saussure, un état de langue est *historique*, non pas parce
qu'il « se développe », mais parce que les motivations qui le soutiennent sont de caractère contingent, temporellement et socialement
déterminé. Si, comme il semble exact, on ne retient que ce second sens
(qui ne nie pas mais inclut plutôt le premier) comme entièrement
conforme à la pensée et au langage de l'historicisme moderne, nous
nous trouvons dans la nécessité de tirer une conclusion. Saussure,
en approfondissant l'analyse des aspects universels de la réalité linguistique, en élaborant sa propre version de la vieille *grammaire générale*, a cerné le caractère radicalement arbitraire et par là radicalement
social de toutes les langues : il a ainsi ratifié leur caractère radicalement historique.

L'arbitraire est la modalité générale avec laquelle opère dans le
temps la capacité de coordonner et d'associer, qui est un universel
biologique commun à tous les hommes, donnant lieu à des systèmes
linguistiques dissemblables d'une société humaine à l'autre. C'est donc
la modalité par laquelle ce qui, dans l'homme, est hérédité biologique,
en deçà des contingences sociales et temporelles, rencontre la contin-
gence historique. C'est la forme sous laquelle la nature se fait histoire.

C'est précisément là qu'est la racine la plus profonde des incompréhensions qui ont accompagné le *Cours* ; là que se trouve la raison pour
laquelle ce texte, parmi les plus cités et les plus connus de l'histoire
culturelle du xxᵉ siècle, apparaît cependant profondément isolé au
sein de cette culture. Un fondement de pensée scientifique et rationnelle et une perspective de *grammaire générale* rationaliste sont au
service d'une conclusion profondément historiciste ; d'autre part, la
vision historique de la réalité linguistique est libérée de ces accents
mystiques et irrationnels qui l'accompagnent d'habitude dans l'historicisme littéraire, et elle se vérifie sur le plan de la plus grande rigueur
empirique et analytique. C'en est assez pour déconcerter ceux qui,
académiquement, sont habitués à séparer les raisons de la science de
celles de l'histoire, esprit de géométrie et esprit de finesse. Une géo-

métrie rigoureuse a ici pour théorème extrême la reconnaissance de la radicale historicité des faits linguistiques.

La forme de la pensée saussurienne même contient donc en puissance les réactions qu'elle a suscitées durant un demi-siècle. Si nous la considérons dans son intégrité, nous comprenons bien l'irritation des historicistes arrachés à toute espèce de verbalisme et transportés sur un plan d'une singulière rigueur, comme l'irritation des scientistes, contraints à suivre un enchaînement réellement logique vers des résultats historicistes inaccoutumés. Nous comprenons comment les liens internes d'une telle pensée ont pu être voilés déjà dans la rédaction des éditeurs, la démarche authentique étant encombrée d'additions et de postiches. Nous voyons le pourquoi et le comment d'accusations aussi violentes que disparates contre ce livre accusé tour à tour de psychologisme et de scientisme, de trop de finesse et d'une grossièreté ingénue, d'idéalisme et de positivisme, de spiritualisme bourgeois et de matérialisme. Nous comprenons enfin l'origine de la répugnance à prendre connaissance de la *totalité* de la pensée saussurienne, chacun préférant plutôt tirer du *Cours* quelques fragments susceptibles d'être utilisés comme armes défensives ou offensives dans les polémiques de ce demi-siècle.

Ce n'est peut-être pas seulement pour des raisons philologiques que la pensée saussurienne ne nous est rendue qu'aujourd'hui dans son authenticité. Il était probablement nécessaire qu'aient lieu de multiples expériences inspirées par une interprétation partielle avant que se profile la possibilité pour elle d'apparaître dans sa complexité intégrale et originelle. C'est un retour qui ne s'effectuera pas sans difficultés. Et le *Cours*, pour cela aussi, mérite que l'on reprenne à son propos les mots que Croce écrivait au sujet de l'*Encyclopédie* de Hegel : « Certes ce livre n'est pas un livre facile, ni en lui-même ni tel que je le présente. Mais je crois que la difficulté, pour les hommes qui pensent, est plus une cause d'attirance que de répulsion. »

Les considérations précédentes devraient servir à approfondir, entre autres, ce qui est d'ailleurs l'opinion commune : la pensée de Saussure a été et est au centre de multiples développements, dont certains n'en sont qu'à leurs débuts, au sein des sciences historiques et anthropologiques ; et pour la simple raison que les classements répugnent toujours à l'intelligence historique, il faut s'abstenir de dire que le *Cours* est parmi les livres les plus importants de la culture du xxe siècle. En tenter une interprétation valide sur le plan documentaire comme sur le plan critique est une tâche importante pour la linguistique, et pas seulement pour elle. Importance d'ordre non pas seulement historique et érudit : bien souvent (il suffit de penser aux travaux comme celui, déjà mentionné, de Burger sur *signification* et *valeur*) une meilleure exégèse coïncide avec un progrès notable dans la théorie générale des faits linguistiques. Tout ceci a pour but de mettre en lumière le fait que le travail accompli est encore insuffisant. Il suffira du reste de dire que la discussion critique sur le matériel manuscrit utilisé ou non par les éditeurs du *Cours* n'en est qu'à ses débuts : les contributions critiques sont rares *, les approfondissements à faire sont certainement nombreux, le matériel, à peine édité, exige encore bien des lectures patientes. En outre, bien du matériel inédit n'a encore été examiné publiquement par personne : cahiers de notes des cours de linguistique historique, lettres privées, manuscrits sur les anagrammes et sur l'épopée germanique. De très vastes études restent à faire pour rassembler et comprendre les documents disponibles autour de la biographie et de l'œuvre scientifique de Ferdinand de Saussure.

On a cherché, dans les *Notices*, à préparer le terrain à celui qui écrira une biographie complète de Saussure : on a donc cherché à rassembler et à coordonner les faits déjà connus (mais souvent dispersés et peu accessibles) sur la vie courante et privée, les études, les relations de Saussure. En outre, grâce à la courtoisie de R. Godel, de R. Jakobson et de la Bibliothèque de Genève, on a pu ajouter aux faits connus quelques renseignements nouveaux et corriger ou mieux interpréter quelques faits connus. On a ensuite donné quelques notes sur le développement des idées théoriques de Saussure du *Mémoire* aux trois cours de linguistique générale et quelques renseignements sur les rapports entre Saussure et d'autres savants : je souhaite pouvoir ainsi contribuer à un renouveau d'attention pour des savants comme Kruszewski, Marty, Noreen, véritables frères spirituels de Saussure et trop sacrifiés dans la mémoire des linguistes. Enfin, pour donner une vision synthétique de questions qui sont ensuite traitées de façon plus analytique dans le commentaire, on a cherché à brosser un tableau de la fortune du *Cours* dans les différents courants de la linguistique et dans les différents pays. Il est à souhaiter que nous soient signalées spécialement pour cette partie les lacunes certainement nombreuses, afin que l'on puisse toujours mieux éclairer l'immense fortune qu'a eue ce livre un peu partout.

Les notes du commentaire ont des buts différents. Certaines visent simplement à compléter, en les développant, des références à des auteurs et à des faits présents dans le texte. Beaucoup d'entre elles

---

* Dans la préface de la récente édition critique du *Cours*, Rudolf Engler ne cite que trois études qui, après S. M. (1957), ont utilisé les sources manuscrites : l'article de A. Burger déjà rappelé ici, l'essai d'un jeune et remarquable spécialiste italien, Giorgio Derossi (voir la liste des abréviations) et l'*Introduction à la sémantique* de l'auteur de ces lignes. On peut ajouter à cette liste réduite encore quelques rares travaux : un travail de Heinimann, un travail de G. Lepschy sur l'arbitraire (mais dans des travaux postérieurs Lepschy continue à ne pas prendre en considération la pensée de Saussure éclairée par les inédits : cf. aussi le tout récent Lepschy 1970, 42-52) et surtout les écrits les plus récents de Engler lui-même, de E. Buyssens et de R. Godel (voir les abréviations à la fin de ce volume).

comparent le texte vulgate au matériel inédit ou en voie d'édition : notes autographes, notes de cours des élèves, lettres de Saussure, etc. Et la comparaison est le plus souvent liée d'une part à l'analyse du travail de rédaction accompli par Bally et Sechehaye, d'autre part à l'analyse de bien des *vexatae quaestiones* exégétiques et théoriques. D'autres notes, pour historiciser le texte de Saussure, tentent d'en indiquer les antécédents dans la culture antérieure ou dans ses réflexions et ses publications, et tentent également d'indiquer les développements et les changements des points de vue entre 1916 et nos jours.

Les renvois que l'on trouvera dans les notices biographiques et critiques et dans le commentaire se réfèrent à la pagination que porte le texte français du C. L. G. depuis l'édition de 1922. Les chiffres mis en marge du texte de Saussure renvoient aux notes du commentaire.

Il y a à la base de ce travail deux types de recherches ; la lecture des textes aujourd'hui en voie d'édition et l'exploration d'une bibliographie vaste et dispersée. Le premier type de recherches n'aurait pas été possible sans la généreuse collaboration de Rudolf Engler. Grâce à son intervention l'éditeur Harrassowitz de Wiesbaden m'a dès 1964 permis de voir et d'utiliser les épreuves de l'édition Engler. Je ne crois pas que les cas de ce genre soient très fréquents, et ma gratitude en est donc très grande.

Dans le second type de recherches, comme tous les chercheurs italiens, je me suis heurté au chaos de nos bibliothèques et à la ridicule exiguïté des moyens mis à la disposition de la recherche et de l'acquisition de livres dans nos instituts universitaires. Si le travail a pu être je ne dirais pas achevé mais du moins amorcé, c'est grâce au concours courtois et amical de spécialistes d'Italie et d'ailleurs. Qu'il me soit permis de remercier chaudement en particulier MM. F. Albano Leoni (Göteborg), J. Balász (Budapest), E. Benveniste (Paris), J. Cremona (Cambridge), C. De Simone (Tübingen), W. Dressler (Vienne), ici encore R. Engler, Kennosouke Ezawa (Cologne), R. Godel (Genève), C. Luporini (Florence), Mlle Matthée Marcellesi (Paris), MM. L. E. Rossi (Rome) et P. Palumbo (Palerme), Mme Inga Ščekina (Moscou) et M. Dieter Wanner (Suisse).

La Bibliothèque publique et universitaire de Genève a courtoisement répondu à mes requêtes relatives au fonds saussurien qu'elle conserve. Robert Godel m'a fourni de précieux éclaircissements, également pour la présente édition française. Roman Jakobson a stoïquement subi une minutieuse interview sur de nombreuses questions saussuriennes au cours d'une longue conversation à Rome.

De nombreuses questions ont pu être discutées, de vive voix ou par lettre, avec d'autres savants — outre Robert Godel et Roman Jakobson — que je voudrais remercier pour leurs corrections et leurs suggestions : R. Amacker (Genève), E. Garroni (Rome), G. Lepschy (Reading), B. Marzullo (Bologne), L. Prieto (Genève), R. Simone (Palerme). Les comptes rendus de I. Baumer, G. Derossi, R. Engler, L. Muraro Vaiani, V. Pisani, L. Zgusta que j'ai pu connaître avant la publication de cette édition française, m'ont également été très utiles, par leurs accords comme leurs désaccords. Pour la présente édition française je tiens à remercier le traducteur, M. L.-J. Calvet, et M. P. van Molle (U. C. Louvain).

L'édition italienne de ces notes et notices saussuriennes était dédiée à Antonino Pagliaro, l'un des rares linguistes italiens qui depuis de nombreuses années s'est inspiré, pour son enseignement, des théories de Ferdinand de Saussure. Ce livre lui doit beaucoup et je voudrais renouveler la même dédicace.

Tullio De Mauro.

N.B. — Les noms des savants russes ont été transcrits selon les normes de la translittération dite internationale.

PRÉFACE DE LA PREMIÈRE ÉDITION

Nous avons bien souvent entendu Ferdinand de Saussure déplorer l'insuffisance des principes et des méthodes qui caractérisaient la linguistique au milieu de laquelle son génie a grandi, et toute sa vie il a recherché opiniâtrément les lois directrices qui pourraient orienter sa pensée à travers ce chaos.* *Ce n'est qu'en 1906 que, recueillant la succession de* [1] *Joseph Wertheimer** *à l'Université de Genève, il put faire* [2] *connaître les idées personnelles qu'il avait mûries pendant tant d'années. Il fit trois cours sur la linguistique générale, en 1906-1907, 1908-1909 et 1910-1911 ; il est vrai que les nécessités du programme l'obligèrent à consacrer la moitié de chacun d'eux à un exposé relatif aux langues indo-européennes, leur histoire et leur description ; la partie essentielle de son sujet s'en trouva singulièrement amoindrie.** [3]

Tous ceux qui eurent le privilège de suivre cet enseignement si fécond regrettèrent qu'un livre n'en fût pas sorti. Après la mort du maître, nous espérions trouver dans ses manuscrits, mis obligeamment à notre disposition par Mme de Saussure, l'image fidèle ou du moins suffisante de ces géniales leçons ; nous entrevoyions la possibilité d'une publication fondée sur une simple mise au point des notes personnelles de Ferdinand de Saussure, combinées avec les notes d'étudiants. Grande fut notre déception : nous ne trouvâmes rien ou presque rien qui correspondît aux cahiers de ses disciples ; F. de Saussure détruisait à mesure les brouillons

hâtifs où il traçait au jour le jour l'esquisse de son exposé !
Les tiroirs de son secrétaire ne nous livrèrent que des ébauches
[4] *assez anciennes,*non certes sans valeur, mais impossibles à*
utiliser et à combiner avec la matière des trois cours.

Cette constatation nous déçut d'autant plus que des obliga-
tions professionnelles nous avaient empêchés presque complè-
tement de profiter nous-mêmes de ces derniers enseignements,
qui marquent dans la carrière de Ferdinand de Saussure
une étape aussi brillante que celle, déjà lointaine, où avait
[5] *paru le* Mémoire sur les voyelles.*

Il fallait donc recourir aux notes consignées par les étu-
diants au cours de ces trois séries de conférences. Des cahiers
très complets nous furent remis, pour les deux premiers
cours par MM. Louis Caille, Léopold Gautier, Paul Regard
et Albert Riedlinger ; pour le troisième, le plus important,
par Mme Albert Sechehaye, MM. George Dégallier et Francis
[6] *Joseph.*Nous devons à M. Louis Brütsch des notes sur un*
[7] *point spécial; tous ont droit à notre sincère reconnaissance.*
Nous exprimons aussi nos plus vifs remerciements à M. Jules
Ronjat, l'éminent romaniste, qui a bien voulu revoir le
manuscrit avant l'impression, et dont les avis nous ont été
précieux.

Qu'allions-nous faire de ces matériaux ? Un premier tra-
vail critique s'imposait : pour chaque cours, et pour chaque
détail du cours, il fallait, en comparant toutes les versions,
arriver jusqu'à la pensée dont nous n'avions que des échos,
parfois discordants. Pour les deux premiers cours nous avons
recouru à la collaboration de M. A. Riedlinger, un des dis-
ciples qui ont suivi la pensée du maitre avec le plus d'intérêt ;
[8] *son travail sur ce point nous a été très utile.*Pour le troi-*
sième cours, l'un de nous, A. Sechehaye, a fait le même
[9] *travail minutieux de collation et de mise au point.**

Mais ensuite· ? La forme de l'enseignement oral, souvent
contradictoire avec celle du livre, nous réservait les plus
grandes difficultés. Et puis F. de Saussure était de ces

*hommes qui se renouvellent sans cesse ; sa pensée évoluait
dans toutes les directions sans pour cela se mettre en contradiction avec elle-même. Tout publier dans la forme originelle
était impossible ; les redites, inévitables dans un exposé libre,
les chevauchements, les formulations variables auraient
donné à une telle publication un aspect hétéroclite. Se borner
à un seul cours — et lequel ? — c'était appauvrir le livre
de toutes les richesses répandues abondamment dans les
deux autres ; le troisième même, le plus définitif, n'aurait
pu à lui seul donner une idée complète des théories et des
méthodes de F. de Saussure.**   [10]

*On nous suggéra de donner tels quels certains morceaux
particulièrement originaux ; cette idée nous sourit d'abord,
mais il apparut bientôt qu'elle ferait tort à la pensée de notre
maître, en ne présentant que des fragments d'une construction dont la valeur n'apparaît que dans son ensemble.**   [11]

*Nous nous sommes arrêtés à une solution plus hardie, mais
aussi, croyons-nous, plus rationnelle : tenter une reconstitution, une synthèse, sur la base du troisième cours, en utilisant tous les matériaux dont nous disposions, y compris les
notes personnelles de F. de Saussure. Il s'agissait donc d'une
recréation, d'autant plus malaisée qu'elle devait être entièrement objective ; sur chaque point, en pénétrant jusqu'au fond
de chaque pensée particulière, il fallait, à la lumière du
système tout entier, essayer de la voir sous sa forme définitive
en la dégageant des variations, des flottements inhérents à la
leçon parlée, puis l'enchâsser dans son milieu naturel, toutes
les parties étant présentées dans un ordre conforme à l'intention de l'auteur, même lorsque cette intention se devinait
plutôt qu'elle n'apparaissait.**   [12]

*De ce travail d'assimilation et de reconstitution est né le
livre que nous présentons, non sans appréhension, au public
savant et à tous les amis de la linguistique.**   [13]

*Notre idée maîtresse a été de dresser un tout organique
en ne négligeant rien qui pût contribuer à l'impression*

d'ensemble. Mais c'est par là précisément que nous encourons peut-être une double critique.

D'abord on peut nous dire que cet « ensemble » est incomplet : l'enseignement du maître n'a jamais eu la prétention d'aborder toutes les parties de la linguistique, ni de projeter sur toutes une lumière également vive ; matériellement, il ne le pouvait pas. Sa préoccupation était d'ailleurs tout autre. Guidé par quelques principes fondamentaux, personnels, qu'on retrouve partout dans son œuvre et qui forment la trame de ce tissu solide autant que varié, il travaille en profondeur et ne s'étend en surface que là où ces principes trouvent des applications particulièrement frappantes, là aussi où ils se heurtent à quelque théorie qui pourrait les compromettre.

Ainsi s'explique que certaines disciplines soient à peine [14] *effleurées, la sémantique par exemple.[*] Nous n'avons pas l'impression que ces lacunes nuisent à l'architecture générale. L'absence d'une « linguistique de la parole » est plus sensible. Promise aux auditeurs du troisième cours, cette étude aurait* [15] *eu sans doute une place d'honneur dans les suivants[*]; on sait trop pourquoi cette promesse n'a pu être tenue. Nous nous sommes bornés à recueillir et à mettre en leur place naturelle les indications fugitives de ce programme à peine esquissé ; nous ne pouvions aller au delà.*

Inversement, on nous blâmera peut-être d'avoir reproduit des développements touchant à des points déjà acquis avant F. de Sausure. Tout ne peut être nouveau dans un exposé si vaste ; mais si des principes déjà connus sont nécessaires à l'intelligence de l'ensemble, nous en voudra-t-on de ne pas les avoir retranchés ? Ainsi le chapitre des changements phonétiques renferme des choses déjà dites, et peut-être de façon plus définitive ; mais outre que cette partie cache bien des détails originaux et précieux, une lecture même superficielle montrera ce que sa suppression entraînerait par contraste pour la compréhension des principes sur lesquels F. de Saussure assoit son système de linguistique statique.

Nous sentons toute la responsabilité que nous assumons vis-à-vis de la critique, vis-à-vis de l'auteur lui-même, qui n'aurait peut-être pas autorisé la publication de ces pages. [16]
Cette responsabilité, nous l'acceptons tout entière, et nous voudrions être seuls à la porter. La critique saura-t-elle distinguer entre le maître et ses interprètes ? Nous lui saurions gré de porter sur nous les coups dont il serait injuste d'accabler une mémoire qui nous est chère.

Genève, juillet 1915.

Ch. BALLY, Alb. SECHEHAYE.

PRÉFACE DE LA SECONDE ÉDITION

Cette seconde édition n'apporte aucun changement essentiel au texte de la première. Les éditeurs se sont bornés à des modifications de détail destinées à rendre, sur certains points, la rédaction plus claire et plus précise. [17]

Ch. B. Alb. S.

PRÉFACE DE LA TROISIÈME ÉDITION

A part quelques corrections de détail, cette édition est conforme à la précédente. [18]

Ch. B. Alb. S.

INTRODUCTION

___

CHAPITRE PREMIER

COUP D'ŒIL SUR L'HISTOIRE
DE LA LINGUISTIQUE*

[19]

La science qui s'est constituée autour des faits de langue* [20] a passé par trois phases successives avant de reconnaître quel est son véritable et unique objet.*

[21]

On a commencé par faire ce qu'on appelait de la « grammaire ». Cette étude, inaugurée par les Grecs, continuée principalement par les Français, est fondée sur la logique et dépourvue de toute vue scientifique et désintéressée sur la langue elle-même ; elle vise uniquement à donner des règles pour distinguer les formes correctes des formes incorrectes ; c'est une discipline normative, fort éloignée de la pure observation et dont le point de vue est forcément étroit.*

[22]

Ensuite parut la philologie. Il existait déjà à Alexandrie une école « philologique », mais ce terme est surtout attaché au mouvement scientifique créé par Friedrich August Wolf à partir de 1777 et qui se poursuit sous nos yeux.*La [23] langue n'est pas l'unique objet de la philologie, qui veut avant tout fixer, interpréter, commenter les textes ; cette première étude l'amène à s'occuper aussi de l'histoire littéraire, des mœurs, des institutions, etc.*; partout elle use [24] de sa méthode propre, qui est la critique. Si elle aborde les questions linguistiques, c'est surtout pour comparer des textes de différentes époques, déterminer la langue particulière à chaque auteur, déchiffrer et expliquer des inscriptions rédigées dans une langue archaïque ou obscure. Sans doute ces recherches ont préparé la linguistique historique : les travaux de Ritschl sur Plaute peuvent être appelés linguistiques[*] ; mais dans ce domaine, la critique philologique [25] est en défaut sur un point : elle s'attache trop servilement à la langue écrite et oublie la langue vivante ; d'ailleurs c'est l'antiquité grecque et latine qui l'absorbe presque complètement.

La troisième période commença lorsqu'on découvrit qu'on pouvait comparer les langues entre elles. Ce fut l'origine de la philologie comparative ou « grammaire comparée ». En 1816, dans un ouvrage intitulé *Système de la conjugaison du sanscrit*, Franz Bopp étudie les rapports qui unis-[*] [26] sent le sanscrit avec le germanique, le grec, le latin, etc. Bopp n'était pas le premier à constater ces affinités et à admettre que toutes ces langues appartiennent à une même famille ; cela avait été fait avant lui, notamment par l'orientaliste anglais W. Jones († 1794) ; mais quelques affirmations isolées ne prouvent pas qu'en 1816 on eût compris d'une manière générale la signification et l'importance de cette [27] vérité.[*] Bopp n'a donc pas le mérite d'avoir découvert que le sanscrit est parent de certains idiomes d'Europe et d'Asie, mais il a compris que les relations entre langues parentes pouvaient devenir la matière d'une science autonome. Eclairer une langue par une autre, expliquer les formes de l'une par les formes de l'autre, voilà ce qui n'avait pas encore été fait.

Il est douteux que Bopp eût pu créer sa science, — du moins aussi vite, — sans la découverte du sanscrit. Celui-ci, arrivant comme troisième témoin à côté du grec et du latin, lui fournit une base d'étude plus large et plus solide ; cet avantage se trouvait accru du fait que, par une chance inespérée,

le sanscrit est dans des conditions exceptionnellement favorables pour éclairer cette comparaison.

Voici un exemple. Si l'on considère le paradigme du latin
genus (*genus, generis, genere, genera, generum*, etc), et celui
du grec *génos* (*génos, géneos, géneï, génea, genéōn*, etc.),
ces séries ne disent rien, qu'on les prenne isolément ou
qu'on les compare entre elles. Mais il en va autrement
dès qu'on y joint la série correspondante du sanscrit (*ġanás,
ġanasas, ġanasi, ġanassu, ġanasām*, etc.).[*] Il suffit d'y jeter [28]
un coup d'œil pour apercevoir la relation qui existe entre
les paradigmes grec et latin. En admettant provisoirement
que *ġanas* représente l'état primitif, puisque cela aide à
l'explication, on conclut qu'un *s* a dû tomber dans les formes grecques *géne(s)os*, etc., chaque fois qu'il se trouvait
placé entre deux voyelles. On conclut ensuite que, dans les
mêmes conditions, *s* aboutit à *r* en latin. Puis, au point
de vue grammatical, le paradigme sanscrit précise la
notion de radical, cet élément correspondant à une unité
(*ġanas-*) parfaitement déterminable et fixe. Le latin et
le grec n'ont connu que dans leurs origines l'état représenté par le sanscrit. C'est donc par la conservation de
tous les *s* indo-européens que le sanscrit est ici instructif. Il est vrai que dans d'autres parties il a moins bien
gardé les caractères du prototype : ainsi il a complètement bouleversé le vocalisme. Mais d'une manière générale, les éléments originaires conservés par lui aident à la
recherche d'une façon merveilleuse — et le hasard en a fait
une langue très propre à éclairer les autres dans une foule
de cas.

Dès le commencement on voit surgir à côté de Bopp des
linguistes de marque : Jacob Grimm, le fondateur des études
germaniques (sa *Grammaire allemande* a été publiée de 1822
à 1836) ; Pott, dont les recherches étymologiques ont mis une
somme considérable de matériaux entre les mains des linguistes ; Kuhn, dont les travaux portèrent à la fois sur la lin-

guistique et la mythologie comparée, les indianistes Benfey
[29] et Aufrecht, etc.*

Enfin, parmi les derniers représentants de cette école, il
faut signaler tout particulièrement Max Müller, G. Curtius
et Aug. Schleicher. Tous trois, de façons diverses, ont
[30] beaucoup fait pour les études comparatives. Max Müller*
les a popularisées par ses brillantes causeries (*Leçons sur
la science du langage*, 1861, en anglais) ; mais ce n'est pas
[31] par excès de conscience qu'il a péché. Curtius,* philologue
distingué, connu surtout par ses *Principes d'étymologie
grecque* (1879), a été un des premiers à réconcilier la grammaire comparée avec la philologie classique. Celle-ci avait
suivi avec méfiance les progrès de la nouvelle science, et
[32] cette méfiance était devenue réciproque. Enfin Schleicher*
est le premier qui ait essayé de codifier les résultats des
recherches de détail. Son *Abrégé de grammaire comparée
des langues indo-germaniques* (1861) est une sorte de systématisation de la science fondée par Bopp. Ce livre, qui a
pendant longtemps rendu de grands services, évoque mieux
qu'aucun autre la physionomie de cette école comparatiste,
qui constitue la première période de la linguistique indo-
européenne.

Mais cette école, qui a eu le mérite incontestable d'ouvrir
un champ nouveau et fécond, n'est pas parvenue à constituer la véritable science linguistique. Elle ne s'est jamais pré-
occupée de dégager la nature de son objet d'étude. Or, sans
cette opération élémentaire, une science est incapable de se
faire une méthode.

La première erreur, qui contient en germe toutes les
autres, c'est que dans ses investigations, limitées d'ailleurs
aux langues indo-européennes, la grammaire comparée ne
s'est jamais demandé à quoi rimaient les rapprochements
qu'elle faisait, ce que signifiaient les rapports qu'elle dé-
couvrait. Elle fut exclusivement comparative au lieu d'être
historique. Sans doute la comparaison est la condition

nécessaire de toute reconstitution historique. Mais à elle
seule, elle ne permet pas de conclure. Et la conclusion
échappait d'autant plus à ces comparatistes, qu'ils consi-
déraient le développement de deux langues comme un naturaliste ferait de la croissance de deux végétaux. Schleicher,
par exemple, qui nous invite toujours à partir de l'indo-
européen, qui semble donc dans un sens très historien,
n'hésite pas à dire qu'en grec *e* et *o* sont deux « degrés »
(Stufen) du vocalisme. C'est que le sanscrit présente un
système d'alternances vocaliques qui suggère cette idée de
degrés. Supposant donc que ces derniers doivent être parcourus séparément et parallèlement dans chaque langue,
comme des végétaux de même espèce parcourent indépendamment les uns des autres les mêmes phases de développement, Schleicher voit dans le *o* du grec un degré renforcé du *e*, comme il voit dans le *ā* du sanscrit un renforcement de *ă*. En fait, il s'agit d'une alternance indo-européenne
qui se reflète de façon différente en grec et en sanscrit, sans
qu'il y ait aucune parité nécessaire entre les effets grammaticaux qu'elle développe dans l'une et dans l'autre langue
(voir p. 217 sv.).*

[33]

Cette méthode exclusivement comparative entraîne tout
un ensemble de conceptions erronées qui ne correspondent
à rien dans la réalité, et qui sont étrangères aux véritables
conditions de tout langage. On considérait la langue comme
une sphère particulière, un quatrième règne de la nature ;
de là des manières de raisonner qui auraient étonné dans
une autre science. Aujourd'hui on ne peut pas lire huit à
dix lignes écrites à cette époque sans être frappé des
bizarreries de la pensée et des termes qu'on employait
pour les justifier.

Mais au point de vue méthodologique, il n'est pas sans
intérêt de connaître ces erreurs : les fautes d'une science à
ses débuts sont l'image agrandie de celles que commettent
les individus engagés dans les premières recherches scien-

tifiques, et nous aurons l'occasion d'en signaler plusieurs au cours de notre exposé.

Ce n'est que vers 1870 qu'on en vint à se demander quelles sont les conditions de la vie des langues. On s'aperçut alors que les correspondances qui les unissent ne sont qu'un des aspects du phénomène linguistique, que la comparaison n'est qu'un moyen, une méthode pour reconstituer les faits.

La linguistique proprement dite, qui fit à la comparaison la place qui lui revient exactement, naquit de l'étude des langues romanes et des langues germaniques. Les étu-
[34] des romanes, inaugurées par Diez,* — sa *Grammaire des langues romanes* date de 1836-1838, — contribuèrent particulièrement à rapprocher la linguistique de son véritable objet. C'est que les romanistes se trouvaient dans des conditions privilégiées, inconnues des indo-européanistes ; on connaissait le latin, prototype des langues romanes ; puis l'abondance des documents permettait de suivre dans le détail l'évolution des idiomes. Ces deux circonstances limitaient le champ des conjectures et donnaient à toute cette recherche une physionomie particulièrement concrète. Les germanistes étaient dans une situation analogue ; sans doute le protogermanique n'est pas connu directement, mais l'histoire des langues qui en dérivent peut se poursuivre, à l'aide de nombreux documents, à travers une longue série de siècles Aussi les germanistes, plus près de la réalité, ont-ils abouti. à des conceptions différentes de celles des premiers indo-
[35] européanistes.*

Une première impulsion fut donnée par l'Américain
[36] Whitney,* l'auteur de la *Vie du langage* (1875). Bientôt après se forma une école nouvelle, celle des néogrammairiens (Junggrammatiker), dont les chefs étaient tous des Allemands : K. Brugmann, H. Osthoff, les germanistes
[37] W. Braune, E. Sievers, H. Paul, le slaviste Leskien, etc.*
Leur mérite fut de placer dans la perspective historique

tous les résultats de la comparaison, et par là d'enchaîner les faits dans leur ordre naturel. Grâce à eux, on ne vit plus dans la langue un organisme qui se développe par lui-même, mais un produit de l'esprit collectif des groupes linguistiques. Du même coup on comprit combien étaient erronées et insuffisantes les idées de la philologie et de la grammaire comparée[1]. Cependant, si grands que soient les services rendus par cette école, on ne peut pas dire qu'elle ait fait la lumière sur l'ensemble de la question, et aujourd'hui encore les problèmes fondamentaux de la linguistique générale attendent une solution.

1. La nouvelle école, serrant de plus près la réalité, fit la guerre à la terminologie des comparatistes, et notamment aux métaphores illogiques dont elle se servait. Dès lors on n'ose plus dire : « la langue fait ceci ou cela », ni parler de la « vie de la langue », etc., puisque la langue n'est pas une entité, et n'existe que dans les sujets parlants. Il ne faudrait pourtant pas aller trop loin, et il suffit de s'entendre. Il y a certaines images dont on ne peut se passer. Exiger qu'on ne se serve que de termes répondant aux réalités du langage, c'est prétendre que ces réalités n'ont plus de mystères pour nous. Or il s'en faut de beaucoup ; aussi n'hésiterons-nous pas à employer à l'occasion telle des expressions qui ont été blâmées à l'époque.* [38]

CHAPITRE II

MATIÈRE ET TACHE DĖ LA LINGUISTIQUE ;
[39] SES RAPPORTS AVEC LES SCIENCES CONNEXES*

[40] La matière*de la linguistique est constituée d'abord par toutes les manifestations du langage humain, qu'il s'agisse des peuples sauvages ou des nations civilisées, des époques archaïques, classiques ou de décadence, en tenant compte, dans chaque période, non seulement du langage correct et du « beau langage », mais de toutes les formes d'expression. Ce n'est pas tout : le langage échappant le plus souvent à l'observation, le linguiste devra tenir compte des textes écrits, puisque seuls ils lui font connaître les idiomes passés ou distants :

La tâche de la linguistique sera :

[41] a) de faire la description et l'histoire*de toutes les langues qu'elle pourra atteindre, ce qui revient à faire l'histoire des familles de langues et à reconstituer dans la mesure du possible les langues mères de chaque famille ;

b) de chercher les forces qui sont en jeu d'une manière permanente et universelle dans toutes les langues, et de dégager les lois générales auxquelles on peut ramener tous les phéno-
[42] mènes particuliers de l'histoire* ;
[43] c) de se délimiter et de se définir elle-même.*

La linguistique a des rapports très étroits avec d'autres sciences qui tantôt lui empruntent des données, tantôt lui en fournissent. Les limites qui l'en séparent n'apparaissent pas toujours nettement. Par exemple, la linguistique doit être soigneusement distinguée de l'ethnographie et de la préhistoire, où la langue n'intervient qu'à titre de document ; distinguée aussi de l'anthropologie,* qui n'étudie l'homme [44] qu'au point de vue de l'espèce, tandis que le langage est un fait social. Mais faudrait-il alors l'incorporer à la sociologie ? Quelles relations existent entre la linguistique et la psychologie sociale ? Au fond, tout est psychologique dans la langue, y compris ses manifestations matérielles et mécaniques, comme les changements de sons ; et puisque la linguistique fournit à la psychologie sociale de si précieuses données, ne fait-elle pas corps avec elle ? Autant de questions que nous ne faisons qu'effleurer ici pour les reprendre plus loin.

Les rapports de la linguistique avec la physiologie ne sont pas aussi difficiles à débrouiller : la relation est unilatérale, en ce sens que l'étude des langues demande des éclaircissements à la physiologie des sons, mais ne lui en fournit aucun. En tout cas la confusion entre les deux disciplines est impossible : l'essentiel de la langue, nous le verrons, est étranger au caractère phonique du signe linguistique.*   [45]

Quant à la philologie, nous sommes déjà fixés : elle est nettement distincte de la linguistique, malgré les points de contact des deux sciences et les services mutuels qu'elles se rendent.

Quelle est enfin l'utilité de la linguistique ? Bien peu de gens ont là-dessus des idées claires ; ce n'est pas le lieu de les fixer. Mais il est évident, par exemple, que les questions linguistiques intéressent tous ceux, historiens, philologues, etc., qui ont à manier des textes. Plus évidente encore est son importance pour la culture générale : dans la vie des individus et des sociétés, le langage est un facteur plus important qu'aucun autre. Il serait inadmissible que son étude restât l'affaire de quelques spécialistes ; en fait, tout le monde s'en occupe peu ou prou ; mais — conséquence paradoxale de l'intérêt qui s'y attache — il n'y a pas de domaine où aient germé plus d'idées absurdes, de préjugés, de mirages, de fictions. Au point de vue psychologique, ces erreurs ne sont pas négligeables ; mais la tâche du linguiste est avant tout de les dénoncer, et de les dissiper aussi complètement que possible.

CHAPITRE III

OBJET DE LA LINGUISTIQUE

§ 1. LA LANGUE ; SA DÉFINITION.* [46]

Quel est l'objet*à la fois intégral et concret de la linguis- [47]
tique ? La question est particulièrement difficile ; nous verrons plus tard pourquoi ; bornons-nous ici à faire saisir cette
difficulté.

D'autres sciences opèrent sur des objets donnés d'avance
et qu'on peut considérer ensuite à différents points de vue ;
dans notre domaine, rien de semblable. Quelqu'un prononce
le mot français *nu :* un observateur superficiel sera tenté d'y
voir un objet linguistique concret ; mais un examen plus attentif y fera trouver successivement trois ou quatre choses parfaitement différentes, selon la manière dont on le considère :
comme son, comme expression d'une idée, comme correspondant du latin *nūdum*, etc. Bien loin que l'objet précède le
point de vue, on dirait que c'est le point de vue qui crée l'objet,
et d'ailleurs rien ne nous dit d'avance que l'une de ces manières
de considérer le fait en question soit antérieure ou supérieure
aux autres.

En outre, quelle que soit celle qu'on adopte, le phénomène
linguistique présente perpétuellement deux faces*qui se cor- [48]
respondent et dont l'une ne vaut que par l'autre. Par exemple :

1o Les syllabes qu'on articule sont des impressions acoustiques perçues par l'oreille, mais les sons n'existeraient pas
sans les organes vocaux ; ainsi un *n* n'existe que par la cor-

respondance de ces deux aspects. On ne peut donc réduire la langue au son, ni détacher le son de l'articulation buccale ; réciproquement on ne peut pas définir les mouvements des organes vocaux si l'on fait abstraction de l'impression acoustique (voir p. 63 sv.).

2º Mais admettons que le son soit une chose simple : est-ce lui qui fait le langage ? Non, il n'est que l'instrument de la pensée et n'existe pas pour lui-même. Là surgit une nouvelle et redoutable correspondance : le son, unité complexe acoustico-vocale, forme à son tour avec l'idée une unité complexe, physiologique et mentale. Et ce n'est pas tout encore :

3º Le langage a un côté individuel et un côté social, et l'on ne peut concevoir l'un sans l'autre. En outre :

4º A chaque instant il implique à la fois un système établi et une évolution ; à chaque moment, il est une institution actuelle et un produit du passé. Il semble à première vue très simple de distinguer entre ce système et son histoire, entre ce qu'il est et ce qu'il a été ; en réalité, le rapport qui unit ces deux choses est si étroit qu'on a peine à les séparer. La question serait-elle plus simple si l'on considérait le phénomène linguistique dans ses origines, si par exemple on commençait [49] par étudier le langage des enfants*? Non, car c'est une idée très fausse de croire qu'en matière de langage le problème [50] des origines diffère de celui des conditions permanentes*; on ne sort donc pas du cercle.

Ainsi, de quelque côté que l'on aborde la question, nulle part l'objet intégral de la linguistique ne s'offre à nous ; partout nous rencontrons ce dilemme : ou bien nous nous attachons à un seul côté de chaque problème, et nous risquons de ne pas percevoir les dualités signalées plus haut ; ou bien, si nous étudions le langage par plusieurs côtés à la fois, l'objet de la linguistique nous apparaît un amas confus de choses hétéroclites sans lien entre elles. C'est quand on procède ainsi qu'on ouvre la porte à plusieurs sciences — psychologie, anthropologie, grammaire normative, philologie, etc., — que nous séparons nettement de la linguistique, mais qui, à la faveur d'une méthode incorrecte, pourraient revendiquer le langage comme un de leurs objets.[*]   [51]

Il n'y a, selon nous, qu'une solution à toutes ces difficultés : *il faut se placer de prime abord sur le terrain de la langue et la prendre pour norme de toutes les autres manifestations du langage.* En effet, parmi tant de dualités, la langue seule paraît être susceptible d'une définition autonome et fournit un point d'appui satisfaisant pour l'esprit.

Mais qu'est-ce que la langue ?[*] Pour nous elle ne se confond [52]
pas avec le langage[*] ; elle n'en est qu'une partie déterminée, [53]
essentielle, il est vrai. C'est à la fois un produit social de la faculté du langage et un ensemble de conventions nécessaires, adoptées par le corps social pour permettre l'exercice de cette faculté chez les individus. Pris dans son tout, le langage est multiforme et hétéroclite ; à cheval sur plusieurs domaines, à la fois physique, physiologique et psychique, il appartient encore au domaine individuel et au domaine social ; il ne se laisse classer dans aucune catégorie des faits humains, parce qu'on ne sait comment dégager son unité.

La langue, au contraire, est un tout en soi et un principe de classification. Dès que nous lui donnons la première place parmi les faits de langage, nous introduisons un ordre naturel dans un ensemble qui ne se prête à aucune autre classification.

A ce principe de classification on pourrait objecter que l'exercice du langage repose sur une faculté que nous tenons de la nature, tandis que la langue est une chose acquise et conventionnelle, qui devrait être subordonnée à l'instinct naturel au lieu d'avoir le pas sur lui.

Voici ce qu'on peut répondre.

D'abord, il n'est pas prouvé que la fonction du langage, telle qu'elle se manifeste quand nous parlons, soit entièrement naturelle, c'est-à-dire que notre appareil vocal soit fait pour parler comme nos jambes pour marcher.[*] Les linguistes [54] sont loin d'être d'accord sur ce point. Ainsi pour Whitney, qui assimile la langue à une institution sociale au même titre que toutes les autres, c'est par hasard, pour de simples raisons de commodité, que nous nous servons de l'appareil vocal comme instrument de la langue : les hommes auraient pu aussi bien choisir le geste et employer des images visuelles [55] au lieu d'images acoustiques.* Sans doute cette thèse est trop absolue ; la langue n'est pas une institution sociale en tous points semblables aux autres (v. p. 107 sv. et p. 110); de plus, Whitney va trop loin quand il dit que notre choix est tombé par hasard sur les organes vocaux ; il nous étaient bien en quelque sorte imposés par la nature. Mais sur le point essentiel, le linguiste américain nous semble avoir raison : la langue est une convention, et la nature du signe dont on est convenu est indifférente. La question de l'appareil vocal est donc secondaire dans le problème du langage.

Une certaine définition de ce qu'on appelle *langage articulé* pourrait confirmer cette idée. En latin *articulus* signifie « membre, partie, subdivision dans une suite de choses » ; en matière de langage, l'articulation peut désigner ou bien la subdivision de la chaîne parlée en syllabes, ou bien la subdivision de la chaîne des significations en unités significatives ; c'est dans ce sens qu'on dit en allemand *gegliederte Sprache*. En s'attachant à cette seconde définition, on pourrait dire que ce n'est pas le langage parlé qui est naturel à l'homme, mais la faculté de constituer une langue, c'est-à-dire un système de signes distincts correspondant [56] à des idées distinctes.*

Broca a découvert que la faculté de parler est localisée dans la troisième circonvolution frontale gauche ; on s'est aussi appuyé là-dessus pour attribuer au langage un carac-[57] tère naturel.* Mais on sait que cette localisation a été constatée pour *tout* ce qui se rapporte au langage, y compris l'écriture, et ces constatations, jointes aux observations faites sur les diverses formes d'aphasie par lésion de ces centres de localisation, semblent indiquer : 1° que les troubles divers du langage oral sont enchevêtrés de cent façons avec ceux du langage écrit ; 2° que dans tous les cas d'aphasie ou d'agraphie, ce qui est atteint, c'est moins la faculté de proférer tels ou tels sons ou de tracer tels ou tels signes que celle d'évoquer par un instrument, quel qu'il soit, les signes d'un langage régulier. Tout cela nous amène à croire qu'au-dessus du fonctionnement des divers organes il existe une faculté plus générale, celle qui commande aux signes, et qui serait la faculté linguistique par excellence. Et par là nous sommes conduits à la même conclusion que plus haut.

Pour attribuer à la langue la première place dans l'étude du langage, on peut enfin faire valoir cet argument, que la faculté — naturelle ou non — d'articuler des paroles ne s'exerce [58] qu'à l'aide de l'instrument créé et fourni par la collectivité ; il n'est donc pas chimérique de dire que c'est la langue qui fait l'unité du langage.

§ 2. Place de la langue dans les faits de langage.* [59]

Pour trouver dans l'ensemble du langage la sphère qui correspond à la langue, il faut se placer devant l'acte individuel qui permet de reconstituer le circuit de la parole.* Cet acte [60] suppose au moins deux individus ; c'est le minimum exigible pour que le circuit soit complet. Soient donc deux personnes, A et B, qui s'entretiennent :

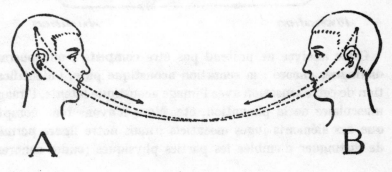

Le point de départ du circuit est dans le cerveau de l'une, par exemple *A*, où les faits de conscience, que nous appellerons concepts, se trouvent associés aux représentations des signes linguistiques ou images acoustiques servant à leur expression. Supposons qu'un concept donné déclanche dans le cerveau une image acoustique correspondante : c'est un phénomène entièrement *psychique*, suivi à son tour d'un procès *physiologique :* le cerveau transmet aux organes de la phonation une impulsion corrélative à l'image ; puis les ondes sonores se propagent de la bouche de *A* à l'oreille de *B :* procès purement *physique*. Ensuite, le circuit se prolonge en *B* dans un ordre inverse : de l'oreille au cerveau, transmission physiologique de l'image acoustique ; dans le cerveau, association psychique de cette image avec le concept correspondant. Si *B* parle à son tour, ce nouvel acte suivra — de son cerveau à celui de *A* — exactement la même marche que le premier et passera par les mêmes phases successives, que nous figurerons comme suit :

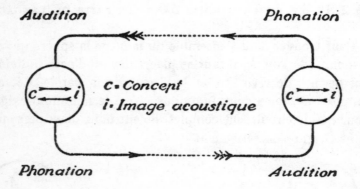

Cette analyse ne prétend pas être complète ; on pourrait distinguer encore : la sensation acoustique pure, l'identification de cette sensation avec l'image acoustique latente, l'image musculaire de la phonation, etc. Nous n'avons tenu compte que des éléments jugés essentiels ; mais notre figure permet de distinguer d'emblée les parties physiques (ondes sonores)

des physiologiques (phonation et audition) et psychiques (images verbales et concepts). Il est en effet capital de remarquer que l'image verbale ne se confond pas avec le son lui-même et qu'elle est psychique au même titre que le concept qui lui est associé.

Le circuit, tel que nous l'avons représenté, peut se diviser encore :

a) en une partie extérieure (vibration des sons allant de la bouche à l'oreille) et une partie intérieure, comprenant tout le reste :

b) en une partie psychique et une partie non-psychique, la seconde comprenant aussi bien les faits physiologiques dont les organes sont le siège, que les faits physiques extérieurs à l'individu ;

c) en une partie active et une partie passive : est actif tout ce qui va du centre d'association d'un des sujets à l'oreille de l'autre sujet, et passif tout ce qui va de l'oreille de celui-ci à son centre d'association ; * [61]

enfin dans la partie psychique localisée dans le cerveau, on peut appeler exécutif tout ce qui est actif ($c \rightarrow i$) et réceptif tout ce qui est passif ($i \rightarrow c$).

Il faut ajouter une faculté d'association et de coordination, qui se manifeste dès qu'il ne s'agit plus de signes isolés ; c'est cette faculté qui joue le plus grand rôle dans l'organisation de la langue en tant que système (voir p. 170 sv.).* [62]

Mais pour bien comprendre ce rôle, il faut sortir de l'acte individuel, qui n'est que l'embryon du langage, et aborder le fait social.

Entre tous les individus ainsi reliés par le langage, il s'établira une sorte de moyenne : tous reproduiront, — non exactement sans doute, mais approximativement — les mêmes signes unis aux mêmes concepts.

Quelle est l'origine de cette cristallisation sociale ? Laquelle des parties du circuit peut être ici en cause ? Car il est bien probable que toutes n'y participent pas également.

La partie physique peut être écartée d'emblée. Quand nous entendons parler une langue que nous ignorons, nous percevons bien les sons, mais, par notre incompréhension, nous restons en dehors du fait social.

La partie psychique n'est pas non plus tout entière en jeu : le côté exécutif reste hors de cause, car l'exécution n'est jamais faite par la masse ; elle est toujours individuelle, et l'individu en est toujours le maître ; nous l'appellerons [63] la *parole.**

C'est par le fonctionnement des facultés réceptive et coordinative que se forment chez les sujets parlants des empreintes qui arrivent à être sensiblement les mêmes chez tous. Comment faut-il se représenter ce produit social pour que la langue apparaisse parfaitement dégagée du reste ? Si nous pouvions embrasser la somme des images verbales emmagasinées chez tous les individus, nous toucherions le lien social qui constitue la langue. C'est un trésor déposé par la pratique de la parole dans les sujets appartenant à une même communauté, un système grammatical existant virtuellement dans chaque cerveau, ou plus exactement dans les cerveaux d'un ensemble d'individus ; car la langue n'est complète dans aucun, elle n'existe parfaitement que [64] dans la masse.**

En séparant la langue de la parole, on sépare du même coup : 1o ce qui est social de ce qui est individuel ; 2o ce qui est essentiel de ce qui est accessoire et plus ou moins [65] accidentel.**

La langue n'est pas une fonction du sujet parlant, elle est le produit que l'individu enregistre passivement ; elle ne suppose jamais de préméditation, et la réflexion n'y intervient que pour l'activité de classement dont il sera question p. 170 sv.

La parole est au contraire un acte individuel de volonté et d'intelligence, dans lequel il convient de distinguer :

1º les combinaisons par lesquelles le sujet parlant utilise le code*de la langue en vue d'exprimer sa pensée personnelle ;   [66]
2º le mécanisme psycho-physique qui lui permet d'extérioriser ces combinaisons.*   [67]

Il est à remarquer que nous avons défini des choses et non des mots ; les distinctions établies n'ont donc rien à redouter de certains termes ambigus qui ne se recouvrent pas d'une langue à l'autre. Ainsi en allemand *Sprache* veut dire « langue » et « langage » ; *Rede* correspond à peu près à « parole », mais y ajoute le sens spécial de « discours ». En latin *sermo* signifie plutôt « langage » et « parole », tandis que *lingua* désigne la langue, et ainsi de suite. Aucun mot ne correspond exactement à l'une des notions précisées plus haut ; c'est pourquoi toute définition faite à propos d'un mot est vaine ; c'est une mauvaise méthode que de partir des mots pour définir les choses.*   [68]

Récapitulons les caractères de la langue :

1º Elle est un objet bien défini dans l'ensemble hétéroclite des faits de langage. On peut la localiser dans la portion déterminée du circuit où une image auditive vient s'associer à un concept. Elle est la partie sociale du langage, extérieure à l'individu, qui à lui seul ne peut ni la créer ni la modifier ; elle n'existe qu'en vertu d'une sorte de contrat passé entre les membres de la communauté. D'autre part, l'individu a besoin d'un apprentissage pour en connaître le jeu ; l'enfant ne se l'assimile que peu à peu.*Elle est si bien une   [69] chose distincte qu'un homme privé de l'usage de la parole conserve la langue, pourvu qu'il comprenne les signes vocaux qu'il entend.

2º La langue, distincte de la parole, est un objet qu'on peut étudier séparément. Nous ne parlons plus les langues mortes, mais nous pouvons fort bien nous assimiler leur organisme linguistique. Non seulement la science de la langue peut se passer des autres éléments du langage, mais elle n'est possible que si ces autres éléments n'y sont pas mêlés.

3° Tandis que le langage est hétérogène, la langue ainsi délimitée est de nature homogène : c'est un système de signes où il n'y a d'essentiel que l'union du sens et de l'image acoustique, et où les deux parties du signe sont également psychiques.

4° La langue n'est pas moins que la parole un objet de nature concrète, et c'est un grand avantage pour l'étude. Les signes linguistiques, pour être essentiellement psychiques, ne sont pas des abstractions ; les associations ratifiées par le consentement collectif, et dont l'ensemble constitue la langue, sont des réalités qui ont leur siège dans le cerveau. En outre, les signes de la langue sont pour ainsi dire tangibles ; l'écriture peut les fixer dans des images conventionnelles, tandis qu'il serait impossible de photographier dans tous leurs détails les actes de la parole ; la phonation d'un mot, si petit soit-il, représente une infinité de mouvements musculaires extrêmement difficiles à connaître et à figurer. Dans la langue, au contraire, il n'y a plus que l'image acoustique, et celle-ci peut se traduire en une image visuelle constante. Car si l'on fait abstraction de cette multitude de mouvements nécessaires pour la réaliser dans la parole, chaque image acoustique n'est, comme nous le verrons, que la somme d'un nombre limité d'éléments ou phonèmes, susceptibles à leur tour d'être évoqués par un nombre correspondant de signes dans l'écriture. C'est cette possibilité de fixer les choses relatives à la langue qui fait qu'un dictionnaire et une grammaire peuvent en être une représentation fidèle, la langue étant le dépôt des images acoustiques, et l'écriture la forme [70] tangible de ces images.*

§ 3. Place de la langue dans les faits humains.
[71]   La sémiologie.*

Ces caractères nous en font découvrir un autre plus important. La langue, ainsi délimitée dans l'ensemble des faits de langage, est classable parmi les faits humains, tandis que le langage ne l'est pas.

Nous venons de voir que la langue est une institution sociale ; mais elle se distingue par plusieurs traits des autres institutions politiques, juridiques, etc. Pour comprendre sa nature spéciale, il faut faire intervenir un nouvel ordre de faits.

La langue est un système de signes exprimant des idées, et par là, comparable à l'écriture, à l'alphabet des sourds-muets, aux rites symboliques, aux formes de politesse, aux signaux militaires, etc., etc. Elle est seulement le plus important de ces systèmes.*   [72]

On peut donc concevoir *une science qui étudie la vie des signes au sein de la vie sociale* ; elle formerait une partie de la psychologie sociale, et par conséquent de la psychologie générale ; nous la nommerons *sémiologie*[1] (du grec *sēmeîon*, « signe »).*Elle nous apprendrait en quoi consistent les signes, [73] quelles lois les régissent. Puisqu'elle n'existe pas encore, on ne peut dire ce qu'elle sera ; mais elle a droit à l'existence, sa place est déterminée d'avance. La linguistique n'est qu'une partie de cette science générale, les lois que découvrira la sémiologie seront applicables à la linguistique, et celle-ci se trouvera ainsi rattachée à un domaine bien défini dans l'ensemble des faits humains.

C'est au psychologue à déterminer la place exacte de la sémiologie[1] ; la tâche du linguiste est de définir ce qui fait de la langue un système spécial dans l'ensemble des faits sémiologiques. La question sera reprise plus bas ; nous ne retenons ici qu'une chose : si pour la première fois nous avons pu assigner à la linguistique une place parmi les

---

1. On se gardera de confondre la *sémiologie* avec la *sémantique*, qui étudie les changements de *signification*, et dont F. de S. n'a pas fait un exposé méthodique ; mais on en trouvera le principe fondamental formulé à la page 109.

2. Cf. Ad. NAVILLE, *Classification des sciences*, 2ᵉ éd., p. 104.

sciences, c'est parce que nous l'avons rattachée à la sémiologie.

Pourquoi celle-ci n'est-elle pas encore reconnue comme science autonome, ayant comme toute autre son objet propre ? C'est qu'on tourne dans un cercle : d'une part, rienn'est plus propre que la langue à faire comprendre la nature du problème sémiologique ; mais, pour le poser convenablement, il faudrait étudier la langue en elle-même ; or, jusqu'ici, on l'a presque toujours abordée en fonction d'autre chose, à d'autres points de vue.

Il y a d'abord la conception superficielle du grand public : il ne voit dans la langue qu'une nomenclature (voir p. 97), ce qui supprime toute recherche sur sa nature [74] véritable.*

Puis il y a le point de vue du psychologue, qui étudie le mécanisme du signe chez l'individu ; c'est la méthode la plus facile, mais elle ne conduit pas au delà de l'exécution individuelle et n'atteint pas le signe, qui est social par nature.

Ou bien encore, quand on s'aperçoit que le signe doit être étudié socialement, on ne retient que les traits de la langue qui la rattachent aux autres institutions, celles qui dépendent plus ou moins de notre volonté ; et de la sorte on passe à côté du but, en négligeant les caractères qui n'appartiennent qu'aux systèmes sémiologiques en général et à la langue en particulier. Car le signe échappe toujours en une certaine mesure à la volonté individuelle ou sociale, c'est là son caractère essentiel ; mais c'est celui qui apparaît le moins à première vue.

Ainsi ce caractère n'apparaît bien que dans la langue, mais il se manifeste dans les choses qu'on étudie le moins, et par contre-coup on ne voit pas bien la nécessité ou l'utilité particulière d'une science sémiologique. Pour nous, au contraire, le problème linguistique est avant tout sémiologique, et tous nos développements empruntent leur signification à ce fait important. Si l'on veut découvrir la véritable nature de la langue, il faut la prendre d'abord dans ce qu'elle a de commun avec tous les autres systèmes du même ordre ; et des facteurs linguistiques qui apparaissent comme très importants au premier abord (par exemple le jeu de l'appareil vocal), ne doivent être considérés qu'en seconde ligne, s'ils ne servent qu'à distinguer la langue des autres systèmes. Par là, non seulement on éclairera le problème linguistique, mais nous pensons qu'en considérant les rites, les coutumes, etc... comme des signes, ces faits apparaîtront sous un autre jour, et on sentira le besoin de les grouper dans la sémiologie et de les expliquer par les lois de cette science.

CHAPITRE IV

LINGUISTIQUE DE LA LANGUE ET LINGUISTIQUE DE LA PAROLE*

En accordant à la science de la langue sa vraie place dans l'ensemble de l'étude du langage, nous avons du même coup situé la linguistique tout entière. Tous les autres éléments du langage, qui constituent la parole, viennent d'eux-mêmes se subordonner à cette première science, et c'est grâce à cette subordination que toutes les parties de la linguistique trouvent leur place naturelle.

Considérons, par exemple, la production des sons nécessaires à la parole : les organes vocaux sont aussi extérieurs à la langue que les appareils électriques qui servent à transcrire l'alphabet Morse sont étrangers à cet alphabet ; et la phonation, c'est-à-dire l'exécution des images acoustiques, n'affecte en rien le système lui-même. Sous ce rapport, on peut comparer la langue à une symphonie, dont la réalité est indépendante de la manière dont on l'exécute ; les fautes que peuvent commettre les musiciens qui la jouent ne compromettent nullement cette réalité.*

[76] A cette séparation de la phonation et de la langue on opposera peut-être les transformations phonétiques, les altérations de sons qui se produisent dans la parole et qui exercent une influence si profonde sur les destinées de la langue elle-même. Sommes-nous vraiment en droit de prétendre que celle-ci existe indépendamment de ces phénomènes ? Oui,

car ils n'atteignent que la substance matérielle des mots. S'ils attaquent la langue en tant que système de signes, ce n'est qu'indirectement, par le changement d'interprétation qui en résulte ; or ce phénomène n'a rien de phonétique (voir p. 121). Il peut être intéressant de rechercher les causes de ces changements, et l'étude des sons nous y aidera ; mais cela n'est pas essentiel : pour la science de la langue, il suffira toujours de constater les transformations de sons et de calculer leurs effets.

Et ce que nous disons de la phonation sera vrai de toutes les autres parties de la parole. L'activité du sujet parlant doit être étudiée dans un ensemble de disciplines qui n'ont de place dans la linguistique que par leur relation avec la langue.

L'étude du langage comporte donc deux parties : l'une, essentielle, a pour objet la langue, qui est sociale dans son essence et indépendante de l'individu ; cette étude est uniquement psychique ; l'autre, secondaire, a pour objet la partie individuelle du langage, c'est-à-dire la parole y compris la phonation : elle est psycho-physique.* [77]

Sans doute, ces deux objets sont étroitement liés et se supposent l'un l'autre : la langue est nécessaire pour que la parole soit intelligible et produise tous ses effets ; mais celle-ci est nécessaire pour que la langue s'établisse ; historiquement, le fait de parole précède toujours. Comment s'aviserait-on d'associer une idée à une image verbale, si l'on ne surprenait pas d'abord cette association dans un acte de parole ? D'autre part, c'est en entendant les autres que nous apprenons notre langue maternelle ; elle n'arrive à se déposer dans notre cerveau qu'à la suite d'innombrables expériences. Enfin, c'est la parole qui fait évoluer la langue : ce sont les impressions reçues en entendant les autres qui modifient nos habitudes linguistiques. Il y a donc interdépendance de la langue et de la parole ; celle-là est à la fois l'instrument et le produit de celle-ci. Mais tout

cela ne les empêche pas d'être deux choses absolument dis-
[78] tinctes.*

La langue existe dans la collectivité sous la forme d'une
somme d'empreintes déposées dans chaque cerveau, à peu
près comme un dictionnaire dont tous les exemplaires, identiques, seraient répartis entre les individus (voir p. 30). C'est
donc quelque chose qui est dans chacun d'eux, tout en étant
commun à tous et placé en dehors de la volonté des déposi-
taires. Ce mode d'existence de la langue peut être représenté
par la formule :

[79] $1 + 1 + 1 + 1... = I$ (modèle*collectif).

De quelle manière la parole est-elle présente dans cette
même collectivité ? Elle est la somme de ce que les gens disent,
et elle comprend : *a*) des combinaisons individuelles, dépendant de la volonté de ceux qui parlent, *b*) des actes de phonation également volontaires, nécessaires pour l'exécution de
[80] ces combinaisons.*

Il n'y a donc rien de collectif dans la parole ; les manifestations en sont individuelles et momentanées. Ici il n'y a
rien de plus que la somme des cas particuliers selon la formule :

$$(1 + 1' + 1'' + 1'''...).$$

Pour toutes ces raisons, il serait chimérique de réunir sous
un même point de vue la langue et la parole. Le tout global
du langage est inconnaissable, parce qu'il n'est pas homogène, tandis que la distinction et la subordination proposées
éclairent tout.

Telle est la première bifurcation qu'on rencontre dès qu'on
cherche à faire la théorie du langage. Il faut choisir entre deux
routes qu'il est impossible de prendre en même temps ; elles
doivent être suivies séparément.

On peut à la rigueur conserver le nom de linguistique à
chacune de ces deux disciplines et parler d'une linguistique
[81] de la parole.*Mais il ne faudra pas la confondre avec la lin-

guistique proprement dite, celle dont la langue est l'unique objet.

Nous nous attacherons uniquement à cette dernière, et si, au cours de nos démonstrations, nous empruntons des lumières à l'étude de la parole, nous nous efforcerons de ne jamais effacer les limites qui séparent les deux domaines.

CHAPITRE V

ÉLÉMENTS INTERNES ET ÉLÉMENTS EXTERNES
[82] ## DE LA LANGUE *

Notre définition de la langue suppose que nous en écartons tout ce qui est étranger à son organisme, à son système, en un mot tout ce qu'on désigne par le terme de « linguistique
[83] externe ».*Cette linguistique-là s'occupe pourtant de choses importantes, et c'est surtout à elles que l'on pense quand on aborde l'étude du langage.

Ce sont d'abord tous les points par lesquels la linguistique touche à l'ethnologie, toutes les relations qui peuvent exister entre l'histoire d'une langue et celle d'une race ou d'une civilisation .Ces deux histoires se mêlent et entretiennent des rapports réciproques. Cela rappelle un peu les correspondances constatées entre les phénomènes linguistiques proprement dits (voir p. 23 sv.), Les mœurs d'une nation ont un contre-coup sur sa langue, et, d'autre part, c'est dans une large mesure
[84] la langue qui fait la nation.*

En second lieu, il faut mentionner les relations existant entre la langue et l'histoire politique. De grands faits historiques comme la conquête romaine, ont eu une portée incalculable pour une foule de faits linguistiques. La colonisation, qui n'est qu'une forme de la conquête, transporte un idiome dans des milieux différents, ce qui entraîne des changements dans cet idiome. On pourrait citer à l'appui toute espèce de faits : ainsi la Norvège a adopté le danois en s'unissant politiquement au Danemark ; il est vrai qu'aujourd'hui les

Norvégiens essaient de s'affranchir de cette influence linguistique. La politique intérieure des États n'est pas moins importante pour la vie des langues : certains gouvernements, comme la Suisse, admettent la coexistence de plusieurs idiomes ; d'autres, comme la France, aspirent à l'unité linguistique. Un degré de civilisation avancé favorise le développement de certaines langues spéciales (langue juridique, terminologie scientifique, etc).*   [85]

Ceci nous amène à un troisième point : les rapports de la langue avec des institutions de toute sorte, l'Église, l'école, etc. Celles-ci, à leur tour, sont intimement liées avec le développement littéraire d'une langue, phénomène d'autant plus général qu'il est lui-même inséparable de l'histoire politique. La langue littéraire dépasse de toutes parts les limites que semble lui tracer la littérature ; qu'on pense à l'influence des salons, de la cour, des académies. D'autre part elle pose la grosse question du conflit qui s'élève entre elle et les dialectes locaux (voir p. 267 sv.) ; le linguiste doit aussi examiner les rapports réciproques de la langue du livre et de la langue courante ; car toute langue littéraire, produit de la culture, arrive à détacher sa sphère d'existence de la sphère naturelle, celle de la langue parlée.*   [86]

Enfin tout ce qui se rapporte à l'extension géographique des langues et au fractionnement dialectal relève de la linguistique externe. Sans doute, c'est sur ce point que la distinction entre elle et la linguistique interne paraît le plus paradoxale, tant le phénomène géographique est étroitement associé à l'existence de toute langue ; et cependant, en réalité, il ne touche pas à l'organisme intérieur de l'idiome.*   [87]

On a prétendu qu'il est absolument impossible de séparer toutes ces questions de l'étude de la langue proprement dite. C'est un point de vue qui a prévalu surtout depuis qu'on a tant insisté sur ces « Realia ». De même que la plante est modifiée dans son organisme interne par des facteurs étrangers : terrain, climat, etc., de même l'orga-

nisme grammatical ne dépend-il pas constamment des
facteurs externes du changement linguistique ? Il semble
qu'on explique mal les termes techniques, les emprunts dont
la langue fourmille, si on n'en considère pas la provenance.
Est-il possible de distinguer le développement naturel,
organique d'un idiome, de ses formes artificielles, telles que
la langue littéraire, qui sont dues à des facteurs externes,
par conséquent inorganiques ? Ne voit-on pas constamment
se développer une langue commune à côté des dialectes
locaux ?

Nous pensons que l'étude des phénomènes linguistiques
externes est très fructueuse ; mais il est faux de dire que
sans eux on ne puisse connaître l'organisme linguistique
interne. Prenons comme exemple l'emprunt des mots étrangers ; on peut constater d'abord que ce n'est nullement un
élément constant dans la vie d'une langue. Il y a dans certaines vallées retirées des patois qui n'ont pour ainsi dire
jamais admis un seul terme artificiel venu du dehors. Dira-
t-on que ces idiomes sont hors des conditions régulières
du langage, incapables d'en donner une idée, que ce sont
eux qui demandent une étude « tératologique » comme
n'ayant pas subi de mélange ? Mais surtout le mot emprunté ne compte plus comme tel, dès qu'il est étudié au
sein du système ; il n'existe que par sa relation et son
opposition avec les mots qui lui sont associés, au même
titre que n'importe quel signe autochtone. D'une façon
générale, il n'est jamais indispensable de connaître les cir-
[88] constances au milieu desquelles une langue s'est développée.*
Pour certains idiomes, tels que le zend et le paléo-slave, on
ne sait même pas exactement quels peuples les ont parlés ;
mais cette ignorance ne nous gêne nullement pour les étudier
intérieurement et pour nous rendre compte des transforma-
[89] tions qu'ils ont subies.*En tout cas, la séparation des deux
points de vue s'impose, et plus on l'observera rigoureusement
mieux cela vaudra.

La meilleure preuve en est que chacun d'eux crée une
méthode distincte. La linguistique externe peut accumuler
détail sur détail sans se sentir serrée dans l'étau d'un système. Par exemple, chaque auteur groupera comme il l'entend les faits relatifs à l'expansion d'une langue en dehors
de son territoire ; si l'on cherche les facteurs qui ont créé une
langue littéraire en face des dialectes, on pourra toujours user
de la simple énumération ; si l'on ordonne les faits d'une façon
plus ou moins systématique, ce sera uniquement pour les
besoins de la clarté.

Pour la linguistique interne, il en va tout autrement : elle
n'admet pas une disposition quelconque ; la langue est un
système qui ne connaît que son ordre propre. Une comparaison avec le jeu d'échecs*le fera mieux sentir. Là, il est rela- [90]
tivement facile de distinguer ce qui est externe de ce qui est
interne : le fait qu'il a passé de Perse en Europe est d'ordre
externe ; interne, au contraire, tout ce qui concerne le système et les règles. Si je remplace des pièces de bois par des
pièces d'ivoire, le changement est indifférent pour le système :
mais si je diminue ou augmente le nombre des pièces, ce chan-
gement-là atteint profondément la « grammaire » du jeu. Il
n'en est pas moins vrai qu'une certaine attention est nécessaire pour faire des distinctions de ce genre. Ainsi dans chaque
cas on posera la question de la nature du phénomène, et pour
la résoudre on observera cette règle : est interne tout ce qui
change le système à un degré quelconque.*   [91]

CHAPITRE VI

REPRÉSENTATION DE LA LANGUE
PAR L'ÉCRITURE

[92]   § 1. Nécessité d'étudier ce sujet.[*]

L'objet concret de notre étude est donc le produit social déposé dans le cerveau de chacun, c'est-à-dire la langue. Mais ce produit diffère suivant les groupes linguistiques : ce qui nous est donné, ce sont les langues. Le linguiste est obligé d'en connaître le plus grand nombre possible, pour tirer de leur observation et de leur comparaison ce qu'il y a d'universel en elles.

Or nous ne les connaissons généralement que par l'écriture. Pour notre langue maternelle elle-même, le document intervient à tout instant. Quand il s'agit d'un idiome parlé à quelque distance, il est encore plus nécessaire de recourir au témoignage écrit ; à plus forte raison pour ceux qui n'existent plus. Pour disposer dans tous les cas de documents directs, il faudrait qu'on eût fait de tout temps ce qui se fait actuellement à Vienne et à Paris : une collection d'échantillons pho-
[93] nographiques de toutes les langues.*Encore faudrait-il recourir à l'écriture pour faire connaître aux autres les textes consignés de cette manière.

Ainsi, bien que l'écriture soit en elle-même étrangère au système interne, il est impossible de faire abstraction d'un procédé par lequel la langue est sans cesse figurée ; il est nécessaire d'en connaître l'utilité, les défauts et les dangers.

§ 2. Prestige de l'écriture ; causes de son ascendant
sur la forme parlée.*   [94]

Langue et écriture sont deux systèmes de signes distincts ; l'unique raison d'être du second est de représenter
le premier ; l'objet linguistique n'est pas défini par la
combinaison du mot écrit et du mot parlé ; ce dernier
constitue à lui seul cet objet. Mais le mot écrit se mêle si
intimement au mot parlé dont il est l'image, qu'il finit par
usurper le rôle principal ; on en vient à donner autant et
plus d'importance à la représentation du signe vocal qu'à
ce signe lui-même. C'est comme si l'on croyait que, pour
connaître quelqu'un, il vaut mieux regarder sa photographie que son visage.

Cette illusion a existé de tout temps, et les opinions cou-
rantes qu'on colporte sur la langue en sont entachées. Ainsi
l'on croit communément qu'un idiome s'altère plus rapidement quand l'écriture n'existe pas : rien de plus faux. L'écriture peut bien, dans certaines conditions, ralentir les changements de la langue, mais inversement, sa conservation n'est
nullement compromise par l'absence d'écriture. Le lituanien, qui se parle encore aujourd'hui dans la Prusse orientale et une partie de la Russie, n'est connu par des documents écrits que depuis 1540 ; mais à cette époque tardive,
il offre, dans l'ensemble, une image aussi fidèle de l'indo-
européen que le latin du iiie siècle avant Jésus-Christ. Cela
seul suffit pour montrer combien la langue est indépendante
de l'écriture.

Certains faits linguistiques très ténus se sont conservés
sans le secours d'aucune notation. Dans toute la période
du vieux haut allemand on a écrit *tōten*, *fuolen* et *stōzen*,
tandis qu'à la fin du xiie siècle apparaissent les graphies
töten, *füelen*, contre *stōzen* qui subsiste. D'où provient cette
différence ? Partout où elle s'est produite, il y avait un *y*

dans la syllabe suivante ; le protogermanique offrait *dau-pyan*, *fōlyan*, mais *stautan*. Au seuil de la période litté-raire, vers 800, ce *y* s'affaiblit à tel point que l'écriture n'en conserve aucun souvenir pendant trois siècles ; pourtant il avait laissé une trace légère dans la prononciation ; et voici que vers 1180, comme on l'a vu plus haut, il reparaît mira-culeusement sous forme d' « umlaut » ! Ainsi sans le secours de l'écriture, cette nuance de prononciation s'était exacte-ment transmise.

La langue a donc une tradition orale indépendante de l'écriture, et bien autrement fixe ; mais le prestige de la forme écrite nous empêche de le voir. Les premiers linguistes s'y sont trompés, comme avant eux les humanistes. Bopp lui-même ne fait pas de distinction nette entre la lettre et le son ; à le lire, on croirait qu'une langue est inséparable de son alphabet. Ses successeurs immédiats sont tombés dans le même piège ; la graphie *th* de la fricative *þ* a fait croire à Grimm, non seulement que ce son est double, mais encore que c'est une occlusive aspirée ; de là la place qu'il lui assigne dans sa loi de mutation consonantique ou « Lautverschiebung » (voir p. 199). Aujourd'hui encore des hommes éclairés con-fondent la langue avec son orthographe ; Gaston Deschamps ne disait-il pas de Berthelot « qu'il avait préservé le français de la ruine » parce qu'il s'était opposé à la réforme orthogra-[95] phique ?*

Mais comment s'explique ce prestige de l'écriture ?

1o D'abord l'image graphique des mots nous frappe comme un objet permanent et solide, plus propre que le son à cons-tituer l'unité de la langue à travers le temps. Ce lien a beau être superficiel et créer une unité purement factice : il est beau-coup plus facile à saisir que le lien naturel, le seul véritable, celui du son.

2o Chez la plupart des individus les impressions visuelles sont plus nettes et plus durables que les impressions acoustiques ; aussi s'attachent-ils de préférence aux premières. L'image graphique finit par s'imposer aux dépens du son.

3° La langue littéraire accroît encore l'importance imméritée de l'écriture. Elle a ses dictionnaires, ses grammaires ; c'est d'après le livre et par le livre qu'on enseigne à l'école ; la langue apparaît réglée par un code ; or ce code est lui-même une règle écrite, soumise à un usage rigoureux : l'orthographe, et voilà ce qui confère à l'écriture une importance primordiale. On finit par oublier qu'on apprend à parler avant d'apprendre à écrire, et le rapport naturel est renversé.

4° Enfin, quand il y a désaccord entre la langue et l'orthographe, le débat est toujours difficile à trancher pour tout autre que le linguiste ; mais comme celui-ci n'a pas voix au chapitre, la forme écrite a presque fatalement le dessus, parce que toute solution qui se réclame d'elle est plus aisée ; l'écriture s'arroge de ce chef une importance à laquelle elle n'a pas droit.

§ 3.. LES SYSTÈMES D'ÉCRITURE* [96]

Il n'y a que deux systèmes d'écriture :

1° Le système idéographique, dans lequel le mot est représenté par un signe unique et étranger aux sons dont il se compose. Ce signe se rapporte à l'ensemble du mot, et par là, indirectement, à l'idée qu'il exprime. L'exemple classique de ce système est l'écriture chinoise.

2° Le système dit communément « phonétique », qui vise à reproduire la suite des sons se succédant dans le mot. Les écritures phonétiques sont tantôt syllabiques, tantôt alphabétiques, c'est-à-dire basées sur les éléments irréductibles de la parole.

D'ailleurs les écritures idéographiques deviennent volontiers mixtes : certains idéogrammes, détournés de leur valeur première, finissent par représenter des sons isolés.* [97]

Nous avons dit que le mot écrit tend à se substituer dans notre esprit au mot parlé : cela est vrai pour les deux systèmes d'écriture, mais cette tendance est plus forte dans le premier. Pour le Chinois, l'idéogramme et le mot parlé sont au même titre des signes de l'idée ; pour lui l'écriture est une seconde langue, et dans la conversation, quand deux mots parlés ont le même son, il lui arrive de recourir au mot écrit pour expliquer sa pensée. Mais cette substitution, par le fait qu'elle peut être absolue, n'a pas les mêmes conséquences fâcheuses que dans notre écriture ; les mots chinois des différents dialectes qui correspondent à une même idée s'incorporent également bien au même signe graphique.

Nous bornerons notre étude au système phonétique, et tout spécialement à celui qui est en usage aujourd'hui et dont le prototype est l'alphabet grec.

Au moment où un alphabet de ce genre s'établit, il reflète la langue d'une façon assez rationnelle, à moins qu'il ne s'agisse d'un alphabet emprunté et déjà entaché d'inconséquences. Au regard de la logique, l'alphabet grec est particulièrement remarquable, comme nous le verrons p. 64. Mais cette harmonie entre la graphie et la prononciation ne dure pas. Pourquoi ? C'est ce qu'il faut examiner.

§ 4. Causes du désaccord entre la graphie
[98]   et la prononciation.*

Ces causes sont nombreuses ; nous ne retiendrons que les plus importantes.

D'abord la langue évolue sans cesse, tandis que l'écriture tend à rester immobile. Il s'ensuit que la graphie finit par ne plus correspondre à ce qu'elle doit représenter. Une notation, conséquente à un moment donné, sera absurde un siècle plus tard. Pendant un temps, on modifie le signe graphique pour le conformer aux changements de prononciation, ensuite on y renonce. C'est ce qui est arrivé en français pour *oi*.

On prononçait :				On écrivait :
au xie siècle.	. . .	1.	*rei, lei*	*rei, lei.*
au xiiie siècle.	. . .	2	*roi, loi*	*roi, loi.*
au xive siècle.	. . .	3.	*roè, loè*	*roi, loi.*
au xixe siècle.	. . .	4.	*rwa, lwa*	*roi, loi.*

Ainsi, jusqu'à la deuxième époque on a tenu compte des changements survenus dans la prononciation ; à une étape de l'histoire de la langue correspond une étape dans celle de la graphie. Mais à partir du xive siècle l'écriture est restée stationnaire, tandis que la langue poursuivait son évolution, et dès ce moment il y a eu un désaccord toujours plus grave entre elle et l'orthographe. Enfin, comme on continuait à joindre des termes discordants, ce fait a eu sa répercussion sur le système même de l'écriture : l'expression graphique *oi* a pris une valeur étrangère aux éléments dont elle est formée.

On pourrait multiplier indéfiniment les exemples. Ainsi pourquoi écrit-on *mais* et *fait* ce que nous prononçons *mè* et *fè* ? Pourquoi *c* a-t-il souvent en français la valeur de *s* ? C'est que nous avons conservé des graphiques qui n'ont plus de raison d'être.

Cette cause agit dans tous les temps : actuellement notre *l* mouillée se change en jod ; nous disons *éveyer, mouyer,* comme *essuyer, nettoyer ;* mais nous continuons à écrire *éveiller, mouiller.*

Autre cause du désaccord entre la graphie et la prononciation : quand un peuple emprunte à un autre son alphabet, il arrive souvent que les ressources de ce système graphique sont mal appropriées à sa nouvelle fonction ; on est obligé de recourir à des expédients ; par exemple, on se servira de deux lettres pour désigner un seul son. C'est le cas pour le *þ* (fricative dentale sourde) des langues germaniques : l'alphabet latin n'offrant aucun signe pour le représenter, on le rendit par *th*. Le roi mérovingien Chilpéric essaya d'ajouter aux lettres latines un signe spécial pour ce son ; mais il n'y réussit pas, et l'usage a consacré *th*. L'anglais du moyen âge avait un *e* fermé (par exemple dans *sed* « semence ») et un *e* ouvert (par exemple dans *led* « conduire ») ; l'alphabet n'offrant pas de signes distincts pour ces deux sons, on imagina d'écrire *seed* et *lead*. En français, pour représenter la chuintante *š*, on recourut au signe double *ch*, etc., etc.

Il y a encore la préoccupation étymologique ; elle a été prépondérante à certaines époques, par exemple à la Renaissance. Souvent même c'est une fausse étymologie qui impose une graphie ; ainsi, on a introduit un *d* dans notre mot *poids*, comme s'il venait du latin *pondus*, alors qu'en réalité il vient de *pensum*. Mais il importe peu que l'application du principe soit correcte ou non : c'est le principe même de l'écriture étymologique qui est erroné.

Ailleurs, la cause échappe ; certaines chinoiseries n'ont pas même l'excuse de l'étymologie. Pourquoi a-t-on écrit en allemand *thun* au lieu de *tun* ? On a dit que le *h* représente l'aspirée qui suit la consonne ; mais alors il fallait l'introduire partout où la même aspiration se présente, et une foule de mots ne l'ont jamais reçu (*Tugend, Tisch*, etc.).

[99] ## § 5. EFFETS DE CE DÉSACCORD.*

Il serait trop long de classer les inconséquences de l'écriture. Une des plus malheureuses est la multiplicité des signes pour le même son. Ainsi pour *ž* nous avons en français : *j, g, ge* (*joli, geler, geai*) ; pour *z : z* et *s* ; pour *s, c,* '*ç* et *t* (*nation*) ; *ss* (*chasser*), *sc* (*acquiescer*), *sç* (*acquiesçant*), *x* (*dix*) ; pour *k* : *c, qu, k, ch, cc, cqu* (*acquérir*). Inversement plusieurs valeurs sont figurées par le même signe : ainsi *t* représente *t* ou *s*,

[100] *g* représente *g* ou *ž*, etc.*

Signalons encore les « graphies indirectes ». En allemand, bien qu'il n'y ait point de consonnes doubles dans *Zettel*, *Teller*, etc., on écrit *tt*, *ll* à seule fin d'indiquer que la voyelle précédente est brève et ouverte. C'est par une aberration du même genre que l'anglais ajoute un *e* muet final pour allonger la voyelle qui précède ; comparez *made* (prononcez *mēd*) et *mad* (prononcez *măd*). Cet *e*, qui intéresse en réalité l'unique syllabe, en crée une seconde pour l'œil.

Ces graphies irrationnelles correspondent encore à quelque chose dans la langue ; mais d'autres ne riment à rien. Le français actuel n'a pas de consonnes doubles, sauf dans les futurs anciens *mourrai*, *courrai* : néanmoins, notre orthographe fourmille de consonnes doubles illégitimes (*bourru*, *sottise*, *souffrir*, etc.).

Il arrive aussi que, n'étant pas fixée et cherchant sa règle, l'écriture hésite ; de là ces orthographes fluctuantes qui représentent les essais faits à diverses époques pour figurer les sons. Ainsi dans *ertha*, *erdha*, *erda*, ou bien *thrī*, *dhrī*, *drī*, du vieux haut allemand, *th*, *dh*, *d* figurent bien le même élément phonique ; mais lequel ? Impossible de le savoir par l'écriture. Il en résulte cette complication que, en face de deux graphies pour une même forme, on ne peut pas toujours décider s'il s'agit réellement de deux prononciations. Les documents de dialectes voisins notent le même mot les uns *asca*, les autres *áscha* ; si ce sont les mêmes sons, c'est un cas d'orthographe fluctuante ; sinon, la différence est phonologique et dialectale, comme dans les formes grecques *paízō*, *paízdō*, *paîddō*. Ou bien encore il s'agit de deux époques successives ; on rencontre en anglais d'abord *hwat*, *hweel*, etc., puis *what*, *wheel*, etc., sommes-nous en présence d'un changement de graphie ou d'un changement phonétique ?

Le résultat évident de tout cela, c'est que l'écriture voile la vue de la langue : elle n'est pas un vêtement, mais un travestissement, On le voit bien par l'orthographe du mot français *oiseau*, où pas un des sons du mot parlé (*wazo*) n'est représenté par son signe propre ; il ne reste rien de l'image de la langue.

Un autre résultat, c'est que moins l'écriture représente ce qu'elle doit représenter, plus se renforce la tendance à la prendre pour base ; les grammairiens s'acharnent à attirer l'attention sur la forme écrite. Psychologiquement, la chose s'explique très bien, mais elle a des conséquences fâcheuses. L'emploi qu'on fait des mots « prononcer » et « prononciation » est une consécration de cet abus et renverse le rapport légitime et réel existant entre l'écriture et la langue. Quand on dit qu'il faut prononcer une lettre de telle ou telle façon, on prend l'image pour le modèle. Pour que *oi* puisse se prononcer *wa*, il faudrait qu'il existât pour lui-même. En réalité, c'est *wa* qui s'écrit *oi*. Pour expliquer cette bizarrerie, on ajoute que dans ce cas il s'agit d'une prononciation exceptionnelle de *o* et de *i* ; encore une expression fausse, puisqu'elle implique une dépendance de la langue à l'égard de la forme écrite. On dirait qu'on se permet quelque chose contre l'écriture, comme si le signe graphique était la norme.

Ces fictions se manifestent jusque dans les règles grammaticales, par exemple celle de l'*h* en français. Nous avons des mots à initiale vocalique sans aspiration, mais qui ont reçu *h* par souvenir de leur forme latine ; ainsi *homme* (anciennement *ome*), à cause de *homo*. Mais nous en avons d'autres, venus du germanique, dont l'*h* a été réellement prononcé : *hache*, *hareng*, *honte*, etc. Tant que l'aspiration subsista, ces mots se plièrent aux lois relatives aux consonnes initiales ; on disait : *deu haches*, *le hareng*, tandis que, selon la loi des mots commençant par une voyelle, on disait *deu-z-hommes*, *l'omme*. A cette époque, la règle : « devant *h* aspiré la liaison et l'élision ne se font pas » était correcte. Mais actuellement cette formule est vide de sens ; l'*h* aspiré n'existe plus, à moins qu'on n'appelle de ce nom cette chose qui n'est pas un son, mais devant laquelle on ne fait ni liaison ni élision. C'est donc un cercle vicieux, et l'*h* n'est qu'un être fictif issu de l'écriture.

Ce qui fixe la prononciation d'un mot, ce n'est pas son orthographe, c'est son histoire. Sa forme, à un moment donné, représente un moment de l'évolution qu'il est forcé de suivre et qui est réglée par des lois précises. Chaque étape peut être fixée par celle qui précède. La seule chose à considérer, celle qu'on oublie le plus, c'est l'ascendance du mot, son étymologie.

Le nom de la ville d'Auch est *oš* en transcription phonétique. C'est le seul cas où le *ch* de notre orthographe représente *š* à la fin du mot. Ce n'est pas une explication que de dire : *ch* final ne se prononce *š* que dans ce mot. La seule question est de savoir comment le latin *Auscii* a pu en se transformant devenir *oš* ; l'orthographe n'importe pas.

Doit-on prononcer *gageure* avec *ö* ou avec *ü* ? Les uns répondent : *gažör*, puisque *heure* se prononce *ör*. D'autres disent : non, mais *gažür*, car *ge* équivaut à *ž* dans *geôle* par exemple. Vain débat ! La vraie question est étymologique : *gageure* a été formé sur *gager* comme *tournure* sur *tourner* ; ils appartiennent au même type de dérivation : *gažür* est seul justifié ; *gažör* est une prononciation due uniquement à l'équivoque de l'écriture.

Mais la tyrannie de la lettre va plus loin encore : à force de s'imposer à la masse, elle influe sur la langue et la modifie. Cela n'arrive que dans les idiomes très littéraires, où le document écrit joue un rôle considérable. Alors l'image visuelle arrive à créer des prononciations vicieuses ; c'est là proprement un fait pathologique. Cela se voit souvent en français. Ainsi pour le nom de famille *Lefèvre* (du latin *faber*), il y avait deux graphies, l'une populaire et simple, *Lefèvre*, l'autre savante et étymologique, *Lefèbvre*. Grâce à la confusion de *v* et *u* dans l'ancienne écriture, *Lefèbvre* a été lu *Lefé-*

bure, avec un *b* qui n'a jamais existé réellement dans le mot, et un *u* provenant d'une équivoque. Or maintenant cette forme est réellement prononcée.

Il est probable que ces déformations deviendront toujours plus fréquentes, et que l'on prononcera de plus en plus les lettres inutiles. A Paris, on dit déjà : *sept femmes* en faisant sonner le *t* ; Darmesteter prévoit le jour où l'on prononcera même les deux lettres finales de *vingt,* véritable monstruosité [101] orthographique.*

Ces déformations phoniques appartiennent bien à la langue, seulement elles ne résultent pas de son jeu naturel ; elles sont dues à un facteur qui lui est étranger. La linguistique doit les mettre en observation dans un compartiment spécial : ce sont des cas tératologiques.

CHAPITRE VII

LA PHONOLOGIE

§ 1. DÉFINITION.*

Quand on supprime l'écriture par la pensée, celui qu'on prive de cette image sensible risque de ne plus apercevoir qu'une masse informe dont il ne sait que faire. C'est comme si l'on retirait à l'apprenti nageur sa ceinture de liège.

Il faudrait substituer tout de suite le naturel à l'artificiel ; mais cela est impossible tant qu'on n'a pas étudié les sons de la langue ; car détachés de leurs signes graphiques, ils ne représentent plus que des notions vagues, et l'on préfère encore l'appui, même trompeur, de l'écriture. Aussi les premiers linguistes, qui ignoraient tout de la physiologie des sons articulés, sont-ils tombés à tout instant dans ces pièges ; lâcher la lettre, c'était pour eux perdre pied ; pour nous, c'est un premier pas vers la vérité ; car c'est l'étude des sons eux-mêmes qui nous fournit le secours que nous cherchons. Les linguistes de l'époque moderne l'ont enfin compris ; reprenant pour leur compte des recherches inaugurées par d'autres (physiologistes, théoriciens du chant, etc.), ils ont doté la linguistique d'une science auxiliaire qui l'a affranchie du mot écrit.

La physiologie des sons (all. *Laut-* ou *Sprachphysiologie*) est souvent appelée « phonétique » (all. *Phonetik*, angl. *phonetics*). Ce terme nous semble impropre ; nous le remplaçons par celui de *phonologie*. Car *phonétique* a d'abord désigné et doit continuer à désigner l'étude des évolutions des sons ; l'on ne saurait confondre sous un même nom deux études absolument distinctes. La phonétique est une science historique ; elle analyse des événements, des transformations et se meut dans le temps. La phonologie est en dehors du temps, puisque le mécanisme de l'articulation reste toujours [103] semblable à lui-même.*

Mais non seulement ces deux études ne se confondent pas, elles ne peuvent même pas s'opposer. La première est une des parties essentielles de la science de la langue ; la phonologie, elle, — il faut le répéter, — n'en est qu'une discipline auxiliaire et ne relève que de la parole (voir p. 36). Sans doute on ne voit pas bien à quoi serviraient les mouvements phonatoires si la langue n'existait pas ; mais ils ne la constituent pas, et quand on a expliqué tous les mouvements de l'appareil vocal nécessaires pour produire chaque impression acoustique, on n'a éclairé en rien le problème de la langue. Celle-ci est un système basé sur l'opposition psychique de ces impressions acoustiques, de même qu'une tapisserie est une œuvre d'art produite par l'opposition visuelle entre des fils de couleurs diverses ; or, ce qui importe pour l'analyse, c'est le jeu de ces oppositions, non les procédés par lesquels les couleurs ont été obtenues.

Pour l'esquisse d'un système de phonologie nous renvoyons à l'Appendice, p. 63 ; ici, nous rechercherons seulement quel secours la linguistique peut attendre de cette science pour échapper aux illusions de l'écriture.

[104]   § 2. L'ÉCRITURE PHONOLOGIQUE.*

Le linguiste demande avant tout qu'on lui fournisse un moyen de représenter les sons articulés qui supprime toute équivoque. De fait, d'innombrables systèmes graphiques ont [105] été proposés.*

Quels sont les principes d'une véritable écriture phonologique ? Elle doit viser à représenter par un signe chaque élément de la chaîne parlée. On ne tient pas toujours compte de cette exigence : ainsi les phonologistes anglais, préoccupés de classification plutôt que d'analyse, ont pour certains sons des signes de deux et même trois lettres.*En [106] outre la distinction entre sons explosifs et sons implosifs (voir p. 77 sv.) devrait, comme nous le dirons, être faite rigoureusement.

Y a-t-il lieu de substituer un alphabet phonologique à l'orthographe usuelle ? Cette question intéressante ne peut être qu'effleurée ici ; selon nous l'écriture phonologique doit rester au service des seuls linguistes. D'abord, comment faire adopter un système uniforme aux Anglais, aux Allemands, aux Français, etc. ! En outre un alphabet applicable à toutes les langues risquerait d'être encombré de signes diacritiques ; et sans parler de l'aspect désolant que présenterait une page d'un texte pareil, il est évident qu'à force de préciser, cette écriture obscurcirait ce qu'elle veut éclaircir, et embrouillerait le lecteur. Ces inconvénients ne seraient pas compensés par des avantages suffisants. En dehors de la science, l'exactitude phonologique n'est pas très désirable.* [107]

Il y a aussi la question de la lecture. Nous lisons de deux manières : le mot nouveau ou inconnu est épelé lettre après lettre ; mais le mot usuel et familier s'embrasse d'un seul coup d'œil, indépendamment des lettres qui le composent ; l'image de ce mot acquiert pour nous une valeur idéographique. Ici l'orthographe traditionnelle peut revendiquer ses droits : il est utile de distinguer *tant* et *temps*, — *et*, *est* et *ait*, — *du* et *dû*, — *il devait* et *ils devaient*, etc. Souhaitons seulement de voir l'écriture usuelle débarrassée de ses plus grosses absurdités ; si dans l'enseignement des langues un alphabet phonologique peut rendre des services, on ne saurait en généraliser l'emploi.

§ 3. CRITIQUE DU TÉMOIGNAGE DE L'ÉCRITURE.*

C'est donc une erreur de croire qu'après avoir reconnu le caractère trompeur de l'écriture, la première chose à faire soit de réformer l'orthographe. Le véritable service que nous rend la phonologie est de nous permettre de prendre certaines précautions vis-à-vis de cette forme écrite, par laquelle nous devons passer pour arriver à la langue. Le témoignage de l'écriture n'a de valeur qu'à la condition d'être interprété. Devant chaque cas il faut dresser le *système phonologique* de l'idiome étudié, c'est-à-dire le tableau des sons qu'il met en œuvre ; chaque langue, en effet, opère sur un nombre déterminé de phonèmes bien différenciés. Ce système est la seule réalité qui intéresse le linguiste. Les signes graphiques n'en sont qu'une image dont l'exactitude est à déterminer. La difficulté de cette détermination varie selon les idiomes et les circonstances.

Quand il s'agit d'une langue appartenant au passé, nous en sommes réduits à des données indirectes ; quelles sont alors les ressources à utiliser pour établir le système phonologique ?

1º D'abord des *indices externes,* et avant tout le témoignage des contemporains qui ont décrit les sons et la prononciation de leur époque. Ainsi les grammairiens français des XVIe et XVIIe siècles, surtout ceux qui voulaient renseigner les étrangers, nous ont laissé beaucoup de remarques intéressantes. Mais cette source d'information est très peu sûre, parce que ces auteurs n'ont aucune méthode phonologique. Leurs descriptions sont faites avec des termes de fortune, sans rigueur scientifique. Leur témoignage doit donc être à son tour interprété. Ainsi les noms donnés aux sons fournissent des indices trop souvent ambigus : les grammairiens grecs désignaient les sonores (comme *b, d, g*) par le terme de consonnes « moyennes » (*mésai*), et les sourdes (comme *p*, *t*, *k*) par celui de *psīlaí*, que les Latins traduisaient par *tenuēs*.

2⁰ On peut trouver des renseignements plus sûrs en combinant ces premières données avec les *indices internes*, que nous classerons sous deux rubriques.

a) Indices tirés de la régularité des évolutions phonétiques.

Quand il s'agit de déterminer la valeur d'une lettre, il est très important de savoir ce qu'a été à une époque antérieure le son qu'elle représente. Sa valeur actuelle est le résultat d'une évolution qui permet d'écarter d'emblée certaines hypothèses. Ainsi nous ne savons pas exactement quelle était la valeur du *ç* sanscrit, mais comme il continue le *k* palatal indo-européen, cette donnée limite nettement le champ des suppositions.

Si, outre le point de départ, on connaît encore l'évolutiou parallèle de sons analogues de la même langue à la même époque, on peut raisonner par analogie et tirer une proportion.

Le problème est naturellement plus facile s'il s'agit de déterminer une prononciation intermédiaire, dont on connaît à la fois le point de départ et le point d'arrivée.*Le *au* [109] français (par exemple dans *sauter*) était nécessairement une diphtongue au moyen âge, puisqu'il se trouve placé entre un plus ancien *al* et le *ò* du français moderne ; et si l'on apprend par une autre voie qu'à un moment donné la diphtongue *au* existait encore, il est bien certain qu'elle existait aussi dans la période précédente. Nous ne savons pas exactement ce que figure le *z* d'un mot comme le vieux haut allemand *wazer* ; mais les points de repère sont, d'une part, le plus ancien *water*, et de l'autre, la forme moderne *wasser*. Ce *z* doit donc être un son intermédiaire entre *t* et *s* ; nous pouvons rejeter toute hypothèse qui ne serait conciliable qu'avec le *t* ou avec le *s* ; il est par exemple impossible de croire qu'il ait représenté une palatale, car entre deux articulations dentales on ne peut supposer qu'une dentale.

b) Indices contemporains. Ils sont de plusieurs espèces.

Ainsi la diversité des graphies : on trouve écrit, à une certaine époque du vieux haut allemand : *wazer, zehan, ezan,* mais jamais *wacer, cehan,* etc. Si d'autre part on trouve aussi *esan* et *essan, waser* et *wasser,* etc., on en conclura que ce *z* avait un son très voisin de *s,* mais assez différent de ce qui est représenté par *c* à la même époque. Quand plus tard on rencontrera des formes comme *wacer,* etc., cela prouvera que ces deux phonèmes, jadis nettement distincts, se sont plus ou moins confondus.

Les textes poétiques sont des documents précieux pour la connaissance de la prononciation : selon que le système de versification est fondé sur le nombre des syllabes, sur la quantité ou sur la conformité des sons (allitération, assonance, rime), ces monuments nous fourniront des renseignements sur ces divers points. Si le grec distingue certaines longues par la graphie (par exemple $\bar{o}$, noté ω), pour d'autres il néglige cette précision ; c'est aux poètes qu'il faut demander des renseignements sur la quantité de *a, i* et *u*. En vieux français la rime permet de connaître, par exemple, jusqu'à quelle époque les consonnes finales de *gras* et *faz* (latin, *faciō* « je fais ») ont été différentes, à partir de quel moment elles se sont rapprochées et confondues. La rime et l'assonance nous apprennent encore qu'en vieux français les *e* provenant d'un *a* latin (par exemple *père* de *patrem, tel* de *talem, mer* de *mare*) avaient un son tout différent des autres *e*. Jamais ces mots ne riment ou n'assonent avec *elle* (de *illa*), *vert* (de *viridem*), *belle* (de *bella*), etc., etc.

Mentionnons pour terminer la graphie des mots empruntés à une langue étrangère, les jeux de mots, les coq-à-l'âne, etc. Ainsi en gotique, *kawtsjo* renseigne sur la prononciation de *cautio* en bas latin. La prononciation *rwè* pour *roi* est attestée pour la fin du xviiie siècle par l'anectode suivante, citée par Nyrop, *Grammaire historique de la langue française*, I³, p. 178 : au tribunal révolutionnaire on demande à une femme si elle n'a pas dit devant témoins qu'il fallait un roi ; elle répond « qu'elle n'a point parlé d'un *roi* tel qu'était Capet ou tout autre, mais d'un *rouet maître*, instrument à filer. »* [110]

Tous ces procédés d'information nous aident à connaître dans une certaine mesure le système phonologique d'une époque et à rectifier le témoignage de l'écriture tout en le mettant à profit.

Quand il s'agit d'une langue vivante, la seule méthode rationnelle consiste : *a*) à établir le système des sons tel qu'il est reconnu par l'observation directe ; *b*) à mettre en regard le système des signes qui servent à représenter — imparfaitement — les sons. Beaucoup de grammairiens s'en tiennent encore à l'ancienne méthode, critiquée plus haut, qui consiste à dire comment chaque lettre se prononce dans la langue qu'ils veulent décrire. Par ce moyen il est impossible de présenter clairement le système phonologique d'un idiome.

Cependant, il est certain qu'on a déjà fait de grands progrès dans ce domaine, et que les phonologistes ont beaucoup contribué à réformer nos idées sur l'écriture et l'orthographe.

PRINCIPES DE PHONOLOGIE

CHAPITRE PREMIER

LES ESPÈCES PHONOLOGIQUES

§ 1. DÉFINITION DU PHONÈME.*   [111]

[Pour cette partie nous avons pu utiliser la reproduction sténographique de trois conférences faites par F. de S. en 1897 sur la *Théorie de la syllabe,* où il touche aussi aux principes généraux du premier chapitre ; en outre une bonne partie de ses notes personnelles ont trait à la phonologie ; sur bien des points elles éclairent et complètent les données fournies par les cours I et III. (*Ed.*)]*   [112]

Beaucoup de phonologistes s'attachent presque exclusivement à l'acte de phonation, c'est-à-dire à la production des sons par les organes (larynx, bouche, etc.), et négligent le côté acoustique. Cette méthode n'est pas correcte : non seulement l'impression produite sur l'oreille nous est donnée aussi directement que l'image motrice des organes, mais encore c'est elle qui est la base naturelle de toute théorie.*   [113]

La donnée acoustique existe déjà inconsciemment lorsqu'on aborde les unités phonologiques ; c'est par l'oreille que

nous savons ce que c'est qu'un *b*, un *t*, etc. Si l'on pouvait reproduire au moyen d'un cinématographe tous les mouvements de la bouche et du larynx exécutant une chaîne de sons, il serait impossible de découvrir des subdivisions dans cette suite de mouvements articulatoires ; on ne sait où un son commence, où l'autre finit. Comment affirmer, sans l'impression acoustique, que dans *fāl*, par exemple, il y a trois unités, et non deux ou quatre ? C'est dans la chaîne de la parole entendue que l'on peut percevoir immédiatement si un son reste ou non semblable à lui-même ; tant qu'on a l'impression de quelque chose d'homogène, ce son est unique. Ce qui importe, ce n'est pas non plus sa durée en croches ou doubles croches (cf. *fāl* et *făl*), mais la qualité de l'impression. La chaîne acoustique ne se divise pas en temps égaux, mais en temps homogènes, caractérisés par l'unité d'impression, et c'est là le point de départ naturel
[114] pour l'étude phonologique.*

A cet égard l'alphabet grec primitif mérite notre admiration. Chaque son simple y est représenté par un seul signe graphique, et réciproquement chaque signe correspond à un son simple, toujours le même. C'est une découverte de génie, dont les Latins ont hérité. Dans la notation du mot *bárbaros* « barbare », ΒΑΡΒΑΡΟΣ, chaque lettre correspond à un temps homogène ; dans la figure ci-dessus la ligne horizontale représente la chaîne phonique, les petites barres verticales les passages d'un son à un autre. Dans l'alphabet grec primitif, on ne trouve pas de graphies complexes comme notre « *ch* » pour *š*, ni de représentations doubles d'un son unique comme « *c* » et « *s* » pour *s*, pas non plus de signe simple pour un son double, comme « *x* » pour *ks*. Ce principe, nécessaire et suffisant pour une bonne écriture phonologique, les Grecs l'ont réalisé presque intégralement[1].

---

1. Il est vrai qu'ils ont écrit Χ, Θ, Φ pour *kh, th, ph*; ΦΕΡΩ représente

Les autres peuples n'ont pas aperçu ce principe, et leurs alphabets n'analysent pas la chaîne parlée en ses phases acoustiques homogènes. Les Cypriotes, par exemple, se sont arrêtés à des unités plus complexes, du type *pa, ti, ko,* etc. ; on appelle cette notation syllabique ; désignation quelque peu inexacte, puisqu'une syllabe peut être formée sur d'autres types encore, par exemple *pak, tra,* etc. Les Sémites, eux, n'ont marqué que les consonnes ; un mot comme *bárbaros* aurait été noté par eux BRBRS.

La délimitation des sons de la chaîne parlée ne peut donc reposer que sur l'impression acoustique ; mais pour leur description, il en va autrement. Elle ne saurait être faite que sur la base de l'acte articulatoire, car les unités acoustiques prises dans leur propre chaîne sont inanalysables. Il faut recourir à la chaîne des mouvements de phonation ; on remarque alors qu'au même son correspond le même acte : b (temps acoustique) $= b'$ (temps articulatoire). Les premières unités qu'on obtient en découpant la chaîne parlée seront composées de b et b' ; on les appelle *phonèmes* ; le phonème est la somme des impressions acoustiques et des mouvements articulatoires, de l'unité entendue et de l'unité parlée, l'une conditionnant l'autre : ainsi c'est déjà une unité complexe, qui a un pied dans chaque chaîne.* [115]

Les éléments que l'on obtient d'abord par l'analyse de la chaîne parlée sont comme les anneaux de cette chaîne, des moments irréductibles qu'on ne peut pas considérer

phérō ; mais c'est une innovation postérieure ; les inscriptions archaïques notent KHAPIΣ et non XAPIΣ. Les mêmes inscriptions offrent deux signes pour k, le *kappa* et le *koppa,* mais le fait est différent : il s'agissait de noter deux nuances réelles de la prononciation, le k étant tantôt palatal, tantôt vélaire ; d'ailleurs le *koppa* a disparu dans la suite. Enfin, point plus délicat, les inscriptions primitives grecques et latines notent souvent une consonne double par une lettre simple ; ainsi le mot latin *fuisse* a été écrit *FUISE ;* donc infraction au principe, puisque ce double s dure deux temps qui, nous le verrons, ne sont pas homogènes et donnent des impressions distinctes ; mais erreur excusable, puisque ces deux sons, sans se confondre, présentent un caractère commun (cf. p. 79 sv.).

en dehors du temps qu'ils occupent. Ainsi un ensemble comme *ta* sera toujours un moment plus un moment, un fragment d'une certaine étendue plus un autre fragment. En revanche le fragment irréductible *t*, pris à part, peut être considéré *in abstracto*, en dehors du temps. On peut parler de *t* en général, comme de l'espèce *T* (nous désignerons les espèces par des majuscules), de *i* comme de l'espèce *I*, en ne s'attachant qu'au caractère distinctif, sans se préoccuper de tout ce qui dépend de la succession dans le temps. De la même façon un ensemble musical, *do, ré, mi* ne peut être traité que comme une série concrète dans le temps ; mais si je prends un de ses éléments irréductibles, je puis le considérer *in abstracto*.

Après avoir analysé un nombre suffisant de chaînes parlées appartenant à diverses langues, on arrive à connaître et à classer les éléments avec lesquels elles opèrent ; on constate alors que, si l'on néglige des nuances acoustiquement indifférentes, le nombre des espèces données n'est pas indéfini. On en trouvera la liste et la description détaillée dans les ouvrages spéciaux[1] ; ici nous voudrions montrer sur quels principes constants et très simples toute classification de ce [116] genre est fondée.*

Mais disons tout d'abord quelques mots de l'appareil vocal, du jeu possible des organes et du rôle de ces mêmes organes comme producteurs du son.

[117]   § 2. L'APPAREIL VOCAL ET SON FONCTIONNEMENT[2].*

1. Pour la description de l'appareil, nous nous bornons à une figure schématique, où *A* désigne la cavité nasale, *B* la

---

1. Cf. Sievers, *Grundzüge der Phonetik*, 5e *éd.* 1902 ; Jespersen, *Lehrbuch der Phonetik*, 2e éd. 1913 : Roudet, *Eléments de phonétique générale*, 1910.
2. La description un peu sommaire de F. de Saussure a été complétée d'après le *Lehrbuch der Phonetik* de M. Jespersen, auquel nous avons aussi emprunté le principe d'après lequel les formules des phonèmes seront

cavité buccale, *C* le larynx, contenant la glotte ₃ entre les deux cordes vocales.

Dans la bouche il est essentiel de distinguer les lèvres α et *a*, la langue β — γ (β désignant la pointe et γ tout le reste), les dents supé-rieures *d*, le palais, comprenant une partie antérieure, osseuse et inerte *f-h*, et une partie postérieure, molle et mobile ou voile du pa-lais *i*, enfin la luette δ. Les lettres grecques désignent les organes actifs dans l'articula-tion, les lettres latines les parties passives.

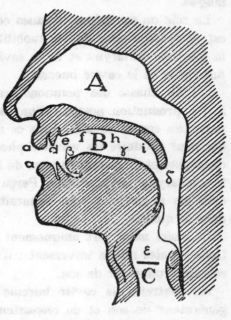

La glotte ε, formée de deux muscles paral-lèles ou cordes vocales, s'ouvre par leur écar-tement ou se ferme par leur resserrement. La fermeture complète n'entre pour ainsi dire pas en ligne de compte ; quant à l'ouverture, elle est tantôt large, tantôt étroite. Dans le premier cas, l'air pas-sant librement, les cordes vocales ne vibrent pas ; dans le second, le passage de l'air détermine des vibrations sonores. Il n'y a pas d'autre alternative dans l'émission normale des sons.

La cavité nasale est un organe tout à fait immobile ; le pas-sage de l'air peut être arrêté par le relèvement de la luette δ, rien de plus ; c'est une porte ouverte ou fermée.

établies ci-dessous. Mais il s'agit là de questions de forme, de mise au point, et le lecteur se convaincra que ces changements n'altèrent nulle part la pensée de F. de S. (*Ed.*).

Quant à la cavité buccale, elle offre un jeu possible très varié : on peut augmenter la longueur du canal par les lèvres, enfler ou desserrer les joues, rétrécir et même fermer la cavité par les mouvements infiniment divers des lèvres et de la langue.

Le rôle de ces mêmes organes comme producteurs du son est en raison directe de leur mobilité : même uniformité dans la fonction du larynx et de la cavité nasale, même diversité dans celle de la cavité buccale.

L'air chassé des poumons traverse d'abord la glotte, il y a production possible d'un son laryngé par rapprochement des cordes vocales. Mais ce n'est pas le jeu du larynx qui peut produire les variétés phonologiques permettant de distinguer et de classer les sons de la langue ; sous ce rapport le son laryngé est uniforme. Perçu directement, tel qu'il est émis par la glotte, il nous apparaîtrait à peu près invariable dans sa qualité.

Le canal nasal sert uniquement de résonateur aux vibrations vocales qui le traversent ; il n'a donc pas non' plus le rôle de producteur de son.

Au contraire, la cavité buccale cumule les fonctions de générateur de son et de résonateur. Si la glotte est largement ouverte, aucune vibration laryngienne ne se produit, et le son qu'on percevra n'est parti que de la cavité buccale (nous laissons au physicien le soin de décider si c'est un son ou simplement un bruit). Si au contraire le rapprochement des cordes vocales fait vibrer la glotte, la bouche intervient principalement comme modificateur du son laryngé.

Ainsi, dans la production du son, les facteurs qui peuvent entrer en jeu sont l'expiration, l'articulation buccale, la vibration du larynx et la résonance nasale.

Mais énumérer ces facteurs de production du son, ce n'est pas encore déterminer les éléments différentiels des phonèmes. Pour classer ces derniers. il importe bien moins de savoir en quoi ils consistent que ce qui les distingue les uns des autres. Or un facteur négatif peut avoir plus d'importance pour la classification qu'un facteur positif. Par exemple l'expiration, élément positif, mais qui intervient dans tout acte phonatoire, n'a pas de valeur différenciatrice ; tandis que l'absence de résonance nasale, facteur négatif, servira, aussi bien que sa présence, à caractériser des phonèmes. L'essentiel est donc que deux des facteurs énumérés plus haut, sont constants, nécessaires et suffisants pour la production du son :

  a) l'expiration,
  b) l'articulation buccale,

tandis que les deux autres peuvent manquer ou se surajouter aux premiers :

  c) la vibration du larynx,
  d) la résonance nasale.

D'autre part, nous savons déjà que a, c et d sont uniformes, tandis que b comporte des variétés infinies.

En outre il faut se souvenir qu'un phonème est identifié quand on a déterminé l'acte phonatoire, et que réciproquement on aura déterminé toutes les espèces de phonèmes en identifiant tous les actes phonatoires. Or ceux-ci, comme le montre notre classification des facteurs en jeu dans la production du son, ne se trouvent différenciés que par les trois derniers. Il faudra donc établir pour chaque phonème : quelle est son articulation buccale, s'il comporte un son laryngé (⌇⌇⌇) ou non ([]), s'il comporte une résonance nasale (....) ou non ([] . Quand l'un de ces trois éléments n'est pas déterminé, l'identification du son est incomplète ; mais dès qu'ils sont connus tous les trois, leurs combinaisons diverses déterminent toutes les espèces essentielles d'actes phonatoires.

On obtient ainsi le schéma des variations possibles :

	I	II	III	IV
a b	Expiration Art. bucc.	Expiration Art. bucc.	Expiration Art. bucc.	Expiration Art. bucc.
c	[]	~~~	[]	~~~
d	[]	[]	.....	.....

La colonne I désigne les sons *sourds*. II les sons *sonores*, III les sons sourds nasalisés, IV les sons sonores nasalisés.

Mais une inconnue subsiste : la nature de l'articulation buccale ; il importe donc d'en déterminer les variétés possibles.

§ 3. CLASSIFICATION DES SONS D'APRÈS LEUR ARTICULATION BUCCALE.*

[118]

On classe généralement les sons d'après le lieu de leur articulation. Notre point de départ sera différent. Quelle que soit la place de l'articulation, elle présente toujours une certaine *aperture*, c'est-à-dire un certain degré d'ouverture entre deux limites extrêmes qui sont : l'occlusion complète et l'ouverture maximale. Sur cette base, et en allant de l'aperture minimale à l'aperture maximale, les sons seront classés en sept catégories désignées par les chiffres 0, 1, 2, 3, 4, 5, 6. C'est seulement à l'intérieur de chacune d'elles que nous répartirons les phonèmes en divers types d'après le lieu de leur articulation propre.

Nous nous conformerons à la terminologie courante, bien qu'elle soit imparfaite ou incorrecte sur plusieurs points : des termes tels que gutturales, palatales, dentales, liquides, etc. sont tous plus ou moins illogiques. Il serait plus rationnel de diviser le palais en un certain nombre d'aires ; de la sorte, et en tenant compte de l'articulation linguale, on pourrait toujours dire vis-à-vis de quel point se trouve dans chaque cas le resserrement principal. Nous nous inspirerons de cette idée, et, utilisant les lettres de la figure p. 67, nous symboliserons chaque articulation par une formule où le chiffre d'aperture se trouve placé entre la lettre grecque marquant l'organe actif (à gauche) et la lettre latine désignant l'organe passif (à droite). Ainsi β o e veut dire qu'avec le degré d'aperture correspondant à l'occlusion complète, la pointe de la langue β s'applique contre les alvéoles des dents supérieures e.

Enfin, dans l'intérieur de chaque articulation, les diverses espèces de phonèmes se distinguent par les concomitances — son laryngé et résonance nasale — dont l'absence aussi bien que la présence sera un élément de différenciation.

C'est d'après ce principe que nous allons classer les sons. Il s'agit d'un simple schéma de classification rationnelle ; on ne doit donc pas s'attendre à y trouver des phonèmes d'un caractère complexe ou spécial, quelle que soit leur importance pratique, par exemple les aspirées (*ph*, *dh*, etc.), les affriquées (*ts*, *dž*, *pf*, etc.), les consonnes mouillées, les voyelles faibles (ə ou *e* muet, etc.), ni inversement des phonèmes simples qui sont dépourvus d'importance pratique et n'entrent pas en ligne de compte comme sons différenciés.

A. — APERTURE ZÉRO : OCCLUSIVES. Cette classe renferme tous les phonèmes obtenus par la fermeture complète, l'occlusion hermétique mais momentanée de la cavité buccale. Il n'y a pas lieu d'examiner si le son est produit au moment de la fermeture ou à celui de l'ouverture ; en réalité il peut se produire des deux manières (voir p. 79 sv.).

D'après le lieu d'articulation on distingue trois types principaux d'occlusives : le type labial (*p*, *b*, *m*), le type dental (*t*, *d*, *n*), le type dit guttural (*k*, *g*, *ṅ*).

Le premier s'articule avec les deux lèvres ; dans le second l'extrémité de la langue s'applique sur l'avant du palais;

dans le troisième le dos de la langue est en contact avec l'arrière du palais.

Dans beaucoup de langues, notamment en indo-européen, on distingue nettement deux articulations gutturales, l'une, palatale, sur ʃ-h, l'autre, vélaire, sur i. Mais ailleurs, en français par exemple, on néglige cette différence, et l'oreille assimile un k d'arrière, comme celui de *court*, à un k d'avant, comme celui de *qui*.

Le tableau suivant montre les formules de ces divers phonèmes :

LABIALES			DENTALES			GUTTURALES		
p	b	(m)	t	d	(n)	k	g	(n)
αOa	αOa	αOa	βOe	βOe	βOe	γOh	γOh	γOh
[]	~~~	~~~	[]	~~~	~~~	[]	~~~	~~~
[[	[]	.....	[]	[]	.....	[]	[]	.....

Les nasales m, n, ɲ sont proprement des occlusives sonores nasalisées ; quand on prononce *amba*, la luette se relève pour fermer les fosses nasales au moment où l'on passe de m à b.

En théorie chaque type possède une nasale sans vibration glottale, ou sourde ; c'est ainsi que dans les langues scandinaves m sourd existe après une sourde ; on en trouverait aussi des exemples en français, mais les sujets parlants n'y voient pas un élément différentiel.

Les nasales figurent entre parenthèses dans le tableau ; en effet si leur articulation comporte une fermeture complète de la bouche, l'ouverture du canal nasal leur confère un caractère d'aperture supérieur (voir classe C).

B. — APERTURE 1 ; FRICATIVES OU SPIRANTES, caractérisées par une fermeture incomplète de la cavité buccale, permettant le passage de l'air. Le terme de spirante est tout à fait général ; celui de fricative, sans rien dire sur le degré de fermeture, rappelle l'impression de frottement produite par le passage de l'air (lat. *fricāre*).

Dans cette classe on ne peut plus s'en tenir à trois types, comme dans la première catégorie. D'abord les labiales proprement dites (correspondant aux occlusives *p* et *b*), sont d'un emploi très rare ; nous en faisons abstraction ; elles sont ordinairement remplacées par les labio-dentales, produites par le rapprochement de la lèvre inférieure et des dents (*f* et *v* français) ; les dentales se divisent en plusieurs variétés, suivant la forme que prend l'extrémité de la langue dans le resserrement ; sans les détailler, nous désignerons par β, β′ et β″ les diverses formes de la pointe de la langue. Dans les sons qui intéressent le palais, l'oreille distingue généralement une articulation d'avant (palatales) et une articulation d'arrière (vélaires)[1].

LABIO-DENT.		DENTALES					
f	*v*	*þ*	*đ*	*s*	*z*	*š*	*ž*
αɪ*d*	αɪ*d*	βɪ*d*	βɪ*d*	β′ɪ*d*	β′ɪ*d*	β″ɪ*d*	β″ɪ*d*
[] []	[]	[] []	[]	[] []	[]	[] []	[]

PALATALES		GUTTURALES	
χ′	γ′	χ	γ
γɪ*f*	γɪ*f*	γɪ*i*	γɪ*i*
[]	[]	[] []	[]

þ = anglais *th* dans *thing*
đ = » *th* » *then*
s = francais *s* » *si*
z = » *s* » *rose*
š = » *ch* » *chant*
ž = » *g* » *génie*
χ' = allemand *ch* » *ich*
γ' = all. Nord *g* » *liegen*
χ = allemand *ch* » *Bach*
γ = all. Nord *g* » *Tage*

1. Fidèle à sa méthode de simplification, F. de Saussure n'a pas cru devoir faire la même distinction à propos de la classe A, malgré l'importance considérable des deux séries K₁ et K₂ en indo-européen. Il y a là une omission toute volontaire *(Éd.)*.

Y a-t-il dans les fricatives ce qui correspondrait à *n*, *m*, *ṅ*, etc. dans les occlusives, c'est-à-dire un *v* nasal, un *z* nasal, etc. ? Il est facile de le supposer ; ainsi on entend un *v* nasal dans le français *inventer* ; mais en général la fricative nasale n'est pas un son dont la langue ait conscience.

C. — APERTURE 2 : NASALES (voir plus haut, p. 72).

D. — APERTURE 3 : LIQUIDES.

Deux sortes d'articulations relèvent de cette classe :

1) L'articulation *latérale* ; la langue appuie contre la partie antérieure du palais, mais en laissant une ouverture à droite et à gauche, position figurée par un *l* dans nos formules. D'après le lieu d'articulation, on distingue *l* dental, *l'* palatal ou « mouillé » et *ḻ* guttural ou vélaire. Dans presque toutes les langues ces phonèmes sont des sonores, au même titre que *b*, *z*, etc. Cependant la sourde n'est pas impossible ; elle existe même en français, où un *l* suivant une sourde sera prononcé sans le son laryngé (par exemple dans *pluie*, par opposition à *bleu*) ; mais nous n'avons pas conscience de cette différence.

Inutile de parler de *l* nasal, très rare et non différencié, bien qu'il existe, surtout après un son nasal (par exemple dans le français *branlant*).

2) L'articulation *vibrante* : la langue est moins rapprochée du palais que pour *l*, mais elle vibre, avec un nombre d'ailleurs variable de battements (signe *ꞷ* dans les formules), et par là on obtient un degré d'aperture équivalent à celui des latérales. Cette vibration peut être produite de deux façons : avec la pointe de la langue appliquée en avant sur les alvéoles (*r* dit « roulé » du français), ou en arrière, avec la partie postérieure de la langue (*r* grasseyé). On peut répéter à propos des vibrantes sourdes ou nasales ce qui a été dit des latérales.

i	l'	l	r	
$\beta^l\,3\,e$	$\gamma^l\,3\,\text{/-}h$	$\gamma^l\,3\,i$	$\beta^v\,3\,e$	$\gamma\,3\,\delta^v$
[]	]]	[]	[]	[]

Au delà du degré 3, nous entrons dans un autre domaine : des *consonnes* nous passons aux *voyelles*. Jusqu'ici, nous n'avons pas fait prévoir cette distinction ; c'est que le mécanisme de la phonation reste le même. La formule d'une voyelle est exactement comparable à celle de n'importe quelle consonne sonore. Au point de vue de l'articulation buccale, il n'y a pas de distinction à faire. Seul l'effet acoustique est différent. Passé un certain degré d'aperture, la bouche fonctionne principalement comme résonateur. Le timbre du son laryngé apparaît pleinement et le bruit buccal s'efface. Plus la bouche se ferme, plus le son laryngé est intercepté ; plus on l'ouvre, plus le bruit diminue ; c'est ainsi que, tout à fait mécaniquement, le son prédomine dans la voyelle.

E. — Aperture 4 : *i u ü*.

Par rapport aux autres voyelles, ces sons supposent une fermeture encore considérable, assez voisine de celle des consonnes. Il en résulte certaines conséquences qui apparaîtront plus tard, et qui justifient le nom de *semi-voyelles* donné généralement à ces phonèmes.

i se prononce avec lèvres tirées (signe ⌐) et articulation d'avant, *u* avec lèvres arrondies (signe °) et articulation d'arrière, *ü* avec la position des lèvres de *u* et l'articulation de *i*.

Comme toutes les voyelles, *i u ü* ont des formes nasalisées ; mais elles sont rares et nous pouvons en faire abstraction. Il est à remarquer que les sons écrits *in* et *un* dans l'orthographe française correspondent à autre chose (voir plus bas).

Existe-t-il un *i* sourd, c'est-à-dire articulé sans le son laryngé ? La même question se pose pour *u* et *ü* et pour toutes les voyelles ; ces phonèmes, qui correspondraient aux consonnes sourdes, existent, mais ne doivent pas être confondus avec les voyelles chuchotées, c'est-à-dire arti-culées avec la glotte relâchée. On peut as-similer les voyelles sourdes aux *h* aspi-rés prononcés de-vant elles; ainsi dans

i	*u*	*ü*
⁻γ4ʄ	°γ4*i*	°γ4ʄ
〰️	〰️	〰️
☐	☐	☐

hi on entend d'abord un *i* sans vibration, puis un *i* normal.

F. — Aperture 5 : *e o ö*, dont l'articulation correspond respectivement à celle de *i u ü*. Les voyelles nasalisées sont fréquentes (*ẽ õ ö̃*, par exemple en français dans *pin, pont, brun*). Les formes sourdes sont l'*h* aspiré de *he ho hö*.

N. B. — Beaucoup de langues distinguent ici plusieurs degrés d'aperture ; ainsi le français a au moins deux séries, l'une dite fermée *ẹ ọ̈ ọ* (p. ex. dans *dé, dos, deux*), l'autre ouverte *ę ǫ ǫ̈* (p. ex. dans *mer, mort, meurt*).

e	*o*	*ö*	*ė*	*õ*	*ö̃*
⁻γ5ʄ	°γ5*i*	°γ5ʄ	⁻γ5ʄ	°γ5*i*	°γ5ʄ
〰️	〰️	〰️	〰️	〰️	〰️
☐	☐	☐	.....	.....	.....

a	*ã*
γ6*h*	γ6*h*
〰️	〰️
☐	.....

G. — Aperture 6 : *a*, ou-verture maximale, qui a une forme nasalisée, un peu plus resserrée, il est vrai, *ã* (par exemple dans *grand*), et une forme sourde, l'*h* de *ha*.

CHAPITRE II

LE PHONÈME DANS LA CHAINE PARLÉE

§ 1. Nécessité d'étudier les sons dans la chaine parlée.[*] [119]

On peut trouver dans les traités spéciaux et surtout dans les ouvrages des phonéticiens anglais de minutieuses analyses des sons du langage.[*]

[120]

Suffisent-elles pour que la phonologie réponde à sa destination de science auxiliaire de la linguistique ? Tant de détails accumulés n'ont pas de valeur en eux-mêmes ; la synthèse importe seule. Le linguiste n'a nul besoin d'être un phonologiste consommé ; il demande simplement qu'on lui fournisse un certain nombre de données nécessaires pour l'étude de la langue.

Sur un point la méthode de cette phonologie est particulièrement en défaut ; elle oublie trop qu'il y a dans la langue non seulement des sons, mais des étendues de sons parlés ; elle n'accorde pas encore assez d'attention à leurs rapports réciproques. Or ce n'est pas cela qui nous est donné d'abord ; la syllabe s'offre plus directement que les sons qui la composent. On a vu que certaines écritures primitives ont marqué les unités syllabiques : ce n'est que plus tard qu'on est arrivé au système alphabétique.

En outre, ce n'est jamais une unité simple qui embarrasse en linguistique : si, par exemple, à un moment donné, dans une langue donnée, tout *a* devient *o*, il n'en résulte rien ; on peut se borner à constater le phénomène, sans cher-

cher à l'expliquer phonologiquement. La science des sons
ne devient précieuse que lorsque deux ou plusieurs éléments
se trouvent impliqués dans un rapport de dépendance interne ;
car il y a une limite aux variations de l'un d'après les variations de l'autre ; le fait seul qu'il y a deux éléments entraîne
un rapport et une règle, ce qui est très différent d'une constatation. Dans la recherche du principe phonologique, la science
travaille donc à contresens en marquant sa prédilection
pour les sons isolés. Il suffit de deux phonèmes pour qu'on
ne sache plus où on en est. Ainsi en vieux haut allemand
hagl, balg, wagn, lang, donr, dorn, sont devenus plus tard
hagal, balg, wagan, lang, donnar, dorn ; ainsi, selon la nature
et l'ordre de succession en groupe, le résultat est différent :
tantôt une voyelle se développe entre deux consonnes,
tantôt le groupe reste compact. Mais comment formuler
la loi ? D'où provient la différence ? Sans doute des groupes
de consonnes (*gl, lg, gn,* etc.) contenus dans ces mots. Il
est bien clair qu'ils se composent d'une occlusive qui dans
un des cas est précédée, et dans l'autre suivie d'une liquide
ou d'une nasale ; mais qu'en résulte-t-il ? Aussi longtemps
que *g* et *n* sont supposés quantités homogènes, on ne comprend pas pourquoi le contact *g-n* produirait d'autres effets
que *n-g.*

A côté de la phonologie des espèces, il y a donc place pour
une science qui prend pour point de départ les groupes binai-
res et les consécutions de phonèmes, et c'est tout autre chose.
Dans l'étude des sons isolés, il suffit de constater la position
des organes ; la qualité acoustique du phonème ne fait pas
question ; elle est fixée par l'oreille ; quant à l'articulation,
on a toute liberté de la produire à son gré. Mais dès qu'il
s'agit de prononcer deux sons combinés, la question est moins
simple ; on est obligé de tenir compte de la discordance possible entre l'effet cherché et l'effet produit ; il n'est pas toujours en notre pouvoir de prononcer ce que nous avons voulu.
La liberté de lier des espèces phonologiques est limitée par

la possibilité de lier les mouvements articulatoires. Pour
rendre compte de ce qui se passe dans les groupes, il y a
à établir une phonologie où ceux-ci seraient considérés comme
des équations algébriques ; un groupe binaire implique un
certain nombre d'éléments mécaniques et acoustiques qui
se conditionnent réciproquement ; quand l'un varie, cette
variation a sur les autres une répercussion nécessaire qu'on
pourra calculer.

Si dans le phénomène de la phonation quelque chose offre
un caractère universel qui s'annonce comme supérieur à
toutes les diversités locales des phonèmes, c'est sans doute
cette mécanique réglée dont il vient d'être question. On voit
par là l'importance que la phonologie des groupes doit avoir
pour la linguistique générale. Tandis qu'on se borne généralement à donner des règles pour articuler tous les sons,
éléments variables et accidentels des langues, cette phonologie combinatoire circonscrit les possibilités et fixe les relations constantes des phonèmes interdépendants. Ainsi le cas
de *hagl*, *balg*, etc. (voir p. 78), soulève la question si discutée
des sonantes indo-européennes ; or c'est le domaine où l'on
peut le moins se passer d'une phonologie ainsi conçue, car
la syllabation est pour ainsi dire le seul fait qu'elle mette en
jeu du commencement à la fin. Ce n'est pas l'unique problème
qu'on ait à résoudre par cette méthode ; mais un fait est certain : il devient presque impossible de discuter la question
des sonnantes en dehors d'une appréciation exacte des lois
qui régissent la combinaison des phonèmes.

§ 2. L'IMPLOSION ET L'EXPLOSION.[*] [121]

Nous partons d'une observation fondamentale : quand on
prononce un groupe *appa*, on perçoit une différence entre
les deux *p*, dont l'un correspond à une fermeture, le second
à une ouverture. Ces deux impressions sont assez analogues

pour qu'on ait représenté la suite *pp* par un seul *p* (voir p. 66, note). Cependant c'est cette différence qui nous permet de distinguer par des signes spéciaux (˘ ˘) les deux *p* de *appa* (*ap̆p̆a*) et de les caractériser quand ils ne se suivent pas dans la chaîne (cf. *ap̆ta, atp̆a*). La même distinction peut se poursuivre au delà des occlusives et s'applique aux fricatives (*af̆f̆a*), aux nasales *am̆m̆a*, aux liquides (*al̆l̆a*), et en général à tous les phonèmes jusqu'aux voyelles (*ăŏ̆ŏ̆a*) sauf *a*.

On a appelé la fermeture *implosion* et l'ouverture *explosion* ; un *p* est dit implosif (*p̆*) ou explosif (*p̆*). Dans le même sens on peut parler de sons *fermants* et de sons *ouvrants*.

Sans doute, dans un groupe comme *appa*, on distingue, outre l'implosion et l'explosion, un temps de repos dans lequel l'occlusion se prolonge *ad libitum*, et s'il s'agit d'un phonème d'aperture plus grande, comme dans le groupe *alla*, c'est l'émission du son lui-même qui continue dans l'immobilité des organes. D'une façon générale, il y a dans toute chaîne parlée de ces phases intermédiaires que nous appellerons *tenues* ou *articulations sistantes*. Mais elles peuvent être assimilées aux articulations implosives, parce que leur effet est analogue ; il ne sera tenu compte dans la suite que des implosions ou des explosions[1].

Cette méthode, qui ne serait pas admissible dans un traité complet de phonologie, se justifie dans un exposé qui ramène à un schéma aussi simple que possible le phénomène de la syllabation considéré dans son facteur essentiel ; nous ne pré-

---

1. C'est là un des points de la théorie qui prêtent le plus à la discussion Pour prévenir certaines objections, on peut faire remarquer que toute articulation sistante, comme celle d'un *f*, est la résultante de deux forces : 1° la pression de l'air contre les parois qui lui sont opposées et 2° la résistance de ces parois, qui se resserrent pour faire équilibre à cette pression. La tenue n'est donc qu'une implosion continuée. C'est pourquoi, si l'on fait suivre une impulsion et une tenue de même espèce, l'effet est continu d'un bout à l'autre. A ce titre, il n'est pas illogique de réunir ces deux genres d'articulation en une unité mécanique et acoustique. L'explosion s'oppose au contraire à l'une et à l'autre réunies : elle est par définition un desserrement ; voir aussi § 6 (*Ed.*).

tendons pas résoudre par là toutes les difficultés que soulève la division de la chaîne parlée en syllabes, mais poser seulement une base rationnelle pour l'étude de ce problème.

Encore une remarque. Il ne faut pas confondre les mouvements fermants et ouvrants que nécessite l'émission des sons avec les diverses apertures de ces sons eux-mêmes. N'importe quel phonème peut être aussi bien implosif qu'explosif ; mais il est vrai que l'aperture influe sur l'implosion et l'explosion, en ce sens que la distinction des deux mouvements devient d'autant moins nette que l'aperture du son est plus grande. Ainsi avec *i u ü*, on perçoit encore très bien la différence ; dans *aĭ̆ia*, il est possible de saisir un *i* fermant et un *i* ouvrant ; de même dans *aŭ̆ua*, *aŭ̆üa* on distingue nettement le son implosif du son explosif qui suit, à tel point que, contrairement à son habitude, l'écriture marque parfois cette distinction ; le *w* anglais, le *j* allemand et souvent le *y* français (dans *yeux*, etc.) représentent des sons ouvrants (*ŭ*, *ĭ*) par opposition à *u* et *i* qui sont employés pour *ŭ* et *ĭ*. Mais à un degré d'aperture plus élevé (*e* et *o*), l'implosion et l'explosion, théoriquement concevables (cf. *aĕ̆ea*, *aŏ̆oa*), sont très malaisées à distinguer en pratique. Enfin, comme on l'a vu plus haut, au degré le plus élevé, *a* ne présente plus ni implosion ni explosion, car pour ce phonème l'aperture efface toute différence de ce genre.

Il faut donc dédoubler le tableau des phonèmes sauf pour *a*, et établir comme suit la liste des unités irréductibles :

$$\overset{>}{p}\ \overset{<}{p},\ \text{etc.}$$

$$\overset{>}{f}\ \overset{<}{f},\ \text{etc.}$$

$$\overset{>}{m}\ \overset{<}{m},\ \text{etc.}$$

$$\overset{<}{r}\ \overset{<}{r},\ \text{etc.}$$

$$\overset{>}{i}\ \overset{<}{y},\ \text{etc.}$$

$$\overset{>}{e}\ \overset{<}{e},\ \text{etc.}$$

$$a.$$

Loin de supprimer les distinctions consacrées par la graphie (*y w*), nous les gardons soigneusement ; la justification de ce point de vue se trouve plus loin, § 7.

Pour la première fois, nous sommes sortis de l'abstraction ; pour la première fois apparaissent des éléments concrets, indécomposables, occupant une place et représentant un temps dans la chaîne parlée ; on peut dire que *P* n'était rien sinon une unité abstraite réunissant les caractères communs de $\check{p}$ et de $\acute{p}$, qui seuls se rencontrent dans la réalité, exactement de même que *B P M* sont réunis dans une abstraction supérieure, les labiales. On parle de *P* comme on parlerait d'une espèce zoologique ; il y a des exemplaires mâles et femelles, mais pas d'exemplaire idéal de l'espèce. Ce sont ces abstractions que nous avons distinguées et classées jusqu'ici ; mais il était nécessaire d'aller au delà et d'atteindre l'élément concret.

Ce fut une grande erreur de la phonologie de considérer comme des unités réelles ces abstractions, sans examiner de plus près la définition de l'unité. L'alphabet grec était arrivé à distinguer ces éléments abstraits, et l'analyse qu'il suppose était, nous l'avons dit, des plus remarquables ; mais c'était pourtant une analyse incomplète, arrêtée à un certain degré.

En effet qu'est-ce qu'un *p*, sans autre détermination ? Si on le considère dans le temps, comme membre de la chaîne parlée, ce ne peut être ni $\acute{p}$ spécialement, ni $\check{p}$, encore moins $\check{p}\acute{p}$, ce groupe étant nettement décomposable ; et si on le prend en dehors de la chaîne et du temps, ce n'est plus qu'une chose qui n'a pas d'existence propre et dont on ne peut rien faire. Que signifie en soi un groupe tel que *l + g* ? Deux abstractions ne peuvent former un moment dans le temps. Autre chose est de parler de $\check{l}\check{k}$, de $\check{l}\check{k}$, de $\acute{l}\check{k}$, de $\check{l}\acute{k}$, et de réunir ainsi les véritables éléments de la parole. L'on voit pourquoi il suffit de deux éléments pour embarrasser la phonologie traditionnelle, et ainsi se trouve démontrée l'impossibilité de procéder, comme elle le fait, par unités phonologiques abstraites.

On a émis la théorie que dans tout phonème simple considéré dans la chaîne, par exemple *p* dans *pa* ou *apa*, il y a successivement une implosion et une explosion *(ȧp̊a)*. Sans doute toute ouverture doit être précédée d'une fermeture ; pour prendre un autre exemple encore, si je dis *r̊p̊*, je devrai, après avoir opéré la fermeture du *r*, articuler avec la luette un *r* ouvrant pendant que l'occlusion du *p* se forme vers les lèvres. Mais pour répondre à cette objection, il suffit de bien spécifier quel est notre point de vue. Dans l'acte phonatoire que nous allons analyser, nous ne tenons compte que des éléments différentiels, saillants pour l'oreille et capables de servir à une délimitation des unités acoustiques dans la chaîne parlée. Seules ces unités acoustico-motrices doivent être considérées ; ainsi l'articulation du *r* explosif qui accompagne celle du *p* explosif est pour nous inexistante, parce qu'elle ne produit pas un son perceptible, ou du moins qu'elle ne compte pas dans la chaîne des phonèmes. C'est là un point essentiel dont il faut bien se pénétrer pour comprendre les développements qui suivent.

§ 3. Combinaisons diverses des explosions et des implosions dans la chaine.[*]   [122]

Voyons maintenant ce qui doit résulter de la consécution des explosions et des implosions dans les quatre combinaisons théoriquement possibles : 1º $<>$, 2º $><$, 3º $<<$, 4º $>>$.

1º Groupe explosivo-implosif $(<>)$. On peut toujours, sans rompre la chaîne parlée, joindre deux phonèmes dont l'un est explosif et le second implosif. Ex. : *k̊r̊*, *k̊ĭ*, *ẙm̊*, etc. (cf. sanscrit *k̊r̥ta-*, français *k̊ĭte* « *quitter* », indo-europ. *ẙm̊to-*, etc.). Sans doute, certaines combinaisons, telles que *k̊t̊*, etc., n'ont pas un effet acoustique susceptible de réalisation pratique, mais il n'en est pas moins vrai qu'après avoir articulé un *k* ouvrant, les organes sont dans la position voulue pour procéder à un ressserrement sur un point quelconque. Ces deux phases phonatoires peuvent se succéder sans se gêner mutuellement.

2° GROUPE IMPLOSIVO-EXPLOSIF ($>$ $<$). Dans les mêmes conditions, et sous les mêmes réserves, il n'y a aucune impossibilité à joindre deux phonèmes dont l'un est implosif et le second explosif ; ainsi *ĩm̀*, *k̀ì*, etc. (cf. grec *haîma*, français *actif*, etc.).

Sans doute ces moments articulatoires successifs ne se suivent pas aussi naturellement que dans le cas précédent. Il y a entre une première implosion et une première explosion cette différence que l'explosion, tendant à une attitude neutre de la bouche, n'engage pas le moment suivant, tandis que l'implosion crée une position déterminée qui ne peut pas servir de point de départ à une explosion quelconque. Il faut donc toujours quelque mouvement d'accommodation destiné à obtenir la position des organes nécessaire pour l'articulation du second phonème ; ainsi, pendant qu'on exécute le *s* d'un groupe *s̀p̀*, il faut fermer les lèvres pour préparer le *p* ouvrant. Mais l'expérience montre que ce mouvement d'accommodation ne produit rien d'appréciable, si ce n'est un de ces sons furtifs dont nous n'avons pas à tenir compte, et qui ne gênent en aucun cas la suite de la chaîne.

3° CHAINON EXPLOSIF ($<$ $<$). Deux explosions peuvent se produire consécutivement ; mais si la seconde appartient à un phonème d'aperture moindre ou d'aperture égale, on n'aura pas la sensation acoustique d'unité qu'on trouvera dans le cas contraire et que présentaient les deux cas précédents ; *p̀k̀* peut se prononcer (*p̀k̀a*), mais ces sons ne forment pas chaîne, parce que les espèces *P* et *K* sont d'égale aperture. C'est cette prononciation peu naturelle qu'on obtiendrait en s'arrêtant après le premier *a* de *cha-p̆k̆a*[1]. Au contraire *p̆r̆* donne une impression de continuité (cf. *prix*) ; *r̆y̆* ne fait pas davantage difficulté (cf. *rien*). Pourquoi ? C'est qu'à l'instant où la première explosion se produit, les organes ont déjà pu se placer dans la position voulue pour exécuter la deuxième explosion sans que l'effet acoustique de la première en ait été gêné ; par exemple dans *prix*, pendant qu'on prononce *p*, les organes se trouvent déjà en *r*. Mais il est impossible de prononcer en chaînon continu la série inverse *r̆p̆* ; non pas qu'il soit mécaniquement impossible de prendre la position de *p̆* en même temps qu'on articule un *r̆* ouvrant, mais parce que le mouvement de cet *r̆*, rencontrant l'aperture moindre de *p̆*, ne pourra pas être perçu. Si donc on veut faire entendre *r̆p̆*, il faudra s'y prendre à deux fois et l'émission sera rompue.

Un chaînon explosif continu peut comprendre plus de deux éléments, pourvu qu'on passe toujours d'une ouverture moindre à une ouverture plus grande (par exemple *k̆r̆w̆a*). En faisant abstraction de certains cas particuliers sur lesquels nous ne pouvons insister[2], on peut dire que le nombre possible des explosions trouve sa limite naturelle dans le nombre des degrés d'aperture qu'on peut pratiquement distinguer.

1. Sans doute certains groupes de cette catégorie sont très usités dans certaines langues (p. ex. *kt* initial en grec ; cf. *kteinō*) ; mais bien que faciles à prononcer, ils n'offrent pas d'unité acoustique (Voir la note suivante).

2. Ici par une simplification voulue, on ne considère dans le phonème que son degré d'aperture, sans tenir compte ni du lieu, ni du caractère particulier de l'articulation (si c'est une sourde ou une sonore, une vibrante ou une latérale, etc.). Les conclusions tirées du principe unique de l'aperture ne peuvent donc pas s'appliquer à tous les cas réels sans exception. Ainsi dans un groupe comme *trya* les trois premiers éléments peuvent difficilement se prononcer sans rupture de chaîne : *t̆r̆y̆a* (à moins que le *y̆* ne se fonde avec l'*r̆* en le palatalisant) ; pourtant ces trois éléments *try* forment un chaînon explosif parfait (cf. d'ailleurs p. 94 à propos de *meurtrier*, etc.) ; au contraire *trwa* ne fait pas difficulté. Citons encore des chaînons, comme *pmla*, etc., où il est bien difficile de ne pas prononcer la nasale implosivement (*p̆m̆l̆a*). Ces cas aberrants apparaissent surtout dans l'explosion, qui est par nature un acte instantané et ne souffre pas de retardements. (*Ed.*).

4⁰ Le CHAINON IMPLOSIF ($>$ $>$) est régi par la loi inverse. Tant qu'un phonème est plus ouvert que le suivant, on a l'impression de continuité (par exemple $\overset{>}{i}\overset{>}{r}$, $\overset{>}{r}\overset{>}{t}$), si cette condition n'est pas remplie, si le phonème suivant est plus ouvert ou de même aperture que le précédent, la prononciation reste possible, mais l'impression de continuité n'est plus là : ainsi $\overset{>}{s}\overset{>}{r}$ de $a\overset{>}{s}\overset{>}{r}ta$ a le même caractère que le groupe $p\overset{>}{k}$ de *cha-pka* (voir plus haut, p. 84 sv.). Le phénomène est entièrement parallèle à celui que nous avons analysé dans le chaînon explosif : dans $\overset{>}{r}\overset{>}{t}$, le $\overset{>}{t}$, en vertu de son degré d'aperture inférieur, dispense $\overset{>}{r}$ de l'explosion ; ou, si l'on prend un chaînon dont les deux phonèmes ne s'articulent pas au même point, comme $\overset{>}{r}\overset{>}{m}$, l'$\overset{>}{m}$ ne dispense pas l'$\overset{>}{r}$ d'exploser, mais, ce qui revient au même, il en couvre complètement l'explosion au moyen de son articulation plus fermée. Sinon, comme dans le cas inverse $\overset{>}{m}\overset{>}{r}$, l'explosion furtive, mécaniquement indispensable, vient rompre la chaîne parlée.

On voit que le chaînon implosif, comme le chaînon explosif, peut comprendre plus de deux éléments, si chacun d'eux a une ouverture supérieure à celui qui suit (cf. $a\overset{>}{r}\overset{>}{s}t$).

Laissant de côté les ruptures de chaînons, plaçons-nous maintenant devant la chaîne continue normale, qu'on pourrait appeler « physiologique », telle qu'elle est représentée par le mot français *particulièrement*, soit $p\overset{<}{a}\overset{>}{r}\overset{<}{t}\overset{>}{i}\overset{<}{k}\overset{>}{ü}\overset{<}{l}\overset{>}{y}\overset{<}{e}\overset{>}{r}m\overset{<}{a}$. Elle est caractérisée par une succession de chaînons explosifs et implosifs gradués, correspondant à une succession d'ouvertures et de fermetures des organes buccaux.

La chaîne normale ainsi définie donne lieu aux constatations suivantes, dont l'importance est capitale.

[123]   § 4. FRONTIÈRE DE SYLLABE ET POINT VOCALIQUE.*

Si dans une chaîne de sons on passe d'une implosion à une explosion ($>$|$<$), on obtient un effet particulier qui est l'indice de la *frontière de syllabe*, par exemple dans $\overset{>}{i}\overset{<}{k}$

de *particulièrement*. Cette coïncidence régulière d'une condition mécanique avec un effet acoustique déterminé assure au groupe implosivo-explosif une existence propre dans l'ordre phonologique : son caractère persiste quelles que soient les espèces dont il est composé ; il constitue un genre contenant autant d'espèces qu'il y a de combinaisons possibles.

La frontière syllabique peut être, dans certains cas, placée en deux points différents d'une même série de phonèmes, suivant qu'on passe plus ou moins vite de l'implosion à l'explosion. Ainsi dans un groupe *ardra*, la chaîne n'est pas rompue, qu'on coupe ar̆dr̆a ou ar̆dr̆a, puisque ar̆d, chaînon implosif, est aussi bien gradué que dr̆, chaînon explosif. Il en serait de même pour *ülye* de *particulièrement*. (*ülye* ou *ülye*).

En second lieu, nous remarquerons qu'à l'endroit où l'on passe d'un silence à une première implosion ($>$), par exemple dans ar̆t de *artiste*, ou d'une explosion à une implosion ($<$ $>$), comme dans par̆t de *particulièrement*, le son où se produit cette première implosion se distingue des sons voisins par un effet propre, qui est l'effet vocalique. Celui-ci ne dépend pas du tout du degré d'ouverture plus garnd du son *a*, car dans pr̆t, *r* le produit aussi bien ; il est inhérent à la première implosion, quelle que soit son espèce phonologique, c'est-à-dire son degré d'aperture ; peu importe aussi qu'elle vienne après un silence ou une explosion. Le son qui donne cette impression par son caractère de première implosive peut être appelé *point vocalique*.

On a donné aussi à cette unité le nom de *sonante*, en appelant *consonantes* tous les sons précédents ou suivants de la même syllabe. Les termes de voyelles et consonnes, désignent comme nous l'avons vu p. 75, des espèces différentes ; sonantes et consonantes désignent au contraire des fonctions dans la syllabe. Cette double terminologie permet d'éviter une confusion qui a longtemps régné. Ainsi l'espèce *I* est la même dans *fidèle* et dans *pied :* c'est une voyelle ; mais elle est sonante dans *fidèle* et consonante dans *pied.* L'analyse montre que les sonantes sont toujours implosives et les consonantes tantôt implosives (par exemple *ĭ* dans l'anglais *boĭ*, écrit « bɔy ») tantôt explosives (par exemple * ў̇* dans le français *pў̇е*, écrit « pied »). Cela ne fait que confirmer la distinction établie entre les deux ordres. Il est vrai qu'en fait, *e o a* sont régulièrement des sonantes ; mais c'est une simple coïncidence : ayant une plus grande aperture que tous les autres sons, ils sont toujours au commencement d'un chaînon implosif. Inversement les occlusives, qui ont l'aperture minimale, sont toujours consonantes. Dans la pratique ce sont les phonèmes d'aperture 2, 3 et 4 (nasales, liquides, semi-voyelles) qui jouent l'un ou l'autre rôle selon leur entourage et la nature de leur articulation.

[124]　　§ 5. Critique des théories de la syllabation. [*]

　　L'oreille perçoit dans toute chaîne parlée la division en syllabes, et dans toute syllabe une sonante. Ces deux faits sont connus, mais on peut se demander quelle est leur raison d'être. On a proposé diverses explications :

　　1º Remarquant que certains phonèmes sont plus sonores que d'autres, on a cherché à faire reposer la syllabe sur la sonorité des phonèmes. Mais alors pourquoi des phonèmes sonores tels que *i* et *u* ne font-ils pas nécessairement syllabes ? Et puis, où s'arrête la sonorité, puisque des fricatives comme *s* peuvent faire syllabe, par exemple dans *pst* ? S'il s'agit seulement de la sonorité relative de sons en contact, comment expliquer des groupes tels que *u̯l̯* (ex. : indo-europ. **wlkos* « loup »), où c'est l'élément le moins sonore qui fait syllabe ?

　　2º M. Sievers a le premier établi qu'un son classé parmi les voyelles peut ne pas donner l'impression de voyelle (nous avons vu que par exemple *y* et *w* ne sont pas autre chose que *i* et *u*) ; mais quand on demande en vertu de quoi se produit la double fonction, ou le double effet acoustique (car le mot « fonction » ne veut pas dire autre chose), on répond : tel son a telle fonction selon qu'il reçoit ou non l'« accent syllabique ».

C'est là un cercle vicieux : ou bien je suis libre en toute circonstance de dispenser à mon gré l'accent syllabique qui crée les sonantes, alors il n'y a aucune raison de l'appeler syllabique plutôt que sonantique ; ou bien, si l'accent syllabique a un sens, c'est apparemment qu'il se réclame des lois de la syllabe. Non seulement on ne fournit pas ces lois, mais on donne à cette qualité sonantique le nom de « silbenbildend », comme si à son tour la formation de la syllabe dépendait de cet accent.

On voit comment notre méthode s'oppose aux deux premières : par l'analyse de la syllabe, telle qu'elle se présente dans la chaîne, nous avons obtenu l'unité irréductible, le son ouvrant ou le son fermant, puis combinant ces unités, nous sommes arrivés à définir la limite de syllabe et le point vocalique. Nous savons dès lors dans quelles conditions physiologiques ces effets acoustiques doivent se produire. Les théories critiquées plus haut suivent la marche inverse : on prend des espèces phonologiques isolées, et de ces sons on prétend déduire la limite de syllabe et la place de la sonante. Or étant donnée une série quelconque de phonèmes, il peut y avoir une manière de les articuler plus naturelle, plus commode qu'une autre ; mais la faculté de choisir entre les articulations ouvrantes et fermantes subsiste dans une large mesure, et c'est de ce choix, non des espèces phonologiques directement, que dépendra la syllabation.

Sans doute cette théorie n'épuise ni ne résout toutes les questions. Ainsi l'hiatus, d'un emploi si fréquent, n'est pas autre chose qu'un *chaînon implosif rompu*, avec ou sans intervention de la volonté : Ex. *i̭-a̬* (dans *il cria*) ou *a̬-i̭* (dans *ébahi*).

Il se produit plus facilement avec les espèces phonologiques de grande aperture.

Il y a aussi le cas des *chaînons explosifs rompus*, qui sans être gradués, entrent dans la chaîne phonique au même titre que les groupes normaux ; nous avons touché ce cas à propos du grec *kteinō*, p. 85, note. Soit encore, par exemple, le groupe *pzta* : il ne peut se prononcer normalement que *p̆z̆t̆à* : il doit donc comprendre deux syllabes, et il les a en effet si l'on fait entendre nettement le son laryngé de *z* ; mais si le *z* s'assourdit, comme c'est un des phonèmes qui demandent le moins d'ouverture, l'opposition entre *z* et *a* fait qu'on ne perçoit plus qu'une syllabe et qu'on entend à peu près *p̆z̆t̆à*.

Dans tous les cas de ce genre, la volonté et l'intention peuvent, en intervenant, donner le change et tourner dans une certaine mesure les nécessités physiologiques ; il est souvent difficile de dire exactement quelle part revient à chacun des deux ordres de facteurs. Mais quoi qu'il en soit, la phonation suppose une succession d'implosions et d'explosions, et c'est là la condition fondamentale de la syllabation.

[125]　　　§ 6. Durée de l'implosion et de l'explosion.*

En expliquant la syllabe par le jeu des explosions et des implosions, on est conduit à une observation importante qui n'est que la généralisation d'un fait de métrique. On distingue dans les mots grecs et latins deux sortes de longues : celles de nature (*māter*) et celles de position (*făctus*). Pourquoi *fac* est-il mesuré long dans *factus* ? On répond : à cause du groupe *ct* ; mais si cela tient au groupe en soi, n'importe quelle syllabe commençant par deux consonnes aura aussi la quantité longue ; pourtant il n'en est rien (cf. *clĭens*, etc.).

La véritable raison est que l'explosion et l'implosion sont

essentiellement différentes sous le rapport de la durée. La première est toujours si rapide qu'elle reste une quantité irrationnelle pour l'oreille ; c'est pour cela aussi qu'elle ne donne jamais l'impression vocalique. Seule l'implosion peut être appréciée ; d'où le sentiment qu'on reste plus longtemps sur la voyelle par laquelle elle commence.

On sait d'autre part que les voyelles placées devant un groupe formé d'occlusive ou fricative + liquide sont traitées de deux façons : dans *patrem* l'*a* peut être long ou bref : cela tient au même principe. En effet, *i̯r* et *i̯r* sont également prononçables ; la première manière d'articuler permet à l'*a* de rester bref ; la seconde crée une syllabe longue. Le même traitement double de l'*a* n'est pas possible dans un mot comme *factus*, puisque seul *i̯* est prononçable à l'exclusion de *c̯t*.

§ 7. LES PHONÈMES DE QUATRIÈME APERTURE. LA DIPHTONGUE. QUESTIONS DE GRAPHIE.*   [126]

Enfin les phonèmes de quatrième aperture donnent lieu à certaines observations. Nous avons vu p. 81 que, contrairement à ce que l'on constate pour d'autres sons, l'usage a consacré pour ceux-là une double graphie (*w* = *u̯*, *u* = *u̯* ; *y* = *i̯*, *i* = *i̯*). C'est que dans des groupes tels que *aiya*, *auwa* on perçoit, mieux que partout ailleurs, la distinction marquée par < et > ; *i̯* et *u̯* donnent nettement l'impression de voyelles, *i̯* et *u̯* celle de consonnes[1]. Sans prétendre expliquer ce fait, nous observons que ce *i* consonne n'existe jamais sous l'aspect fermant. Ainsi on ne peut avoir un *ai* dont l'*i̯* fasse le même effet que le *y* dans *aiya* (comparez l'anglais *boy* avec le français *pied*) ; c'est donc par position que *y* est consonne et *i* voyelle, puisque ces variétés de

---

1. Il ne faut pas confondre cet élément de quatrième aperture avec la fricative palatale douce (*licgen* dans l'allemand du Nord). Cette espèce phonologique appartient aux consonnes et en a tous les caractères.

l'espèce I ne peuvent pas se manifester partout également. Les mêmes remarques s'appliqueraient à u et w, $ü$ et $\ddot{w}$.

Ceci éclaire la question de la diphtongue. Elle n'est qu'un cas spécial du chaînon implosif ; les groupes $\overset{>}{ar}ta$ et $\overset{>}{au}ta$ sont absolument parallèles ; il n'y a entre eux qu'une différence d'aperture du second élément : une diphtongue est un chaînon implosif de deux phonèmes dont le second est relativement ouvert, d'où une impression acoustique particulière : on dirait que la sonante continue dans le second élément du groupe. Inversement un groupe comme $\overset{<}{iy}a$ ne se distingue en rien d'un groupe comme $\overset{<}{ir}a$, sinon par le degré d'aperture de la dernière explosive. Ceci revient à dire que les groupes appelés par les phonologistes diphtongues ascendantes ne sont pas des diphtongues, mais des groupes explosivo-implosifs dont le premier élément est relativement ouvert, mais sans qu'il en résulte rien de particulier au point de vue acoustique ($\overset{<<>}{iya}$). Quant aux groupes du type $\overset{\smile}{u}o$, $\overset{\smile}{i}a$, avec l'accent sur $\overset{\smile}{u}$ et $\overset{\smile}{i}$, tels qu'on les trouve dans certains dialectes allemands (cf. $buob$, $liab$), ce ne sont également que de fausses diphtongues qui ne donnent pas l'impression d'unité comme $\overset{>}{ou}$, $\overset{>}{ai}$, etc. ; on ne peut pas prononcer $\overset{\smile>}{uo}$ comme implos. + implos. sans rompre la chaîne, à moins qu'un artifice n'impose à ce groupe l'unité qu'il n'a pas naturellement.

Cette définition de la diphtongue, qui la ramène au principe général des chaînons implosifs, montre qu'elle n'est pas, comme on pourrait le croire, une chose discordante, inclassée parmi les phénomènes phonologiques. Il est inutile de lui faire une case à part. Son caractère propre n'a en réalité aucun intérêt ni aucune importance : ce n'est pas la fin de la sonante qu'il importe de fixer, mais son commencement.

[127]   M. Sievers et beaucoup de linguistes[*] distinguent par l'écriture i, u, $ü$, $\underset{\cdot}{r}$, $\underset{\cdot}{n}$, etc. et $\underset{\cdot}{i}$, $\underset{\cdot}{u}$, $\underset{\cdot}{ü}$, r, n, etc. ($\underset{\cdot}{i}$ = « unsilbisches » i, i = « silbisches » i), et ils écrivent $mirta$,

mai̯rta, mi̯arta, tandis que nous écrivons *mirta, mairta, myarta*. Ayant constaté que *i* et *y* sont de même espèce phonologique, on a voulu avoir avant tout le même signe générique (c'est toujours la même idée que la chaîne sonore se compose d'espèces juxtaposées !). Mais cette notation, bien que reposant sur le témoignage de l'oreille, est au rebours du bon sens et efface justement la distinction qu'il importerait de faire. Par là : 1° on confond *i, u* ouvrants (= *y, w*) et *i, u* fermants ; on ne peut, par exemple, faire aucune distinction entre *newo* et *neuo* ; 2° inversement, on scinde en deux *i, u* fermants (cf. *mirta* et *mairta*). Voici quelques exemples des inconvénients de cette graphie. Soit l'ancien grec *dwís* et *dusí*, et d'autre part *rhéwō* et *rheûma* : ces deux oppositions se produisent exactement dans les mêmes conditions phonologiques et se traduisent normalelement par la même opposition graphique : suivant que le *u* est suivi d'un phonème plus ou moins ouvert, il devient tantôt ouvrant (*w*), tantôt fermant (*u*). Qu'on écrive *du̯is, dusi, rheu̯ō, rheu̯ma*, et tout est effacé. De même en indoeuropéen les deux séries *māter, mātrai, māteres, mātrsu* et *sūneu, sūnewai, sūnewes, sūnusu*, sont strictement parallèles dans leur double traitement de *r* d'une part, de *u* de l'autre ; dans la seconde au moins l'opposition des implosions et des explosions éclate dans l'écriture, tandis qu'elle est obscurcie par la graphie critiquée ici (*sūnu̯e, sūneu̯ai, sūneu̯es, sūnusu*). Non seulement il faudrait conserver les distinctions faites par l'usage, entre ouvrants et fermants (*u : w*, etc.), mais on devrait les étendre à tout le système et écrire, par exemple : *māter, māti̯ai, māti̯es, mātrsu* ; alors le jeu de la syllabation apparaîtrait avec évidence ; les points vocaliques et les limites de syllabes se déduiraient d'euxmêmes.

Note des éditeurs. — Ces théories éclairent plusieurs problèmes, dont F. de Saussure a touché quelques-uns dans ses leçons. Nous en donnerons quelques spécimens.

1. M. Sievers cite *beritṇnṇn* (allemand *berittenen*) comme exemple typique du fait que le même son peut fonctionner alternativement deux fois comme sonante et deux fois comme consonante (en réalité *n* ne fonctionne ici qu'une fois comme consonante, et il faut écrire *beritnnn* ; mais peu importe). Aucun exemple n'est plus frappant précisément pour montrer que « son » et « espèce » ne sont pas synonymes. En effet, si l'on restait sur le même *n*, c'est-à-dire sur l'implosion et l'articulation sistante, on n'obtiendrait qu'une seule syllabe longue. Pour créer une alternance de *n* sonants et consonants, il faut faire suivre l'implosion (premier *n*) de l'explosion (second *n*), puis reprendre l'implosion (troisième *n*). Comme les deux implosions ne sont précédées d'aucune autre, elles ont le caractère sonantique.

2. Dans les mots français du type *meurtrier, ouvrier*, etc., les finales *-trier, -vrier* ne formaient autrefois qu'une syllabe (quelle que fût d'ailleurs leur prononciation, cf. p. 85 note). Plus tard on s'est mis à les prononcer en deux syllabes (*meur-tri-er*, avec ou sans hiatus, c'est-à-dire *-ĭrĭe* ou *ĭrĭye*). Le changement s'est produit, non en plaçant un « accent syllabique » sur l'élément *i*, mais en transformant son articulation explosive et une articulation implosive.

Le peuple dit *ouvérier* pour *ouvrier* : phénomène tout semblable, seulement c'est le second élément au lieu du troisième qui a changé d'articulation et est devenu sonant : *uvrye* → *uvrye*. Un *e* a pu se développer après coup devant l'*r* sonant.

3. Citons encore le cas si connu des voyelles prothétiques devant *s* suivi de consonne en français : latin *scūtum* → *iscūtum* → français *escu, écu*. Le groupe *sk*, nous l'avons vu p. 85, est un chaînon rompu ; *sk* est plus naturel. Mais cet *s* implosif doit faire point vocalique quand il est au commencement de la phrase ou que le mot précédent se termine par

une consonne d'aperture faible. L'*i* ou l'*e* prothétiques ne font qu'exagérer cette qualité sonantique ; tout caractère phonologique peu sensible tend à se grossir quand on tient à le conserver. C'est le même phénomène qui se reproduit dans le cas de *esclandre* et dans les prononciations populaires *esquelette, estatue.* C'est encore lui qu'on. retrouve dans cette prononciation vulgaire de la préposition *de*, que l'on transcrit par *ed : un œil ed tanche.* Par syncope, *de tanche* est devenu *d'tanche* ; mais pour se faire sentir dans cette position, le *d* doit être implosif : *d̆tanche*, et une voyelle se développe devant lui comme dans les cas précédents.

4. Il est à peine nécessaire de revenir sur la question des sonantes indo-européennes, et de se demander par exemple pourquoi le vieux-haut-allemand *hagl* s'est transformé en *hagal*, tandis que *balg* est resté intact. Le *l* de ce dernier mot, second élément d'un chaînon implosif (*bălğ*), joue le rôle de consonante et n'avait aucune raison de changer de fonction. Au contraire le *l*, également implosif, de *hagl* faisait point vocalique. Étant sonantique, il a pu développer devant lui une voyelle plus ouvrante (un *a*, s'il faut en croire le témoignage de la graphie). D'ailleurs, elle s'est assombrie avec le temps, car aujourd'hui *Hagel* se prononce de nouveau *hágl̆*. C'est même ce qui fait la différence entre la prononciation de ce mot et celle de français *aigle* ; l'*l* est fermant dans le mot germanique et ouvrant dans le mot français avec *e* muet final (*ĕglĕ*).

––––––––––

PREMIÈRE PARTIE

PRINCIPES GÉNÉRAUX

CHAPITRE PREMIER

NATURE DU SIGNE LINGUISTIQUE

§ 1. SIGNE, SIGNIFIÉ, SIGNIFIANT.* [128]

Pour certaines personnes la langue, ramenée à son principe essentiel, est une nomenclature, c'est-à-dire une liste de termes correspondant à autant de choses.*Par exemple : [129]

Cette conception est critiquable à bien des égards. Elle suppose des idées toutes faites préexistant aux mots (sur ce point, voir plus loin, p. 155) ; elle ne nous dit pas si le nom est de nature vocale ou psychique, car *arbor* peut être considéré sous l'un ou l'autre aspect ; enfin elle laisse supposer que le lien

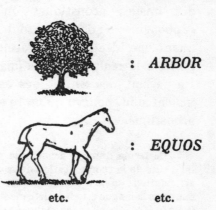

: *ARBOR*

: *EQUOS*

etc.   etc.

qui unit un nom à une chose est une opération toute simple, ce qui est bien loin d'être vrai. Cependant cette vue simpliste peut nous rapprocher de la vérité, en nous montrant que l'unité linguistique est une chose double, faite du rapprochement de deux termes.

On a vu p. 28, à propos du circuit de la parole, que les termes impliqués dans le signe linguistique sont tous deux psychiques et sont unis dans notre cerveau par le lien de l'association. Insistons sur ce point.

Le signe linguistique unit non une chose et un nom, [130] mais un concept et une image acoustique[1].* Cette dernière n'est pas le son matériel, chose purement physique, mais [131] l'empreinte psychique* de ce son, la représentation que nous en donne le témoignage de nos sens ; elle est sensorielle, et s'il nous arrive de l'appeler « matérielle », c'est seulement dans ce se... et par opposition à l'autre terme de l'association, le concept, généralement plus abstrait.

Le caractère psychique de nos images acoustiques apparaît bien quand nous observons notre propre langage. Sans remuer les lèvres ni la langue, nous pouvons nous parler à nous-mêmes ou nous réciter mentalement une pièce de vers. C'est parce que les mots de la langue sont pour nous des images acoustiques qu'il faut éviter de parler des « phonèmes » dont ils sont composés. Ce terme, impliquant une idée d'action vocale, ne peut convenir qu'au mot parlé, à la réalisation de l'image intérieure dans le discours. En parlant des *sons* et des *syllabes* d'un mot, on évite ce malentendu, pourvu qu'on se souvienne qu'il s'agit de l'image acoustique.

---

1. Ce terme d'image acoustique paraîtra peut-être trop étroit, puisqu'à côté de la représentation des sons d'un mot il y a aussi celle de son articulation, l'image musculaire de l'acte phonatoire. Mais pour F. de Saussure la langue est essentiellement un dépôt, une chose reçue du dehors (voir p. 30). L'image acoustique est par excellence la représentation naturelle du mot en tant que fait de langue virtuel, en dehors de toute réalisation par la parole. L'aspect moteur peut donc être sous-entendu ou en tout cas n'occuper qu'une place subordonnée par rapport à l'image acoustique.*(Ed.).*

Le signe linguistique est donc une entité psychique à deux faces, qui peut être représentée par la figure :

Ces deux éléments sont intimement unis et s'appellent l'un l'autre. Que nous cherchions le sens du mot latin *arbor* ou le mot par lequel le latin désigne le concept « arbre », il est clair que seuls les rapprochements

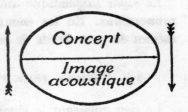

consacrés par la langue nous apparaissent conformes à la réa-

lité, et nous écartons n'importe quel autre qu'on pourrait imaginer.*   [132]

Cette définition pose une importante question de terminologie.*Nous appelons *signe* la combinaison du concept et [133] de l'image acoustique : mais dans l'usage courant ce terme désigne généralement l'image acoustique seule, par exemple un mot (*arbor*, etc.). On oublie que si *arbor* est appelé signe, ce n'est qu'en tant qu'il porte le concept « arbre », de telle sorte que l'idée de la partie sensorielle implique celle du total.

L'ambiguïté disparaîtrait si l'on désignait les trois notions ici en présence par des noms qui s'appellent les uns les autres tout en s'opposant. Nous proposons de conserver le mot *signe* pour désigner le total, et de remplacer *concept* et *image acoustique* respectivement par *signifié* et *signifiant* ; ces derniers termes ont l'avantage de marquer l'opposition qui les sépare soit entre eux, soit du total dont ils font partie. Quant à *signe*, si nous nous en contentons, c'est que nous ne

[134] savons par quoi le remplacer, la langue usuelle n'en suggé-
rant aucun autre.*

Le *signe* linguistique ainsi défini possède deux caractères
primordiaux. En les énonçant nous poserons les principes
mêmes de toute étude de cet ordre.

[135]   § 2. PREMIER PRINCIPE : L'ARBITRAIRE DU SIGNE.*

Le lien unisssant le signifiant au signifié est arbitraire, ou
encore, puisque nous entendons par signe le total résultant
de l'association d'un signifiant à un signifié, nous pouvons
[136] dire plus simplement : *le signe linguistique est arbitraire.**

Ainsi l'idée de « sœur » n'est liée par aucun rapport intérieur avec la suite de sons *s—ö—r* qui lui sert de signifiant ;
il pourrait être aussi bien représenté par n'importe quelle
autre : à preuve les différences entre les langues et l'existence
même de langues différentes : le signifié « bœuf » a pour signifiant *b—ö—f* d'un côté de la frontière, et *o—k—s* (*Ochs*) de
[137] l'autre.*

Le principe de l'arbitraire du signe n'est contesté par personne ; mais il est souvent plus aisé de découvrir une vérité
que de lui assigner la place qui lui revient. Le principe énoncé
plus haut domine toute la linguistique de la langue ; ses conséquences sont innombrables. Il est vrai qu'elles n'apparaissent pas toutes du premier coup avec une égale évidence ;
c'est après bien des détours qu'on les découvre, et avec elles
[138] l'importance primordiale du principe.*

Une remarque en passant : quand la sémiologie sera
organisée, elle devra se demander si les modes d'expression
qui reposent sur des signes entièrement naturels — comme
[139] la pantomime — lui reviennent de droit.* En supposant
qu'elle les accueille, son principal objet n'en sera pas moins
l'ensemble des systèmes fondés sur l'arbitraire du signe. En
effet tout moyen d'expression reçu dans une société repose
en principe sur une habitude collective ou, ce qui revient

au même, sur la convention. Les signes de politesse, par
exemple, doués souvent d'une certaine expressivité natu-
telle (qu'on pense au Chinois qui salue son empereur en se
prosternant neuf fois jusqu'à terre), n'en sont pas moins
fixés par une règle ; c'est cette règle qui oblige à les employer, non leur valeur intrinsèque. On peut donc dire que
les signes entièrement arbitraires réalisent mieux que les
autres l'idéal du procédé sémiologique ; c'est pourquoi la
langue, le plus complexe et le plus répandu des systèmes
d'expression, est aussi le plus caractéristique de tous ; en
ce sens la linguistique peut devenir le patron général de
toute sémiologie, bien que la langue ne soit qu'un système
particulier.

On s'est servi du mot *symbole* pour désigner le signe linguistique, ou plus exactement ce que nous appelons le
signifiant. Il y a des inconvénients à l'admettre, justement
à cause de notre premier principe. Le symbole a pour caractère de n'être jamais tout à fait arbitraire ; il n'est pas vide,
il y a un rudiment de lien naturel entre le signifiant et le
signifié. Le symbole de la justice, la balance, ne pourrait
pas être remplacé par n'importe quoi, un char, par
exemple.*   [140]

Le mot *arbitraire* appelle aussi une remarque. Il ne doit
pas donner l'idée que le signifiant dépend du libre choix du
sujet parlant (on verra plus bas qu'il n'est pas au pouvoir
de l'individu de rien changer à un signe une fois établi dans
un groupe linguistique) ; nous voulons dire qu'il est *immotivé*, c'est-à-dire arbitraire par rapport au signifié, avec lequel
il n'a aucune attache naturelle dans la réalité.*   [141]

Signalons en terminant deux objections qui pourraient être
faites à l'établissement de ce premier principe :

1º On pourrait s'appuyer sur les *onomatopées**pour dire [142]
que le choix du signifiant n'est pas toujours arbitraire. Mais
elles ne sont jamais des éléments organiques d'un système
linguistique. Leur nombre est d'ailleurs bien moins grand

qu'on ne le croit. Des mots comme *fouet* ou *glas* peuvent
frapper certaines oreilles par une sonorité suggestive ; mais
pour voir qu'ils n'ont pas ce caractère dès l'origine, il suffit
de remonter à leurs formes latines (*fouet* dérivé de *fāgus*
« hêtre », *glas* = *classicum*) ; la qualité de leurs sons actuels,
ou plutôt celle qu'on leur attribue, est un résultat fortuit de
l'évolution phonétique.

Quant aux onomatopées authentiques (celles du type
glou-glou, *tic-tac*, etc.), non seulement elles sont peu nombreuses, mais leur choix est déjà en quelque mesure arbitraire, puisqu'elles ne sont que l'imitation approximative et
déjà à demi conventionnelle de certains bruits (comparez
le français *ouaoua* et l'allemand *wauwau*). En outre, une
fois introduites dans la langue, elles sont plus ou moins
entraînées dans l'évolution phonétique, morphologique, etc.
que subissent les autres mots (cf. *pigeon*, du latin vulgaire
pīpiō, dérivé lui-même d'une onomatopée) : preuve évidente qu'elles ont perdu quelque chose de leur caractère
premier pour revêtir celui du signe linguistique en général,
qui est immotivé.

[143]   2° Les *exclamations*,* très voisines des onomatopées,
donnent lieu à des remarques analogues et ne sont pas plus
dangereuses pour notre thèse. On est tenté d'y voir des
expressions spontanées de la réalité, dictées pour ainsi dire
par la nature. Mais pour la plupart d'entre elles, on peut
nier qu'il y ait un lien nécessaire entre le signifié et le signifiant. Il suffit de comparer deux langues à cet égard pour
voir combien ces expressions varient de l'une à l'autre (par
exemple au français *aïe !* correspond l'allemand *au !*) On
sait d'ailleurs que beaucoup d'exclamations ont commencé
par être des mots à sens déterminé (cf. *diable ! mordieu !* =
mort Dieu, etc.).

En résumé, les onomatopées et les exclamations sont
d'importance secondaire, et leur origine symbolique en partie
contestable.

§ 3. SECOND PRINCIPE ; CARACTÈRE LINÉAIRE DU SIGNIFIANT.* [144]

Le signifiant, étant de nature auditive, se déroule dans le temps seul et a les caractèrcs qu'il emprunte au temps : a) *il représente une étendue,* et b) *cette étendue est mesurable dans une seule dimension* : c'est une ligne.* [145]

Ce principe est évident, mais il semble qu'on ait toujours négligé de l'énoncer, sans doute parce qu'on l'a trouvé trop simple ; cependant il est fondamental et les conséquences en sont incalculables ; son importance est égale à celle de la première loi. Tout le mécanisme de la langue en dépend (voir p. 170). Par opposition aux signifiants visuels (signaux maritimes, etc.). qui peuvent offrir des complications simultanées sur plusieurs dimensions, les signifiants acoustiques ne disposent que de la ligne du temps ; leurs éléments se présentent l'un après l'autre ; ils forment une chaîne. Ce caractère apparaît immédiatement dès qu'on les représente par l'écriture et qu'on substitue la ligne spatiale des signes graphiques à la succession dans le temps.

Dans certains cas cela n'apparaît pas avec évidence. Si par exemple j'accentue une syllabe, il semble que j'accumule sur le même point des éléments significatifs différents. Mais c'est une illusion ; la syllabe et son accent ne constituent qu'un acte phonatoire ; il n'y a pas dualité à l'intérieur de cet acte, mais seulement des oppositions diverses avec ce qui est à côté (voir à ce sujet p. 180).

CHAPITRE II

IMMUTABILITÉ ET MUTABILITÉ DU SIGNE

§ 1. Immutabilité.* [146]

Si par rapport à l'idée qu'il représente, le signifiant apparaît comme librement choisi, en revanche, par rapport à la communauté linguistique qui l'emploie, il n'est pas libre, il est imposé. La masse sociale n'est point consultée, et le signifiant choisi par la langue, ne pourrait pas être remplacé par un autre. Ce fait, qui semble envelopper une contradiction, pourrait être appelé familièrement « la carte forcée ». On dit à la langue : « Choisissez ! » mais on ajoute : « Ce sera ce signe et non un autre. » Non seulement un individu serait incapable, s'il le voulait, de modifier en quoi que ce soit le choix qui a été fait, mais la masse elle-même ne peut exercer sa souveraineté sur un seul mot ; elle est liée à la langue telle qu'elle est.

La langue ne peut donc plus être assimilée à un contrat pur et simple, et c'est justement de ce côté que le signe linguistique est particulièrement intéressant à étudier ; car si l'on veut démontrer que la loi admise dans une collectivité est une chose que l'on subit, et non une règle librement consentie, c'est bien la langue qui en offre la preuve la plus éclatante.

Voyons donc comment le signe linguistique échappe à notre volonté, et tirons ensuite les conséquences importantes qui découlent de ce phénomène.

A n'importe quelle époque et si haut que nous remontions, la langue apparaît toujours comme un héritage de l'époque précédente. L'acte par lequel, à un moment donné, les noms seraient distribués aux choses, par lequel un contrat serait passé entre les concepts et les images acoustiques — cet acte, nous pouvons le concevoir, mais il n'a jamais été constaté. L'idée que les choses auraient pu se passer ainsi nous est suggérée par notre sentiment très vif de l'arbitraire du signe.

En fait, aucune société ne connaît et n'a jamais connu la langue autrement que comme un produit hérité des générations précédentes et à prendre tel quel. C'est pourquoi la question de l'origine du langage n'a pas l'importance qu'on lui attribue généralement.*Ce n'est pas même une question [147] à poser ; le seul objet réel de la linguistique, c'est la vie normale et régulière d'un idiome déjà constitué. Un état de langue donné est toujours le produit de facteurs historiques, et ce sont ces facteurs qui expliquent pourquoi le signe est immuable, c'est-à-dire résiste à toute substitution arbitraire.

Mais dire que la langue est un héritage n'explique rien si l'on ne va pas plus loin. Ne peut-on pas modifier d'un moment à l'autre des lois existantes et héritées ?

Cette objection nous amène à placer la langue dans son cadre social et à poser la question comme on la poserait pour les autres institutions sociales. Celles-ci, comment se transmettent-elles ? Voilà la question plus générale qui enveloppe celle de l'immutabilité. Il faut d'abord apprécier le plus ou moins de liberté dont jouissent les autres institutions ; on verra que pour chacune d'elles il y a une balance différente entre la tradition imposée et l'action libre de la société. Ensuite on recherchera pourquoi, dans une catégorie donnée, les facteurs du premier ordre sont plus ou moins puissants que ceux de l'autre. Enfin, revenant à la langue, on se demandera pourquoi le facteur historique de la transmission la domine tout entière et exclut tout changement linguistique général et subit.

Pour répondre à cette question, on pourrait faire valoir bien des arguments, et dire, par exemple, que les modifications de la langue ne sont pas liées à la suite des générations, qui, loin de se superposer les unes aux autres comme les tiroirs d'un meuble, se mêlent, s'interpénètrent et contiennent chacune des individus de tous les âges. On rappellerait aussi la somme d'efforts qu'exige l'apprentissage de la langue maternelle, pour conclure de là à l'impossibilité d'un changement général. On ajouterait que la réflexion n'intervient pas dans la pratique d'un idiome ; que les sujets sont, dans une large mesure, inconscients des lois de la langue ; et s'ils ne s'en rendent pas compte, comment pourraient-ils les modifier ? Fussent-ils même conscients, il faudrait se rappeler que les faits linguistiques ne provoquent guère la critique, en ce sens que chaque peuple est généralement satisfait de la langue qu'il a reçue.

Ces considérations sont importantes, mais elles ne sont pas topiques ; nous préférons les suivantes, plus essentielles, plus directes, dont dépendent toutes les autres :

1. — *Le caractère arbitraire du signe.* Plus haut, il nous faisait admettre la possibilité théorique du changement ; en approfondissant, nous voyons qu'en fait, l'arbitraire même du signe met la langue à l'abri de toute tentative visant à la modifier. La masse, fût-elle même plus consciente qu'elle ne l'est, ne saurait la discuter. Car pour qu'une chose soit mise en question, il faut qu'elle repose sur une norme raisonnable. On peut, par exemple, débattre si la forme monogame du mariage est plus raisonnable que la forme polygame et faire valoir des raisons pour l'une et l'autre. On pourrait aussi discuter un système de symboles, parce que le symbole a un rapport rationnel avec la chose signifiée (voir p. 101) ; mais pour la langue, système de signes arbitraires, cette base fait défaut, et avec elle se dérobe tout terrain solide de dis-

cussion ; il n'y a aucun motif de préférer *sœur* à *sister*, *Ochs* à *bœuf*, etc.

2. — *La multitude des signes nécessaires pour constituer n'importe quelle langue.* La portée de ce fait est considérable. Un système d'écriture composé de vingt à quaranre lettres peut à la rigueur être remplacé par un autre. Il en serait de même pour la langue si elle renfermait un nombre limité d'éléments ; mais les signes linguistiques sont innombrables.

3. — *Le caractère trop complexe du système.* Une langue constitue un système. Si, comme nous le verrons, c'est le côté par lequel elle n'est pas complètement arbitraire et où il règne une raison relative, c'est aussi le point où apparaît l'incompétence de la masse à la transformer. Car ce système est un mécanisme complexe ; l'on ne peut le saisir que par la réflexion ; ceux-là mêmes qui en font un usage journalier l'ignorent profondément. On ne pourrait concevoir un tel changement que par l'intervention de spécialistes, grammairiens, logiciens, etc. ; mais l'expérience montre que jusqu'ici les ingérences de cette nature n'ont eu aucun succès.

4. — *La résistance de l'inertie collective à toute innovation linguistique.* La langue — et cette considération prime toutes les autres — est à chaque moment l'affaire de tout le monde ; répandue dans une masse et maniée par elle, elle est une chose dont tous les individus se servent toute la journée.*Sur ce point, on ne peut établir aucune comparaison entre elle et les autres institutions. Les prescriptions d'un code, les rites d'une religion, les signaux maritimes, etc., n'occupent jamais qu'un certain nombre d'individus à la fois et pendant un temps limité ; la langue, au contraire, chacun y participe à tout instant, et c'est pourquoi elle subit sans cesse l'influence de tous. Ce fait capital suffit à montrer l'impossibilité d'une révolution. La langue est de toutes les institutions sociales celle qui offre le moins de prise aux initia-

[148]

tives. Elle fait corps avec la vie de la masse sociale, et celle-ci, étant naturellement inerte, apparaît avant tout comme un facteur de conservation.

Toutefois il ne suffit pas de dire que la langue est un produit des forces sociales pour qu'on voie clairement qu'elle n'est pas libre ; se rappelant qu'elle est toujours l'héritage d'une époque précédente, il faut ajouter que ces forces sociales agissent en fonction du temps. Si la langue a un caractère de fixité, ce n'est pas seulement parce qu'elle est attachée au poids de la collectivité, c'est aussi qu'elle est située dans le temps. Ces deux faits sont inséparables. A tout instant, la solidarité avec le passé met en échec la liberté de choisir. Nous disons *homme* et *chien* parce qu'avant nous on a dit

[149] *homme* et *chien*.*Cela n'empêche pas qu'il n'y ait dans le phénomène total un lien entre ces deux facteurs antinomiques : la convention arbitraire en vertu de laquelle le choix est libre, et le temps, grâce auquel le choix se trouve fixé. C'est parce que le signe est arbitraire qu'il ne connaît d'autre loi que celle de la tradition, et c'est parce qu'il se fonde sur la tradition

[150] qu'il peut être arbitraire.*

[151]   § 2. MUTABILITÉ.*

Le temps, qui assure la continuité de la langue, a un autre effet, en apparence contradictoire au premier : celui d'altérer plus ou moins rapidement les signes linguistiques et, en un certain sens, on peut parler à la fois de l'immutabilité et de

[152] la mutabilité du signe[1].*

En dernière analyse, les deux faits sont solidaires : le

---

1. On aurait tort de reprocher à F. de Saussure d'être illogique ou paradoxal en attribuant à la langue deux qualités contradictoires. Par l'opposition de deux termes frappants, il a voulu seulement marquer fortement cette vérité, que la langue se transforme sans que les sujets puissent la transformer. On peut dire aussi qu'elle est intangible, mais non inaltérable (*Ed.*).

signe est dans le cas de s'altérer parce qu'il se continue. Ce qui domine dans toute altération, c'est la persistance de la matière ancienne ; l'infidélité au passé n'est que relative. Voilà pourquoi le principe d'altération se fonde sur le principe de continuité.

L'altération dans le temps prend diverses formes, dont chacune fournirait la matière d'un important chapitre de linguistique.*Sans entrer dans le détail, voici ce qu'il est [153] important de dégager.

Tout d'abord, ne nous méprenons pas sur le sens attaché ici au mot altération. Il pourrait faire croire qu'il s'agit spécialement des changements phonétiques subis par le signifiant, ou bien des changements de sens qui atteignent le concept signifié. Cette vue serait insuffisante. Quels que soient les facteurs d'altérations, qu'il agissent isolément ou combinés, ils aboutissent toujours à *un déplacement du rapport entre le signifié et le signifiant.** [154]

Voici quelques exemples. Le latin *necāre* signifiant « tuer » est devenu en français *noyer*, avec le sens que l'on connaît. Image acoustique et concept ont changé tous les deux ; mais il est inutile de distinguer les deux parties du phénomène ; il suffit de constater *in globo* que le lien de l'idée et du signe*[155] s'est relâché et qu'il y a eu un déplacement dans leur rapport. Si au lieu de comparer le *necāre* du latin classique avec notre français *noyer*, on l'oppose au *necare* du latin vulgaire du IVᵉ ou du Vᵉ siècle, signifiant « noyer », le cas est un peu différent ; mais ici encore, bien qu'il n'y ait pas altération appréciable du signifiant, il y a déplacement du rapport entre l'idée et le signe.

L'ancien allemand *dritteil*, « le tiers », est devenu en allemand moderne *Drittel*. Dans ce cas, quoique le concept soit resté le même, le rapport a été changé de deux façons : le signifiant a été modifié non seulement dans son aspect matériel, mais aussi dans sa forme grammaticale ; il n'implique plus l'idée de *Teil* ; c'est un mot simple. D'une manière ou d'une autre, c'est toujours un déplacement de rapport.

En anglo-saxon, la forme prélittéraire *fōt* « le pied » est restée *fōt* (angl. mod. *foot*), tandis que son pluriel **fōti*, « les pieds », est devenu *fēt*. (angl. mod. *feet*). Quelles que soient les altérations qu'il suppose, une chose est certaine : il y a eu déplacement du rapport ; il a surgi d'autres correspondances entre la matière phonique et l'idée.*

[156]

Une langue est radicalement impuissante à se défendre contre les facteurs qui déplacent d'instant en instant le rapport du signifié et du signifiant. C'est une des conséquences de l'arbitraire du signe.

Les autres institutions humaines — les coutumes, les lois, etc. — sont toutes fondées, à des degrés divers, sur les rapports naturels des choses ; il y a en elles une convenance nécessaire entre les moyens employés et les fins poursuivies. Même la mode qui fixe notre costume n'est pas entièrement arbitraire : on ne peut s'écarter au-delà d'une certaine mesure des conditions dictées par le corps humain. La langue, au contraire, n'est limitée en rien dans le choix de ses moyens, car on ne voit pas ce qui empêcherait d'associer une idée quelconque avec une suite quelconque de sons.*

[157]

Pour bien faire sentir que la langue est une institution pure, Whitney a fort justement insisté sur le caractère arbitraire des signes*; et par là, il a placé la linguistique sur son axe véritable. Mais il n'est pas allé jusqu'au bout et n'a pas vu que ce caractère arbitraire sépare radicalement la langue de toutes les autres institutions. On le voit bien par la manière dont elle évolue ; rien de plus complexe : située à la fois dans la masse sociale et dans le temps, personne ne peut rien y changer, et, d'autre part, l'arbitraire de ses signes entraîne théoriquement la liberté d'établir n'importe quel rapport entre la matière phonique et les idées. Il en résulte que ces deux éléments unis dans les signes gardent chacun leur vie propre dans une proportion inconnue

[158]

ailleurs, et que la langue s'altère, ou plutôt évolue, sous l'influence de tous les agents qui peuvent atteindre soit les sons soit les sens. Cette évolution est fatale ; il n'y a pas d'exemple d'une langue qui y résiste. Au bout d'un certain temps on peut toujours constater des déplacements sensibles.

Cela est si vrai que ce principe doit se vérifier même à propos des langues artificielles. Celui qui en crée une la tient en main tant qu'elle n'est pas en circulation ; mais dès l'instant qu'elle remplit sa mission et devient la chose de tout le monde, le contrôle échappe. L'espéranto est un essai de ce genre ; s'il réussit, échappera-t-il à la loi fatale ? Passé le premier moment, la langue entrera très probablement dans sa vie sémiologique ; elle se transmettra par des lois qui n'ont rien de commun avec celles de la création réfléchie, et l'on ne pourra plus revenir en arrière. L'homme qui prétendrait composer une langue immuable, que la postérité devrait accepter telle quelle, ressemblerait à la poule qui a couvé un œuf de canard : la langue créée par lui serait emportée bon gré mal gré par le courant qui entraîne toutes les langues.* [159]

La continuité du signe dans le temps, lié à l'altération dans le temps, est un principe de la sémiologie générale ; on en trouverait la confirmation dans les systèmes d'écriture, le langage des sourds-muets, etc.

Mais sur quoi se fonde la nécessité du changement ? On nous reprochera peut-être de n'avoir pas été aussi explicite sur ce point que sur le principe de l'immutabilité : c'est que nous n'avons pas distingué les différents facteurs d'altération ; il faudrait les envisager dans leur variété pour savoir jusqu'à quel point ils sont nécessaires.

Les causes de la continuité sont *a priori* à la portée de l'observateur ; il n'en est pas de même des causes d'altération à travers le temps. Il vaut mieux renoncer provisoirement à en rendre un compte exact et se borner à parler en général du déplacement des rapports ; le temps altère toutes choses ; il n'y a pas de raison pour que la langue échappe à [160] cette loi universelle.*

Récapitulons les étapes de notre démonstration, en nous reportant aux principes établis dans l'introduction.

1º Évitant de stériles définitions de mots, nous avons d'abord distingué, au sein du phénomène total que représente le *langage*, deux facteurs : la *langue* et la *parole*. La langue est pour nous le langage moins la parole. Elle est l'ensemble des habitudes linguistiques qui permettent à un sujet de comprendre et de se faire comprendre.

2º Mais cette définition laisse encore la langue en dehors de sa réalité sociale ; elle en fait une chose irréelle, puisqu'elle ne comprend qu'un des aspects de la réalité, l'aspect individuel ; il faut une *masse parlante* pour qu'il y ait une langue. A aucun moment, et contrairement à l'apparence, celle-ci n'existe en dehors du fait social, parce qu'elle est un [161] phénomène sémiologique.* Sa nature sociale est un de ses caractères internes ; sa définition complète nous place devant deux choses inséparables, comme le montre le schéma :

[162]

Mais dans ces conditions, la langue est viable, non vivante ; nous n'avons tenu compte que de la réalité sociale, non du fait historique.*

3º Comme le signe linguistique est arbitraire, il semble que la langue, ainsi définie, soit un système libre, organisable à volonté, dépendant uniquement d'un principe rationnel. Son caractère social, considéré en lui-même, ne s'oppose pas précisément à ce point de vue. Sans doute la psychologie collective n'opère pas sur une matière purement logique ; il faudrait tenir compte de tout ce qui fait fléchir la raison dans les relations pratiques d'individu à individu. Et pourtant, ce qui nous empêche de regarder la langue comme une simple convention, modifiable au gré des intéressés, ce n'est pas cela ; c'est l'action du temps qui se combine avec celle de la force sociale ; en dehors de la durée, la réalité linguistique n'est pas complète et aucune conclusion n'est possible.

Si l'on prenait la langue dans le temps, sans la masse parlante — supposons un individu isolé vivant pendant plusieurs siècles, — on ne constaterait peut-être aucune altération ; le temps n'agirait pas sur elle. Inversement si l'on considérait la masse parlante sans le temps, on ne verrait pas l'effet des forces sociales agisssant leur la langue

Pour être dans la réalité il faut donc ajouter à notre premier schéma un signe qui indique la marche du temps :

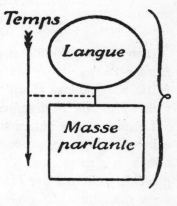

Dès lors la langue n'est pas libre, parce que le temps permettra aux forces sociales s'exerçant sur elle de développer leurs effets, et on arrive au principe de continuité, qui annule la liberté. Mais la continuité implï que nécessairement l'altération.

le déplacement plus ou moins considérable des rapports.

CHAPITRE III

LA LINGUISTIQUE STATIQUE
ET LA LINGUISTIQUE ÉVOLUTIVE

§ 1. Dualité interne de toutes les sciences opérant sur les valeurs.*

[163]

Bien peu de linguistes se doutent que l'intervention du facteur temps est propre à créer à la linguistique des difficultés particulières et qu'elle place leur science devant deux routes absolument divergentes.

La plupart des autres sciences ignorent cette dualité radicale ; le temps n'y produit pas d'effets particuliers. L'astronomie, a constaté que les astres subissent de notables changements ; elle n'a pas été obligée pour cela de se scinder en deux disciplines. La géologie raisonne presque constamment sur des successivités ; mais lorsqu'elle vient à s'occuper des états fixes de la terre, elle n'en fait pas un objet d'étude radicalement distinct. Il y a une science descriptive du droit et une histoire du droit ; personne ne les oppose l'une à l'autre. L'histoire politique des États se meut entièrement dans le temps ; cependant si un historien fait le tableau d'une époque, on n'a pas l'impression de sortir de l'histoire. Inversement, la science des institutions politiques est essentiellement descriptive, mais elle peut fort bien, à l'occasion, traiter une question historique sans que son unité soit troublée.*

[164]

Au contraire la dualité dont nous parlons s'impose déjà

impérieusement aux sciences économiques. Ici, à l'encontre de ce qui se passait dans les cas précédents, l'économie politique et l'histoire économique constituent deux disciplines nettement séparées au sein d'une même science ; les ouvrages parus récemment sur ces matières accentuent cette distinction.*En procédant de la sorte on obéit, sans bien s'en rendre compte, à une nécessité intérieure : or c'est une nécessité toute semblable qui nous oblige à scinder la linguistique en deux parties ayant chacune son principe propre. C'est que là, comme en économie politique, on est en face de la notion de *valeur* ; dans les deux sciences, il s'agit d'un *système d'équivalence entre des choses d'ordres différents* : dans l'une un travail et un salaire, dans l'autre un signifié et un signifiant.* [165]

[166]

Il est certain que toutes les sciences auraient intérêt à marquer plus scrupuleusement les axes sur lesquels sont situées les choses dont elles s'occupent ; il faudrait partout distinguer selon la figure suivante : 1º *l'axe des simultanéités* (AB), concernant les rapports entre choses coexistantes, d'où toute intervention du temps est exclue, et 2º *l'axe des successivités* (CD), sur lequel on ne peut jamais considérer qu'une chose à la fois, mais où sont situées toutes les choses du premier axe avec leurs changements.

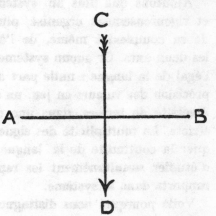

Pour les sciences travaillant sur des valeurs, cette distinction devient une nécessité pratique, et dans certains cas une nécessité absolue. Dans ce domaine on peut mettre les savants au défi d'organiser leurs recherches d'une façon rigoureuse sans tenir compte dès deux axes, sans distinguer le système des valeurs considérées en soi, de ces mêmes valeurs considérées en fonction du temps.

C'est au linguiste que cette distinction s'impose le plus impérieusement ; car la langue est un système de pures valeurs que rien ne détermine en dehors de l'état momentané de ses termes. Tant que par un de ses côtés une valeur a sa racine dans les choses et leurs rapports naturels (comme c'est le cas dans la science économique — par exemple un fonds de terre vaut en proportion de ce qu'il rapporte), on peut jusqu'à un certain point suivre cette valeur dans le temps, tout en se souvenant qu'à chaque moment elle dépend d'un système de valeurs contemporaines. Son lien avec les choses lui donne malgré tout une base naturelle, et par là les appréciations qu'on y rattache ne sont jamais complètement arbitraire ; leur variabilité est limitée. Mais nous venons de voir qu'en linguistique les données naturelles [167] n'ont aucune place.*

Ajoutons que plus un système de valeurs est complexe et rigoureusement organisé, plus il est nécessaire, à cause de sa complexité même, de l'étudier successivement selon les deux axes. Or aucun système ne porte ce caractère à l'égal de la langue : nulle part on ne constate une pareille précision des valeurs en jeu, un si grand nombre et une telle diversité de termes, dans une dépendance réciproque aussi stricte. La multiplicité des signes, déjà invoquée pour expliquer la continuité de la langue, nous interdit absolument d'étudier simultanément les rapports dans le temps et les rapports dans le système.

Voilà pourquoi nous distinguons deux linguistiques. Comment les désignerons-nous ? Les termes qui s'offrent ne sont pas tous également propres à marquer cette distinction. Ainsi histoire et « linguistique historique » ne sont pas [168] utilisables, car ils appellent des idées trop vagues*; comme l'histoire politique comprend la description des époques aussi bien que la narration des événements, on pourrait s'imaginer qu'en décrivant des états de la langue succesifs on étudie la langue selon l'axe du temps ; pour cela, il faudrait envisager séparément les phénomènes qui font passer la langue d'un état à un autre. Les termes d'*évolution* et de *linguistique évolutive* sont plus précis, et nous les emploierons souvent ; par opposition on peut parler de la science des *états* de langue ou *linguistique statique.** [169]

Mais pour mieux marquer cette opposition et ce croisement de deux ordres de phénomènes relatifs au même objet, nous préférons parler de linguistique *synchronique* et de linguistique *diachronique.**Est synchronique tout ce qui se rap- [170] porte à l'aspect statique de notre science, diachronique tout ce qui a trait aux évolutions. De même *synchronie* et *diachronie* désigneront respectivement un état de langue et une phase d'évolution.

§ 2. LA DUALITÉ INTERNE ET L'HISTOIRE DE LA LINGUISTIQUE.** [171]

La première chose qui frappe quand on étudie les faits de langue, c'est que pour le sujet parlant leur succession dans le temps est inexistante : il est devant un état. Aussi le linguiste qui veut comprendre cet état doit-il faire table rase de tout ce qui l'a produit et ignorer la diachronie. Il ne peut entrer dans la conscience des sujets parlants qu'en supprimant le passé. L'intervention de l'histoire ne peut que fausser son jugement. Il serait absurde de dessiner un panorama des Alpes en le prenant simultanément de plusieurs sommets du Jura ; un panorama doit être pris d'un seul point. De même pour la langue : on ne peut ni la décrire ni fixer des normes pour l'usage qu'en se plaçant dans un certain état. Quand le linguiste suit l'évolution de la langue, il ressemble à l'observateur en mouvement qui va d'une extrémité à l'autre du Jura pour noter les déplacements de la perspective.

Depuis que la linguistique moderne existe, on peut dire qu'elle s'est absorbée tout entière dans la diachronie. La grammaire comparée de l'indo-européen utilise les données qu'elle a en mains pour reconstruire hypothétiquement un type de langue antécédent ; la comparaison n'est pour elle qu'un moyen de reconstituer le passé. La méthode est la même dans l'étude particulière des sous-groupes (langues romanes, langues germaniques, etc.) ; les états n'interviennent que par fragments et d'une façon très imparfaite. Telle est la tendance inaugurée par Bopp ; aussi sa conception de [172] la langue est-elle hybride et hésitante.*

D'autre part, comment ont procédé ceux qui ont étudié la langue avant la fondation des études linguistiques, c'est-à-dire les « grammairiens » inspirés par les méthodes traditionnelles ? Il est curieux de constater que leur point de vue, sur la question qui nous occupe, est absolument irréprochable. Leurs travaux nous montrent clairement qu'ils veulent décrire des états ; leur programme est strictement synchronique. Ainsi la grammaire de Port-Royal essaie de décrire l'état du français sous Louis XIV et d'en déterminer les valeurs. Elle n'a pas besoin pour cela de la langue du moyen âge ; elle suit fidèlement l'axe horizontal (voir p. 115) sans jamais s'en écarter ; cette méthode est donc juste, ce qui ne veut pas dire que son application soit parfaite. La grammaire traditionnelle ignore des parties entières de la langue, telle que la formation des mots ; elle est normative et croit devoir édicter des règles au lieu de constater des faits ; les vues d'ensemble lui font défaut ; souvent même elle ne sait pas distinguer le mot écrit du mot [173] parlé, etc.*

On a reproché à la grammaire classique de n'être pas scientifique ; pourtant sa base est moins critiquable et son objet mieux défini que ce n'est le cas pour la linguistique inaugurée par Bopp. Celle-ci, en se plaçant sur un terrain mal délimité, ne sait pas exactement vers quel but elle tend. Elle est à cheval sur deux domaines, parce qu'elle n'a pas su distinguer nettement entre les états et les successivités.

Après avoir accordé une trop grande place à l'histoire, la linguistique retournera au point de vue statique de la grammaire traditionnelle, mais dans un esprit nouveau et avec d'autres procédés, et la méthode historique aura contribué à ce rajeunissement ; c'est elle qui, par contre-coup, fera mieux comprendre les états de langue. L'ancienne grammaire ne voyait que le fait synchronique ; la linguistique nous a révélé un nouvel ordre de phénomènes ; mais cela ne suffit pas ; il faut faire sentir l'opposition des deux ordres pour en tirer toutes les conséquences qu'elle comporte.* [174]

§ 3. LA DUALITÉ INTERNE ILLUSTRÉE PAR DES EXEMPLES.* [175]

L'opposition entre les deux points de vue — synchronique et diachronique — est absolue et ne souffre pas de compromis.*Quelques faits nous montreront en quoi consiste cette [176] différence et pourquoi elle est irréductible.

Le latin *crispus*, « ondulé, crêpé », a fourni au français un radical *crép-*, d'où les verbes *crépir* « recouvrir de mortier », et *décrépir*, « enlever le mortier ». D'autre part, à un un certain moment, on a emprunté au latin le mot *dēcrepitus*, « usé par l'âge », dont on ignore l'étymologie, et on en a fait *décrépit*. Or il est certain qu'aujourd'hui la masse des sujets parlants établit un rapport entre « un mur *décrépi* » et « un homme *décrépit* », bien qu'historiquement ces deux mots n'aient rien à faire l'un avec l'autre ; on parle souvent de la façade *décrépite* d'une maison. Et c'est un fait statique, puisqu'il s'agit d'un rapport entre deux termes coexistants dans la langue. Pour qu'il se produise, le concours de certains phénomènes d'évolution a été nécessaire ; il a fallu que *crisp-* arrive à se prononcer *crép-*, et qu'à un certain moment on emprunte un mot nouveau au latin : ces faits diachroniques — on le voit clairement — n'ont aucun rapport avec le fait statique qu'ils ont produit ; ils sont d'ordre différent.

Voici un autre exemple, d'une portée tout à fait générale. En vieux-haut-allemand le pluriel de *gast* « l'hôte », fut d'abord *gasti*, celui de *hant* « la main », *hanti*, etc. etc, Plus tard cet *i-* a produit un umlaut, c'est-à-dire a eu pour effet de changer *a* en *e* dans la syllabe précédente : *gasti* → *gesti* *hanti* → *henti*. Puis cet *-i* a perdu son timbre d'où *gesti* → *geste*, etc. En conséquence on a aujourd'hui *Gast* : *Gäste*, *Hand* : *Hände*, et toute une classe de mots présente la même différence entre le singulier et le pluriel. Un fait à peu près semblable s'est produit en anglo-saxon : on a eu d'abord *fōt* « le pied », pluriel **fōti* ; *tōþ*, « la dent », pluriel **tōþi* ; *gōs*, « l'oie », pluriel **gōsi*, etc. ; puis par un premier changement phonétique, celui de l'umlaut, **fōti* est devenu **fēti*, et par un second, la chute de l'*i* final, **fēti* a donné *fēt* ; dès lors, *fōt* a pour pluriel *fēt* ; *tōþ*, *tēþ* ; *gōs*, *gēs* (angl. mod. : *foot* : *feet, tooth* : *teeth, goose* : *geese*).

Précédemment, quand on disait *gast* : *gasti*, *fōt* : *fōti*, le pluriel était marqué par la simple adjonction d'un *i ; Gast : Gäste* et *fōt* : *fēt* montrent un mécanisme nouveau pour marquer le pluriel. Ce mécanisme n'est pas le même dans les deux cas : en vieil anglais, il y a seulement opposition de voyelles ; en allemand, il y a en plus, la présence ou l'absence de la finale *-e ;* mais cette différence n'importe pas ici.

Le rapport entre un singulier et son pluriel, quelles qu'en soient les formes, peut s'exprimer à chaque moment par un axe horizontal, soit :

•◄————————►• Époque A.

•◄————————►• Époque B.

Les faits, quels qu'ils soient, qui ont provoqué le passage

d'une forme à l'autre, seront au contraire situés sur un axe vertical, ce qui donne la figure totale :

Époque A.

Époque B.

Notre exemple-type suggère bon nombre de réflexions qui rentrent directement dans notre sujet :

1º Ces faits diachroniques n'ont nullement pour but de marquer une valeur par un autre signe : le fait que *gasti* a donné *gesti*, *geste* (*Gäste*) n'a rien à voir avec le pluriel des substantifs ; dans *tragit* → *trägt*, le même umlaut intéresse la flexion verbale, et ainsi de suite. Donc un fait diachronique est un événement qui a sa raison d'être en lui-même ; les conséquences synchroniques particulières qui peuvent en découler lui sont complètement étrangères.* [177]

2º Ces faits diachroniques ne tendent pas même à changer le système. On n'a pas voulu passer d'un système de rapports à un autre ; la modification ne porte pas sur l'agencement mais sur les éléments agencés.* [178]

Nous retrouvons ici un principe déjà énoncé : jamais le système n'est modifié directement ; en lui-même il est immuable ; seuls certains éléments sont altérés sans égard à la solidarité qui les lie au tout. C'est comme si une des planètes qui gravitent autour du soleil changeait de dimensions et de poids : ce fait isolé entraînerait des conséquences générales et déplacerait l'équilibre du système solaire tout entier. Pour exprimer le pluriel, il faut l'opposition de deux termes : ou *fōt : *fōti*, ou *fōt : fēt* ; ce sont deux procédés également possibles, mais on a passé de l'un à l'autre pour ainsi dire sans y toucher ; ce n'est pas l'ensemble qui a été déplacé ni un système qui en a engendré un autre, mais un élément du premier a été changé, et cela a suffi pour faire naître un autre système.

3º Cette observation nous fait mieux comprendre le caractère toujours *fortuit* d'un état. Par opposition à l'idée fausse que nous nous en faisons volontiers, la langue n'est pas un mécanisme créé et agencé en vue des concepts à exprimer. Nous voyons au contraire que l'état issu du changement n'était pas destiné à marquer les significations dont il s'imprègne. Un état fortuit est donné : *fōt : fēt*, et l'on s'en empare pour lui faire porter la distinction du singulier et du pluriel ; *fōt : fēt* n'est pas mieux fait pour cela que *jōt : *fōti* Dans chaque état l'esprit s'insuffle dans une matière donnée et la vivifie. Cette vue, qui nous est inspirée par la linguistique historique, est inconnue à la grammaire traditionnelle, qui n'aurait jamais pu l'acquérir par ses propres méthodes. La plupart des philosophes de la langue l'ignorent également : et cependant rien de plus important au point de vue philosophique.*

[179] 4º Les faits appartenant à la série diachronique sont-ils au moins du même ordre que ceux de la série synchronique ? En aucune façon, car nous avons établi que les changements se produisent en dehors de toute intention. Au contraire le fait de synchronie est toujours significatif ; il fait toujours appel à deux termes simultanés ; ce n'est pas *Gäste* qui exprime le pluriel, mais l'opposition *Gast : Gäste*. Dans le fait diachronique, c'est juste l'inverse : il n'intéresse qu'un seul terme, et pour qu'une forme nouvelle (*Gäste*) apparaisse, il faut que l'ancienne (*gasti*) lui cède la place.

Vouloir réunir dans la même discipline des faits aussi disparates serait donc une entreprise chimérique. Dans la perspective diachronique on a affaire à des phénomènes qui n'ont aucun rapport avec les systèmes, bien qu'ils les conditionnent.

Voici d'autres exemples qui confirmeront et complèteront les conclusions tirées des premiers.

En français, l'accent est toujours sur la dernière syllabe, à moins que celle-ci n'ait un *e* muet (ə). C'est un fait synchronique, un rapport entre l'ensemble des mots français et l'accent. D'où dérive-t-il ? D'un état antérieur. Le latin avait un système accentuel différent et plus compliqué : l'accent était sur la syllabe pénultième quand celle-ci était longue ; si elle était brève, il était reporté sur l'antépénultième (cf. *amĭcus, ánĭma*). Cette loi évoque des rapports qui n'ont pas la moindre analogie avec la loi française. Sans doute, c'est le même accent en ce sens qu'il est resté aux mêmes places ; dans le mot français il frappe toujours la syllabe qui le portait en latin : *amĭcum* ➝ *ami, ánimam* ➝ *âme*. Cependant les deux formules sont différentes dans les deux moments, parce que la forme des mots a changé. Nous savons que tout ce qui était après l'accent ou bien a disparu, ou bien s'est réduit à *e* muet. A la suite de cette altération du mot, la position de l'accent n'a plus été la même vis-à-vis de l'ensemble ; dès lors les sujets parlants, conscients de ce nouveau rapport, ont mis instinctivement l'accent sur la dernière syllabe, même dans les mots d'emprunt transmis par l'écriture (*facile, consul, ticket, burgrave*, etc.). Il est évident qu'on n'a pas voulu changer de système, appliquer une nouvelle formule, puisque dans un mot comme *amĭcum* ➝ *ami*, l'accent est toujours resté sur la même syllabe ; mais il s'est interposé un fait diachronique : la place de l'accent s'est trouvée changée sans qu'on y ait touché. Une loi d'accent, comme tout ce qui tient au système linguistique, est une disposition de termes, un résultat fortuit et involontaire de l'évolution.[*] [180]

Voici un cas encore plus frappant. En paléoslave *slovo*, « mot », fait à l'instrum. sg. *slovemъ* au nom. pl. *slova*, au gén. pl. *slovъ*, etc. ; dans cette déclinaison chaque cas a sa désinence. Mais aujourd'hui les voyelles « faibles » ь et ъ, représentants slaves de ĭ et ŭ indo-européen, ont disparu ; d'où en tchèque, par exemple, *slovo, slovem, slova, slov* ; de même *žena*, « femme », accus. sg. *ženu*, nom. pl. *ženy*, gén. pl. *žen*. Ici le génitif (*slov, žen*) a pour exposant zéro.[*] [181]
On voit donc qu'un signe matériel n'est pas nécessaire pour [182]

exprimer une idée ; la langue peut se contenter de l'opposition de quelque chose avec rien ; ici, par exemple, on reconnaît le gén. pl. *žen* simplement à ce qu'il n'est ni *žena* ni *ženu*,
ni aucune des autres formes. Il semble étrange à première
vue qu'une idée aussi particulière que celle du génitif pluriel
ait pris le signe *zéro* ; mais c'est justement la preuve que
tout vient d'un pur accident. La langue est un mécanisme
qui continue à fonctionner malgré les détériorations qu'on
lui fait subir.

Tout ceci confirme les principes déjà formulés et que nous
résumons comme suit :

La langue est un système dont toutes les parties peuvent
et doivent être considérées dans leur solidarité synchronique.

Les altérations ne se faisant jamais sur le bloc du système,
mais sur l'un ou l'autre de ses éléments, ne peuvent être étudiées qu'en dehors de celui-ci. Sans doute chaque altération
a son contre-coup sur le système ; mais le fait initial a porté
sur un point seulement ; il n'a aucune relation interne avec
les conséquences qui peuvent en découler pour l'ensemble.
Cette différence de nature entre termes successifs et termes
coexistants, entre faits partiels et faits touchant le système,
interdit de faire des uns et des autres la matière d'une seule
[183] science.*

§ 4. La différence des deux ordres illustrée par des
[184]   comparaisons.*

Pour montrer à la fois l'autonomie et l'interdépendance
du synchronique et du diachronique, on peut comparer le
premier à la projection d'un corps sur un plan. En effet
toute projection dépend directement du corps projeté, et
pourtant elle en diffère, c'est une chose à part. Sans cela
il n'y aurait pas toute une science des projections ; il suffirait de considérer les corps eux-mêmes. En linguistique,

même relation entre la réalité historique et un état de langue, qui en est comme la projection à un moment donné. Ce n'est pas en étudiant les corps, c'est-à-dire les événements diachroniques qu'on connaîtra les états synchroniques, pas plus qu'on n'a une notion des projections géométriques pour avoir étudié, même de très près, les diverses espèces de corps.

De même encore si l'on coupe transversalement la tige d'un végétal, on remarque sur la surface de section un dessin plus ou moins compliqué ; ce n'est pas autre chose qu'une perspective  des fibres longitudinales, et l'on apercevra celles-ci en pratiquant une section perpendiculaire à la première. Ici encore une des perspectives dépend de l'autre : la section longitudinale nous montre les fibres elles-mêmes qui constituent la plante, et la section transversale leur groupement sur un plan particulier ; mais la seconde est distincte de la première car elle fait constater entre les fibres certains rapports qu'on ne pourrait jamais saisir sur un plan longitudinal.* [185]

Mais de toutes les comparaisons qu'on pourrait imaginer, la plus démonstrative est celle qu'on établirait entre le jeu de la langue et une partie d'échecs.*De part et d'autre, on [186] est en présence d'un système de valeurs et on assiste à leurs modifications. Une partie d'échecs est comme une réalisation artificielle de ce que la langue nous présente sous une forme naturelle.

Voyons la chose de plus près.

D'abord un état du jeu correspond bien à un état de la langue. La valeur respective des pièces dépend de leur position sur l'échiquier, de même que dans la langue chaque terme a sa valeur par son opposition avec tous les autres termes.

En second lieu, le système n'est jamais que momentané ; il varie d'une position à l'autre. Il est vrai que les valeurs dépendent aussi et surtout d'une convention immuable, la règle du jeu, qui existe avant le début de la partie et persiste après chaque coup. Cette règle admise une fois pour toutes existe aussi en matière de langue ; ce sont les principes constants de la sémiologie.

Enfin, pour passer d'un équilibre à l'autre, ou — selon notre terminologie — d'une synchronie à l'autre, le déplacement d'un pièce suffit ; il n'y a pas de remue-ménage général. Nous avons là le pendant du fait diachronique avec toutes ses particularités. En effet :

a) Chaque coup d'échecs ne met en mouvement qu'une seule pièce ; de même dans la langue les changements ne portent que sur des éléments isolés.

b) Malgré cela le coup a un retentissement sur tout le système ; il est impossible au joueur de prévoir exactement les limites de cet effet. Les changements de valeurs qui en résulteront seront, selon l'occurence, ou nuls, ou très graves, ou d'importance moyenne. Tel coup peut révolutionner l'ensemble de la partie et avoir des conséquences même pour les pièces momentanément hors de cause. Nous venons de voir qu'il en est exactement de même pour la langue.

c) Le déplacement d'une pièce est un fait absolument distinct de l'équilibre précédent et de l'équilibre subséquent. Le changement opéré n'appartient à aucun de ces deux états : or les états sont seuls importants.

Dans une partie d'échecs, n'importe quelle position donnée a pour caractère singulier d'être affranchie de ses antécédents ; il est totalement indifférent qu'on y soit arrivé [187] par une voie ou par une autre*; celui qui a suivi toute la partie n'a pas le plus léger avantage sur le curieux qui vient inspecter l'état du jeu au moment critique ; pour décrire cette position, il est parfaitement inutile de rappeler ce qui vient de se passer dix secondes auparavant. Tout ceci s'applique également à la langue et consacre la distinction radicale du diachronique et du synchronique. La parole n'opère jamais que sur un état de langue, et les changements qui interviennent entre les états n'y ont eux-mêmes aucune place.

Il n'y a qu'un point où la comparaison soit en défaut ; le joueur d'échecs *a l'intention* d'opérer le déplacement et d'exercer une action sur le système ; tandis que la langue ne prémédite rien ; c'est spontanément et fortuitement que ses pièces à elle se déplacent — ou plutôt se modifient ; l'umlaut de *Hände* pour *hanti*, de *Gäste* pour *gasti* (voir p. 120), a produit une nouvelle formation de pluriel, mais a fait surgir aussi une forme verbale comme *trägt* pour *tragit*, etc. Pour que la partie d'échecs ressemblât en tout point au jeu de la langue, il faudrait supposer un joueur inconscient ou inintelligent. D'ailleurs cette unique différence rend la comparaison encore plus instructive, en montrant l'absolue nécessité de distinguer en linguistique les deux ordres de phénomènes. Car, si des faits diachroniques sont irréductibles au système synchronique qu'ils conditionnent, lorsque la volonté préside à un changement de ce genre, à plus forte raison le seront-ils lorsqu'ils mettent une force aveugle aux prises avec l'organisation d'un système de signes.

§ 5. LES DEUX LINGUISTIQUES OPPOSÉES DANS LEURS MÉTHODES ET LEURS PRINCIPES.*

L'opposition entre le diachronique et le synchronique éclate sur tous les points.

Par exemple — et pour commencer par le fait le plus

apparent — ils n'ont pas une égale importance. Sur ce point, il est évident que l'aspect synchronique prime l'autre, puisque pour la masse parlante il est la vraie et la seule réalité (voir p. 117). Il en est de même pour le linguiste : s'il se place dans la perspective diachronique, ce n'est plus la langue qu'il aperçoit, mais une série d'événements qui la modifient. On affirme souvent que rien n'est plus important que de connaître la genèse d'un état donné ; c'est vrai dans un certain sens : les conditions qui ont formé cet état nous éclairent sur sa véritable nature et nous gardent de certaines illusions (voir p. 121 sv.) ; mais cela prouve justement que la diachronie n'a pas sa fin en elle-même. On peut dire d'elle ce qu'on a dit du journalisme : elle mène à tout à condition qu'on en sorte.

Les méthodes de chaque ordre diffèrent aussi, et de deux manières :

a) La synchronie ne connaît qu'une perspective, celle des sujets parlants, et toute sa méthode consiste à recueillir leur témoignage ; pour savoir dans quelle mesure une chose est une réalité, il faudra et il suffira de rechercher dans [189] quelle mesure elle existe pour la conscience des sujets.* La linguistique diachronique, au contraire, doit distinguer deux perspectives, l'une, *prospective*, qui suit le cours du temps [190] l'autre *rétrospective*,* qui le remonte : d'où un dédoublement de la méthode dont il sera question dans la cinquième partie.

b) Une seconde différence découle des limites du champ qu'embrasse chacune des deux disciplines. L'étude synchronique n'a pas pour objet tout ce qui est simultané, mais seulement l'ensemble des faits correspondant à chaque langue ; dans la mesure où cela sera nécessaire, la séparation ira jusqu'aux dialectes et aux sous-dialectes. Au fond le terme de *synchronique* n'est pas assez précis ; il devrait être remplacé par celui, un peu long il est vrai, de *idiosyn-* [191] *chronique*.* Au contraire la linguistique diachronique non seulement ne nécessite pas, mais repousse une semblable spécialisation ; les termes qu'elle considère n'appartiennent pas forcément à une même langue (comparez l'indo-européen *esti*, le grec *ésti* l'allemand *ist*, le français *est*). C'est justement la succession des faits diachroniques et leur multiplication spatiale qui crée la diversité des idiomes. Pour justifier un rapprochement entre deux formes, il suffit qu'elles aient entre elles un lien historique, si indirect soit-il.

Ces oppositions ne sont pas les plus frappantes, ni les plus profondes : l'antinomie radicale entre le fait évolutif et le fait statique a pour conséquence que toutes les notions relatives à l'un ou à l'autre sont dans la même mesure irréductibles entre elles. N'importe laquelle de ces notions peut servir à démontrer cette vérité. C'est ainsi que le « phénomène » synchronique n'a rien de commun avec le diachronique (voir p. 122) ; l'un est un rapport entre éléments simultanés, l'autre la substitution d'un élément à un autre dans le temps, un événement. Nous verrons aussi p. 150 que les identités diachroniques et synchroniques sont deux choses très différentes : historiquement la négation *pas* est identique au substantif *pas*, tandis que, pris dans la langue d'aujourd'hui, ces deux éléments sont parfaitement distincts. Ces constatations suffiraient pour nous faire comprendre la nécessité de ne pas confondre les deux points de vue ; mais nulle part elle ne se manifeste plus évidemment que dans la distinction que nous allons faire maintenant.

§ 6. Loi synchronique et loi diachronique.* [192]

On parle couramment de lois en linguistique ; mais les faits de la langue sont-ils réellement régis par des lois et de quelle nature peuvent-ils être ? La langue étant une institution sociale, on peut penser *a priori* qu'elle est réglée par des prescriptions analogues à celles qui régissent les collectivités. Or toute loi sociale a deux caractères fondamentaux : elle est *impérative* et elle est *générale* ; elle s'impose, et elle s'étend à tous les cas, dans certaines limites de temps et de lieu, bien entendu.

Les lois de la langue répondent-elles à cette définition ? Pour le savoir, la première chose à faire, d'après ce qui vient d'être dit, c'est de séparer une fois de plus les sphères du synchronique et du diachronique. Il y a là deux problèmes qu'on ne doit pas confondre : parler de loi linguistique en général, c'est vouloir étreindre un fantôme.

Voici quelques exemples empruntés au grec, et où les « lois » des deux ordres sont confondues à dessein :

1. Les sonores aspirées de l'indo-européen sont devenues des sourdes aspirées : **dhūmos* → *thūmós* « souffle de vie », **bherō* → *phérō* « je porte », etc.

2. L'accent ne remonte jamais au delà de l'antépénultième.

3. Tous les mots se terminent par une voyelle ou par *s, n, r*, à l'exclusion de toute autre consonne.

4. *s* initial devant une voyelle est devenu *h* (esprit rude) : **septm* (latin *septem*) → *heptá*.

5. *m* final a été changé en *n* : **jugom* → *zugón* (cf. latin *jugum*[1]).

6. Les occlusives finales sont tombées : **gunaik* → *gúnai*, **epheret* → *éphere*, **epheront* → *épheron*.

La première de ces lois est diachronique : ce qui était *dh* est devenu *th*, etc. La seconde exprime un rapport entre l'unité du mot et l'accent, une sorte de contrat entre deux

---

1. D'après MM. Meillet (*Mém. de la Soc. de Lingu.*, IX, p. 365 et suiv.) et Gauthiot (*La fin de mot en indo-européen*, p. 158 et suiv.), l'indo-européen ne connaissait que -*n* final à l'exclusion de -*m* ; si l'on admet cette théorie, il suffira de formuler ainsi la loi 5 : tout -*n* final i. e. a été conservé en grec ; sa valeur démonstrative n'en sera pas diminuée, puisque le phénomène phonétique aboutissant à la conservation d'un état ancien est de même nature que celui qui se traduit par un changement (voir p. 200) (*Ed.*).

termes coexistants : c'est une loi synchronique. Il en est de même de la troisième, puisqu'elle concerne l'unité du mot et sa fin. Les lois 4, 5 et 6 sont diachroniques : ce qui était *s* est devenu *h* ; — *n* a remplacé *m* ; — *t*, *k*, etc., ont disparu sans laisser de trace.

Il faut remarquer en outre que 3 est le résultat de 5 et 6 ; deux faits diachroniques ont créé un fait synchronique.

Une fois ces deux catégories de lois séparées, on verra que 2 et 3 ne sont pas de même nature que 1, 4, 5, 6.

La loi synchronique est générale, mais elle n'est pas impérative. Sans doute elle s'impose aux individus par la contrainte de l'usage collectif (v. p. 107), mais nous n'envisageons pas ici une obligation relative aux sujets parlants. Nous voulons dire que *dans la langue* aucune force ne garantit le maintien de la régularité quand elle règne sur quelque point. Simple expression d'un ordre existant, la loi synchronique constate un état de choses ; elle est de même nature que celle qui constaterait que les arbres d'un verger sont disposés en quinconce. Et l'ordre qu'elle définit est précaire, précisément parce qu'il n'est pas impératif. Ainsi rien n'est plus régulier que la loi synchronique qui régit l'accent latin (loi exactement comparable à 2) ; pourtant ce régime accentuel n'a pas résisté aux facteurs d'altération, et il a cédé devant une loi nouvelle, celle du français (voir plus haut p. 122 sv.). En résumé, si l'on parle de loi en synchronie, c'est dans le sens d'arrangement, de principe de régularité.

La diachronie suppose au contraire un facteur dynamique par lequel un effet est produit, une chose exécutée. Mais ce caractère impératif ne suffit pas pour qu'on applique la notion de loi aux faits évolutifs ; on ne parle de loi que lorsqu'un ensemble de faits obéissent à la même règle, et malgré certaines apparences contraires, les événements diachroniques ont toujours un caractère accidentel et particulier.*

[193]

Pour les faits sémantiques, on s'en rend compte immédiatement ; si le français *poutre* « jument » a pris le sens de « pièce de bois, solive », cela est dû à des causes particulières et ne dépend pas des autres changements qui ont pu se produire dans le même temps ; ce n'est qu'un accident parmi tous ceux qu'enregistre l'histoire d'une langue.

Pour les transformations syntaxiques et morphologiques, la chose n'est pas aussi claire au premier abord. A une certaine époque presque toutes les formes de l'ancien cas sujet ont disparu en français ; n'y a-t-il pas là un ensemble de faits obéissant à la même loi ? Non, car tous ne sont que les manifestations multiples d'un seul et même fait isolé. C'est la notion particulière de cas sujet qui a été atteinte et sa disparition a entraîné naturellement celle de toute une série de formes. Pour quiconque ne voꞌ que les dehors de la langue, le phénomène unique est noyé dans la multitude de ses manifestations ; mais lui-même est un dans sa nature profonde, et il constitue un événement historique aussi isolé dans son ordre que le changement sémantique subi par *poutre* ; il ne prend l'apparence d'une loi « que parce qu'il se réalise dans un système : c'est l'agencement rigoureux de ce dernier qui crée l'illusion que le fait diachronique obéit aux mêmes conditions que le synchronique.

Pour les changements phonétiques enfin, il en est exactement de même ; et pourtant on parle couramment de lois phonétiques. On constate en effet qu'à un moment donné, dans une région donnée, tous les mots présentant une même particularité phonique sont atteints du même changement ; ainsi la loi 1 de la page 130 (**dhūmos* → grec *thūmós*) frappe tous les mots grecs qui renfermaient une sonore aspirée (cf. **nebhos* → *néphos*, **medhu* → *méthu*, **anghō* → *ánkhō*, etc.) ; la règle 4 (**septm* → *heptá*) s'applique à *serpō* → *hérpo*, **sūs* → *hûs*, et à tous les mots commençant par *s*. Cette régularité, qu'on a quelquefois contestée, nous paraît très bien établie ; les exceptions apparentes n'atténuent pas la fatalité des changements de cette nature, car elles s'expliquent soit par des lois phonétiques plus spéciales (voir l'exemple de *tríkhes : thriksí* p. 138) soit par l'intervention de faits d'un autre ordre (analogie, etc.). Rien ne semble donc mieux répondre à la définition donnée plus haut du mot loi. Et pourtant, quel que soit le nombre des cas où une loi phonétique se vérifie, tous les faits qu'elle embrasse ne sont que les manifestations d'un seul fait particulier.

La vraie question est de savoir si les changements phonétiques atteignent les mots ou seulement les sons ; la réponse n'est pas douteuse : dans *néphos, méthu, ánkhō*, etc., c'est un certain phonème, une sonore aspirée indo-européenne qui se change en sourde aspirée, c'est l'*s* initial du grec primitif qui se change en *h*, etc., et chacun de ces faits est isolé, indépendant des autres événements du même ordre, indépendant aussi des mots où il se produit[1]. Tous ces mots se trouvent naturellement modifiés dans leur matière phonique, mais cela ne doit pas nous tromper sur la véritable nature du phonème.

Sur quoi nous fondons-nous pour affirmer que les mots eux-mêmes ne sont pas directement en cause dans les transformations phonétiques ? Sur cette constatation bien simple que de telles transformations leur sont au fond étrangères et ne peuvent les atteindre dans leur essence. L'unité du mot n'est pas constituée uniquement par l'ensemble de ses phonèmes ; elle tient à d'autres caractères que sa qualité

---

1. Il va sans dire que les exemples cités ci-dessus ont un caractère purement schématique : la linguistique actuelle s'efforce avec raison de ramener des séries aussi larges que possible de changements phonétiques à un même principe initial ; c'est ainsi que M. Meillet explique toutes les transformations des occlusives grecques par un affaiblissement progressif de leur articulation (voir *Mém. de la Soc. de Ling.*, IX, p. 163 et suiv.). C'est naturellement à ces faits généraux, là où ils existent, que s'appliquent en dernière analyse ces conclusions sur le caractère des changements phonétiques (*Ed.*).

matérielle. Supposons qu'une corde de piano soit faussée :
toutes les fois qu'on la touchera en exécutant un air, il y aura
une fausse note ; mais où ? Dans la mélodie ? Assurément
non ; ce n'est pas elle qui a été atteinte ; le piano seul a été
endommagé. Il en est exactement de même en phonétique.
Le système de nos phonèmes est l'instrument dont nous
jouons pour articuler les mots de la langue ; qu'un de ces éléments se modifie, les conséquences pourront être diverses,
mais le fait en lui-même n'intéresse pas les mots, qui sont,
pour ainsi dire, les mélodies de notre répertoire.

Ainsi les faits diachroniques sont particuliers ; le déplacement d'un système se fait sous l'action d'événements qui
non seulement lui sont étrangers (voir p. 121), mais qui sont
[194] isolés et ne forment pas système entre eux.*

Résumons : les faits synchroniques, quels qu'ils soient,
présentent une certaine régularité, mais ils n'ont aucun caractère impératif ; les faits diachroniques, au contraire, s'imposent à la langue, mais ils n'ont rien de général.

En un mot, et c'est là que nous voulions en venir, ni les
uns ni les autres ne sont régis par des lois dans le sens défini
plus haut, et si l'on veut malgré tout parler de lois linguistiques, ce terme recouvrira des significations entièrement
différentes selon qu'il sera appliqué aux choses de l'un ou de
l'autre ordre.

[195]   § 7. Y A-T-IL UN POINT DE VUE PANCHRONIQUE ?*

Jusqu'ici nous avons pris le terme de loi dans le sens juridique. Mais y aurait-il peut-être dans la langue des lois dans
le sens où l'entendent les sciences physiques et naturelles,
c'est-à-dire des rapports qui se vérifient partout et toujours ?
En un mot, la langue ne peut-elle pas être étudiée au point
de vue panchronique ?

Sans doute. Ainsi puisqu'il se produit et se produira toujours des changements phonétiques, on peut considérer ce

phénomène en général comme un des aspects constants du langage ; c'est donc une de ses lois. En linguistique comme dans le jeu d'échecs (voir p. 125 sv.), il y a des règles qui survivent à tous les événements. Mais ce sont là des principes généraux existants indépendamment des faits concrets ; dès qu'on parle de faits particuliers et tangibles, il n'y a pas de point de vue panchronique. Ainsi chaque changement phonétique, quelle que soit d'ailleurs son extension, est limité à un temps et un territoire déterminés ; aucun ne se produit dans tous les temps et dans tous les lieux ; il n'existe que diachroniquement. C'est justement un critère auquel on peut reconnaître ce qui est de la langue et ce qui n'en est pas. Un fait concret susceptible d'une explication panchronique ne saurait lui appartenir. Soit le mot *chose* : au point de vue diachronique, il s'oppose au latin *causa* dont il dérive ; au point de vue synchronique, à tous les termes qui peuvent lui être associés en français moderne. Seuls les sons du mot pris en eux-mêmes (*šọz*) donnent lieu à l'observation panchronique ; mais ils n'ont pas de valeur linguistique ; et même au point de vue panchronique *šọz*, pris dans une chaîne comme *ün šọz admirablə* « une chose admirable », n'est pas une unité, c'est une masse informe, qui n'est délimitée par rien ; en effet, pourquoi *šọz* plutôt que *ọza* ou *nšọ* ? Ce n'est pas une valeur, parce que cela n'a pas de sens. Le point de vue panchronique n'atteint jamais les faits particuliers de la langue.

§ 8. Conséquences de la confusion du synchronique et du diachronique.*

[196]

Deux cas peuvent se présenter :

a) La vérité synchronique paraît être la négation de la vérité diachronique, et à voir les choses superficiellement, on s'imagine qu'il faut choisir ; en fait ce n'est pas nécessaire ; l'une des vérités n'exclut pas l'autre. Si *dépit* a signifié en français « mépris », cela ne l'empêche pas d'avoir actuellement un sens tout différent ; étymologie et valeur synchronique sont deux choses distinctes. De même encore, la grammaire traditionnelle du français moderne enseigne que, dans certains cas, le participe présent est variable et s'accorde comme un adjectif (cf. « une eau *courante* »), et que dans d'autres il est invariable (cf. « une personne *courant* dans la rue »). Mais la grammaire historique nous montre qu'il ne s'agit pas d'une seule et même forme : la première est la continuation du participe latin (*currentem*) qui est variable, tandis que l'autre vient du gérondif ablatif invariable (*currendō*)[1]. La vérité synchronique contredit-elle à la vérité diachronique, et faut-il condamner la grammaire traditionnelle au nom de la grammaire historique ? Non, car ce serait ne voir que la moitié de la réalité ; il ne faut pas croire que le fait historique importe seul et suffit à constituer une langue. Sans doute, au point de vue des origines, il y a deux choses dans le participe *courant* ; mais la conscience linguistique les rapproche et n'en reconnaît plus qu'une : cette vérité est aussi absolue et incontestable que l'autre.

b) La vérité synchronique concorde tellement avec la vérité diachronique qu'on les confond, ou bien l'on juge superflu de les dédoubler. Ainsi on croit expliquer le sens actuel du mot *père* en disant que *pater* avait la même signification. Autre exemple : *a* bref latin en syllabe ouverte non initiale s'est changé en *i* : à côté de *faciō* on a *conficiō*, a côté de *amīcus*, *inimīcus*, etc. On formule souvent la loi en disant que le *a* de *faciō* devient *i* dans *conficiō*, parce qu'il n'est plus dans la première syllabe. Ce n'est pas exact : jamais le *a* de *faciō* n'est « devenu » *i* dans *conficiō*. Pour rétablir la vérité, il faut distinguer deux époques et qua-

---

1. Cette théorie, généralement admise, a été récemment combattue par M. E. Lerch (*Das invariable Participium praesenti*, Erlangen 1913), mais, croyons-nous, sans succès ; il n'y avait donc pas lieu de supprimer un exemple qui, en tout état de cause, conserverait sa valeur didactique (*Ed.*).

tre termes : on a dit d'abord *faciō — confaciō* ; puis *confaciō*
s'étant transformé en *conficiō*, tandis que *faciō* subsistait sans
changement, on a prononcé *faciō — conficiō*. Soit :

$$faciō \longleftrightarrow confaciō \text{ Époque A.}$$
$$\downarrow \qquad\qquad \downarrow$$
$$faciō \longleftrightarrow conficiō \text{ Époque B.}$$

Si un « changement » s'est produit, c'est entre *confaciō* et
conficiō ; or la règle, mal formulée, ne mentionnait même
pas le premier ! Puis à côté de ce changement, naturellement diachronique, il y a un second fait absolument distinct du premier et qui concerne l'opposition purement
synchronique entre *faciō* et *conficiō*. On est tenté de dire
que ce n'est pas un fait, mais un résultat. Cependant, c'est
bien un fait dans son ordre, et même tous les phénomènes
synchroniques sont de cette nature. Ce qui empêche de
reconnaître la véritable valeur de l'opposition *faciō — conficiō*, c'est qu'elle n'est pas très significative. Mais que l'on
considère les couples *Gast — Gäste, gebe — gibt*, on verra
que ces oppositions sont, elles aussi, des résultats fortuits
de l'évolution phonétique, mais n'en constituent pas moins,
dans l'ordre synchronique, des phénomènes grammaticaux
essentiels. Comme ces deux ordres de phénomènes se trouvent par ailleurs étroitement liés entre eux, l'un conditionnant l'autre, on finit par croire qu'il ne vaut pas la peine de
les distinguer ; en fait la linguistique les a confondus pendant des dizaines d'années sans s'apercevoir que sa méthode
ne valait rien.

Cette erreur éclate cependant avec évidence dans certains cas. Ainsi pour expliquer le grec *phuktós*, on pourrait
penser qu'il suffit de dire : en grec *g* ou *kh* se changent en
k devant consonnes sourdes, en exprimant la chose par des
correspondances synchroniques, telles que *phugeîn : phuktós.
lékhos : léktron*, etc. Mais on se heurte à des cas comme
tríkhes : thriksí, où l'on constate une complication : le

« passage » de *t* à *th*. Les formes de ce mot ne peuvent s'expliquer qu'historiquement, par la chronologie relative. Le thème primitif **thrikh*, suivi de la désinence *-si*, a donné *thriksí*, phénomène très ancien, identique à celui qui a produit *léktron*, de la racine *lekh-*. Plus tard, toute aspirée suivie d'une autre aspirée dans le même mot a passé à la sourde, et **thríkhes* est devenu *tríkhes: thriksí* échappait naturellement à cette loi.

[197]
§ 9. CONCLUSIONS.*

Ainsi la linguistique se trouve ici devant sa seconde bifurcation. Il a fallu d'abord choisir entre la langue et la parole (voir p. 36) ; nous voici maintenant à la croisée des routes qui conduisent l'une, à la diachronie, l'autre à la synchronie.

Une fois en possession de ce double principe de classification, on peut ajouter que *tout ce qui est diachronique dans*
[198] *la langue ne l'est que par la parole.** C'est dans la parole que se trouve le germe de tous les changements : chacun d'eux est lancé d'abord par un certain nombre d'invididus avant d'entrer dans l'usage. L'allemand moderne dit : *ich war, wir waren*, tandis que l'ancien allemand, jusqu'au XVIᵉ siècle, conjuguait : *ich was, wir waren* (l'anglais dit encore : *I was, we were*). Comment s'est effectuée cette substitution de *war* à *was* ? Quelques personnes, influencées par *waren*, ont créé *war* par analogie ; c'était un fait de parole ; cette forme, souvent répétée, et acceptée par la communauté, est devenue un fait de langue. Mais toutes les innovations de la parole n'ont pas le même succès, et tant qu'elles demeurent individuelles, il n'y a pas à en tenir compte, puisque nous étudions la langue ; elles ne rentrent dans notre champ d'observation qu'au moment où la collectivité les a accueillies.

Un fait d'évolution est toujours précédé d'un fait, ou plutôt d'une multitude de faits similaires dans la sphère de la parole ; cela n'infirme en rien la distinction établie ci-dessus, elle s'en trouve même confirmée, puisque dans l'histoire de toute innovation on rencontre toujours deux moments distincts : 1º celui où elle surgit chez les individus ; 2º celui où elle est devenue un fait de langue, identique extérieurement, mais adopté par la collectivité.

Le tableau suivant indique la forme rationnelle que doit prendre l'étude linguistique :

$$\text{Langage} \begin{cases} \text{Langue} \begin{cases} \text{Synchronie} \\ \text{Diachronie} \end{cases} \\ \text{Parole} \end{cases}$$

Il faut reconnaître que la forme théorique et idéale d'une science n'est pas toujours celle que lui imposent les exigences de la pratique. En linguistique ces exigences-là sont plus impérieuses que partout ailleurs ; elles excusent en quelque mesure la confusion qui règne actuellement dans ces recherches. Même si les distinctions établies ici étaient admises une fois pour toutes, on ne pourrait peut-être pas imposer, au nom de cet idéal, une orientation précise aux investigations.

Ainsi dans l'étude synchronique de l'ancien français le linguiste opère avec des faits et des principes qui n'ont rien de commun avec ceux que lui ferait découvrir l'histoire de cette même langue, du xiiie au xxe siècle ; en revanche ils sont comparables à ceux que révélerait la description d'une langue bantoue actuelle, du grec attique en 400 avant Jésus-Christ ou enfin du français d'aujourd'hui. C'est que ces divers exposés reposent sur des rapports similaires ; si chaque idiome forme un système fermé, tous supposent certains principes constants, qu'on retrouve en passant de l'un à l'autre, parce qu'on reste dans le même ordre. Il n'en est pas autrement de l'étude historique : que l'on parcoure une période déterminée du français (par exemple du xiiie au xxe siècle), ou une période du javanais, ou de n'importe quelle langue, partout on opère sur des faits similaires qu'il suffirait de rapprocher pour établir les vérités générales de l'ordre diachronique. L'idéal serait que chaque savant se consacre à l'une ou l'autre de ces recherches et embrasse le plus de faits possible dans cet ordre ; mais il est bien difficile de posséder scientifiquement des langues aussi différentes. D'autre part chaque langue forme pratiquement une unité d'étude, et l'on est amené par la force des choses à la considérer tour à tour statiquement et historiquement. Malgré tout il ne faut jamais oublier qu'en théorie cette unité est superficielle, tandis que [199] la disparité des idiomes cache une unité profonde.*Que dans l'étude d'une langue l'observation se porte d'un côté ou de l'autre, il faut à tout prix situer chaque fait dans sa sphère et ne pas confondre les méthodes.

Les deux parties de la linguistique, ainsi délimitées, feront successivement l'objet de notre étude.

La *linguistique synchronique* s'occupera des rapports logiques et psychologiques reliant des termes coexistants et formant système, tels qu'ils sont aperçus par la même conscience collective.

La *linguistique diachronique* étudiera au contraire les rapports reliant des termes successifs non aperçus par une même conscience collective, et qui se substituent les uns aux autres sans former système entre eux.

DEUXIÈME PARTIE

LINGUISTIQUE SYNCHRONIQUE

CHAPITRE PREMIER

GÉNÉRALITÉS *

[200]

L'objet de la linguistique synchronique générale est d'établir les principes fondamentaux de tout système idiosynchronique, les facteurs constitutifs de tout état de langue. Bien des choses déjà exposées dans ce qui précède appartiennent plutôt à la synchronie ; ainsi les propriétés générales du signe peuvent être considérées comme partie intégrante de cette dernière, bien qu'elles nous aient servi à prouver la nécessité de distinguer les deux linguistiques.

C'est à la synchronie qu'appartient tout ce qu'on appelle la « grammaire générale » ; car c'est seulement par les états de langue que s'établissent les différents rapports qui sont du ressort de la grammaire. Dans ce qui suit nous n'envisageons que certains principes essentiels, sans lesquels on ne pourrait pas aborder les problèmes plus spéciaux de la statique, ni expliquer le détail d'un état de langue.

D'une façon générale, il est beaucoup plus difficile de faire de la linguistique statique que de l'histoire.*Les faits [201] d'évolution sont plus concrets, ils parlent davantage à l'imagination ; les rapports qu'on y observe se nouent entre termes successifs qu'on saisit sans peine ; il est aisé, souvent même amusant, de suivre une série de transformations. Mais la linguistique qui se meut dans des valeurs et des rapports coexistants présente de bien plus grandes difficultés.

En pratique, un état de langue n'est pas un point, mais un espace de temps plus ou moins long pendant lequel la somme des modifications survenues est minime. Cela peut être dix ans, une génération, un siècle, davantage même. Une langue changera à peine pendant un long intervalle, pour subir ensuite des transformations considérables en quelques années. De deux langues coexistant dans une même période, l'une peut évoluer beaucoup et l'autre presque pas ; dans ce dernier cas l'étude sera nécessairement synchronique, dans l'autre diachronique. Un état absolu se définit par l'absence de changements, et comme malgré tout la langue se transforme, si peu que ce soit, étudier un état de langue revient pratiquement à négliger les changements peu importants, de même que les mathématiciens négligent les quantités infinitésimales dans certaines opérations, telles que le calcul des logarithmes.

Dans l'histoire politique on distingue l'*époque*, qui est un point du temps, et la *période*, qui embrasse une certaine durée. Cependant l'historien parle de l'époque des Antonins, de l'époque des Croisades, quand il considère un ensemble de caractères qui sont restés constants pendant ce temps. On pourrait dire aussi que la linguistique statique s'occupe d'époques ; mais *état* est préférable ; le commencement et la fin d'une époque sont généralement marqués par quelque révolution plus ou moins brusque tendant à modifier l'état de choses établi. Le mot état évite de faire croire qu'il se produise rien de semblable dans la langue, En outre le terme d'époque, précisément parce qu'il est emprunté à l'histoire, fait moins penser à la langue elle-même qu'aux circonstances qui l'entourent et la condi-

tionnent ; en un mot elle évoque plutôt l'idée de ce que
nous avons appelé la linguistique externe (voir p. 40).

D'ailleurs la délimitation dans le temps n'est pas la seule
difficulté que nous rencontrons dans la définition d'un état
de langue ; le même problème se pose à propos de l'espace.
Bref, la notion d'état de langue ne peut être qu'approximative. En linguistique statique, comme dans la plupart des
sciences, aucune démonstration n'est possible sans une simplification conventionnelle des données.[*]

[202]

CHAPITRE II

LES ENTITÉS CONCRÈTES DE LA LANGUE

§ 1. Entités et unités. Définitions.*

Les signes dont la langue est composée ne sont pas des abstractions, mais des objets réels (voir p. 32) ; ce sont eux et leurs rapports que la linguistique étudie ; on peut les appeler les *entités concrètes* de cette science.

Rappelons d'abord deux principes qui dominent toute la question :

1º L'entité linguistique n'existe que par l'association du signifiant et du signifié (voir p. 99) ; dès qu'on ne retient qu'un de ces éléments, elle s'évanouit ; au lieu d'un objet concret, on n'a plus devant soi qu'une pure abstraction. A tout moment on risque de ne saisir qu'une partie de l'entité en croyant l'embrasser dans sa totalité ; c'est ce qui arriverait par exemple, si l'on divisait la chaîne parlée en syllabes ; la syllabe n'a de valeur qu'en phonologie. Une suite de sons n'est linguistique que si elle est le support d'une idée ; prise en elle-même elle n'est plus que la matière d'une étude physiologique.

Il en est de même du signifié, dès qu'on le sépare de son signifiant. Des concepts tels que « maison », « blanc », « voir », etc., considérés en eux-mêmes, appartiennent à la phsychologie ; ils ne deviennent entités linguistiques que par association avec des images acoustiques ; dans la langue, un concept est une qualité de la substance phonique,*comme une sonorité déterminée est une qualité du [204] concept.

On a souvent comparé cette unité à deux faces avec l'unité de la personne humaine, composée du corps et de l'âme. Le rapprochement est peu satisfaisant. On pourrait penser plus justement à un composé chimique, l'eau par exemple ; c'est une combinaison d'hydrogène et d'oxygène ; pris à part, chacun de ces éléments n'a aucune des propriétés de l'eau.* [205]

2° L'entité linguistique n'est complètement déterminée que lorsqu'elle est *délimitée*, séparée de tout ce qui l'entoure sur la chaîne phonique.* Ce sont ces entités délimi- [206] tées ou *unités* qui s'opposent dans le mécanisme de la langue.* [207]

Au premier abord on est tenté d'assimiler les signes linguistiques aux signes visuels, qui peuvent coexister dans l'espace sans se confondre, et l'on s'imagine que la séparation des éléments significatifs peut se faire de la même façon, sans nécessiter aucune opération de l'esprit. Le mot de « forme » dont on se sert souvent pour les désigner — cf. les expressions « forme verbale », « forme nominale » — contribue à nous entretenir dans cette erreur. Mais on sait que la chaîne phonique a pour premier caractère d'être linéaire (voir p. 103). Considérée en elle-même, elle n'est qu'une ligne, un ruban continu, où l'oreille ne perçoit aucune division suffisante et et précise ; pour cela il faut faire appel aux significations.* [208] Quand nous entendons une langue inconnue, nous sommes hors d'état de dire comment la suite des sons doit être analysée ; c'est que cette analyse est impossible si l'on ne tient compte que de l'aspect phonique du phénomène linguistique. Mais quand nous savons quel sens et quel rôle il faut attribuer à chaque partie de la chaîne, alors nous voyons ces parties se détacher les unes des autres, et le ruban amorphe se découper en fragments ; or cette analyse n'a rien de matériel.

En résumé la langue ne se présente pas comme un ensemble de signes délimités d'avance, dont il suffirait d'étudier les significations et l'agencement ; c'est une masse indistincte où l'attention et l'habitude peuvent seules nous faire trouver des éléments particuliers. L'unité n'a aucun caractère phonique spécial, et la seule définition qu'on puisse en donner est la suivante : *une tranche de sonorité qui est, à l'exclusion de ce qui précède et de ce qui suit dans la chaîne parlée, le signifiant d'un certain concept.*

[209]   § 2. MÉTHODE DE DÉLIMITATION.*

Celui qui possède une langue en délimite les unités par une méthode fort simple — du moins en théorie. Elle consiste à se placer dans la parole, envisagée comme document de langue et à la représenter par deux chaînes parallèles, celle des concepts (*a*), et celle des images acoustiques (*b*).

Une délimitation correcte exige que les divisions établies dans la chaîne acoustique (α β γ ....) correspondent à celles de la chaîne des concepts (α′ β′ γ′....) :

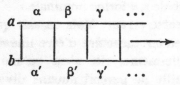

Soit en français *sižlaprã* : puis-je couper cette chaîne après *l* et poser *siž* comme unité ? Non : il suffit de considérer les concepts pour voir que cette division est fausse. La coupe en syllabe : *siž-la-prã* n'a rien non plus de linguistique *a priori*. Les seules divisions possibles sont : 1º *si-ž-la-prã* (« si je la prends »), et 2º *si-ž-l-apra* (« si je l'apprends »), et elles sont déterminées par le sens qu'on attache à ces
[210] paroles.*

Pour vérifier le résultat de cette opération et s'assurer qu'on a bien affaire à une unité, il faut qu'en comparant une série de phrases où la même unité se rencontre, on puisse dans chaque cas séparer celle-ci du reste du contexte en constatant que le sens autorise cette délimitation. Soient les deux membres de phrase : *lafᴐrsdüvā* « la force du veut » et *abudfᴐrs* « à bout de force » : dans l'un comme dans l'autre, le même concept coïncide avec la même tranche phonique *fᴐrs* ; c'est [211] donc bien une unité linguistique. Mais dans *ilmᴣfᴐrsaparlᴇ* « il me force à parler », *frᴐs* a un sens tout différent ; c'est donc une autre unité.

§ 3. Difficultés pratiques de la délimitation.*   [212]

Cette méthode, si simple en théorie, est-elle d'une application aisée ? On est tenté de le croire, quand on part de l'idée que les unités à découper sont les mots : car qu'est-ce qu'une phrase sinon une combinaison de mots, et qu'y-a-t-il de plus immédiatement saisissable ? Ainsi, pour reprendre l'exemple ci-dessus, on dira que la chaîne parlée *sižlaprā* se divise en quatre unités que notre analyse permet de délimiter et qui sont autant de mots : *si-je-l'-apprends.* Cependant nous sommes mis immédiatement en défiance en constatant qu'on s'est beaucoup disputé sur la nature du mot, et en y réfléchissant un peu, on voit que ce qu'on entend par là est incompatible avec notre notion d'unité concrète.*   [213]

Pour s'en convaincre, qu'on pense seulement à *cheval* et à son pluriel *chevaux.* On dit couramment que ce sont deux formes du même nom ; pourtant, prises dans leur totalité, elles sont bien deux choses distinctes, soit pour le sens, soit pour les sons. Dans *mwa* (« le *mois* de décembre ») et *mwaz* (« un *mois* après »), on a aussi le même mot sous deux aspects distincts, et il ne saurait être question d'une unité concrète : le sens est bien le même, mais les tranches de sonorités sont différentes. Ainsi, dès qu'on veut assimiler les unités concrètes à des mots, on se trouve en face d'un dilemme : ou bien ignorer la relation, pourtant évidente, qui unit *cheval* à *chevaux*, *mwa* à *mwaz*, etc., et dire que ce sont des mots différents, — ou bien, au lieu d'unités concrètes, se contenter de l'abstraction qui réunit les diverses formes du même mot. Il faut chercher l'unité concrète ailleurs que dans le mot. Du reste beaucoup de mots sont des unités complexes, où l'on distingue aisément des sousunités (suffixes, préfixes, radicaux) ; des dérivés comme *désireux*, *malheur-eux* se divisent en parties distinctes dont chacune a un sens et un rôle évidents. Inversement il y a des unités plus larges que les mots : les composés (*porte-plume*), les locutions (*s'il vous plaît*), les formes de flexion (*il a été*), etc. Mais ces unités opposent à la délimitation les mêmes difficultés que les mots proprement dits, et il est extrêmement difficile de débrouiller dans une chaîne phonique le jeu des unités qui s'y rencontrent et de dire sur quels éléments concrets une langue opère.

Sans doute les sujets parlants ne connaissent pas ces difficultés ; tout ce qui est significatif à un degré quelconque leur apparaît comme un élément concret, et ils le distinguent infailliblement dans le discours. Mais autre chose est de sentir ce jeu rapide et délicat des unités, autre chose d'en rendre compte par une analyse méthodique.

Une théorie assez répandue prétend que les seules unités [214] concrètes sont les phrases*: nous ne parlons que par les phrases, et après coup nous en extrayons les mots. Mais d'abord jusqu'à quel point la phrase appartient-elle à la langue (voir p. 172) ? Si elle relève de la parole, elle ne saurait passer pour l'unité linguistique. Admettons cependant que cette difficulté soit écartée. Si nous nous représentons l'ensemble des phrases susceptibles d'être prononcées, leur caractère le plus frappant est de ne pas se ressembler du tout entre elles. Au premier abord on est tenté d'assimiler l'immense diversité des phrases à la diversité non moins grande des individus qui composent une

espèce zoologique ; mais c'est une illusion : chez les animaux
d'une même espèce les caractères communs sont bien plus
importants que les différences qui les séparent ; entre les phrases, au contraire, c'est la diversité qui domine, et dès qu'on
cherche ce qui les relie toutes à travers cette diversité, on
retrouve, sans l'avoir cherché, le mot avec ses caractères
grammaticaux, et l'on retombe dans les mêmes difficultés.

§ 4. Conclusion.* [215]

Dans la plupart des domaines qui sont objets de science, la
question des unités ne se pose même pas : elles sont données
d'emblée. Ainsi, en zoologie, c'est l'animal qui s'offre dès le
premier instant. L'astronomie opère aussi sur des unités séparées dans l'espace : les astres ; en chimie, on peut étudier la
nature et la composition du bichromate de potasse sans douter
un seul instant que ce soit un objet bien défini.

Lorsqu'une science ne présente pas d'unité concrètes
immédiatement reconnaissables, c'est qu'elles n'y sont pas
essentielles. En histoire, par exemple, est-ce l'individu, l'époque, la nation ? On ne sait, mais qu'importe ? On peut faire
œuvre historique sans être au clair sur ce point.

Mais de même que le jeu d'échecs est tout entier dans la combinaison des différentes pièces, de même la langue a le caractère d'un système basé complètement sur l'opposition de ses
unités concrètes. On ne peut ni se dispenser de les connaître,
ni faire un pas sans recourir à elles ; et pourtant leur délimitation est un problème si délicat qu'on se demande si elles
sont réellement données.

La langue présente donc ce caractère étrange et frappant
de ne pas offrir d'entités perceptibles de prime abord, sans
qu'on puisse douter cependant qu'elles existent et que c'est
leur jeu qui la constitue. C'est là sans doute un trait qui la distingue de toutes les autres institutions sémiologiques.

CHAPITRE III

IDENTITÉS, RÉALITÉS, VALEURS *

La constatation faite tout à l'heure nous place devant un problème d'autant plus important que, en linguistique statique, n'importe quelle notion primordiale dépend directement de l'idée qu'on se fera de l'unité et même se confond avec elle. C'est ce que nous voudrions montrer successivement à propos des notions d'identité, de réalité et de valeur synchronique.

[217]   *A.* Qu'est-ce qu'une *identité**synchronique ? Il ne s'agit pas ici de l'identité qui unit la négation *pas* au latin *passum* ; elle est d'ordre diachronique, — il en sera question ailleurs, p. 249, — mais de celle, non moins intéressante, en vertu de laquelle nous déclarons que deux phrases comme « je ne sais *pas* » et « ne dites *pas* cela » contiennent le même élément. Question oiseuse, dira-t-on : il y a identité parce que dans les deux phrases la même tranche de sonorité (*pas*) est revêtue de la même signification. Mais cette explication est insuffisante, car si la correspondance des tranches phoniques et des concepts prouve l'identité (voir plus haut l'exemple « la *force* du vent » : « à bout de *force* »), la réciproque n'est pas vraie : il peut y avoir identité sans cette correspondance. Lorsque, dans une conférence, on entend répéter à plusieurs reprises le mot *Messieurs !*, on a le sentiment qu'il s'agit chaque fois de la même expression, et pourtant les variations de débit et l'intonation la présentent, dans les divers passages, avec

des différences phoniques très appréciables — aussi appréciables que celles qui servent ailleurs à distinguer des mots différents (cf. *pomme* et *paume, goutte* et *je goûte, fuir* et *fouir,* etc.) ; en outre, ce sentiment de l'identité persiste, bien qu'au point de vue sémantique non plus il n'y ait pas identité absolue d'un *Messieurs !* à l'autre, de même qu'un mot peut exprimer des idées assez différentes sans que son identité soit sérieusement compromise (cf. « *adopter* une mode » et « *adopter* un enfant », la *fleur* du pommier » et « la *fleur* de la noblesse », etc.).

Le mécanisme linguistique roule tout entier sur des identités et des différences, celles-ci n'étant que la contre-partie de celles-là. Le problème des identités se retrouve donc partout ; mais d'autre part, il se confond en partie avec celui des entités et des unités, dont il n'est qu'une complication, d'ailleurs féconde. Ce caractère ressort bien de la comparaison avec quelques faits pris en dehors du langage. Ainsi nous parlons d'identité à propos de deux express « Genève-Paris 8 h. 45 du soir » qui partent à vingt-quatre heures d'intervalle. A nos yeux, c'est le même express, et pourtant probablement locomotive, wagons, personnel, tout est différent. Ou bien si une rue est démolie, puis rebâtie, nous disons que c'est la même rue, alors que matériellement il ne subsiste peut-être rien de l'ancienne. Pourquoi peut-on reconstruire une rue de fond en comble sans qu'elle cesse d'être la même ? Parce que l'entité qu'elle constitue n'est pas purement matérielle ; elle est fondée sur certaines conditions auxquelles sa matière occasionnelle est étrangère, par exemple sa situation relativement aux autres ; pareillement, ce qui fait l'express, c'est l'heure de son départ, son itinéraire et en général toutes les circonstances qui le distinguent des autres express. Toutes les fois que les mêmes conditions sont réalisées, on obtient les mêmes entités. Et pourtant celles-ci ne sont pas abstraites, puisqu'une rue ou un express ne se conçoivent pas en dehors d'une réalisation matérielle.

Opposons aux cas précédents celui — tout différent — d'un habit qui m'aurait été volé et que je retrouve à l'étalage d'un fripier. Il s'agit là d'une entité matérielle, qui réside uniquement dans la substance inerte, le drap, la doublure, les parements, etc. Un autre habit, si semblable soit-il au premier, ne sera pas le mien. Mais l'identité linguistique n'est pas celle de l'habit, c'est celle de l'express et de la rue. Chaque fois que j'emploie le mot *Messieurs*, j'en renouvelle la matière ; c'est un nouvel acte phonique et un nouvel acte psychologique. Le lien entre les deux emplois du même mot ne repose ni sur l'identité matérielle, ni sur l'exacte similitude des sens, mais sur des éléments qu'il faudra rechercher et qui feront toucher de très près à la nature véritable des unités linguistiques.

[218] *B.* Qu'est-ce qu'une *réalité* synchronique*? Quels éléments concrets ou abstraits de la langue peut-on appeler ainsi ?

Soit par exemple la distinction des parties du discours : sur quoi repose la classification des mots en substantifs, adjectifs, etc. ? Se fait-elle au nom d'un principe purement logique, extra-linguistique, appliqué du dehors sur la grammaire comme les degrés de longitude et de latitude sur le globe terrestre ? Ou bien correspond-elle à quelque chose qui ait sa place dans le système de la langue et soit conditionné par lui ? En un mot, est-ce une réalité synchronique ? Cette seconde supposition paraît probable, mais on pourrait défendre la première. Est-ce que dans « ces gants sont *bon marché* » *bon marché* est un adjectif ? Logiquement il en a le sens, mais grammaticalement cela est moins certain, car *bon marché* ne se comporte pas comme un adjectif (il est invariable, ne se place jamais devant son substantif, etc.) ; d'ailleurs il est composé de deux mots ; or, justement la distinction des parties du discours doit servir à classer les mots de la langue ; comment un groupe de mots peut-il être attribué à l'une de ces

« parties » ? Mais inversement on ne rend pas compte de cette expression quand on dit que *bon* est un adjectif et *marché* un substantif. Donc nous avons affaire ici à un classement défectueux ou incomplet ; la distinction des mots en substantifs, verbes, adjectifs, etc., n'est pas une réalité linguistique indéniable.*   [219]

Ainsi la linguistique travaille sans cesse sur des concepts forgés par les grammairiens, et dont on ne sait s'ils correspondent réellement à des facteurs constitutifs du système de la langue. Mais comment le savoir ? Et si ce sont des fantômes, quelles réalités leur opposer ?

Pour échapper aux illusions, il faut d'abord se convaincre que les entités concrètes de la langue ne se présentent pas d'elles-mêmes à notre observation. Qu'on cherche à les saisir, et l'on prendra contact avec le réel ; partant de là, on pourra élaborer tous les classements dont la linguistique a besoin pour ordonner les faits de son ressort.* D'autre part, fonder ces classements sur autre [220] chose que des entités concrètes — dire, par exemple, que les parties du discours sont des facteurs de la langue simplement parce qu'elles correspondent à des catégories logiques, — c'est oublier qu'il n'y a pas de faits linguistiques indépendants d'une manière phonique découpée en éléments significatifs.*   [221]

C. Enfin, toutes les notions touchées dans ce paragraphe ne diffèrent pas essentiellement de ce que nous avons appelé ailleurs des *valeurs.* Une nouvelle comparaison avec [222] le jeu d'échecs nous le fera comprendre (voir p. 125 sv.). Prenons un cavalier : est-il à lui seul un élément du jeu ? Assurément non, puisque dans sa matérialité pure, hors de sa case et des autres conditions du jeu, il ne représente rien pour le joueur et ne devient élément réel et concret qu'une fois revêtu de sa valeur et faisant corps avec elle. Supposons qu'au cours d'une partie cette pièce vienne à être détruite ou égarée : peut-on la remplacer par une

autre équivalente ? Certainement : non seulement un autre
cavalier, mais même une figure dépourvue de toute ressemblance avec celle-ci sera déclarée identique, pourvu
qu'on lui attribue la même valeur. On voit donc que dans
les systèmes sémiologiques, comme la langue, où les éléments
se tiennent réciproquement en équilibre selon des règles
déterminées, la notion d'identité se confond avec celle de
[223] valeur et réciproquement.*

Voilà pourquoi en définitive la notion de valeur recouvre
celles d'unité, d'entité concrète et de réalité. Mais s'il
n'existe aucune différence fondamentale entre ces divers
aspects, il s'ensuit que le problème peut être posé successivement sous plusieurs formes. Que l'on cherche à déterminer l'unité, la réalité, l'entité concrète ou la valeur, cela
reviendra toujours à poser la même question centrale qui
domine toute la linguistique statique.

Au point de vue pratique, il serait intéressant de commencer par les unités, de les déterminer et de rendre
compte de leur diversité en les classant. Il faudrait chercher sur quoi se fonde la division en mots — car le mot,
malgré la difficulté qu'on a à le définir, est une unité qui
s'impose à l'esprit, quelque chose de central dans le mécanisme de la langue ; — mais c'est là un sujet qui remplirait à lui seul un volume. Ensuite on aurait à classer les
sous-unités, puis les unités plus larges, etc. En déterminant ainsi les éléments qu'elle manie, notre science remplirait
sa tâche tout entière, car elle aurait ramené tous les phénomènes de son ordre à leur premier principe. On ne peut pas
dire qu'on se soit jamais placé devant ce problème central,
ni qu'on en ait compris la portée et la difficulté ; en matière
de langue on s'est toujours contenté d'opérer sur des unités
mal définies.

Cependant, malgré l'importance capitale des unités, il
est préférable d'aborder le problème par le côté de la valeur,
parce que c'est, selon nous, son aspect primordial.

CHAPITRE IV

LA VALEUR LINGUISTIQUE

§ 1. LA LANGUE COMME PENSÉE ORGANISÉE DANS LA MATIÈRE PHONIQUE.* [224]

Pour se rendre compte que la langue ne peut être qu'un système de valeurs pures, il suffit de considérer les deux éléments qui entrent en jeu dans son fonctionnement: les idées et les sons.

Psychologiquement, abstraction faite de son expression par les mots, notre pensée n'est qu'une masse amorphe et indistincte. Philosophes et linguistes se sont toujours accordés à reconnaître que, sans le secours des signes, nous serions incapables de distinguer deux idées d'une façon claire et constante. Prise en elle-même, la pensée est comme une nébuleuse où rien n'est nécessairement délimité. Il n'y a pas d'idées préétablies, et rien n'est distinct avant l'apparition de la langue.* [225]

En face de ce royaume flottant, les sons offriraient-ils par eux-mêmes des entités circonscrites d'avance ? Pas davantage. La substance phonique n'est pas plus fixe ni plus rigide ; ce n'est pas un moule dont la pensée doive nécessairement épouser les formes, mais une matière plastique qui se divise à son tour en parties distinctes pour fournir les signifiants dont la pensée a besoin. Nous pouvons donc représenter le fait linguistique dans son ensemble, c'est-à-dire la langue, comme une série de subdivisions

contiguës dessinées à la fois sur le plan indéfini des idées
confuses (A) et sur celui non moins indéterminé des sons
(B) ; c'est ce qu'on peut figurer très approximativement par
le schéma :

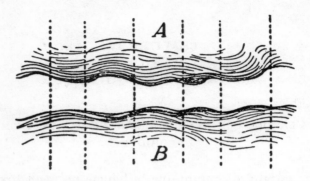

Le rôle caractéristique de la langue vis-à-vis de la pensée
n'est pas de créer un moyen phonique matériel pour l'expression des idées, mais de servir d'intermédiaire entre la
pensée et le son, dans des conditions telles que leur union
aboutit nécessairement à des délimitations réciproques
d'unités. La pensée, chaotique de sa nature, est forcée de
se préciser en se décomposant. Il n'y a donc ni matériali-
sation des pensées, ni spiritualisation des sons, mais il
s'agit de ce fait en quelque sorte mystérieux, que la « pensée-
son » implique des divisions et que la langue élabore ses
[226] unités en se constituant entre deux masses amorphes.[*]Qu'on
se représente l'air en contact avec une nappe d'eau : si la
pression atmosphérique change, la surface de l'eau se
décompose en une série de divisions, c'est-à-dire de vagues ;
ce sont ces ondulations qui donneront une idée de l'union,
et pour ainsi dire de l'accouplement de la pensée avec la
matière phonique.

On pourrait appeler la langue le domaine des articulations,
en prenant ce mot dans le sens défini p. 26 : chaque terme
linguistique est un petit membre, un *articulus* où une idée
se fixe dans un son et où un son devient le signe d'une idée.

La langue est encore comparable à une feuille de papier : la pensée est le recto et le son le verso ; on ne peut découper le recto sans découper en même temps le verso ; de même dans la langue, on ne saurait isoler ni le son de la pensée, ni la pensée du son ; on n'y arriverait que par une abstraction dont le résultat serait de faire de la psychologie pure ou de la phonologie pure.

La linguistique travaille donc sur le terrain limitrophe où les éléments des deux ordres se combinent ; *cette combinaison produit une forme, non une substance.** [227]

Ces vues font mieux comprendre ce qui a été dit p. 100 de l'arbitraire du signe. Non seulement les deux domaines reliés par le fait linguistique sont confus et amorphes, mais le choix qui appelle telle tranche acoustique pour telle idée est parfaitement arbitraire. Si ce n'était pas le cas, la notion de valeur perdrait quelque chose de son caractère, puisqu'elle contiendrait un élément imposé du dehors, Mais en fait les valeurs restent entièrement relatives, et voilà pourquoi le lien de l'idée et du son est radicalement arbitraire.** [228]

A son tour, l'arbitraire du signe nous fait mieux comprendre pourquoi le fait social peut seul créer un système linguistique. La collectivité est nécessaire pour établir des valeurs dont l'unique raison d'être est dans l'usage et le consentement général ; l'individu à lui seul est incapable d'en fixer aucune.** [229]

En outre l'idée de valeur, ainsi déterminée, nous montre que c'est une grande illusion de considérer un terme simplement comme l'union d'un certain son avec un certain concept. Le définir ainsi, ce serait l'isoler du système dont il fait partie ; ce serait croire qu'on peut commencer par les termes et construire le système en en faisant la somme, alors qu'au contraire c'est du tout solidaire qu'il faut partir pour obtenir par analyse les éléments qu'il renferme.

Pour développer cette thèse nous nous placerons successivement au point de vue du signifié ou concept (§ 2), du signifiant (§ 3) et du signe total (§ 4).

Ne pouvant saisir directement les entités concrètes ou unités de la langue, nous opérerons sur les mots. Ceux-ci, sans recouvrir exactement la définition de l'unité linguistique (voir p. 147), en donnent du moins une idée approximative qui a l'avantage d'être concrète ; nous les prendrons donc comme spécimens équivalents des termes réels d'un système synchronique, et les principes dégagés à propos des mots seront valables pour les entités en général.

§ 2. LA VALEUR LINGUISTIQUE CONSIDÉRÉE DANS SON ASPECT CONCEPTUEL.*

[230]

Quand on parle de la valeur d'un mot, on pense généralement et avant tout à la propriété qu'il a de représenter une idée, et c'est là en effet un des aspects de la valeur linguistique. Mais s'il en est ainsi, en quoi cette valeur diffère-t-elle de ce qu'on appelle la *signification* ? Ces deux mots seraient-ils synonymes ? Nous ne le croyons pas, bien que la confusion soit facile, d'autant qu'elle est provoquée, moins par l'analogie des termes que par la délicatesse de la distinction qu'ils marquent.*

[231]

La valeur, prise dans son aspect conceptuel, est sans doute un élément de la signification, et il est très difficile de savoir comment celle-ci s'en distingue tout en étant sous sa dépendance. Pourtant il est nécessaire de tirer au clair cette question, sous peine de réduire la langue à une simple nomenclature (voir p. 97).

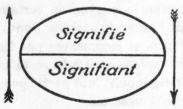

Prenons d'abord la signification telle qu'on se la représente et telle que nous l'avons figurée p. 99. Elle n'est, comme l'indiquent les flèches de la figure, que la contre-partie de l'image auditive. Tout se passe entre l'image auditive et le concept, dans les limites du mot considéré comme un domaine fermé, existant pour lui-même.

Mais voici l'aspect paradoxal de la question : d'un côté, le concept nous apparaît comme la contre-partie de l'image auditive dans l'intérieur du signe, et, de l'autre, ce signe lui-même, c'est-à-dire le rapport qui relie ses deux éléments, est aussi, et tout autant la contre-partie des autres signes de la langue.

Puisque la langue est un système dont tous les termes sont solidaires et où la valeur de l'un ne résulte que de la présence simultanée des autres, selon le schéma :

comment se fait-il que la valeur, ainsi définie, se confonde avec la signification, c'est-à-dire avec la contre-partie de l'image auditive ? Il semble impossible d'assimiler les rapports figurés ici par des flèches horizontales à ceux qui sont représentés plus haut par des flèches verticales. Autrement dit — pour reprendre la comparaison de la feuille de papier qu'on découpe (voir p. 157), — on ne voit pas pourquoi le rapport constaté entre divers morceaux A, B, C, D, etc., n'est pas distinct de celui qui existe entre le recto et le verso d'un même morceau, soit A /A', B /B', etc.

Pour répondre à cette question, constatons d'abord que même en dehors de la langue, toutes les valeurs semblent régies par ce principe paradoxal. Elles sont toujours constituées :

1º par une chose *dissemblable* susceptible d'être *échangée* contre celle dont la valeur est à déterminer ;

2º par des choses *similaires* qu'on peut *comparer* avec celle dont la valeur est en cause.

Ces deux facteurs sont nécessaires pour l'existence d'une valeur. Ainsi pour déterminer ce que vaut une pièce de cinq francs, il faut savoir : 1° qu'on peut l'échanger conter une quantité déterminée d'une chose différente, par exemple du pain ; 2° qu'on peut la comparer avec une valeur similaire du même système, par exemple une pièce d'un franc, ou avec une monnaie d'un autre système (un dollar, etc.). De même un mot peut être échangé contre quelque chose de dissemblable : une idée ; en outre, il peut être comparé avec quelque chose de même nature : un autre mot. Sa valeur n'est donc pas fixée tant qu'on se borne à constater qu'il peut être « échangé » contre tel ou tel concept, c'est-à-dire qu'il a telle ou telle signification ; il faut encore le comparer avec les valeurs similaires, avec les autres mots qui lui sont opposables. Son contenu n'est vraiment déterminé que par le concours de ce qui existe en dehors de lui. Faisant partie d'un système, il est revêtu, non seulement d'une signification, mais aussi et surtout d'une valeur, et c'est tout autre chose.

Quelques exemples montreront qu'il en est bien ainsi. Le français *mouton* peut avoir la même signification que l'anglais *sheep*, mais non la même valeur, et cela pour plusieurs raisons, en particulier parce qu'en parlant d'une pièce de viande apprêtée et servie sur la table, l'anglais dit *mutton* et non *sheep*. La différence de valeur entre *sheep* et *mouton* tient à ce que le premier a à côté de lui un second terme, ce qui n'est pas le cas pour le mot français.

Dans l'intérieur d'une même langue, tous les mots qui expriment des idées voisines se limitent réciproquement : des synonymes comme *redouter, craindre, avoir peur* n'ont de valeur propre que par leur opposition ; si *redouter* n'existait pas, tout son contenu irait à ses concurrents. Inversement, il y a des termes qui s'enrichissent par contact avec d'autres ; par exemple, l'élément nouveau introduit dans *décrépit* (« un vieillard *décrépit* », voir p. 119) résulte de la coexistence de *décrépi* (« un mur *décrépi* »). Ainsi la valeur de n'importe quel terme est déterminée par ce qui l'entoure ; il n'est pas jusqu'au mot signifiant « soleil » dont on puisse immédiatement fixer la valeur si l'on ne considère pas ce qu'il y a autour de lui ; il y a des langues où il est impossible de dire « s'asseoir au *soleil* ».

Ce qui est dit des mots s'applique à n'importe quel terme de la langue, par exemple aux entités grammaticales. Ainsi la valeur d'un pluriel français ne recouvre pas celle d'un pluriel sanscrit, bien que la signification soit le plus souvent identique : c'est que le sanscrit possède trois nombres au lieu de deux (*mes yeux, mes oreilles, mes bras, mes jambes*, etc., seraient au duel) ; il serait inexact d'attribuer la même valeur au pluriel en sanscrit et en français, puisque le sanscrit ne peut pas employer le pluriel dans tous les cas où il est de règle en français ; sa valeur dépend donc bien de ce qui est en dehors et autour de lui.

Si les mots étaient chargés de représenter des concepts donnés d'avance, ils auraient chacun, d'une langue à l'autre, des correspondants exacts pour le sens ; or il n'en est pas ainsi. Le français dit indifféremment *louer* (*une maison*) pour « prendre à bail » et « donner à bail », là où l'allemand emploie deux termes : *mieten* et *vermieten ;* il n'y a donc pas correspondance exacte des valeurs. Les verbes *schätzen* et *urteilen* présentent un ensemble de significations qui correspondent en gros à celles des mots français *estimer* et *juger ;* cependant sur plusieurs points cette correspondance est en défaut.

La flexion offre des exemples particulièrement frappants. La distinction des temps, qui nous est si familière, est étrangère à certaines langues ; l'hébreu ne connaît pas même celle, pourtant fondamentale, entre le passé, le présent et le futur. Le protogermanique n'a pas de forme propre pour le futur ; quand on dit qu'il le rend par le présent, on s'exprime improprement, car la valeur d'un présent n'est pas la même en germanique que dans les langues pourvues d'un futur à côté du présent. Les langues slaves distinguent régulièrement deux aspects du verbe : le perfectif représente l'action dans sa totalité, comme un point, en dehors de tout devenir ; l'imperfectif la montre en train de se faire, et sur la ligne du temps. Ces catégories font difficulté pour un Français, parce que sa langue les ignore : si elles étaient prédéterminées, il n'en serait pas ainsi. Dans tous ces cas nous surprenons donc, au lieu d'*idées* données d'avance, des *valeurs* émanant du système. Quand on dit qu'elles correspondent à des concepts, on sous-entend que ceux-ci sont purement différentiels, définis non pas positivement par leur contenu, mais négativement par leurs rapports avec les autres termes du système. Leur plus exacte caractéristique est d'être ce que les autres ne sont pas.

On voit dès lors l'interprétation réelle du schéma du signe. Ainsi

veut dire qu'en français un concept « juger » est uni à l'image acoustique *juger ;* en un mot il symbolise la signification ; mais il est bien entendu que ce concept n'a rien d'initial, qu'il n'est qu'une valeur déterminée par ses rapports avec d'autres valeurs similaires, et que sans elles la signification n'existerait pas. Quand j'affirme simplement qu'un mot signifie quelque chose, quand je m'en tiens à l'association de l'image acoustique avec un concept, je fais une opération qui peut dans une certaine mesure être exacte et donner une idée de la réalité ; mais en aucun cas je n'exprime le fait linguistique dans son essence et dans [232] son ampleur.*

§ 3. LA VALEUR LINGUISTIQUE CONSIDÉRÉE DANS SON ASPECT MATÉRIEL.*

[233]

Si la partie conceptuelle de la valeur est constituée uniquement par des rapports et des différences avec les autres termes de la langue, on peut en dire autant de sa partie matérielle. Ce qui importe dans le mot, ce n'est pas le son lui-même, mais les différences phoniques qui permettent de distinguer ce mot de tous les autres, car ce sont elles qui portent la signification.

La chose étonnera peut-être ; mais où serait en vérité la possibilité du contraire ? Puisqu'il n'y a point d'image vocale qui réponde plus qu'une autre à ce qu'elle est chargée de dire, il est évident, même *a priori*, que jamais un fragment de langue ne pourra être fondé, en dernière analyse, sur autre chose que sur sa non-coïncidence avec le reste. *Arbitraire* et *différentiel* sont deux qualités corrélatives.

L'altération des signes linguistiques montre bien cette corrélation ; c'est précisément parce que les termes *a* et *b* sont radicalement incapables d'arriver, comme tels, jusqu'aux régions de la conscience, — laquelle n'aperçoit perpétuellement que la différence *a/b*, — que chacun de ces termes reste libre de se modifier selon des lois étrangères à leur fonction significative. Le génitif pluriel tchèque *žen* n'est caractérisé par aucun signe positif (voir p. 123) ; pourtant le groupe de formes *žena : žen* fonctionne aussi bien que *žena : žent* qui l'a précédé ; c'est que la différence des signes est seule en jeu ; *žena* ne vaut que parce qu'il est différent.*

[234]

Voici un autre exemple qui fait mieux voir encore ce qu'il y a de systématique dans ce jeu des différences phoniques : en grec *éphēn* est un imparfait et *éstēn* un aoriste, bien qu'ils soient formés de façon identique ; c'est que le premier appartient au système de l'indicatif présent *phēmi* « je dis », tandis qu'il n'y a point de présent **stēmi* ; or c'est justement le rapport *phēmi* — *éphēn* qui correspond au rapport entre le présent et l'imparfait (cf. *deíknūmi* — *edeíknūn*), etc. Ces signes agissent donc, non par leur valeur intrinsèque, mais par leur position relative.

D'ailleurs il est impossible que le son, élément matériel, appartienne par lui-même à la langue. Il n'est pour elle qu'une chose secondaire, une matière qu'elle met en œuvre. Toutes les valeurs conventionnelles présentent ce caractère de ne pas se confondre avec l'élément tangible qui leur sert de support. Ainsi ce n'est pas le métal d'une pièce de monnaie qui en fixe la valeur ; un écu qui vaut nominalement cinq francs ne contient que la moitié de cette somme en argent ; il vaudra plus ou moins avec telle ou telle effigie, plus ou moins en deçà et au delà d'une frontière politique. Cela est plus vrai encore du signifiant linguistique ; dans son essence, il n'est aucunement phonique, il est incorporel, constitué, non par sa substance matérielle, mais uniquement par les différences qui séparent son image acoustique de tou-
[235] tes les autres.*

Ce principe est si essentiel qu'il s'applique à tous les éléments matériels de la langue, y compris les phonèmes. Chaque idiome compose ses mots sur la base d'un système d'éléments sonores dont chacun forme une unité nettement délimitée et dont le nombre est parfaitement déterminé. Or ce qui les caractérise, ce n'est pas, comme on pourrait le croire, leur qualité propre et positive, mais simplement le fait qu'ils ne se confondent pas entre eux. Les phonèmes sont avant tout des
[236] entités oppositives, relatives et négatives.*

Ce qui le prouve, c'est la latitude dont les sujets jouissent pour la prononciation dans la limite où les sons restent distincts les uns des autres. Ainsi en français, l'usage général de grasseyer l'*r* n'empêche pas beaucoup de personnes de le rouler ; la langue n'en est nullement troublée ;

elle ne demande que la différence et n'exige pas, comme
on pourrait l'imaginer, que le son ait une qualité invariable. Je puis même prononcer l'*r* français comme *ch* allemand dans *Bach, doch,* etc., tandis qu'en allemand je ne
pourrais pas employer *r* comme *ch,* puisque cette langue
reconnaît les deux éléments et doit les distinguer. De même
en russe, il n'y aura point de latitude pour *t* du côté de *t'*
(*t* mouillé), parce que le résultat serait de confondre deux
sons différenciés par la langue (cf. *govorit'* « parler » et
govorit « il parle »), mais il y aura une liberté plus grande
du côté de *th* (*t* aspiré), parce que ce son n'est pas prévu dans
le système des phonèmes du russe.* [237]

Comme on constate un état de choses identique dans cet
autre système de signes qu'est l'écriture, nous le prendrons
comme terme de comparaison pour éclairer toute cette question.*En fait : [238]

1º les signes de l'écriture sont arbitraires ; aucun rapport,
par exemple, entre la lettre *t* et le son qu'elle désigne ;

2º la valeur des lettres est purement négative et différentielle ; ainsi une même personne peut écrire *t* avec des variantes
telles que :

La seule chose essentielle est que ce signe ne se confonde pas
sous sa plume avec celui de *l,* de *d,* etc. ;

3º les valeurs de l'écriture n'agissent que par leur opposition réciproque au sein d'un système défini, composé d'un
nombre déterminé de lettres. Ce caractère, sans être identique au second, est étroitement lié avec lui, parce que tous
deux dépendent du premier. Le signe graphique étant arbitraire, sa forme importe peu, ou plutôt n'a d'importance
que dans les limites imposées par le système ;

4º le moyen de production du signe est totalement indif-

férent, car il n'intéresse pas le système (cela découle aussi
du premier caractère). Que j'écrive les lettres en blanc ou
en noir, en creux ou en relief, avec une plume ou un ciseau,
cela est sans importance pour leur signification.

[239]   § 4. LE SIGNE CONSIDÉRÉ DANS SA TOTALITÉ.*

Tout ce qui précède revient à dire que *dans la langue il
n'y a que des différences.* Bien plus : une différence suppose
en général des termes positifs entre lesquels elle s'établit ;
mais dans la langue il n'y a que des différences *sans termes
positifs.* Qu'on prenne le signifié ou le signifiant, la langue
ne comporte ni des idées ni des sons qui préexisteraient au
système linguistique, mais seulement des différences con-
[240] ceptuelles et des différences phoniques*issues de ce système. Ce qu'il y a d'idée ou de matière phonique dans un
signe importe moins que ce qu'il y a autour de lui dans les
autres signes. La preuve en est que la valeur d'un terme
peut être modifiée sans qu'on touche ni à son sens ni à ses
sons, mais seulement par le fait que tel autre terme voisin
[241] aura subi une modification (voir p. 160).*

Mais dire que tout est négatif dans la langue, cela n'est
vrai que du signifié et du signifiant pris séparément : dès
que l'on considère le signe dans sa totalité, on se trouve en
présence d'une chose positive dans son ordre. Un système
linguistique est une série de différences de sons combinées
avec une série de différences d'idées ; mais cette mise en
regard d'un certain nombre de signes acoustiques avec
autant de découpures faites dans la masse de la pensée
engendre un système de valeurs ; et c'est ce système qui
constitue le lien effectif entre les éléments phoniques et
psychiques à l'intérieur de chaque signe. Bien que le signifié
et le signifiant soient, chacun pris à part, purement différentiels et négatifs, leur combinaison est un fait positif ;
c'est même la seule espèce de faits que comporte la langue,

puisque le propre de l'institution linguistique est justement de maintenir le parallélisme entre ces deux ordres de différences.[*] [242]

Certains faits diachroniques sont très caractéristiques à cet égard : ce sont les innombrables cas où l'altération du signifiant amène l'altération de l'idée, et où l'on voit qu'en principe la somme des idées distinguées correspond à la somme des signes distinctifs. Quand deux termes se confondent par altération phonétique (par exemple *décrépit* = *decrepitus* et *décrépi* de *crispus*), les idées tendront à se confondre aussi, pour peu qu'elles s'y prêtent. Un terme se différencie-t-il (par exemple *chaise* et *chaire*) ? Infailliblement la différence qui vient de naître tendra à devenir significative,[*]sans y réussir toujours, ni du premier coup. Inver- [243] sement toute différence idéelle aperçue par l'esprit cherche à s'exprimer par des signifiants distincts, et deux idées que l'esprit ne distingue plus cherchent à se confondre dans le même signifiant.

Dès que l'on compare entre eux les signes — termes positifs — on ne peut plus parler de différence ; l'expression serait impropre, puisqu'elle ne s'applique bien qu'à la comparaison de deux images acoustiques, par exemple *père* et *mère*, ou à celle de deux idées, par exemple l'idée « père » et l'idée « mère » ; deux signes comportant chacun[*] un signifié et un [244] signifiant ne sont pas différents, ils sont seulement distincts. Entre eux il n'y a qu'*opposition*. Tout le mécanisme du langage, dont il sera question plus bas, repose sur des oppositions de ce genre et sur les différences phoniques[*]et conceptuelles [245] qu'elles impliquent.

Ce qui est vrai de la valeur est vrai aussi de l'unité (voir p. 154). C'est un fragment de chaîne parlée correspondant à un certain concept ; l'un et l'autre sont de nature purement différentielle.

Appliqué à l'unité, le principe de différenciation peut se

formuler ainsi : *les càractères de l'unité se confondent avec l'unité elle-même.* Dans la langue, comme dans tout système sémiologique, ce qui distingue un signe, voilà tout ce qui le constitue. C'est la différence qui fait le caractère, comme elle fait la valeur et l'unité.

Autre conséquence, assez paradoxale, de ce même principe : ce qu'on appelle communément un « fait de grammaire » répond en dernière analyse à la définition de l'unité, car il exprime toujours une opposition de termes ; seulement cette opposition se trouve être particulièrement significative, par exemple la formation du pluriel allemand du type *Nacht : Nächte.* Chacun des termes mis en présence dans le fait grammatical (le singulier sans umlaut et sans *e* final, opposé au pluriel avec umlaut et *-e*) est constitué lui-même par tout un jeu d'oppositions au sein du système ; pris isolément, ni *Nacht* ni *Nächte*, ne sont rien : donc tout est opposition. Autrement dit, on peut exprimer le rapport *Nacht : Nächte* par une formule algébrique *a/b*, où *a* et *b* ne sont pas des termes simples, mais résultent chacun d'un ensemble de rapports. La langue est pour ainsi dire une algèbre qui n'aurait que des termes complexes. Parmi les oppositions qu'elle comprend, il y en a qui sont plus significatives que d'autres ; mais unité et fait de grammaire ne sont que des noms différents pour désigner des aspects divers d'un même fait général : le jeu des oppositions linguistiques. Cela est si vrai qu'on pourrait fort bien aborder le problème des unités en commençant par les faits de grammaire. Posant une opposition telle que *Nacht : Nächte*, on se demanderait quelles sont les unités mises en jeu dans cette opposition. Sont-ce ces deux mots seulement ou toute la série des mots similaires ? ou bien *a* et *ä* ? ou tous les singuliers et tous les pluriels ? etc.

Unité et fait de grammaire ne se confondraient pas si les signes linguistiques étaient constitués par autre chose que des différences. Mais la langue étant ce qu'elle est, de quelque côté qu'on l'aborde, on n'y trouvera rien de simple ; partout et toujours ce même équilibre complexe de termes qui se conditionnent réciproquement. Autrement dit, *la langue est une forme et non une substance* (voir p. 157). On ne saurait assez se pénétrer de cette vérité, car toutes les erreurs de notre terminologie, toutes nos façons incorrectes de désigner les choses de la langue proviennent de cette supposition involontaire qu'il y aurait une substance dans le phénomène linguistique.

CHAPITRE V

RAPPORTS SYNTAGMATIQUES ET RAPPORTS
ASSOCIATIFS

[246] ## § 1. Définitions.*

Ainsi, dans un état de langue, tout repose sur des rapports ; comment fonctionnent-ils ?

Les rapports et les différences entre termes linguistiques se déroulent dans deux sphères distinctes dont chacune est génératrice d'un certain ordre de valeurs; l'opposition entre ces deux ordres fait mieux comprendre la nature de chacun d'eux. Ils correspondent à deux formes de notre activité mentale, toutes deux indispensables à la vie de la langue.

D'une part, dans le discours, les mots contractent entre eux, en vertu de leur enchaînement, des rapports fondés sur le caractère linéaire de la langue, qui exclut la possibilité de prononcer deux éléments à la fois (voir p. 103). Ceux-ci se rangent les uns à la suite des autres sur la chaîne de la parole. Ces combinaisons qui ont pour support l'étendue
[247] peuvent être appelées *syntagmes*[1].*Le syntagme se compose donc toujours de· deux ou plusieurs unités consécutives (par exemple : *re-lire ; contre tous ; la vie humaine ; Dieu est bon ; s'il fait beau temps, nous sortirons*, etc.). Placé dans

---

1. Il est presque inutile de faire observer que l'étude des *syntagmes* ne se confond pas avec la *syntaxe* : celle-ci, comme on le verra p. 185 et suiv., n'est qu'une partie de celle-là (*Ed.*).

un syntagme, un terme n'acquiert sa valeur que parce qu'il est opposé à ce qui précède ou ce qui suit, ou à tous les deux.

D'autre part, en dehors du discours, les mots offrant quelque chose de commun s'associent dans la mémoire, et il se forme ainsi des groupes au sein desquels règnent des rapports très divers. Ainsi le mot *enseignement* fera surgir inconsciemment devant l'esprit une foule d'autres mots (*enseigner, renseigner*, etc., ou bien *armement, changement*, etc., ou bien *éducation, apprentissage*) ; par un côté ou un autre, tous ont quelque chose de commun entre eux.

On voit que ces coordinations sont d'une tout autre espèce que les premières. Elles n'ont pas pour support l'étendue ; leur siège est dans le cerveau ; elles font partie de ce trésor intérieur qui constitue la langue chez chaque individu. Nous les appellerons *rapports associatifs.**   [248]

Le rapport syntagmatique est *in praesentia* ; il repose sur deux ou plusieurs termes également présents dans une série effective. Au contraire le rapport associatif unit des termes *in absentia* dans une série mnémonique virtuelle.

A ce double point de vue, une unité linguistique est comparable à une partie déterminée d'un édifice, une colonne par exemple ; celle-ci se trouve, d'une part, dans un certain rapport avec l'architrave qu'elle supporte ; cet agencement de deux unités également présentes dans l'espace fait penser au rapport syntagmatique ; d'autre part, si cette colonne est d'ordre dorique, elle évoque la comparaison mentale avec les autres ordres (ionique, corinthien, etc.), qui sont des éléments non présents dans l'espace : le rapport est associatif.

Chacun de ces deux ordres de coordination appelle quelques remarques particulières.

[249]   ## § 2. LES RAPPORTS SYNTAGMATIQUES.*

Nos exemples de la page 170 donnent déjà à entendre que la notion de syntagme s'applique non seulement aux mots, mais aux groupes de mots, aux unités complexes de toute dimension et de toute espèce (mots composés, dérivés, membres de phrase, phrases entières).

Il ne suffit pas de considérer le rapport qui unit les diverses parties d'un syntagme entre elles (par exemple *contre* et *tous* dans *contre tous*, *contre* et *maître* dans *contremaître*) ; il faut tenir compte aussi de celui qui relie le tout à ses parties (par exemple *contre tous* opposé d'une part à *contre*, de l'autre à *tous*, ou *contremaître* opposé à *contre* et à *maître*).

On pourrait faire ici une objection. La phrase est le type par excellence du syntagme. Mais elle appartient à la parole, non à la langue (voir p. 30) ; ne s'ensuit-il pas que le syntagme relève de la parole ? Nous ne le pensons pas. Le propre de la parole, c'est la liberté des combinaisons ; il faut donc se demander si tous les syntagmes sont également libres.

On rencontre d'abord un grand nombre d'expressions qui appartiennent à la langue ; ce sont les locutions toutes faites, auxquelles l'usage interdit de rien changer, même si l'on peut y distinguer, à la réflexion, des parties significatives (cf. *à quoi bon ? allons donc !* etc.). Il en est de même, bien qu'à un moindre degré, d'expressions telles que *prendre la mouche, forcer la main à quelqu'un, rompre une lance,* ou encore *avoir mal à* (*la tête,* etc.), *à force de* (*soins,* etc.), *que vous ensemble ?, pas n'est besoin de...,* etc., dont le caractère usuel ressort des particularités de leur signification ou [250] de leur syntaxe.*Ces tours ne peuvent pas être improvisés, ils sont fournis par la tradition. On peut citer aussi les mots qui, tout en se prêtant parfaitement à l'analyse, sont

caractérisés par quelque anomalie morphologique maintenue par la seule force de l'usage (cf. *difficulté* vis-à-vis de
facilité, etc., *mourrai* en face de *dormirai*, etc.).

Mais ce n'est pas tout ; il faut attribuer à la langue, non
à la parole, tous les types de syntagmes construits sur des
formes régulières. En effet, comme il n'y a rien d'abstrait
dans la langue, ces types n'existent que si elle en a enregistré des spécimens suffisamment nombreux. Quand un
mot comme *indécorable* surgit dans la parole (voir p. 228 sv.),
il suppose un type déterminé, et celui-ci à son tour n'est
possible que par le souvenir d'un nombre suffisant de mots
semblables appartenant à la langue (*impardonnable, intolé-
rable, infatigable*, etc.). Il en est exactement de même des
phrases et des groupes de mots établis sur des patrons réguliers ; des combinaisons comme *la terre tourne, que vous
dit-il ?* etc., répondent à des types généraux, qui ont à leur
tour leur support dans la langue sous forme de souvenirs
concrets.* [251]

Mais il faut reconnaître que dans le domaine du syntagme
il n'y a pas de limite tranchée entre le fait de langue, marque
de l'usage collectif, et le fait de parole, qui dépend de la liberté
individuelle. Dans une foule de cas, il est difficile de classer
une combinaison d'unités, parce que l'un et l'autre facteurs
ont concouru à la produire, et dans des proportions qu'il est
impossible de déterminer.

§ 3. LES RAPPORTS ASSOCIATIFS.* [252]

Les groupes formés par association mentale ne se bor-
nent pas à rapprocher les termes qui présentent quelque
chose de commun ; l'esprit saisit aussi la nature des
rapports qui les relient dans chaque cas et crée par là
autant de séries associatives qu'il y a de rapports divers.
Ainsi dans *enseignement, enseigner, enseignons*, etc., il y a
un élément commun à tous les termes, le radical ; mais le

mot *enseignement* peut se trouver impliqué dans une série basée sur un autre élément commun, le suffixe (cf. *enseignement, armement, changement*, etc.) ; l'association peut reposer aussi sur la seule analogie des signifiés (*enseignement, instruction, apprentissage, éducation*, etc.), ou au contraire, sur la simple communauté des images acoustiques (par exemple enseigne*ment* et juste*ment*)[1]. Donc il y a tantôt communauté double du sens et de la forme, tantôt communauté de forme ou de sens seulement. Un mot quelconque peut toujours évoquer tout ce qui est susceptible de lui être associé d'une manière ou d'une autre.

Tandis qu'un syntagme appelle tout de suite l'idée d'un ordre de succession et d'un nombre déterminé d'éléments, les termes d'une famille associative ne se présentent ni en nombre défini, ni dans un ordre déterminé. Si on associe *désir-eux, chaleur-eux, peur-eux*, etc., on ne saurait dire d'avance quel sera le nombre des mots suggérés par la mémoire, ni dans quel ordre ils apparaîtront. Un terme donné est comme le centre d'une constellation, le point où convergent d'autres termes coordonnés, dont la somme est indéfinie (voir [253] la figure p. 175).*

Cependant, de ces deux caractères de la série associative, ordre indéterminé et nombre indéfini, seul le premier se vérifie toujours ; le second peut manquer. C'est ce qui

---

1. Ce dernier cas est rare et peut passer pour anormal, car l'esprit écarte naturellement les associations propres à troubler l'intelligence du discours ; mais son existence est prouvée par une catégorie inférieure de jeux de mots reposant sur les confusions absurdes qui peuvent résulter de l'homonymie pure et simple, comme lorsqu'on dit : « Les musiciens produisent les *sons* et les grainetiers les vendent. » Ce cas doit être distingué de celui où une association, tout en étant fortuite, peut s'appuyer sur un rapprochement d'idées (cf. franç. *ergot : ergoter*, et all. *blau : durchbläuen*, « rouer de coups ») ; il s'agit d'une interprétation nouvelle d'un des termes du couple ; ce sont des cas d'étymologie populaire (voir p. 238) ; le fait est intéressant pour l'évolution sémantique, mais au point de vue synchronique il tombe tout simplement dans la catégorie : *enseigner : enseignement*, mentionnée plus haut (*Ed.*).

arrive dans un type caractéristique de ce genre de groupements, les paradigmes de flexion. En latin, dans *dominus*,
domin:, *dominō*, etc., nous avons bien un groupe associatif
formé par un élément commun, le thème nominal *domin-*,

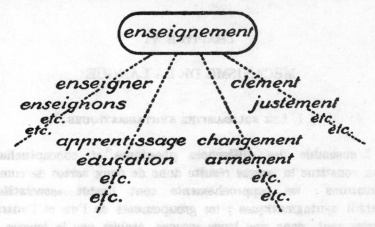

mais la série n'est pas indéfinie comme celle de *enseignement*, *changement*, etc. ; le nombre des cas est déterminé ;
par contre leur succession n'est pas ordonnée spatialement,
et c'est par un acte purement arbitraire que le grammairien
les groupe d'une façon plutôt que d'une autre ; pour la conscience des sujets parlants le nominatif n'est nullement le
premier cas de la déclinaison, et les termes pourront surgir
dans tel ou tel ordre selon l'occasion.*

[254]

CHAPITRE VI

MÉCANISME DE LA LANGUE

§ 1. LES SOLIDARITÉS SYNTAGMATIQUES.*

L'ensemble des différences phoniques* et conceptuelles qui constitue la langue résulte donc de deux sortes de comparaisons ; les rapprochements sont tantôt associatifs, tantôt syntagmatiques ; les groupements de l'un et l'autre ordre sont, dans une large mesure, établis par la langue ; c'est cet ensemble de rapports usuels qui la constitue et qui préside à son fonctionnement.

La première chose qui nous frappe dans cette organisation, ce sont les *solidarités syntagmatiques* : presque toutes les unités de la langue dépendent soit de ce qui les entoure sur la chaîne parlée, soit des parties successives dont elles se composent elles-mêmes.

La formation des mots suffit à le montrer. Une unité telle que *désireux* se décompose en deux sous-unités (*désir-eux*), mais ce ne sont pas deux parties indépendantes ajoutées simplement l'une à l'autre (*désir+eux*). C'est un produit, une combinaison de deux éléments solidaires, qui n'ont de valeur que par leur action réciproque dans une unité supérieure (*désir×eux*). Le suffixe, pris isolément, est inexistant ; ce qui lui confère sa place dans la langue, c'est une série de termes usuels tels que *chaleur-eux*, *chanc-eux*, etc. A son tour, le radical n'est pas autonome ; il n'existe que par combinaison avec un suffixe ; dans *roul-is*, l'élément *roul-* n'est rien sans le suffixe qui le suit. Le tout vaut par ses parties, les parties valent aussi en vertu de leur place dans le tout, et voilà pourquoi le rapport syntagmatique de la partie au tout est aussi important que celui des parties entre elles.* [257]

C'est là un principe général, qui se vérifie dans tous les types de syntagmes énumérés plus haut, p. 172 ; il s'agit toujours d'unités plus vastes, composées elles-mêmes d'unités plus restreintes, les unes et les autres étant dans un rapport de solidarité réciproque.

La langue présente, il est vrai, des unités indépendantes, sans rapports syntagmatiques ni avec leurs parties, ni avec d'autres unités. Des équivalents de phrases tels que *oui, non, merci,* etc., en sont de bons exemples. Mais ce fait, d'ailleurs exceptionnel, ne suffit pas à compromettre le principe général. Dans la règle, nous ne parlons pas par signes isolés, mais par groupes de signes, par masses organisées qui sont elles-mêmes des signes. Dans la langue, tout revient à des différences, mais tout revient aussi à des groupements. Ce mécanisme, qui consiste dans un jeu de termes successifs, ressemble au fonctionnement d'une machine dont les pièces ont une action réciproque bien qu'elles soient disposées dans une seule dimension.

§ 2. Fonctionnement simultané des deux formes de groupements.* [258]

Entre les groupements syntagmatiques, ainsi constitués, il y a un lien d'interdépendance ; ils se conditionnent réciproquement. En effet la coordination dans l'espace contribue à créer des coordinations associatives, et celles-ci à leur tour sont nécessaires pour l'analyse des parties du syntagme.

Soit le composé *dé-faire.* Nous pouvons le représenter

sur un ruban horizontal correspondant à la chaîne parlée :

Mais simultanément et sur un autre axe, il existe dans le subsconcient une ou plusieurs séries associatives comprenant des unités qui ont un élément commun avec le syntagme, par exemple :

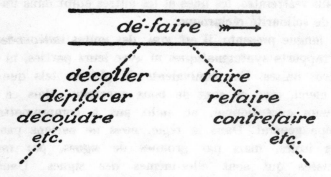

De même, si le latin *quadruplex* est un syntagme, c'est qu'il s'appuie aussi sur deux séries associatives :

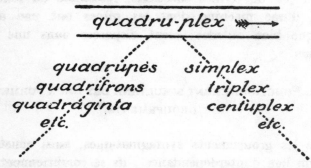

C'est dans la mesure où ces autres formes flottent autour de *défaire* ou de *quadruplex* que ces deux mots peuvent être décomposés en sous-unités, autrement dit, sont des syntagmes. Ainsi *défaire* serait inanalysable si les autres formes contenant *dé-* ou *faire* disparaissaient de la langue ; il ne serait plus qu'une unité simple et ses deux parties ne seraient plus opposables l'une à l'autre.

On comprend dès lors le jeu de ce double système dans le discours.

Notre mémoire tient en réserve tous les types de syntagmes plus ou moins complexes, de quelque espèce ou étendue qu'ils puissent être, et au moment de les employer, nous faisons intervenir les groupes associatifs pour fixer notre choix. Quand quelqu'un dit *marchons !*, il pense inconsciemment à divers groupes d'associations à l'intersection desquels se trouve le syntagme *marchons !* Celui-ci figure d'une part dans la série *marche ! marchez !*, et c'est l'opposition de *marchons !* avec ces formes qui détermine le choix ; d'autre part, *marchons !* évoque la série *montons ! mangeons !* etc., au sein de laquelle il est choisi par le même procédé ; dans chaque série on sait ce qu'il faut faire varier pour obtenir la différenciation propre à l'unité cherchée. Qu'on change l'idée à exprimer, et d'autres oppositions seront nécessaires pour faire apparaître une autre valeur ; on dira par exemple *marchez !*, ou bien *montons !*

Ainsi il ne suffit pas de dire, en se plaçant à un point de vue positif, qu'on prend *marchons !* parce qu'il signifie ce qu'on veut exprimer. En réalité l'idée appelle, non une forme, mais tout un système latent, grâce auquel on obtient les oppositions nécessaires à la constitution du signe. Celui-ci n'aurait par lui-même aucune signification propre. Le jour où il n'y aurait plus *marche ! marchez !* en face de *marchons !*, certaines oppositions tomberaient et la valeur de *marchons !* serait changée *ipso facto*.

Ce principe s'applique aux syntagmes et aux phrases de tous les types, même les plus complexes. Au moment où nous prononçons la phrase : « que *vous* dit-il ? », nous faisons varier un élément dans un type syntagmatique latent, par exemple « que *te* dit-il ? » — « que *nous* dit-il ? », etc., et c'est par là que notre choix se fixe sur le pronom *vous*. Ainsi dans cette opération, qui consiste à éliminer mentalement tout ce qui n'amène pas la différenciation voulue sur le point voulu, les groupements associatifs et les types syntagmatiques sont tous deux en jeu.

[259] Inversement ce procédé de fixation et de choix régit les unités les plus minimes et jusqu'aux éléments phonologiques, quand ils sont revêtus d'une valeur. Nous ne pensons pas seulement à des cas comme *pətit* (écrit « petite ») vis-à-vis de *pəti* (écrit « petit »), ou lat. *dominī* vis-à-vis de *dominō*, etc., où la différence repose par hasard sur un simple phonème, mais au fait plus caractéristique et plus délicat, qu'un phonème joue par lui-même un rôle dans le système d'un état de langue. Si par exemple en grec *m*, *p*, *t*, etc., ne peuvent jamais figurer à la fin d'un mot, cela revient à dire que leur présence ou leur absence à telle place compte dans la structure du mot et dans celle de la phrase. Or dans tous les cas de ce genre, le son isolé, comme toutes les autres unités, sera choisi à la suite d'une opposition mentale double : ainsi dans le groupe imaginaire *anma*, le son *m* est en opposition syntagmatique avec ceux qui l'entourent et en opposition associative avec tous ceux que l'esprit peut suggérer, soit :

$$a \quad n \quad m \quad a$$
$$v$$
$$d$$

[260]   § 3. L'ARBITRAIRE ABSOLU ET L'ARBITRAIRE RELATIF.*

Le mécanisme de la langue peut être présenté sous un autre angle particulièrement important.

Le principe fondamental de l'arbitraire du signe n'empêche pas de distinguer dans chaque langue ce qui est radicalement arbitraire, c'est-à-dire immotivé, de ce qui ne l'est que relativement. Une partie seulement des signes

est absolument arbitraire ; chez d'autres interviennent un phénomène qui permet de reconnaître des degrés dans l'arbitraire sans le supprimer : *le signe peut être relativement
motivé.*

Ainsi *vingt* est immotivé, mais *dix-neuf* ne l'est pas au
même degré, parce qu'il évoque les termes dont il se compose et d'autres qui lui sont associés, par exemple *dix,
neuf, vingt-neuf, dix-huit, soixante-dix,* etc. ; pris séparément,
dix et *neuf* sont sur le même pied que *vingt,* mais *dix-neuf*
présente un cas de motivation relative. Il en est de même
pour *poirier,* qui rappelle le mot simple *poire* et dont le suffixe *-ier* fait penser à *cerisier, pommier,* etc. ; pour *frêne,
chêne,* etc., rien de semblable. Comparez encore *berger,* complètement immotivé, et *vacher,* relativement motivé ; de
même les couples *geôle* et *cachot, hache* et *couperet, concierge*
et *portier, jadis* et *autrefois, souvent* et *fréquemment, aveugle*
et *boiteux, sourd* et *bossu, second* et *deuxième,* all. *Laub* et fr.
feuillage, fr. *métier* et all. *Handwerk.* Le pluriel anglais *ships*
« navires » rappelle par sa formation toute la série *flags, birds,
books,* etc., tandis que *men* « hommes », *sheep* « moutons »
ne rappellent rien. En grec *dṓsō* « je donnerai » exprime
l'idée de futur par un signe qui éveille l'association de
lúsō, stḗsō, túpsō, etc., tandis que *eîmi* « j'irai » est tout à
fait isolé.

Ce n'est pas le lieu de rechercher les facteurs qui conditionnent dans chaque cas la motivation ; mais celle-ci est
toujours d'autant plus complète que l'analyse syntagmatique est plus aisée et le sens des sous-unités plus évident.
En effet, s'il y a des éléments formatifs transparents, comme
-ier dans *poir-ier* vis-à-vis de *ceris-ier, pomm-ier,* etc., il
en est d'autres dont la signification est trouble ou tout à
fait nulle ; ainsi jusqu'à quel point le suffixe *-ot* correspond-
il à un élément de sens dans *cachot ?* *En rapprochant des   [261]
mots tels que *coutelas, fatras, platras, canevas,* on a le
vague sentiment que *-as* est un élément formatif propre

aux substantifs, sans qu'on puisse le définir plus exactement. D'ailleurs, même dans les cas les plus favorables, la
motivation n'est jamais absolue. Non seulement les éléments
d'un signe motivé sont eux-mêmes arbitraires (cf. *dix* et *neuf*
de *dix-neuf*), mais la valeur du terme total n'est jamais égale
à la somme des valeurs des parties ; *poir*×*ier* n'est pas égal
à *poir*+*ier* (voir p. 176).

Quand au phénomène lui-même, il s'explique par les principes énoncés au paragraphe précédent : la notion du relativement motivé implique : 1º l'analyse du terme donné, donc
un rapport syntagmatique ; 2º l'appel à un ou plusieurs autres
termes, donc un rapport associatif. Ce n'est pas autre chose
que le mécanisme en vertu duquel un terme quelconque se
prête à l'expression d'une idée. Jusqu'ici, les unités nous sont
apparues comme des valeurs, c'est-à-dire comme les éléments
d'un système, et nous les avons considérées surtout dans leurs
oppositions ; maintenant nous reconnaissons les solidarités
qui les relient ; elles sont d'ordre associatif et d'ordre syntagmatique, et ce sont elles qui limitent l'arbitraire. *Dix-
neuf* est solidaire associativement de *dix-huit*, *soixante-dix*
etc., et syntagmatiquement de ses éléments *dix* et *neuf* (voir
p. 177). Cette double relation lui confère une partie de sa
valeur.

Tout ce qui a trait à la langue en tant que système
demande, c'est notre conviction, à être abordé de ce point
de vue, qui ne retient guère les linguistes : la limitation
[262]   de l'arbitraire.* C'est la meilleure base possible. En effet
tout le système de la langue repose sur le principe irra-
tionnel de l'arbitraire du signe qui, appliqué sans restriction, aboutirait à la complication suprême ; mais l'esprit
réussit à introduire un principe d'ordre et de régularité
dans certaines parties de la masse des signes, et c'est là le
rôle du relativement motivé. Si le mécanisme de la langue
était entièrement rationnel, on pourrait l'étudier en lui-
même ; mais comme il n'est qu'une correction partielle

d'un système naturellement chaotique, on adopte le point de vue imposé par la nature même de la langue, en étudiant ce mécanisme comme une limitation de l'arbitraire.[*]   [263]

Il n'existe pas de langue où rien ne soit motivé ; quant à en concevoir une où tout le serait, cela serait impossible par définition. Entre les deux limites extrêmes — minimum d'organisation et minimum d'arbitraire — on trouve toutes les variétés possibles. Les divers idiomes renferment toujours des éléments des deux ordres — radicalement arbitraires et relativement motivés — mais dans des proportions très variables, et c'est là un caractère important, qui peut entrer en ligne de compte dans leur classement.

En un certain sens — qu'il ne faut pas serrer de trop près, mais qui rend sensible une des formes de cette opposition — on pourrait dire que les langues où l'immotivité atteint son maximum sont plus *lexicologiques*, et celles où il s'abaisse au minimum, plus *grammaticales*. Non que « lexique » et « arbitraire » d'une part, « grammaire » et « motivation relative » de l'autre, soient toujours synonymes ; mais il y a quelque chose de commun dans le principe. Ce sont comme deux pôles entre lesquels se meut tout le système, deux courants opposés qui se partagent le mouvement de la langue : la tendance à employer l'instrument lexicologique, le signe immotivé, et la préférence accordée à l'instrument grammatical, c'est-à-dire à la règle de construction.

On verrait par exemple que l'anglais donne une place beaucoup plus considérable à l'immotivé que l'allemand ; mais le type de l'ultra-lexicologique est le chinois, tandis que l'indo-européen et le sanscrit sont des spécimens de l'ultra-grammatical. Dans l'intérieur d'une même langue, tout le mouvement de l'évolution peut être marqué par un passage continuel du motivé à l'arbitraire et de l'arbitraire au motivé ; ce va-et-vient a souvent pour résultat de déplacer sensiblement les proportions de ces deux catégories de signes. Ainsi le français est caractérisé par rapport au latin, entre autres choses, par un énorme accroissement de l'arbitraire : tandis qu'en latin *inimīcus* rappelle *in-* et *amīcus* et se motive par eux, *ennemi* ne se motive par rien ; il est rentré dans l'arbitraire absolu, qui est d'ailleurs la condition essentielle du signe linguistique. On constaterait ce déplacement dans des centaines d'exemples : cf. *constāre (stāre) : coûter, fabrica (faber) : forge, magister (magis) : maître, berbīcārius (berbīx) : berger*, etc. Ces changements donnent une physio-

[264] nomie toute particulière au français.*

CHAPITRE VII

LA GRAMMAIRE ET SES SUBDIVISIONS

§ 1. DÉFINITIONS ; DIVISIONS TRADITIONNELLES.* [265]

La linguistique statique ou description d'un état de langue peut être appelée *grammaire*, dans le sens très précis, et d'ailleurs usuel, qu'on trouve dans les expressions « grammaire du jeu d'échec », « grammaire de la Bourse », etc., où il s'agit d'un objet complexe et systématique, mettant en jeu des valeurs coexistantes.

La grammaire étudie la langue en tant que système de moyens d'expression ; qui dit grammatical dit synchronique et significatif, et comme aucun système n'est à cheval sur plusieurs époques à la fois, il n'y a pas pour nous de « grammaire historique » ; ce qu'on appelle ainsi n'est en réalité que la linguistique diachronique.* [266]

Notre définition ne concorde pas avec celle, plus restreinte, qu'on en donne généralement. C'est en effet la *morphologie* et la *syntaxe* réunies qu'on est convenu d'appeler grammaire, tandis que la *lexicologie* ou science des mots en est exclue.

Mais d'abord ces divisions répondent-elles à la réalité ? Sont-elles en harmonie avec les principes que nous venons de poser ?

La morphologie traite des diverses catégories de mots (verbes, noms, adjectifs, pronoms, etc.) et des différentes formes de la flexion (conjugaison, déclinaison). Pour séparer cette étude de la syntaxe, on allègue que cette dernière, a pour objet les fonctions attachées aux unités linguistiques tandis que la morphologie n'envisage que leur forme ; elle se contente par exemple de dire que le génétif du grec *phúlax* « gardien » est *phúlakos*, et la syntaxe renseigne sur l'emploi de ces deux formes.

Mais cette distinction est illusoire : la série des formes du substantif *phúlax* ne devient paradigme de flexion que par la comparaison des fonctions attachées aux différentes formes; réciproquement, ces fonctions ne sont justiciables de la morphologie que si à chacune d'elles correspond un signe phonique déterminé. Une déclinaison n'est ni une liste de formes ni une série d'abstractions logiques, mais une combinaison de ces deux choses (voir p. 144) : formes et fonctions sont solidaires, et il est difficile, pour ne pas dire impossible, de les séparer. Linguistiquement, la morphologie n'a pas d'objet réel et autonome ; elle ne peut constituer une discipline distincte de la syntaxe.

D'autre part, est-il logique d'exclure la lexicologie de la grammaire ? A première vue les mots, tels qu'ils sont enregistrés dans le dictionnaire, ne semblent pas donner prise à l'étude grammaticale, qu'on limite généralement aux rapports existants entre les unités. Mais tout de suite on constate qu'une foule de ces rapports peuvent être exprimés aussi bien par des mots que par des moyens grammaticaux. Ainsi en latin *fīō* et *faciō* s'opposent de la même manière que *dīcor* et *dīcō*, formes grammaticales d'un même mot ; en russe la distinction du perfectif et de l'imperfectif est rendue grammaticalement dans *sprosít'* : *spráśivat'* « demander », et lexicologiquement dans *skazát'* : *govorít'* « dire ». On attribue généralement les prépositions à la grammaire ; pourtant la locution prépositionnelle *en considération de* est essentiellement lexicologique, puisque le mot *considération* y figure avec son sens propre. Si l'on compare grec *peíthō* : *peíthomai* avec franç. *je persuade* :

j'obéis, on voit que l'opposition est rendue grammaticalement dans le premier cas et lexicologiquement dans le second. Quantité de rapports exprimés dans certaines langues par des cas ou des prépositions sont rendus dans d'autres par des composés, déjà plus voisins des mots proprement dits (franç. *royaume des cieux* et all. *Himmerleich*), ou par des dérivés (franç. *moulin à vent* et polon. *wiatr-ak*) ou enfin par des mots simples (franç. *bois de chauffage* et russe *drová*, franc. *bois de construction* et russe *lês*). L'échange des mots simples et des locutions composées au sein d'une même langue (cf. *considérer* et *prendre en considération*, *se venger de* et *tirer vengeance de*) est également très fréquent.

On voit donc qu'au point de vue de la fonction, le fait lexicologique peut se confondre avec le fait syntaxique. D'autre part, tout mot qui n'est pas une unité simple et irréductible ne se distingue pas essentiellement d'un membre de phrase, d'un fait de syntaxe ; l'agencement des sous-unités qui le composent obéit aux mêmes principes fondamentaux que la formation des groupes de mots.

En résumé, les divisions traditionnelles de la grammaire peuvent avoir leur utilité pratique, mais ne correspondent pas à des distinctions naturelles et ne sont unies par aucun lien logique. La grammaire ne peut s'édifier que sur un principe différent et supérieur.

§ 2. DIVISIONS RATIONNELLES.* [267]

L'interpénétration de la morphologie, de la syntaxe et de la lexicologie s'explique par la nature au fond identique de tous les faits de synchronie. Il ne peut y avoir entre eux aucune limite tracée d'avance. Seule la distinction établie plus haut entre les rapports syntagmatiques et les rapports associatifs suggère un mode de classement qui s'impose de lui-même, le seul qu'on puisse mettre à la base du système grammatical.

Tout ce qui compose un état de langue doit pouvoir être ramené à une théorie des syntagmes et à une théorie des associations. Dès maintenant certaines parties de la grammaire traditionnelle semblent se grouper sans effort dans l'un ou l'autre de ces ordres : la flexion est évidemment une forme typique de l'association des formes dans l'esprit des sujets parlants ; d'autre part la syntaxe, c'est-à-dire, selon la définition la plus courante, la théorie des groupements de mots, rentre dans la syntagmatique, puisque ces groupements supposent toujours au moins deux unités distribuées dans l'espace. Tous les faits de syntagmatique ne se classent pas dans la syntaxe, mais tous les faits de syntaxe appartiennent à la syntagmatique.

N'importe quel point de grammaire montrerait l'importance qu'il y a à étudier chaque question à ce double point de vue. Ainsi la notion de mot pose deux problèmes distincts, selon qu'on la considère associativement ou syntagmatiquement ; l'adjectif *grãnd* offre dans le syntagme une dualité de forme (*grã garsõ* « *grand* garçon » et *grãt ãfã* « *grand* enfant »), et associativemert une autre dualité (masc. *grã* « grand », fém. *grãd* « grande »).

Il faudrait pouvoir ramener ainsi chaque fait à son ordre, syntagmatique ou associatif, et coordonner toute la matière de la grammaire sur ses deux axes naturels ; seule cette répartition montrerait ce qu'il faut changer aux cadres usuels de la linguistique synchronique. Cette tâche ne peut naturellement pas être entreprise ici, où l'on se borne à poser les principes les plus généraux.

CHAPITRE VIII

ROLE DES ENTITÉS ABSTRAITES EN GRAMMAIRE*[268]

Il y a un sujet important qui n'a pas encore été touché et qui montre justement la nécessité d'examiner toute question grammaticale sous les deux points de vue distingués plus haut. Il s'agit des entités abstraites en grammaire. Envisageons-les d'abord sous l'aspect associatif.

Associer deux formes, ce n'est pas seulement sentir qu'elles offrent quelque chose de commun, c'est aussi distinguer la nature des rapports qui régissent les associations. Ainsi les sujets ont conscience que la relation qui unit *enseigner* à *enseignement* ou *juger* à *jugement* n'est pas la même que celle qu'ils constatent entre *enseignement* et *jugement* (voir p. 173 sv.). C'est par là que le système des associations se rattache à celui de la grammaire. On peut dire que la somme des classements conscients et méthodiques faits par le grammairien qui étudie un état de langue sans faire intervenir l'histoire doit coïncider avec la somme des associations, conscientes ou non, mises en jeu dans la parole. Ce sont elles qui fixent dans notre esprit les familles de mots, les paradigmes de flexion, les éléments formatifs : radicaux, suffixes, désinences, etc. (voir p. 253 sv.).

Mais l'association ne dégage-t-elle que des éléments matériels ? Non, sans doute ; nous savons déjà qu'elle rapproche des mots reliés par le sens seulement (cf. *enseigne-*

ment, apprentissage, éducation, etc.) ; il doit en être de même en grammaire : soit les trois génitifs latins : *'domin-ī, rēg-is, ros-ārum* ; les sons des trois désinences n'offrent aucune analogie qui donne prise à l'association ; mais elles sont pourtant rattachées par le sentiment d'une valeur commune qui dicte un emploi identique ; cela suffit pour créer l'association en l'absence de tout support matériel, et c'est ainsi que la notion de génitif en soi prend place dans la langue. C'est par un procédé tout semblable que les désinences de flexion *-us -ī -ō,* etc. (dans *dominus, dominī, dominō,* etc.), sont reliées dans la conscience et dégagent les notions plus générales de cas et de désinence casuelle. Des associations du même ordre, mais plus larges encore, relient tous les substantifs, tous les adjectifs, etc., et fixent la notion des parties du discours.

Toutes ces choses existent dans la langue, mais à titre d'*entités abstraites ;* leur étude est difficile, parce qu'on ne peut savoir exactement si la conscience des sujets parlants va toujours aussi loin que les analyses du grammairien. Mais l'essentiel est que *les entités abstraites reposent toujours, en dernière analyse, sur les entités concrètes.* Aucune abstraction grammaticale n'est possible sans une série d'éléments matériels qui lui sert de substrat, et c'est toujours à ces éléments qu'il faut revenir en fin de compte.

Plaçons-nous maintenant au point de vue syntagmatique. La valeur d'un groupe est souvent liée à l'ordre de ses éléments. En analysant un syntagme, le sujet parlant ne se borne pas à en distinguer les parties ; il constate entre elles un certain ordre de succession. Le sens du français *désir-eux* ou du latin *signi-fer* dépend de la place respective des sous-unités : on ne saurait dire *eux-désir* ou *fer-signum.* Une valeur peut même n'avoir aucun rapport dans un élément concret (tel que *-eux* ou *-fer*) et résulter de la seule ordonnance des termes ; si par exemple en français les deux groupes *je dois* et *dois-je ?* ont des significations différentes cela ne tient qu'à l'ordre des mots. Une langue exprime quelquefois par la succession des termes une idée qu'une autre rendra par un ou plusieurs termes concrets ; l'anglais, dans le type syntagmatique *gooseberry wine* « vin de groseilles », *gold watch* « montre en or », etc., exprime par l'ordre pur et simple des termes des rapports que le français moderne marque par des prépositions ; à son tour, le français moderne rend la notion de complément direct uniquement par la position du substantif après le verbe transitif (cf. *je cueille une fleur*), tandis que le latin et d'autres langues le font par l'emploi de l'accusatif, caractérisé par des désinences spéciales, etc.

Mais si l'ordre des mots est incontestablement une entité abstraite, il n'en est pas moins vrai qu'elle ne doit son existence qu'aux unités concrètes qui la contiennent et qui courent sur une seule dimension. Ce serait une erreur de croire qu'il y a une syntaxe incorporelle en dehors de ces unités matérielles distribuées dans l'espace. En anglais *the man I have seen* (« l'homme que j'ai vu ») nous montre un fait de syntaxe qui semble représenté par zéro, tandis que le français le rend par *que*. Mais c'est justement la comparaison avec le fait de syntaxe français qui produit cette illusion que le néant peut exprimer quelque chose ; en réalité, les unités matérielles, alignées dans un certain ordre, créent seules cette valeur. En dehors d'une somme de termes concrets on ne saurait raisonner sur un cas de syntaxe. D'ailleurs, par le seul fait que l'on comprend un complexus linguistique (par exemple les mots anglais cités plus haut), cette suite de termes est l'expression adéquate de la pensée.

Une unité matérielle n'existe que par le sens, la fonction dont elle est revêtue ; ce principe est particulièrement important pour la connaissance des unités restreintes, parce qu'on est tenté de croire qu'elles existent en vertu de leur pure matérialité, que par exemple *aimer* ne doit son existence qu'aux sons qui le composent. Inversement — comme on vient de le voir — un sens, une fonction n'existent que par le support de quelque forme matérielle ; si ce principe a été formulé à propos des syntagmes plus étendus ou types syntaxiques, c'est qu'on est porté à y voir des abstractions immatérielles planant au-dessus des termes de la phrase. Ces deux principes, en se complétant, concordent avec nos affirmations relatives à la délimitation des unités (voir p. 145).

TROISIÈME PARTIE

LINGUISTIQUE DIACHRONIQUE

—————

CHAPITRE PREMIER

GÉNÉRALITÉS*

[269]

La linguistique diachronique étudie, non plus les rapports entre termes coexistants d'un état de langue, mais entre termes successifs qui se substituent les uns aux autres dans le temps.

En effet l'immobilité absolue n'existe pas (voir p. 110 sv.) ; toutes les parties de la langue sont soumises au changement ; à chaque période correspond une évolution plus ou moins considérable. Celle-ci peut varier de rapidité et d'intensité sans que le principe lui-même se trouve infirmé ; le fleuve de la langue coule sans interruption ; que son cours soit paisible ou torrentueux, c'est une considération secondaire.

Il est vrai que cette évolution ininterrompue nous est souvent voilée par l'attention accordée à la langue littéraire ; celle-ci, comme on le verra p. 267 sv., se superpose à la langue vulgaire, c'est-à-dire à la langue naturelle, et est soumise à d'autres conditions d'existence. Une fois formée, elle reste en général assez stable, et tend à demeurer identique à elle-même ; sa dépendance de l'écriture lui assure des garanties spéciales de conservation. Ce n'est

donc pas elle qui peut nous montrer à quel point sont variables les langues naturelles dégagées de toute réglementation
littéraire.

La phonétique, et la phonétique tout entière, est le
premier objet de la linguistique diachronique ; en effet
l'évolution des sons est incompatible avec la notion d'état ;
comparer des phonèmes ou des groupes de phonèmes avec ce
qu'ils ont été antérieurement, cela revient à établir une diachronie. L'époque antécédente peut être plus ou moins rapprochée ; mais quand l'une et l'autre se confondent, la phonétique cesse d'intervenir ; il n'y a plus que la description
des sons d'un état de langue, et c'est à la phonologie de le
faire.

Le caractère diachronique de la phonétique s'accorde fort
bien avec ce principe que rien de ce qui est phonétique n'est
significatif ou grammatical, dans le sens large du terme (voir
p.36). Pour faire l'histoire des sons d'un mot, on peut ignorer son sens, ne considérant que son enveloppe matérielle, y
découper des tranches phoniques sans se demander si elles
ont une signification ; on cherchera — par exemple ce que devient en grec attique un groupe -*ewo*-, qui ne signifie rien.
Si l'évolution de la langue se réduisait à celle des sons, l'opposition des objets propres aux deux parties de la linguistique
serait tout de suite lumineuse : on verrait clairement que diachronique équivaut à non-grammatical, comme synchronique
à grammatical.

Mais n'y-a-t-il que les sons qui se transforment avec le
temps ? Les mots changent de signification, les catégories
grammaticales évoluent ; on en voit qui disparaissent avec
les formes qui servaient à les exprimer (par exemple le
duel en latin). Et si tous les faits de synchronie associative
et syntagmatique ont leur histoire, comment maintenir la
distinction absolue entre la diachronie et la synchronie ?
Cela devient très difficile dès que l'on sort de la phonétique
pure.

Remarquons cependant que beaucoup de changements tenus pour grammaticaux se résolvent en des changements phonétiques. La création du type grammatical de l'allemand *Hand : Hände*, substitué à *hant : hanti* (voir p. 120), s'explique entièrement par un fait phonétique. C'est encore un fait phonétique qui est à la base du type de composés *Springbrunnen, Reitschule*, etc. ; en vieux haut allemand le premier élément n'était pas verbal, mais substantif ; *beta-hūs* voulait dire « maison de prière » ; cependant la voyelle finale étant tombée phonétiquement (*beta-→bet-*, etc.), il s'est établi un contact sémantique avec le verbe (*beten*, etc), et *Bethaus* a fini par signifier « maison pour prier ».

Quelque chose de tout semblable s'est produit dans les composés que l'ancien germanique formait avec le mot *līch* « apparence extérieure » (cf. *mannolīch* « qui a l'apparence d'un homme », *redolīch* « qui a l'apparence de la raison »). Aujourd'hui, dans un grand nombre d'adjectifs (cf. *verzeihlich, glaublich*, etc.), *-lich* est devenu un suffixe, comparable à celui de *pardonn-able, croy-able*, etc., et en même temps l'interprétation du premier élément a changé : on n'y aperçoit plus un substantif, mais une racine verbale ; c'est que dans un certain nombre de cas, par chute de la voyelle finale du premier élément (par exemple *redo-→red-*), celui-ci a été assimilé à une racine verbale (*red-* de *reden*).

Ainsi dans *glaublich, glaub-* est rapproché de *glauben* plutôt que de *Glaube*, et malgré la différence du radical, *sichtlich* est associé à *sehen* et non plus à *Sicht*.

Dans tous ces cas et bien d'autres semblables, la distinction des deux ordres reste claire ; il faut s'en souvenir pour ne pas affirmer à la légère qu'on fait de la grammaire historique quand, en réalité, on se meut successivement dans le domaine diachronique, en étudiant le changement phonétique, et dans le domaine synchronique, en examinant les conséquences qui en découlent.

Mais cette restriction ne lève pas toutes les difficultés. L'évolution d'un fait de grammaire quelconque, groupe associatif ou type syntagmatique, n'est pas comparable à celle d'un son. Elle n'est pas simple, elle se décompose en une foule de faits particuliers dont une partie seulement rentre dans la phonétique. Dans la genèse d'un type syntagmatique tel que le futur français *prendre ai*, devenu *prendrai*, on distingue au minimum deux faits, l'un psychologique : la synthèse des deux éléments du concept, l'autre phonétique et dépendant du premier : la réduction des deux accents du groupe à un seul (*préndre aí → prendraí*).

La flexion du verbe fort germanique (type all. moderne *geben*, *gab*, *gegeben*, etc., cf. grec *leípo*, *élipon*, *léloipa*, etc.), est fondée en grande partie sur le jeu de l'ablaut des voyelles radicales. Ces alternances (voir p. 215 sv.) dont le système était assez simple à l'origine, résultent sans doute d'un fait purement phonétique ; mais pour que ces oppositions prennent une telle importance fontionnelle, il a fallu que le système primitif de la flexion se simplifie par une série de procès divers : disparition des variétés multiples du présent et des nuances de sens qui s'y rattachaient, disparition de l'imparfait, du futur et de l'aoriste, élimination du redoublement du parfait, etc. Ces changements, qui n'ont rien d'essentiellement phonétique, ont réduit la flexion verbale à un groupe restreint de formes, où les alternances radicales ont acquis une valeur significative de premier ordre. On peut affirmer par exemple que l'opposition *e : a* est plus significative dans *geben : gab* que l'opposition *e : o* dans le grec *leípō : léloipa*, à cause de l'absence de redoublement dans le parfait allemand.

Si donc la phonétique intervient le plus souvent par un côté quelconque dans l'évolution, elle ne peut l'expliquer tout entière ; le facteur phonétique une fois éliminé, on trouve un résidu qui semble justifier l'idée « d'une histoire de la grammaire » ; c'est là qu'est la véritable difficulté ; la distinction —qui doit être maintenue — entre le diachronique et le synchronique demanderait des explications délicates, incompatibles avec le cadre de ce cours[1].

Dans ce qui suit, nous étudions successivement les changements phonétiques, l'alternance et les faits d'analogie, pour terminer par quelques mots sur l'étymologie populaire et l'agglutination.

1. A cette raison didactique et extérieure s'en ajoute peut-être une autre : F. de Saussure n'a jamais abordé dans ses leçons la linguistique de la parole (v. p. 36 sv.). On se souvient qu'un nouvel usage commence toujours par une série de faits individuels (voir p. 138). On pourrait admettre que l'auteur refusait à ceux-ci le caractère de faits grammaticaux, en ce sens qu'un acte isolé est forcément étranger à la langue et à son système lequel ne dépend que de l'ensemble des habitudes collectives. Tant que les faits appartiennent à la parole, ils ne sont que des manières spéciales et tout occasionnelles d'utiliser le système établi. Ce n'est qu'au moment où une innovation, souvent répétée, se grave dans la mémoire et entre dans le système, qu'elle a pour effet de déplacer l'équilibre des valeurs et que la langue se trouve *ipso facto* et spontanément changée. On pourrait appliquer à l'évolution grammaticale ce qui est dit pp. 36 et 121 de l'évolution phonétique : son devenir est extérieur au système, car celui-ci n'est jamais aperçu dans son évolution ; nous le trouvons autre de moment en moment. Cet essai d'explication est d'ailleurs une simple suggestion de notre part *(Éd.)*.

CHAPITRE II

LES CHANGEMENTS PHONÉTIQUES

§ 1. LEUR RÉGULARITÉ ABSOLUE.*

On a vu p. 132 que le changement phonique n'atteint pas les mots, mais les sons. C'est un phonème qui se transforme : événement isolé, comme tous les événements diachroniques, mais qui a pour conséquence d'altérer d'une façon identique tous les mots où figure le phonème en question ; c'est en ce sens que les changements phonétiques sont absolument réguliers.

En allemand tout $\bar{\imath}$ est devenu *ei*, puis *ai : wīn, trīben, līhen, zīt*, ont donné *Wein, treiben, leihen, Zeit ;* tout $\bar{u}$ est devenu *au : hūs, zūn, rūch→Haus, Zaun, Rauch ;* de même *ü* s'est changé en *eu : hūsir→Häuser*, etc. Au contraire la diphtongue *ie* a passé à $\bar{\imath}$, que l'on continue à écrire *ie :* cf. *biegen, lieb, Tier*. Parallèlement, tous les *uo* sont devenus $\bar{u}$: *muot→Mut*, etc. Tout *z* (voir p. 59) a donné *s* (écrit *ss*) : *wazer→Wasser, fliezen→fliessen*, etc. Tout *h* intérieur a disparu entre voyelles : *līhen, sehen→leien, seen* (écrits *leihen, sehen*). Tout *w* s'est transformé en *v* labiodental (écrit *w*) : *wazer→wasr (Wasser)*.

En français, tout *l* mouillé est devenu *y* (jod) : *piller, bouillir* se prononcent *piyẹ, buyir*, etc.

En latin, ce qui a été *s* intervocalique apparaît comme *r* à une autre époque : **genesis, *asēna→generis arēna,* etc.

N'importe quel changement phonétique, vu sous son vrai

jour, confirmerait la parfaite régularité de ces transformations.

§ 2. CONDITIONS DES CHANGEMENTS PHONÉTIQUES.

Les exemples précédents montrent déjà que les phénomènes
phonétiques, loin d'être toujours absolus, sont le plus souvent
liés à des conditions déterminées : autrement dit, ce n'est pas
l'espèce phonologique qui se transforme, mais le phonème tel
qu'il se présente dans certaines conditions d'entourage,
d'accentuation, etc. C'est ainsi que *s* n'est devenu *r* en latin
qu'entre voyelles et dans quelques autres positions, ailleurs
il subsiste (cf. *est, senex, equos*).

Les changements absolus sont extrêmement rares ; ils ne
paraissent souvent tels que par le caractère caché ou trop général de la condition ; ainsi en allemand *ī* devient *ei, ai*, mais
seulement en syllabe tonique ; le k_1 indo-européen devient *h*
en germanique (cf. indo-européen k_1*olsom*, latin *collum* all.
Hals) ; mais le changement ne se produit pas après *s* (cf. grec
skótos et got. *skadus* « ombre »).

D'ailleurs la division des changements en absolus et conditionnels repose sur une vue superficielle des choses ; il
est plus rationnel de parler, comme on le fait de plus en
plus, de phénomènes phonétiques *spontanés* et *combinatoires*.* Ils sont spontanés quand ils sont produits par une [271]
cause interne, et combinatoires quand ils résultent de la
présence d'un ou plusieurs autres phonèmes. Ainsi le passage de *o* indo-européen à *a* germanique (cf. got. *skadus*,
all. *Hals*, etc.) est un fait spontané. Les mutations consonantiques ou « *Lautverschiebungen* » du germanique sont le
type du changement spontané : ainsi le k_1 indo-européen
devient *h* en proto-germanique (cf. lat. *collum* et got. *hals*),
le protogermanique *t*, conservé en anglais, devient *z* (prononcé *ts*) en haut allemand (cf. got. *taihun*, angl. *ten*, all.
zehn). Au contraire, le passage de lat. *ct, pt* à italien *tt* (cf.

factum→ *fatto, captivum cattivo*)→ est un fait combinatoire, puisque le premier élément a été assimilé au second. L'umlaut allemand est dû aussi à une cause externe, la présence de *i* dans la syllabe suivante : tandis que *gast* ne change pas, *gasti* donne *gesti, Gäste.*

Notons que dans l'un et l'autre cas le résultat n'est nullement en cause et qu'il n'importe pas qu'il y ait ou non changement. Si par exemple on compare got. *fisks* avec lat. *piscis* et got. *skadus* avec grec *skótos*, on constate dans le premier cas persistance de l'*i*, dans l'autre, passage de *o* à *a* ; de ces deux sons, le premier est resté tel quel, le second a changé ; mais l'essentiel est qu'ils ont agi par eux-mêmes.

Si un fait phonétique est combinatoire, il est toujours conditionnel ; mais s'il est spontané, il n'est pas nécessairement absolu, car il peut être conditionné négativement par l'absence de certains facteurs de changement. Ainsi le k_2 indo-européen devient spontanément *qu* en latin (cf. *quattuor, inquilina*, etc.), mais il ne faut pas qu'il soit suivi, par exemple, de *o* ou de *u* (cf. *cottidie, colō, secundus*, etc.). De même, la persistance de *i* indo-européen dans got. *fisks*, etc. est liée à une condition : il ne faut pas qu'il soit suivi de *r* ou *h*, auquel cas il devient *e*, noté *ai* (cf. *wair* = lat. *vir* et *maihstus* = all. *Mist*).

§ 3. Points de méthode.

Les formules qui expriment les phénomènes doivent tenir compte des distinctions précédentes, sous peine de les présenter sous un jour faux.

Voici quelques exemples de ces inexactitudes.

D'après l'ancienne formulation de la loi de Verner, « en germanique tout *þ* non initial a été changé en *ð* si l'accent le suivait » : cf. d'une part *faþer→*faðer (all. *Vater*), *liþumé→*liðumé all. *litten*), d'autre part, *þris (all. *drei*), *brōþer (all. *Bruder*), *liþo all. *leide*), où *þ* subsiste).

Cette formule attribue le rôle actif à l'accent et introduit une clause restrictive pour *þ* initial. En réalité, le phénomène est tout différent : en germanique, comme en latin, *þ* tendait à se sonoriser spontanément à l'intérieur du mot ; seul l'accent placé sur la voyelle précédente a pu l'en empêcher. Ainsi tout est renversé : le fait est spontané, non combinatoire, et l'accent est un obstacle au lieu d'être la cause provoquante Il faut dire : « Tout *þ* intérieur est devenu *đ*, a moins que l'accent placé sur la voyelle précédente ne s'y soit opposé.

Pour bien distinguer ce qui est spontané et ce qui est combinatoire, il faut analyser les phases de la transformation et ne pas prendre le résultat médiat pour le résultat immédiat. Ainsi pour expliquer la rotacisation (cf. latin *genesis→generis), il est inexact de dire que *s* est devenu *r* entre deux voyelles, car *s*, n'ayant pas de son laryngé, ne peut jamais donner *r* du premier coup. En réalité il y a deux actes : *s* devient *z* par changement combinatoire ; mais *z*, n'ayant pas été maintenu dans le système phonique du latin, a été remplacé par le son très voisin *r*, et ce changement est spontané. Ainsi par une grave erreur on confondait en un seul phénomène deux faits disparates ; la faute consiste d'une part à prendre le résultat médiat pour l'immédiat (*s* → *r* au lieu de *z* → *r*) et d'autre part, à poser le phénomène total comme combinatoire, alors qu'il ne l'est pas dans sa première partie. C'est comme si l'on [272] disait qu'en français *e* est devenu *a* devant nasale. En réalité il y a eu successivement changement combinatoire, nasalisation de *e* par *n* (cf. lat. *ventum* → franç. *vênt*, lat. *fémina* → franç. *femə fēmə*) puis changement spontané de *ē* en *ā* (cf. *vānt*, *fāmə*, actuellement *vā*, *fam*). En vain objecterait-on que cela n'a pu se passer que devant consonne nasale : il ne s'agit pas de savoir pourquoi *e* s'est nasalisé, mais seulement si la transformation de *ē* en *ā* est spontanée ou combinatoire.

La plus grave erreur de méthode que nous rappelons ici bien qu'elle ne se rattache pas aux principes exposés plus haut, consiste à formuler une loi phonétique au présent, comme si les faits qu'elle embrasse existaient une fois pour toutes, au lieu qu'ils naissent et meurent dans une portion du temps. C'est le chaos, car ainsi on supprime toute succession chronologique des événements. Nous avons déjà insisté sur ce point p. 137 sv., en analysant les phénomènes successifs qui expliquent la dualité *trikhes : thriksí*. Quand on dit : « *s* devient *r* en latin », on fait croire que la rotacisation est inhérente à la nature de la langue, et l'on reste embarrassé devant des exceptions telles que *causa, rīsus*, etc. Seule la formule : « *s* intervocalique est devenu *r* en latin à une certaine époque » autorise à penser qu'au moment où *s* passait à *r, causa, rīsus*, etc., n'avaient pas de *s* intervocalique et étaient à l'abri du changement ; en effet on disait encore *caussa, rīssus*. C'est pour une raison analogue qu'il faut dire : « *ā* est devenu *ē* en dialecte ionien (cf. *mā́tēr* → *mḗtēr*, etc.), car sans cela on ne saurait que faire de formes telles que *pâsa, phâsi*, etc. (qui étaient encore *pansa, phansi*, etc.. à l'époque du changement).

§ 3. Causes des changements phonétiques.

La recherche de ces causes est un des problèmes les plus difficiles de la linguistique. On a proposé plusieurs explications, dont aucune n'apporte une lumière complète.

I. On a dit que la race aurait des prédispositions traçant d'avance la direction des changements phonétiques. Il y a là une question d'anthropologie comparée : mais l'appareil phonatoire varie-t-t-il d'une race à l'autre? Non, guère plus que d'un individu à un autre ; un nègre transplanté dès sa naissance en France parle le français aussi bien que les indigènes. De plus, quand on se sert d'expressions telles que « l'organe italien » ou « la bouche des Germains n'admet pas cela », on risque de transformer en caractère permanent un fait purement historique ; c'est une erreur comparable à celle qui formule un phénomène phonétique au présent ; prétendre que l'organe ionien est contraire à l'*ā* long et le change en *ē*, est tout aussi faux que de dire : *ā* « devient » *ē* en ionien.

L'organe ionien n'avait aucune répugnance à prononcer l'*ā*, puisqu'il l'admet en certains cas. Il ne s'agit donc pas d'une incapacité anthropologique, mais d'un changement dans les habitudes articulatoires. De même le latin, qui n'avait pas conservé l'*s* intervocalique (**genesis→generis*) l'a réintroduit un peu plus tard (cf. **rīssus→rīsus*) ; ces changements n'indiquent pas une disposition permanente de l'organe latin.

Il y a sans doute une direction générale des phénomènes phonétiques à une époque donnée chez un peuple déterminé ; les monophtongaisons des diphtongues en français moderne sont les manifestations d'une seule et même tendance ; mais on trouverait des courants généraux analogues dans l'histoire politique, sans que leur caractère purement historique soit mis en doute et sans qu'on y voie une influence directe de la race.

II. On a souvent considéré les changements phonétiques comme une adaptation aux conditions du sol et du climat. Certaines langues du Nord accumulent les consonnes, certaines langues du Midi font un plus large emploi des voyelles, d'où leur son harmonieux. Le climat et les conditions de la vie peuvent bien influer sur la langue, mais le problème se complique dès qu'on entre dans le détail : ainsi à côté des idiomes scandinaves, si chargés de consonnes, ceux des Lapons et des Finnois sont plus vocaliques que l'italien lui-même. On notera encore que l'accumulation des consonnes dans l'allemand actuel est, dans bien des cas, un fait tout récent, dû à des chutes de voyelles posttoniques ; que certains dialectes du Midi de la

France répugnent moins que le français du Nord aux groupes consonantiques, que le serbe en présente autant que le russe moscovite, etc.

III. On a fait intervenir la loi du moindre effort, qui remplacerait deux articulations par une seule, ou une articulation difficile par une autre plus commode. Cette idée, quoi qu'on dise, mérite l'examen : elle peut élucider la cause du phénomène dans une certaine mesure, ou indiquer tout au moins la direction où il faut la chercher.

La loi du moindre effort semble expliquer un certain nombre de cas : ainsi le passage de l'occlusive à la spirante (*habēre* ➔ *avoir*), la chute de masses énormes de syllabes finales dans beaucoup de langues, les phénomènes d'assimilation (par exemple *ly* ➔ *ll*, **alyos* ➔ gr. *állos*, *tn* ➔ *nn*, **atnos* ➔ lat. *annus*), la monophtongaison des diphtongues, qui n'est qu'une variété de l'assimilation (par exemple *ai* — *ę*, franç. *maizōn* ➔ *męzō* « maison »), etc.

Seulement on pourrait mentionner autant de cas où il se passe exactement le contraire. A la monophtongaison on peut opposer par exemple le changement de *ī ū ü* allemand en *ei au eu*. Si l'on prétend que l'abrègement slave de *ā*, *ē* en *ă*, *ĕ* est dû au moindre effort, alors il faut penser que le phénomène inverse présenté par l'allemand (*făter* ➔ *Vāter*, *gĕben* ➔ *gēben*) est dû au plus grand effort. Si l'on tient la sonore pour plus facile à prononcer que la sourde (cf. *opera* ➔ prov. *obra*), l'inverse doit nécessiter un effort plus grand, et pourtant l'espagnol a passé de *ž* à *χ* (cf. *hiχo* « le fils » écrit *hijo*), et le germanique a changé *b d g* en *p t k*. Si la perte de l'aspiration (cf. indo-européen. **bherō* ➔ germ. *beran*) est considérée comme une diminution de l'effort, que dire de l'allemand, qui la met là où elle n'existait pas (*Tanne*, *Pute*, etc. prononcés *Thanne*, *Phute*) ?

Ces remarques ne prétendent pas réfuter la solution proposée. En fait on ne peut guère déterminer pour chaque langue ce qui est plus facile ou plus difficile à prononcer.

S'il est vrai que l'abrègement correspond à un moindre effort dans le sens de la durée, il est tout aussi vrai que les prononciations négligées tombent dans la longue et que la brève demande plus de surveillance. Ainsi, en supposant des prédispositions différentes on peut présenter deux faits opposés sous une même couleur. De même, là où *k* est devenu *tš* (cf. lat. *cēdere* → ital. *cedere*), il semble, à ne considérer que les termes extrêmes du changement, qu'il y ait augmentation d'effort ; mais l'impression serait peut-être autre si l'on rétablissait le chaîne : *k* devient *k'* palatal par assimilation à la voyelle suivante : puis *k'* passe à *ky* ; la prononciation n'en devient pas plus difficile : deux éléments enchevêtrés dans *k'* ont été nettement différenciés : puis de *ky*, on passe successivement à *ty*, *tχ'*, *tš*, partout avec effort moins grand.

Il y aurait là une vaste étude à faire, qui, pour être complète, devrait considérer à la fois le point de vue physiologique (question de l'articulation) et le point de vue psychologique (question de l'attention).

IV. Une explication en faveur depuis quelques années attribue les changements de prononciation à notre éducation phonétique dans l'enfance. C'est après beaucoup de tâtonnements, d'essais et de rectifications que l'enfant arrive à prononcer ce qu'il entend autour de lui ; là serait le germe des changements ; certaines inexactitudes non corrigées l'emporteraient chez l'individu et se fixeraient dans la génération qui grandit. Nos enfants prononcent souvent *t* pour *k*, sans que nos langues présentent dans leur histoire de changement phonétique correspondant ; mais il n'en est pas de même pour d'autres déformations ; ainsi à Paris beaucoup d'enfants prononcent *fl'eur*, *bl'anc* avec *l* mouillé ; or en italien c'est par un procès analogue que *florem* a passé à *fl'ore* puis à *fiore*.

Ces constatations méritent toute attention, mais laissent le problème intact ; en effet on ne voit pas pourquoi une génération convient de retenir telles inexactitudes à l'exclusion de telles autres, toutes étant également naturelles ; en fait le choix des prononciations vicieuses apparaît purement arbitraire, et l'on n'en aperçoit pas la raison. En outre, pourquoi le phénomène a-t-il réussi à percer cette fois-ci plutôt qu'une autre ?

Cette observation s'applique d'ailleurs à toutes les causes précédentes, si leur action est admise ; l'influence du climat, la prédisposition de la race, la tendance au moindre effort existent d'une façon permanente ou durable ; pourquoi agissent-elles d'une manière intermittente, tantôt sur un point et tantôt sur un autre du système phonologique ? Un événement historique doit avoir une cause déterminante ; on ne nous dit pas ce qui vient, dans chaque cas, déclancher un changement dont la cause générale existait depuis longtemps. C'est là le point le plus difficile à éclaircir.

V. On cherche quelquefois une de ces causes déterminantes dans l'état général de la nation à un moment donné. Les langues traversent des époques plus mouvementées que d'autres : on prétend les rattacher aux périodes agitées de l'histoire extérieure et découvrir ainsi un lien entre l'instabilité politique et l'instabilité linguistique ; cela fait, on croit pouvoir appliquer aux changements phonétiques les conclusions concernant la langue en général. On observe par exemple que les plus graves bouleversements du latin dans son passage aux langues romanes coïncident avec l'époque très troublée des invasions. Pour ne pas s'égarer, il faut tenir la main à deux distinctions :

a) La stabilité politique n'influe pas sur la langue de la même façon que l'instabilité ; il n'y a là aucune réciprocité. Quand l'équilibre politique ralentit l'évolution de la langue, il s'agit d'une cause positive quoique extérieure, tandis que l'instabilité, dont l'effet est inverse, ne peut agir que négativement. L'immobilité, la fixation relative d'un idiome peut provenir de faits extérieurs à la langue (influence

d'une cour, de l'école, d'une académie, de l'écriture, etc.),
qui à leur tour se trouvent favorisés positivement par
l'équilibre social et politique. Au contraire, si quelque
bouleversement extérieur survenu dans l'état de la nation
précipite l'évolution linguistique, c'est que la langue
revient simplement à l'état de liberté où elle suit son cours
régulier.*L'immobilité du latin à l'époque classique est due [273]
à des faits extérieurs et ne peut se comparer avec les chan-
gaments qu'il a subis plus tard, puisqu'ils se sont produits
d'eux-mêmes, par l'absence de certaines conditions extérieures.

b) Il n'est question ici que des phénomènes phonétiques
et non de toute espèce de modifications de la langue. On com-
prendrait que les changements grammaticaux relèvent de
cet ordre de causes ; les faits de grammaire tiennent toujours
à la pensée par quelque côté et subissent plus facilement le
contre-coup des bouleversements extérieurs, ceux-ci ayant
une répercussion plus immédiate sur l'esprit. Mais rien n'autorise à admettre qu'aux époques agitées de l'histoire d'une
nation correspondent des évolutions précipitées des sons d'un
idiome.

Du reste on ne peut citer aucune époque, même parmi celles
où la langues est dans une immobilité factice, qui n'ait connu
aucun changement phonétique.

VI. On a recouru aussi à l'hypothèse du « substrat linguistique antérieur » : certains changements seraient dus à
une population indigène absorbée par des nouveaux venus.
Ainsi la différence entre la langue d'oc et la langue d'oïl
correspondrait à une proportion différente de l'élément
celtique autochtone dans deux parties de la Gaule ; on a
appliqué aussi cette théorie aux diversités dialectales de
l'italien, que l'on ramène, suivant les régions, à des
influences liguriennes, étrusques, etc. Mais d'abord cette
hypothèse suppose des circonstances qui se rencontrent
rarement ; en outre, il faut préciser : veut-on dire qu'en

adoptant la langue nouvelle, les populations antérieures y ont introduit quelque chose de leurs habitudes phoniques ? Cela est admissible et assez naturel ; mais si l'on fait appel de nouveau aux facteurs impondérables de la race, etc., nous retombons dans les obscurités signalées plus haut.

VII. Une dernière explication — qui ne mérite guère ce nom — assimile les changements phonétiques aux changements de la mode. Mais ces derniers, personne ne les a expliqués : on sait seulement qu'ils dépendent des lois d'imitation, qui préocupent beaucoup les psychologues. Toutefois, si cette explication ne résout pas le problème, elle a l'avantage de le faire rentrer dans une autre plus vaste : le principe des changements phonétiques serait purement psychologique. Seulement, où est le point de départ de l'imitation, voilà le mystère, aussi bien pour les changements phonétiques que pour ceux de la mode.

§ 5. L'ACTION DES CHANGEMENTS PHONÉTIQUES EST ILLIMITÉE.

Si l'on cherche à évaluer l'effet de ces changements, on voit très vite qu'il est illimité et incalculable, c'est-à-dire qu'on ne peut pas prévoir où ils s'arrêteront. Il est puéril de croire que le mot ne peut se transformer que jusqu'à un certain point comme s'il y avait quelque chose en lui qui pût le préserver. Ce caractère des modifications phonétiques tient à la qualité arbitraire du signe linguistique, qui n'a aucun lien avec la [274]   signification.*

On peut bien constater à un moment donné que les sons d'un mot ont eu à souffrir et dans quelle mesure, mais on ne saurait dire d'avance jusqu'à quel point il est devenu ou deviendra méconnaissable.

Le germanique a fait passer l'indo-européen *aiwom (cf. lat. aevom) à *aiwan, *aiwa, *aiw, comme tous les mots présentant la même finale ; ensuite *aiw est devenu en ancien allemand ew, comme tous les mots renfermant le groupe *aiw* ; puis, comme tout *w* final se change en *o*, on a eu *ēo*; à son tour *ēo* a passé à *eo*, *io*, d'après d'autres règles tout aussi générales ; *io* a donné ensuite *ie*, *je*, pour aboutir en allemand moderne à *jē* (cf. « das schönste, was ich *je* gesehen habe »).

A ne considérer que le point de départ et le point d'arrivée, le mot actuel ne renferme plus un seul des éléments primitifs ; cependant chaque étape, prise isolément, est absolument certaine et régulière ; en outre chacune d'elles est limitée dans son effet, mais l'ensemble donne l'impression d'une somme illimitée de modifications. On ferait les mêmes constatations sur le latin *calidum*, en le comparant d'abord sans transition avec ce qu'il est devenu en français moderne (*šọ*, écrit « chaud »), puis en rétablissant les étapes : *calidum*, *calidu*, *caldu*, *cald*, *calt*, *tšalt*, *tšaut*, *šaut* *šọt*, *šọ*. Comparez encore lat. vulg. *waidanju* ⟶ *gẽ* (écrit, «gain »), *minus* — *mwẽ* (écrit « moins »), *hoc illī* ⟶ *wi* (écrit « oui »).

Le phénomène phonétique est encore illimité et incalculable en ce sens qu'il atteint n'importe quelle espèce de signe, sans faire de distinction entre un adjectif, un substantif, etc., entre un radical, un suffixe, une désinence, etc. Il doit en être ainsi *a priori*, car si la grammaire intervenait, le phénomène phonétique se confondrait avec le fait synchronique, chose radicalement impossible. C'est là ce qu'on peut appeler le caractère aveugle des évolutions de sons.*

[275]

Ainsi en grec *s* est tombé après *n* non seulement dans *khānses* « oies », *mēnses* « mois » (d'où *khênes*, *mênes*), où il n'avait pas de valeur grammaticale, mais aussi dans les formes verbales du type *etensa*, *ephansa*, etc. (d'où *éteina*, *éphēna*, etc.), où il servait à caractériser l'aoriste. En moyen haut allemand les voyelles posttoniques *ĭ ĕ ă ŏ* ont pris le timbre uniforme *e* (*gibil* ⟶ *Giebel*, *meistar* ⟶ *Meister*), bien que la différence de timbre caractérisât nombre de désinences ; c'est ainsi que l'acc. sing. *boton* et le gén. et dat. sing. *boten* se sont confondus en *boten*.

Si donc les phénomènes phonétiques ne sont arrêtés par aucune limite, ils doivent apporter une perturbation profonde dans l'organisme grammatical. C'est sous cet aspect que nous allons les considérer maintenant.

CHAPITRE III

CONSÉQUENCES GRAMMATICALES
DE L'ÉVOLUTION PHONÉTIQUE

§ 1. RUPTURE DU LIEN GRAMMATICAL.*

[276]

Une première conséquence du phénomène phonétique est de rompre le lien grammatical qui unit deux ou plusieurs termes. Ainsi il arrive qu'un mot n'est plus senti comme dérivé de l'autre. Exemples :

$$mansiō — *mansiōnāticus$$
$$maison \parallel ménage$$

La conscience linguistique voyait autrefois dans *mansiōnāticus le dérivé de *mansiō*, puis les vicissitudes phonétiques les ont séparés. De même :

$$(vervēx — vervēcārius)$$
$$lat.\ pop.\ berbīx — berbīcārius$$
$$brebis \parallel berger$$

Cette séparation a naturellement son contre-coup sur la valeur : c'est ainsi que dans certains parlers locaux *berger* arrive à signifier spécialement « gardien de bœufs ».

De même encore :

Grātiānopolis — grātiānopolitānus   decem — undecim
Grenoble ‖ Grésivaudan   dix ‖ onze.

Un cas analogue est celui de got. *bītan* « mordre » —

bitum « nous avons mordu » — *bitr* « mordant, amer » ; par suite du changement *t* → *ts (z)*, d'une part, et de la conservation du groupe *tr* d'autre part, le germanique occidental en a fait : *bīʒan, biʒum* ‖ *bitr.**

[277]

L'évolution phonétique rompt encore le rapport normal qui existait entre deux formes fléchies d'un même mot. Ainsi *comes* — *comiten* devient en vieux français *cuens* ‖ *comte*, *barō* — *barōnem* → *ber* ‖ *baron, presbiter* — *presbiterum* → *prestre* ‖ *provoire*.

Ailleurs, c'est une désinence qui se scinde en deux. L'indo-européen caractérisait tous les accusatifs singuliers par une même finale *-m*[1] (**ek̤wom, *owim, *podm, *māterm*, etc.). En latin, pas de changement radical à cet égard ; mais en grec le traitement très différent de la nasale sonante et consonante a créé deux séries distinctes de formes : *híppon, ó(w)in* : *póda, mátera*. L'accusatif pluriel présente un fait tout semblable (cf. *híppous* et *pódas*).

§ 2. Effacement de la composition des mots.

Un autre effet grammatical du changement phonétique consiste en ce que les parties distinctes d'un mot, qui contribuaient à en fixer la valeur, cessent d'être analysables : le mot devient un tout indivisible. Exemples : franç. *ennemi* (cf. lat. *in-imīcus* — *amīcus*), en latin *perdere* (cf. plus ancien *per-dare* — *dare*), *amiciō* pour **ambjaciō* — *jaciō*), en allemand *Drittel* (pour *drit-teil* — *teil*).

On voit d'ailleurs que ce cas se ramène à celui du paragraphe précédent : si par exemple e*nnemi* est inanalysable, cela revient à dire qu'on ne peut plus le rapprocher, comme *in-imīcus* du simple *amīcus* ; la formule

amīcus — *inimīcus*

ami ‖ *ennemi*

---

1. Ou *-n ?* Cf. p. 130, note.

est toute semblable à

$$mansi\bar{o} — mansi\bar{o}n\bar{a}ticus$$
$$maison \parallel m\acute{e}nage.$$

Cf. encore : *decem — undecim : dix* ‖ *onze*.

Les formes simples *hunc, hanc, hāc*, etc., du latin classique remontant à *hon-ce, han-ce, hā-ce*, comme le montrent des formes épigraphiques, sont le résultat de l'agglutination d'un pronom avec la particule *-ce* ; on pouvait autrefois rapprocher *hon-ce*, etc., de *ec-ce* ; mais plus tard *-e* étant tombé phonétiquement, cela n'a plus été possible ; ce qui revient à dire qu'on ne distingue plus les éléments de *hunc hanc, hāc*, etc.

L'evolution phonétique commence par troubler l'analyse avant de la rendre tout à fait impossible. La flexion nominale indo-européenne offre un exemple de ce cas.

L'indo-européen déclinait nom. sing. *pod-s*, acc. *pod-m*, dat. *pod-ai*, loc. *pod-i*, nom. pl. *pod-es*, acc. *pod-ns*, etc. ; la flexion de *ek_1wos*, fut d'abord exactement parallèle : *ek_1wo-s, *ek_1wo-m, *ek_1wo-ai, *ek_1wo-i, *ek_1wo-es, *ek_1wo-ns*, etc. A cette époque on dégageait aussi facilement *$ek_1w\acute{o}$- que *pod-*. Mais plus tard les contractions vocaliques modifient cet état : dat. *$ek_1w\bar{o}i$*, loc. *ek_1woi*, nom. pl. *$ek_1w\bar{o}s$*. Dès ce moment la netteté du radical *ek_1wo-* est compromise et l'analyse est amenée à prendre le change. Plus tard encore de nouveaux changements, tels que la différenciation des accusatifs (voir p. 212), effacent les dernières traces de l'état primitif. Les contemporains de Xénophon avaient probablement l'impression que le radical était *hipp-* et que les désinences étaient vocaliques (*hipp-os*, etc.), d'où séparation absolue des types *ek_1wo-s* et *pod-s*. Dans le domaine de la flexion, comme ailleurs, tout ce qui trouble l'analyse contribue à relâcher les liens grammaticaux.

§ 3. Il n'y a pas de doublets phonétiques.

Dans les deux cas envisagés aux paragraphes 1 et 2, l'évolution sépare radicalement deux termes unis grammaticalement à l'origine. Ce phénomène pourrait donner lieu à une grave erreur d'interprétation.

Quand on constate l'identité relative de bas lat. *barō : barōnem* et la disparité de v. franç. *ber : baron*, n'est-on pas tenté de dire qu'une seule et même unité primitive (*bar-*) s'est développée dans deux directions divergentes et a produit deux formes ? Non, car un même élément ne peut pas être soumis simultanément et dans un même lieu à deux transformations différentes ; ce serait contraire à la définition même du changement phonétique. Par elle-même, l'évolution des sons n'a pas la vertu de créer deux formes au lieu d'une.

Voici les objections qu'on peut faire à notre thèse ; nous supposerons qu'elles sont introduites par des exemples :

Collocāre, dira-t-on, a donné *coucher* et *colloquer*. Non, seulement *coucher* ; *colloquer* n'est qu'un emprunt savant du mot latin (cf. *rançon et rédemption*, etc.).

Mais *cathedra* n'a-t-il pas donné *chaire* et *chaise*, deux mots authentiquement français ? En réalité, *chaise* est une forme dialectale. Le parler parisien changeait *r* intervocalique en *z* ; il disait par exemple : *pèse, mèse* pour *père, mère* ; le français littéraire n'a retenu que deux spécimens de cette prononciation locale : *chaise* et *bésicles* (doublet de *béricles* venant de *béryl*). Le cas est exactement comparable à celui du picard *rescapé*, qui vient de passer en français commun et qui se trouve ainsi contraster après coup avec *réchappé*. Si l'on a côte à côte *cavalier* et *chevalier*, *cavalcade* et *chevauchée*, c'est que *cavalier* et *cavalcade* ont été empruntés à l'italien. C'est au fond le même cas que *calidum*, donnant en français *chaud* et en italien *caldo*. Dans tous ces exemples il s'agit d'emprunts.

Si maintenant on prétend que le pronom latin *mē* est représenté en français par deux formes : *me* et *moi* (cf. «il *me* voit et « c'est *moi* qu'il voit »), on répondra : C'est lat. *mē* atone qui est devenu *me* ; *mē* accentué a donné *moi* ; or la présence ou l'absence de l'accent dépend, non des lois phonétiques qui ont fait passer *mē* à *me* et *moi*, mais du rôle de ce mot dans la phrase ; c'est une dualité grammaticale. De même en allemand, **ur-* est resté *ur-* sous l'accent et est devenu *er-* en protonique (cf. *úrlaub : erlaúben*) ; mais ce jeu d'accent lui-même est lié aux types de composition où entrait *ur-*, et par conséquent à une condition grammaticale et synchronique. Enfin, pour revenir à notre exemple du début, les différences de formes et d'accent que présente le couple *bárō : barónem* sont évidemment antérieures au changement phonétique.

En fait on ne constate nulle part de doublets phonétiques. L'évolution des sons ne fait qu'accentuer des différences existant avant elle. Partout où ces différences ne sont pas dues à des causes extérieures comme c'est le cas pour les emprunts, elles supposent des dualités grammaticales et synchroniques absolument étrangères au phénomène phonétique.

§ 4. L'ALTERNANCE.

Dans deux mots tels que *màison : ménage*, on est peu tenté de chercher ce qui fait la différence des termes, soit parce que les éléments différentiels (*-ezō* et *-en-*) se prêtent mal à la comparaison, soit parce qu'aucun autre couple ne présente une opposition parallèle. Mais il arrive souvent que les deux termes voisins ne diffèrent que par un ou deux éléments faciles à dégager, et que cette même différence se répète régulièrement dans une série de couples parallèles ; il s'agit alors du plus vaste et du plus ordinaire des faits grammaticaux où les changements phonétiques jouent un rôle : on l'appelle *alternance*.

En français tout *ŏ* latin placé en syllabe ouverte est devenu *eu* sous l'accent et *ou* en protonique ; de là des couples tels que *pouvons : peuvent, œuvre : ouvrier, nouveau : neuf*, etc., dans lesquels on dégage sans effort un élément de différence et de variation régulière. En latin la rotacisation fait alterner *gerō* avec *gestus, oneris* avec *onus, maeror* avec *maestus*, etc. En germanique *s* étant traité différemment suivant la place de l'accent on a en moyen haut allemand *ferliesen : ferloren, kiesen : gekoren, friesen : gefroren*, etc. La chute de *e* indo-européen se reflète en allemand moderne dans les oppositions *beissen : biss, leiden : litt, reiten : ritt*, etc.

Dans tous ces exemples, c'est l'élément radical qui est atteint ; mais il va sans dire que toutes les parties du mot peuvent présenter des oppositions semblables. Rien de plus commun, par exemple, qu'un préfixe qui apparaît sous des formes diverses selon la nature de l'initiale du radical (cf. grec *apo-dídōmi : ap-érchomai*, franç. *inconnu : inutile*). L'alternance indo-européenne *e : o*, qui doit bien, en fin de compte, remonter à une cause phonétique, se trouve dans un grand nombre d'éléments suffixaux (grec *híppos : híppe, phér-o-men : phér-e-te, gén-os : gén-e-os* pour **gén-es-os*, etc.). Le vieux français a un traitement spécial pour *a* latin accentué après palatales ; d'où une alternance *e : ie* dans nombre de désinences (cf. *chant-er : jug-ier, chant-é : jug-ié, chan-tez : jug-iez*, etc.).

L'alternance peut donc être définie : *une correspondance entre deux sons ou groupes de sons déterminés, permutant régulièrement entre deux séries de formes coexistantes.*

De même que le phénomène phonétique n'explique pas à lui seul les doublets, il est aisé de voir qu'il n'est ni la cause unique ni la cause principale de l'alternance. Quand on dit que le latin *nov-* est devenu par changement phonétique *neuv-* et *nouv-* (*neuve* et *nouveau*), on forge une unité imaginaire et l'on méconnaît une dualité synchronique préexistante ; la position différente de *nov-* dans *nov-us* et dans *nov-ellus* est à la fois antérieure au changement phonétique et éminemment grammaticale (cf. *barō : barōnem*). C'est cette dualité qui est à l'origine de toute alternance et qui la rend possible. Le phénomène phonétique n'a pas brisé une unité, il n'a fait que rendre plus sensible par l'écart des sons une opposition de termes coexistants. C'est une erreur, partagée par beaucoup de linguistes, de croire que l'alternance est d'ordre phonétique, simplement parce que les sons en forment la matière et que leurs altérations interviennent dans sa genèse. En fait, qu'on la prenne à son point de départ ou son point d'arrivée, elle appartient toujours à la grammaire et à la synchronie.

§ 5. LES LOIS D'ALTERNANCE.

Les alternances sont-elles réductibles à des lois, et de quelle nature sont ces lois ?

Soit l'alternance *e : i*, si fréquente en allemand moderne : en prenant tous les cas en bloc et pêle-mêle (*geben : gibt, Feld : Gefilde, Wetter : wittern, helfen : Hilfe, sehen : Sicht*, etc.), on ne peut formuler aucun principe général. Mais si de cette masse on extrait le couple *geben : gibt* pour l'opposer à *schelten : schilt, helfen : hilft, nehmen : nimmt*, etc., on s'aperçoit que cette alternance coïncide avec une, distinction de temps, de personne, etc. ; dans *lang : Länge stark : Stärke, hart : Härte*, etc., l'opposition toute semblable *a : e* est liée à la formation de substantifs au moyen d'adjectifs, dans *Hand : Hände, Gast : Gäste*, etc., à la formation du pluriel, et ainsi de tous les cas, si fréquents, que les germanistes comprennent sous le nom d'ablaut (voyez encore *finden : fand*, ou *finden : Fund, binden : band* ou *binden : Bund, schiessen : schoss : Schuss, fliessen : floss : Fluss*, etc.). L'ablaut, ou variation vocalique radicale coïncidant avec une opposition grammaticale, est un exemple capital de l'alternance ; mais elle ne se distingue du phénomène général par aucun caractère particulier.

On voit que l'alternance est d'ordinaire distribuée entre plusieurs termes de façon régulière, et qu'elle coïncide avec une opposition importante de fonction, de catégorie, de détermination. On peut parler de lois grammaticales d'alternances ; mais ces lois ne sont qu'un résultat fortuit des faits phonétiques qui leur ont donné naissance. Ceux-ci créant une opposition phonique régulière entre deux séries de termes présentant une opposition de valeur, l'esprit s'empare de cette différence matérielle pour la rendre significative et lui faire porter la différence conceptuelle (voir p. 121 sv.). Comme toutes les lois synchroniques, celles-ci sont de simples principes de disposition sans force impérative. Il est très incorrect de dire, comme on le fait volontiers, que le *a* de *Nacht* se change en *ä* dans le pluriel *Nächte* ; cela donne l'illusion que de l'un à l'autre terme il intervient une transformation réglée par un principe impératif. En réalité nous avons affaire à une simple opposition de formes résultant de l'évolution phonétique. Il est vrai que l'analogie, dont il va être question, peut créer de nouveaux couples offrant la même différence pho-

[278] nique*(cf. *Kranz : Kränze* sur *Gast : Gäste*, etc.). La loi semble alors s'appliquer comme une règle qui commande à l'usage au point de le modifier. Mais il ne faut pas oublier que dans la langue ces permutations sont à la merci d'influences analogiques contraires, et cela suffit à marquer que les règles de cet ordre sont toujours précaires et répondent entièrement à la définition de la loi synchronique.

Il peut arriver aussi que la condition phonétique qui a provoqué l'alternance soit encore manifeste. Ainsi les couples cités p. 217 avaient en vieux haut allemand la forme : *geban : gibit*, *feld : gafildi*, etc. A cette époque, quand le radical était suivi d'un *i,* il apparaissait lui-même avec *i* au lieu de *e*, tandis qu'il présentait *e* dans tous les autres cas. L'alternance de lat. *faciō : conficiō, amīcus inimīcus, facilis : difficilis*, etc., est également liée à une condition phonique que les sujets parlants auraient exprimée ainsi : l'*a* d'un mot du type *faciō, amīcus*, etc., alterne avec *i* dans les mots de même famille où cet *a* se trouve en syllabe intérieure.

Mais ces oppositions phoniques suggèrent exactement les mêmes observations que toutes les lois grammaticales : elles sont synchroniques ; dès qu'on l'oublie, on risque de commettre l'erreur d'interprétation déjà signalée p. 136. En face d'un couple comme *faciō : conficiō*, il faut bien se garder de confondre le rapport entre ces termes coexistants avec celui qui relie les termes successifs du fait diachronique (*confaciō → conficiō*). Si on est tenté de le faire, c'est que la cause de la différenciation phonétique est encore visible dans ce couple ; mais son action appartient au passé, et pour les sujets, il n'y a là qu'une simple opposition synchronique.

Tout ceci confirme ce qui a été dit du caractère strictement grammatical de l'alternance. On s'est servi, pour la désigner, du terme, d'ailleurs très correct, de permutation ; mais il vaut mieux l'éviter, précisément parce qu'on l'a souvent appliqué au changement phonétique et qu'il éveille une fausse idée de mouvement là où il n'y a qu'un état.

§ 6. Alternance et lien grammatical.

Nous avons vu comment l'évolution phonétique, en changeant la forme des mots, a pour effet de rompre les liens grammaticaux qui peuvent les unir. Mais cela n'est vrai que pour les couples isolés tels que *maison : ménage, Teil : Drittel*, etc. Dès qu'il s'agit d'alternance, il n'en est plus de même.

Il est évident d'abord que toute opposition phonique un

peu régulière de deux éléments tend à établir un lien entre eux. *Wetter* est instinctivement rapproché de *wittern,* parce qu'on est habitué à voir *e* alterner avec *i.* A plus forte raison, dès que les sujets parlants sentent qu'une opposition phonique est réglée par une loi générale, cette correspondance habituelle s'impose à leur attention et contribue à resserrer le lien grammatical plutôt qu'à le relâcher. C'est ainsi que l'ablaut allemand (voir p. 217), accentue la perception de l'unité radicale à travers les variations vocaliques.

Il en est de même pour les alternances non significatives, mais liées à une condition purement phonique. Le préfixe *re-* (*reprendre, regagner, retoucher,* etc.) est réduit à *r-* devant voyelle (*rouvrir, racheter,* etc.). De même le préfixe *in-,* très vivant bien que d'origine savante, apparaît dans les mêmes conditions sous deux formes distinctes : *ē-* (dans *inconnu, indigne, invertébré,* etc.), et *in-* (dans *inavouable, inutile, inesthétique,* etc.). Cette différence ne rompt aucunement l'unité de conception, parce que sens et fonction sont conçus comme identiques et que la langue est fixée sur les cas où elle emploiera l'une ou l'autre forme.

CHAPITRE IV

L'ANALOGIE

§ 1. Définition et exemples.* [279]

Il résulte de ce qui précède que le phénomène phonétique est un facteur de trouble. Partout où il ne crée pas des
alternances, il contribue à relâcher les liens grammaticaux
qui unissent les mots entre eux ; la somme des formes en
est augmentée inutilement ; le mécanisme linguistique
s'obscurcit et se complique dans la mesure où les irrégula-
rités nées du changement phonétique l'emportent sur les formes groupées sous des types généraux ; en d'autres termes
dans la mesure où l'arbitraire absolu l'emporte sur l'arbitraire relatif (voir p. 183).

Heureusement l'effet de ces transformations est contre-
balancé par l'analogie.*C'est d'elle que relèvent toutes les modi- [280]
fications normales de l'aspect extérieur des mots qui ne sont
pas de nature phonétique.

L'analogie suppose un modèle et son imitation régulière.
*Une forme analogique est une forme faite à l'image d'une ou
plusieurs autres d'après une règle déterminée.*

Ainsi le nominatif latin *honor* est analogique. On a dit
d'abord *honōs : honōsem*, puis par rotacisation de l's *honōs :
honōrem*. Le radical avait dès lors une double forme ; cette
dualité a été éliminée par la forme nouvelle *honor*, créée
sur le modèle de *ōrātor : ōrātōrem*, etc., par un procédé
que nous étudierons plus bas et que nous ramenons dès

maintenant au calcul de la quatrième proportionnelle :

$$\bar{o}r\bar{a}t\bar{o}rem : \bar{o}r\bar{a}tor = hon\bar{o}rem : x.$$
$$x = honor.$$

On voit donc que, pour contrebalancer l'action diversi-fiante du changement phonétique (*honōs : honōrem*), l'ana-logie a de nouveau unifié les formes et rétabli la régularité (*honor : honōrem*).

En français on a dit longtemps : *il preuve, nous prouvons, ils preuvent.* Aujourd'hui on dit *il prouve, ils prouvent,* formes qui ne peuvent s'expliquer phonétiquement ; *il aime* remonte au latin *amat,* tandis que *nous aimons* est analogique pour *amons* ; on devrait dire aussi *amable* au lieu de *aimable.* En grec, *s* a disparu entre deux voyelles : *-eso-* aboutit à *-eo-* (cf. *géneos* pour **genesos*). Cependant on trouve cet *s* intervoca-lique au futur et à l'aoriste de tous les verbes à voyelles : *lúsō, élūsā,* etc. C'est que l'analogie des formes du type *túpsō, étupsa,* où *s* ne tombait pas, a conservé le souvenir du futur et de l'aoriste en *s.* En allemand, tandis que *Gast : Gäste, Balg* ; *Bälge,* etc., sont phonétiques, *Kranz : Kränze* (plus ancienne-ment *kranz : kranza*), *Hals : Hälse* (plus anc. *halsa*), etc., sont dus à l'imitation.

L'analogie s'exerce en faveur de la régularité et tend à unifier les procédés de formation et de flexion. Mais elle a ses caprices : à côté de *Kranz : Kränze,* etc., on a *Tag : Tage, Salz : Salze,* etc., qui ont résisté, pour une raison ou une autre, à l'analogie. Ainsi on ne peut pas dire d'avance jusqu'où s'étendra l'imitation d'un modèle, ni quels sont les types destinés à la provoquer. Ainsi ce ne sont pas tou-jours les formes les plus nombreuses qui déclanchent l'analogie. Dans le parfait grec, à côté de l'actif *pépheuga, pépheugas, pephéugamen,* etc., tout le moyen se fléchit sans *a : péphugmai, pephúgmetha,* etc., et la langue d'Homère nous montre que cet *a* manquait anciennement au pluriel et au duel de l'actif (cf. hom. *ídmen, éïkton,* etc.). L'analogie est partie uniquement de la première personne du singulier de l'actif et a gagné presque tout le paradigme du parfait indicatif. Ce cas est remarquable en outre parce qu'ici l'analogie rattache au radical un élément -*a*-, flexionnel à l'origine, d'où *pepheúga-men* ; l'inverse — élément radical rattaché au suffixe — est, comme nous le verrons p. 233, beaucoup plus fréquent.

Souvent, deux ou trois mots isolés suffisent pour créer une forme générale, une désinence, par exemple ; en vieux haut allemand, les verbes faibles du type *habēn*, *lobōn*, etc., ont un -*m* à la première pers. sing. du présent : *habēm*, *lobōm* ; cet -*m* remonte à quelques verbes analogues aux verbes en -*mi* du grec : *bim*, *stām*, *gēm*, *tuom*, qui à eux seuls ont imposé cette terminaison à toute la flexion faible. Remarquons qu'ici l'analogie n'a pas effacé une diversité phonétique, mais généralisé un mode de formation.

§ 2. LES PHÉNOMÈNES ANALOGIQUES NE SONT PAS DES CHANGEMENTS

Les premiers linguistes n'ont pas compris la nature du phénomène de l'analogie, qu'ils appelaient « fausse analogie ». Ils croyaient qu'en inventant *honor* le latin « s'était trompé » sur le prototype *honōs*. Pour eux, tout ce qui s'écarte de l'ordre donné est une irrégularité, une infraction à une forme idéale. C'est que, par une illusion très caractéristique de l'époque, on voyait dans l'état originel de la langue quelque chose de supérieur et de parfait, sans même se demander si cet état n'avait pas été précédé d'un autre. Toute liberté prise à son égard était donc une anomalie. C'est l'école néogrammairienne qui a pour la première fois assigné à l'analogie sa vraie place en montrant qu'elle est, avec les changements phonétiques, le grand facteur de l'évolution des langues, le procédé par lequel elles passent d'un état d'organisation à un autre.

Mais quelle est la nature des phénomènes analogiques ? Sont-ils, comme on le croit communément, des changements ?

Tout fait analogique est un drame à trois personnages, qui sont : 1° le type transmis, légitime, héréditaire (par exemple *honōs*) ; 2° le concurrent (*honor*) ; 3° un personnage collectif, constitué par les formes qui ont créé ce concurrent (*honōrem, ōrātor, ōrātōrem*, etc.). On considère volontiers *honor* comme une modification, un « métaplasme » de *honōs* ; c'est de ce dernier mot qu'il aurait tiré la plus grande partie de sa substance. Or la seule forme qui ne soit rien dans la génération de *honor*, c'est précisément *honōs* !

On peut figurer le phénomène par le schéma :

FORMES TRANSMISES		FORME NOUVELLE
honōs (*qui n'entre pas en ligne de compte*).	*honōrem*, *ōrātor, ōrātōrem*, etc. (*groupe générateur*).	→ *honor*

On le voit, il s'agit d'un « paraplasme », de l'installation d'un concurrent à côté d'une forme traditionnelle, d'une création enfin. Tandis que le changement phonétique n'introduit rien de nouveau sans annuler ce qui a précédé (*honōrem* remplace *honōsem*), la forme analogique n'entraîne pas nécessairement la disparition de celle qu'elle vient doubler. *Honor* et *honōs* ont coexisté pendant un temps et ont pu être employés l'un pour l'autre. Cependant, comme la langue répugne à maintenir deux signifiants pour une seule idée, le plus souvent la forme primitive, moins régulière, tombe en désuétude et disparaît. C'est ce résultat qui fait croire à une transformation : l'action analogique une fois achevée, l'ancien état (*honōs : honōrem*) et le nouveau (*honor : honōrem*) sont en apparence dans la même opposition que celle qui résulte de l'évolution des sons. Cependant, au moment où naît *honor*,

rien n'est changé puisqu'il ne remplace rien ; la disparition
de *honōs* n'est pas davantage un changement, puisque ce
phénomène est indépendant du premier. Partout où l'on
peut suivre la marche des événements linguistiques, on voit
que l'innovation analogique et l'élimination de la forme
ancienne sont deux choses distinctes et que nulle part on ne
surprend une transformation.

L'analogie a si peu pour caractère de remplacer une
forme par une autre, qu'on la voit souvent en produire qui
ne remplacent rien. En allemand on peut tirer un diminu-
tif en -*chen* de n'importe quel substantif à sens concret ; si
une forme *Elefantchen* s'introduisait dans la langue, elle ne
supplanterait rien de préexistant. De même en français,
sur le modèle de *pension : pensionnaire, réaction : réaction-
naire*, etc., quelqu'un peut créer *interventionnaire* ou *répressionnaire*, signifiant « qui est pour l'intervention », « pour
la répression ». Ce processus est évidemment le même que
celui qui tout à l'heure engendrait *honor* : tous deux appellent la même formule :

$$\text{réaction : réactionnaire} = \text{répression : } x.$$
$$x = \text{répressionnaire.}$$

et dans l'un et l'autre cas il n'y a pas le moindre prétexte à
parler de changement ; *répressionnaire* ne remplace rien.
Autre exemple : d'une part, on entend dire analogiquement
finaux pour *finals*, lequel passe pour plus régulier ; d'autre
part, quelqu'un pourrait former l'adjectif *firmamental* et
lui donner un pluriel *firmamentaux*. Dira-t-on que dans
finaux il y a changement et création dans *firmamentaux* ?
Dans les deux cas il y a création. Sur le modèle de *mur :
emmurer*, on a fait *tour : entourer* et *jour : ajourer* (dans
« un travail *ajouré* ») ; ces dérivés, relativement récents,
nous apparaissent comme des créations. Mais si je remarque
qu'à une époque antérieure on possédait *entorner* et *ajor-
ner*, construits sur *torn* et *jorn*, devrai-je changer d'opinion

et déclarer que *entourer* et *ajourer* sont des modifications de ces mots plus anciens ? Ainsi l'illusion du « changement » analogique vient de ce qu'on établit une relation avec un terme évincé par le nouveau : mais c'est une erreur, puisque les formations qualifiées de changements (type *honor*) sont de même nature que celles que nous appelons créations (type *répressionnaire*).

§ 3. L'ANALOGIE PRINCIPE DES CRÉATIONS DE LA LANGUE.

Si après avoir montré ce que l'analogie n'est pas, nous l'étudions à un point de vue positif, aussitôt il apparaît que son principe se confond tout simplement avec celui des créations linguistiques en général. Quel est-il ?

L'analogie est d'ordre psychologique ; mais cela ne suffit pas à la distinguer des phénomènes phonétiques, puisque ceux-ci peuvent être aussi considérés comme tels (voir p. 208). Il faut aller plus loin et dire que l'analogie est d'ordre grammatical : elle suppose la conscience et la compréhension d'un rapport unissant les formes entre elles. Tandis que l'idée n'est rien dans le phénomène phonétique, son intervention est nécessaire en matière d'analogie.

Dans le passage phonétique de *s* intervocalique à *r* en latin (cf. *honōsem* → *honōrem*), on ne voit intervenir ni la comparaison d'autres formes, ni le sens du mot : c'est le cadavre de la forme *honōsem* qui passe à *honōrem*. Au contraire, pour rendre compte de l'apparition de *honor* en face de *honōs*, il faut faire appel à d'autres formes, comme le montre la formule de la quatrième proportionnelle :

$$\bar{o}r\bar{a}t\bar{o}rem : \bar{o}r\bar{a}tor = hon\bar{o}rem : x$$
$$x = honor,$$

et cette combinaison n'aurait aucune raison d'être si l'esprit n'associait pas par leur sens les formes qui la composent.

Ainsi tout est grammatical dans l'analogie ; mais ajoutons

tout de suite que la création qui en est l'aboutissement ne
peut appartenir d'abord qu'à la parole ; elle est l'œuvre
occasionnelle d'un sujet isolé. C'est dans cette sphère,
et en marge de la langue, qu'il convient de surprendre
d'abord le phénomène. Cependant il faut y distinguer deux
choses : 1º la compréhension du rapport qui relie entre
elles les formes génératrices ; 2º le résultat suggéré par la
comparaison, la forme improvisée par le sujet parlant pour
l'expression de la pensée. Seul ce résultat appartient à la
parole.

L'analogie nous apprend donc une fois de plus à séparer
la langue de la parole (voir p. 36 sv.) ; elle nous montre la
seconde dépendant de la première et nous fait toucher du
doigt le jeu du mécanisme linguistique, tel qu'il est décrit
p. 179. Toute création doit être précédée d'une comparaison
inconsciente des matériaux déposés dans le trésor de la langue
où les formes génératrices sont rangées selon leurs rapports
syntagmatiques et associatifs.

Ainsi toute une partie du phénomène s'accomplit avant
qu'on voie apparaître la forme nouvelle. L'activité conti-
nuelle du langage décomposant les unités qui lui sont données contient en soi non seulement toutes les possibilités
d'un parler conforme à l'usage, mais aussi toutes celles des
formations analogiques. C'est donc une erreur de croire que
le processus générateur ne se produit qu'au moment où
surgit la création ; les éléments en sont déjà donnés. Un
mot que j'improvise, comme *in-décor-able*, existe déjà en
puissance dans la langue ; on retrouve tous ses éléments
dans les syntagmes tels que *décor-er, décor-ation : pardonn-
able, mani-able : in-connu, in-sensé*, etc., et sa réalisation dans
la parole est un fait insignifiant en comparaison de la possibilité de le former.

En résumé, l'analogie, prise en elle-même, n'est qu'un
aspect du phénomène d'interprétation, une manifestation de
l'activité générale qui distingue les unités pour les utiliser

ensuite. Voilà pourquoi nous disons qu'elle est tout entière grammaticale et synchronique.

Ce caractère de l'analogie suggère deux observations qui confirment nos vues sur l'arbitraire absolu et l'arbitraire relatif (voir p. 180 sv.) :

1º On pourrait classer les mots d'après leur capacité relative d'en engendrer d'autres selon qu'ils sont eux-mêmes plus ou moins décomposables. Les mots simples sont, par définition, improductifs (cf. *magasin, arbre, racine*, etc.). *Magasinier* n'a pas été engendré par *magasin* ; il a été formé sur le modèle de *prisonnier : prison*, etc. De même, *emmagasiner* doit son existence à l'analogie de *emmailloter, encadrer, encapuchonner*, etc., qui contiennent *maillot, cadre, capuchon*, etc.

Il y a donc dans chaque langue des mots productifs et des mots stériles, mais la proportion des uns et des autres varie. Cela revient en somme à la distinction faite p. 183 entre les langues « lexicologiques » et les langues « grammaticales ». En chinois, la plupart des mots sont indécomposables ; au contraire, dans une langue artificielle, ils sont presque tous analysables. Un espérantiste a pleine liberté de construire sur une racine donnée des mots nouveaux.

2º Nous avons remarqué p. 222 que toute création analogique peut être représentée comme une opération analogue au calcul de la quatrième proportionnelle. Très souvent on se sert de cette formule pour expliquer le phénomène lui-même, tandis que nous avons cherché sa raison d'être dans l'analyse et la reconstruction d'éléments fournis par la langue.

Il y a conflit entre ces deux conceptions. Si la quatrième proportionnelle est une explication suffisante, à quoi bon l'hypothèse d'une analyse des éléments ? Pour former *indécorable*, nul besoin d'en extraire les éléments (*in-décor-*

able) ; il suffit de prendre l'ensemble et de le placer dans l'équation :

$$pardonner : impardonnable, \text{etc.}, = décorer : x.$$
$$x = indécorable.$$

De la sorte on ne suppose pas chez le sujet une opération compliquée, trop semblable à l'analyse consciente du grammairien. Dans un cas comme *Krantz* : *Kränze* fait sur *Gast* : *Gäste*, la décomposition semble moins probable qne la quatrième proportionnelle, puisque le radical du modèle est tantôt *Gast-*, tantôt *Gäst-* ; on a dû simplement reporter un caractère phonique de *Gäste* sur *Kranze*.

Laquelle de ces théories correspond à la réalité ? Remarquons d'abord que le cas de *Kranz* n'exclut pas nécessairement l'analyse. Nous avons constaté des alternances dans des racines et des préfixes (voir p. 216), et le sentiment d'une alternance peut bien exister à côté d'une analyse positive.

Ces deux conceptions opposées se reflètent dans deux doctrines grammaticales différentes. Nos grammaires européennes opèrent avec la quatrième proportionnelle ; elles expliquent par exemple la formation d'un prétérit allemand en partant de mots complets ; on a dit à l'élève : sur le modèle de *setzen* : *setzte*, formez le prétérit de *lachen*, etc. Au contraire la grammaire hindoue étudierait dans un chapitre déterminé les racines (*setz-*, *lach-*, etc.), dans un autre les terminaisons du prétérit (*-te*, etc.) ; elle donnerait les éléments résultant de l'analyse, et on aurait à recomposer les mots complets. Dans tout dictionnaire sanscrit les verbes sont rangés dans l'ordre que leur assigne leur racine.

Selon la tendance dominante de chaque groupe linguistique, les théoriciens de la grammaire inclineront vers l'une ou l'autre des ces méthodes.

L'ancien latin semble favoriser le procédé analytique, En voici une preuve manifeste. La quantité n'est pas la

même dans *făctus* et *āctus,* malgré *făciō* et *ăgō* ; il faut supposer que *āctus* remonte à **ăgtos* et attribuer l'allongement
de la voyelle à la sonore qui suit ; cette hypothèse est pleinement confirmée par les langues romanes ; l'opposition *spĕciō :*
spĕctus contre *tĕgō : tēctus* se reflète en français dans *dépit*
(=*despĕctus*) et *toit (tēctum) :* cf. *conficiō : confĕctus* (franç. *con-*
fit), contre *rĕgō : rēctus (dīrēctus* → franç. *droit*). Mais **agtos,*
*tegtos, *regtos, ne sont pas hérités de l'indo-européen, qui
disait certainement **ăktos, *tĕktos,* etc. ; c'est le latin préhistorique qui les a introduits, malgré la difficulté qu'il y a à prononcer une sonore devant une sourde. Il n'a pu y arriver qu'en
prenant fortement conscience des unités radicales *ag- teg-.*
Le latin ancien avait donc à un haut degré le sentiment des
pièces du mot (radicaux, suffixes, etc.) et de leur agencement.
Il est probable que nos langues modernes ne l'ont pas de façon
aussi aiguë, mais que l'allemand l'a plus que le français
(voir p. 256).

CHAPITRE V

ANALOGIE ET ÉVOLUTION

§ 1. Comment une innovation analogique entre dans la langue.

Rien n'entre dans la langue sans avoir été essayé dans la parole, et tous les phénomènes évolutifs ont leur racine dans la sphère de l'individu. Ce principe, déjà énoncé p. 138, s'applique tout particulièrement aux innovations analogiques. Avant que *honor* devienne un concurrent susceptible de remplacer *honōs*, il a fallu qu'un premier sujet l'improvise, que d'autres l'imitent et le répètent, jusqu'à ce que il s'impose à l'usage.

Il s'en faut que toutes les innovations analogiques aient cette bonne fortune. A tout instant on rencontre des combinaisons sans lendemain que la langue n'adoptera probablement pas. Le langage des enfants en regorge, parce qu'ils connaissent mal l'usage et n'y sont pas encore asservis ; ils disent *viendre* pour *venir*, *mouru* pour *mort*, etc. Mais le parler des adultes en offre aussi. Ainsi beaucoup de gens remplacent *trayait* par *traisait* (qui se lit d'ailleurs dans Rousseau). Toutes ces innovations sont en soi parfaitement régulières ; elles s'expliquent de la même façon que celles que la langue a acceptées ; ainsi *viendre* repose sur la proportion ;

$$\text{éteindrai} : \text{éteindre} = \text{viendrai} : x.$$
$$x = \text{viendre},$$

et *traisait* a été fait sur le modèle de *plaire* ; *plaisait*, etc...

La langue ne retient qu'une minime partie des créations de la parole ; mais celles qui durent sont assez nombreuses pour que d'une époque à l'autre on voie la somme des formes nouvelles donner au vocabulaire et à la grammaire une tout autre physionomie.

Tout le chapitre précédent montre clairement que l'analogie ne saurait être à elle seule un facteur d'évolution ; il n'en est pas moins vrai que cette substitution constante de formes nouvelles à des formes anciennes est un des aspects les plus frappants de la transformation des langues. Chaque fois qu'une création s'installe définitivement et élimine son concurrent, il y a vraiment quelque chose de créé et quelque chose d'abandonné, et à ce titre l'analogie occupe une place prépondérante dans la théorie de l'évolution.

C'est sur ce point que nous voudrions insister.

§. 2. LES INNOVATIONS ANALOGIQUES SYMPTOMES DES CHANGEMENTS D'INTERPRÉTATION.

La langue ne cesse d'interpréter et de décomposer les unités qui lui sont données. Mais comment se fait-il que cette interprétation varie constamment d'une génération à l'autre ?

Il faut chercher la cause de ce changement dans la masse énorme des facteurs qui menacent sans cesse l'analyse adoptée dans un état de langue. Nous en rappellerons quelques-uns.

Le premier et le plus important est le changement phonétique (voir chap. II). En rendant certaines analyses ambiguës et d'autres impossibles, il modifie les conditions de la décomposition, et du même coup ses résultats, d'où déplacement des limites des unités et modification de leur nature. Voyez ce qui a été dit plus haut, p. 195, des composés tels que *beta-hûs* et *redo-lîch*, et p. 213 de la flexion nominale en indo-européen.

Mais il n'y a pas que le fait phonétique. Il y a aussi l'agglutination, dont il sera question plus tard, et qui a pour effet de réduire à l'unité une combinaison d'éléments ; ensuite toutes sortes de circonstances extérieures au mot, mais suceptibles d'en modifier l'analyse. En effet puisque celle-ci résulte d'un ensemble de comparaisons, il est évident qu'elle dépend à chaque instant de l'entourage associatif du terme. Ainsi le superlatif indo-européen *swād-is-to-s contenait deux suffixes indépendants : -is-, marquant l'idée de comparatif (exemple lat. mag-is), et -to-, qui désignait la place déterminée d'un objet dans une série cf. grec tri-to-s « troisième »). Ces deux suffixes se sont (agglutinés (cf. grec hḗd-isto-s, ou plutôt hḗd-ist-os). Mais à son tour cette agglutination a été grandement favorisée par un fait étranger au superlatif : les comparatifs en is- sont sortis de l'usage, supplantés par les formations en -jōs ; -is- n'étant plus reconnu comme élément autonome, on ne l'a plus distingué dans -isto-.

Remarquons en passant qu'il y a une tendance générale à diminuer l'élément radical au profit de l'élément formatif, surtout lorsque le premier se termine par une voyelle. C'est ainsi qu'en latin le suffixe -tāt- (vēri-tāt-em, pour *vēro-tāt-em, cf. grec deinó-tēt-a) s'est emparé de l'i du thème, d'où l'analyse vēr-itāt-em ; de même Rōmā-nus, Albā-nus (cf. aēnus pour *aes-no-s) deviennent Rōm-ānus, etc.

Or, quelle que soit l'origine de ces changements d'interprétation, ils se révèlent toujours par l'apparition de formes analogiques. En effet, si les unités vivantes, ressenties par les sujets parlants à un moment donné, peuvent seuls donner naissance à des formations analogiques, réciproquement toute répartition déterminée d'unités suppose la possibilité d'en étendre l'usage. L'analogie est donc la preuve péremptoire qu'un élément formatif existe à un moment donné comme unité significative. Merīdiōnālis (Lactance) pour merīdiālis, montre qu'on divisait septentri-ōnālis, *regi-ōnālis*, et pour montrer que le suffixe -*tāt*- s'était grossi d'un élément *i* emprunté au radical on n'a qu'à alléguer *celer-itātem* ; *pāg-ānus*, formé sur *pāg-us*, suffit à montrer comment les Latins analysaient *Rōm-ānus* ; l'analyse de *redlich* (p. 195) est confirmée par l'existence de *sterblich*, formé avec une racine verbale, etc.

Un exemple particulièrement curieux montrera comment l'analogie travaille d'époque en époque sur de nouvelles unités. En français moderne *somnolent* est analysé *somnol-ent*, comme si c'était un participe présent ; la preuve, c'est qu'il existe un verbe *somnoler*. Mais en latin on coupait *somno-lentus*, comme *succu-lentus*, etc., plus anciennement encore *somn-olentus* (« qui sent le sommmeil », de *olēre*, comme *vīn-olen-tus* « qui sent le vin »).

Ainsi l'effet le plus sensible et le plus important de l'analogie est de substituer à d'anciennes formations, irrégulières et caduques, d'autres plus normales, composées d'éléments vivants.

Sans doute les choses ne se passent pas toujours aussi simplement : l'action de la langue est traversée d'une infinité d'hésitations, d'à peu près, de demi-analyses. A aucun moment un idiome ne possède un système parfaitement fixe [281] d'unités.*Qu'on pense à ce qui a été dit p. 213 de la flexion de *ekwos* en face de celle de *pods*. Ces analyses imparfaites donnent lieu parfois à des créations analogiques troubles. Les formes indo-européennes *geus-etai*, *gus-tos*, *gus-tis* permettent de dégager une racine *geus- gus-* « goûter » ; mais en grec *s* intervocalique tombe, et l'analyse de *geúomai*, *geustós* en est troublée ; il en résulte un flottement, et c'est tantôt *geus-* tantôt *geu-* que l'on dégage ; à son tour l'analogie témoigne de cette fluctuation, et l'on voit même des bases en *eu-* prendre cet *s* final (exemple : *pneu-*, *pneûma*, adjectif verbal *pneus-tós*.

Mais même dans ces tâtonnements l'analogie exerce une action sur la langue. Ainsi, bien qu'elle ne soit pas en elle-même un fait d'évolution, elle reflète de moment en moment les changements intervenus dans l'économie de la langue et les consacre par des combinaisons nouvelles.*Elle est la [282] collaboratrice efficace de toutes les forces qui modifient sans cesse l'architecture d'un idiome, et à ce titre elle est un puissant facteur d'évolution.

§ 3. L'ANALOGIE PRINCIPE DE RÉNOVATION ET DE CONSERVATION.

On est parfois tenté de se demander si l'analogie a vraiment l'importance que lui supposent les développements précédents, et si elle a une action aussi étendue que les changements phonétiques. En fait l'histoire de chaque langue permet de découvrir une fourmillement de faits analogiques accumulés les uns sur les autres, et, pris en bloc, ces continuels remaniements jouent dans l'évolution de la langue un rôle considérable, plus considérable même que celui des changements de sons.

Mais une chose intéresse particulièrement le linguiste : dans la masse énorme des phénomènes analogiques que représentent quelques siècles d'évolution, presque tous les éléments sont conservés ; seulement ils sont distribués autrement. Les innovations de l'analogie sont plus apparentes que réelles. La langue est une robe couverte de rapiéçages faits avec sa propre étoffe. Les quatre cinquièmes du français sont indo-européens, si l'on pense à la substance dont nos phrases se composent, tandis que les mots transmis dans leur totalité, sans changement analogique, de la langue mère jusqu'au français moderne, tiendraient dans l'espace d'une page (par exemple : *est* = **esti*, les noms de nombres, certains vocables, tels que *ours*, *nez*, *père*, *chien*, etc.). L'immense majorité des mots sont, d'une manière ou d'une autre, des combinaisons nouvelles d'éléments phoniques arrachés à des formes plus anciennes. Dans ce sens, on peut dire que l'analogie, précisément

⁻parce qu'elle utilise toujours la matière ancienne pour ses innovations, est éminemment conservatrice.

Mais elle n'agit pas moins profondément comme facteur
de conservation pure et simple ; on peut dire qu'elle intervient non seulement quand des matériaux préexistants sont
distribués dans de nouvelles unités, mais aussi quand les
formes restent identiques à elles-mêmes. Dans les deux
cas il s'agit du même procès psychologique. Pour s'en rendre compte, il suffit de se rappeler que son principe est
au fond identique à celui du mécanisme du langage (voir
p. 226).

Le latin *agunt* s'est transmis à peu près intact depuis
l'époque préhistorique (où l'on disait **agonti*) jusqu'au
seuil de l'époque romane. Pendant cet intervalle, les générations successives l'ont repris sans qu'aucune forme concurrente soit venue le supplanter. L'analogie n'est-elle pour
rien dans celte conservation ? Au contraire, la stabilité de
agunt est aussi bien son œuvre que n'importe quelle innovation.
Agunt est encadré dans un système ; il est solidaire de formes
telles que *dīcunt, legunt*, etc., et d'autres telles que *agimus,
agitis*, etc. Sans cet entourage il avait beaucoup de chances
d'être remplacé par une forme composée de nouveaux éléments. Ce qui a été transmis, ce n'est pas *agunt*, mais *ag-unt* ;
la forme ne change pas, parce que *ag-* et *-unt* étaient régulièrement vérifiés dans d'autres séries, et c'est ce cortège de
formes associées qui a préservé *agunt* le long de la route. Comparez encore *sex-tus*, qui s'appuie aussi sur des séries compactes : d'une part *sex, sex-āginta*, etc., de l'autre *quar-tus, quin-
tus*, etc.

Ainsi les formes se maintiennent parce qu'elles sont sans
cesse refaites analogiquement ; un mot est compris à la
fois comme unité et comme syntagme, et il est conservé
pour autant que ses éléments ne changent pas. Inversement son existence n'est compromise que dans la mesure
où ses éléments sortent de l'usage. Voyez ce qui se passe

en français pour *dites* et *faites,* qui correspondent directement à latin *dic-itis, fac-itis,* mais qui n'ont plus de point d'appui dans la flexion verbale actuelle ; la langue cherche à les remplacer ; on entend dire *disez, faisez,* sur le modèle de *plaisez, lisez,* etc., et ces nouvelles finales sont déjà usuelles dans la plupart des composés (*contredisez,* etc.).

Les seules formes sur lesquelles l'analogie n'ait aucune prise sont naturellement les mots isolés, tels que les noms propres spécialement les noms de lieu (cf. *Paris, Genève, Agen,* etc.), qui ne permettent aucune analyse et par conséquent aucune interprétation de leurs éléments; aucune création concurrente ne surgit à côté d'eux.

Ainsi la conservation d'une forme peut tenir à deux causes exactement opposées : l'isolement complet ou l'étroit encadrement dans un système qui, resté intact dans ses parties essentielles, vient constamment à son secours. C'est dans le domaine intermédiaire des formes insuffisamment étayées par leur entourage que l'analogie novatrice peut déployer ses effets.

Mais qu'il s'agisse de la conservation d'une forme composée de plusieurs éléments, ou d'une redistribution de la matière linguistique dans de nouvelles constructions, le rôle de l'analogie est immense ; c'est toujours elle qui est en jeu.

CHAPITRE VI

L'ÉTYMOLOGIE POPULAIRE *

Il nous arrive parfois d'estropier les mots dont la forme et le sens nous sont peu familiers, et parfois l'usage consacre ces déformations. Ainsi l'ancien français *coute-pointe* (de *coute*, variante de *couette*, « couverture » et *pointe*, part. passé de *poindre* « piquer »), a été changé en *courte-pointe*, comme si c'était un composé de l'adjectif *court* et du substantif *pointe*. Ces innovations, quelque bizarres qu'elles soient, ne se font pas tout à fait au hasard ; ce sont des tentatives d'expliquer approximativement un mot embarrassant en le rattachant à quelque chose de connu.

On a donné à ce phénomène le nom d'étymologie populaire. A première vue, il ne se distingue guère de l'analogie. Quand un sujet parlant, oubliant l'existence de *surdité*, crée analogiquement le mot *sourdité*, le résultat est le même que si, comprenant mal *surdité*, il l'avait déformé par souvenir de l'adjectif *sourd* ; et la seule différence serait alors que les constructions de l'analogie sont rationnelles, tandis que l'étymologie populaire procède un peu au hasard et n'aboutit qu'à des coq-à-l'âne.

Cependant cette différence, ne concernant que les résultats, n'est pas essentielle. La diversité de nature est plus profonde ; pour faire voir en quoi elle consiste, commençons par donner quelques exemples des principaux types d'étymologie populaire.

Il y a d'abord le cas où le mot reçoit une interprétation nouvelle sans que sa forme soit changée. En allemand *durchbläuen* « rouer de coups » remonte étymologiquement à *bliuwan* « fustiger » ; mais on le rattache à *blau*, à cause des « bleus » produits par les coups. Au moyen âge l'allemand a emprunté au français *aventure*, dont il a fait régulièrement *ābentüre*, puis *Abenteuer* ; sans déformer le mot, on l'a associé avec *Abend* (« ce qu'on raconte le soir à la veillée »), si bien qu'au XVIIIe siècle on l'a écrit *Abendteuer*. L'ancien français *soufraite* « privation » (= *suffracta* de *subfrangere*) a donné l'adjectif *souffreteux*, qu'on rattache maintenant à *souffrir*, avec lequel il n'a rien de commun. *Lais* est le substantif verbal de *laisser* ; mais actuellement on y voit celui de *léguer* et l'on écrit *legs* ; il y a même des gens qui le prononcent *le-g-s* ; cela pourrait donner à penser qu'il y a là déjà un changement de forme résultant de l'interprétation nouvelle ; mais il s'agit d'une influence de la forme écrite, par. laquelle on voulait, sans modifier la prononciation, marquer l'idée qu'on se faisait de l'origine du mot. C'est de la même façon que *homard*, emprunté à l'ancien nordique *humarr* (cf. danois *hummer*) a pris un *d* final par analogie avec les mots français en *-ard* ; seulement ici l'erreur d'interprétation relevée par l'orthographe porte sur la finale du mot, qui a été confondue avec un suffixe usuel (cf. *bavard*, etc.).* [284]

Mais le plus souvent on déforme le mot pour l'accommoder aux éléments qu'on croit y reconnaître ; c'est le cas de *choucroute* (de *Sauerkraut*) ; en allemand *dromedārius* est devenu *Trampeltier* « l'animal qui piétine » ; le composé est nouveau, mais il renferme des mots qui existaient déjà, *trampeln* et *Tier*. Le vieux haut allemand a fait du latin *margarita* *mari-greoz* « caillou de mer », en combinant deux mots déjà connus.* [285]

Voici enfin un cas particulièrement instructif : le latin *carbunculus* « petit charbon » a donné en allemand *Kar-*

funkel (par association avec *funkeln* « étinceler ») et en
français *escarboucle*, rattaché à *boucle*. *Calfeter, calfetrer*
est devenu *calfeutrer* sous l'influence de *feutre*. Ce qui
frappe à première vue dans ces exemples, c'est que chacun
renferme, à côté d'un élément intelligible existant par
ailleurs, une partie qui ne représente rien d'ancien (*Kar-
escar-, cal-*). Mais ce serait une erreur de croire qu'il y a dans
ces éléments une part de création, une chose qui ait surgi
à propos du phénomène ; c'est le contraire qui est vrai :
il s'agit de fragments que l'interprétation n'a pas su atteindre ; ce sont, si l'on veut, des étymologies populaires
restées à moitié chemin. *Karfunkel* est sur le même pied
que *Abenteuer* (si l'on admet que *-teuer* est un résidu resté
sans explication) ; il est comparable aussi à *homard* où
hom- ne rime à rien.

Ainsi le degré de déformation ne crée pas de différences
essentielles entre les mots maltraités par l'étymologie
populaire ; ils ont tous ce caractère d'être des interprétations pures et simples de formes incomprises par des formes
connues.

On voit dès lors en quoi l'étymologie ressemble à l'analogie et en quoi elle en diffère.

Les deux phénomènes n'ont qu'un caractère en commun :
dans l'un et l'autre on utilise des éléments significatifs
fournis par la langue, mais pour le reste ils sont diamétra-
lement opposés. L'analogie suppose toujours l'oubli de la
forme antérieure ; à la base de la forme analogique *il
traisait* (voir p. 231), il n'y a aucune analyse de la forme
ancienne *il trayait* ; l'oubli de cette forme est même nécessaire pour que sa rivale apparaisse. L'analogie ne tire rien
de la substance des signes qu'elle remplace. Au contraire
l'étymologie populaire se réduit à une interprétation de la
forme ancienne ; le souvenir de celle-ci, même confus, est
le point de départ de la déformation qu'elle subit. Ainsi
dans un cas c'est le souvenir, dans l'autre l'oubli qui est

à la base de l'analyse, et cette différence est capitale.

L'étymologie populaire n'agit donc*que dans des conditions [286] particulières et n'atteint que les mots rares, techniques ou étrangers, que les sujets s'assimilent imparfaitement. L'analogie est, au contraire, un fait absolument général, qui appartient au fonctionnement normal de la langue. Ces deux phénomènes, si ressemblants par certains côtés, s'opposent dans leur essence ; ils doivent être soigneusement distingués.

CHAPITRE VII

L'AGGLUTINATION*

§ 1. DÉFINITION.

A côté de l'analogie, dont nous venons de marquer l'importance, un autre facteur intervient dans la production d'unités nouvelles : c'est l'agglutination.

Aucun autre mode de formation n'entre sérieusement en ligne de compte : le cas des onomatopées (voir p. 101) et celui des mots forgés de toutes pièces par un individu sans intervention de l'analogie (par exemple *gaz*), voire même celui de l'étymologie populaire, n'ont qu'une importance minime ou nulle.

L'agglutination consiste en ce que deux ou plusieurs termes originairement distincts, mais qui se rencontraient fréquemment en syntagme au sein de la phrase, se soudent en une unité absolue ou difficilement analysable. Tel est le processus agglutinatif : *processus*, disons-nous, et non *procédé*, car ce dernier mot implique une volonté, une intention, et l'absence de volonté est justement un caractère essentiel de l'agglutination.

Voici quelques exemples. En français on a dit d'abord *ce ci* en deux mots, et plus tard *ceci* : mot nouveau, bien que sa matière et ses éléments constitutifs n'aient pas changé. Comparez encore : franç. *tous jours* → *toujours*, *au jour d' hui* → *aujourd'hui*, *dès jà* → *déjà*, *vert jus* → *verjus*. L'agglutination peut aussi souder les sous-unités d'un mot, comme nous l'avons vu p. 233 à propos du superlatif indo-européen *swād-is-to-s* et du superlatif grec *hếd-isto-s*.

En y regardant de plus près, on distingue trois phases dans ce phénomène :

1º la combinaison de plusieurs termes en un syntagme, comparable à tous les autres ;

2º l'agglutination proprement dite, soit la synthèse des éléments du syntagme en une unité nouvelle. Cette synthèse se fait d'elle-même, en vertu d'une tendance mécanique : quand un concept composé est exprimé par une suite d'unités significatives très usuelle, l'esprit, prenant pour ainsi dire le chemin de traverse, renonce à l'analyse et applique le concept en bloc sur le groupe de signes qui devient alors une unité simple ;

3º tous les autres changements susceptibles d'assimiler toujours plus l'ancien groupe à un mot simple : unification de l'accent (*vért-jús* → *verjús*), changements phonétiques spéciaux, etc.

On a souvent prétendu que ces changements phonétiques et accentuels (3) précédaient les changements intervenus dans le domaine de l'idée (2), et qu'il fallait expliquer la synthèse sémantique par l'agglutination et la synthèse matérielles ; il n'en est probablement pas ainsi : c'est bien plutôt parce qu'on a aperçu une seule idée dans *vert jus*, *tous jours*, etc., qu'on en a fait des mots simples, et ce serait une erreur de renverser le rapport.

§ 2. AGGLUTINATION ET ANALOGIE.

Le contraste entre l'analogie et l'agglutination est frappant :

1º Dans l'agglutination deux ou plusieurs unités se confondent en une seule par synthèse (par exemple *encore*, de *hanc horam*), ou bien deux sous-unités n'en forment plus qu'une (cf. *héd-isto-s*, de *swād-is-to-s,). Au contraire l'analogie part d'unités inférieures pour en faire une unité supérieure. Pour créer *pāg-ānus*, elle a uni un radical *pāg-* et un suffixe *-ānus*.

2⁰ L'agglutination opère uniquement dans la sphère syntagmatique ; son action porte sur un groupe donné ; elle ne considère pas autre chose. Au contraire l'analogie fait appel aux séries associatives aussi bien qu'aux syntagmes.

3⁰ L'agglutination n'offre surtout rien de volontaire, rien d'actif ; nous l'avons déjà dit : c'est un simple processus mécanique, où l'assemblage se fait tout seul. Au contraire. l'analogie est un procédé, qui suppose des analyses et des combinaisons, une activité intelligente, une intention.

On emploie souvent les termes de *construction* et de *structure* à propos de la formation des mots ; mais ces termes n'ont pas le même sens selon qu'ils s'appliquent à l'agglutination ou à l'analogie. Dans le premier cas, ils rappellent la cimentation lente d'éléments qui, en contact dans un syntagme, ont subi une synthèse pouvant aller jusqu'au complet effacement de leurs unités originelles. Dans le cas de l'analogie, au contraire, construction veut dire agencement obtenu d'un seul coup, dans un acte de parole, par la réunion d'un certain nombre d'éléments empruntés à diverses séries associatives.

On voit combien il importe de distinguer l'un et l'autre mode de formation. Ainsi en latin *possum* n'est pas autre chose que la soudure de deux mots *potis sum* « je suis le maître » : c'est un agglutiné ; au contraire, *signifer*, *agricola*, etc., sont des produits de l'analogie, des constructions faites sur des modèles fournis par la langue. C'est aux créations analogiques seules qu'il faut réserver les termes de *composés* et de *dérivés*[1].

_____

1. Ceci revient à dire que ces deux phénomènes combinent leur action dans l'histoire de la langue ; mais l'agglutination précède toujours, et c'est elle qui fournit des modèles à l'analogie. Ainsi le type de composés

Il est souvent difficile de dire si une forme analysable est née par agglutination ou si elle a surgi comme construction analogique. Les linguistes ont discuté à perte de vue sur les formes *es-mi, *es-ti, *ed-mi, etc., de l'indo-européen. Les éléments es-, ed-, etc., ont-ils été, à une époque très ancienne, des mots véritables, agglutinés ensuite avec d'autres : mi, ti, etc., ou bien *es-mi, *es-ti, etc., résultent-ils de combinaisons avec des éléments extraits d'autres unités complexes du même ordre, ce qui ferait remonter l'agglutination à une époque antérieure à la formation des désinences en indo-européen ? En l'absence de témoignages historiques, la question est probablement insoluble.

L'histoire seule peut nous renseigner. Toutes les fois qu'elle permet d'affirmer qu'un élément simple a été autrefois deux ou plusieurs éléments de la phrase, on est en face d'une agglutination : ainsi lat. hunc, qui remonte à hom ce (ce est attesté épigraphiquement). Mais dès que l'information historique est en défaut, il est bien difficile de déterminer ce qui est agglutination et ce qui relève de l'analogie.

qui a donné en grec hippó-dromo-s, etc., est né par agglutination partielle à une époque de l'indo-européen où les désinences étaient inconnues (ekwo dromo équivalait alors à un composé anglais tel que country house) ; mais c'est l'analogie qui en a fait une formation productive avant la soudure absolue des éléments. Il en est de même du futur français (je ferai, etc.), né en latin vulgaire de l'agglutination de l'infinitif avec le présent du verbe habēre (facere habeō = « j'ai à faire »). Ainsi c'est par l'intervention de l'analogie que l'agglutination crée des types syntaxiques et travaille pour la grammaire ; livrée à elle-même, elle pousse la synthèse des éléments jusqu'à l'unité absolue et ne produit que des mots indécomposables et improductifs (type hanc hōram → encore), c'est-à-dire qu'elle travaille pour le lexique (Éd.).

CHAPITRE VIII

UNITÉS, IDENTITÉS ET RÉALITÉS DIACHRONIQUES*

[288]

La linguistique statique opère sur des unités qui existent selon l'enchaînement synchronique. Tout ce qui vient d'être dit prouve que dans une succession diachronique on n'a pas affaire à des éléments délimités une fois pour toutes, tels qu'on pourrait les figurer par le graphique :

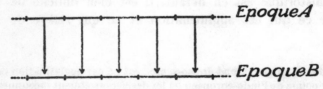

Au contraire, d'un moment à l'autre ils se répartissent autrement, en vertu des événements dont la langue est le théâtre, de sorte qu'ils répondraient plutôt à la figure :

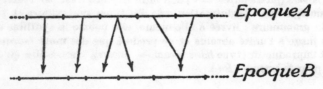

Cela résulte de tout ce qui a été dit à propos des conséquences de l'évolution phonétique, de l'analogie, de l'agglutination, etc.

Presque tous les exemples cités jusqu'ici appartiennent à

la formation des mots ; en voici un autre emprunté à la syntaxe. L'indo-européen ne connaissait pas les prépositions ; les rapports qu'elles indiquent étaient marqués par des cas nombreux et pourvus d'une grande force significative. Il n'y avait pas non plus de verbes composés au moyen de préverbes, mais seulement des particules, petits mots qui s'ajoutaient à la phrase pour préciser et nuancer l'action du verbe. Ainsi, rien qui correspondît au latin *īre ob mortem* « aller au-devant de la mort », ni à *obīre mortem* ; on aurait dit : *īre mortem ob*. C'est encore l'état du grec primitif : 1º *óreos baínō káta ; óreos baínō* signifie à lui seul « je viens de la montagne », le génitif ayant la valeur de l'ablatif ; *káta* ajoute la nuance « en descendant ». A une autre époque on a eu 2º *katà óreos baínō*, où *katà* joue le rôle de préposition, ou encore 3º *kata-baínō óreos*, par agglutination du verbe et de la particule, devenue préverbe.

Il y a ici deux ou trois phénomènes distincts, mais qui reposent tous sur une interprétation des unités : 1º création d'une nouvelle espèce de mots, les prépositions, et cela par simple déplacement des unités reçues. Un ordre particulier, indifférent à l'origine, dû peut-être à une cause fortuite, a permis un nouveau groupement : *kata*, d'abord indépendant, s'unit avec le substantif *óreos*, et cet ensemble se joint à *baínō* pour lui servir de complément ; 2º apparition d'un type verbal nouveau (*katabaínō*) ; c'est un autre groupement psychologique, favorisé aussi par une distribution spéciale des unités et consolidé par l'agglutination ; 3º comme conséquence naturelle : affaiblissement du sens de la désinence du génitif (*óre-os*) ; c'est *katà* qui sera chargé d'exprimer l'idée essentielle que le génitif était seul à marquer autrefois : l'importance de la désinence -*os* en est diminuée d'autant. Sa disparition future est en germe dans le phénomène.

Dans les trois cas il s'agit donc bien d'une répartition nouvelle des unités. C'est la même substance avec d'autres fonctions ; car — chose à remarquer — aucun changement phonétique n'est intervenu pour provoquer l'un ou l'autre de ces déplacements. D'autre part, bien que la matière n'ait pas varié, il ne faudrait pas croire que tout se passe dans le domaine du sens : il n'y a pas de phénomène de syntaxe sans l'union d'une certaine chaîne de concepts à une certaine chaîne d'unités phoniques (voir p. 191), et c'est justement ce rapport qui a été modifié. Les sons subsistent, mais les unités significatives ne sont plus les mêmes.

Nous avons dit p. 109 que l'altération du signe est un déplacement de rapport entre le signifiant et le signifié. Cette définition s'applique non seulement à l'altération des termes du système, mais à l'évolution du système lui-même ; le phénomène diachronique dans son ensemble n'est pas autre chose.

Cependant, quand on a constaté un certain déplacement des unités synchroniques, on est loin d'avoir rendu compte de ce qui s'est passé dans la langue. Il y a un problème de *l'unité diachronique* en soi : il consiste à se demander, à propos de chaque événement, quel est l'élément soumis directement à l'action transformatrice. Nous avons déjà rencontré un problème de ce genre à propos des changements phonétiques (voir p. 133) ; ils n'atteignent que le phonème isolé, tandis que le mot, en tant qu'unité, lui est étranger. Comme il y a toutes sortes d'événements diachroniques, on aura à résoudre quantité de questions analogues, et les unités qu'on délimitera dans ce domaine ne correspondront pas nécessairement à celles du domaine cynchronique. Conformément au principe posé dans la première partie, la notion d'unité ne peut pas être la même dans les deux ordres. En tous cas, elle ne sera pas complètement élucidée tant qu'on ne l'aura pas étudiée sous ses deux aspects, statique et évolutif. Seule la solution du problème de l'unité diachronique nous permettra de dépasser les apparences du phénomène d'évolution et d'atteindre son essence. Ici comme en synchronie la connaissance des unités est indispensable pour distinguer ce qui est illusion et ce qui est réalité (voir p. 153).

Mais une autre question, particulièrement délicate, est celle de l'*identité diachronique*. En effet, pour que je puisse dire qu'une unité a persisté identique à elle-même, ou que tout en persistant comme unité distincte, elle a changé de forme ou de sens — car tous ces cas sont possibles, — il faut que je sache sur quoi je me fonde pour affirmer qu'un élément pris à une époque, par exemple le mot français *chaud*, est la même chose qu'un élément pris à une autre époque, par exemple le latin *calidum*.

A cette question, on répondra sans doute que *calidum* a dû devenir régulièrement *chaud* par l'action des lois phonétiques, et que par conséquent *chaud = calidum*. C'est ce qu'on appelle une identité phonétique. Il en est de même pour *sevrer* et *sēparāre* ; on dira au contraire que *fleurir* n'est pas la même chose que *flōrēre* (qui aurait donné **flouroir*), etc.

Ce genre de correspondance semble au premier abord recouvrir la notion d'identité diachronique en général. Mais en fait, il est impossible que le son rende compte à lui seul de l'identité. On a sans doute raison de dire que lat. *mare* doit paraître en français sous la forme de *mer* parce que tout *a* est devenu *e* dans certaines conditions, parce que *e* atone final tombe, etc. ; mais affirmer que ce sont ces rapports *a→e*, *e→zéro*, etc., qui constituent l'identité, c'est renverser les termes, puisque c'est au contraire au nom de la correspondance *mare : mer* que je juge que *a* est devenu *e*, que *e* final est tombé, etc.

Si deux personnes appartenant à des régions différentes de la France disent l'une *se fâcher*, l'autre *se fôcher*, la différence est très secondaire en comparaison des faits grammaticaux qui permettent de reconnaître dans ces deux formes distinctes une seule et même unité de langue. Or l'identité diachronique de deux mots aussi différents que *calidum* et *chaud* signifie simplement que l'on a passé de l'un à l'autre à travers une série d'identités synchroniques dans la parole, sans que jamais le lien qui les unit ait été rompu par les transformations phonétiques successives. Voilà pourquoi nous avons pu dire p. 150, qu'il est tout aussi intéressant de savoir comment *Messieurs !* répété plusieurs fois de suite dans un discours est identique à lui-même, que de savoir pourquoi *pas* (négation) est identique à *pas* (substantif) ou, ce qui revient au même, pourquoi *chaud* est identique à *calidum*. Le second problème n'est en effet qu'un prolongement et une complication du premier.

APPENDICES
AUX TROISIÈME ET QUATRIÈME PARTIES*

A. Analyse subjective et analyse objective.

L'analyse des unités de la langue, faite à tous les instants par les sujets parlants, peut être appelée *analyse subjective* ; il faut se garder de la confondre avec l'*analyse objective*, fondée sur l'histoire. Dans une forme comme grec *híppos*, le grammairien distingue trois éléments : une racine, un suffixe et une désinence (*hípp-o-s*) ; le grec n'en apercevait que deux (*hípp-os*, voir p. 213). L'analyse objective voit quatre sous-unités dans *amābās* (*am-ā-bā-s*) ; les Latins coupaient *amā-bā-s* ; il est même probable qu'ils regardaient *-bās* comme un tout flexionnel opposé au radical. Dans les mots français *entier* (lat. *in-teger* « intact »), *enfant* (lat. *in-fans* « qui ne parle pas »), *enceinte* (lat. *in-cincta* « sans ceinture »), l'historien dégagera un préfixe commun *en-*, identique au *in-* privatif du latin ; l'analyse subjective des sujets parlants l'ignore totalement.

Le grammairien est souvent tenté de voir des erreurs dans les analyses spontanées de la langue ; en fait l'analyse subjective n'est pas plus fausse que la « fausse » analogie (voir p. 223). La langue ne se trompe pas ; son point de vue est différent, voilà tout. Il n'y a pas de commune mesure entre l'analyse des individus parlants et celle de l'historien, bien que toutes deux usent du même procédé : la confrontation des séries qui présentent un même élément. Elles se justifient l'une et l'autre, et chacune conserve sa valeur propre ; mais en dernier ressort celle des sujets importe seule, car elle est fondée directement sur les faits de langue.

L'analyse historique n'en est qu'une forme dérivée. Elle consiste au fond à projeter sur un plan unique les constructions des différentes époques. Comme la décomposition spontanée, elle vise à connaître les sous-unités qui entrent dans un mot, seulement elle fait la synthèse de toutes les divisions opérées au cours du temps, en vue d'atteindre la plus ancienne. Le mot est comme une maison dont on aurait changé à plusieurs reprises la disposition intérieure et la destination. L'analyse objective totalise et superpose ces distributions successives ; mais pour ceux qui occupent la maison, il n'y en a jamais qu'une. L'analyse *hípp-o-s*, examinée plus haut, n'est pas fausse, puisque c'est la conscience des sujets qui l'a établie ; elle est simplement « anachronique », elle se reporte à une autre époque que celle où elle prend le mot. Ce *hípp-o-s* ne contredit pas le *hípp-os* du grec classique, mais il ne faut pas le juger de la même façon. Cela revient à poser une fois de plus la distinction radicale du diachronique et du synchronique.

Et ceci permet au surplus de résoudre une question de méthode encore pendante en linguistique. L'ancienne école partageait les mots en racines, thèmes, suffixes, etc., et donnait à ces distinctions une valeur absolue. A lire Bopp et ses disciples, on croirait que les Grecs avaient apporté avec eux depuis un temps immémorial un bagage de racines et de suffixes, et qu'ils s'occupaient à confectionner leurs mots en parlant, que *patér*, par exemple, était pour eux rac. *pa*+suff. *ter*, que *dốsō* dans leur bouche représentait la somme de *dō* + *so* + une désinence personnelle, etc.

On devait nécessairement réagir contre ces aberrations, et le mot d'ordre, très juste, de cette réaction, fut : observez ce qui se passe dans les langues d'aujourd'hui, dans le langage de tous les jours, et n'attribuez aux périodes anciennes de la langue aucun processus, aucun phénomène qui ne soit pas constatable actuellement. Et comme le plus souvent la langue vivante ne permet pas de surprendre des analyses comme en faisait Bopp, les néogrammairiens, forts de leur principe, déclarent que racines, thèmes, suffixes, etc., sont de pures abstractions de notre esprit et que, si l'on en fait usage, c'est uniquement pour la commodité de l'exposition. Mais s'il n'y a pas de justification à l'établissement de ces catégories, pourquoi les établir ? Et quand on le fait, au nom de quoi déclare-t-on qu'une coupure comme *hípp-o-s*, par exemple, est préférable à une autre comme *hípp-os* ?

L'école nouvelle, après avoir reconnu les défauts de l'ancienne doctrine, ce qui était facile, s'est contentée de la rejeter en théorie, tandis qu'en pratique elle restait comme embarrassée dans un appareil scientifique dont, malgré tout, elle ne pouvait se passer. Dès qu'on raisonne ces « abstractions », on voit la part de réalité qu'elles représentent, et un correctif très simple suffit pour donner à ces artifices du grammairien un sens légitime et exact. C'est ce qu'on a essayé de faire plus haut, en montrant que, unie par un lien intérieur à l'analyse subjective de la langue vivante, l'analyse objective a une place légitime et déterminée dans la méthode linguistique.

B. L'ANALYSE SUBJECTIVE ET LA DÉTERMINATION DES SOUS-UNITÉS.

En matière d'analyse, on ne peut donc établir une méthode ni formuler des définitions qu'après s'être placé dans le plan synchronique. C'est ce que nous voudrions montrer par quelques observations sur les parties du mot : préfixes, racines, radicaux, suffixes, désinences[1].

1. F. de Saussure n'a pas abordé, du moins au point de vue synchronique, la question des mots composés. Cet aspect du problème doit donc

Commençons par la *désinence*, c'est-à-dire la caractéristique flexionnelle ou élément variable de fin de mot qui distingue les formes d'un paradigme nominal ou verbal. Dans *zeúgnū-mi, zeúgnū-s, zeúgnū-si, zeúgnu-men*, etc., « j'attelle, etc. », les désinences, *-mi, -s, -si*, etc., se délimitent simplement parce qu'elles s'opposent entre elles et avec la partie antérieure du mot (*zeugnŭ-*). On a vu (pp. 123 et 163) à propos du génitif tchèque *žen*, par opposition au nominatif *žena*, que l'absence de désinence peut jouer le même rôle qu'une désinence ordinaire. Ainsi en grec *zeúgnū !* « attelle ! » opposé à *zeúgnu-te !* « attelez ! », etc., ou le vocatif *rhêtor !* opposé à *rhêtor-os*, etc., en français *marš* (écrit « marche ! »), opposé à *maršõ* (écrit « marchons ! »), sont des formes fléchies à désinence zéro.

Par l'élimination de la désinence on obtient le *thème de flexion* ou *radical*, qui est, d'une façon générale, l'élément commun dégagé spontanément de la comparaison d'une série de mots apparentés, fléchis ou non, et qui porte l'idée commune à tous ces mots. Ainsi en français dans la série *roulis, rouleau, rouler, roulage, roulement*, on perçoit sans peine un radical *roul-*. Mais l'analyse des sujets parlants distingue souvent dans une même famille de mots des radicaux de plusieurs espèces, ou mieux de plusieurs degrés. L'élément *zeugnŭ·*, dégagé plus haut de *zeúgnū-mi, zeúgnū-s*, etc., est un radical du premier degré ; il n'est pas irréductible, car si on le compare avec d'autres séries (*zeúgnūmi, zeuktós, zeûksis, zeuktêr, zugón*, etc., d'une part, *zeúgnūmi, deíknūmi, órnūmi*, etc., d'autre part), la division *zeug-nu* se présentera d'elle-même. Ainsi *zeug-* (avec ses formes alternantes *zeug- zeuk- zug-*, voir p. 220)

être entièrement réservé ; il va sans dire que la distinction diachronique établie plus haut entre les composés et les agglutinés ne saurait être transportée telle quelle ici, où il s'agit d'analyser un état de langue. Il est à peine besoin de faire remarquer que cet exposé, relatif aux sous-unités, ne prétend pas résoudre la question plus délicate soulevée pp. 147 et 154, de la définition du mot considéré comme unité (*Éd.*).

est un radical du second degré ; mais il est, lui, irréductible, car on ne peut pas pousser plus loin la décomposition par comparaison des formes parentes.

On appelle *racine* cet élément irréductible et commun à tous les mots d'une même famille. D'autre part, comme toute décomposition subjective et synchronique ne peut séparer les éléments matériels qu'en envisageant la portion de sens qui revient à chacun d'eux, la racine est à cet égard l'élément où le sens commun à tous les mots parents atteint le maximum d'abstraction et de généralité. Naturellement, cette indétermination varie de racine à racine ; mais elle dépend aussi, dans une certaine mesure, du degré de réductibilité du radical ; plus celui-ci subit de retranchements, plus son sens a de chances de devenir abstrait. Ainsi *zeugmálion* désigne un « petit attelage », *zeûgma* un « attelage » sans détermination spéciale, enfin *zeug-* renferme l'idée indéterminée d' « atteler ».

Il s'ensuit qu'une racine, comme telle, ne peut constituer un mot et recevoir l'adjonction directe d'une désinence. En effet un mot représente toujours une idée relativement déterminée, au moins au point de vue grammatical, ce qui est contraire à la généralité et à l'abstraction propres à la racine. Que faut-il alors penser du cas très fréquent où racine et thème de flexion semblent se confondre, comme on le voit dans le grec *phlóks*, gén. *phlogós* « flamme », comparé à la racine *phleg-* : *phlog-* qui se trouve dans tous les mots de la même famille (cf. *phlég-ō*, etc.) ? N'est-ce pas en contradiction avec la distinction que nous venons d'établir ? Non, car il faut distinguer *phleg-* : *phlog-* à sens général et *phlog-* à sens spécial, sous peine de ne considérer que la forme matérielle à l'exclusion du sens. Le même élément phonique a ici deux valeurs différentes ; il constitue donc deux éléments linguistiques distincts (voir p. 147). De même que plus haut *zeúgnū !* « attelle ! », nous apparaissait comme un mot fléchi à désinence zéro, nous

dirons que *phlóg-* « flamme » est un thème à *suffixe zéro.*
Aucune confusion n'est possible : le radical reste distinct
de la racine, même s'il lui est phoniquement identique.

La racine est donc une réalité pour la conscience des
sujets parlants. Il est vrai qu'ils ne la détachent pas toujours
avec une égale précision ; il y a sous ce rapport des différences, soit au sein d'une même langue, soit de langue à
langue.

Dans certains idiomes, des caractères précis signalent la
racine à l'attention des sujets. C'est le cas en allemand, où
elle a un aspect assez uniforme ; presque toujours monosyllabique (cf. *streit-*, *bind-*, *haft-*; etc.), elle obéit à certaines règles de structure : les phonèmes n'y apparaissent
pas dans un ordre quelconque ; certaines combinaisons de
consonnes, telles que occlusive + liquide en sont proscrites
en finale : *werk-* est possible, *wekr-* ne l'est pas ; on rencontre
helf-, *werd-*, on ne trouverait pas *hefl-*, *wedr.*

Rappelons que les alternances régulières, surtout entre
voyelles, renforcent bien plus qu'elles n'affaiblissent le sentiment de la racine et des sous-unités en général ; sur ce
point aussi l'allemand, avec le jeu varié de ses ablauts (voir
p. 217), diffère profondément du français. Les racines sémitiques ont, à un plus haut degré encore, des caractères
analogues. Les alternances y sont très régulières et déterminent un grand nombre d'oppositions complexes (cf. hébreu
qāṭal, *qṭaltem*, *qṭōl*, *qiṭlū*, etc., toutes formes d'un même
verbe signifiant « tuer ») ; de plus elles présentent un trait
qui rappelle le monosyllabisme allemand, mais plus frappant : elles renferment toujours trois consonnes (voir plus
loin, p. 315 sv.).

Sous ce rapport, le français est tout différent. Il a peu
d'alternances et, à côté de racines monosyllabiques (*roul-*,
march-, *mang-*), il en a beaucoup de deux et même trois
syllabes (*commenc-*, *hésit-*, *épouvant-*). En outre les formes
de ces racines offrent, notamment dans leurs finales, des

combinaisons trop diverses pour être réductibles à des règles (cf. *tu-er*, *régn-er*, *guid-er*, *grond-er*, *souffl-er*, *tard-er*, *entr-er*, *hurl-er*, etc.). Il ne faut donc pas s'étonner si le sentiment de la racine est fort peu développé en français.

La détermination de la racine entraîne par contre-coup celle des préfixes et suffixes. Le *préfixe* précède la partie du mot reconnue comme radicale, par exemple *hupo-* dans le grec *hupo-zeúgnŭmi*. Le *suffixe* est l'élément qui s'ajoute à la racine pour en faire un radical (exemple : *zeug-mat-*), ou à un premier radical pour en faire un du second degré (par exemple *zeugmat-io-*). On a vu plus haut que cet élément, comme la désinence, peut être représenté par zéro. L'extraction du suffixe n'est donc qu'une autre face de l'analyse du radical.

Le suffixe a tantôt un sens concret, une valeur sémantique, comme dans *zeuk-tēr-*, où *-tēr-* désigne l'agent, l'auteur de l'action, tantôt une fonction purement grammaticale, comme dans *zeúg-nŭ(-mi)*, où *-nŭ-* marque l'idée de présent. Le préfixe peut aussi jouer l'un et l'autre rôle, mais il est rare que nos langues lui donnent la fonction grammaticale ; exemples : le *ge-* du participe passé allemand (*ge-setzt*, etc.), les préfixes perfectifs du slave (russe *na-pisát'*, etc.).

Le préfixe diffère encore du suffixe par un caractère qui, sans être absolu, est assez général : il est mieux délimité, parce qu'il se détache plus facilement de l'ensemble du mot. Cela tient à la nature propre de cet élément ; dans la majorité des cas, ce qui reste après élimination d'un préfixe fait l'effet d'un mot constitué (cf. *recommencer : commencer*, *indigne : digne*, *maladroit : adroit*, *contrepoids : poids*, etc.). Cela est encore plus frappant en latin, en grec, en allemand. Ajoutons que plusieurs préfixes fonctionnent comme mots indépendants : cf. franç. *contre*, *mal*, *avant*, *sur*, all. *unter*, *vor*, etc., grec *katá*, *pró*, etc. Il en va tout autrement du suffixe : le radical obtenu par la suppression de cet élément est un mot incomplet ; exemple : franç. *organisation* : *organis-*, all. *Trennung* : *trenn-*, grec *zeûgma* : *zeug-*, etc., et d'autre part, le suffixe lui-même n'a aucune existence autonome.

Il résulte de tout cela que le radical est le plus souvent délimité d'avance dans son commencement : avant toute comparaison avec d'autres formes, le sujet parlant sait où placer la limite entre le préfixe et ce qui le suit. Pour la fin du mot il n'en est pas de même : là aucune limite ne s'impose en dehors de la confrontation de formes ayant même radical ou même suffixe, et ces rapprochements aboutiront à des délimitations variables selon la nature des termes rapprochés.

Au point de vue de l'analyse subjective, les suffixes et les radicaux ne valent que par les oppositions syntagmatiques et associatives : on peut, selon l'occurrence, trouver un élément formatif et un élément radical dans deux parties opposées d'un mot, quelles qu'elles soient, pourvu qu'elles donnent lieu à une opposition. Dans le latin *dictātōrem*, par exemple, on verra un radical *dictātōr-(em)*, si on le compare à *consul-em*, *ped-em*, etc., mais un radical *dictā-(tōrem)* si on le rapproche de *lic-tō-rem*, *scrip-tōrem*, etc., un radical *dic-(tātōrem)*, si l'on pense à *pō-tātōrem*, *cantā-tōrem*. D'une manière générale, et dans des circonstances favorables, le sujet parlant peut être amené à faire toutes les coupures imaginables (par exemple : *dictāt-ōrem*, d'après *am-ōrem*, *ard-ōrem*, etc., *dict-ātōrem*, d'après *ōr-ātōrem*, *ar-ātōrem*, etc.). On sait (voir p. 233) que les résultats de ces analyses spontanées se manifestent dans les formations analogiques de chaque époque ; ce sont elles qui permettent de distinguer les sous-unités (racines, préfixes, suffixes, désinences) dont la langue a conscience et les valeurs qu'elle y attache.

C. L'ÉTYMOLOGIE.* [290]

L'étymologie n'est ni une discipline distincte ni une partie de la linguistique évolutive ; c'est seulement une application spéciale des principes relatifs aux faits synchroniques et diachroniques. Elle remonte dans le passé des mots jusqu'à ce qu'elle trouve quelque chose qui les explique.

Quand on parle de l'origine d'un mot et qu'on dit qu'il « vient » d'un autre, on peut entendre plusieurs choses différentes : ainsi *sel* vient du latin *sal* par simple altération du son ; *labourer* « travailler la terre » vient de l'ancien français *labourer* « travailler en général » par altération du sens seul ; *couver* vient du latin *cubāre* « être couché » par altération du sens et du son ; enfin quand on dit que *pommier* vient de *pomme,* on marque un rapport de dérivation grammaticale. Dans les trois premiers cas on opère sur des identités diachroniques, le quatrième repose sur un rapport synchronique de plusieurs termes différents : or tout ce qui a été dit à propos de l'analogie montre que c'est là la partie la plus importante de la recherche étymologique.

L'étymologie de *bonus* n'est pas fixée parce qu'on remonte à *dvenos* ; mais si l'on trouve que *bis* remonte à *dvis* et qu'on puisse par là établir un rapport avec *duo,* cela peut être appelé une opération étymologique ; il en est de même du rapprochement de *oiseau* avec *avicellus,* car il permet de retrouver le lien qui unit *oiseau* à *avis.*

L'étymologie est donc avant tout l'explication des mots par la recherche de leurs rapports avec d'autres mots. Expliquer veut dire : ramener à des termes connus, et en linguistique *expliquer un mot, c'est le ramener à d'autres mots,* puisqu'il n'y a pas de rapports nécessaires entre le son et le sens (principe de l'arbitraire du signe, voir p. 100).

L'étymologie ne se contente pas d'expliquer des mots isolés ; elle fait l'histoire des familles de mots, de même qu'elle fait celle des éléments formatifs, préfixes, suffixes, etc.

Comme la linguistique statique et évolutive, elle décrit des faits, mais cette description n'est pas méthodique, puisqu'elle ne se fait dans aucune direction déterminée. A propos d'un mot pris comme objet de la recherche, l'étymologie emprunte ses éléments d'information tour à tour à la phonétique, à la morphologie, à la sémantique, etc. Pour arriver à ses fins, elle se sert de tous les moyens que la linguistique met à sa disposition, mais elle n'arrête pas son attention sur la nature des opérations qu'elle est obligée de faire.

QUATRIÈME PARTIE

LINGUISTIQUE GÉOGRAPHIQUE

CHAPITRE PREMIER

DE LA DIVERSITÉ DES LANGUES *   [291]

En abordant la question des rapports du phénomène linguistique avec l'espace, on quitte la linguistique interne pour entrer dans la linguistique externe, dont le chapitre V de l'Introduction a déjà marqué l'étendue et la variété.

Ce qui frappe tout d'abord dans l'étude des langues, c'est leur diversité, les différences linguistiques qui apparaissent dès qu'on passe d'un pays à un autre, ou même d'un district à un autre. Si les divergences dans le temps échappent souvent à l'observateur, les divergences dans l'espace sautent tout de suite aux yeux ; les sauvages eux-mêmes les saisissent, grâce aux contacts avec d'autres tribus parlant une autre langue. C'est même par ces comparaisons qu'un peuple prend conscience de son idiome.

Remarquons, en passant, que ce sentiment fait naître chez les primitifs l'idée que la langue est une habitude, une coutume analogue à celle du costume ou de l'armement. Le terme d'*idiome* désigne fort justement la langue comme reflétant les traits propres d'une communauté (le grec *idiōma* avait déjà le sens de « coutume spéciale »). Il y a là une idée juste, mais qui devient une erreur lorsqu'on va jusqu'à voir dans la langue un attribut, non plus de la nation, mais de la race, au même titre que la couleur de la peau ou la forme de la tête.

Ajoutons encore que chaque peuple croit à la supériorité de son idiome. Un homme qui parle une autre langue est volontiers considéré comme incapable de parler ; ainsi le mot grec *bárbaros* paraît avoir signifié « bègue » et être parent du latin *balbus ;* en russe, les Allemands sont appelés *Nêmtsy,* c'est-à-dire « les muets ».

Ainsi la diversité géographique a été la première constatation faite en linguistique ; elle a déterminé la forme initiale de la recherche scientifique en matière de langue, même chez les Grecs ; il est vrai qu'ils ne se sont attachés qu'à la la variété existant entre les différents dialectes helléniques ; mais c'est qu'en général leur intérêt ne dépassait guère les limites de la Grèce elle-même.

Après avoir constaté que deux idiomes diffèrent, on est amené instinctivement à y découvrir des analogies. C'est là une tendance naturelle des sujets parlants. Les paysans aiment à comparer leur patois avec celui du village voisin ; les personnes qui pratiquent plusieurs langues remarquent les traits qu'elles ont en commun. Mais, chose curieuse, la science a mis un temps énorme à utiliser les constatations de cet ordre ; ainsi les Grecs, qui avaient observé beaucoup de ressemblances entre le vocabulaire latin et le leur, n'ont su en tirer aucune conclusion linguistique.

L'observation scientifique de ces analogies permet d'affirmer dans certains cas que deux ou plusieurs idiomes sont unis par un lien de parenté, c'est-à-dire qu'ils ont une origine commune. Un groupe de langues ainsi rapprochées s'appelle une famille ; la linguistique moderne a reconnu successivement les familles indo-européenne, sémitique, bantoue[1], etc. Ces familles peuvent être à leur tour compa-

---

Le bantou est un ensemble de langues parlées par des populations de l'Afrique sud-équatoriale, notamment les Cafres (*Éd.*).

rées entre elles et parfois des filiations plus vastes et plus anciennes se font jour. On a voulu trouver des analogies entre le finno-ougrien[1] et l'indo-européen, entre ce dernier et le sémitique, etc. Mais les comparaisons de ce genre se heurtent vite à des barrières infranchissables. Il ne faut pas confondre ce qui peut être et ce qui est démontrable. La parenté universelle des langues n'est pas probable, mais fût-elle vraie — comme le croit un linguiste italien, M. Trombetti[2] — elle ne pourrait pas être prouvée, à cause du trop grand nombre de changements intervenus.

Ainsi à côté de la diversité dans la parenté, il y a une diversité absolue, sans parenté reconnaissable ou démontrable. Quelle doit être la méthode de la linguistique dans l'un et l'autre cas ? Commençons par le second, le plus fréquent. Il y a, comme on vient de le dire, une multitude infinie de langues et de familles de langues irréductibles les unes aux autres. Tel est, par exemple, le chinois à l'égard des langues indo-européennes. Cela ne veut pas dire que la comparaison doive abdiquer ; elle est toujours possible et utile ; elle portera aussi bien sur l'organisme grammatical et sur les types généraux de l'expression de la pensée que sur le système des sons ; on comparera de même des faits d'ordre diachronique, l'évolution phonétique de deux langues, etc. A cet égard les possibilités, bien qu'en nombre incalculable, sont limitées par certaines données constantes, phoniques et psychiques, à l'intérieur desquelles toute langue doit se constituer ; et réciproquement, c'est la découverte de ces données constantes qui est

1. Le finno-ougrien, qui comprend entre autres le finnois proprement dit ou suomi, le mordvin, le lapon, etc., est une famille de langues parlées dans la Russie septentrionale et la Sibérie, et remontant certainement à un idiome primitif commun ; on la rattache au groupe très vaste des langues dites ouralo-altaïques, dont la communauté d'origine n'est pas prouvée, malgré certains traits qui se retrouvent dans toutes (*Éd.*).

2. Voir son ouvrage *L'unita d'origine del linguaggio*, Bologna, 1905, (*Éd.*).

le but principal de toute comparaison faite entre langues irréductibles les unes aux autres.

Quant à l'autre catégorie de diversités, celles qui existent au sein des familles de langues, elles offrent un champ illimité à la comparaison. Deux idiomes peuvent différer à tous les degrés : se ressembler étonnamment, comme le zend et le sanscrit, ou paraître entièrement dissemblables, comme le sanscrit et l'irlandais ; toutes les nuances intermédiaires sont possibles : ainsi le grec et le latin sont plus rapprochés entre eux qu'ils ne le sont respectivement du sanscrit, etc. Les idiomes qui ne divergent qu'à un très faible degré sont appelés *dialectes* ; mais il ne faut pas donner à ce terme un sens rigoureusement exact ; nous verrons p. 278 qu'il y a entre les dialectes et les langues une différence de quantité, non de nature.

CHAPITRE II

COMPLICATIONS DE LA DIVERSITÉ GÉOGRAPHIQUE*

[292]

§ 1. COEXISTENCE DE PLUSIEURS LANGUES SUR UN MÊME POINT.

La diversité géographique a été présentée jusqu'ici sous sa forme idéale : autant de territoires, autant de langues distinctes. Et nous étions en droit de procéder ainsi, car la séparation géographique reste le facteur le plus général de la diversité linguistique. Abordons maintenant les faits secondaires qui viennent troubler cette correspondance et dont le résultat est la coexistence de plusieurs langues sur un même territoire.

Il n'est pas ici question du mélange réel, organique, de l'interpénétration de deux idiomes aboutissant à un changement dans le système (cf. l'anglais après la conquête normande). Il ne s'agit pas non plus de plusieurs langues nettement séparées territorialement, mais comprises dans les limites d'un même État politique, comme c'est le cas en Suisse. Nous envisagerons seulement le fait que deux idiomes peuvent vivre côte à côte dans un même lieu et coexister sans se confondre. Cela se voit très souvent ; mais il faut distinguer deux cas.

Il peut arriver d'abord que la langue d'une nouvelle population vienne se superposer à celle de la population indigène. Ainsi dans l'Afrique du Sud, à côté de plusieurs dialectes nègres, on constate la présence du hollandais et de

l'anglais, résultat de deux colonisations successives ; c'est
de la même façon que l'espagnol s'est implanté au Mexique.
Il ne faudrait pas croire que les empiétements linguistiques de ce genre soient spéciaux à l'époque moderne. De
tout temps on a vu des nations se mélanger sans confondre
leurs idiomes. Il suffit, pour s'en rendre compte, de jeter les
yeux sur la carte de l'Europe actuelle : en Irlande on parle
le celtique et l'anglais ; beaucoup d'Irlandais possèdent les
deux langues. En Bretagne on pratique le breton et le
français ; dans la région basque on se sert du français ou
de l'espagnol en même temps que du basque. En Finlande
le suédois et le finnois coexistent depuis assez longtemps ;
le russe est venu s'y ajouter plus récemment ; en Cour-
lande et en Livonie on parle le lette, l'allemand et le russe ;
l'allemand, importé par des colons venus au moyen âge
sous les auspices de la ligue hanséatique, appartient à une
classe spéciale de la population ; le russe y a ensuite été
importé par voie de conquête. La Lituanie a vu s'implanter
à côté du lituanien le polonais, conséquence de son ancienne
union avec la Pologne, et le russe, résultat de l'incorpora-
tion à l'empire moscovite. Jusqu'au XVIIIe siècle, le slave et
l'allemand étaient en usage dans toute la région orientale
de l'Allemagne à partir de l'Elbe. Dans certains pays la
confusion des langues est plus grande encore ; en Macé-
doine on rencontre toutes les langues imaginables : le turc,
le bulgare, le serbe, le grec, l'albanais, le roumain, etc.,
mêlés de façons diverses suivant les régions.

Ces langues ne sont pas toujours absolument mélangées ;
leur coexistence dans une région donnée n'exclut pas une
relative répartition territoriale. Il arrive, par exemple, que
de deux langues l'une est parlée dans les villes, l'autre dans
les campagnes ; mais cette répartition n'est pas toujours
nette.

Dans l'antiquité, mêmes phénomènes. Si nous possé-
dions la carte linguistique de l'Empire romain, elle nous

montrerait des faits tout semblables à ceux de l'époque moderne. Ainsi, en Campanie, vers la fin de la République, on parlait : l'osque, comme les inscriptions de Pompéi en font foi ; le grec, langue des colons fondateurs de Naples, etc. ; le latin ; peut-être même l'étrusque, qui avait régné sur cette région avant l'arrivée des Romains. A Carthage, le punique ou phénicien avait persisté à côté du latin (il existait encore à l'époque de l'invasion arabe), sans compter que le numide se parlait certainement sur territoire carthaginois. On peut presque admettre que dans l'antiquité, autour du bassin de la Méditerranée, les pays unilingues formaient l'exception.

Le plus souvent cette superposition de langues a été amenée par l'envahissement d'un peuple supérieur en force ; mais il y a aussi la colonisation, la pénétration pacifique ; puis le cas des tribus nomades qui transportent leur parler avec elles. C'est ce qu'ont fait les tziganes, fixés surtout en Hongrie, où ils forment des villages compacts ; l'étude de leur langue a montré qu'ils ont dû venir de l'Inde à une époque inconnue. Dans la Dobroudja, aux bouches du Danube, on trouve des villages tatares éparpillés, marquant de petites taches sur la carte linguistique de cette région.

§ 2. LANGUE LITTÉRAIRE ET IDIOME LOCAL.

Ce n'est pas tout encore : l'unité linguistique peut être détruite quand un idiome naturel subit l'influence d'une langue littéraire. Cela se produit infailliblement toutes les fois qu'un peuple arrive à un certain degré de civilisation. Par « langue littéraire » nous entendons non seulement la langue de la littérature, mais, dans un sens plus général, toute espèce de langue cultivée, officielle ou non, au service de la communauté tout entière. Livrée à elle-même, la langue ne connaît que des dialectes dont aucun n'empiète sur les autres, et par là elle est vouée à un fractionnement indéfini. Mais comme la civilisation, en se développant, multiplie les communications, on choisit, par une sorte de convention tacite, l'un des dialectes existants pour en faire le véhicule de tout ce qui intéresse la nation dans son ensemble. Les motifs de ce choix sont divers : tantôt on donne la préférence au dialecte de la région où la civilisation est le plus avancée, tantôt à celui de la province qui a l'hégémonie politique et où siège le pouvoir central ; tantôt c'est une cour qui impose son parler à la nation. Une fois promu au rang de langue officielle et commune, le dialecte privilégié reste rarement tel qu'il était auparavant. Il s'y mêle des éléments dialectaux d'autres régions ; il devient de plus en plus composite, sans cependant perdre tout à fait son caractère originel : ainsi dans le français littéraire on reconnaît bien le dialecte de l'Ile-de-France, et le toscan dans l'italien commun. Quoi qu'il en soit, la langue littéraire ne s'impose pas du jour au lendemain, et une grande partie de la population se trouve être bilingue, parlant à la fois la langue de tous et le patois local. C'est ce qu'on voit dans bien des régions de la France, comme la Savoie, où le français est une langue importée et n'a pas encore étouffé les patois du terroir. Le fait est général en Allemagne et en Italie, où partout le dialecte persiste à côté de la langue officielle.

Les mêmes faits se sont passés dans tous les temps, chez tous les peuples parvenus à un certain degré de civilisation. Les Grecs ont eu leur *koinè*, issue de l'attique et de l'ionien, et à côté de laquelle les dialectes locaux ont subsisté. Même dans l'ancienne Babylone on croit pouvoir établir qu'il y a eu une langue officielle à côté des dialectes régionaux.

Une langue générale suppose-t-elle forcément l'usage de l'écriture ? Les poèmes homériques semblent prouver le contraire ; bien qu'ils aient vu le jour à une époque où l'on ne faisait pas ou presque pas usage de l'écriture, leur langue est conventionnelle et accuse tous les caractères d'une langue littéraire.

Les faits dont il a été question dans ce chapitre sont si fréquents qu'ils pourraient passer pour un facteur normal dans l'histoire des langues. Cependant nous ferons ici abstraction de tout ce qui trouble la vue de la diversité géographique naturelle, pour considérer le phénomène primordial, en dehors de toute importation de langue étrangère et de toute formation d'une langue littéraire. Cette simplification schématique semble faire tort à la réalité ; mais le fait naturel doit être d'abord étudié en lui-même.

D'après le principe que nous adoptons, nous dirons par exemple que Bruxelles est germanique, parce que cette ville est située dans la partie flamande de la Belgique ; on y parle le français, mais la seule chose qui nous importe est la ligne de démarcation entre le domaine du flamand et celui du wallon. D'autre part, à ce même point de vue, Liège sera roman parce qu'il se trouve sur territoire wallon ; le français n'y est qu'une langue étrangère superposée à un dialecte de même souche. Ainsi encore Brest appartient linguistiquement au breton ; le français qu'on y parle n'a rien de commun avec l'idiome indigène de la Bretagne ; Berlin, où l'on n'entend presque que le haut-allemand, sera attribué au bas-allemand, etc.

CHAPITRE III

CAUSES DE LA DIVERSITÉ GÉOGRAPHIQUE*

§ 1. LE TEMPS, CAUSE ESSENTIELLE.

La diversité absolue (voir p. 263) pose un problème purement spéculatif. Au contraire la diversité dans la parenté nous place sur le terrain de l'observation et elle peut être ramenée à l'unité. Ainsi le français et le provençal remontent tous deux au latin vulgaire, dont l'évolution a été différente dans le nord et dans le sud de la Gaule. Leur origine commune résulte de la matérialité des faits.

Pour bien comprendre comment les choses se passent, imaginons des conditions théoriques aussi simples que possible, permettant de dégager la cause essentielle de la différenciation dans l'espace, et demandons-nous ce qui se passerait si une langue parlée sur un point nettement délimité — une petite île, par exemple — était transportée par des colons sur un autre point, également délimité, par exemple une autre île. Au bout d'un certain temps, on verra surgir entre la langue du premier foyer (F) et celle du second (F') des différences variées, portant sur le vocabulaire, la grammaire, la prononciation, etc.

Il ne faut pas s'imaginer que l'idiome transplanté se modifiera seul, tandis que l'idiome originaire demeurera immobile ; l'inverse ne se produit pas non plus d'une façon absolue ; une innovation peut naître d'un côté, ou de l'autre, ou des deux à la fois. Étant donné un caractère linguistique a, susceptible d'être remplacé par un autre (b, c, d, etc.), la différenciation peut se produire de trois façons différentes :

$$\left. \frac{a \text{ (Foyer F)}}{a \text{ (Foyer F')}} \right\} \begin{array}{l} \longrightarrow \dfrac{b}{a} \\[1em] \longrightarrow \dfrac{a}{c} \\[1em] \longrightarrow \dfrac{b}{c} \end{array}$$

L'étude ne peut donc pas être unilatérale ; les innovations des deux langues ont une égale importance.

Qu'est-ce qui a créé ces différences ? Quand on croit que c'est l'espace seul, on est victime d'une illusion. Livré à lui-même, il ne peut exercer aucune action sur la langue. Au lendemain de leur débarquement en F′, les colons partis de F parlaient exactement la même langue que la veille. On oublie le facteur temps, parce qu'il est moins concret que l'espace ; mais en réalité, c'est de lui que relève la différenciation linguistique. La diversité géographique doit être traduite en diversité temporelle.

Soient deux caractères différentiels b et c ; on n'a jamais passé du premier au second ni du second au premier ; pour trouver le passage de l'unité à la diversité, il faut remonter au primitif a, auquel b et c se sont substitués ; c'est lui qui a fait place aux formes postérieures ; d'où le schéma de différenciation géographique, valable pour tous les cas analogues :

$$\begin{array}{cc} \text{F} & \text{F}' \\ a & \longleftrightarrow & a \\ \downarrow & & \downarrow \\ b & & c \end{array}$$

La séparation des deux idiomes est la forme tangible du phénomène, mais ne l'explique pas. Sans doute, ce fait linguistique ne se serait pas différencié sans la diversité des lieux, si minime soit-elle ; mais à lui seul, l'éloignement ne crée pas les différences. De même qu'on ne peut juger d'un volume par une surface, mais seulement à l'aide d'une troisième dimension, la profondeur, de même le schéma de la différence géographique n'est complet que projeté dans le temps.

On objectera que les diversités de milieu, de climat, de configuration du sol, les habitudes spéciales (autres par exemple chez un peuple montagnard et dans une population maritime), peuvent influer sur la langue et que dans ce cas les variations étudiées ici seraient conditionnées géographiquement. Ces influences sont contestables (voir p. 203) ; fussent-elles prouvées, encore faudrait-il faire ici une distinction. *La direction du mouvement* est attribuable au milieu ; elle est déterminée par des impondérables agissant dans chaque cas sans qu'on puisse les démontrer ni les décrire. Un *u* devient *ü* à un moment donné, dans un milieu donné ; pourquoi a-t-il changé à ce moment et dans ce lieu, et pourquoi est-il devenu *ü* et non pas *o*, par exemple ? Voilà ce qu'on ne saurait dire. Mais *le changement même*, abstraction faite de sa direction spéciale et de ses manifestations particulières, en un mot l'instabilité de la langue, relève du temps seul. La diversité géographique est donc un aspect secondaire du phénomène général. L'unité des idiomes apparentés ne se retrouve que dans le temps. C'est un principe dont le comparatiste doit se pénétrer s'il ne veut pas être victime de fâcheuses illusions.

§ 2. Action du temps sur un territoire continu.

Soit maintenant un pays unilingue, c'est-à-dire où l'on parle uniformément la même langue et dont la population est fixe, par exemple la Gaule vers 450 après J.-C., où le latin était partout solidement établi. Que va-t-il se passer ?

1º L'immobilité absolue n'existant pas en matière de langage (voir p. 110 sv.), au bout d'un certain laps de temps la langue ne sera plus identique à elle-même.

2º L'évolution ne sera pas uniforme sur toute la surface du territoire, mais variera suivant les lieux ; on n'a jamais constaté qu'une langue change de la même façon sur la totalité de son domaine. Donc ce n'est pas le schéma :

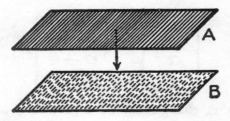

mais bien le schéma :

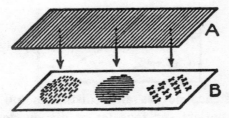

qui figure la réalité.

Comment débute et se dessine la diversité qui aboutira à la création des forme dialectales de toute nature ? La chose est moins simple qu'elle ne le paraît au premier abord. Le phénomène présente deux caractères principaux :

1º L'évolution prend la forme d'innovations successives et précises, constituant autant de faits partiels, qu'on pourra énumérer, décrire et classer selon leur nature (faits phonétiques, lexicologiques, morphologiques, syntaxiques, etc.).

2º Chacune de ces innovations s'accomplit sur une surface déterminée, à son aire distincte. De deux choses l'une :

ou bien l'aire d'une innovation couvre tout le territoire, et elle ne crée aucune différence dialectale (c'est le cas le plus rare) ; ou bien, comme il arrive ordinairement, la transformation n'atteint qu'une portion du domaine, chaque fait dialectal ayant son aire spéciale. Ce que nous disons ci-après des changements phonétiques doit s'entendre de n'importe quelle innovation. Si par exemple une partie du territoire est affectée du changement de *a* en *e* :

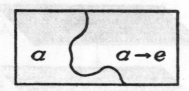

il se peut qu'un changement de *s* en *z* se produise sur ce même territoire, mais dans d'autres limites :

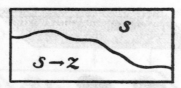

et c'est l'existence de ces aires distinctes qui explique la diversité des parlers sur tous les points du domaine d'une langue, quand elle est abandonnée à son évolution naturelle. Ces aires ne peuvent pas être prévues ; rien ne permet de déterminer d'avance leur étendue, on doit se borner à les constater. En se superposant sur la carte, où leurs limites s'entrecroisent, elles forment des combinaisons extrêmement compliqués. Leur configuration est parfois paradoxale ; ainsi *c* et *g* latins devant *a* se sont changés en *tš*, *dž*, puis *š*, *ž* (cf. *cantum* ➝ *chant*, *virga* ➝ *verge*), dans tout le nord de la France sauf en Picardie et dans une partie de la Normandie, où *c*, *g* sont restés intacts (cf. picard *cat* pour *chat*, *rescapé* pour *réchappé*, qui a passé récemment en français, *vergue* de *virga* cité plus haut, etc.).

Que doit-il résulter de l'ensemble de ces phénomènes ?
Si à un moment donné une même langue règne sur toute
l'étendue d'un territoire, au bout de cinq ou dix siècles
les habitants de deux points extrêmes ne s'entendront probablement plus ; en revanche ceux d'un point quelconque
continueront à comprendre le parler des régions avoisi-
nantes. Un voyageur traversant ce pays d'un bout à l'autre
ne constaterait, de localité en localité, que des variétés dialectales très minimes ; mais ces différences s'accumulant à
mesure qu'il avance, il finirait par rencontrer une langue
inintelligible pour les habitants de la région d'où il serait
parti. Ou bien, si l'on part d'un point du territoire pour
rayonner dans tous les sens, on verra la somme des divergences
augmenter dans chaque direction, bien que de façon différente.

Les particularités relevées dans le parler d'un village se
retrouveront dans les localités voisines, mais il sera impossible de prévoir jusqu'à quelle distance chacune d'elles
s'étendra. Ainsi à Douvaine, bourg du département de la
Haute-Savoie, le nom de Genève se dit *đenva ;* cette prononciation s'étend très loin à l'est et au sud ; mais de l'autre
côté du lac Léman on prononce *dzenva ;* pourtant il ne s'agit
pas de deux dialectes nettement distincts, car pour un autre
phénomène les limites seraient différentes ; ainsi à Douvaine
on dit *daue* pour *deux*, mais cette prononciation a une aire
beaucoup plus restreinte que celle de *đenva ;* au pied du Salève,
à quelques kilomètres de là, on dit *due*.

§ 3. LES DIALECTES N'ONT PAS DE LIMITES NATURELLES.

L'idée qu'on se fait couramment des dialectes est tout
autre. On se les représente comme des types linguistiques
parfaitement déterminés, circonscrits dans tous les sens et
couvrant sur la carte des territoires juxtaposés et distincts
(*a, b, c, d*, etc.).

Mais les transformations dialectales naturelles aboutissent à un résultat tout différent. Dès qu'on s'est mis à étudier chaque phénomène en lui-même et à déterminer son aire d'extension, il a bien fallu substituer à l'ancienne notion

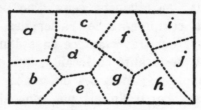

une autre, qu'on peut définir comme suit : il n'y a que des caractères dialectaux naturels, il n'y a pas de dialectes naturels ; ou, ce qui revient au même : il y a autant de dialectes que de lieux.

Ainsi la notion de dialecte naturel est en principe incompatible avec celle de région plus ou moins étendue. De deux choses l'une : ou bien l'on définit un dialecte par la totalité de ses caractères, et alors il faut se fixer sur un point de la carte et s'en tenir au parler d'une seule localité ; dès qu'on s'en éloignera, on ne trouvera plus exactement les mêmes particularités. Ou bien l'on définit le dialecte par un seul de ses caractères ; alors, sans doute, on obtient une surface, celle que recouvre l'aire de propagation du fait en question, mais il est à peine besoin de remarquer que c'est là un procédé artificiel, et que les limites ainsi tracées ne correspondent à aucune réalité dialectale.

La recherche des caractères dialectaux a été le point de départ des travaux de cartographie linguistique, dont le modèle est l'*Atlas linguistique de la France*, par Gilliéron ; [294] il faut citer aussi celui de l'Allemagne par Wenker[1].*La forme de l'atlas est tout indiquée, car on est obligé d'étu-

---

1. Cf. encore WEIGAND ; *Linguistischer Atlas des dakorumänischen Gebiets* (1909) et MILLARDET : *Petit atlas linguistique d'une région des Landes* (1910).

dier le pays région par région, et pour chacune d'elles une carte ne peut embrasser qu'un petit nombre de caractères dialectaux ; la même région doit être reprise un grand nombre de fois pour donner-une idée des particularités phonétiques, lexicologiques, morphologiques, etc., qui y sont superposées, De semblables recherches supposent toute une organisation, des enquêtes systématiques faites au moyen de questionnaires, avec l'aide de correspondants locaux, etc. Il convient de citer à ce propos l'enquête sur les patois de la Suisse romande. Un des avantages des atlas linguistiques, c'est de fournir des matériaux pour des travaux de dialectologie : de nombreuses monographies parues récemment sont basées sur l'*Atlas* de Gilliéron.

On a appelé « lignes isoglosses » ou « d'isoglosses » les frontières des caractères dialectaux ; ce terme a été formé sur le modèle d'*isotherme ;* mais il est obscur et impropre, car il veut dire « qui a la même langue » ; si l'on admet que *glossème* signifie « caractère idiomatique », on pourrait parler plus justement de *lignes isoglossématiques*, si ce terme était utilisable ; mais nous préférons encore dire : *ondes d'innovation* en reprenant une image qui remonte à J. Schmidt et que le chapitre suivant justifiera.

Quand on jette les yeux sur une carte linguistique, on voit quelquefois deux ou trois de ces ondes coïncider à peu près, se confondre même sur un certain parcours :

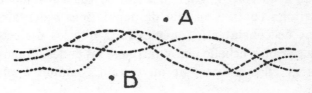

Il est évident que deux points A et B, séparés par une zone de ce genre, présentent une certaine somme de divergences et constituent deux parlers assez nettement différenciés. Il peut arriver aussi que ces concordances, au lieu d'être partielles, intéressent le périmètre tout entier de deux ou plusieurs aires :

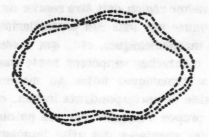

Quand ces concordances sont suffisamment nombreuses on peut par approximation parler de dialecte. Elles s'expliquent par des faits sociaux, politiques, religieux, etc., dont nous faisons totalement abstraction ici ; elles voilent, sans jamais l'effacer complètement, le fait primordial et naturel de la différenciation par aires indépendantes.

§ 4. LES LANGUES N'ONT PAS DE LIMITES NATURELLES.

Il est difficile de dire en quoi consiste la différence entre une langue et un dialecte. Souvent un dialecte porte le nom de langue parce qu'il a produit une littérature ; c'est le cas du portugais et du hollandais. La question d'intelligibilité joue aussi son rôle ; on dira volontiers de personnes qui ne se comprennent pas qu'elles parlent des langues différentes. Quoi qu'il en soit, des langues qui se sont développées sur un territoire continu au sein de populations sédentaires permettent de constater les mêmes faits que les dialectes, sur une plus grande échelle ; on y retrouve les ondes d'innovation, seulement elles embrassent un terrain commun à plusieurs langues.

Dans les conditions idéales que nous avons supposées, on ne peut pas plus établir de frontières entre langue parentes qu'entre dialectes ; l'étendue du territoire est indifférente. De même qu'on ne saurait dire où finit le haut allemand, où commence le plattdeutsch, de même il est impossible de tracer une ligne de démarcation entre l'allemand et le hollandais, entre le français et l'italien. Il y a des points extrêmes où l'on dira avec assurance : « Ici règne le français, ici l'italien » ; mais dès qu'on entre dans les régions intermédiaires, on voit cette distinction s'effacer ; une zone compacte plus restreinte, qu'on imaginerait pour servir de transition entre les deux langues, comme par exemple le provençal entre le français et l'italien, n'a pas plus de réalité. Comment d'ailleurs se représenter, sous une forme ou une autre, une limite linguistique précise sur un territoire couvert d'un bout à l'autre de dialectes graduellement différenciés ? Les délimitations des langues s'y trouvent noyées, comme celles des dialectes, dans les transitions. De même que les dialectes ne sont que des subdivisions arbitraires de la surface totale de la langue, de même la limite qui est censée séparer deux langues ne peut être que conventionnelle.

Pourtant les passages brusques d'une langue à une autre sont très fréquents : d'où proviennent-ils ? De ce que des circonstances défavorables ont empêché ces transitions insensibles de subsister. Le facteur le plus troublant est le déplacement des populations. Les peuples ont toujours connu des mouvements de va-et-vient. En s'accumulant au cours des siècles, ces migrations ont tout embrouillé, et sur beaucoup de points le souvenir des transitions linguistiques s'est effacé. La famille indo-européenne en est un exemple caractéristique. Ces langues ont dû être au début dans des rapports très étroits et former une chaîne ininterrompue d'aires linguistiques dont nous pouvons reconstituer les principales dans leurs grandes lignes. Par ses caractères, le slave chevauche sur l'iranien et le germanique, ce qui est conforme à la répartition géographique de ces langues ; de même le germanique peut être considéré comme un anneau intermédiaire entre le slave et le celtique, qui à son tour a

des rapports très étroits avec l'italique ; celui-ci est intermédiaire entre le celtique et le grec, si bien que, sans connaître la position géographique de tous ces idiomes, un
linguiste pourrait sans hésitation assigner à chacun d'eux
celle qui lui revient. Et cependant, dès que nous considérons une frontière entre deux groupes d'idiomes, par
exemple la frontière germano-slave, il y a un saut brusque,
sans aucune transition ; les deux idiomes se heurtent au
lieu de se fondre l'un dans l'autre. C'est que les dialectes intermédiaires ont disparu. Ni les Slaves, ni les Germains ne sont restés immobiles ; ils ont émigré, conquis des
territoires aux dépens les uns des autres ; les populations
slaves et germaniques qui voisinent actuellement ne sont pas
celles qui étaient autrefois en contact. Supposez que les Italiens de la Calabre viennent se fixer aux confins de la France ;
ce déplacement détruirait naturellement la transition insen-
sible que nous avons constatée entre l'italien et le français ;
c'est un ensemble de faits analogues que nous présente l'indo-
européen.

Mais d'autres causes encore contribuent à effacer les transitions, par exemple l'extension des langues communes aux
dépens des patois (voir p. 267 sv.). Aujourd'hui le français
littéraire (l'ancienne langue de l'Ile-de-France) vient se heurter
à la frontière avec l'italien officiel (dialecte toscan généralisé),
et c'est une bonne fortune qu'on puisse encore trouver des
patois de transition dans les Alpes occidentales, alors que sur
tant d'autres frontières linguistiques tout souvenir de parlers
intermédiaires a été effacé.

CHAPITRE IV

PROPAGATION DES ONDES LINGUISTIQUES

§ 1. La force d'intercourse[1] et l'esprit de clocher.* [295]

La propagation des faits de langue est soumise aux mêmes lois que n'importe quelle habitude, la mode par exemple. Dans toute masse humaine deux forces agissent sans cesse simultanément et en sens contraires : d'une part l'esprit particulariste, l' « esprit de clocher » ; de l'autre, la force d' « intercourse », qui crée les communications entre les hommes.

C'est par l'esprit de clocher qu'une communauté linguistique restreinte reste fidèle aux traditions qui se sont développées dans son sein. Ces habitudes sont les premières que chaque individu contracte dans son enfance ; de là leur force et leur persistance. Si elles agissaient seules, elles créeraient en matière de langage des particularités allant à l'infini.

Mais leurs effets sont corrigés par l'action de la force opposée. Si l'esprit de clocher rend les hommes sédentaires, l'intercourse les oblige à communiquer entre eux. C'est lui qui amène dans un village les passants d'autres localités, qui déplace une partie de la population à l'occa-

---

1. Nous avons cru pouvoir conserver cette pittoresque expression de l'auteur, bien qu'elle soit empruntée à l'anglais (*intercourse*, prononcez *interkors*, « relations sociales, commerce, communications »), et qu'elle se justifie moins dans l'exposé théorique que dans l'explication orale (*Ed.*).

sion d'une fête ou d'une foire, qui réunit sous les drapeaux les hommes de provinces diverses, etc. En un mot, c'est un principe unifiant, qui contrarie l'action dissolvante de l'esprit de clocher.

C'est à l'intercourse qu'est due l'extension et la cohésion d'une langue. Il agit de deux manières : tantôt négativement : il prévient le morcellement dialectal en étouffant une innovation au moment où elle surgit sur un point ; tantôt positivement : il favorise l'unité en acceptant et propageant cette innovation. C'est cette seconde forme de l'intercourse qui justifie le mot *onde* pour désigner les limites géographiques d'un fait dialectal (voir p. 277) ; la ligne isoglossématique est comme le bord extrême d'une inondation qui se répand, et qui peut aussi refluer.

Parfois on constate avec étonnement que deux parlers d'une même langue, dans des régions fort éloignées l'une de l'autre, ont un caractère linguistique en commun ; c'est que le changement surgi d'abord à un endroit du territoire n'a pas rencontré d'obstacle à sa propagation et s'est étendu de proche en proche très loin de son point de départ. Rien ne s'oppose à l'action de l'intercourse dans une masse linguistique où il n'existe que des transitions insensibles.

Cette généralisation d'un fait particulier, quelles que soient ses limites, demande du temps, et ce temps, on peut quelquefois le mesurer. Ainsi la tranformation de *þ* en *d*, que l'intercourse a répandue sur toute l'Allemagne continentale, s'est propagée d'abord dans le sud, entre 800 et 850, sauf en francique, où *þ* persiste sous la forme douce *đ* et ne cède le pas à *d* que plus tard. Le changement de *t* en *z* (pron. *ts*) s'est produit dans des limites plus restreintes et a commencé à une époque antérieure aux premiers documents écrits ; elle a dû partir des Alpes vers l'an 600 et s'étendre à la fois au nord et au sud, en Lombardie. Le *t* se lit encore dans une charte thuringienne du VIIIe siècle. A une époque plus récente, les *ī* et les *ū* germaniques sont devenus des diphtongues (cf. *mein* pour *mīn*, *braun* pour *brūn*) ; parti de Bohême vers 1400, le phénomène a mis 300 ans pour arriver au Rhin et couvrir son aire actuelle.

Ces faits linguistiques se sont propagés par contagion, et il est probable qu'il en est de même de toutes les ondes ; elles partent d'un point et rayonnent. Ceci nous amène à une seconde constatation importante.

Nous avons vu que le facteur temps suffit pour expliquer la diversité géographique. Mais ce principe ne se vérifie entièrement que si l'on considère le lieu où est née l'innovation.

Reprenons l'exemple de la mutation consonantique allemande. Si un phonème *t* devient *ts* sur un point du territoire germanique, le nouveau son tend à rayonner autour de son point d'origine, et c'est par cette propagation spatiale qu'il entre en lutte avec le *t* primitif ou avec d'autres sons qui ont pu en sortir sur d'autres points. A l'endroit où elle prend naissance, une innovation de ce genre est un fait phonétique pur ; mais ailleurs elle ne s'établit que géographiquement et par contagion. Ainsi le schéma

n'est valable dans toute sa simplicité qu'au foyer d'innovation ; appliqué à la propagation, il en donnerait une image inexacte.

Le phonéticien distinguera donc soigneusement les foyers d'innovation, où un phonème évolue uniquement sur l'axe du temps, et les aires de contagion qui, relevant à la fois du temps et de l'espace, ne sauraient intervenir dans la théorie des faits phonétiques purs. Au moment où un *ts*, venu du dehors, se substitue à *t*, il ne s'agit pas de la modification d'un prototype traditionnel, mais de l'imitation d'un parler voisin, sans égard à ce prototype ; quand une forme *herza* « cœur », venue des Alpes, remplace en Thuringe un plus archaïque *herta*, il ne faut pas parler de changement phonétique, mais d'emprunt de phonème.

§ 2. LES DEUX FORCES RAMENÉES A UN PRINCIPE UNIQUE.

Sur un point donné du territoire — nous entendons par là une surface minimale assimilable à un point (voir p. 276), un village par exemple, — il est très facile de distinguer ce qui relève de chacune des forces en présence, l'esprit de clocher et l'intercourse ; un fait ne peut dépendre que de l'une à l'exclusion de l'autre ; tout caractère commun avec un autre parler relève de l'intercourse ; tout caractère qui n'appartient qu'au parler du point envisagé est dû à la force de clocher.

Mais dès qu'il s'agit d'une surface, d'un canton par exemple, une difficulté nouvelle surgit : on ne peut plus dire auquel des deux facteurs se rapporte un phénomène donné ; tous deux, bien qu'opposés, sont impliqués dans chaque caractère de l'idiome. Ce qui est différenciateur pour un canton A est commun à toutes ses parties ; là, c'est la force particulariste qui agit, puisqu'elle interdit à ce canton d'imiter quelque chose du canton voisin B, et qu'inversement elle interdit à B d'imiter A. Mais la force unifiante, c'est-à-dire l'intercourse, est aussi en jeu, car elle se manifeste entre les différentes parties de A (A[1], A[2], A[3], etc.). Ainsi, dans le cas d'une surface, les deux forces agissent simultanément, bien que dans des proportions diverses. Plus l'intercourse favorise une innovation, plus son aire s'étend ; quant à l'esprit de clocher, son action consiste à maintenir un fait linguistique dans les limites qu'il a acquises, en le défendant contre les concurrences du dehors. Il est impossible de prévoir ce qui résultera de l'action de ces deux forces. Nous avons vu p. 282 que dans le domaine du germanique, qui va des Alpes à la mer du Nord, le pas-

sage de þ à d a été général, tandis que le changement de t
en ts (z) n'a atteint que le sud ; l'esprit de clocher a créé
une opposition entre le sud et le nord ; mais, à l'intérieur
de ces limites, grâce à l'intercourse, il y a solidarité linguistique. Ainsi en principe il n'y a pas de différence fondamentale entre ce second phénomène et le premier. Les
mêmes forces sont en présence ; seule l'intensité de leur
action varie.

Cela signifie que pratiquement, dans l'étude des évolutions
linguistiques produites sur une surface, on peut faire abstraction de la force particulariste, ou, ce qui revient au
même, la considérer comme l'aspect négatif de la force unifiante. Si celle-ci est assez puissante, elle établira l'unité sur
la surface entière ; sinon le phénomène s'arrêtera en chemin,
ne couvrant qu'une partie du territoire ; cette aire restreinte
n'en représentera pas moins un tout cohérent par rapport à
ses propres parties. Voilà pourquoi on peut tout ramener à la
seule force unifiante sans faire intervenir l'esprit de clocher,
celui-ci n'étant pas autre chose que la force d'intercourse
propre à chaque région.

§ 3. La différenciation linguistique sur des territoires séparés.

Quand on s'est rendu compte que, dans une masse unilingue, la cohésion varie selon les phénomènes, que les innovations ne se généralisent pas toutes, que la continuité géographique n'empêche pas de perpétuelles différenciations,
alors seulement on peut aborder le cas d'une langue qui se
développe parallèlement sur deux territoires séparés.

Ce phénomène est très fréquent : ainsi dès l'instant où le
germanique a pénétré du continent dans les Iles Britanni-
ques, son évolution s'est dédoublée ; d'un côté, les dialectes allemands ; de l'autre, l'anglo-saxon, d'où est sorti
l'anglais. On peut citer encore le français transplanté au

Canada. La discontinuité n'est pas toujours l'effet de la colonisation ou de la conquête : elle peut se produire aussi par isolement : le roumain a perdu le contact avec la masse latine grâce à l'interposition de populations slaves. La cause importe peu d'ailleurs ; la question est avant tout de savoir si la séparation joue un rôle dans l'histoire des langues et si elle produit des effets autres que ceux qui apparaissent dans la continuité.

Plus haut, pour mieux dégager l'action prépondérante du facteur temps, nous avons imaginé un idiome qui se développerait parallèlement sur deux points sans étendue appréciable, par exemple deux petites îles, où l'on peut faire abstraction de la propagation de proche en proche. Mais dès qu'on se place sur deux territoires d'une certaine superficie, ce phénomène reparaît et amène des différenciations dialectales, de sorte que le problème n'est simplifié à aucun degré du fait de domaines discontinus. Il faut se garder d'attribuer à la séparation ce qui peut s'expliquer sans elle.

C'est l'erreur qu'ont commise les premiers indo-européanistes (voir p. 14). Placés devant une grande famille de langues devenues très différentes les unes des autres, ils n'ont pas pensé que cela pût s'être produit autrement que par fractionnement géographique. L'imagination se représente plus facilement des langues distinctes dans les lieux séparés, et pour un observateur superficiel c'est l'explication nécessaire et suffisante de la différentiation. Ce n'est pas tout : on associait la notion de langue à celle de nationalité, celle-ci expliquant celle-là ; ainsi on se représentait les Slaves, les Germains, les Celtes, etc., comme autant d'essaims sortis d'une même ruche ; ces peuplades, détachées par migration de la souche primitive, auraient porté avec elles l'indo-européen commun sur autant de territoires différents.

On ne revint que fort tard de cette erreur ; en 1877

seulement, un ouvrage de Johannes Schmidt : *Die Ver-wandtschaftsverlhätnisse der Indogermanen*, ouvrit les yeux des linguistes en inaugurant la théorie de la continuité ou des ondes (*Wellentheorie*).* On comprit que le fractionne- [296] ment sur place suffit pour expliquer les rapports réciproques entre les langues indo-européennes, sans qu'il soit néces-saire d'admettre que les divers peuples eussent quitté leurs positions respectives (voir p. 279) ; les différenciations dia-lectales ont pu et dû se produire avant que les nations se soient répandues dans les directions divergentes. Ainsi la théorie des ondes ne nous donne pas seulement une vue plus juste de la préhistoire de l'indo-européen ; elle nous éclaire sur les lois primordiales de tous les phénomènes de différenciation et sur les conditions qui régissent la parenté des langues.

Mais cette théorie des ondes s'oppose à celle des migra-tions sans l'exclure nécessairement. L'histoire des langues indo-européennes nous offre maint exemple de peuples qui se sont détachés de la grande famille par déplacement, et cette circonstance a dû avoir des effets spéciaux ; seulement ces effets s'ajoutent à ceux de la différenciation dans la con-tinuité ; il est très difficile de dire en quoi ils consistent, et ceci nous ramène au problème de l'évolution d'un idiome sur territoires séparés.

Prenons l'ancien anglais. Il s'est détaché du tronc ger-manique à la suite d'une migration. Il est probable qu'il n'aurait pas sa forme actuelle si, au Ve siècle, les Saxons étaient restés sur le continent. Mais quels ont été les effets spécifiques de la séparation ? Pour en juger, il faudrait d'abord se demander si tel ou tel changement n'aurait pas pu naître aussi bien dans la continuité géographique. Supposons que les Anglais aient occupé le Jutland au lieu des Iles Bri-tanniques ; peut-on affirmer qu'aucun des faits attribués à la séparation absolue ne se serait produit dans l'hypothèse du territoire contigu ? Quand on dit que la discontinuité a

permis à l'anglais de conserver l'ancien *þ*, tandis que ce son
devenait *d* sur tout le continent (exemple : angl. *thing* et
all. *Ding*), c'est comme si l'on prétendait qu'en germanique
continental ce changement s'est généralisé grâce à la continuité géographique, alors que cette généralisation aurait
très bien pu échouer en dépit de la continuité. L'erreur
vient, comme toujours, de ce qu'on oppose le dialecte isolé
aux dialectes continus. Or en fait, rien ne prouve qu'une
colonie anglaise supposée établie au Jutland aurait nécessairement subi la contagion du *d*. Nous avons vu par exemple
que sur le domaine linguistique français *k* (+*a*) a subsisté
dans un angle formé par la Picardie et la Normandie, tandis
que partout ailleurs il se changeait en la chuintante *š* (*ch*).
Ainsi l'explication par l'isolement resté insuffisante et superficielle. Il n'est jamais nécessaire d'y faire appel pour expliquer
une différenciation ; ce que l'isolement peut faire, la continuité géographique le fait tout aussi bien ; s'il y a une différence entre ces deux ordres de phénomènes, nous ne pouvons
pas la saisir.

Cependant, en considérant deux idiomes parents, non
plus sous l'aspect négatif de leur différenciation, mais sous
l'aspect positif de leur solidarité, on constate que dans l'isolement tout rapport est virtuellement rompu à partir du
moment de la séparation, tandis que dans la continuité géographique une certaine solidarité subsiste, même entre parlers nettement différents, pourvu qu'ils soient reliés par des
dialectes intermédiaires.

Aussi, pour apprécier les degrés de parenté entre les
langues, il faut faire une distinction rigoureuse entre la
continuité et l'isolement. Dans ce dernier cas les deux
idiomes conservent de leur passé commun un certain nombre de traits attestant leur parenté, mais comme chacun
d'eux a évolué d'une manière indépendante, les caractères
nouveaux surgis d'un côté ne pourront pas se retrouver
dans l'autre (en réservant le cas où certains caractères nés

après la séparation se trouvent par hasard identiques dans les deux idiomes). Ce qui est en tout cas exclu, c'est la communication de ces caractères par contagion. D'une manière générale, une langue qui a évolué dans la discontinuité géographique présente vis-à-vis des langues parentes un ensemble de traits qui n'appartiennent qu'à elle, et quand à son tour cette langue s'est fractionnée, les divers dialectes qui en sont sortis attestent par des traits communs la parenté plus étroite qui les relie entre eux à l'exclusion des dialectes de l'autre territoire. Ils forment réellement une branche distincte détachée du tronc.

Tout autres sont les rapports entre langues sur territoire continu ; les traits communs qu'elles présentent ne sont pas forcément plus anciens que ceux qui les diversifient ; en effet, à tout moment une innovation partie d'un point quelconque a pu se généraliser et embrasser même la totalité du territoire. En outre, puisque les aires d'innovation varient d'étendue d'un cas à l'autre, deux idiomes voisins peuvent avoir une particularité commune sans former un groupe à part dans l'ensemble, et chacun d'eux peut être relié aux idiomes contigus par d'autres caractères, comme le montrent les langues indo-européennes.

CINQUIÈME PARTIE

QUESTIONS
DE LINGUISTIQUE RÉTROSPECTIVE
CONCLUSION

CHAPITRE PREMIER

LES DEUX PERSPECTIVES DE LA LINGUISTIQUE
DIACHRONIQUE *

Tandis que la linguistique synchronique n'admet qu'une seule perspective, celle des sujets parlants, et par conséquent une seule méthode, la linguistique diachronique suppose à la fois une perspective prospective, qui suit le cours du temps, et une perspective rétrospective, qui le remonte (voir p. 128).

La première correspond à la marche véritable des événements ; c'est celle qu'on emploie nécessairement pour écrire un chapitre quelconque de linguistique historique, pour développer n'importe quel point de l'histoire d'une langue. La méthode consiste uniquement à contrôler les documents dont on dispose. Mais dans une foule de cas cette manière de pratiquer la linguistique diachronique est insuffisante ou inapplicable.

En effet, pour pouvoir fixer l'histoire d'une langue dans tous ses détails en suivant le cours du temps, il faudrait posséder une infinité de photographies de la langue, prises de moment en moment. Or cette condition n'est jamais remplie : les romanistes, par exemple, qui ont le privilège de connaître le latin, point de départ de leur recherche, et de posséder une masse imposante de documents appartenant à une longue série de siècles, constatent à chaque instant les lacunes énormes de leur documentation. Il faut alors renoncer à la méthode prospective, au document direct, et procéder en sens inverse, en remontant le cours du temps par la rétrospection. Dans cette seconde vue on se place à une époque donnée pour rechercher, non pas ce qui résulte d'une forme, mais quelle est la forme plus ancienne qui a pu lui donner naissance.

Tandis que la prospection revient à une simple narration et se fonde tout entière sur la critique des documents, la rétrospection demande une méthode reconstructive, qui s'appuie sur la comparaison. On ne peut établir la forme primitive d'un signe unique et isolé, tandis que deux signes différents mais de même origine, comme latin *pater*, sanscrit *pitar-*, ou le radical de latin *ger-ō* et celui de *ges-tus*, font déjà entrevoir par leur comparaison l'unité diachronique qui les relie l'une et l'autre à un prototype susceptible d'être reconstitué par induction. Plus les termes de comparaison seront nombreux, plus ces inductions seront précises, et elles aboutiront — si les données sont suffisantes — à de véritables reconstructions.

Il en est de même pour les langues dans leur ensemble. On ne peut rien tirer du basque parce que, étant isolé, il ne se prête à aucune comparaison. Mais d'un faisceau de langues apparentées, comme le grec, le latin, le vieux slave, etc., a on pu par comparaison dégager les éléments primitifs communs qu'elles contiennent et reconstituer l'essentiel de la langue indo-européenne, telle qu'elle existait avant d'être différenciée dans l'espace. Et ce qu'on a fait en grand pour la famille tout entière, on l'a répété dans des proportions plus restreintes, — et toujours par le même procédé, — pour chacune de ses parties, partout où cela a été nécessaire et possible. Si par exemple de nombreux idiomes germaniques sont attestés directement par des documents, le germanique commun d'où ces divers idiomes sont sortis ne nous est connu qu'indirectement par la méthode rétrospective. C'est de la même manière encore que les linguistes ont recherché, avec des succès divers, l'unité primitive des autres familles (voir p. 263).

La méthode rétrospective nous fait donc pénétrer dans le passé d'une langue au delà des plus anciens documents. Ainsi l'histoire prospective du latin ne commence guère qu'au IIIᵉ ou au IVᵉ siècle avant l'ère chrétienne ; mais la reconstitution de l'indo-européen a permis de se faire une idée de ce qui a dû se passer dans la période qui s'étend entre l'unité primitive et les premiers documents latins connus, et ce n'est qu'après coup qu'on a pu en tracer le tableau prospectif.

Sous ce rapport, la linguistique évolutive est comparable à la géologie, qui, elle aussi, est une science historique ; il lui arrive de décrire des états stables (par exemple l'état actuel du bassin du Léman), en faisant abstraction de ce qui a pu précéder dans le temps, mais elle s'occupe surtout d'événements, de transformations, dont l'enchaînement forme des diachronies. Or en théorie on peut concevoir une géologie prospective, mais en fait et le plus souvent, le coup d'œil ne peut être que rétrospectif ; avant de raconter ce qui s'est passé sur un point de la terre, on est obligé de reconstruire la chaîne des événements et de rechercher ce qui a amené cette partie du globe à son état actuel.

Ce n'est pas seulement la méthode des deux perspectives qui diffère de façon éclatante ; même au point de vue didactique, il n'est pas avantageux de les employer simultanément dans un même exposé. Ainsi l'étude des changements phonétiques offre deux tableaux très différents selon que l'on procède de l'une ou de l'autre manière. En opérant prospectivement, on se demandera ce qu'est devenu en français le *ĕ* du latin classique : on verra alors un son unique se diversifier en évoluant dans le temps et donner naissance à plusieurs phonèmes : cf. *pĕdem* → *pye* (*pied*), *vĕntum* → *vã* (*vent*), *lĕctum* — *li* (*lit*), *nĕcāre* — *nwayę* (*noyer*), etc. ; si l'on recherche, au contraire, rétrospectivement ce que représente en latin un *ę* ouvert français, on constatera qu'un son unique est l'aboutissement de plusieurs phonèmes distincts à l'origine : cf. *tęr* (*terre*) = *tĕrram*, *vęrž* (*verge*) = *vĭrgam*, *fę* (*fait*) = *factum*, etc. L'évolution des éléments formatifs pourrait être présentée également de deux manières, et les deux tableaux seraient aussi différents ; tout ce que nous avons dit p. 232 sv. des formations analogiques le prouve *a priori*. Si l'on recherche par exemple (rétrospectivement) les origines du suffixe de participe français en *-é*, on remonte au latin *-ātum* ; celui-ci, par ses origines, se rattache d'abord aux verbes dénominatifs latins en *-are*, qui eux-mêmes remontent en grande partie aux substantifs féminins en *-a* (cf. *plantāre* : *planta*, grec *tīmáō* : *tīmā́*, etc.) ; d'autre part, *-ātum* n'existerait pas si le suffixe indo-européen *-to-* n'avait pas été par lui-même vivant et productif (cf. grec *klu-tó-s*, latin *in-clu-tu-s*, sanscrit *çru-ta-s*, etc.) ; *-ātum* renferme encore l'élément formatif *-m* de l'accusatif singulier (voir p. 212). Si, inversement, on se demande (prospectivement) dans quelles formations françaises se retrouve le suffixe primitif *-to-*, on pourrait mentionner non seulement les divers suffixes, productifs ou non, du participe passé (*aimé* = latin *amātum*), *fini* = latin *fīnītum*, *clos* = latin *clausum* pour **claudtum*, etc.), mais encore bien d'autres, comme *-u* = latin *-ūtum* (cf. *cornu* = *cornūtum*), *-tif* (suffixe savant) = latin *-īvum* (cf. *fugitif* = *fugitīvum*, *sensitif*, *négatif*, etc.), et une quantité de mots qu'on n'analyse plus, tels que *point* = latin *punctum*, *dé* = latin *datum*, *chétif* = latin *captīvum*, etc.

CHAPITRE II

CHAPITRE II

LA LANGUE LA PLUS ANCIENNE
ET LE PROTOTYPE*

[298]

A ses premiers débuts, la linguistique indo-européenne n'a pas compris le vrai but de la comparaison, ni l'importance de la méthode reconstitutive (voir p. 16). C'est ce qui explique une de ses erreurs les plus frappantes : le rôle exagéré et presque exclusif qu'elle accorde au sanscrit dans la comparaison ; comme c'est le plus ancien document de l'indo-européen, ce document a été promu à la dignité de prototype. Autre chose est de supposer l'indo-européen engendrant le sanscrit, le grec, le slave, le celtique, l'italique, autre chose est de mettre l'une de ces langues à la place de l'indo-européen. Cette confusion grossière a eu des conséquences aussi diverses que profondes. Sans doute cette hypothèse n'a jamais été formulée aussi catégoriquement que nous venons de le faire, mais en pratique on l'admettait tacitement. Bopp écrivait qu' « il ne croyait pas que le sanscrit pût être la source commune », comme s'il était possible de formuler, même dubitativement, une semblable supposition.

Ceci amène à se demander ce qu'on veut dire quand on parle d'une langue qui serait plus ancienne ou plus vieille qu'une autre. Trois interprétations sont possibles, en théorie :

1° On peut d'abord penser à l'origine première, au point de départ d'une langue ; mais le plus simple raisonnement

montre qu'il n'y en a aucune à laquelle on puisse assigner
un âge, parce que n'importe laquelle est la continuation de
ce qui se parlait avant elle. Il n'en est pas du langage comme
de l'humanité : la continuité absolue de son développement
empêche d'y distinguer des générations, et Gaston Paris
s'élevait avec raison contre la conception de langues filles
et de langues mères, parce qu'elle suppose des interruptions.
Ce n'est donc pas dans ce sens qu'on peut dire qu'une langue
est plus vieille qu'une autre.

2º On peut aussi donner à entendre qu'un état de langue
a été surpris à une époque plus ancienne qu'une autre :
ainsi le perse des inscriptions achéménides est plus ancien
que le persan de Firdousi. Tant qu'il s'agit, comme dans ce
cas particulier, de deux idiomes positivement issus l'un de
l'autre et également bien connus, il va sans dire que le plus
ancien doit seul entrer en·ligne de compte. Mais si ces deux
conditions ne sont pas remplies, cette ancienneté-là n'a
aucune importance ; ainsi le lituanien, attesté depuis 1540
seulement, n'est pas moins précieux à cet égard que le paléoslave, consigné au xᵉ siècle, ou même que le sanscrit du
Rigvéda.

3º Le mot « ancien » peut désigner enfin un état de langue plus archaïque, c'est-à-dire dont les formes sont restées
plus près du modèle primitif, en dehors de toute question
de date. Dans ce sens, on pourrait dire que le lituanien du
xvɪᵉ siècle est plus ancien que le latin du ɪɪɪᵉ siècle avant l'ère.

Si l'on attribue au sanscrit une plus grande ancienneté
qu'à d'autres langues, cela ne peut donc être que dans le
deuxième ou le troisième sens ; or il se trouve qu'il l'est
dans l'un comme dans l'autre. D'une part, on accorde que
les hymnes védiques dépassent en antiquité les textes grecs
les plus anciens ; d'autre part, chose qui importe particulièrement, la somme de ses caractères archaïques est considérable en comparaison de ce que d'autres langues ont conservé (voir p. 15).

Par suite de cette idée assez confuse d'antiquité qui fait
du sanscrit quelque chose d'antérieur à toute la famille, il
arriva plus tard que les linguistes, même guéris de l'idée
qu'il est une langue mère, continuèrent à donner une importance trop grande au témoignage qu'il fournit comme langue
collatérale.

Dans ses *Origines indo-européennes* (voir p. 306), Ad.
Pictet, tout en reconnaissant explicitement l'existence d'un
peuple primitif qui parlait sa langue à lui, n'en reste pas
moins convaincu qu'il faut consulter avant tout le sanscrit,
et que son témoignage surpasse en valeur celui de plusieurs
autres langues indo-européennes réunies.* C'est cette illu- [299]
sion qui a obscurci pendant de longues années des questions
de première importance, comme celle du vocalisme primitif.

Cette erreur s'est répétée en petit et en détail. En étudiant des rameaux particuliers de l'indo-européen on était
porté à voir dans l'idiome le plus anciennement connu le
représentant adéquat et suffisant du groupe entier, sans
chercher à mieux connaître l'état primitif commun. Par
exemple, au lieu de parler de germanique, on ne se faisait
pas scrupule de citer tout simplement le gotique, parce
qu'il est antérieur de plusieurs siècles aux autres dialectes
germaniques ; il devenait par usurpation le prototype, la
source des autres dialectes. Pour le slave, on se fondait exclusivement sur le slavon ou paléoslave, connu au xe siècle, parce
que les autres sont connus à date plus basse.

En fait il est extrêmement rare que deux formes de langue
fixées par l'écriture à des dates successives se trouvent
représenter exactement le même idiome à deux moments de
son histoire. Le plus souvent on est en présence de deux
dialectes qui ne sont pas la suite linguistique l'un de l'autre.
Les exceptions confirment la règle : la plus illustre est celle
des langues romanes vis-à-vis du latin : en remontant du
français au latin, on se trouve bien dans la verticale ; le ter-

ritoire de ces langues se trouve être par hasard le même
que celui où l'on parlait latin, et chacune d'elles n'est que
du latin évolué. De même nous avons vu que le perse des
inscriptions de Darius est le même dialecte que le persan
du moyen âge. Mais l'inverse est beaucoup plus fréquent :
les témoignages des diverses époques appartiennent à des
dialectes différents de la même famille. Ainsi le germanique
s'offre successivement dans le gotique d'Ulfilas, dont on ne
connaît pas la suite, puis dans les textes du vieux haut allemand, plus tard dans ceux de l'anglo-saxon, du norrois, etc. ;
or aucun de ces dialectes ou groupes de dialectes n'est la
continuation de celui qui est attesté antérieurement. Cet état
de choses peut être figuré par le schéma suivant, où les lettres
représentent les dialectes et les lignes pointillées les époques
successives :

```
............A.....   Époque 1
......B....|....     Époque 2
..C..|.D.|.....     Époque 3
..↓..↓.↓.↓.E.      Époque 4
```

La linguistique n'a qu'à se féliciter de cet état de choses ;
autrement le premier dialecte connu (A) contiendrait
d'avance tout ce qu'on pourrait déduire de l'analyse des
états subséquents, tandis qu'en cherchant le point de convergence de tous ces dialectes (A, B, C, D, etc.), on rencontrera une forme plus ancienne que A, soit un prototype X,
et la confusion de A et de X sera impossible.

CHAPITRE III

LES RECONSTRUCTIONS

§ 1. Leur nature et leur but. *

Si le seul moyen de reconstruire est de comparer, réciproquement la comparaison n'a pas d'autre but que d'être une reconstruction. Sous peine d'être stériles, les correspondances constatées entre plusieurs formes doivent être placées dans la perspective du temps et aboutir au rétablissement d'une forme unique ; nous avons insisté à plusieurs reprises sur ce point (p. 16 sv., 272). Ainsi pour expliquer le latin *medius* en face du grec *mésos*, il a fallu, sans remonter jusqu'à l'indo-européen, poser un terme plus ancien **methyos* susceptible d'être relié historiquement à *medius* et à *mésos*. Si au lieu de comparer deux mots de langues différentes, on confronte deux formes prises dans une seule, la même constatation s'impose : ainsi en latin *gerō* et *gestus* font remonter à un radical **ges-* jadis commun aux deux formes.

Remarquons en passant que la comparaison portant sur des changements phonétiques doit s'aider constamment de considérations morphologiques. Dans l'examen de latin *patior* et *passus*, je fais intervenir *factus*, *dictus*, etc., parce que *passus* est une formation de même nature ; c'est en me fondant sur le rapport morphologique entre *faciō* et *factus*, *dīcō* et *dictus*, etc., que je peux établir le même rapport à une époque antérieure entre *patior* et **pat-tus*. Réciproquement, si la comparaison est morphologique, je dois l'éclairer par le secours de la phonétique : le latin *meliōrem* peut être comparé au grec *hēdīō* parce que phonétiquement l'un remonte à **meliosem, *meliosm* et l'autre à **hādioa *hādiosa, *hādiosm.*

La comparaison linguistique n'est donc pas une opération mécanique ; elle implique le rapprochement de toutes les données propres à fournir une explication. Mais elle devra toujours aboutir à une conjecture tenant dans une formule quelconque, et visant à rétablir quelque chose d'antérieur ; toujours la comparaison reviendra à une reconstruction de formes.

Mais la vue sur le passé vise-t-elle la reconstruction des formes complètes et concrètes de l'état antérieur ? Se borne-t-elle au contraire à des affirmations abstraites, partielles, portant sur les parties des mots, comme par exemple à cette constatation que le *f* latin dans *fūmus* correspond à un italique commun *b̦*, ou que le premier élément du grec *állo*, latin *aliud*, était déjà en indo-européen un *a* ? Elle peut fort bien limiter sa tâche à ce second ordre de recherches ; on peut même dire que sa méthode analytique n'a pas d'autre but que ces constatations partielles. Seulement, de la somme de ces faits isolés, on peut tirer des conclusions plus générales : par exemple une série de faits analogues à celui du latin *fūmus* permet de poser avec certitude que *b̦* figurait dans le système phonologique de l'italique commun ; de même, si l'on peut affirmer que l'indo-européen montre dans la flexion dite pronominale une terminaison de neutre singulier *-d*, différente de celle des adjectifs *-m*, c'est là un fait morphologique général déduit d'un ensemble de constatations isolées (cf. latin *istud, aliud* contre *bonum*, grec *tó = *tod*, *állo = *allod* contre *kalón*, angl. *that*, etc.). On peut aller plus loin : ces divers faits une fois reconstitués, on procède à la synthèse de tous ceux qui concernent une forme totale, pour reconstruire des mots complets (par exemple indo-europ. *alyod), des paradigmes de flexion, etc. Pour cela on réunit en un faisceau des affirmations parfaitement isolables ; si par exemple on compare les diverses parties d'une forme reconstruite comme *alyod, on remarque une grande différence entre le -d, qui soulève une question de grammaire, et a-, qui n'a aucune signification de ce genre. Une forme reconstruite n'est pas un tout solidaire, mais une somme toujours décomposable de raisonnements phonétiques, et chacune de ses parties est révocable et reste soumise à l'examen. Aussi les formes restituées ont-elles toujours été le reflet fidèle des conclusions générales qui leur sont applicables. L'indo-européen pour « cheval » a été supposé successivement *akvas, *ak₁vas, *ek₁vos, enfin *ek₁wos ; seul s est resté incontesté, ainsi que le nombre des phonèmes.

Le but des reconstructions n'est donc pas de restituer une forme pour elle-même, ce qui serait d'ailleurs assez ridicule, mais de cristalliser, de condenser un ensemble de conclusions que l'on croit justes, d'après les résultats qu'on a pu obtenir à chaque moment ; en un mot, d'enregistrer les progrès de notre science. On n'a pas à justifier les linguistes de l'idée assez bizarre qu'on leur prête de restaurer de pied en cap l'indo-européen, comme s'ils voulaient en faire usage. Ils n'ont pas même cette vue quand ils abordent les langues connues historiquement (on n'étudie pas le latin linguistiquement pour le bien parler), à plus forte raison pour les mots séparés de langues préhistoriques.

D'ailleurs, même si la reconstruction restait sujette à revision, on ne saurait s'en passer pour avoir une vue sur l'ensemble de la langue étudiée, sur le type linguistique auquel elle appartient. C'est un instrument indispensable pour représenter avec une relative facilité une foule de faits généraux, synchroniques et diachroniques. Les grandes lignes de l'indo-européen s'éclairent immédiatement par

l'ensemble des reconstructions : par exemple, que les suffixes étaient formés de certains éléments (*t, s, r*, etc.) à
l'exclusion d'autres, que la variété compliquée du vocalisme
des verbes allemands (cf. *werden, wirst, ward, wurde, worden*)
cache dans la règle une même alternance primitive : *e—o—
zéro.* Par contre-coup l'histoire des périodes ultérieures
s'en trouve grandement facilitée : sans reconstruction préalable, il serait bien plus difficile d'expliquer les
changements survenus au cours du temps depuis la période
antéhistorique.

§ 2. Degré de certitude des reconstitutions.

Il y a des formes reconstruites qui sont tout à fait certaines, d'autres qui restent contestables ou franchement problématiques. Or, comme on vient de le voir, le degré de
certitude des formes totales dépend de la certitude relative
qu'on peut attribuer aux restitutions partielles qui interviennent dans cette synthèse. A cet égard, deux mots ne sont
presque jamais sur le même pied ; entre des formes indo-
européennes aussi lumineuses que **esti* « il est » et **didōti*
« il donne », il y a une différence ; car dans la seconde la
voyelle de redoublement permet un doute (cf. sanscrit *dadāti*
et grec *didōsi*).

En général on est porté à croire les reconstitutions moins
sûres qu'elles ne le sont. Trois faits sont propres à augmenter
[301] notre confiance :[*]

Le premier, qui est capital, a été signalé p. 65 sv. : un mot
étant donné, on peut distinguer nettement les sons qui le
composent, leur nombre et leur délimitation ; on a vu, p. 83,
ce qu'il faut penser des objections que feraient certains
linguistes penchés sur le microscope phonologique. Dans
un groupe tel que -*sn*- il y a sans doute des sons furtifs ou
de transition ; mais il est antilinguistique d'en tenir
compte ; l'oreille ordinaire ne les distingue pas, et

surtout les sujets parlants sont toujours d'accord sur le nombre des éléments. Aussi pouvons-nous dire que dans la forme indo-européenne *ek₁wos il n'y avait que cinq éléments distincts, différentiels, auxquels les sujets devaient faire attention.

Le second fait concerne le système de ces éléments phonologiques dans chaque langue. Tout idiome opère avec une gamme de phonèmes dont le total est parfaitement délimité (voir p. 58). Or, en indo-européen, tous les éléments du système apparaissent au moins dans une douzaine de formes attestées par reconstruction, quelquefois dans des milliers. On est donc sûr de les connaître tous.

Enfin, pour connaître les unités phoniques d'une langue il n'est pas indispensable de caractériser leur qualité positive ; il faut les considérer comme des entités différentielles dont le propre est de ne pas se confondre les unes avec les autres (voir p. 164). Cela est si bien l'essentiel qu'on pourrait désigner les éléments phoniques d'un idiome à reconstituer par des chiffres ou des signes quelconques. Dans *ĕk₁wŏs, il est inutile de déterminer la qualité absolue de ĕ, de se demander s'il était ouvert ou fermé, articulé plus ou moins en avant, etc. ; tant qu'on n'aura pas reconnu plusieurs sortes de ĕ, cela reste sans importance, pourvu qu'on ne le confonde pas avec un autre des éléments distingués de la langue (ă, ŏ, ē, etc.). Cela revient à dire que le premier phonème de *ĕk₁wŏs ne différait pas du second de *mĕdhyŏs, du troisième de *ăgĕ, etc., et qu'on pourrait, sans spécifier sa nature phonique, le cataloguer et le représenter par son numéro dans le tableau des phonèmes indo-européens. Ainsi la reconstruction de *ĕk₁wŏs veut dire que le correspondant indo-européen de latin equos, sanscrit açva-s, etc., était formé de cinq phonèmes déterminés pris dans la gamme phonologique de l'idiome primitif.

Dans les limites que nous venons de tracer, nos reconstitutions conservent donc leur pleine valeur.

CHAPITRE IV

LE TÉMOIGNAGE DE LA LANGUE
EN ANTHROPOLOGIE ET EN PRÉHISTOIRE

[302]   § 1. LANGUE ET RACE. *

Le linguiste peut donc, grâce à la méthode rétrospective, remonter le cours des siècles et reconstituer des langues parlées par certains peuples bien avant leur entrée dans l'histoire. Mais ces reconstructions ne pourraient-elles pas nous renseigner en outre sur ces peuples eux-mêmes, leur race, leur filiation, leurs rapports sociaux, leurs mœurs, leurs institutions, etc. ? En un mot, la langue apporte-t-elle des lumières à l'anthropologie, à l'ethnographie, à la préhistoire ? On le croit très généralement ; nous pensons qu'il y a là une grande part d'illusion. Examinons brièvement quelques aspects de ce problème général.

D'abord la race : ce serait une erreur de croire que de la communauté de langue on peut conclure à la consanguinité, qu'une famille de langues recouvre une famille anthropologique. La réalité n'est pas si simple. Il y a par exemple une race germanique, dont les caractères anthropologiques sont très nets : chevelure blonde, crâne allongé, stature élevée, etc. ; le type scandinave en est la forme la plus parfaite. Pourtant il s'en faut que toutes les populations parlant des langues germaniques répondent à ce signalement ; ainsi les Alémanes, au pied des Alpes, ont un type anthropologique bien différent de celui des Scandinaves. Pourrait-on admettre du moins qu'un idiome appartient en propre à une race et que, s'il est parlé par des peuples allogènes, c'est qu'il leur a été imposé par la conquête ? Sans doute, on voit souvent des nations adopter ou subir la langue de leurs vainqueurs, comme les Gaulois après la victoire des Romains ; mais cela n'explique pas tout : dans le cas des Germains, par exemple, même en admettant qu'ils aient subjugué tant de populations diverses, ils ne peuvent pas les avoir toutes absorbées ; pour cela il faudrait supposer une longue domination préhistorique, et d'autres circonstances encore que rien n'établit.

Ainsi la consanguinité et la communauté linguistique semblent n'avoir aucun rapport nécessaire, et il est impossible de conclure de l'une à l'autre ; par conséquent, dans les cas très nombreux où les témoignages de l'anthropologie et de la langue ne concordent pas, il n'est pas nécessaire de les opposer ni de choisir entre eux ; chacun d'eux garde sa valeur propre.

§ 2. Ethnisme.

Que nous apprend donc ce témoignage de la langue ? L'unité de race ne peut être, en elle-même, qu'un facteur secondaire et nullement nécessaire de communauté linguistique ; mais il y a une autre unité, infiniment plus importante, la seule essentielle, celle qui est constituée par le lien social : nous l'appellerons *ethnisme*. Entendons par là une unité reposant sur des rapports multiples de religion, de civilisation, de défense commune, etc., qui peuvent s'établir même entre peuples de races différentes et en l'absence de tout lien politique.

C'est entre l'ethnisme et la langue que s'établit ce rapport de réciprocité déjà constaté p. 40 : le lien social tend à créer la communauté de langue et imprime peut-être à l'idiome commun certains caractères ; inversement, c'est la communauté de langue qui constitue, dans une certaine mesure, l'unité ethnique. En général celle-ci suffit toujours pour expliquer la communauté linguistique. Par exemple, au début du moyen âge il y a eu un ethnisme roman reliant, sans lien politique, des peuples d'origines très diverses. Réciproquement, sur la question de l'unité ethnique, c'est avant tout la langue qu'il faut interroger ; son témoignage prime tous les autres. En voici un exemple : dans l'Italie ancienne, on trouve les Étrusques à côté des Latins ; si l'on cherche ce qu'ils ont de commun, dans l'espoir de les ramener à une même origine, on peut faire appel à tout ce que ces deux peuples ont laissé : monuments, rites religieux, institutions politiques, etc. ; mais on n'arrivera jamais à la certitude que donne immédiatement la langue : quatre lignes d'étrusque suffisent pour nous montrer que le peuple qui le parlait était absolument distinct du groupe ehtnique qui parlait latin.

Ainsi, sous ce rapport et dans les limites indiquées, la langue est un document historique ; par exemple le fait que les langues indo-européennes forment une famille nous fait conclure à un ethnisme primitif, dont toutes les nations parlant aujourd'hui ces langues sont, par filiation sociale, les héritières plus ou moins directes.

§ 3. PALÉONTOLOGIE LINGUISTIQUE.

Mais si la communauté de langue permet d'affirmer la communauté sociale, la langue nous fait-elle connaître la nature de cet ethnisme commun ?

Pendant longtemps on a cru que les langues sont une source inépuisable de documents sur les peuples qui les parlent et sur leur préhistoire. Adolphe Pictet, un des pionniers du celtisme, est surtout connu par son livre *Les Origines indo-européennes* (1859-63). Cet ouvrage a servi de modèle à beaucoup d'autres ; il est demeuré le plus

attrayant de tous. Pictet veut retrouver dans les témoignages
fournis par les langues indo-européennes les traits fondamentaux de la civilisation des « Aryâs », et il croit pouvoir
en fixer les aspects les plus divers : choses matérielles (outils,
armes, animaux domestiques), vie sociale (était-ce un peuple
nomade ou agricole ?), famille, gouvernement ; il cherche
à connaître le berceau des Aryâs, qu'il place en Bactriane ;
il étudie la flore et la faune du pays qu'ils habitaient. C'est là
l'essai le plus considérable qu'on ait fait dans cette direction ;
la science ainsi inaugurée reçut le nom de paléontologie
linguistique.

D'autres tentatives ont été faites depuis dans le même
sens ; une des plus récentes est celle de Hermann Hirt (*Die
Indogermanen*, 1905-1907)[1]. Il s'est fondé sur la théorie
de J. Schmidt (voir p. 287) pour déterminer la contrée
habitée par les Indo-européens ; mais il ne dédaigne pas de
recourir à la paléontologie linguistique : des faits de vocabulaire lui montrent que les Indo-européens étaient agri-
culteurs, et il refuse de les placer dans la Russie méridio-
nale, comme plus propre à la vie nomade ; la fréquence des
noms d'arbres, et surtout de certaines essences (sapin, bou-
leau, hêtre, chêne), lui donne à penser que leur pays était
boisé et qu'il se trouvait entre le Harz et la Vistule, plus
spécialement dans la région de Brandebourg et de Berlin.
Rappelons aussi que, même avant Pictet, Adalbert Kuhn et
d'autres avaient utilisé la linguistique pour reconstruire la
mythologie et la religion des Indo-européens.

Or il ne semble pas qu'on puisse demander à une langue
des renseignements de ce genre, et si elle ne peut les fournir,
cela tient, selon nous, aux causes suivantes :

D'abord l'incertitude de l'étymologie ; on a compris peu

1. Cf. encore d'Arbois de Jubainville : *Les premiers habitants de l'Europe*
(1877), O. Schrader : *Sprachvergleichung und Urgeschichte*, Id. : *Reallexi-
kon der indogermanischen Altertumskunde* (ouvrages un peu antérieurs à
l'ouvrage de Hirt), S. Feist : *Europa im Lichte der Vorgerschichte* (1910).

à peu combien sont rares les mots dont l'origine est bien
établie, et l'on est devenu plus circonspect. Voici un
exemple des témérités d'autrefois : étant donnés *servus* et
servāre, on les rapproche — on n'en a peut-être pas le droit ;
puis on donne au premier la signification de « gardien », pour
en conclure que l'esclave a été à l'origine le gardien de la
maison Or on ne peut pas même affirmer que *servāre* ait eu
d'abord le sens de « garder ». Ce n'est pas tout : les sens des
mots évoluent : la signification d'un mot change souvent en
même temps qu'un peuple change de résidence. On a cru voir
aussi dans l'absence d'un mot la preuve que la civilisation
primitive ignorait la chose désignée par ce mot ; c'est une
erreur. Ainsi le mot pour « labourer » manque dans les idiomes
asiatiques ; mais cela ne signifie pas que cette occupation
fût inconnue à l'origine : le labour a pu tout aussi bien tomber en désuétude ou se faire par d'autres procédés, désignés
par d'autres mots.

La possibilité des emprunts est un troisième facteur qui
trouble la certitude. Un mot peut passer après coup dans
une langue en même temps qu'une chose est introduite chez
le peuple qui la parle ; ainsi le chanvre n'a été connu que
très tard dans le bassin de la Méditerranée, plus tard encore
dans les pays du Nord ; à chaque fois le nom du chanvre
passait avec la plante. Dans bien des cas, l'absence de données
extra-linguistiques ne permet pas de savoir si la présence d'un
même mot dans plusieurs langues est due à l'emprunt ou
prouve une tradition primitive commune.

Ce n'est pas à dire qu'on ne puisse dégager sans hésitation quelques traits généraux et même certaines données
précises : ainsi les termes communs indiquant la parenté
sont abondants et se sont transmis avec une grande netteté ;
ils permettent d'affirmer que, chez les Indo-européens, la
famille était une institution aussi complexe que régulière :
car leur langue connaît en cette matière des nuances que
nous ne pouvons rendre. Dans Homère *eináteres* veut dire

« belles-sœurs » dans le sens de « femmes de plusieurs frères »
et *galóōi* « belles-sœurs » dans le sens de « femme et sœur
du mari entre elles » ; or le latin *janitrīcēs* correspond
à *eináteres* pour la forme et la signification. De même le
« beau-frère, mari de la sœur » ne porte pas le même nom
que les « beaux-frères, maris de plusieurs sœurs entre eux ».
Ici on peut donc vérifier un détail minutieux, mais en
général on doit se contenter d'un renseignement général.
Il en est de même des animaux : pour des espèces importantes comme l'espèce bovine, non seulement on peut
tabler sur la coïncidence de grec *boûs*, all. *Kuh*, sanscrit
gau-s etc., et reconstituer un indo-européen $*g_ṣōu-s$, mais la
flexion a les mêmes caractères dans toutes les langues, ce
qui ne serait pas possible s'il s'agissait d'un mot emprunté
postérieurement à une autre langue.

Qu'on nous permette d'ajouter ici, avec un peu plus de
détails, un autre fait morphologique qui a ce double caractère d'être limité à une zone déterminée et de toucher à un
point d'organisation sociale.

Malgré tout ce qui a été dit sur le lien de *dominus* avec
domus, les linguistes ne se sentent pas pleinement satisfaits,
parce qu'il est au plus haut point extraordinaire de voir un
suffixe *-no-* former des dérivés secondaires ; on n'a jamais
entendu parler d'une formation comme serait en grec **oiko-
no-s* ou **oike-no-s* de *oîkos*, ou en sanscrit **açva-na-* de *açva-*.
Mais c'est précisément cette rareté qui donne au suffixe de
dominus sa valeur et son relief. Plusieurs mots germaniques
sont, selon nous, tout à fait révélateurs :

1° **þeuđa-na-z* « le chef de la **þeuđō*, le roi », got. *þiudans*, vieux saxon *thiodan* (**þeuđō*, got. *þiuda*, = osque
touto « peuple »).

2° **druχti-na-z* (partiellement changé en **druχlī-na-z*)
« le chef de la **druχ-ti-z*, de l'armée », d'où le nom chrétien
pour « le Seigneur, c'est-à-dire Dieu », v. norr. *Dróttinn*,
anglo-saxon *Dryhten*, tous les deux avec la finale *-ĭna-z*.

3º *kindi-na-z « le chef de la *kindi-z = lat. *gens* ».
Comme le chef d'une *gens* était, par rapport à celui d'une
þeuđō, un vice-roi, ce terme germanique de *kindins* (absolument perdu par ailleurs) est employé par Ulfilas pour
désigner le gouverneur romain d'une province, parce que
le légat de l'empereur était, dans ses idées germaniques, la
même chose qu'un chef de clan vis-à-vis d'un *þiudans* ; si
intéressante·que soit l'assimilation au point de vue historique, il n'est pas douteux que le mot *kindins*, étranger aux
choses romaines, témoigne d'une division des populations
germaniques en *kindi-z*.

Ainsi un suffixe secondaire *-no-* s'ajoute à n'importe
quel thème en germanique pour donner le sens de « chef
de telle ou telle communauté ». Il ne reste plus alors qu'à
constater que latin *tribūnus* signifie de même littéralement
« le chef de la *tribus* » comme *þiudans* le chef de la *þiuda*,
et de même enfin *domi-nus* « chef de la *domus* », dernière
division de la *touta* = *þiuda*. *Dominus*, avec son singulier
suffixe, nous semble une preuve très difficilement réfutable
non seulement d'une communauté linguistique mais aussi
d'une communauté d'institutions entre l'ethnisme italiote
et l'ethnisme germain.

Mais il faut se rappeler encore une fois que les rapprochements de langue à langue livrent rarement des indices aussi
caractéristiques.

[303] § 4. TYPE LINGUISTIQUE ET MENTALITÉ DU GROUPE SOCIAL.*

Si la langue ne fournit pas beaucoup de renseignements
précis et authentiques sur les mœurs et les institutions du
peuple qui en fait usage, sert-elle au moins à caractériser le
type mental du groupe social qui la parle ? C'est une opi-
noin assez généralement admise qu'une langue reflète le
caractère psychologique d'une nation : mais une objection
très grave s'oppose à cette vue : un procédé linguistique

n'est pas nécessairement déterminé par des causes psychiques.

Les langues sémitiques expriment le rapport de substantif déterminant à substantif déterminé (cf. franç. « la parole de Dieu »), par la simple juxtaposition, qui entraîne, il est vrai, une forme spéciale, dite « état construit », du déterminé placé devant le déterminant. Soit en hébreu *dābār* « parole » et *'elōhīm*[1] « Dieu : » *dәbar, 'elōhīm* signifie : « la parole de Dieu ». Dirons-nous que ce type syntaxique révèle quelque chose de la mentalité sémitique ? L'affirmation serait bien téméraire, puisque l'ancien français a régulièrement employé une construction analogue : cf. *le cor Roland, les quatre fils Aymon*, etc. Or ce procédé est né en roman d'un pur hasard, morphologique autant que phonétique : la réduction extrême des cas, qui a imposé à la langue cette construction nouvelle. Pourquoi un hasard analogue n'aurait-il pas jeté le protosémite dans la même voie ? Ainsi un fait syntaxique qui semble être un de ses traits indélébiles n'offre aucun indice certain de la mentalité sémite.

Autre exemple : l'indo-européen primitif ne connaissait pas de composés à premier élément verbal. Si l'allemand en possède (cf. *Bethaus, Springbrunnen*, etc.) faut-il croire qu'à un moment donné les Germains ont modifié un mode de pensée hérité de leurs ancêtres ? Nous avons vu que cette innovation est due à un hasard non seulement matériel, mais encore négatif : la suppression de l'*a* dans *betahūs* (voir p. 195). Tout s'est passé hors de l'esprit, dans la sphère des mutations de sons, qui bientôt imposent un joug absolu à la pensée et la forcent à entrer dans la voie spéciale qui lui est ouverte par l'état matériel des signes. Une foule d'observations du même genre nous confirment dans cette opinion ; le caractère psychologique du

1. Le signe ' désigne l'*aleph*, soit l'occlusive glottale qui correspond à l'esprit doux du grec.

groupe linguistique pèse peu devant un fait comme la suppression d'une voyelle ou une modification d'accent, et bien d'autres choses analogues capables de révolutionner à chaque instant le rapport du signe et de l'idée dans n'importe quelle forme de langue.

Il n'est jamais sans intérêt de déterminer le type grammatical des langues (qu'elles soient historiquement connues ou reconstruites) et de les classer d'après les procédés qu'elles emploient pour l'expression de la pensée ; mais de ces déterminations et de ces classements on ne saurait rien conclure avec certitude en dehors du domaine proprement linguistique.

CHAPITRE V

FAMILLES DE LANGUES ET TYPES LINGUISTIQUES[1]* [304]

Nous venons de voir que la langue n'est pas soumise directement à l'esprit des sujets parlants : insistons en terminant sur une des conséquences de ce principe : aucune famille de langues n'appartient de droit et une fois pour toutes à un type linguistique.

Demander à quel type un groupe de langues se rattache, c'est oublier que les langues évoluent ; c'est sous-entendre qu'il y aurait dans cette évolution un élément de stabilité. Au nom de quoi prétendrait-on imposer des limites à une action qui n'en connaît aucune ?

Beaucoup, il est vrai, en parlant des caractères d'une famille, pensent plutôt à ceux de l'idiome primitif, et ce problème-là n'est pas insoluble, puisqu'il s'agit d'une langue et d'une époque. Mais dès qu'on suppose des traits permanents auxquels le temps ni l'espace ne peuvent rien changer, on heurte de front les principes fondamentaux de la linguistique évolutive. Aucun caractère n'est permanent de droit ; il ne peut persister que par hasard.

Soit, par exemple, la famille indo-européenne ; on connaît les caractères distinctifs de la langue dont elle est issue ; le système des sons est d'une grande sobriété ; pas de groupes compliqués de consonnes, pas de consonnes doubles ; un vocalisme monotone, mais qui donne lieu à un jeu d'alter-

1. Bien que ce chapitre ne traite pas de linguistique rétrospective, nous le plaçons ici parce qu'il peut servir de conclusion à l'ouvrage tout entier (*Ed.*).

nances extrêmement régulières et profondément grammaticales (voir pp. 216, 302) ; un accent de hauteur, qui peut se placer, en principe, sur n'importe quelle syllabe du mot et contribue par conséquent au jeu des oppositions grammaticales ; un rythme quantitatif, reposant uniquement sur l'opposition des syllabes longues et brèves ; une grande facilité pour former des composés et des dérivés ; la flexion nominale et verbale est très riche ; le mot fléchi, portant en lui-même ses déterminations, est autonome dans la phrase, d'où grande liberté de construction et rareté des mots grammaticaux à valeur déterminative ou relationnelle (préverbes, prépositions, etc.).

Or on voit aisément qu'aucun de ces caractères ne s'est maintenu intégralement dans les diverses langues indo-européennes, que plusieurs (par exemple le rôle du rythme quantitatif et de l'accent de hauteur) ne se retrouvent dans aucune ; certaines d'entre elles ont même altéré l'aspect primitif de l'indo-européen au point de faire penser à un type linguistique entièrement différent, par exemple l'anglais, l'arménien, l'irlandais, etc.

Il serait plus légitime de parler de certaines transformations plus ou moins communes aux diverses langues d'une famille. Ainsi l'affaiblissement progressif du mécanisme flexionnel, signalé plus haut, est général dans les langues indo-européennes, bien qu'elles présentent sous ce rapport même des différences notables : c'est le slave qui a le mieux résisté, tandis que l'anglais a réduit la flexion à presque rien. Par contre-coup on a vu s'établir, assez généralement aussi, un ordre plus ou moins fixe pour la construction des phrases, et les procédés analytiques d'expression ont tendu à remplacer les procédés synthétiques valeurs casuelles rendues par des prépositions (voir p. 247), formes verbales composées au moyen d'auxiliaires, etc.).

On a vu qu'un trait du prototype peut ne pas se

retrouver dans telle ou telle des langues dérivées : l'inverse
est également vrai. Il n'est pas rare même de constater
que les traits communs à tous les représentants d'une
famille sont étrangers à l'idiome primitif ; c'est le cas de
l'harmonie vocalique (c'est-à-dire d'une certaine assimilation du timbre de toutes les voyelles des suffixes d'un mot
à la dernière voyelle de l'élément radical). Ce phénomène
se rencontre en ouralo-altaïque, vaste groupe de langues parlées en Europe et en Asie depuis la Finlande jusqu'à la Mand-
chourie ; mais ce caractère remarquable est dû, selon toute probabilité, à des développements ultérieurs ; ce serait donc un trait
commun sans être un trait originel, à tel point qu'il ne peut être
invoqué pour prouver l'origine commune (très contestée) de ces
langues, pas plus que leur caractère agglutinatif. On a reconnu
également que le chinois n'a pas toujours été monosyllabique.

Quand on compare les langues sémitiques avec le protosémite reconstitué, on est frappé à première vue de la persistance de certains caractères ; plus que toutes les autres
familles, celle-ci donne l'illusion d'un type immuable,
permanent, inhérent à la famille. On le reconnaît aux
traits suivants, dont plusieurs s'opposent d'une façon saisissante à ceux de l'indo-européen : absence presque totale
de composés, usage restreint de la dérivation ; flexion peu
développée (plus, cependant, en protosémite que dans les
langues filles), d'où un ordre de mots lié à des règles
strictes. Le trait le plus remarquable concerne la constitution des racines (voir p. 256) ; elles renferment régulièrement trois consonnes (par exemple *q-ṭ-l* « tuer »), qui per-
sistent dans toutes les formes à l'intérieur d'un même
idiome (cf. hébreu *qāṭal, qāṭlā, qṭōl, qiṭlī*, etc.), et d'un idiome
à l'autre (cf. arabe *qatala, qutila*, etc.). Autrement dit,
les consonnes expriment le « sens concret » des mots, leur
valeur lexicologique, tandis que les voyelles, avec le
concours, il est vrai, de certains préfixes et suffixes, marquent exclusivement les valeurs grammaticales par le jeu

de leurs alternances (par exemple hébreu *qāṭal* « il a tué »,
qṭōl « tuer », avec suffixe *qṭāl-ū* « ils ont tué », avec préfixe,
ji-qṭōl « il tuera », avec l'un et l'autre *ji-qṭl-ū* « ils tueront »
etc.).

En face de ces faits et malgré les affirmations auxquelles
ils ont donné lieu, il faut maintenir notre principe : il n'y
a pas de caractères immuables ; la permanence est un effet
du hasard ; si un caractère se maintient dans le temps, il
peut tout aussi bien disparaître avec le temps. Pour nous
en tenir au sémitique, on constate que la « loi » des trois
consonnes n'est pas si caractéristique de cette famille, puisque d'autres présentent des phénomènes tout à fait
analogues. En indo-européen aussi, le consonantisme des
racines est soumis à des lois précises ; par exemple, elles
n'ont jamais deux sons de la série *i, u, r, l, m, n* après leur
e ; une racine telle que *serl* est impossible, etc. Il en est
de même, à un plus haut degré, du jeu des voyelles en sémitique ; l'indo-européen en présente un tout aussi précis,
bien que moins riche ; des oppositions telles que hébreu
daḇar « parole », *dḇār-īm* « paroles », *dibrē-hem* « leurs
paroles » rappellent celles de l'allemand *Gast ; Gäste,
fliessen : floss,* etc. Dans les deux cas la genèse du procédé grammatical est la même. Il s'agit de modifications
purement phonétiques, dues à une évolution aveugle ; mais
les alternances qui en sont résultées ont été saisies par l'esprit, qui leur a attaché des valeurs grammaticales et a
propagé par l'analogie des modèles fournis par le hasard
de l'évolution phonétique. Quant à l'immutabilité des
trois consonnes en sémitique, elle n'est qu'approximative, et n'a rien d'absolu. On pourrait en être certain *a
priori ;* mais les faits confirment cette vue : en hébreu, par
exemple, si la racine de *'anāš-īm* « hommes » présente les
trois consonnes attendues, son singulier *'īš* n'en offre que
deux ; c'est la réduction phonétique d'une forme plus ancienne
qui en contenait trois. D'ailleurs, même en admettant

cette quasi-immutabilité, doit-on y voir un caractère
inhérent aux racines ? Non ; il se trouve simplement que
les langues sémitiques ont moins subi d'altérations phonétiques que beaucoup d'autres et que les consonnes ont été
mieux conservées dans ce groupe qu'ailleurs. Il s'agit donc
d'un phénomène évolutif, phonétique, et non grammatical
ni permanent. Proclamer l'immutabilité des racines, c'est
dire qu'elles n'ont pas subi de changements phonétiques,
rien de plus ; et l'on ne peut pas jurer que ces changements
ne se produiront jamais. D'une manière générale, tout ce
que le temps a fait, le temps peut le défaire ou le transformer.

Tout en reconnaissant que Schleicher faisait violence à la
réalité en voyant dans la langue une chose organique qui
porte en elle-même sa loi d'évolution, nous continuons, sans
nous en douter, à vouloir en faire une chose organique dans
un autre sens, en supposant que le « génie » d'une race ou
d'un groupe ethnique tend à ramener sans cesse la langue dans
certaines voies déterminées.

Des incursions que nous venons de faire dans les domaines
limitrophes de notre science, il se dégage un enseignement
tout négatif, mais d'autant plus intéressant qu'il concorde
avec l'idée fondamentale de ce cours : *la linguistique a pour
unique et véritable objet la langue envisagée en elle-même et pour
elle-même.**   [305]

NOTES BIOGRAPHIQUES ET CRITIQUES
SUR F. DE SAUSSURE

1. LA FAMILLE

Ferdinand de Saussure naquit à Genève le 26 novembre 1871 [1].
La famille était une des plus connues et des plus anciennes de la ville :
le fondateur de la lignée était Mongin ou Mengin Schouel, originaire
du bourg de Saulxsure-sur-Moselotte (Lorraine), conseiller et grand

1. Burnet 1930. Il n'existe pas de biographie détaillée de Saussure. Les sources
des notes biographiques, à part les répertoires biographiques suisses, sont par
ordre chronologique : Bally 1913 *b* ; *F. d. S.* (= *Ferdinand de Saussure* (1857-1913),
édition hors commerce, sans date, due à l'initiative de Mme Marie de Saussure
en date de mars 1915, Genève, éd. réimprimée en 1962 par Jacques et Raymond
de Saussure), avec des articles et des discours commémoratifs (voir *infra*, liste
des abréviations bibliographiques) ; Streitberg 1914 (on voit à la page 204 qu'il
renvoie à une rédaction différente des *Souvenirs* : voir *infra*) ; Duchosal 1950,
Benveniste 1965, Fleury 1965 (les deux derniers étant fondamentaux pour la
période parisienne). On trouve des notices dans *Rec.* (= *Recueil des publications
scientifiques de Ferdinand de Saussure*, Genève 1922, avec préface de Ch. Bally
et L. Gautier) et dans les notes et lettres de Saussure lui-même (inventaire
complet dans Godel 1960) dont on a jusqu'ici édité : *Notes* (= *Notes inédites de
F. d. S.*, édité par R. Godel, C. F. S. 12, 1954. 49-71), *Souvenirs* (*Souv. de F. d. S.
concernant sa jeunesse et ses études*, édité par R. Godel, C. F. S., 1960. 12-25),
Lettres (*Lettres de F. de S. à Antoine Meillet*, édité par E. Benveniste, C. F. S. 21,
1964. 89-130). Les notes des élèves présents aux cours de linguistique générale
ont une importance évidente : les cahiers de notes du second cours sont édités
depuis 1957 (F. d. S., *Cours de linguistique générale (1908-1909). Introduction*,
C. F. S. 15, 1957. 3-103 ; une traduction italienne, avec introduction, a été éditée
par R. Simone, Rome 1970 : la traduction tient compte de meilleures lectures
des manuscrits dues à R. Godel lui-même), et les cahiers de E. Constantin
depuis 1959 (R. Godel, *Nouveaux documents saussuriens. Les cahiers E. C.*,
C. F. S. 18, 1959. 23-32). Tout le matériel de notes autographes de linguistique
générale et de notes d'étudiants est aujourd'hui dans l'édition critique du C. L. G.
de R. Engler (Wiesbaden 1967 et sv.). Des informations provenant de matériels
inédits ou de sources orales se trouvent dans la principale œuvre de la philologie saussurienne : S. M. (= R. Godel, *Les sources manuscrites du Cours de
linguistique générale de F. d. S.*, Genève-Paris 1957 ; l'œuvre a été réimprimée
en 1969). D'autres textes saussuriens ont été récemment publiés : textes sur les
anagrammes in Starobinski 1964, 1967, 1969 ; correspondance avec Ascoli in
Gazdaru 1967 ; *Morphologie* (trois leçons du cours genevois 1894-1895) in Godel
1969. 26-38 ; textes sur la notion de *symbole* et sur *expression* dans ce
commentaire (voir *infra*). On trouve également des fragments inédits dans
Engler 1969.
    Le rassemblement de ce qui reste de la correspondance de Saussure et l'explo-
ration attentive des cahiers de leçons d'indo-européen, de philologie germanique,

fauconnier du duc de Lorraine. Son fils Antoine (1514-1569) hérita
des charges et des biens paternels, mais devenu ensuite partisan de
Calvin, accusé par la régente Christine d'avoir initié le jeune duc Charles
à la religion réformée, il fut emprisonné en 1550. Évadé, il a abandonné
en 1552 la Lorraine avec tous les siens et, après des années de vaga-
bondage entre Neuchâtel, Strasbourg, Lausanne et Genève, il trouva
dans les deux dernières villes (il devint *bourgeois* de la seconde en 1556)
cette hospitalité que Genève surtout accordait aux minorités op-
primées de toute l'Europe. La branche principale de la famille avec
Élie de Saussure (1635-1662), fils de Jean-Baptiste (mort en 1647),
vint ensuite se fixer à Genève où Antoine s'était éteint en 1569 ; le
nom des Saussure fut ainsi lié à celui de Genève, la « Sparte protes-
tante », « âme de ce qu'il y avait de fort, de fidèle, de fièrement into-
lérant dans le mouvement évangélique » (Fisher).

Au début du xviiie siècle, les Saussure achetèrent à J. A. Lullin une
belle maison dans la rue de la Cité ; quelques années plus tard, en
1723, ils possédaient aussi une résidence d'été aux Creux de Genthod,
un hameau de Genthod dans une petite baie boisée du Léman. C'est
à cette époque que naquit le premier Saussure qui se signala dans les
études : Nicolas (1709-1791), avocat, spécialiste d'agronomie de ré-
putation européenne, collaborateur en ce domaine de l'*Encyclopédie*
(d'où est extraite l'œuvre *Vignes, raisins, vendanges et vins*, Lausanne,
1778). Son fils, Horace-Bénédict (17 février 1740-22 janvier 1799),
parmi les intellectuels genevois du xviiie siècle, n'est dépassé — peut-
être — que par Jean-Jacques Rousseau : doué d'une singulière précocité
dont, par un rapprochement naturel, les biographes de son arrière-
neveu se souviendront souvent, il est à 22 ans professeur de philosophie et de sciences naturelles à l'Académie de Genève dont il sera
recteur en 1774-75 ; il s'intéresse à la botanique, à l'électrologie, à la
mécanique, à la minéralogie, à l'hydrologie, à la géologie ; le 3 août
1787 il accomplit une ascension fameuse du mont Blanc ; ses observations scientifiques sont consignées, sous forme non systématique, dans
ses *Voyages dans les Alpes précédés d'un Essai sur l'histoire naturelle
des environs de Genève*, 4 vol., Neuchâtel-Genève-Paris 1779-1796. Deux
de ses enfants poursuivront la tradition paternelle : Albertine-Adrienne
(1766-1841), auteur de *L'Éducation progressive*, épouse de Jacques

---

etc., sont des tâches qui attendent la philologie saussurienne. Pour l'iconogra-
phie saussurienne cf. Benveniste 1965 *ad.* 21 (photographie remontant à l'époque
du *Mémoire*, de Boissonnas, appartenant à M. Jacques de S.) ; Benveniste
1965. 34-Fleury 1965. 35 (reproduction du portrait à l'huile peint sur toile par
Horace de S., appartenant à Jacques de S., conservé à Vufflens, remontant à la
période parisienne) ; Fleury 1965. 52-53 (photographie de la « Gazette de Lausanne » remontant aux dernières années, visage et buste des deux tiers) ; Streitberg 1914 (photo des dernières années, profil tourné vers la gauche avec signa-
ture autographe ; peut-être identique au cliché F. H. Jullien in Oltramare 1916.
257) ; Duchosal 1950 (profil tourné vers la droite, cliché Amor, remontant
toujours aux dernières années).

Necker (professeur de botanique à Genève), cousine et amie de Mme de Staël, traductrice de la *Littérature dramatique* de W. von Schlegel, amie des plus grands personnages de l'Allemagne idéaliste et romantique et, à Genève, d'Adolphe Pictet, premier maître de Ferdinand (cf. A. M. Bernardinis, *Il pensiero educativo di A. N. de S.*, Florence, 1965, page XXXIV, la lettre à Pictet [1822] sur le rapport dialectique entre la nécessité de recueillir « un grand nombre de faits » et la construction d'un « système ») ; Nicolas-Théodore (1767-1845), grand-père de Ferdinand, physicien, chimiste, naturaliste, lui aussi professeur à Genève, de géologie et de minéralogie (on lui doit entre autres l'identification et, en l'honneur de son père, la dénomination de la saussurite et du processus de formation de ce minéral).

Le fils aîné de Nicolas-Théodore fut Théodore (1824-1903) : maire de Genthod durant un demi-siècle (1850-1900), deux fois député au Grand Conseil, colonel dans l'artillerie helvétique, patriote (peut-être participa-t-il à faire revenir son neveu de Paris vers sa patrie), président de la Société Suisse des Arts, fondateur et président de la Société Suisse des Monuments Historiques, auteur de deux drames ainsi que d'*Études sur la langue française. De l'orthographe des noms propres* ; la femme de Théodore, « doyenne de la famille », se consacra à transmettre à ses neveux, « avec les traditions, le culte des ancêtres... ». Le second fils, Henri (27 nov. 1829-20 fév. 1905), porté sur les études de géologie, docteur à Giessen et ensuite *honoris causa* à Genève, accomplit entre ses 25 et ses 27 ans un long voyage de recherche aux Antilles, au Mexique, aux États-Unis, en ramenant de précieuses collections de minéraux et des collections entomologiques ; de retour dans sa patrie, il épouse une jeune fille d'une autre famille aristocratique de Genève, les Pourtalès. De leur mariage naquirent, après Ferdinand, Horace (1859-1926), acquafortiste, portraitiste et paysagiste (on conserve un portrait de Ferdinand par lui au château de Vufflens : voir note page 320) ; Léopold (1866-1925), officier de la marine française de 1881 (Valois 1913. 127) à 1899, qui se consacra ensuite aux études annamites et chinoises et à l'astronomie chinoise ancienne ; René (né en 1868), mathématicien, professeur à 27 ans à l'université catholique de Washington, *privat-docent* à Genève puis à Berne de 1904 à 1924, également auteur d'études de philosophie et de logique des langues artificielles et naturelles.

C'est dans ce milieu, « où la plus haute culture intellectuelle est depuis longtemps une tradition » (Meillet), que se forme le jeune Saussure.

Il avait de qui tenir. Son bisaïeul, Horace-Benedict, fut le père de la géologie, de la minéralogie et de la météorologie alpestres... Son père..., naturaliste aussi, inculquait par l'exemple à ses enfants les disciplines de travail méthodique et de non satisfaction des résultats atteints... Il semblait que sa mère... possédât tous les dons de l'esprit et du goût, étant, entre autres, musicienne consommée.

L'élégance sobre de la maison du creux de Genthod avec sa belle pelouse entourée d'une double rangée d'arbres centenaires, le miroir du lac, l'horizon des Alpes en été ; l'hiver le vaste appartement de la Tertasse, à Genève, avec ses vitrines pleines de collections de toutes sortes, les livres, les albums, les gravures à profusion, voilà le milieu... où F. d. S. a grandi (David).

Ses sentiments se confondaient avec ces paysages qu'il chérissait et qu'il a parcourus en tout sens. Le creux de Genthod, où l'immense salle des marronniers projette une ombre mystérieuse de monastère antique, avec les avenues au-dessous desquelles l'œil perçoit les bleus horizons de notre lac et, plus haut, la cime du Mont-Blanc atteinte pour la première fois par un savant aïeul, lui rappelait, avec la gloire de la famille, ses jeux et ses souvenirs d'enfance, partagés avec tant d'aimables frères et sœurs dans une sorte de paradis terrestre. Et puis, il y avait la haute terrasse de la Tertasse et son aristocratique maison, où la gracieuse doyenne de la famille... a maintenu, avec les traditions, le culte des ancêtres... (F. de Crue) [2].

2. LES PREMIÈRES ÉTUDES

S. fait ses premières études au collège de Hofwyl, près de Berne, où A. Pictet avait aussi été élève : ce dernier, auteur des *Origines indo-européennes. Essai de paléontologie linguistique* (2 vol. Genève 1859-1863), fut un des dieux tutélaires de l'enfance de S. qui le rencontra à 12-13 ans, lors des villégiatures estivales à Malagny (Versoix). S. lui-même parle des conversations qu'il eut avec le vieux savant, de son enthousiasme encore infantile pour la paléontologie linguistique et pour l'étymologie, fortifié par son grand-père maternel, le comte Alexandre-Joseph de Pourtalès, constructeur amateur de *yachts* selon de subtils principes mathématiques et, aux dires de S., auteur d'étymologies pas beaucoup plus sûres que les *yachts* qui, à peine posés sur le Léman, disparaissaient rapidement sous les flots. Quoi qu'il en soit, désormais acquis à la linguistique par Pictet et par son grand-père, S. entre en 1870 à l'institut Martine où le professeur Millenet, mort nonagénaire peu avant 1913, l'initie au grec sur la base de la grammaire de Haas. Une fois cette langue acquise (il connaissait déjà le français, l'allemand, l'anglais et le latin), S. se décide à tenter un « système général du langage » et en termine en 1872 le manuscrit intitulé *Essai sur les langues* et destiné à Pictet. La thèse centrale en est que, en partant de l'analyse de n'importe quelle langue, il est possible de remonter à des racines bi et tri-consonnantiques, à condition de postuler que $p = b = f = v$,

2. Sur la famille et sur le milieu de formation de S. cf. M. Champion, Cuvier et Anon. : *Saussure (Nicolas de), S. (Horace-Benedict de), S. (Nicolas-Théodore de)*, in *Biographie universelle ancienne et moderne*, Paris, s.d. vol. 38 p. 75-79 ; *Nouvelle biographie générale*, vol. 43, Paris 1867, *Saussure* ; Meillet 1913. CLXV (= *F.d.S.* 69 ; corriger « grand-père » en « bisaïeul »), David 1913, De Crue in *F.d.S.* 15-23, Streitberg 1914.204, Burnet 1930. On trouve des renseignements sur les deux maisons des Saussure dans n'importe quel guide de Genève, même succinct. Les citations de H. A. L. Fisher viennent de *Storia d'Europa*, vol. II, 1e éd. Bari 1938, p. 125, 129.

$k = g = ch, t = d = th$. Les « preuves » étaient nombreuses, par exemple R — K était « signe universel de prépotence ou de puissance violente : *rex, regis* ; ῥήγνυμι ; *Rache, rügen* ; *etc.* » comme le rappellera plus tard S. lui-même dans ses *Souvenirs*.

Pictet répondit aimablement au garçon, l'invitant à persévérer dans ses études de la langue mais à se tenir cependant éloigné de « tout système universel du langage ». L'influence du savant plus que septuagénaire sur le jeune garçon doit être allée beaucoup plus loin que ce simple épisode. Pictet lui parla de ses études, de ses intérêts : étant donné qu'il avait été ami et collaborateur de Cousin et ami de W. von Schlegel (qu'il fit connaître à la culture française et suisse avec l'aide de son amie Albertine-Adrienne, tante de Ferdinand), et qu'il s'était occupé d'esthétique selon les théories de ses maîtres et amis idéalistes, Hegel et surtout Schelling, il n'est pas improbable que l'on puisse chercher en lui un premier intermédiaire entre Saussure et la culture romantique et idéaliste. Si ce n'est là qu'une hypothèse, il est cependant certain que S. trouva en lui un modèle de vie : en 1878, l'auteur étant mort depuis trois ans, parut la seconde édition des *Origines*, et Saussure en fit une critique (« Journal de Genève », 17, 19 et 21 avril 1878 = *Recueil* 391-402) dans laquelle il semble que l'on puisse découvrir le secret de la vocation de celui que Benveniste a appelé « homme des fondements » :

> Au milieu de travaux si divers dont nous n'avons énuméré que les plus considérables, il semble que l'on doive renoncer à chercher le fil secret, l'idée commune qui relie généralement tous les produits d'un même esprit. Et cependant, si l'on y regarde de près, on reconnaîtra sans peine que toutes les œuvres de Pictet sont bien nées au foyer de la même pensée. Il y avait d'abord chez lui la curiosité insatiable, l'amour des explorations neuves et lointaines, aux limites extrêmes du savoir humain. Pictet s'est arrêté devant tous les sphynx et a médité toutes les énigmes... Il semble que les faits connus ne soient qu'une base pour ressaisir l'inconnu, les termes d'une équation qu'il faut poser et, si possible, résoudre... C'est toujours là, c'est aux confins de l'imagination et de la science, que sa pensée aimait à se mouvoir (*Rec.* 394-395).

Au cours de l'automne 1872, ses parents jugent que le garçon n'est pas assez « mûr » pour le gymnase et le contraignent à une année d'attente au Collège public. En réalité, le jeune homme de ces années est ainsi décrit :

> Tout problème le fascinait : il le retournait, le creusait, ne le quittait pas sans en avoir formulé, pour lui et pour ses amis, une solution qu'il énonçait avec une rigueur d'expression surprenante pour l'adolescent qu'il était alors. Après quoi il opinait que la vérité pouvait être ailleurs, voire à l'opposé. Car s'il avait besoin de rigueur dans l'expression, il avait plus encore le respect de la vérité, en sorte que l'instant après qu'il avait affirmé, on pouvait croire qu'il avait voulu seulement dresser en pied, pour mieux la démontrer fragile, une thèse fondée sur des arguments incomplets (David).

Le goût des antithèses semble donc ancré en lui plus par une habitude innée que par des ascendances culturelles.

Un jour la classe du Collège lit un passage d'Hérodote et ce garçon qui n'est pas encore « mûr » se trouve devant une forme de la troisième personne du pluriel, une des nombreuses « exceptions » de la grammaire grecque : τετάχαται.

A l'instant où je vis la forme..., mon attention, extrêmement distraite en général, comme il était naturel en cette année de répétition, fut subitement attirée d'une manière extraordinaire, car je venais de faire ce raisonnement... : λεγόμεθα : λέγονται, par conséquent τετάγμεθα : τετάχαται et par conséquent N = α.

A seize ans, trois ans avant Brugmann, S. a ainsi découvert, dans la préhistoire des formes grecques, la *nasalis sonans*.

En 1873 il s'inscrit au Gymnase ; et selon les conseils de Pictet il commence en 1874 à étudier le sanscrit dans la grammaire de Bopp, trouvée dans la Bibliothèque publique de Genève. C'est peut-être à ces années que remonte le premier contact avec Paul Oltramare, professeur de langue et de littérature latine à l'université de Genève, et indianiste [3]. Dans la bibliothèque de la faculté des lettres, S. trouve la seconde édition des *Grundzüge der griechischen Etymologie* de Curtius.

En 1875, âgé de 18 ans, il quitte le Gymnase : pour obéir aux désirs de ses parents et conformément à la tradition familiale, il s'inscrit aux cours de physique et de chimie de l'université de Genève. Mais il s'intéresse à tout autre chose, aux domaines explorés par son maître Pictet à peine décédé ; aussi fréquente-t-il en même temps les cours de philosophie et d'histoire de l'art et, surtout, il entend bien continuer à s'occuper de linguistique. A la faculté des lettres, Joseph Wertheimer est depuis deux ans professeur de « linguistique et philologie », ayant succédé à un certain Krauss qui entre 1869 et 1873 avait enseigné la même matière sous les titres de « philologie » puis de « linguistique comparée ». Wertheimer (Soultz 1833-Genève 1908) devait conserver la chaire jusqu'en 1905, année où lui succéda justement Ferdinand de Saussure ; théologien, grand rabbin de Genève pendant plus d'un demi-siècle, il n'était pas loin de l'ignorance totale en linguistique, son unique œuvre en trente ans d'enseignement étant un opuscule, *La linguistique. Discours prononcé le 30 octobre 1877 à l'ouverture du cours de linguistique* (Genève 1877), « démarquage » mal camouflé (SM 29) de la leçon de M. Bréal, *De la forme et de la fonction des mots* (Paris, 1866). Saussure, avec un jugement très sûr, évite le professeur de linguis-

3. Il faut probablement identifier à P. Oltramare le personnage auquel fait allusion F. De Crue dans son discours (*F. d. S.* 16) : « Ce digne descendant de savants illustres [Saussure]... après s'être formé à Genève, notamment aux leçons d'un guide bénévole, d'un ami distingué que je vois ici etc. » Le prof. Godel m'écrit gentiment (lettre privée du 20 janvier 1967) : « J'ai consulté M. Léopold Gautier qui, d'après ses propres souvenirs et ceux du prof. Paul-E. Martin, me dit que le personnage désigné par le Doyen De Crue est *vraisemblablement* Paul Oltramare. »

tique et fréquente au contraire les leçons de grammaire grecque et latine d'un *privat-docent*, Louis Morel, qui répétait pratiquement ce qu'il avait appris l'année précédente à Leipzig, aux travaux pratiques et aux séminaires de Georg Curtius. Saussure a de longues conversations avec Morel, spécialement au sujet de la question qui le préoccupe depuis trois ans : Curtius, dans ses *Grundzüge*, ramène à des racines avec -*n*- des cas comme μεμαώς ; mais que dit-il de l'alfa de τετάχαται, de τατός ? Mais Morel ne répond pas de façon satisfaisante. Saussure se procure la *Vergleichende Grammatik* de Bopp : la découverte du -r̥- vocalique du vieil-indien le met tout d'abord sur la bonne voie (si *bhr̥tás* est possible, pourquoi ne pas postuler aussi **tn̥tás* ?) ; mais il est ensuite fourvoyé par la théorie erronée de Bopp sur le caractère tardif du type bhr̥tás par rapport au grec φερτός. Bopp représente pour le jeune Genevois la plus grande autorité : sa thèse le décourage de rechercher d'autres preuves de l'existence d'une *nasalis sonans* originelle. De toute façon, Saussure a désormais choisi. Au printemps 1876, par l'intermédiaire de son ami Léopold Faure, il demande à Abel Bergaigne de l'inscrire à la Société de Linguistique de Paris, fondée depuis peu. Le 13 mai 1876, il y est admis (et figure ainsi sur la liste des sociétaires au 1er janvier 1878 comme étudiant en philosophie, domicilié à Leip zig, Hospitalstr. 12 : M. S. L. 3, 1878). En 1876, beaucoup de ses amis genevois (Édouard Favre, Lucien, Raoul, Edmond Gautier) étudient la théologie et le droit à Leipzig : les parents de Saussure consentent au choix du jeune homme. Il pourra aller à la fameuse université allemande et, surtout, y étudier la linguistique [4].

3. LEIPZIG ET LE « MÉMOIRE »

Saussure restera quatre ans à Leipzig, avec une longue parenthèse berlinoise : de l'automne 1876 au premier semestre 1880. Au cours de l'année 1876 (Streitberg 1914.204), avant donc d'arriver à Leipzig, il prépare ses premiers mémoires pour la Société : le premier est lu à Paris lors de la séance du 13 janvier 1877, et M. S. L. 3, 1877 contient

4. Pour ce paragraphe cf. Saussure *Souvenirs* 16-20, en outre Streitberg 1914. 204, Favre in *F. d. S.* 27-28, David 1913. 37, Meillet 1913 (= *F. d. S.* 70-71 ; remplacer « gymnase » par « collège public » et τατός par τετάχαται ; mais le témoignage est important car il révèle le poids accordé par Saussure lui-même à cet épisode), Bally 1913. Pour Wertheimer cf. aussi *Diction. hist. et biograph. de la Suisse* ; pour Pictet, le compte rendu de 1878 est essentiel, en particulier aux pages 391, 394, 395 du *Recueil*. L'*Essai sur les langues* est cité dans *Souvenirs* 16 comme *Système général du langage*, mais est intitulé *ibid.* 19 *Essai...*, et c'est ainsi que l'appelle Bally 1913 (= *Le langage* etc. 3e éd., 147), qui en vit le manuscrit par la suite égaré ; pour la date, B. parle de dix-sept ans, c'est-à-dire 1874, mais cette année l'épisode de la reconstruction de la *nasalis sonans* et la connaissance du sanscrit nous montrent un Saussure beaucoup plus mûr théoriquement et techniquement, si bien que la date de 1872 indiquée dans les *Souvenirs* est bien préférable ; du reste le sanscrit ne semble pas avoir été utilisé dans l'*Essai*, si bien que la connaissance de cette langue (1874) est un bon *terminus ante quem*.

différentes notes de l'étudiant de 19 ans ; *Le suffixe* -T- (197 et sv. = *Rec.* 339-352) et *Sur une classe de verbes latins en* -eo (179-192 = *Rec.* 353-369) sont « encore en partie engagées dans des théories de l'époque antérieure » (Meillet), « zeigen die Klaue des Löwen nicht » (Streitberg) ; pourtant certaines tendances transparaissent déjà : il « invoque l'autorité » de Bopp, mais cite le *Compendium* de Schleicher (*Rec.* 352) en prenant ses distances, se conformant peut-être là à la position critique prise par Bréal (Meillet, *Linguistique historique et linguistique générale*, 2.218).

A l'automne de 1876, Saussure est à Leipzig. Il se rend chez H. Hübschmann pour fréquenter un *privatissimum* de vieux-perse, et le grand iraniste lui demande, durant leur entretien, son avis sur l'hypothèse que vient juste de formuler K. Brugmann, selon laquelle -α- dans des formes comme τατός remonterait à une *nasalis sonans* originelle devenue -un- en germanique. Cette révélation a chez le jeune Genevois des effets opposés : déception (on le voit dans le compte rendu, tout ironique qu'il soit, des *Souvenirs* 20-21) d'avoir perdu le bénéfice de la découverte, mais, en même temps, nouvelle confiance en ses propres capacités. Une première preuve de celles-ci réside déjà dans le troisième travail rédigé pour la Société (*La transformation latine de* tt *en* ss *suppose-t-elle un intermédiaire* st ? [M. S. L. 3, 1877.293-298 = *Rec.* 379-390]) et surtout dans le quatrième, rédigé en novembre-décembre 1876 (Streitberg 1914.204). Le résultat le plus sûr de celui-ci (*Essai d'une distinction des différents a indo-européens*, M. S. L. 3, 1877, 359-370 = *Rec.* 379-390), apparaissant également dans le même temps chez d'autres (ce qui sera la base des insinuations de Osthoff, *Die neueste Sprachforschung*, p. 14, dont Streitberg montre l'absence de fondements, 1914. 204-206), est l'attribution des voyelles de timbre *e* à l'indo-européen, sur la base du traitement différent des vélaires du vieil-indien devant les ā qui correspondent à des ă, ŏ grecs et latins, et devant les ă qui correspondent à des ĕ grecs et latins. Le jeune auteur s'excuse dès la première page de ses lacunes et annonce une « étude subséquente et plus étendue du même sujet ». Lorsque son travail est lu à Paris (21 juillet 1877), Saussure se consacre déjà à la rédaction du *Mémoire* et, depuis un an, il est plongé dans le milieu scientifique de Leipzig.

Outre les cours de vieux-perse de Hübschmann, Saussure fréquente les cours de vieil irlandais de Windisch (il en garde des notes dans les dix cahiers intitulés *Altirische Grammatik* : SM 15), d'histoire de la langue allemande de Braune, de slave et de lituanien de A. Leskien : les rapports avec Leskien sont importants, car le premier partisan de la thèse néogrammairienne du caractère aveugle des lois phonétiques (Bolelli 1965.160,171) fut aussi le traducteur de Whitney (voir *infra*, 334) et l'ami de Noreen (*infra*, 387). Surtout, Saussure peut enfin écouter G. Curtius, aux séminaires duquel il fait deux *Vorträge*, dont l'un porte sur l'*Ablaut* « occulte » du type λᾰθεῖν :

λέλᾱθα, δάμνᾰ-μεν : δάμνᾱ-μι. Brugmann (dont Saussure déclare dans les *Souvenirs* n'avoir suivi qu'une leçon, et deux seulement d'Osthoff), absent du séminaire, accoste Saussure le jour suivant pour lui demander des indications sur d'autres cas d'alternance du type *stătus : stātor*, ce qui prouve selon Saussure (*Souvenirs* 21-23) à quel point les idées de Brugmann sur l'*Ablaut* étaient encore confuses.

Tout de suite ou presque apparaît une certaine tension entre Saussure et les jeunes professeurs allemands de Leipzig : le regret persistant pour le problème de la *nasalis sonans*, les premières insinuations de Osthoff, puis la dure polémique engagée par celui-ci, est poussée jusqu'à l'insulte, contre Saussure et Möller (voir *infra*), la conjuration du silence qui accueille le *Mémoire*, en sont autant de symptômes. Ce n'est donc pas un hasard si, mis à part l'épigraphiste Theodor Baunack, le seul nouvel ami de Leipzig soit Rudolf Kögel, élève de Braune et adversaire de Brugmann. Saussure passe les deux semestres de l'année 1877 et le premier de 1878 à rédiger quelques travaux mineurs (*Exceptions au rhotacisme* M. S. L. 3, 1877. 299, I,U = *ES*, *OS*, M. S. L. 3, 1877.299 = *Rec.* 376, 377-378) et le *Mémoire*. En juillet 1878, Saussure va à Berlin où il suit les cours du spécialiste de sanscrit Hermann Oldenberg, et du celtologue et indianiste Heinrich Zimmer, traducteur de Whitney, tous deux étant à l'époque *Privatdozenten*. Saussure rentre à Leipzig à la fin de l'année 1879 (*Souv.* 15, Streitberg 1914.210). Le *Mémoire* est alors paru depuis un an et, malgré toutes les manifestations d'hostilité, le nom de Saussure est connu : peu de temps avant de passer sa thèse, le jeune homme se présente aux leçons d'un germaniste de Leipzig, F. Zarncke, qui lui demande avec bienveillance s'il est par hasard parent de l'auteur du *Mémoire*, le fameux linguiste suisse Ferdinand de Saussure (De Crue, F. de S. 16, Wackernagel 1916.165).

Le *Mémoire sur le système primitif des voyelles dans les langues indo-européennes* paraît à Leipzig en décembre 1878 (la date du frontispice est 1879 ; réimpression Paris 1887). Le préambule révèle des traits qui resteront typiques du comportement scientifique de Saussure :

> Étudier les formes multiples sous lesquelles se manifeste ce qu'on appelle l'*a* indo-européen, tel est l'objet immédiat de cet opuscule : le reste des voyelles ne sera pris en considération qu'autant que les phénomènes relatifs à l'*a* en fourniront l'occasion. Mais si, arrivés au bout du champ ainsi circonscrit, le tableau du vocalisme indo-européen s'est modifié peu à peu sous nos yeux et que nous le voyions se grouper tout entier autour de l'*a*, prendre vis-à-vis de lui une nouvelle attitude, il est clair qu'en fait c'est le système des voyelles dans son ensemble qui sera entré dans le rayon de notre observation et dont le nom doit être inscrit à la première page.
>
> Aucune matière n'est plus controversée ; les opinions sont divisées presque à l'infini, et les différents auteurs ont rarement fait une application parfaitement rigoureuse de leurs idées. A cela s'ajoute que la question du *a* est en connexion avec une série de problèmes de phonétique et de morphologie dont les uns attendent encore leur solution, dont plusieurs n'ont même pas été posés. Aussi

aurons-nous souvent, dans le cours de notre pérégrination, à traverser les régions les plus incultes de la linguistique indo-européenne. Si néanmoins nous nous y aventurons, bien convaincu d'avance que notre inexpérience s'égarera maintes fois dans le dédale, c'est que, pour quiconque s'occupe de ces études, s'attaquer à de telles questions n'est pas une témérité, comme on le dit souvent : c'est une nécessité, c'est la première école où il faut passer ; car il s'agit ici, non de spéculations d'un ordre trancendant, mais de la recherche de données élémentaires, sans lesquelles tout flotte, tout est arbitraire et incertitude (*Mém.* 1-2 = *Rec.* 3).

Les conclusions du *Mémoire* ont été plusieurs fois synthétisées (Meillet 1913, Streitberg 1914, Meillet 1937. 473-475, Waterman 1963. 43-48, Birnbaum 1957. 7-8, Leroy 1965. 56-59, Vallini 1969) : le cadre des correspondances entre les phonèmes vocaliques des langues historiques est, peut-on dire, définitivement fixé ; la double fonction, vocalique et consonnantique, d'une série d'articulations est dégagée : il s'agit des sonantes *i, *u, *l, *r, *m, *n ; deux formules d'alternance vocalique sont attribuées à l'indo-européen commun (zéro, e/o, $\bar{e}/\bar{o}$ et A/$\bar{a}$, $\bar{e}$, $\bar{o}$), la seconde étant ramenée à la première en attribuant à l'élément A (défini par la correspondance latin, grec $a = a$ vieil-ind. et iran. i) une fonction de « coefficient sonantique » ayant pour propriété de se contracter avec le sommet syllabique précédent pour donner la longue correspondante (ainsi *$\bar{a}$ < *$\breve{a}$A, *$\bar{e}$ < *$\breve{e}$A, etc), ce qui clarifie la structure des racines dissyllabiques et permet de dégager les sonantes longues.

La fortune du *Mémoire* est faite de contrastes : l'anecdote de Zarncke montre certes que l'œuvre, avec sa « glänzende Entdeckung », attira vite sur le jeune homme l'attention admirative des spécialistes, exprimée par exemple par L. Havet, alors professeur au collège de France, dans son compte rendu (« Journal de Genève », 25 février 1879) ou, à l'autre bout de l'Europe, par M. Kruszewski (voir *infra* note 6). Mais les sommités de la linguistique allemande de l'époque réagirent défavorablement. Un jeune nordique, H. Möller, à qui l'on doit pour l'élément A le nom de *šva indogermanicum*, accepta la thèse saussurienne. Osthoff dirigea contre lui et contre Saussure des critiques d'un ton sans cesse plus dur : « Ich muss aber das ganze princip de Saussure's, den laut e (a_1) in allen wurzeln ohne unterschied hineinzubringen, obwohl ich den grossen scharfsinn in der aufstellung und durchführung anerkenne, dennoch in der sache für verfehlt und ein wenig zu sehr von der starren consequenzmacherei eingegeben erachten » (*Morphol. Untersuch. auf d. Gebiete der idg. Sprachen*, vol. II, Leipzig 1879, 125-126) ; dans le volume IV de la même œuvre (Leipzig 1881), Osthoff réitère ses critiques contre le « besoin du système » exprimé par Saussure (*Mémoire* 163) et définit son œuvre comme « misslungene », « avortée », « ein radikaler irrtum » (*op. cit.* 215 n° 1, 279, 331, 346-348).

En contraste seulement apparent avec ces critiques, certains points du *Mémoire* se glissent, sans mention d'auteur, dans les traités de certains néogrammairiens, comme dans la *Griechische Grammatik* (Leipzig 1880) de Gustav Meyer, le premier à tenir compte des élaborations et des découvertes des dix années précédentes, selon Meillet (1937.477), mais aussi « le premier à ignorer mon nom », comme Saussure l'écrira avec amertume (*Souv.* 23) en 1903 [5]. Ces appropriations pourtant, justement parce qu'elles sont partielles, montrent mieux que toute autre chose combien la substance de la théorie et de la position saussuriennes restait incompréhensible pour les représentants officiels de la linguistique de l'époque (Meillet 1913 in *F. d. S.* 74, De Crue in *F. d. S.* 16, Streitberg 1914.208, Sommerfelt 1962.297). Il faudra attendre l'*Ablaut* de Hirt (1900) pour que l'on discute dans une œuvre allemande importante l'ensemble de la théorie saussurienne. Mais on n'aura pas de reprise effective des idées saussuriennes (mis à part A. G. Noreen) avant le S *indo-europeen et* h *hittite* (*Symbolae in honorem J. Rozwadowski*, I, Cracovie 1927, 95-104), avant les *Études indo-européennes* (I, Cracovie 1927, en particulier les p. 27-76) de Jerzy Kuryłowicz, et surtout avant les *Origines de la formation des noms en indo-européen* (I, Paris 1935) d'Émile Benveniste qui souligne combien, après Saussure, le problème de la structure des formes indo-européennes est resté négligé (*Origines* I).

L'expérience du *Mémoire* fut importante à plus d'un titre. Saussure comme son ami H. Möller, face aux résistances rencontrées, furent tentés d'abandonner les études linguistiques pour se consacrer à l'épopée germanique (A. Cuny, *Chamito-Sémitique et indo-européen*, in *Mélanges de linguistique ecc. Ginneken*, Paris 1937, pages 141-147, p. 142) : confirmation en est donnée par le même Möller, du moins pour lui-même (et pour Karl Verner), qui situe vers 1880 la crise qui lui fit abandonner la linguistique indo-européenne pour se consacrer à l'étude comparée de l'indo-européen et du sémitique (H. Möller,

5. On rencontre résistance et silences surtout à propos de la théorie du ǝ comme coefficient sonantique de ā ē ō (*Mém.* 135 = *Rec.* 127 et sv.) grâce à laquelle les deux types d'alternances furent ramenés à une formule unique. Parmi les exceptions il faut rappeler les noms de ceux qui tentèrent en premier l'interprétation du ǝ comme laryngale : N. Fick, in « Gött. Gelehrt. Anzeig. » 1880. 437, H. Möller, *Zur Conjugation... Die Entstehung des o,* « Paul und Braune's Beiträge, zur Gesch. d. deutschen Sprache und Lit. » 7, 1880. 492, note 2, H. Pedersen, *Das Präsensinfix n,* I. F. 2, 1893. 285-332, en particulier 292, A. Cuny, *Notes de phonétique historique. Indoeuropéen et sémitique,* « Revue de phonétique » 2, 1912. 101-132, H. Pedersen, *Vergleich. Gramm. d. keltischen Spr.,* 2 vol. Göttingen 1903, I. 173, 177. Pour d'autres exceptions parmi lesquelles se détache le nom de Noreen, cf. J. Wackernagel, *Altindische Gramm.,* I, Göttingen 1897, p. 81, A. Debrunner in J. Wackernagel, *op. cit., Nachträge zu B. I,* Göttingen 1957, p. 46-47, E. Polomé, *The Laryngeal Theory So Far: A Critical Bibliographical Survey,* in *Evidence for Laryngeals,* La Haye 1965, p. 9-78. Mais, pour le *Mémoire* comme plus tard pour le C. L. G., l'attitude commune des linguistes est bien rendue par la phrase adressée par C. J. S. Marstrander contre les premiers travaux de Kuryłowicz : « La linguistique n'est pas les mathématiques, le système d'une langue ne se prête pas toujours à être défini par des équations » (« Norsk Tidsskrift for Sprogvidenskap » 3, 1929. 290-296, p. 290).

Semitisch und Indogermanisch, I. T., *Konsonanten*, Copenhague 1906 [mais 1907], pages VIII-IX). Selon Godel (introduction à Saussure, *Souv.* 14), nous n'avons pas, au contraire, de données précises pour Saussure, car ce n'est qu'en 1894 qu'apparaissent des symptômes certains de découragement, mais en rapport avec des problèmes de linguistique générale (voir *infra* p. 351), et l'on n'est pas certain que Saussure se soit occupé des *Nibelungen* avant 1900 (cependant, dans les programmes des cours parisiens comme ils ressortent de Fleury 1965.54-66, l'intérêt pour les documents littéraires d'ancien allemand et de moyen haut allemand est évident : voir *infra* 338). Certes, la médiocre sympathie plusieurs fois affichée par Saussure pour la « monstrueuse stupidité des Allemands » (*Souv.*, *Lettres* 121-123, *Notes* 59) fut en grande partie une réaction contre l'attitude des savants de Leipzig.

Le *Mémoire* a profondément marqué la formation de Saussure (Grammont 1933. 153-154, Birnbaum 1957.8, Lepschy 1966.42-43, 48) : sa recherche l'engage à un effort de synthèse (Havet 1908), le pousse à dégager les « données élémentaires », le transformant donc en « homme des fondements » (Benveniste, 1963.8). En outre, le mettant en contact avec des problèmes de reconstruction d'un système linguistique nécessairement a-substantiel, en tant que sa réalisation en paroles n'est pas connue, elle l'amène à considérer les unités linguistiques comme de pures entités oppositives et relationnelles et, par conséquent, dans leur cofonctionnalité « systémique », et non pas comme des atomes isolés (Hjelmslev 1942.37 et sv., 1944.141, 1947.72, 1951.59-60, 1961.79 ; Buyssens 1961.20 et sv., Kukenheim 1962.68, Derossi 1965.9 et sv.), ce qui était cependant « dans l'air » selon Collinder 1962.13 (mais cf. Buyssens 1961.18).

En février 1880 (Meillet 1913) Saussure soutient sa thèse, *De l'emploi du génitif absolu en sanscrit* (Genève 1881, réimprimée dans *Rec.* 269-338). Ceux qui ont été conquis par le « plaisir esthétique » (Wackernagel) du *Mémoire* considèrent en général la thèse comme une preuve de maestria philologique, exceptionnelle en tant que telle, mais sans importance particulière du point de vue conceptuel ou méthodologique. Ceci n'est pas exact. En premier lieu le choix d'un thème dans le domaine de la syntaxe, c'est-à-dire dans un domaine négligé par Bopp et par la linguistique boppienne, schleicherienne, néogrammairienne et plus tard par une bonne partie de la linguistique structurale euro-américaine (Meillet 1937.477, De Mauro 1966. 177 et sv.), mérite d'être relevé. En second lieu, à l'encontre de la littérature spécialisée antérieure qui consacrait au génitif absolu des notes fugitives dans une perspective comparatiste (*Rec.* 271-272), Saussure se propose de déterminer la valeur de la construction en la réinsérant dans un état de langue précis, selon une direction de recherche déjà anticipée par Whitney (d'ailleurs cité au début de l'œuvre : *Rec.* 272). Dans cette perspective, la valeur du génitif absolu est déterminée en mettant au clair sa « particularité caractéristique » (*Rec.* 275), « son caractère distinctif » (278) « en regard de l'emploi du locatif absolu » (275). On constate donc que même sur un terrain linguistique fait de manifestations concrètes, et pas seulement dans l'atmosphère forcément matérialisée de l'indo-européen reconstruit (ce qui nous conduit à corriger partiellement Buyssens 1961.20 et sv.), Saussure fait valoir son point de vue neuf selon lequel la valeur d'une entité linguistique est relationnelle et oppositive. La présence d'un mot-clef de la linguistique postsaussurienne (*caractère distinctif*) et les observations sur les termes employés dans la description (*Rec.* 273) montrent enfin combien était chez lui précoce l'attention portée aux problèmes terminologiques.

La soutenance brillante de la thèse (Favre, *F. d. S.* 30) se termina par l'attribution du doctorat *Summa cum laude et disseratione egregia* (De Crue *F. d. S.* 16).

E. Favre, un compagnon d'études, a laissé un souvenir de cette soutenance : « S'il n'eût été si modeste, les rôles auraient pu être invertis : le jeune examiné aurait pu mettre sur la sellette ses savants examinateurs » (*F. d. S.* 30). Et il ajoute encore :

Ses connaissances étaient universelles : aucun sujet, ni poésie, ni littérature, ni politique, ni beaux-arts, ni histoire, ni sciences naturelles, ne lui était étranger. Il faisait des vers, il dessinait. Il ne connaissait pas le *bluff*, vilain nom pour une vilaine chose ; il était modeste, consciencieux, sincère et droit. Nous autres, ses camarades d'études [*Souv.* 20] nous le savons par expérience.

Nous ne connaissons pas mais nous pouvons deviner les motifs qui poussèrent le jeune docteur de Leipzig (déjà en mauvais rapports avec certains spécialistes allemands, et déjà lié, à l'inverse, avec le milieu de la Société) à poursuivre ses études à Paris. Toutefois, avant de se rendre à Paris, Saussure a le temps de mener à bien une autre expérience décisive : le voyage en Lituanie. Benveniste 1965.23 relève que c'est là « un point obscur dans sa biographie »[6]. Nous

---

6. La datation à la période comprise entre mars et septembre 1880 repose sur le témoignage de Muret (*F. d. S.* 43), cité en entier un peu plus loin. Elle est acceptée par Benveniste. Mais d'autres ont des doutes. G. Redard (dans un article du « Journal de Genève », daté du 22.2.1963 que m'a gentiment signalé R. Godel) place le voyage neuf ans plus tard, en 1888-1889, lorsque « Saussure demanda et obtint aussitôt, pour raisons de santé, un congé d'inactivité d'un an » (Fleury 1965. 41, avec références à des documents d'archive). Selon Godel (lettre privée du 1.7.1970) la déduction de Redard est « extrêmement probable », car « il est improbable que Saussure soit resté toute une année inactif ». Cette raison semble cependant trop mince pour mettre en doute le témoignage explicite de Muret. Ajoutons que dès 1888-1889, Saussure donne des leçons à « cinq élèves qui avaient exprimé le désir de s'initier à l'étude de la langue lituanienne » (Fleury 1965.66) : il devait donc avoir déjà une connaissance du lituanien suffisamment directe et complète pour lui permettre (qu'on se souvienne de son extrême et scrupuleuse rigueur) de donner des leçons « d'initiation » à cette langue. La date de 1888-1889 est donc un bon *terminus ante quem* pour le voyage d'étude en Lituanie qu'il semble par là même opportun de continuer à situer en 1880 comme l'affirmait Muret.

ignorons certes bien des choses : l'époque exacte (entre mars et septembre 1880, a-t-on pensé), les lieux visités. Il n'est pas du tout exact que nous ignorions « ce qu'il y a étudié ». Nous pouvons d'une part présumer que *in loco* Saussure se forgea les notions utilisées ensuite soit dans ses deux cours consacrés au lituanien en 1888-1889 à Paris (Fleury 1965.66) et en 1901-1902 à Genève (voir *infra*), soit dans la rédaction de la carte des dialectes lituaniens promise mais, semble-t-il, jamais envoyée à R. Gauthiot (*Lettres*, 100). Mais d'autre part nous avons sur le voyage trois témoignages d'un grand intérêt :

a) Quant au lituanien, cet idiome si précieux pour la connaissance de l'indo-européen, il était allé l'étudier sur place et en avait tiré la matière de ses plus pénétrantes recherches (Bally in *F. d. S.* 53) ;

b) Tout jeune il a créé une méthode ; il a remplacé dans l'étude de la linguistique la preuve écrite par le témoignage parlé et un jour il s'en fut en Lituanie pour étudier des dialectes qui ont, jusqu'à nos jours, conservé un aspect indo-européen particulièrement archaïque (Favre in *F. d. S.* 31) ;

c) ... Le jeune docteur de l'université de Leipzig s'en fut en Lituanie pour étudier, dans leurs variétés parlées, ces dialectes qui ont conservé jusqu'à nos jours un aspect indo-européen si archaïque et dont les inflexions nuancées devaient lui révéler quelques-uns des secrets de l'histoire de la parole humaine. Il abordait ainsi, l'un des premiers, cette étude directe de la langue qui a depuis lors si complètement transformé les méthodes et les problèmes de la linguistique. Quelque temps après, Saussure arrivait à Paris... (Muret 1913, in *F. d. S.* 43).

Nous entrevoyons aussi comme source l'opinion même de Saussure sur son expérience grâce aux correspondances ponctuelles entre les trois témoignages : 1) le lituanien était important par son aspect archaïque et, donc, par rapport à l'indo-européen (a, b, c) ; 2) plus important encore est le fait que Saussure se soit rendu sur place (a) ; 3) de cette façon, l'un des premiers (c), il créa une méthode (b) qui substitue la preuve parlée à la preuve écrite (b), l'étude directe de la langue à l'étude indirecte (c), c'est-à-dire qu'il fonde cette étude sur le témoignage parlé (b), sur la parole humaine (c).

Face à ce type d'interprétation et mis à part les doutes de Benveniste qui ne seraient pas insurmontables, nous trouvons la position toute différente du spécialiste le plus autorisé des études saussuriennes. Godel (S.M 33) considère d'une façon générale que la phrase qui ouvre la préface au C.L.G, selon laquelle les problèmes de linguistique générale auraient accompagné Saussure « opiniâtrement » et « pendant toute sa vie », est exagérée, et soutient plus spécialement que la critique radicale des méthodes en cours et que les questions de linguistique générale n'ont été abordées par Saussure qu'après l'arrivée à Paris. L'analyse que nous avons faite du *Mémoire*, de la thèse de doctorat et des témoignages sur le voyage en Lituanie nous pousse pourtant à douter de l'opinion de R. Godel. Reste un point à discuter. Saussure lui-même a souligné l'importance qu'avait à ses yeux « l'américain Whitney » en matière précisément d'orientations fondamentales de la linguistique ; Godel a sous-estimé un témoignage précis de Sechehaye sur la date de la rencontre de Saussure avec Whitney. Selon Sechehaye (1917.9) « à cette époque [au cours des années à Leipzig], un livre avait déjà sans doute exercé une profonde influence sur sa pensée et l'avait orientée dans la bonne direction : nous voulons parler de l'ouvrage du sanscritiste américain Whitney, *La vie du langage* (publié en 1875) ». Selon Godel, « les mots « sans doute » indiquent qu'il s'agit plutôt d'une conjecture que d'une information donnée par Saussure lui-même », et en outre, ajoute Godel, il n'est pas sûr que les livres de Whitney aient fait beaucoup de bruit à Leipzig : « Saussure a pu ne les connaître qu'un peu plus tard. » Sur ce point, on peut ne pas être d'accord avec Godel.

Whitney (1827-7 juin 1894 ; cf. sur lui H. H. Bender, in *Dictionary of American Biography*, vol. 20, Londres-New York 1936, et le vaste portrait de Terracini 1949.73-121) était bien connu comme sanscritiste en Allemagne où il avait en 1850 perfectionné sa formation à Berlin avec Bopp et à Leipzig (précisément) avec Rudolph Roth ; il avait préparé en collaboration avec Roth une édition de l'*Atharva Veda Samhita* (Berlin 1856) suivie de l'*Alphabetisches Verzeichnis der Versanfänge der Atharva-Samhitā* (« Indische Studien » 4, 1857). L'activité indianiste de Whitney, généralement appréciée en Allemagne (cf. par exemple H. Schweizer-Siedler in KZ, n. F., I, 1873, 269-272), fut officiellement reconnue par l'attribution en 1870 du prix Bopp par l'Académie de Berlin. Enfin, au cours des années où Saussure se trouve précisément à Leipzig, paraît l'ouvrage de Whitney, *A Sanscrit Grammar, Including both the Classical Language, and the Older Dialects of Veda and Brahmana* (« Bibliothek indogermanischer Grammatiken », Vol. II, éd. Breitkopf et Härtel, Leipzig 1879). L'ouvrage est publié en même temps que la traduction allemande qu'en a faite Zimmer, le maître berlinois de Saussure. Il est certain, d'après un passage déjà mentionné de la thèse (*Rec.* 272), que Saussure connaissait la *Sanscrit Grammar* qui, dans les milieux allemands, faisait en réalité beaucoup de bruit, principalement par l'originalité de son orientation méthodologique : A. Hillebrandt, qui en rend compte très favorablement (« Bezzenberger Beiträge » 5,1880.338-345), la définit comme un « Markstein in der Geschichte der altindischen Grammatik », la louant parce que, contrairement aux habituels travaux comparatistes, elle veut être et est une « Erforschung des Sprachzustandes » (p. 338). Il est impossible de croire que ce caractère ait échappé au théoricien de la synchronie. Et, du reste, le fait que l'influence de Whitney sur Saussure remonte aux années de Leipzig est aujourd'hui reconnu, avec sa probité habituelle, par Robert Godel lui-même in « Journal de Genève. Samedi littéraire » 110 (11-12 mai 1968).

Nous n'avons pas de traces (à part le témoignage de Sechehaye) aussi sûres pour dire que Saussure connaissait déjà les écrits théoriques de Whitney. Permettons-nous cependant d'aborder encore la question. Les travaux théoriques de Whitney (leurs références sont souvent déformées dans différentes sources et différents traités) sont :

1. *Language and the Study of Language. Twelve Lectures on the Principles of Linguistic Science by W. D. W.*, Londres 1867 (conférences données en 1863) ;
2. *Life and Growth of Language*, Londres 1875 ;
3. *Language and its Study with Special Reference to the Indoeuropean Family of Languages. Seven Lectures by W. D. W.*, Londres 1876, 2e éd. 1880 (édition réduite de 1).

1. ne semble pas avoir été traduit en allemand (mais il fut largement commenté par W. Clemm, KZ 18, 1869.119-125); 2. parut, l'année même de sa publication, en traduction française (*La vie du langage*, Paris 1875) et l'année suivante en italien dans la traduction de F. D'Ovidio (Milan 1876) et en allemand (*Leben und Wachstum der Sprache*, Leipzig 1876) dans la traduction du maître de Saussure, Auguste Leskien ; une refonte de 1., analogue à 3., fut préparée en 1874 par Julius Jolly : *Die Sprachwissenschaft W. D. W's Vorlesungen über die Principien der vergleichenden Sprachforschung, für das deutsche Publikum bearbeitet und erweitert von J. J.* (Munich 1874, avec une introduction sur Whitney et ses théories [p. iii-xvii]). La même année paraît dans le G. G. A., 18 février 1874, 205-218, un long article de Jolly sur Whitney orientaliste et linguiste général.

Il est presque incroyable que des œuvres d'une telle diffusion, sur un tel sujet et d'un auteur que les maîtres de Saussure et Saussure lui-même connaissaient et admiraient, aient été ignorées par ce dernier. Pour affirmer cette ignorance, il nous faut en outre refuser le témoignage explicite de Sechehaye. Certes, même sans admettre un rapport avec Whitney théoricien, les intérêts théoriques du jeune Saussure paraissent largement prouvés : mais il n'est pas hasardeux de faire confiance à Sechehaye et d'admettre que, dès les années allemandes, ces intérêts pour la théorie générale de la langue (en 1894 Saussure dira qu'ils sont présents à son esprit « depuis longtemps ») avaient trouvé leur point de référence chez l'orientaliste américain créateur de la linguistique statique.

4. PARIS : L'ÉCOLE ET LA « SOCIÉTÉ »

Saussure s'établit à Paris en automne 1880 (en 1881 il habite au 3, rue de l'Odéon). Francis de Crue est, parmi d'autres, son compagnon d'études (*F. d. S.* 21). Il fréquente les cours de Michel Bréal et (à partir de février 1881), à l'École des Hautes Études, ceux d'iranien de J. Darmesteter, de sanscrit de A. Bergaigne (tous deux un peu froids dans leur rapport annuel lorsqu'ils parlent du nouveau venu) et, enfin, les leçons de philologie latine de Louis Havet, qui avait déjà affirmé son admiration pour Saussure et qui la renouvelle chaudement dans son rapport de 1881 (Fleury 1965.39). Édouard Favre raconte : « Un jour, m'a-t-on dit, un professeur abordant un sujet déjà étudié par Saussure invita celui-ci à venir prendre sa place et, ce jour-là, l'étudiant genevois fit la leçon » (*F. d. S.* 31) ; le professeur était probablement Havet. En effet, durant les cours de Havet Saussure intervint au sujet de *n* et *m* « voyelles » et de vélaires (Fleury 1965.40). Saussure s'affirme très rapidement. Bréal lui cède son cours à l'École : le 30 octobre 1881, à 24 ans, il est nommé à l'unanimité « maître de conférences de gothique et de vieux-haut allemand » (M. S. L. 5, 1884. xiii, Gauthiot in *F. d. S.* 75). Le cours commence le 5 novembre (Muret in *F. d. S.*). Il s'agit en pratique au début d'un « cours de germanique » (Gauthiot 90 ; Meillet in *F. d. S.* 75). La rémunération (approuvée malgré quelques difficultés créées par la Cour des comptes, car Saussure aurait dû prendre — et ne prit pas — la nationalité française) est d'abord de 2 000 francs. Par la suite, lorsque le programme du cours s'amplifie et que, à partir de 1888, Saussure figure comme « maître de conférences » sans autres détails, la rémunération monte d'abord à 2 500 puis à 3 000 francs (Fleury 1965, 40-41).

On a plusieurs fois insisté sur le nombre et sur la qualité des élèves des cours parisiens (Meillet 1913 = *F. d. S.* 76, Muret 1913 = *F. d. S.* 43-44, Gauthiot 1914 = *F. d. S.* 90-92). Et pourtant ces estimations sont inférieures à celles résultant des plus récentes recherches (Fleury 1965.53-67). En neuf ans, le nombre des élèves atteint 112, chiffre très élevé si l'on tient compte du fait que c'était la première fois qu'on enseignait la linguistique historique et comparée dans une université française (Benveniste, 1965. 22) et que le jeune savant, comme nous le verrons, ne se contentait pas d'auditeurs et exigeait d'eux des travaux personnels hebdomadaires. Mais la qualité compte autant que le nombre. 40 des élèves sont étrangers : 16 allemands, 9 suisses (parmi lesquels les linguistes et philologues H. Meylan, H. Micheli, E. Muret, G. de Blonay), 4 roumains (M. Calloïano, M. Demetrescu, J. Dianu ou Diano, D. Evolceanu), 4 belges (parmi lesquels l'un des élèves les plus prometteurs, prématurément disparu, F. Möhl, L. J. Parmentier et l'indianiste L. de La Vallée-Poussin), 2 russes (F. Braun, I. Goldstein), 2 hongrois (Ch. Gerecz, I. Kont), 2 hollandais (G. B. Huet, A. G. van Hamel), le suédois A. Enander, l'autrichien J. Kirste. Parmi les français, à côté de personnalités du monde littéraire comme le poète Pierre Quillard et Marcel Schwob, de professeurs de lycées et de nombreux agrégés de l'université, se détachent une vingtaine de noms de professeurs de linguistique, de philologie classique, de celtologie, d'indianistique, de slavistique : E. M. Audouin, P. Boyer (1887-1891), Arsène Darmesteter (1881-1882), H. G. Dottin (1886-1891), E. Ernault, A. Jacob (1887-1888), E. Ch. Lange, H. Lebègue, L. Léger (1881-1882), P. Lejay, S. Lévi, H. Lichtenberger (1883-1884), F. Lot (1890-1891), H. Pernot (1890-1891), J. Psichari (1887-1888). Des notes érudites sur Braun, né en 1862 à Saint-Pétersbourg sous le prénom de

Fedor, ayant d'abord vécu en Russie comme germaniste, puis en Allemagne comme slaviste sous le prénom de Friedrich et mort en Allemagne, ont été rassemblées par G. Lepschy, *Contributo all'identificazione degli ascoltatori di Saussure a Parigi : Fedor-Friedrich Braun*, « Studi e saggi linguistici », 32, 1969.206-210.

Il faut mentionner à part G. E. Guieysse, qui fréquenta les cours à partir de 1887 et semble avoir été l'élève préféré de Saussure qui en pleure la perte en 1889, L. L. Duvau qui, sur proposition de Saussure lui-même, devait lui succéder dans son enseignement à l'École des Hautes Études († 14 juillet 1903), Maurice Grammont (qui assista aux cours la dernière année), Paul Passy (qui y assista entre 1885 et 1887) et Antoine Meillet qui, inscrit à l'École dès 1885, fréquente les conférences à partir de 1887 et qui, Saussure ayant obtenu un congé pour raisons de santé (ou pour se rendre en Lituanie ? [Redard]), le remplace en 1889-1890.

Il est impossible de dire ce que Saussure a signifié pour l'école linguistique française et, donc, pour la culture mondiale, sans mettre au premier plan ses dons pédagogiques.

Ses conférences, il les faisait à l'École des Hautes Études... Sa nature répugnait aux formules solennelles, ainsi qu'aux querelles trop souvent discourtoises du monde savant... (De Crue in *F. d. S.* 17).

Il... enseigna pendant une dizaine d'années avec un éclat et une autorité incomparables et, parmi tant de maîtres éminents, fut l'un des plus écoutés et des plus aimés. Nous admirions dans ses leçons l'information large et solide, la méthode rigoureuse, les vues générales alliées au détail précis, la parole d'une clarté, d'une aisance et d'une élégance souveraine. Depuis trente ans écoulés, il m'en souvient comme de l'une des plus grandes jouissances intellectuelles que j'ai éprouvées en ma vie (Muret in *F. d. S.* 43-44).

F. de Saussure était en effet un vrai maître : pour être un maître, il ne suffit pas de réciter devant des auditeurs un manuel correct et au courant ; il faut avoir une doctrine et une méthode et présenter la science avec un accent personnel. Les enseignements que l'étudiant recevait de F. de S. avaient une valeur générale, ils préparaient à travailler et formaient l'esprit ; ses formules et ses définitions se fixaient dans la mémoire comme des guides et des modèles. Et il faisait aimer et sentir la science qu'il enseignait ; sa pensée de poète donnait souvent à son exposé une forme imagée qu'on ne pouvait plus oublier. Derrière le détail qu'il indiquait, on devinait tout un monde d'idées générales et d'impressions ; d'ailleurs, il semblait n'apporter jamais à son cours une vérité toute faite ; il avait soigneusement préparé tout ce qu'il avait à dire, mais il ne donnait à ses idées un aspect définitif qu'en parlant ; et il arrêtait sa forme au moment même où il s'exprimait ; l'auditeur était suspendu à cette pensée en formation qui se créait encore devant lui et qui, au moment même où elle se formulait de la manière la plus rigoureuse et la plus saisissante, laissait attendre une formule plus précise et plus saisissante encore. Sa personne faisait aimer sa science ; on s'étonnait de voir cet œil bleu plein de mystère apercevoir la réalité avec une si rigoureuse exactitude ; sa voix harmonieuse et voilée ôtait aux faits grammaticaux leur sécheresse et leur âpreté ; devant sa grâce aristocratique et jeune, on ne pouvait imaginer que personne reproche à la linguistique de manquer de vie (Meillet in *F. d. S.* 76-77).

Saussure entretient avec ses élèves des rapports directs : d'une leçon à l'autre ils doivent faire des « exercices pratiques », « composer... < une > grammaire d'après un texte déterminé », « interpréter tour à tour des textes », faire des « exercices de lecture », etc. (rapports de Saussure in Fleury 1965.56, 57, 58, 59, etc.). Il arrive ainsi qu'à trente ou quarante ans de distance, les élèves, même non linguistes, gardent intact le souvenir de ces leçons (Benveniste 1965.27).

De 1881 à 1887, les cours portent sur le gothique et sur le vieux-haut allemand, en 1887-1888 le cours s'élargit à la grammaire comparée du grec et du latin ; l'année suivante s'y ajoute le lituanien et les leçons deviennent ainsi, pratiquement, des leçons de linguistique indo-européenne (Gauthiot in *F. d. S.* 90 et Fleury 1965.53-67).

Chaque année Saussure rédigeait de brefs rapports sur son enseignement (édités par Fleury, *cit.*) à travers lesquels transparaît « la doctrine qui informait sa pédagogie » (Benveniste 1965.29). La dualité entre « point de vue physiologique » et « historique » est explicitement affirmée et domine déjà dans le cours de 1881 (Fleury 1965.55). Ici et dans les cours suivants, l'objectif ultime est de « faire ressortir les traits distinctifs du gothique au milieu de la famille germanique » (*ibid.* 56). Benveniste (*cit.* 29) note comme « curieusement moderne » l'expression « traits distinctifs » : en réalité Saussure a déjà utilisé « caractère distinctif » de façon appropriée dans sa thèse (*supra* 331). Benveniste lui-même attire du reste l'attention sur le rapport de conclusion du second cours parisien :

La ressemblance des dialectes soit entre eux soit avec l'allemand moderne cache un danger ; le sens des phrases se laisse assez facilement deviner pour que les particularités grammaticales échappent à l'attention ; de là trop souvent une idée confuse des formes et des règles... Le commençant doit composer lui-même sa grammaire d'après un texte déterminé, dont il se fera une loi de ne pas sortir. Aussi l'interprétation a-t-elle porté exclusivement sur les extraits, assez étendus, du poème d'Otfrid... A la fin de l'année seulement, et une fois familiarisés avec la grammaire d'Otfrid, les élèves ont été mis en présence du texte de Tatien et de celui d'Isidore, où ils étaient invités à signaler chaque divergence d'avec le dialecte à eux connu (Fleury 1965.57).

Et Benveniste commente (1965.30-31) :

Nous discernons ici, implicite, le principe de la description synchronique appliqué à un état de langue ou un texte donné : cela suppose, ici encore, une défi-nition différentielle des états de langue ou des dialectes ; cela implique converse-ment que les particularités d'une langue sont en relation les unes avec les autres et ne doivent pas être considérées isolément... Bien plus qu'à la grammaire comparée à l'ancienne mode — où l'on ne comparait que des formes disjointes, en des correspondances sans cohésion — S. initiait ses étudiants à la méthode descriptive, qu'il distinguait déjà de l'analyse historique...

Il est probable que cette volonté d'expérimenter l'analyse linguis-tique en relation avec les problèmes généraux ait soustrait Saussure à la « crise » que nous avons signalée (*supra* 329) : certes, dans les cours, des intérêts littéraires ne manquent pas (par exemple pour le *Hildebrandslied* lu en 1883-1884), mais les rapports se limitent le plus souvent à manifester leur regret du fait qu'on n'ait pas aussi à affronter, durant l'année, la lecture de textes littéraires nordiques (Fleury 1965.61) ou du *Mittelhochdeutsch* (mis au programme relativement tard, pour 1887-1888 : Fleury 1965.65).

Les intérêts pour la linguistique générale n'étaient cependant pas seulement un présupposé implicite des formules descriptives claires, des pénétrantes analyses historiques, du ton personnel des leçons parisiennes. Meillet écrira (1916.33) :

> Je n'ai jamais entendu les cours de F. de S. sur la linguistique générale. Mais la pensée de F. de S. s'était fixée très tôt... Les doctrines qu'il a enseignées dans ces cours de linguistique générale [à Genève] sont celles dont s'inspirait déjà l'enseignement de grammaire comparée qu'il a donné vingt ans plus tôt à l'École des Hautes Études et que j'ai reçu. Je les retrouve telles qu'il était souvent possible de les deviner.

Mais en 1885-1886, deux ans avant que Meillet ne commence à fréquenter les leçons de Saussure, le cours a un caractère exceptionnel :

> la plupart des élèves ayant déjà suivi les conférences de l'année dernière, il a été possible de pousser beaucoup plus loin que d'habitude, et dans un sens plus scientifique, l'étude de la grammaire gothique. Cette étude... et quelques leçons consacrées à des généralités sur la méthode linguistique et la vie du langage, a rempli tout le premier semestre et une partie du second (in Fleury 1965. 62).

Assiste parmi d'autres aux leçons le futur phonéticien Paul Passy, dont les *Études sur les changements phonétiques et leurs caractères généraux* (Paris 1890, en particulier p. 227), justement appréciées par Noreen (*infra* 392), ont été considérées comme « l'exposé le plus lucide de la théorie fonctionnaliste des changements phonétiques » (Martinet 1955.42).

Outre ses leçons à la Sorbonne, Saussure se consacre à la Société de Linguistique. Inscrit et connu depuis longtemps (*supra* 325), il participe en personne aux séances à partir du 4 décembre 1880 (Meillet in *F. d. S.* 75), assumant très vite des charges administratives (Benveniste 1965.24), et fait des communications aux séances du 22 janvier et du 28 mai 1881, sur les « racines ario-européennes en *eiua* » (*Rec.* 600), du 3 décembre 1881 « sur la phonétique du patois fribourgeois » (*Rec.* 600-601 ; Baudoin est présent à cette séance, voir *infra*), du 4 février 1882, encore sur le patois de Fribourg (*Rec.* 601). C'est à la première année de séjour à Paris que remonte la note des M. S. L. 4, 1881.432 (*Rec.* 403) sur 'Αγαμέμνων < *'Αγα-μενμων (en rapport avec sanscrit *man-ma* « pensée »). A la séance du 16 décembre 1882, L. Havet abandonne la charge de « secrétaire adjoint ». Il est remplacé par Saussure.

Jusqu'à son départ de Paris, les procès-verbaux des séances ont été rédigés par lui, avec la ferme élégance qui lui était propre ; mais ces procès-verbaux ne rappellent que trop rarement les observations par lesquelles, avec une discrétion et une courtoisie exquise, F. de S. indiquait les points faibles des communications qu'il venait d'entendre ou en marquait l'intérêt (Meillet in *F. d. S.* 75-76).

A la même époque, Saussure fait office de directeur des « Mémoires de la Société de Linguistique » (M. S. L.), en surveillant la rédaction et en assurant la correction avec les plus grands soins. Les séances de la société, avec Bréal, Bergaigne, Havet et les membres étrangers, sont le lieu où se forme le style de l'école saussurienne. Il faut, parmi les étrangers, faire une mention spéciale pour J. Baudouin de Courtenay, qui rencontra Saussure à plusieurs reprises et lui fit connaître les écrits de M. H. Kruszewski [7].

7. Jan Ignacy (ou, selon les Russes, Ivan Aleksandrovič) B. de C. naquit en 1845 aux alentours de Varsovie où il étudia, se perfectionnant ensuite à Prague, Iéna, Berlin, Saint-Pétersbourg. Il est prof. à Kazan à partir de 1874 où il eut pour élève, influencé par lui, Kruszewski. Baudouin se consacra surtout à la phonologie. Trois textes saussuriens se réfèrent directement à Baudouin de Courtenay : 1) Une lettre de S. à B. d. C. du 16 octobre 1889, partiellement éditée par N. Slusareva 1963.28, qui semble avoir été écrite après une longue interruption des rapports, conséquente à l' « épistolophobie » de S. : « Je ne sais [correction de E. Benveniste ; Slusareva avait lu *vais*] si je puis espérer que vous ayez gardé le souvenir de l'occasion pour moi très agréable que j'eus de vous rencontrer à Paris il y a sept ans » (voir *infra*) ; 2) Dans la leçon d'ouverture de 1891 aux cours de Genève (SM 37, 51 note 42, et Saussure *Notes* 66) : « Ce ne sont pas les linguistes comme Friedrich Müller, de l'université de Vienne, qui embrassent à peu près tous les idiomes du globe, qui ont jamais fait faire un pas à la connaissance du langage ; mais les noms qu'on aurait à citer dans ce sens seraient les noms de romanistes comme M. Gaston Paris, M. Paul Meyer et M. Schuchardt, des noms de germanistes comme M. Hermann Paul, des noms de l'école russe s'occupant spécialement de russe et de slave comme M. N. Baudouin de Courtenay et Kruszewski » ; 3) Dans les notes de 1908 pour un compte rendu de *Programmes et Méthodes* de Sechehaye : « Baudouin de Courtenay et Kruszewski ont été plus près que personne d'une vue théorique de la langue ; cela sans sortir de considérations linguistiques pures ; ils sont d'ailleurs ignorés de la généralité des savants occidentaux (S. M. 51). »
Slusareva donne une autre preuve de la connaissance du Genevois et du linguiste polonais avec un fragment de lettre de B. de C. à J. Karlowitch du 21 novembre 1881, dans laquelle, se référant à la séance au cours de laquelle il a été élu membre de la Société, Baudouin écrit que « de Saussure y était également ». Benveniste 1964.129-130 a apporté à ce propos différentes précisions importantes : le 19 nov. 1881, B. fut en réalité seulement présenté (par A. Chodzko et H. Gaidoz) à la Société et prit part à la séance en tant qu' «assistant étranger », Saussure étant absent ; il fut au contraire élu membre le 3 déc. 1881, Saussure étant présent (M. S. L 5.1884.vi) ; au cours de ces deux premières séances et des suivantes, 17 déc. 1881 ; 7 janv., 4 mars et 4 nov. 1882, Baudouin présenta à la société ses publications et celles de M. Kruszewski (il en est une liste in B. S. L. 5, 1881. ʟɪ). La lettre à Karlowitch implique que Saussure était déjà bien connu autour de Baudouin. Celui-ci écouta de toute façon l'analyse phonologique du dialecte de Fribourg présentée par Saussure le 3 décembre 1881 et S. écouta le 17 déc. 1881 et le 7 janv. 1882 la communication de Baudouin « sur divers points de phonétique slave ».
La notion de phonème, introduite en 1873 par A. Dufriche-Desgenettes et connue de Saussure à travers L. Havet, fut transmise aux deux savants russes (Trubeckoj 1933. 229, Jakobson 1967. 14, 17, 19) avant tout par l'intermédiaire du *Mémoire* (dont rend compte positivement, en même temps que des travaux de Brugmann et bien plus que de ceux-ci, M. Kruszewski, spécialement du point

Les dix années parisiennes sont aussi relativement fécondes en
notes et en mémoires, quelquefois très brefs, mais représentant tous
« ein Kabinettsstück » (Wackernagel).

1884 : *Une loi rythmique de la langue grecque* (c'est la *lex* Saussure sur
le tribraque, *Mélanges Graux* 737-748 = *Rec.* 464-476) ; lettre sur
les noms de parenté aryens publiée in A. Giraud-Teulon, *Les origines du mariage et de la famille*, Genève 1884, 494-503 (= *Rec.*
477-480) ; notes dans le M. S. L. 5, 1884 : *Védique* libujā-*paléoslave*

---

de vue de la méthode : N.Kruszewski, *Novejšija otkrytjia v oblasti ario-evropejska-
go vokalizma*, « Russkij filologičeskij vestnik » 4, 1880. 33-45). D'autre part il
n'est pas improbable que le *Versuch einer Theorie phonetischer Alternationen.
Ein Kapitel aus der Psychophonetik* (Strasbourg 1895) de Baudouin ait pu ren-
forcer Saussure dans sa conviction (qui apparaît déjà, comme nous l'avons dit,
dans le cours parisien de 1881 : voir *supra* 337) relative à la séparation de deux
disciplines, l'une des sons et l'autre des entités différentielles (pour accepter
donc, mais en l'atténuant, Lepschy 1966.60-61) et qu'une série de suggestions
(relatives à la syntagmatique et à l'associativité, à l'aspect systématique des
faits linguistiques, etc.) aient été faites à Saussure par la lecture des écrits de
Kruszewski : sa thèse de doctorat (critiquée par les revues allemandes et pour
cela sans doute d'autant plus admirée par Saussure!) *Über die Lautabwechslung*,
Kazan 1881, et peut-être *Očerk nauki o jazyke* (Kazan 1883 ; trad. allemande
de F. Techmer, *Prinzipien der Sprachentwicklung*, « Internationale Zeitschrift
für allgemeine Sprachwissenschaft », I, 1884.11, 22, 2, 1885.33-44, 3, 1886.555-
566, 5, 1890.77-88 : voir *infra* 396). Cette question a été plus que discutée, pour
accentuer ou minimiser la dette des pragois envers leurs prédécesseurs slaves au
détriment ou à l'avantage de leur dette envers Saussure (Trubeckoj 1933.243
et sv., Jakobson 1953, Jakobson 1962.232-33, Jakobson 1967 ; et cf. aussi
Vendryes 1950.446, Hjelmslev 1951.60, Martinet 1953.577, Malmberg 1954.22,
Ščerba 1957.94-95, Belardi 1959.66 et sv., Čikobava 1959.86-87, Leontev 1961,
Collinder 1962.13, Benveniste 1964.129-130, Pisani 1966.297, Lepschy 1966.60-62).
Elle mériterait d'être rediscutée à fond, en développant la comparaison entre
les positions saussuriennes et les positions des deux linguistes slaves, amorcée
par H. G. Schogt (1966.18, 29) pour B. de C., et pour Kruszewski par Jakobson
(1967) qui considère que K. était de loin supérieur à son maître B. de C. Outre
les éventuelles positions particulières, Saussure doit avoir retiré de la connaissance de B. et K. la conscience de ne pas être le seul à sentir l'importance d'une
théorie générale de la langue et d'une théorie de la linguistique. La lettre envoyée
le 2 mai 1882 par Kruszewski à Baudouin en France pourrait pour ainsi dire
avoir été écrite par Saussure. Annonçant à son maître ce qui sera ensuite
l'*Očerk*, K. écrivait : « Je ne sais pas quel sera le titre de mon travail ; le sujet en
est le suivant : 1) A côté de l'actuelle science de la langue il en faudrait une autre
plus générale, semblable à la phénoménologie de la langue ; 2) On peut voir une
préfiguration (inconsciente) de cette science dans le groupe récemment créé des
Junggrammatiker, mais les principes qu'ils soutiennent sont soit inadaptés pour
construire sur eux une science de ce type, soit insuffisants ; 3) Il est possible de
trouver de solides bases pour cette science dans la langue même » (J. Baudouin
de Courtenay, *Szkice jezykoznawcze*, Varsovie 1904, p. 134-135, cité in Jakobson
1967.7). Confirmant l'opinion exprimée ici, Saussure en 1891 comme en 1908
insiste surtout sur le fait que B. et K. ont eu pour principal mérite d'avoir élaboré une « vue théorique » d'ensemble. Ceci est de la plus grande importance.
K. venait à la linguistique d'une importante école d'études philosophiques con-
duite par M. M. Troicki « spécialiste fanatique de la pensée anglaise de Bacon
à Locke, Hume et Mill » (Jakobson 1967.2), et nous savons par Baudouin que
K. se forma à travers un patient travail de lecture, de résumé et de refonte des
grands empiristes du xviii° siècle. K. est l'anneau qui relie la conception structurale de Saussure et les grandes conceptions linguistiques de la philosophie
européenne avant Kant.

lobüzati, Sūdo, *vieux-haut-allemand* murg murgi (respectivement 232, 418, 449 = *Rec.* 404, 405, 406-407).

1885 : 5 décembre communication sur la *lex* βουκόλος (*Rec.* 417-418).

1887 : *Comparatifs et superlatifs germaniques de la forme* inferus, infimus (*Mél. Renier* 383 et sv. = *Rec.* 481-489) ; communication à la Société (17 décembre) sur l'affinité entre latin *callis* et vieux-haut allemand *holz* (*Rec.* 601) ; 8 janvier et 2 avril 1887 *Sur un point de la phonétique des consonnes en indo-européen* (M. S. L. 6, 1889. 246-257 = *Rec.* 420-432).

1888 : communication sur le gérondif latin (14 janvier 1888 = *Rec.* 601).

1889 : le volume VI des M. S. L. contient des notes, en partie déjà citées car remontant aux années antérieures, sur ἀδήν, *lūdus*, αλκυών : all. *Schwalbe*, νυστάζω, λύθρον, ἴμβηρις, κρήνη, sanscrit *stōká-s*, sur le comparatif de σώφρων, sur le gotique *wilwan* (*Rec.*, 408-419, 433-434). Remontent à cette même année les notes des M. S. L. 7, 1892 (p. 73-93) sur le nombre « six » en indo-européen, sur φρυκτός, λιγύς, vieux-prussien *siran*, sur l'*u* et sur les féminins en *u* en vieux prussien, sur le gotique *þaurban*, sur ἀκέων, ἐπιτηδές, περί<*ύπερι, ἠνία, ὀκρυόεις, ὑγιής, X, Φ pour KS, PS, sur - υμνο - pour - ομνο -, sur attique - ρη - pour - ρᾱ -, sur lituanien *kùmste* (*Rec.* 435-463). Toujours en 1889, Saussure fait quelques communications à la Société : le 26 janvier sur les particularités de la versification homérique (*Rec.* 602), le 9 février sur πολλός, le 8 juin sur l'accent lituanien (réélaboré pour M. S. L. 8, 1894.425-448 = *Rec.* 490-512, comme premier article d'une série qui ne sera en réalité jamais poursuivie : Meillet *F. d. S.* 82).

1891 : A trois séances de la Société, Saussure traite du nom allemand de la Vistule, de l'étymologie de *Hexe* et, enfin, de certaines aspirées sourdes comme le *th* de *pṛthús*, « large », dans lequel on aurait *h* < ə : avec cette note, qui reprend les problèmes du *Mémoire*, se termine la période parisienne (S. M. 23, note 1).

Les notes parisiennes, beaucoup plus que ne le montrent les titres, sont dominées par de fréquentes allusions et comparaisons germaniques (étymons de ἀδήν, *lūdus*, κρήνη, φφυκτός, ἀκέων) et baltiques (νυστάζω, ἴμβηρις, ἀκέων, περί, ἠνία, ὑγιής). Le baltique en particulier occupe Saussure durant les dernières années parisiennes ainsi que dans les premières années genevoises : il réélabore sa communication sur l'accent lituanien et consacre au même sujet la communication lue au Xe congrès international des orientalistes en septembre 1894 (*Actes* I 89 et ensuite *Anzeiger* de IF 6, 1896.157-166). Il consacre également au lituanien son essai pour le volume de IF 4, 1894 en l'honneur de Leskien, *Sur le nominatif pluriel et le génitif singulier de la déclinaison consonantique en lituanien* (p. 456-470 = *Rec.* 513-525).

Meillet, se souvenant certainement de la lettre du 4 janvier 1894 (voir *infra* 355), écrira à propos de ces recherches lituaniennes :

> F. de S. redoutait par-dessus tout de voir gâcher les questions de ce genre par des indications partielles qui, ne portant que sur des détails du sujet, présentent tout sous un faux jour. Il n'y a pas de vérité scientifique hors d'un système complet où tous les faits sont mis à leur place juste... (in *F. d. S.* 82).

Du reste, Saussure avait lui-même écrit dans son essai sur le nominatif (*cit.* p. 457 = *Rec.* 514) :

> Avant tout on ne doit pas se départir de ce principe que la valeur d'une forme est tout entière dans le texte où on la puise, c'est-à-dire dans l'ensemble des circonstances morphologiques, phonétiques, orthographiques, qui l'entourent et l'éclairent.

Les réflexions entreprises à l'époque du *Mémoire* et de la thèse sur la différencialité et la systématicité des unités linguistiques trouvent un écho dans ces mots, ainsi peut-être que les discussions avec Baudouin et la lecture des *Prinzipien* de Kruszewski. Nous savons aujourd'hui qu'elles sont le reflet des méditations des premières années genevoises et nous y apercevons le germe vital du *Cours de linguistique générale*.

En 1891, pour des raisons qui ne sont pas entièrement claires, Saussure décide de quitter Paris. F. de Crue écrit à ce propos (in *F. d. S.* 18-19) :

> Le sentiment patriotique est aussi une religion. C'est ainsi qu'au moment où F. d. S. allait aborder les grandes chaires de Paris et cet illustre Collège de France..., il avait renoncé à la perspective d'un si grand honneur, qui lui était assuré, afin de conserver sa nationalité suisse.

Plus clairement pour E. Favre (*F. d. S.* 33-34), « il aurait pu succéder à M. Bréal au Collège de France s'il se fût fait Français », mais « ce savant était resté bien Genevois et bien patriote » et c'est pour cela qu'il serait retourné à Genève où l'université avait créé pour lui une chaire de linguistique (voir *infra*). Saussure quitte donc Paris. On conserve aux Archives Nationales l'exposé des motifs (inspiré, semble-t-il, par Gaston Paris) pour lesquels on lui donne la légion d'honneur « à titre étranger » :

> M. de Saussure avait déjà une réputation bien établie de linguiste et de philologue quand, sur notre invitation, il est venu à Paris où il a accepté les fonctions de maître de conférences à la Section d'histoire et de philologie de l'École des Hautes Études. Il va maintenant occuper à Genève une chaire de professeur créée exprès pour lui. En nous quittant, il emporte les regrets de tous ses collègues, et MM. Michel Bréal et Gaston Paris, membres de l'Institut, se sont fait les interprètes de la pensée unanime de l'École en exprimant le désir que M. de Saussure, par sa nomination dans la Légion d'honneur, emporte la preuve palpable de notre estime et de notre reconnaissance (cit. in Fleury 1965.41-42).

5. GENÈVE : L'ENSEIGNEMENT ET LES ÉTUDES

A Genève, Saussure commence ses cours au début du semestre d'hiver de 1891 (S. M. 24 et Muret in *F. d. S.* 44 et 47). Professeur extraordinaire de 1891 à 1896, il est alors nommé professeur ordinaire de sanscrit et de langues indo-européennes (De Crue et Favre in *F. d. S.* 17 et 31). A ses tâches pédagogiques s'ajoutent celles de directeur de la bibliothèque de la Faculté des lettres et sciences sociales, et il s'acquitte de ce travail, « réglant l'acquisition des livres au jour le jour et leur classement » (De Crue in *F. d. S.* 18). Du semestre d'été de 1899 au semestre d'hiver de 1908, il fait chaque année un cours sur la phonologie du français moderne et à partir de 1900-1901 également un cours de versification française (« Étude de ses lois du XVIᵉ siècle à nos jours »), tous deux au Séminaire de français moderne (S. M. 13 et 26). Durant le semestre d'été 1904 il remplace Émile Redard à la chaire de langue et littérature allemande et fait un cours sur les *Nibelungen* ; il enseignera également la linguistique générale à partir de 1907 (voir *infra*).

Pendant 21 ans, jusqu'à sa mort, Saussure fait chaque année un cours complet de sanscrit. Il prépare lui-même avec un grand soin les exercices pour les étudiants qui les lui expédient chez lui, si bien qu'ils sont corrigés pour le cours suivant :

Rien de moins banal que sa manière d'apprécier nos travaux. Remarquait-il telle difficulté spéciale évitée, il se montrait large d'éloges malgré une abondance de fautes. Mais l'inverse se produisait aussi, car certaines erreurs avaient le don de l'exaspérer. Tel jour, après m'avoir dit — chose bien rare — que je n'avais fait qu'une faute dans une longue page, il m'annonça d'un ton attristé qu'il m'avait cependant marqué zéro parce que, dans un cas inadmissible, j'avais confondu un *a* bref avec un *a* long (Duchosal 1950. D. suivit les cours en 1896-1898).

Par l'autorité qu'il prit sur nous du premier coup, ce maître nous a imposé une discipline intellectuelle que jusque-là — je parle pour mon compte — nous avions complètement ignorée. Je me souviens qu'un jour il me rendit un petit travail de sanscrit — car il se donnait la peine de nous proposer des exercices et de les corriger — où j'avais confondu pas mal d'*a* longs avec des *a* brefs et oublié pas mal de points sous le *s* et sous de *n*. Il y avait mis cette annotation : Je dois vous mettre en garde dès à présent contre le sanscrit par à peu près (Sechehaye in *F. d. S.* 64).

S. Karcevskij, qui suivit les cours de sanscrit en 1911-1912, a laissé 40 pages de ces exercices, tous de la main de Saussure (S. M. 26, note 13).

Outre le sanscrit et les cours déjà signalés de phonologie et de versification française, Saussure concentre surtout son enseignement sur le grec et le latin et, dans une moindre mesure, dans les premières années en particulier, sur les langues germaniques [8]. Des raisons avant tout pédagogiques ont détourné Saussure des thèmes plus techniques abordés, à Paris, devant un auditoire de niveau plus élevé. Ce n'est qu'à partir de 1897, alors que commence à se créer à Genève même un groupe de fidèles d'une haute qualité, que les cours se font plus spécifiques, plus variés et plus denses. C'est précisément en 1897 que Bally demande à Saussure de faire le premier cours de gotique, et il lui demande quatre ans plus tard de faire un cours de lituanien (Duchosal 1950, S. M. 26). Les élèves sont très peu nombreux (Gautier 1916) : Bally, parmi les plus fidèles, suit les cours de 1893 à 1906 (S. M. 16) ; une année durant l'unique élève de sanscrit est Duchosal ; le premier cours de gotique est fréquenté, outre par Bally, par Tojetti et Duchosal ; les autres fidèles sont A. Sechehaye, qui fréquente les cours de 1891 à 1893 et V. Tojetti qui fréquente les premiers cours et ensuite ceux de gotique (Sechehaye in *F. d. S.* 61). Dans les dernières années, L. Gautier, A. Riedlinger, P. F. Regard sont également assidus. Les rares manuscrits conservés (Saussure déchirait habituellement les notes préparées pour ses cours) montrent quel soin minutieux il mettait dans son enseignement de Genève (S. M. 26), malgré la différence initiale évidente « entre ses auditoires de Paris et ceux de Genève » :

Mais cela ne le décourageait pas. La craie en main dès son arrivée, toujours debout, ne s'aidant jamais de notes, il couvrait les grands tableaux noirs de vocables de toutes les espèces, de scolies étonnantes, et, sans arrêt, sans se re-

8. Au début de chaque cours, avec un certain optimisme pédagogique, Saussure avertissait les élèves qu'il considérait qu'ils connaissaient déjà le latin, le grec, l'anglais, le français, l'allemand, l'italien, « ce qui, on le pense bien, ne manquait pas de leur faire souvent perdre pied » (Duchosal 1950). Les thèmes des cours furent les suivants (entre parenthèses la source ou les noms des étudiants dont il reste les notes déposées à la Bibliothèque publique et universitaire de Genève : SM 16-17) : 1891-92 Histoire des langues indo-européennes (SM 24, 39) ; 1892-93 Phonétique grecque et latine. Histoire du verbe indo-européen (SM 24) ; 1893-94 Études d'étymologie grecque et latine (Bally) ; Le verbe grec (SM 24) ; 1894-95 Études d'un choix d'inscriptions grecques archaïques. Études de la déclinaison grecque (Bally ; SM 25) ; 1895-96. Dialectes grecs et inscriptions grecques archaïques. Etudes étymologiques et grammaticales sur Homère. Inscriptions perses des rois achéménides (Bally) ; 1896-97 Lecture du lexique d'Hésychius, avec études des formes importantes pour la grammaire et la dialectologie (Bally) ; 1897-98 Grammaire gotique (Bally, Duchosal) ; 1898-99 Vieil allemand (Bally) ; Grammaire comparée du grec et du latin (Bally, P. Bovet) ; 1899-1900 Anglo-saxon (Bally) ; 1900-1901 Étude du dialecte homérique et des principales questions s'y rattachant (Bally, Bovet) ; 1901-1902 Lituanien (Bally) ; 1902-1903 Linguistique géographique de l'Europe (ancienne et moderne), avec une introduction sur les objets de la linguistique géographique ; 1903-1904 Dialectologie grecque ; 1904-1905 Ancien norrois (Bally) ; 1905 Grammaire historique de l'anglais et de l'allemand (pendant l'hiver Saussure est à Naples et à Rome) ; 1906-1907 Grammaire historique de l'allemand ; 1907-1908 Grammaire historique du grec et du latin (Riedlinger) ; 1908-1909 Grammaire historique du grec et du latin (avec étude plus spéciale du latin). Gotique et vieux saxon, étudiés comme introduction à la grammaire des langues germaniques (A. Riedlinger, L. Gautier) ; 1910-11 Urgermanisch. Introduction à la grammaire historique de l'allemand et de l'anglais (Riedlinger, Degallier, Mme P. Laufer-Gautier) ; 1911-1912 Gotique (Riedlinger). Étymologie grecque et latine : les familles de mots et les procédés de dérivation (Brütsch).

tourner, le regard parfois perdu dans le ciel par la haute fenêtre, donnait des explications d'une voix douce et monocorde. Le suivre n'était pas toujours chose facile... (Duchosal 1950).

Comme déjà les élèves français, les Genevois sont également frappés par la clarté de l'exposé, sous laquelle ils entrevoient une méthode générale :

Donner une idée de votre mode d'exposition est chose impossible, parce que c'est chose unique : c'est une imagination scientifique la plus féconde qu'on puisse rêver, d'où s'échappent, comme en gerbes, les idées créatrices ; c'est une méthode à la fois souple et sévère... ; c'est... une clarté de vision étonnante... (Bally 1908 in *F. d. S.* 32-33 ; cf. aussi Bally 1913, Sechehaye in *F. d. S.* 62-63, SM 26-27).

Mis à part les engagements universitaires, assumés avec tant de zèle, la vie semble couler tranquillement : Saussure épouse Marie Faesch, d'une autre vieille famille genevoise, et du mariage naissent Raymond et Jacques. L'hiver, il réside le plus souvent en ville, dans la maison de la Tertasse, l'été à Malagny, près de Versoix, résidence estivale de son enfance, puis, d'abord sporadiquement et ensuite (à partir de 1903) plus régulièrement, au Creux de Genthod (David in *F. d. S.* 36 et Saussure *Lettres* 94, 98, 99 et lettre du 26 février 1903). A partir de 1907, certaines lettres sont datées de Vufflens sur Morges (*Lettres*, 107) où les Faesch possédaient le château du pays (dont un donjon serait, selon la légende, celui de la reine Berthe). Les voyages dont nous ayons une trace sont rares : en France et à Paris en 1893 (*Lettres* 93), en Italie où il séjourne avec sa femme à Naples en décembre 1905 et à Rome à partir de janvier 1906, à l'hôtel Pincio de la via Gregoriana (*Lettres* 105-106), de nouveau à Paris, en compagnie de sa femme et de sa belle-sœur, en 1909 (*Lettres* 120-121), en Angleterre et à Paris en 1911 (lettre à Meillet du 11 octobre 1911). Après le congrès des orientalistes de 1894 (voir plus loin), ses rapports avec l'extérieur sont rares, filtrés à travers une correspondance lente et irrégulière. Saussure lui-même plaisante sur son *épistolophobie* (*Lettres* 93) ; on en trouve un exemple dans sa lettre à Meillet du 27 novembre 1900 : « J'ai une lettre commencée pour vous et qui n'est jamais partie. Ce sera pour bientôt » : ce « bientôt » sera le 28 octobre 1902, date de la lettre suivante. Outre Meillet (les lettres qu'il reçut de Saussure ont été éditées par Benveniste en 1963), il y a parmi ses correspondants Streitberg qui, en 1903, lui demande des renseignements sur l'origine du *Mémoire*. Il en naîtra les *Souvenirs* (voir *supra* note 1) que Streitberg n'eut cependant pas par Saussure mais, après sa mort, par Mme Saussure (Streitberg 1914.203 n. 1).

Dans la période genevoise, les publications et l'activité scientifique se raréfient également. Il consacre un certain travail, en 1894, à l'organisation du Xe congrès des orientalistes qui se tient à Genève en

septembre et au cours duquel Saussure, le 8, fait une communication
sur l'accent lituanien (Lettre à Meillet du 4 janvier 1894, *Lettres* 94,
95, Meillet 1913 = *F. d. S.* 79, 81-82, Bally in *F. d. S.* 55, *Rec.* 603-
604). « A partir de cette date, les publications s'espacent de plus en
plus... » (Meillet 1913). Ce n'est qu'en 1897 que paraît de nouveau une
brève note (I. F. 7, 1897.216 = *Rec.* 539-541), compte rendu de l'ouvrage de J. Schmidt, *Kritik der Sonantentheorie, Eine sprachwissenschaftliche Untersuchung* (Weimar 1895). Il publie en 1898 deux inscriptions phrygiennes dans E. Chantre, *Mission en Cappadoce* (Paris
1898, 165 et sv. = *Rec.* 542-575). En 1897-1898, les sténogrammes
de trois conférences sur la théorie de la syllabe, prononcées lors d'un
cours d'été à l'université et transcrites par Bally, ne sont pas publiés,
n'ayant pas obtenu son consentement (Bally in *F. d. S.* 56, et cf.
CLG 63). Il fait trois communications à la Société d'histoire et
d'archéologie dont il est membre depuis le 14 février 1892 (Favre in
F. d. S. 33) : le 28 mars 1901 sur le nom d'Oron à l'époque romaine
(« Journal de Genève » 7 avril 1901 = *Rec.* 604-605 ; édité avec des
notes de L. Gauchat dans « Indicateur d'histoire suisse », 1920.286-
298) ; le 29 janvier 1903 sur les toponymes *Joux, Jura* (sur lesquels
il enseigne J. Loth, cf. « Revue celtique » 28, 1907.340 = *Rec.* 607),
Genthod, etc. (*Origines de quelques noms de lieux de la région genevoise*, « Bull. de la Soc. d'hist. et d'arch. de Genève », 2, p. 342 = *Rec.*
605) ; le 17 décembre 1904, sur les Burgondes en territoire roman
(*Les Burgondes et la langue burgonde en pays roman* = *Rec.* 606). Dans les
neuf dernières années de sa vie, il publie encore quelques rares pages :
D'ὠμήλυσις à Τριπτόλεμος (*Mélanges Nicole*, Genève 1905.503-514
= *Rec.* 576-584), *Sur les composés latin du type* agricola (*Mélanges
Havet*, Paris 1909.59-71 = Rec. 585-594), *Adjectifs indo-européens du
type* caecus « aveugle » (*Festschrift f. W. Thomsen*, Leipzig 1912.202-206
= *Rec.* 595-599). Il faut ajouter à ces trois textes le compte rendu de
l'ouvrage de P. Oltramare, *Histoire des idées théosophiques dans
l'Inde* (« Journal de Genève », 29 juillet 1907), et l'article *Alamans*
du *Dictionnaire historique, géographique et statistique du canton de
Vaud*, publié par E. Mottaz, 1911, I, p. 54-56. Après sa mort paraîtra
grâce à P. E. Martin *La destruction d'Avenches dans les sagas scandinaves, d'après des traductions et des notes de F. d. S.*, « Indicateur
d'histoire suisse », 1915, 1-13.

Meillet, dans sa nécrologie du maître, propose deux raisons à l'exiguïté de la production saussurienne après 1894 : une sorte de manie
perfectionniste (« F. d. S. n'a plus estimé avoir poussé assez avant la
théorie d'aucun fait linguistique pour l'exposer au public... Trop
soucieux de faire œuvre définitive, il n'a plus rompu le silence que
pour publier des notes assez brèves... ») et l'intérêt pour des « sujets
nouveaux, en partie étrangers à la linguistique, comme le poème des
Nibelungen... » (*F. d. S.* 78-79). C'est un point fondamental de l'in-

terprétation de la biographie et du processus de formation des idées de Saussure que de déterminer la valeur à accorder à ces deux raisons proposées par Meillet.

L'examen des papiers inédits a confirmé que Saussure s'est intensément intéressé aux *Nibelungen* : il subsiste (S. M. *Inv. A. V.*) 150 feuillets sur les *Nibelungen*, 14 cahiers et 22 pages sur Tristan ; une note se trouve sur une lettre datée de 1903 et un cahier porte la date 1910 : Meillet (*loc. cit.*) semble faire référence à une date antérieure à 1903, pas très éloignée de 1894. La thèse de Saussure est que « un livre contenant les aventures de Thésée, et seulement les aventures de Thésée, a été la base d'une des grandes branches de la légende héroïque germaine », ce qui fut probablement dû « à une circulation des mythologies classiques vers le nord par l'intermédiaire des marines... et à propos des constellations » (S.M. 14 et 28). L'intensification des cours de germanique à partir de 1898 (huit en douze ans), le cours sur les *Nibelungen* en remplacement de E. Redard, sont en relation avec ces intérêts, que l'on devine d'ailleurs aussi dans la communication sur les Burgondes : « l'on aurait à se demander quelle part l'Helvétie burgonde peut avoir eue dans la genèse et la propagation de la légende épique des *Nibelungen* » (« Bull. » *cit.* = *Rec. cit.*).

Ces intérêts contrastent certainement avec l'image traditionnelle de Saussure champion de la séparation entre linguistique interne et linguistique externe et de la nécessité de n'étudier la langue qu'« en elle-même et pour elle-même », hors de son contexte socio-historique. Sans vouloir pour l'instant discuter de la validité de cette image, rappelons que dès 1894 Saussure écrivait à Meillet : « c'est, en dernière analyse, seulement le côté pittoresque d'une langue, celui qui fait qu'elle diffère de toutes les autres comme appartenant à certain peuple ayant certaines origines, c'est ce côté presque ethnographique, qui conserve pour moi un intérêt » (*Lettres* 95). Et un de ses élèves genevois déclare :

Le point faible de l'ouvrage, en général excellent, qu'ont publié MM. Bally et Sechehaye, est de laisser croire que F. d. S. a séparé le changement linguistique des conditions extérieures dont il dépend... Mais l'auteur de la présente préface a plus d'une fois entendu F. d. S. expliquer par des conditions extérieures non seulement les changements linguistiques, mais la conservation de certains traits. C'est ainsi qu'il attribuait le prodigieux archaïsme du lituanien à la longue persistance du paganisme dans les contrées de parler lituanien... (Regard 1919.10-11).

C'est précisément dans ce cadre (qui, comme nous le verrons, a une élaboration théorique consciente dans la linguistique générale saussurienne) que trouve sa justification l'intérêt de Saussure pour les phénomènes inhérents au contexte culturel des langues germaniques.

Ce lien entre recherches externes, philologiques, et intérêts théoriques, fait qu'il n'est pas surprenant de trouver dans des notes consacrées à des questions philologiques de précieuses considérations théoriques. Nous le verrons également bientôt à propos des recherches sur les anagrammes. Mais on le voit aussi dans les cahiers sur les *Nibelungen*. Dans l'un d'entre eux (conservé à la Bibliothèque publique et universitaire de Genève, *Ms. fr.* 3958 4) on lit par exemple ces observations importantes sur le caractère sémiologique du symbole (p. 4 de couverture et page 1) :

— La légende se compose d'une série de symboles dans un sens à préciser.

— Ces symboles, sans qu'ils s'en doutent, sont soumis aux mêmes vicissitudes et aux mêmes lois que toutes les autres séries de symboles, par exemple les symboles qui sont les mots de la langue.

— Ils font tous partie de la *sémiologie*.

— Il n'y a aucune méthode à supposer que le symbole doive rester fixe, ni qu'il doive varier indéfiniment, il doit probablement varier dans certaines limites.

— L'identité d'un symbole ne peut jamais être fixée depuis l'instant où il est symbole, c'est-à-dire versé dans la masse sociale qui en fixe à chaque instant la valeur.

Ainsi la rune V est un « symbole ». Son *identité* semble une chose tellement tangible, et presque ridicule pour mieux l'assurer consiste en ceci : qu'elle a la forme V ; qu'elle se lit z ; qu'elle est la lettre numérotée huitième de l'alphabet ; qu'elle est appelée mystiquement zann, enfin quelquefois qu'elle est citée comme première du mot.

Au bout de quelque temps... elle est la 10e de l'alphabet... mais ici déjà *elle* commence à supposer unité. Où est maintenant l'identité? On répond en général par sourire, sans communément remarquer la portée philosophique de la chose, qui ne va à rien moins que de dire que *tout symbole*, une fois lancé dans la circulation — or aucun symbole n'existe que *parce qu'il est* lancé dans la circulation — est à l'instant même dans l'incapacité absolue de dire en quoi consistera son identité à l'instant suivant.

C'est dans cet esprit général que nous abordons une question de légende quelconque, parce que chacun des personnages est un symbole dont on peut voir varier — exactement comme pour la rune — a) le nom, b) la position vis-à-vis des autres, c) le caractère, d) la fonction, les actes; si un nom est transposé, il peut s'ensuivre qu'une partie des actes sont transposés, et réciproquement, ou que le drame tout entier change par un accident de ce genre.

L'autre travail qui occupe Saussure dans les premières années du siècle est l'étude des « anagrammes » (Starobinski 1964). Il devait avoir parlé ou écrit à Meillet sur ce problème avant le 23 septembre 1907, date à laquelle dans une lettre à son élève parisien il le remercie de lui avoir promis de lire les cahiers sur les anagrammes homériques et lui explique qu'il étend ses recherches d'Homère à d'autres milieux linguistiques indo-européens. L'hypothèse de Saussure est que, à côté des normes métriques connues, la versification dans les langues indo-européennes archaïques respecte également certaines règles fondamentales relatives à la distribution des éléments phoniques dans les vers : 1) les éléments phoniques doivent être en nombre pair à la fin des vers 6, 8 ; ce qui se produit parce que 2) les séquences diphones et triphones se font écho ; 3) indépendamment de la vérification de 1 et 2, on peut avancer l'hypothèse que les polyphones (di- et triphones) reproduisent dans les vers les phonèmes « d'un mot important » (noms de divinité et autres) et sont donc des polyphones anagrammiques (*Lettres* 110-112). Selon Saussure, ces normes se rencontrent non seulement chez Homère et dans le saturnien latin, mais aussi dans le *Hildebrandslied* et dans les Véda (*Lettres* 113), si bien que « c'est depuis les temps indo-européens que celui qui composait un carmen avait à se préoccuper ainsi, d'une manière *réfléchie*, des syllabes qui entraient dans ce carmen, et des rimes qu'elles formaient entre elles ou avec un nom donné. Tout *vātes* était avant tout un spécialiste en fait de phonèmes... » (*Lettres* 114). L'intérêt qu'il accorde à cette recherche peut se mesurer au fait qu'en peu de mois, du 23 septembre 1907 au 8 janvier 1908, Saussure écrit à son élève parisien quatre longues lettres qui à elles seules représentent la moitié d'une correspondance qui s'est prolongée durant 17 ans. Les lettres sur ce sujet s'interrompent brusquement en janvier 1908 : peut-être les deux savants ont-ils parlé du problème lorsque Meillet se rend à Genève en juillet 1908. On peut déduire des lettres de Saussure que l'élève parisien hésite à répondre franchement et doit avoir une opinion négative sur l'ensemble de la recherche. Il semble, à travers les faits rassemblés par Starobinski (1964, 1967, 1969) et les souvenirs de L. Gautier, élève très proche de Saussure en ces années (cf. p. 344, 354, 358), que la recherche sur les anagrammes se soit prolongée jusqu'à l'automne de 1908 : « L'étude des versificateurs latins modernes le conduisit à s'intéresser aux lauréats du Certamen Hoefftianum de l'Académie d'Amsterdam. Il étudia de près les poèmes latins de Giovanni Pascoli, plusieurs fois couronné à ce concours : ces textes paraissent nettement recourir au procédé de l' « hypogramme ». A une date que Léopold Gautier situe à la fin de 1908, Saussure écrivit à Pascoli pour lui demander s'il avait utilisé consciemment cette méthode de composition. La lettre demeura sans réponse. Saussure prit le silence de Pascoli pour un désaveu et abandonna les anagrammes. » Ainsi, plus que les réticences de Meillet, c'est le silence de Pascoli qui l'aurait poussé à mettre fin à ses recherches : Rossi 1968 insiste également sur ce point. Selon R. Jakobson (conférence inédite, Rome, janvier 1967) les études de Saussure mériteraient d'être intégrale-

ment publiées et vérifiées. Ceci semble en réalité discutable. Si les
réticences de Meillet (ou, comme d'autres préfèrent le croire, le silence
du poète italien Pascoli) poussèrent Saussure à s'arrêter, ceci se pro-
duisit parce que Saussure lui-même avait beaucoup de doutes sur la
validité de son travail. Starobinski lui-même, principal éditeur des
passages relatifs aux anagrammes, semble partager ces doutes qui
nous paraissent plus que justifiés. Les raisons de l'intérêt de ces manuscrits saussuriens sont, outre dans l'intérêt biographique, dans le
fait qu'on y trouve ici et là de précieuses indications théoriques : par
exemple l'idée de la « consécutivité » et de la linéarité des signes linguistiques est pour la première fois attestée précisément dans les cahiers
sur les anagrammes (Starobinski 1964.254 et sv., Rossi 1968.113-127) ;
cf. aussi G. Nava, Lettres de F. de S. à G. Pascoli, CFS 24, 1968.
73-81, et P. Wunderli, *Saussures Anagramm-Studien*, « Neue Zürcher
Zeitung », Nr. 73, 13.2.1972, p. 51-52).

Reste à se demander pourquoi ces recherches et d'autres postérieures à 1894 n'ont jamais vu le jour. Meillet, comme nous l'avons vu,
répond en termes psychologiques : le désir de perfection aurait inhibé
Saussure. En réalité, nous avons affaire à quelque chose de différent.
Les nombreux témoignages des disciples parisiens et genevois révèlent que Saussure exigeait aussi des élèves la plus grande précision.
Benveniste a bien saisi le sens de ceci :

> Plus encore qu'en toute autre discipline, l'apprentissage de la rigueur était
> indispensable en linguistique. Il fallait apprendre aux étudiants qu'une langue
> est constituée d'un certain nombre d'éléments spécifiques dont chacun doit
> être reconnu exactement ; si l'on se contente d'approximation, on en fausse
> l'analyse. La base même de la description et de la comparaison est en jeu ; une
> correspondance ou une restitution ne peut être correcte si elle est fondée sur des
> formes mal établies ou négligemment reproduites... La grammaire comparée
> d'alors n'était... qu'un assemblage de correspondances entre les formes prises
> indistinctement à toutes les langues de la famille. S., au contraire, ne confronte
> les dialectes que pour dégager les caractères propres à *une* langue... Il restaure...
> l'individualité de la langue... Cela implique que les particularités d'une langue
> sont en relation les unes avec les autres et ne doivent pas être étudiées isolé-
> ment... (Benveniste 1965. 28-29, 30).

Une vision trop longtemps dominante a considéré la linguistique
structurale en général et saussurienne en particulier comme une linguistique anti-philologique. C'est le contraire qui est vrai. « Si l'on
se proposait de déterminer quel est le trait qui caractérise le mieux
la linguistique du xxᵉ siècle en face de celle du siècle précédent, il
faudrait retenir... la préoccupation de celle-là de reculer jusqu'aux
faits concrets pour définir à partir d'eux les entités linguistiques »
(Prieto 1964.11). Si la valeur des entités linguistiques n'est pas déterminée lorsqu'on en indique, à la manière de la grammaire comparée, les
correspondants plus ou moins semblables d'autres milieux linguistiques,
mais est au contraire établie quand on en cerne la fonctionnalité et

les éléments co-fonctionnels du système même, si, comme l'écrivait
Saussure dans sa communication sur le nominatif lituanien (*Rec.*
514 = *Sur le nom.* cit. 457), « la valeur d'une forme est tout entière
dans le texte où on la puise, c'est-à-dire dans l'ensemble des circonstances morphologiques, phonétiques, orthographiques, qui l'entourent
et l'éclairent », alors la recherche philologique (dans le cas des langues
mortes) et l'enquête approfondie sur le terrain (dans le cas des langues
vivantes) ne sont plus un luxe, mais sont une nécessité vitale, intrinsèque. Le voyage en Lituanie, la maestria philologique de la thèse, le
goût pour « le côté pittoresque d'une langue, celui qui fait qu'elle
diffère de toutes les autres », perdent ainsi leur caractère de curiosités
biographiques pour s'éclairer à la lumière qui vient du concept central
de la nouvelle linguistique : le concept de systémacité des entités linguistiques, qui comporte le concept de la particularité historique
radicale de toute réalité linguistique sur le plan du contenu sémantique comme sur celui de l'expression. Dès les années de Leipzig et
toujours plus clairement, Saussure a dû éprouver la « vanité » (*Lettres*,
95) d'une approche parcellaire des faits linguistiques, la nécessité de
tout recommencer à la lumière du concept opératoire de système. G.
Mounin (1966) a montré que ce concept resta en grande partie étranger
à Meillet. Saussure, écrasé par la conscience de l' « immensité du travail » à accomplir pour instaurer efficacement la nouvelle linguistique
(*Lettres* 95), n'apparaissait à son disciple parisien que comme un
homme tourmenté de complexes hypercritiques. En réalité, conscient de l'exceptionnelle difficulté de la tâche, à laquelle il se préparait
en 1894 (voir *infra*), il préféra la projeter dans un lointain avenir et la
considérer comme une tâche collective. Il écrit ainsi dans son compte
rendu de la *Kritik* de Schmidt :

> Quand on fera pour la première fois une théorie de la langue, un des tout
> premiers principes... est que jamais, en aucun cas, une règle qui a pour carac-
> tère de se mouvoir dans un *état de langue* (= entre 2 termes contemporains), et
> non dans un *événement phonétique* (= 2 termes successifs) ne peut avoir plus
> qu'une validité de hasard (*Rec.* 540).

A la question posée par Godel (« Quelle place a tenue, au juste, la
linguistique générale dans la carrière et l'activité scientifique de
F. d. S. » [S. M. 24]), il semble donc que l'on doive répondre en confirmant ce que Bally et Sechehaye écrivaient en ouverture à la préface du C. L. G. :

> Nous avons bien souvent entendu Ferdinand de Saussure déplorer l'insuffi-
> sance des principes et des méthodes qui caractérisaient la linguistique au milieu
> de laquelle son génie a grandi, et toute sa vie il a recherché opiniâtrement les
> lois directrices qui pourraient orienter sa pensée à travers ce chaos (C. L. G. 7).

L'affirmation qui suit immédiatement, au contraire, n'est pas tout
à fait exacte : « Ce n'est qu'en 1906 que, recueillant la succession de
Joseph Wertheimer à l'université de Genève, il put faire connaître

les idées personnelles qu'il avait mûries pendant tant d'années. »
En réalité, comme nous l'avons plusieurs fois souligné, Saussure avait
déjà rendu publics dès l'époque du *Mémoire* et de sa thèse une série
de points de vue généraux. A ce que l'on a déjà dit s'ajoute le témoignage d'Adrien Naville, doyen de la Faculté des lettres et sciences
sociales de Genève [9]. Il s'accorde avec les autres manifestations publiques de la pensée saussurienne et avec les notes manuscrites que
nous connaissons aujourd'hui pour montrer que Saussure parvint
très rapidement à quelques idées fondamentales et qu'ensuite, plus
lentement et plus difficilement, il se préoccupa de l'élaboration des
liens réciproques, du tissu des arguments justificatifs, des innombrables corollaires. C'est sous l'aspect de cette élaboration que la pensée saussurienne reste inconnue avant les cours genevois, et cet aspect
nous permet aussi de dire que les questions théoriques ont occupé,
avec une intensité variable, l'esprit de Saussure. Mais, répétons-le,
certaines idées centrales de la pensée saussurienne, l'idée de valeur
relationnelle, oppositive des entités linguistiques, l'idée connexe de
système, la nécessité conséquente de distinguer une linguistique des
états d'une linguistique des réalisations et des évolutions, sont des
idées acquises de façon précoce par le Genevois.

---

9. Dans *Nouvelle classification des sciences. Étude philosophique* (Paris 1901),
A. Naville réélaborait entièrement un écrit antérieur (*De la classification des
sciences. Étude logique*, Genève-Bâle 1888) ; au chapitre V (sciences psychologiques), paragraphe B, consacré à la sociologie, il écrit (p. 103-106) :
« La sociologie est la science des lois de la vie des êtres conscients — spécialement des hommes — *en société*. Elle doit admettre comme données toutes les
conditions sans lesquelles nous ne pouvons pas nous représenter la vie sociale.
Quelles sont ces conditions ? Je ne sais si la science les a déjà suffisamment
distinguées et énumérées.
Une des plus apparentes, c'est l'existence de signes par lesquels les êtres
associés se font connaître les uns aux autres leurs sentiments, leurs pensées,
leurs volontés.
M. de Saussure insiste sur l'importance d'une science très générale, qu'il appelle
sémiologie et dont l'objet serait les lois de la création et de la transformation
des signes et de leurs sens. La sémiologie est une partie essentielle de la sociologie. Comme le plus important des systèmes de signes c'est le langage conventionnel des hommes, la science sémiologique la plus avancée c'est la *linguistique*
ou science des lois de la vie du langage. La *phonologie* et la *morphologie* traitent
surtout des mots, la *sémantique* du sens des mots. Mais il y a certainement
action réciproque des mots sur leur sens et du sens sur les mots ; vouloir séparer
ces études l'une de l'autre ce serait mal comprendre leurs objets. Les linguistes
actuels ont renoncé aux explications purement biologiques (physiologiques)
en phonologie, et considèrent avec raison la linguistique comme une science
psychologique.
La linguistique est, ou du moins tend à devenir de plus en plus, une science de
lois ; elle se distinguera toujours plus nettement de l'histoire du langage
et de la grammaire.
Une autre condition de la vie sociale... c'est la *contrainte*... Le développement
du langage lui-même suppose la contrainte...
Des innombrables sciences sociologiques désirables, une seule, outre la
linguistique, semble s'approcher d'une constitution vraiment scientifique. —
c'est l'*économique*.

6. LES COURS DE LINGUISTIQUE GÉNÉRALE. LES DERNIÈRES ANNÉES

Wertheimer à la retraite (*supra* 324), la faculté des lettres et sciences sociales de Genève confie à Saussure, par l'acte du 8 décembre 1906, l'enseignement de « linguistique générale et d'histoire et comparaison des langues indo-européennes », ajoutant aux quatre heures hebdomadaires de grammaire comparée et de sanscrit deux heures de linguistique générale (S. M. 34). Muret écrit à ce propos (confirmant Bally C. L. G. 7) :

Bien qu'il ne les ait pas directement abordés dans ses écrits, les problèmes généraux de l'évolution et de la psychologie du langage sollicitaient sans cesse ce haut esprit à des profondes et originales méditations. Ainsi, lorsque le professeur Wertheimer prit sa retraite, nous fûmes heureux que Saussure voulût bien... se charger du cours de linguistique générale (in *F. d. S.* 45-46).

L. Gautier a reconstitué en 1949 la liste des inscrits, plus nombreux qu'aux cours précédents (Favre et Muret in *F. d. S.* 31 et 47) : cinq pour la première année, parmi lesquels A. Riedlinger (S. M. 15), ou six avec Louis Caille (Godel 1959.23 note et S. M. 53) ; onze pour le second cours, parmi lesquels A. Riedlinger, L. Gautier, F. Bouchardy (S. M. 15), E. Constantin (Godel 1959.23-24) ; douze pour le troisième, parmi lesquels G. Degallier, F. Joseph, Mme Sechehaye (S. M. 15), E. Constantin (Godel 1959). Un élève assidu est Paul F. Regard, qui a laissé d'importants témoignages sur les cours (Regard 1919.3-11). Les trois cours s'étalent du 16 janvier 1907 au 3 juillet 1907, de la première semaine de novembre 1908 au 24 juin 1909, du 29 octobre 1910 au 4 juillet 1911 (S. M. 15, 66, 77, 91, Godel 1959.23-24).

Dans le premier cours, d'allure analytique, Saussure traite avant tout de « phonologie » ou de *Lautphysiologie*, puis de linguistique évolutive, des changements phonétiques et analogiques, du rapport entre unités perçues par le locuteur en synchronie (analyse « subjective ») et racines, suffixes et autres unités isolées de la grammaire historique (analyse « objective »), de l'étymologie populaire, des problèmes de la reconstruction. Ce sont les sujets relégués par les éditeurs dans les parties marginales (appendices, derniers chapitres) du C. L. G.

Dans le second cours (1908-1909), au contraire, Saussure affronte très vite et avec décision le problème du rapport entre théorie des signes et théorie de la langue, et donne en ouverture les définitions de système, unité, identité et valeur linguistique. Il déduit de ce *corpus* de définitions fondamentales l'existence de deux perspectives méthodologiques différentes pour l'étude des faits linguistiques : la description synchronique et la description diachronique, dont il trace rapidement les problèmes. Le second cours reflète en somme la préoccupation manifestée à Riedlinger lors de l'entretien du 19 janvier 1909 (S. M.   29-30) :

> La langue est un système serré, et la théorie doit être un système aussi serré que la langue. Là est le point difficile, car ce n'est rien de poser à la suite l'une de l'autre des affirmations, des vues sur la langue : le tout est de les coordonner en un système.

Durant le même entretien, Saussure manifeste plusieurs fois son insatisfaction pour l'allure du cours, pour le caractère non définitif de ses idées, et présente les leçons de l'année comme « une préparation pour un cours philosophique de linguistique ».

Le troisième cours va précisément dans cette direction : il intègre l'ordre déductif du second cours à la richesse analytique du premier. Il développe au début le thème « les langues », c'est-à-dire la linguistique externe. C'est là un vieux postulat de Saussure : déjà en 1891, dans les trois leçons d'ouverture aux cours genevois, il avait soutenu que

> les plus élémentaires phénomènes du langage ne seront soupçonnés ou clairement aperçus, classés et compris, si l'on ne recourt en première et dernière instance à l'étude des *langues*... D'un autre côté, vouloir étudier les langues en oubliant que ces langues sont primordialement régies par certains principes qui sont résumés dans l'idée du *langage*, est un travail encore plus dénué de toute signification sérieuse, de toute base scientifique véritable. Sans cesse, par conséquent, l'étude générale du langage s'alimentera des observations de toutes sortes qui auront été faites dans le champ particulier de telle ou telle langue... (*Notes* 65).

Une dialectique incessante lie l'étude générale et l'étude historico-descriptive : mais d'un point de vue didactique, le *prius* revient aux « langues » car « l'exercice de cette fonction [le langage] n'est abordable que... part le côté des langues existantes » (*ibid.*). Ce plan, selon lequel la théorie part des « langues » pour atteindre ensuite la « langue » dans son universalité et, enfin, l' « exercice et faculté du langage chez les individus » (Godel *Notes* 65), est le testament linguistique saussurienne. Il n'apparaît cependant pas très clairement dans l'organisation du C. L. G. (voir C. L. G. 9, note 11). Du reste, Regard faisait déjà observer (1919, 10-11) :

> le point faible de l'ouvrage, en général excellent, qu'ont publié MM. Bally et Sechehaye, est de laisser croire que F. d. S. a séparé le changement linguistique des conditions extérieures d'où il dépend et de l'avoir ainsi privé de réalité et réduit à une abstraction nécessairement inexplicable.

Dans le troisième cours, les caractères généraux de la « langue » sont ainsi tirés de l'étude des « langues », mais l'étude de la faculté de langage « chez les individus » est à peine ébauchée.

Lors de l'entretien avec L. Gautier du 6 mai 1911, Saussure se déclare encore une fois insatisfait :

Je me trouve placé devant un dilemme : ou bien exposer le sujet dans toute sa complexité et avouer tous mes doutes, ce qui ne peut convenir pour un cours qui doit être matière à examen. Ou bien faire quelque chose de simplifié, mieux adapté à un auditoire d'étudiants qui ne sont pas linguistes. Mais à chaque pas, je me trouve arrêté par des scrupules... (S. M. 30).

La « première vérité » (c'est-à-dire que « la langue est distincte de la parole ») et « ce qui est essentiel », ou encore « le problème des unités », lui apparaissent clairement ; mais il affirme que pour parvenir à une conclusion sûre il lui faudrait « des mois de méditation exclusive » ; et Saussure hésite à reprendre de vieilles « notes... perdues dans des monceaux » et à « recommencer des longues recherches pour la publication » à propos « des sujets qui m'ont occupé surtout avant 1900 ».

Cette dernière allusion se trouve pleinement confirmée par le matériel inédit, sur la base duquel on peut dire que la période d'attention la plus intense pour l'élaboration d'une théorie générale achevée de la langue se place entre 1890 et 1900. En 1891 les leçons inaugurales de Genève abordent les problèmes du rapport entre évolution et conservation linguistiques (qui est vu comme un rapport dialectique) et entre linguistique générale, linguistique historique et philologie (S. M. 37-39, Sechehaye in *F. d. S.* 62). Bally (1913.9) parle de recherches générales remontant à « vingt ans avant », donc aux alentours de 1893. Le document privé le plus important sur ce point est la lettre à Meillet du 4 janvier 1894 :

Le commencement de mon article sur l'intonation va paraître... Mais je suis bien dégoûté de tout cela, et de la difficulté qu'il y a en général à écrire seulement dix lignes ayant le sens commun en matière de faits de langage. Préoccupé surtout depuis longtemps de la classification logique de ces faits, de la classification des points de vue sous lesquels nous les traitons, je vois de plus en plus à la fois l'immensité du travail qu'il faudrait pour montrer au linguiste *ce qu'il fait* ; en réduisant chaque opération à sa catégorie prévue ; et en même temps l'assez grande vanité de tout ce qu'on peut faire finalement en linguistique.

C'est, en dernière analyse, seulement le côté pittoresque d'une langue, celui qui fait qu'elle diffère de toutes autres comme appartenant à certain peuple ayant certaines origines, c'est ce côté presque ethnographique, qui conserve pour moi un intérêt : et précisément je n'ai plus le plaisir de pouvoir me livrer à cette étude sans arrière-pensée, et de jouir du fait particulier tenant à un milieu particulier.

Sans cesse l'ineptie absolue de la terminologie courante, la nécessité de la réformer, et de montrer pour cela quelle espèce d'objet est la langue en général, vient gâter mon plaisir historique, quoique je n'aie pas de plus cher vœu que de n'avoir pas à m'occuper de la langue en général.

Cela finira malgré moi par un livre où, sans enthousiasme ni passion, j'expliquerai pourquoi il n'y a pas un seul terme employé en linguistique auquel j'accorde un sens quelconque. Et ce n'est qu'après cela, je l'avoue, que je pourrai reprendre mon travail au point où je l'avais laissé.

Voilà une disposition, peut-être stupide, qui expliquerait à Duvau pourquoi par exemple j'ai fait traîner plus d'un an la publication d'un article qui n'offrait, matériellement, aucune difficulté, sans arriver d'ailleurs à éviter les expressions logiquement odieuses, parce qu'il faudrait pour cela une réforme décidément radicale (*Lettres* 95-96).

De ce travail de « réforme décidément radicale » tenté entre 1893 et 1894 ne restent que peu de notes manuscrites. Celle rédigée sous la forme la plus définitive est la note 9 (S. M. 36, *Notes* 55-59 ; et voir *infra* C. L. G. 157, 169) dans laquelle il précise pourquoi la langue est une forme et non pas une substance. Cet éclaircissement a probablement été fondamental dans la biographie intellectuelle de Saussure. Il prépare l'éloignement du conventionalisme whitneyen, qui l'avait sans doute dominé au début : en effet, la rédaction du livre projeté dans la lettre à Meillet doit avoir été interrompue lorsque, après la mort de Whitney (17 juin 1894), l'American Philological Association l'invita à participer à la commémoration du linguiste à l'occasion du premier congrès des linguistes américains qui devait se tenir à la fin de décembre 1894 à Philadelphie. En novembre, Saussure écrit rapidement environ soixante-dix pages (S. M. 32) : mais ce travail ne fut pas non plus terminé et Saussure n'envoya pas même un message en Amérique (S. M. 32). Les notes conservées (S. M. 43-46 et *Notes* 59-65) sont cependant précieuses : on y trouve acceptée l'idée de Whitney selon laquelle la langue est une « institution humaine » (S. M. 43), mais il souligne qu'elle se caractérise par rapport aux autres types d'institutions par le fait qu'il n'y a aucun « lien interne » entre les éléments qu'elle met en jeu, aucune nécessité logique ou naturelle qui les lie. C'est pourquoi « le langage, non fondé sur des rapports naturels, ne peut être corrigé par la raison ». Selon Saussure, la limite du conventionnalisme whitneyen et philosophique est dans la croyance que réalité phonique et signification sont quelque chose de donné, de saisissable, hors du système linguistique et antérieur à lui, si bien qu'il serait ensuite possible d'établir entre l'une et l'autre des liens conventionnels. En réalité, avant d'être mises en rapports, les entités en jeu n'ont aucune consistance, aucune individualité : « une langue est formée par un certain nombre d'objets extérieurs que l'esprit utilise comme signes. Ce n'est que dans la mesure exacte où l'objet extérieur est signe (est aperçu comme signe) qu'il fait partie du langage à un titre quelconque » (S. M. 43). L'expression et la notion d' « arbitraire du signe » n'apparaissent pas explicitement dans ces pages, mais elles en sont le terme (voir *infra* 361-365).

L'impossibilité de déterminer l'individualité d'une entité linguistique sur la base de sa consistance « phonologique » (ou, comme nous dirions aujourd'hui, phonétique) est le thème de fond des notes manuscrites de 1897 (*Notes* 49-54) et des trois conférences utilisées dans le C. L. G. 63 et sv. La référence au caractère différentiel et oppositif des entités linguistiques et à la « dualité fondamentale » conséquente de la langue, qui naît sur le terrain de l'accident historique mais fonctionne sans que compte aucunement l'histoire antérieure (et l'une et l'autre faces antinomiques dépendent de l'arbitraire constitutive du signe linguistique), est commune dans les conversations privées (Muret in *F. d. S.* 47, Meillet *F. d. S.* 84, Sechehaye *F. d. S.* 65 :

> Il lui arrivait aussi de développer devant nous cette idée, qui l'a sans cesse préoccupé et dont il a fait la clef de voûte de sa pensée en matière d'organisation et de fonctionnement des langues, à savoir que ce qui importe, ce ne sont pas tant les signes eux-mêmes que les différences entre les signes qui constituent un jeu de valeurs oppositives.

Même si Saussure s'était occupé auparavant de thèmes semblables (dans les notes sur Whitney, il se dit convaincu « depuis plusieurs années » de la « dualité fondamentale » de la linguistique [S. M. 45], on lit une expression analogue, « préoccupé depuis longtemps », dans la lettre à Meillet de janvier 1894, et ces deux affirmations sont, nous l'avons vu, amplement confirmées), comme l'a soutenu Godel, la période de méditation la plus grande, la plus intense, est certainement la dernière décennie du siècle.

Cependant les cours révèlent encore la persistance d'oscillations, d'incertitudes dans la pensée de Saussure (Regard 1919.11). Il n'y a qu'une seule façon de les expliquer : il a fallu un demi-siècle à la linguistique pour comprendre ce qu'était réellement l'arbitraire du signe dont parle Saussure, pour assimiler la notion de valeur, pour redécouvrir la notion d'économie et le caractère discret des entités linguistiques sur le plan du contenu et de l'expression, pour reposer le problème des *universals of language* et de la définition explicite des exigences d'une théorie de la description linguistique. Comme Peirce, Kruszewski, Baudouin, Marty et Noreen, Saussure est en avance d'un demi-siècle sur son temps : d'un siècle même si l'on tient compte du fait que les idées directrices de sa pensée sont déjà acquises lors des travaux des années de Leipzig. On a dit que c'est un grand malheur pour un savant que de « découvrir l'Amérique », de trouver quelque chose qui est en réalité connu depuis longtemps : mais c'est un drame encore plus grand que celui des Vikings, découvrant l'Amérique trop tôt. Saussure a vécu ce drame, cette scission entre le sens d'évidence et de trivialité que dégage une vérité fondamentale, une fois qu'elle est acquise, et le sens douloureux de son isolement dans l'élaboration et le développement de cette vérité.

> L'impression générale... est qu'il suffit du sens commun... pour faire évanouir tous les fantômes... Or cette conviction n'est pas la nôtre. Nous sommes au contraire profondément convaincu que quiconque pose le pied sur le terrain de la *langue* peut se dire qu'il est abandonné par toutes les analogies du ciel et de la terre... (*Notes* 64).

Durant les dernières années, il commence cependant à être reconnu : la science allemande lui est encore hostile (*Lettres* 108), mais l'*Ablaut* de Hirt entame cependant la discussion du *Mémoire* ; celui qui, après la mort de Duvau, est le meilleur de ses élèves, Meillet, lui dédie son chef-d'œuvre, l'*Introduction* ; le 14 juillet 1908, le même Meillet et les élèves genevois lui offrent, au cours d'une affectueuse cérémonie, un mélange d'études (Muret, De Crue, Bally in *F. d. S.* 47-48, 23, 51 et Bally 1908) ; en 1909 il est nommé membre de l'Académie danoise des sciences et un an plus tard membre correspondant de l'Institut de France (*Lettres* 120-121, De Crue et Muret in *F. d. S.* 23 et 48). Pourtant, écrira Gautier en 1916, « cet homme... a vécu solitaire ». Son « image dernière » est celle d'un « gentilhomme vieillissant, au maintien digne, un peu las, portant dans son regard rêveur, anxieux, l'interrogation sur laquelle se refermera désormais sa vie » (Benveniste 1965.34). Une tristesse incertaine domine les entretiens avec Riedlinger (S. M. 29) et Gautier (S. M. 30). Au cours de l'été 1912, Saussure est obligé par la maladie de suspendre son enseignement, il se retire au château des Faesch à Vufflens, cherche encore à se pencher sur de nouvelles études, comme la sinologie (sur les traces peut-être de son frère Léopold), mais son état s'aggrave jusqu'au soir du 22 février 1913 où survient la mort. La « Gazette de Lauzanne » du 27 février écrit :

> Les derniers honneurs ont été rendus à la dépouille mortelle de Ferdinand de Saussure. La cérémonie a eu lieu à Genthod. Elle a commencé dans l'église où, devant une foule nombreuse, M. Lucien Gautier, pasteur et professeur, a prononcé... une allocution... Le doyen de la Faculté des Lettres et des Sciences Sociales de l'Université de Genève, professeur Francis De Crue, a retracé ensuite la carrière du défunt. Sur la tombe, le pasteur Georges Berguer a prononcé la prière d'adieu.

Quelque temps après Meillet écrira :

> Il avait produit le plus beau livre de grammaire comparée qu'on ait écrit, semé des idées et posé de fermes théories, mis sa marque sur de nombreux élèves, et pourtant il n'avait pas rempli toute sa destinée.

Pour compléter cette destinée devait venir la publication du C. L. G., le travail critique de deux générations de linguistes, l'ample et féconde expansion de sa pensée « comme une seconde vie, qui se confond désormais avec la nôtre » (Benveniste 1963.21).

7. LA FORMATION DE LA LINGUISTIQUE GÉNÉRALE DE SAUSSURE

Comme l'a écrit R. Engler (1966.35), « le système n'est pas né tout armé de la tête de Saussure ». Il est le résultat, demeuré d'ailleurs privé de son ultime réorganisation, d'acquisitions successives, dont certaines furent, nous l'avons vu, très précoces. Mais, avant même ces acquisitions, il faut rappeler l'enseignement de ses premiers maîtres, et plus loin encore dans le processus de formation d'une théorie, les traits innés d'une personnalité aussi singulière, traits qui se séparent mal de ceux objectivement discernables dans l'œuvre théorique et dans les avatars de sa formation.

L'habitude de la réflexion scientifique est, comme nous l'avons dit, héréditaire pour Saussure (*supra* 321) ; ainsi peut-être que le goût pour « tous les sphynx » (*supra* 323), renforcé par le contact précoce avec Pictet, pour la recherche, dans tous les domaines, des faits fondamentaux (*supra* 330). Il n'y a là aucun mysticisme mais, au contraire, le besoin d'éviter les « formules solennelles », de comprendre jusqu'au fond et soigneusement les choses, et de les faire comprendre (*supra* 336). C'est là la racine de son attitude dialectique et problématique qui surprit déjà ses contemporains (*supra* 323). Enfin, si l'on garde à l'esprit le fait que l'intuition du caractère objectivement structuré, « systémique », des entités linguistiques, est préliminaire à la précoce découverte de la *nasalis sonans* (*supra* 324) et au « système général du langage » (*supra* 323) encore antérieur et quasi infantile, on peut se demander si l'idée de système n'est pas une sorte d'entéléchie de la vie intellectuelle de Saussure, un principe final, point culminant de sa méditation théorique lié aux origines mêmes de son génie.

Parmi ceux qui ont directement contribué à la formation de Saussure, Pictet, comme nous l'avons dit (*supra* 322-323), semble être celui qui a exercé la plus grande influence. La rencontre avec les savants de Leipzig et de Berlin a certainement contribué à donner à Saussure une maîtrise achevée des techniques de l'analyse comparative des langues. Mais, en l'absence de documents plus précis, il est impossible de reconnaître à l'un quelconque d'entre eux un rôle comparable à celui de Pictet ou des maîtres spirituels comme Bopp (pour lequel *supra* 324) et surtout Whitney (*supra* 332 et sv.). Dans la période parisienne, Saussure put en outre certainement approcher G. Paris (*supra* 342) : celui-ci (et pas Bréal) est signalé avec H. Paul, P. Meyer, H. Schuchardt, Baudouin et Kruszewski (pour lesquels voir *supra* 339 et note 7), dans la maigre liste de ceux « qui ont fait faire un pas à la connaissance du langage » (*Notes* 66), lors de la leçon inaugurale des cours de Genève.

Parmi les premières acquisitions théoriques conscientes de Saussure se trouve la notion de nature oppositive et relationnelle des entités linguistiques, déjà présente dans le *Mémoire* (*supra* 330) et dans la thèse sur le génitif absolu (330), reprise ensuite dans les cours parisiens (337) et dans les études sur le lituanien (Meillet in *F. d. S.* 82, et *supra* 341). La notion de système, complémentaire de celle-ci, domine également dans le *Mémoire* (*supra* 330), dans les cours parisiens et dans les études sur le lituanien (*Rec.* 514, et voir *supra* 341).

Ces deux acquisitions ont eu de précoces reflets sur le plan de la méthode de recherche et de la théorie de cette méthode : grâce à elles, l'analyse d'une entité linguistique devient recherche de son « caractère distinctif » par rapport aux autres entités coexistant avec elle (*supra* 331), et la description d'une langue est, avant tout, « linguistique d'un état », déjà distincte de la linguistique évolutive dans les leçons parisiennes de 1882 (*supra* 337) et ensuite dans le compte rendu de Schmidt de 1897 (*supra* 350-351).

Différentes conséquences proviennent de ce premier noyau d'idées : avant tout un soin philologique extrême dans la description d'une langue, soin qui se traduit par une pédagogie attentive et sévère (*supra* 344, 350) ; ceci permet, dans les comparaisons de langues vivantes, de remplacer la connaissance due aux schématisations livresques par la connaissance directe, concrète, à travers la recherche sur le terrain (*supra* 332). L'idée de système, qui porte à distinguer linguistique statique et linguistique évolutive, porte aussi à percevoir la distinction et le lien entre système et réalisation du système, *langue* et *parole*, perception qui remonte au voyage en Lituanie (*supra* 331) et qui fut plus tard renforcée par la rencontre avec Baudouin et la découverte de Kruszewski (*supra* 339 et note 7). Un corollaire de cette distinction est la distinction entre étude physiologique et étude « historique » du système phonématique d'une langue, déjà affirmée dans le rapport sur le cours parisien de 1881 (*supra* 337).

Ces idées nouvelles se situent initialement dans le cadre du conventionnalisme de Whitney : l'allusion à ce dernier est transparente dans la première tentative de synthèse des vues générales sur la « vie du langage » entreprise par Saussure en 1885 (*supra* 338). La conception de Whitney doit toutefois avoir laissé Saussure relativement insatisfait, et il n'abandonne pas, après 1885, les réflexions sur la théorie générale. Cette exigence, affirmée dans le compte rendu de Schmidt de 1897 (*supra* 351), est déjà justifiée lors des leçons inaugurales de 1891 dans lesquelles, comme nous l'avons dit (*supra* 354), il défend la nécesssaire complémentarité des analyses particulières et de la théorie générale. Et c'est au nom de cette exigence que le factualisme de la linguistique positiviste contemporaine répugne à Saussure, factualisme rempli de postulats inconsciemment liés à la terminologie adoptée : l'exigence d'une reconstruction de l'apparat terminologique (et donc conceptuel) grâce auquel la linguistique pourra cerner les phénomènes est présente dès l'époque de la thèse (*supra* 331), mais elle devient dominante vers 1894, comme il apparaît dans la première lettre à Meillet, de 1894 précisément, et dans la note manuscrite, également de 1894, citée plus loin.

C'est au cours de ces années que Saussure mûrit ses idées les plus originales, celles dans lesquelles on ne vit qu'avec une grande lenteur les idées centrales de la pensée saussurienne : l'idée de la langue comme forme, l'idée de la relativité, de l'arbitraire et de l'historicité radicale de l'organisation linguistique tout entière. Un témoignage précieux nous a été laissé, à ce propos, par Sechehaye :

En plus d'une occasion il voulut bien nous initier au travail de sa pensée. Il aborda dans des entretiens familiers ces questions de méthode, ces problèmes théoriques qu'il a traités plus tard... dans ses cours de linguistique générale... Il lui arrivait aussi de développer devant nous cette idée, qui l'a sans cesse préoccupé et dont il a fait la clef de voûte de sa pensée en matière d'organisation et fonctionnement des langues, à savoir que ce qui importe, ce ne sont pas tant les signes eux-mêmes que les différences entre les signes qui constituent un jeu de valeurs oppositives (Sechehaye in *F. d. S.* 65).

Nous retrouvons cette « clef de voûte » dans les notes de 1893 et 1894, ébauches du livre dont parle Saussure dans la lettre à Meillet de 1894 et ébauches de l'article sur Whitney :

Quelques illuminés ont dit : « Le langage est une chose tout à fait extra-humaine, et en soi organisée, comme serait une végétation parasite répandue à la surface de notre espèce. » D'autres : « Le langage est une chose humaine, mais à la façon d'une fonction naturelle. » Whitney a dit : « Le langage est une *institution* humaine. » Cela a changé l'axe de la linguistique.

La suite dira, croyons-nous : « C'est une institution humaine, mais de telle nature que toutes les autres institutions humaines, *sauf celle de l'écriture*, ne peuvent que nous tromper sur sa véritable essence, si nous nous fions à leur analogie. »

Les autres institutions, en effet, sont toutes fondées (à des degrés divers) sur les rapports *naturels* des choses... Par exemple, le *droit* d'une nation, ou le système politique — même la mode capricieuse qui fixe notre costume, qui ne peut s'écarter un instant de la donnée des proportions du corps humain.

Mais le langage et l'écriture ne sont *pas fondés* sur un rapport naturel des choses. Il n'y a aucun rapport, à aucun moment, entre un certain son sifflant et la forme de la lettre S, et de même il n'est pas plus difficile au mot *cow* qu'au mot *vacca* de désigner une vache.

C'est ce que Whitney ne s'est jamais lassé de répéter pour mieux faire sentir que le langage est une institution pure. Seulement cela prouve beaucoup plus, à savoir que le langage est une institution *sans analogue* (si l'on y joint l'écriture) et qu'il serait présomptueux de croire que l'histoire du langage doive ressembler même de loin, après cela, à celle d'une autre institution (*Notes* 59-60).

Cet éclaircissement du caractère particulier des institutions linguistiques, ce « beaucoup plus » par rapport au conventionnalisme de Whitney, se trouve dans la longue note pour la préface au livre de linguistique générale qu'il imagine en 1893-1894 : rien n'est substance dans la langue, ou encore rien ne subsiste de façon autonome en tant que linguistique, et, au contraire, tout est fruit des « actions combinées ou isolées de forces physiologiques, psychiques, mentales ». C'est-à-dire que la langue n'est pas le point de rencontre, déterminé par convention, entre une certaine substance acoustique et une certaine substance mentale (les « concepts ») :

A mesure qu'on approfondit la matière proposée à l'étude linguistique, on se convainc davantage de cette vérité qui donne, il serait inutile de le dissimuler, singulièrement à réfléchir ; que le lien qu'on établit entre les choses préexiste, dans ce domaine, *aux choses elles-mêmes*, et sert à les déterminer (*Notes* 56).

Les distinctions de la langue n'ont de justification qu'en elles-mêmes, et non pas dans la nature du matériau acoustique ou conceptuel dans lequel elles opèrent.

De là découle la nécessité de la plus grande rigueur formelle dans la théorie des faits linguistiques. Puisque ce n'est pas un domaine dans lequel les choses puissent être considérées d'un point de vue ou d'un autre, mais au contraire entrelacé de distinctions arbitraires, il faut un travail préliminaire de définition de ces distinctions premières :

La théorie du langage aura pour plus essentielle tâche de démêler ce qu'il en est de nos distinctions premières. Il nous est impossible d'accorder qu'on ait le droit d'élever une théorie en se passant de ce travail de définition, quoique cette manière commode ait paru satisfaire jusqu'à présent le public linguistique (*Notes* 55-56).

Le caractère corrélatif de toute entité linguistique est ultérieurement confirmé dans le passage suivant :

On n'a jamais le droit de considérer un côté du langage comme antérieur et supérieur aux autres et devant servir de point de départ. On en aurait le droit s'il y avait un côté qui fût donné hors des autres, c'est-à-dire hors de toute opération d'abstraction et de généralisation de notre part ; mais il suffit de réfléchir pour voir qu'il n'y en a pas un seul qui soit dans ce cas (*Notes* 56).

Le corollaire extrême de cette suite de réflexions a un singulier caractère hégélien [10] :

A chacune des choses que nous avons considérées comme une vérité, nous sommes arrivés par tant de voies différentes que nous avouons ne pas savoir celle que l'on doit préférer. Il faudrait, pour présenter convenablement l'ensemble de nos propositions, adopter un point de départ fixe et bien défini. Mais tout ce que nous tendons à établir, c'est qu'il est faux d'admettre en linguistique un seul fait comme défini en soi. Il y a donc véritablement absence nécessaire de tout point de départ, et si quelque lecteur veut bien suivre attentivement notre pensée d'un bout à l'autre de ce volume, il reconnaîtra, nous en sommes persuadés, qu'il était impossible de suivre un ordre très rigoureux (*Notes* 56-57).

Le problème de l'ordre à donner aux thèses de la théorie linguistique a continué à se poser dans l'esprit de Saussure jusqu'aux dernières

---

10. Cf. G. W. F. Hegel, *Précis de l'Encyclopédie des sciences philosophiques*, trad. française de J. Gibelin, Paris 1970, p. 29 (§1) : « La philosophie est privée du privilège qui profite aux autres sciences de pouvoir présupposer ses objets comme donnés immédiatement par la représentation, ainsi que la méthode de connaissance pour commencer et poursuivre ses recherches, comme adoptée déjà précédemment. Son objet, il est vrai, lui est commun avec la religion... Sans doute la philosophie peut bien présumer une connaissance de son objet, elle doit même la présumer, ainsi qu'un intérêt pour cet objet, déjà pour la raison que la conscience a des représentations des objets avant d'en avoir des notions (*Begriffe*) et que l'esprit *qui pense*, n'arrive à la réflexion qui connaît et comprend qu'en passant *par* la représentation et en s'y rapportant. Or la pensée qui observe, voit bientôt que cette étude exige de montrer la *nécessité* de son contenu et de *démontrer* aussi bien l'être que les déterminations de ses objets. La simple connaissance de ces objets apparaît donc comme insuffisante, de même qu'avancer ou admettre des *suppositions* et des *affirmations*, comme inadmissible. La difficulté du commencement toutefois se présente en même temps, car un commencement, en tant qu'*immédiateté*, établit une présomption ou encore mieux, en est une. »

années, comme le montrent un passage déjà cité des entretiens avec Riedlinger (*supra* 354) et les changements de plan des trois cours. Il est probable que la conception d'une sémiologie comme théorie géné-rale des signes, antérieure à 1901 (date de publication de la *Classification des sciences* de Naville qui fait référence à la nouvelle science saussurienne : *supra* note 9), et la formulation, connexe à cette conception, du « premier principe », c'est-à-dire du principe de l'arbitraire, ont représenté pendant quelques années une solution satisfaisante pour Saussure, comme le montre le fait que c'est là-dessus que se fondent l'*incipit* et l'allure générale du second cours. Et pourtant le plan change lors du passage du second au troisième cours (*supra* 354), et ce n'est que dans la leçon du 19 mai 1911, alors qu'il est désormais à la fin de son troisième et dernier cours, que Saussure introduit les termes *signifié* et *signifiant* (S. M. 85), nécessaires pour formuler de façon plus rigoureuse le principe de l'arbitraire exposé en d'autres termes douze jours avant (S. M. 82) et repris sous cette forme plus profonde uniquement dans les deux dernières leçons du cours, le 30 juin et le 4 juillet (S. M. 90-92). A la limite extrême de son enseignement, Saussure voit donc avec une pleine clarté que l'arbitraire du signe concerne, en l'historicisant radicalement, non seulement la face signifiante mais aussi la face signifiée du signe et des langues, car les significations n'ont aussi de valeur que par rapport à ce qui les entoure (S. M. 91, notes 150 et 151), et le monde des contenus, tout autant que celui des sons, est amorphe avant que n'intervienne l'agencement, arbitraire et par conséquent « systémique » (et par conséquent historique) de la langue (S. M. 91, 152). Ce n'est qu'à la fin que Saussure a découvert le principe unificateur de la théorie de la langue (ou, du moins, ce n'est qu'à la fin qu'il a considéré pouvoir l'exposer à ses élèves).

Selon les deux grandes conceptions traditionnelles des phénomènes linguistiques, on peut identifier une entité linguistique donnée comme cette entité particulière soit par le sens soit par le son. Il y a d'innombrables façons de réaliser le mot *Messieurs!* mais ces innombrables réalisations différentes trouvent leur identification dans le fait qu'elles expriment un sens qui est « le même pour tous », selon la vieille affirmation aristotélicienne qui est à la base de ce point de vue. La critique de ce point de vue, la découverte des fluctuations dans le monde des signifiés, poussa la linguistique post-boppienne vers le son, « guide plus sûr » (selon l'expression de Pott) que les signifiés fluctuants pour l'étude des entités linguistiques. *Messieurs!* peut avoir une infinie pluralité de sens, mais il reste que ces innombrables réalisations se ressemblent phoniquement.

Saussure part d'une conscience aiguë des arguments des deux points de vue, c'est-à-dire de l'acceptation de ces deux faits : les formes phoniques varient indéfiniment, les sens varient indéfiniment.

Entre une articulation de *Messieurs!* et une autre, il y a un abîme, dans lequel peuvent s'insérer en nombre indéfini des articulations intermédiaires, de la même façon qu'il y a un abîme entre un sens et un autre liés à l'une des réalisations possibles du mot, entre lesquels il peut toujours y avoir également de nouveaux sens intermédiaires. Saussure note d'autre part que sens intermédiaires et formes phoniques intermédiaires peuvent aussi s'insérer entre les sens et les sons de mots considérés comme différents. En d'autres termes, il perçoit le caractère de continuité que présentent les manifestations concrètes, les actes concrets de *parole*. Ce n'est pas par hasard que H. Schuchardt est cité parmi ceux qui ont fait progresser la connaissance du langage. Et si Saussure l'avait connue, il aurait pu citer comme *incipit* de ses réflexions l'*Esthétique* de Croce.

Cependant, dans ce monde de sens et d'articulations semblablement fluctuants dans lequel la continuité semble être la seule règle objectivement en vigueur, les locuteurs d'une communauté introduisent des discriminations et des identifications : la série indénombrable des articulations et des sens dégradés de *Messieurs!* est ramenée à une unité et séparée des articulations voisines (*Monsieur!* par exemple, ou *Mes sœurs!* etc.) et des sens voisins (« Chers amis » par exemple, ou « Honorable public », etc.). La ressemblance ou la dissemblance articulatoire et la ressemblance ou la dissemblance psychologique et logique ne parviennent pas à justifier de tels regroupements. Encore une fois (et bien que cela risque fort de scandaliser les bien-pensants de l'historicisme comme ceux du structuralisme) les réflexions de Saussure parcourent exactement le chemin suivi par un Schuchardt ou, plus tard, par Croce.

Et pourtant (et c'est là le début de la divergence) ces regroupements sont bien réels : c'est sur eux que se fonde à chaque instant notre discours, dans lequel ces discriminations et ces identifications complémentaires opèrent concrètement, effectivement. Sur quoi s'appuient donc ces regroupements ?

Durant un certain nombre d'années (entre Paris et les premières années de Genève), Saussure a dû considérer comme acceptable la réponse conventionnaliste de Whitney : une convention, et une convention seule, permet de réduire en unités les différentes articulations et les différents sens (ou bien la discrimination entre ces articulations et ces sens et des articulations et des sens voisins d'un point de vue phonique et psychologique). Mais le conventionnalisme (mise à part sa faiblesse du point de vue historique concret, car on ne voit pas où, quand et par quels moyens se passe la convention) présente une faiblesse théorique radicale : il suppose que les termes dont on dit que, par convention, l'identité est établie, sont déjà identifiés. La langue, comme mécanisme qui préside aux identifications et aux diversifications, précède toute convention. C'est pourquoi celui qui l'analyse se trouve « abandonné par toutes les analogies du ciel et de la terre ».

La dernière réponse de Saussure est centrée sur la théorie de l'arbitraire. Dans la série indéfinie des différents produits phoniques comme dans la série indéfinie des différents sens, toutes deux constituant deux tissus continus, le langage sépare des entités différentes, introduisant des limites entre lesquelles les phénomènes psychologiquement ou phoniquement différents sont identifiés. La langue est le mécanisme qui (au-delà de la volonté de l'individu) préside à ces identifications et à ces discriminations. Elle est un ensemble d'articulations, de limites qui rendent discontinues (on dirait aujourd'hui discrètes) la masse des réalisations phoniques et la masse des significations. Grâce à la langue, le locuteur catégorise une entité phonique particulière comme telle ou telle entité signifiante et une entité perceptive ou conceptive ou conceptuelle comme telle ou telle entité signifiée. Dans ces catégorisations, il n'y a aucune raison intrinsèque à la nature de la substance phonico-acoustique ou conceptuelle. [a] et [a :] sont classées comme des manifestations distinctes d'une même entité symbolisée par /a/ en italien ou en dialecte napolitain, comme manifestations distinctes de deux entités distinctes symbolisées par /a/ et /a :/ (ou par ă et ā) en français ou en latin. Comme l'a vu Saussure avec une clarté croissante, il se passe la même chose pour ce qui concerne les significations (les sens) et les signifiés. Une jeune créature de sexe féminin et une autre de sexe masculin sont ramenées à un seul signifié en allemand (« Kind ») ou en grec (« τέχνον »), alors qu'elles sont ramenées à deux signifiés différents en italien (« bambino » et « bambina ») ou en latin (« puer » et « puella »).

Les ressemblances et les différences phonico-acoustiques ou conceptuelles et psychologiques n'expliquent pas le pourquoi de ces identifications et de ces discriminations. Elles n'appartiennent donc pas au domaine du naturel, du causé, mais au domaine de l'accident historique. Elles sont, en d'autres termes, arbitraires.

A son degré le plus profond (sur la légitimité de rechercher ce degré, voir Martinet 1957.115-116 et Godel 1959.32), le sens de *l'arbitraire du signe* est celui qui émerge non pas des pages tourmentées 100-101 du C. L. G., mais du chapitre IV de la seconde partie, consacrée à la *valeur linguistique* (C. L. G. 155-169) : le signe linguistique est arbitraire parce que c'est une combinaison (arbitraire, mais cela n'a plus d'intérêt de le relever) de deux faces, *signifié* et *signifiant*, qui sont arbitraires dans la mesure où elles unifient (et discriminent) arbitrairement, sans égard pour des motivations d'ordre logique ou naturel, des sens disparates et des types disparates de réalisations phoniques.

La nature « systémique » du signe linguistique vient de l'arbitraire. La délimitation des signes, libérée de toute motivation liée à la substance conceptuelle ou phonique, est confiée à la délimitation des signes par eux-mêmes. Et c'est parce que cette délimitation n'a pas d'autre base que l'*usus loquendi* d'une communauté linguistique que le système linguistique est de nature radicalement sociale sous toutes ses faces, la face sémantique tout autant que la face phonématique ou morphologique (Frei).

De l'arbitraire découle également une méthodologie rénovée de la description des signes, que l'on doit mener non plus en termes phonico-acoustiques ou ontologico-logico-psychologiques, mais en termes de différences phonico-acoustiques et ontologico-logico-psychologiques utilisées dans une langue donnée pour constituer différents signes possibles. Les principes de cette méthodologie ne sont qu'esquissés dans le C. L. G. : ils ne furent pleinement développés que beaucoup plus tard, dans les recherches des écoles pragoise, française et glossématique, et dans la construction d'une sémantique fonctionnelle grâce aux œuvres des savants suisses (Frei, Burger, Godel), de Lamb et de Prieto.

8. LA FORTUNE DU C. L. G. DANS LES DIFFÉRENTS PAYS

Le C. L. G. fut édité en 1916 (337 pages) puis, avec une nouvelle pagination demeurée inchangée (331 pages) en 1922, 1931, 1949, 1955, 1962 etc... De nombreux comptes rendus (en général plutôt critiques) accueillent la première édition : Bourdon 1917, Gautier 1916, Grammont 1917, Jaberg 1937.123-136 (publié en décembre 1916), Jespersen 1917, Lommel 1921, Meillet 1916, Meillet 1917, Niedermann 1916, Oltramare 1916, Ronjat 1916, Schuchardt 1917, Sechehaye 1917, Terracini 1919, Wackernagel 1916. La seconde édition eut aussi des comptes rendus : Abegg 1923, Gombocz 1925, Grégoire 1923, Lommel 1922, Lommel 1924, Marouzeau 1923, Uhlenbeck 1923. Nombreuses aussi furent les traductions : japonaise (*Gengogaku-genron*, trad. de H. Kobayashi, Tokio 1928, 2e éd. 1940 [avec une bibliographie pages 1-10], 3e éd. 1941 [avec une nouvelle préface], 4e éd. 1950) ; allemande (*Grundfragen der allgemeinen Sprachwissenschaft*, Berlin-Leipzig 1931, trad. de H. Lommel avec un bref *Vorwort* de remerciement envers L. Gautier, Bally, Sechehaye ; l'œuvre, dont ont rendu compte Herman 1931, Ammann 1934 *b*, a été réimprimée vingt-six ans plus tard, Berlin 1967, « mit neuem Register und einem Nachwort von Peter von Pohlenz » ; russe (*Kurs obščej lingvistiki*, Moscou 1933, trad. H. M. Suhotin, commentaire R. J. Šor, préface de D. N. Vvedenskij, citée ici comme Vvedenskij 1933 ; premier numéro de la collection « Jazykovedy zapada », jamais rééditée ; peu connue en Europe occidentale : cf. S. M. 24, note 3, Slusareva 1963.34) ; espagnole (*Curso de lingüística general*, trad. Amado

Alonso, dont la préface est ici citée comme Alonso 1945, 2ᵉ éd. 1955, 3ᵉ éd. 1959, 4ᵉ éd. 1961) ; anglaise (*Course in General Linguistics*, New York, Toronto, Londres 1959, réimprimée en *paperback* 1966, trad. de W. Baskin, avec une *translator's introduction* p. XI-XII ; compte rendu de H. Frei C. F. S. 17, 1960.72-73 ; traduit *langue-parole-langage* par *language-speaking* [ainsi que *speech*]-[*human*] *language* ; polonaise (*Kurs iezykoznawstwa ogólnego*, trad. de Krystina Kasprzyk, Varsovie 1961) ; hongroise (voir *infra* 374) ; italienne (par l'auteur de ce travail, 1ʳᵉ éd. Bari 1967, 4ᵉ éd. *paperback* Bari 1972).

Tout cela ne suffit cependant pas à donner une idée de la vaste influence du C. L. G., mais permet plutôt de rappeler qu'à partir de 1930, « il y a peu de travaux de linguistique générale... qui ne commencent pas par un renvoi au *Cours* » (Malmberg 1954.9, et cf. Sechehaye 1940.1). Il y a certes des silences : des œuvres, dans lesquelles on ne manque pas de citer les savants à qui la linguistique doit des idées essentielles, se taisent sur Saussure. C'est le cas du livre de vulgarisation de M. Pei (*The Story of Language*, 1ʳᵉ éd. Londres 1952, 2ᵉ éd. 1957) ou, à d'autres niveaux, des excellents manuels de H. A. Gleason (*An Introduction to Descriptive Linguistics*, New York 1956) et de Ch. F. Hockett (*A Course in Modern Linguistics*, New York 1958). Dans certain cas (Carroll 1953.15) le C. L. G. est cité parmi les bons manuels d'introduction à la linguistique : ce qui revient un peu à citer l'*Odyssée* parmi les ouvrages sur la technique de la navigation. Mais la fortune du C. L. G. aux U. S. A. exigera un plus large examen.

De façon générale, un renvoi au C. L. G. est pour ainsi dire une obligation. Il s'agit souvent de simples mentions de quelques distinctions saussuriennes fameuses comme *langue-parole*, *synchronie-diachronie*, *signifié-signifiant* : cf., à simple titre d'exemple, Otto 1934.180, Heřman 1936-1938. I, II, Bröndal 1943.92 et sv., Sturtevant 1947.3, Dieth 1950.3, 8, 16, Porzig 1950.108, Kronasser 1952.21, Carroll 1953.11, 12, 15, Baldinger 1957.12, 21, Ammer 1958.9 et sv., 46 et sv., 59, Schmidt 1963.6-10, Borgström 1963.4-5, Malmberg 1963.8-9. Déjà, dans les cas cités, la référence se fait plus engagée vers la critique ; une évaluation d'ensemble a été tentée dans de nombreux écrits, parmi lesquels, en limitant notre choix aux plus significatifs d'après leur date, leur extension, leur résonance, on peut rappeler (par ordre chronologique) : Bally 1908, Havet 1908, Bally 1913, Id. in *F. d. S.* 51-57, Bréal 1913, Meillet 1913, Streitberg 1914 (écrits antérieurs au C. L. G. mais cherchant cependant à évaluer dans son ensemble l'œuvre de Saussure, y compris dans ses aspects méthodologiques explicités ensuite dans le C. L. G.) ; Gautier 1916, Jaberg 1937 (mais publié en 1916), Meillet 1916, Wackernagel 1916, Grammont 1917, Jespersen 1917, Meillet 1917, Schuchardt 1917, Sechehaye 1917, Regard 1919.3-11, Terracini 1919, Lommel 1921, Id. 1922, Id. 1924, Jakobson 1929.16 et sv., Ipsen 1930.11-16, Pagliaro 1930.86 et sv.,

Weisgerber 1932, Mathesius 1933, Trubeckoj 1933, Vvedenskij 1933, Amman 1934, Bühler 1934.17-20, Jakobson 1936.237, Alonso 1945, Wagner 1947.21, Wells 1947, Sommerfelt 1952, Malmberg 1954, Arens 1955.388-402, Waterman 1956, Birnbaum 1957, (Godel) S. M. (1957), Redard 1957, Čikobava 1959.13, 63, 84 et sv., 97-99, 125, 160, Heinimann 1959, Ullmann 1959.2, Hjelmslev 1961.7, Collinder 1962, Jakobson 1962.293-294, Kukenheim 1962.91-94, Malmberg 1963.8, Benveniste 1963, Gipper 1963.13, 19, 20 et sv., 22 et sv., 29 et sv., 46, Jaberg 1965.17-19, Leroy 1965.79-91, Benveniste 1966. 20-21, Lepschy 1966.31-48.

Cette liste, qui présente d'ailleurs bien des lacunes, montre que le C. L. G. est présent un peu dans tous les pays. Nous allons tenter d'en donner une image plus détaillée. On a une image très précise par l'ouvrage minutieux de E. F. F. Kœrner, *Bibliographia Saussureana 1870-1970*, Metuchen (N. J.) 1972.

FRANCE. C'est le pays dans lequel l'influence de Saussure a été la plus universellement reconnue (Meillet 1913, Gauthiot 1914, Grammont 1933.153-154, Kukenheim 1962.91 et sv., Benveniste 1965.24-28, et voir *supra* 336). L'influence directe, profonde de Saussure a forgé Meillet (Alonso 1945.28-29, Martinet 1953.577, Čikobava 1959.84, Benveniste 1962.93, Bolelli 1965.401, Lepschy 1966.134-135) et Grammont (Grammont 1933.9-10, Benveniste 1962.93), qui, surtout par cela, a pu, en dépit de toutes les polémiques, devancer les recherches structuralistes (B. Malmberg, M. G., in « Studia Linguistica » I, 1947.52-55). Bien sûr, l'influence n'a pas toujours comporté une pleine compréhension des positions théoriques de Saussure. G. Mounin a plusieurs fois souligné avec raison que Meillet n'a jamais compris à fond la notion saussurienne de « système » et que l'incompréhension est grande chez des « meilletistes » comme J. Vendryes et M. Lejeune (Mounin 1966.26 et sv., 1968.76-78). On a aussi signalé une influence possible de Saussure sur P. Passy (*supra* 336). Indirectement, mais non moins profondément, Saussure a influencé R. Gauthiot (*Parler de Buividze*, Paris, 1903, p. 4, Benveniste 1965.27), Vendryes (Vendryes 1921.437, Iordan-Bahner 1962.326, Sommerfelt 1962.90, Čikobava 1959.84 et sv., Bolelli 1965.421) et Benveniste (Čikobava 1959.84 et sv., Lepschy 1966.134), qui a repris la problématique du *Mémoire* (*supra* 329) et qui, quoique après des hésitations et des incompréhensions d'origine probablement meilletien, en est finalement venu à « une appréciation pleine et positive de la pensée saussurienne », comme le reconnaît Mounin 1968.76-78, et a consacré à Saussure des études fondamentales (voir les citations dans la liste des abréviations). Dans les écrits de Martinet, les références explicites à Saussure sont très rares et très brèves, mais chacune jette une lueur nouvelle sur des aspects essentiels du C. L. G., marquant un point ferme et sûr dans l'histoire compliquée de l'exégèse saussurienne. Les *Éléments de linguistique générale*, même si Saussure n'y est pas cité, sont le manuel de linguistique générale le plus radicalement saussurien ; et Saussure revit dans l'un des caractères les plus significatifs de l'œuvre de Martinet : « il peut s'adresser avec la même autorité aux structuralistes comme aux spécialistes de grammaire comparée traditionnelle ; une contribution de Martinet a la qualité, aujourd'hui toujours plus rare, de pouvoir être assimilée avec profit par les premiers comme par les seconds » (Lepschy 1966.129).

A travers Meillet, Grammont, Vendryes, Benveniste et Martinet, Saussure influence de façon plus ou moins évidente tous les linguistes français. On peut, à titre d'exemple, rappeler L. Tesnière (Tesnière 1939.83-84, Lepschy 1966.146), dont les *Éléments de syntaxe structurale* (Paris 1959) sont inspirés des idées saussuriennes plus que n'en disent les références explicites (cf. par exemple page 17, note) ; G. Mounin (cf. en particulier Mounin 1963.21-24 et l'excellent ouvrage d'ensemble Mounin 1968) ; Haudricourt et Juilland (Burger 1955.19 et sv.). Dauzat a revendiqué des droits d'aînesse sur les idées saussuriennes (Lepschy 1966.71, note 41). Pichon a formulé des critiques (1937 et 1941) ; celles formulées par Marcel Cohen sont d'un intérêt particulier, mais il n'hésite cependant pas à déclarer la dette décisive que toute la linguistique moderne, même matérialiste, a envers Saussure (Cohen 1956.26, 75, 89, 163). Comme on le verra, l'influence de Saussure s'est étendue, surtout en France, hors du domaine linguistique, et ceci, inévitablement peut-être, a mené quelquefois aux « à-peu-près journalistiques » dénoncés par G. Mounin 1968.79-83.

JAPON. L'influence de Saussure y est « immense » (Izui, 1963.54-55), ce à quoi a peut-être contribué l'influence antérieure des idées de E. D. Polivanov, élève de Baudouin (V. V. Ivanov, *Lingvističeskie vzgljady E. D. Polivanova*, VJa 7 : 3,1957.55-76 ; Leontev 1961 ; *Iz neopublikovannogo nasledstva E. D. Polivanova*, VJa 12 : 3,1963.96-98 ; Lepschy 1966.63, 73, note 65) ainsi que l'enseignement de H. E. Palmer qui, indépendamment de Saussure (Jespersen 1925.11-12), a insisté sur la distinction entre *language* « langue » et *speech* « parole (-langage) » (Palmer 1924.40). Comme nous l'avons vu, la traduction du C. L. G., qui a été la première, a eu un grand succès d'édition.

EUROPE SEPTENTRIONALE. L'influence de Saussure a été forte et visible. Elle s'est affirmée en Norvège à travers l'œuvre de Sommerfelt, sensible aux aspects sociolinguistiques de la conception saussurienne (cf. A. Sommerfelt, *La linguistique science sociologique*, « Norsk Tidskrift for Sprogvidenskap » 5, 1932.315-331, Sommerfelt 1962, *passim*, Leroy 1965.145-146) et de son successeur Borgstrœm (1949,

1963.4-5). En Suède, malgré les polémiques de Collinder (**1962**), la tradition créée par Noreen (*infra* 390 et sv.) a facilité l'influence saussurienne qui s'est manifestée à travers Malmberg (Vendryes **1950**.455) et d'autres. Des spécialistes de philosophie ont également senti par moments l'importance du C. L. G. (Regnéll **1958**.10, 140, 175, 1858-6, **187**). C'est surtout au Danemark que l'action de Saussure a été sensible (Birnbaum **1957**.10) : bien connu comme membre de l'Académie (*supra* 358), on s'est souvent réclamé de lui : Bröndal (**1943**.90-97) dont on a cependant contesté qu'il ait effectivement assimilé la substance de la pensée saussurienne (Frei **1955**.50, et cf. en effet par exemple V. B., *Les parties du discours*, trad. française Copenhague **1948**, p. 11-12, 76 et sv., 142 et sv.), L. Hjelmslev avec une pénétration toute différente (Hjelmslev **1928**, **1947**.72, **1951**.62 ; **1961**.7 ; Borgstroem **1949**, Ege **1949**.23-24, Wells **1951**.564, Siertsema **1955**.1-13, 54-57, 95, 146, Čikobaya **1959**.160 et sv., Coseriu **1962**.176, Sommerfelt **1962**.59, 90) et les glossématiciens (voir *infra* 376).

·RUSSIE. La fortune de Saussure y a été très contrastée. Les idées saussuriennes furent d'abord introduites par S. Karcevskij qui avait suivi les cours de Saussure à Genève à partir de 1905 ; *licencié ès lettres* en 1914, il retourna dans sa patrie en 1917 et informa les jeunes Moscovites (R. Jakobson, N. S. Trubeckoj) de la doctrine saussurienne, dont il était et restera toujours pénétré et qu'il exposa d'abord à l'Académie des sciences de Moscou puis, comme professeur de linguistique, à Ekaterinoslav (Dniepropetrovsk), enfin dans des essais d'applications au russe (Vvedenskij **1933**.20, Stelling-Michaud **1956**, Jakobson **1956**.9-10, Pospelov **1957**, Jakobson **1962**.631). Même après la dissolution du cercle de Moscou les idées saussuriennes continuèrent à retenir l'attention, comme le prouvent par exemple R. Šor, *Jazyk v obščestvo*, Moscou 1926, ou Volosinov **1930**.60-65. En 1933 paraît finalement la traduction de Suhotin (voir *supra*). L'ample préface de D. N. Vvedenskij, quoique insistant sur le caractère « bourgeois » de l'idéologie à son avis implicite du C. L. G., reconnaît et souligne l'importance exceptionnelle de l'œuvre. Mais l'exclusivisme marxiste a cependant nui à la discussion ouverte ultérieure de l'œuvre (Cohen **1956**.29-30, Leroy **1965**.172-173). Ce n'est qu'après 1950 que l'on eut de nouvelles contributions de grande importance de Budagov, Čikobava, Žirmunskij, Šaumjan et d'autres. Slusareva 1963 en a donné un premier compte rendu. Saussure (ainsi que Hjelmslev) a une grande importance dans les travaux postérieurs de S. Šaumjan et I. I. Revzin (Birnbaum **1957**.10).

Saussure a été au centre de la discussion ouverte en 1965 par Abaev : aux accusations (subjectivisme dans la conception de la *langue*, formalisme, anti-historisme dans la séparation entre synchronie et diachronie : Abaev **1965**.27-28) ont répliqué sur un plan plus général

d'approbation au « nouveau » en linguistique A. B. Gladkij et I. I.
Revzin (V Ja 14 : 3,1965.44-59, 15 : 3,1966.52-59) et sur un plan plus
spécifique Ju. V. Roždestvenskij, *O sovremennom stroenii jazykoznanija*, V Ja 14 : 3,1965.60-69, à la page 62 (importance de Saussure
pour toute la linguistique), L. P. Zinder, *O novom v jazykovedenii*,
VJa 15 : 3,1966.60-64 (page 61 : importance de Saussure et de Baudouin pour la linguistique synchronique), A. Čikobava 1966.47-49
(comparant Saussure à Kant et illustrant l'importance de la distinction entre synchronie et diachronie) et, enfin, P. S. Kuznecov, *Ešče
o gumanizme i degumanizacii*, VJa 15 : 4,1966.62-74, qui met en évidence les composantes-historiques de la pensée saussurienne face aux
accusations d'anti-historisme et face à l'opinion même de plus
d'un structuraliste (p. 65 et sv.).

U. S. A. ET PAYS DE LANGUE ANGLAISE. Rien ne répond outre-
Atlantique à la sympathie de Saussure pour Whitney. Parmi les
grands chefs d'école de la linguistique américaine du XXe siècle, Sapir
présente d'intéressantes convergences avec Saussure, mais il en est
largement indépendant (Wartburg-Ullmann 1962.157, Mikus 1963.
11-12, Wein 1963.5). Les rapports avec Bloomfield sont plus complexes. Celui-ci, rendant compte de Sapir, définit le C. L. G. comme
« a theoretic foundation to the newer trend of linguistic study »
(Bloomfield 1922), jugement repris deux ans plus tard dans le compte
rendu du C. L. G. lui-même (Bloomfield 1924). Encore deux années
plus tard, Bloomfield souligne sa « dette idéale » envers Sapir et Saussure (Bloomfield 1926.153), mais quelques années après, dans *Language*, le nom de Saussure n'apparaît qu'une seule fois (p. 19), dans
l'histoire des doctrines linguistiques. Bloomfield a eu l'occasion de
reconnaître en privé sa dette envers Saussure. Un précieux témoignage en ce sens est fourni par Roman Jakobson (lettre privée du
4-3-1968) : « In a conversation with me, Bloomfield mentioned,
among the four of five works which had the greatest influence on him,
just Saussure's *Cours*. » Mais la mention isolée du nom de Saussure
dans *Language* autorise à maintenir que commence là l'éclipse de
Saussure, caractéristique de la linguistique post-bloomfieldienne.
« En Amérique [i.e.U .S. A.] on considère généralement que *Language*
de Leonard Bloomfield est le livre de linguistique générale le plus
important publié à ce jour » (R. Hall, *La linguistica americana dal
1925 al 1950*, « Ricerche linguistiche », I, 1950.279). Hockett 1952
conteste qu'il existe une quelconque influence de Saussure sur Bloomfield dont l'autonomie vis-à-vis de Saussure est communément admise
(Garvin 1944.53-54, Wells 1951.558, Martinet 1953.577, Benveniste
1954.134, Coseriu 1962.117, Waterman 1963.93). Birnbaum 1957.10
reconnaît qu'il y a quelque chose de plus qu'une convergence occasionnelle. Ce serait une erreur que de réduire le comportement a mér-

cain à un simple chauvinisme. Il y a en effet chez les bloomfieldiens la crainte de retomber dans le mentalisme en quittant le terrain behavioriste et en parlant de langue. Coseriu 1962.117 rappelle justement que pour les « Américains » la langue n'est rien d'autre que « the totality of all utterances in all situations » (Z. S. Harris, *Methods in Structural Linguistics*, Chicago 1951.27, et voir *infra* C. L. G. 27 note 60).

Il ne faut naturellement pas oublier qu'un des meilleurs essais d'ensemble sur Saussure vient des U. S. A. (Wells 1947). Mais un jugement comme celui de Waterman (1956, 1963.61) qui définit Saussure comme « the greatest theoretician of the new era » est exceptionnel. Ce n'est qu'après la réapparition de l'intérêt pour ce qui se trouve « derrière » l'infinie multiplicité des *utterances*, pour le mécanisme de la langue qui produit les *utterances*, que l'on prête une attention nouvelle à Saussure : à l'origine de ce renouveau d'intérêt se trouve sans doute l'attitude théorique de Chomsky (voir, pour ses rapports problématiques avec Saussure, *infra*, 400). Les résultats ne tardent pas à apparaître : Dinneen 1967 consacre un large passage et des références continuelles à Saussure ; et Godel 1969 paraît dans les « Indiana University Studies in the History and Theory of Linguistics ». Hockett même a désormais changé d'attitude. Il souligne sa dette (et celle de L. Bloomfield) envers Saussure : cf. *The State of the Art*, The Hague 1968, chap. I, *passim*.

Mis à part le silence des post-bloomfieldiens, le dur jugement négatif de Ogden et Richards 1923 a limité la présence de Saussure dans les pays anglo-saxons : Saussure est un savant séduit par des « sophismes » (4-5 et note), « ingénu » (p. 5), inutilement compliqué (id.), incapable de décrire le fonctionnement du langage (p. 232).

Dans les universités anglaises la présence de Saussure a été d'une certaine façon garantie avant tout par A. Gardiner (Sommerfelt 1962.90, Robins 1963.13 et cf. aussi Gardiner 1932.59-60, 62, 68-93, 106 et sv., Gardiner 1935, Gardiner 1944) et Jones (1950. VI, 213 ; Lepschy 1966.135), et de là par Firth (1935.50 et sv., 1956.133 ; sur Firth voir Lepschy 1966.135 et 147). Il faut mentionner à part Ullmann, hongrois d'origine, anglicisé, qui a largement subi l'influence de Saussure et a diffusé ses idées chez les romanistes et les spécialistes de sémantique (Ullmann 1949, Ullmann 1953, cf. aussi Antal 1963.19 et sv., 81 et sv., Sommerfelt 1962.91, Rosiello 1966. XXIX et sv.), même si certains ont fait remarquer qu'il n'a pas toujours pénétré à fond la pensée saussurienne (Godel 1953, Frei 1955.50-61).

De façon encore plus marquée qu'aux U. S. A., la présence de Saussure est désormais sensiblement renforcée en Grande-Bretagne grâce à des savants comme R. H. Robins (*General Linguistics. An introductory Survey*, Londres 1964, p. 32, 62, 78, 129, 378), R. M. W. Dixon (*What is Language ? A New Approach to Linguistic Description*,

Londres 1965, p. 73-78) et surtout J. Lyons (Lyons 1963.31, 35, 37, Lyons 1968.38 et *passim*).

SUISSE. La fortune de Saussure dans sa patrie a été beaucoup moins forte que ce que l'on pourrait croire (Frei 1949). Plus qu'une ambiance saussurienne diffuse, on a eu une série de personnalités importantes qui ont poursuivi, de façon plus ou moins marquée, l'œuvre du maître de Genève. Il faut avant tout mentionner Bally, dont on a cependant souvent signalé les divergences par rapport à Saussure (Segre 1963.12-13, 15-16), l'insistance sur les valeurs affectives de la *langue* et, chose à laquelle tenait Bally lui-même (Bally 1909, I, VII), l'originalité (Alonso 1945.29-30, Godel 1947, Frei 1949. 54, Čikobava 1959.84 et sv., Wartburg-Ullmann 1962.249, Segre 1963 cit. et 14 ; Bolelli 1965.391 et sv.), et, à côté de Bally, Sechehaye, peut-être plus proche du projet saussurien, en particulier en ce qui concerne l'arbitraire (Alonso 1945.30, Godel 1947, Frei 1949.55, Godel 1956.59). Tous deux constituèrent « l'école de Genève », issue de l'enseignement saussurien (Sechehaye 1927, Grammont 1933.155, Devoto 1928, Frei 1949, Godel 1961, Mourelle-Lema 1969, Godel 1969, Lepschy 1970.52, etc.) qu'ils ont largement diffusé et jalousement surveillé. Leurs polémiques pour défendre tel ou tel point du C. L. G. sont innombrables : face à la première « attaque » de Doroszewski contre la notion de phonème (Bally 1933), face aux critiques de Wartburg et des Pragois à l'endroit de la « séparation » de la synchronie et de la diachronie (Bally 1937, Sechehaye 1939 et 1940, cf. Alonso 1945.19, 26), face à Buyssens (Sechehaye 1944), etc. La visée apologétique cède le pas, avec la « seconde génération saussurienne » (Burger, Frei, Godel), à une volonté d'exégèse souvent accompagnée de vues nouvelles : ainsi Frei (Sollberger 1953.45-46, Martinet 1955.45), qui est cependant entré également en polémique pour éclaircir et défendre certains principes saussuriens (l'arbitraire : Buyssens 1941, Frei 1950, Buyssens 1952, Antal 1963.81 ; la synonymie : Frei 1961.39). Nous rappelons à chaque page de ce commentaire et de ces notes les contributions de R. Godel à l'exégèse et à l'approfondissement de la pensée saussurienne. Il ne faut pas oublier enfin, pour évaluer la présence de Saussure dans sa patrie, Karcevskij (voir *supra* 370), les contributions de A. Burger (1955, 1961), les essais et l'activité d'édition de R. Engler, les savants suisses de langue allemande (*infra* 374, 396).

PAYS DE L'EUROPE DE L'EST. En *Pologne* (où l'on dispose d'une traduction du C. L. G. depuis 1961) la fortune de Saussure est liée à celle de la tradition inaugurée par Baudouin et Kruszewski et à l'activité de Witold Doroszewski (1930, 1933, 1933 *b*, 1958), spécialement intéressé par une interprétation sociologique des phénomènes

sémantiques (Schaff 1965, 17 et sv.), et de J. Kuryłowicz qui a repris
les problèmes du *Mémoire* dans le domaine historico-comparatiste
(*supra* 329) et ceux du *Cours* dans le domaine théorique. En Pologne
comme en Suède le milieu philosophique s'est intéressé aux positions
saussuriennes, centrales dans les travaux de A. Schaff, 1965 et 1964.

En *Hongrie*, le premier savant à s'être engagé dans l'analyse et
l'approfondissement de la problématique saussurienne fut Witolg
Gombocz qui rendit compte du C. L. G. en 1925 (Gombocz 1925) et
l'utilisa largement dans son petit traité de sémantique (*Jelentéstan*,
Budapest 1926 : cf. Rosiello 1966, xvii et sv.) et dans d'autres travaux
(J. Melich, *G. Z. emlékezete*, « Különlenyomat a magyar nyelv » 32,
1936.65-86). Divers savants ont suivi la même direction : Laziczius
(1939, 1939 *b* ; 1945, 1961.15, 174 et sv.), Fónagy (1957 et *Zeichen und
System* I, 52), Antal (1963.17 et sv., 81 et sv.). E. Lörinczy a préparé
une traduction hongroise (Budapest 1967), sur les critères et les problèmes de laquelle cf. E Lörinczy, *Saussure magyar forditása elê*,
« Különlenyomat a magyar nyelv », 1966.279-285.

En *Tchécoslovaquie*, le terrain était préparé pour la diffusion du
C. L. G. par différents savants. Avant tout par une personnalité
originale, le philosophe et homme politique Thomas Garrigue Masaryk qui, dans *Základové konkretné logiky* (Prague 1885 ; trad. allemande 1886, *Versuch einer concreten Logik*), formule une nette
distinction entre étude statique et étude historique de la langue,
prodrome à l'acceptation de la distinction saussurienne analogue
par les « Pragois » (Jakobson 1933.167, Alonso 1945.13). Nous revien-
drons sur les rapports de ces derniers avec Saussure, mais rappelons
pour l'instant les contributions saussuriennes de V. Mathesius (1933)
et Vachek (1939.95-96).

PAYS DE LANGUE ESPAGNOLE. Tout d'abord l'excellente traduction et
le limpide *Prólogo* de A. Alonso remontant à 1945, puis l'activité et les
études de E. Coseriu (1958, 1962), qui a enseigné pendant de nombreuses
années à Montevideo, ont aidé à la connaissance de l'œuvre de Saussure, pourtant jugée avec quelques réserves (D. Alonso 1950.19-33,
599-603, Catalán Menéndez Pidal 1955.18, 20, 28-29, 33-37). On trouve
une large utilisation de Saussure et des théories d'origine saussurienne
dans le manuel monumental de F. Rodríguez Adrados, *Lingüística
estructural*, 2 vol., Madrid 1969. Les recherches de l'argentin L. Prieto,
culminant dans les *Principes de noologie*, La Haye 1964, représentent
une des contributions les plus aiguës au développement d'une sémantique conforme aux idées du C. L. G.

PAYS DE LANGUE ALLEMANDE. A part Streitberg 1914, Junker 1924,
Lommel, traducteur du C. L. G., ceux qui ont contribué à la diffusion
de l'œuvre de Saussure dans les pays de langue allemande ont été ses
critiques : Wartburg a plusieurs fois critiqué la distinction entre

synchronie et diachronie (1931, 1937, 1962) ; Ammer (1934) et Rogger (1941, 1942) ont critiqué certains points du C. L. G. Se sont au contraire réclamés de Saussure (et de Humboldt) L. Weisgerber et J. Trier (Weisgerber 1932, Trier 1934.174 ; cf. en outre Springer 1938.168, Quadri 1952.143-144, Hjelmslev 1961.47, Wein 1963.11, Antal 1963.19 et sv., Schaff 1964.12). Ce n'est qu'après la seconde guerre mondiale qu'apparaît dans les universités allemandes une certaine considération pour les positions saussuriennes.

ITALIE. Pour les linguistes italiens qui, comme Bartoli, Battisti, Bertoldi, étudièrent à Vienne avant la première guerre mondiale, « le *Cours de linguistique générale*... fut... une révélation », obscurcie cependant par la fascination de Gilliéron et par l'opinion d'avoir réussi à « se dégager » du *Cours* « en le dominant » (C. Battisti, *Vittorio Bertoldi*, « Arch. glott. ital. » 39.1953.1-19, p. 1-2). L'attitude de B. Terracini ne varie pas, depuis le lointain compte rendu du C. L. G. (Terracini 1919) jusqu'aux critiques successives (1929, 1942, 1949.23-24, 37, 40-43, etc., 1957.9, 10, 51, 1963.24, 26, 37, 48, 51, 62), au point que dans l'œuvre de l'une de ses élèves (C. Schick, *Il linguaggio. Natura, struttura, storicità del fatto linguistico*, Turin 1960), le nom de Saussure apparaît quatre fois, associé à la théorie de la syllabe, à la notion de rapport associatif et au nom de Terracini, qui a élaboré une notion de langue différente de celle du C. L. G. (p. 63, 73, 83, 197). V. Pisani (1966.298) considère pour sa part que le C. L. G. est « rozzo e grossolano ».

Des critiques d'inspiration historiciste ont été adressées au C. L. G., dans le but de réélaborer les notions saussuriennes fondamentales, par G. Devoto (1928, 1951.3-15), A. Pagliaro (1930.86 et sv., 1952. 48-61, 1957.32, 198, 367-368, 377-378), G. Nencioni (1946), T. Bolelli (1949.25-58, 1965.8, 150-152, 358-359). On peut voir chez des linguistes de la génération suivante, comme L. Heilmann, W. Belardi, M. Lucidi (pour lesquels cf. *abréviations*), une adhésion plus marquée sinon aux solutions du moins aux problèmes du C. L. G. De notables contributions à l'exégèse saussurienne sont dues à G. Lepschy (1962, 1965, 1966, etc.) et G. Derossi (1965). Le traditionnel état d'âme « asaussurien » de la linguistique italienne paraissait déjà disparu à Leroy (1965.160-161 et note).

On remarque également un intérêt croissant pour le C. L. G. chez les philosophes, comme par exemple G. Della Volpe (*Critica del gusto*, 1e éd. Milan 1960, p. 91-100 et *passim*) ou F. Lombardi (*Aforismi inattuali sull'arte*, Rome 1965, p. 65-162 [= *Noterelle in tema di linguaggio*, « De Homine » 7-8, 1963.146-242] (cf. Derossi 1965.40-41).

Après la première édition du C. L. G. (1967) on a pu observer un progrès notable dans la connaissance et dans la présence de Saussure en Italie (Engler 1970). Rappelons, parmi les épisodes les plus significatifs, les comptes rendus consacrés à l'édition critique de R. Engler par C. Segre, « Strumenti critici » 1, 1967.437-441, 3, 1969.58 (et l'intérêt sémiologique de Segre, ancré à une problématique d'origine saussurienne, est grand : cf. *I segni e la critica. Fra strutturalismo e semiologia*, Turin 1969 p. 37, 38, 45, 61, 62, 64, 69), V. Pisani, « Paideia » 23, 1968.375-377, G. Lepschy, « Studi e saggi linguistici » 9, 1969.216-218 ; la publication d'extraits du second cours de linguistique générale par R. Simone, « Il cannocchiale », n. 5-9, p. 155-172 (on y annonce une traduction intégrale des notes du second cours chez l'éditeur Ubaldini de Rome) ; l'utilisation large et profonde de Saussure par des spécialistes d'esthétique, de sémiotique et de philosophie (R. Barilli, G. Derossi, U. Eco, E. Garroni, E. Melandri, G. Morpurgo Tagliabue, F. Rossi Landi, etc.) ; l'excellente utilisation de Saussure, à la lumière des études les plus récentes, dans des travaux à caractère institutionnel (dus à de jeunes et très jeunes savants) comme G. Cardona, *Linguistica generale*, Rome 1969, R. Simone, *Piccolo dizionario della linguistica moderna*, Turin 1969, A. Varvaro, *Storia, problemi e metodi della linguistica romanza*, nouvelle éd. Naples 1968. Et il est intéressant que la leçon de Saussure (et de Hjelmslev) ait peine à disparaître chez les chomskiens italiens les plus jeunes : cf. l'*Introduzione* de F. Antinucci (p. VII-XXXI) à N. Chomsky, *Le strutture della sintassi*, Bari 1970. Les jours de l'« assaussurisme » chronique de la linguistique italienne sont-ils désormais comptés ?

9. PRÉSENCE DE SAUSSURE DANS LES DIFFÉRENTES TENDANCES DE LA LINGUISTIQUE

On peut compléter le tableau de la fortune du C. L. G. dans les différents pays par celui de la présence de Saussure dans les différentes tendances de la linguistique. Bloomfield mis à part, la présence de Saussure est restée minime chez les post-bloomfieldiens, et on ne voit pas encore très clairement si, encore une fois en désaccord avec leur *leader*, les chomskiens ne proscriront pas Saussure de façon analogue. La confrontation avec les positions saussuriennes est plus fréquente dans les différentes tendances historicistes : on a pu dans certains cas (Pagliaro : Leroy 1965.161-162 et note ; Coseriu : Rosiello 1966.56-60) parler de synthèse entre composante saussurienne et points de vue historicistes. Saussure est plus ou moins présent chez des savants comme Wartburg (voir *supra*), Nencioni, Devoto, Terracini (De Mauro 1955.310 et sv.).

Se réclament également de Saussure les représentants de la tendance sociologique : Meillet, Vendryes, Sommerfelt (voir *supra* et cf. Alonso 1945.28-29). Pour l'attitude de la linguistique d'inspiration matérialiste et marxiste, voir *supra* 369 (Cohen) et 370-371.

Les concepts clefs de la glossématique comme « forme » et « système de valeurs » sont d'inspiration saussurienne évidente et explicite : voir *supra* 370 et Wells 1951, Siertsema 1955.1-13, Čikobava 1959.160 et sv., Waterman 1963.83 et sv., Lepschy 1966.76-77.

Le problème des rapports entre Saussure et « l'école de Prague » n'est pas simple. On a souvent souligné, avec des intentions polémiques, que les Pragois, en concevant par exemple le phonème comme une « abstraction phonétique » (Siertsema 1955.2), ou bien tournant autour d'un équivalent sémantique du « signifiant zéro » (Jakobson 1939 et cf. Godel 1953.31 note 1) etc., ont montré qu'ils s'étaient formés sur un terrain non saussurien (Lepschy 1961.207 et sv., De Mauro 1965.115, Lepschy 1966.54). Et les Pragois eux-mêmes ont en effet accrédité la thèse de leur indépendance vis-à-vis de Saussure, en glorifiant le primat qu'auraient eu par rapport à Saussure pour une série de conceptions (phonème, synchronie et diachronie, etc.) différents savants slaves : avant tout Baudouin et Kruszewski (voir *supra* note 7), mais aussi Polivanov (*supra* 370), Fortunatov (Jakobson 1929 = 1962.104, L. V. Ščerba, *F. F. Fortunatov v istorii nauk o jazyke*, VJa 12 : 5,1963.88-93), Ščerba (Jakobson 1929.8 note, Belardi 1959.67, Čikobava 1959.118 et sv., Leontev 1961.118 et sv., Lepschy 1966.63 et sv.).

Nul ne saurait contester la présence de ces ascendances non-saussuriennes (mais non pas pour autant étrangères à Saussure : il suffit de dire que Baudouin et Kruszewski doivent eux-mêmes à Saussure la notion de phonème : voir *supra* note 7). Il n'y a d'autre part pas de doute que le fait d'avoir connu, tout d'abord à travers Karcevskij (voir *supra* 370), les idées du maître genevois, a eu une importance décisive pour N. S. Trubeckoj et R. Jakobson. Polémiquant avec Lepschy 1961 et De Mauro 1965.115 (qui se corrige ici), E. Garroni a justement soutenu (1966.11 et sv.) : « Che il collegamento tra la scuola di Praga e l'insegnamento di Saussure sia un collegamento *a posteriori*, piuttosto che oggettivamente storico... deve essere inteso ...solo nel senso... che di fatto il terreno culturale da cui nascono i praghesi non é saussuriano... Ma non si può e non si deve negare che non solo la determinazione di tutta una serie di problemi particolari, ma anche certe (metodologicamente) primitive assunzioni teoriche e terminologiche vengono da Saussure. » Une communication lue par A. Martinet à la Arbeitsgemeinschaft für Phonologie en septembre 1966 à Vienne (*La phonologie diachronique et synchronique*) se situe sur les mêmes positions : « Si les phonologues n'ont pas suivi Saussure dans son identification de système et de synchronie, ils ne sauraient en revanche nier leur dette envers celui qui, avec la rigueur que l'on sait, a affirmé la nécessité d'une distinction catégorique entre les deux points de vue synchronique et diachronique. Il peut, certes, être difficile de cerner avec exactitude les contributions d'un penseur ou d'un chercheur aux développements ultérieurs de la science. Mais ce qui semble assuré, c'est que l'influence d'autres savants qu'on considère à juste titre comme des pionniers de la phonologie n'aurait, sans l'intervention de Saussure, jamais abouti à la délimitation sans bavures entre synchronie et diachronie... » (in *Phonologie der Gegenwart. Vorträge und Diskussionen*, éd. J. Hamm, Graz-Vienne 1967, p. 64-74, 66). Les différences entre la rigoureuse épistémologie vers laquelle tendait la pensée saussurienne et la notion de « structure » (comme entité ontologique donnée) des Pragois sont soulignées par F. Lo Piparo, *Saussure e lo strutturalismo praghese*, « Annali della Facoltà di Magistero di Palermo », 1970.

C'est dans cette perspective dialectique qu'il faut voir les rapports avec Saussure de Jakobson (outre Jakobson 1962.631, cf. Martinet in Haudricourt-Juilland. 1949.IX, Burger 1955.20 et sv., Lepschy 1966.120-123), de Trubeckoj (Terracini 1939, Rogger 1941.193-212, 218-224, Alonso 1945.14-15, Jakobson 1949.XIX, XXVIII, Martinet 1955.18-19, Burger 1955.19 et sv., Catalán Menéndez Pidal 1955.28-29, Coseriu 1962.149 et sv., Jakobson 1962.631, Sommerfelt 1962.90, Lepschy 1966.60-62) et des Pragois en général (à la bibliographie citée, ajouter Jakobson 1933, Grammont 1933.155, Tesnières 1939. 83-84, van Wijk 1939.297, Alonso 1945.13-16, 29, Hjelmslev 1947.71, Martinet 1953.577, Malmberg 1954.10-11, 17, Spang-Hanssen 1954. 93, Catalán Menéndez Pidal 1955.28-29, 33-37, Greimas 1956, Stelling-Michaud 1956.7, Waterman 1956, Waterman 1963.68, Garroni 1966.11-18, J. Vachek, *The ling. School of Prague*, Londres 1966.4, 18-22, 107, 133, 160 et sv.). Pour les rapports de Saussure avec les théories chomskiennes, voir *infra* le numéro 5 des *addenda*.

On reconnaît également l'influence de Saussure chez des savants qu'il est difficile de classer dans une école précise, comme G. Guillaume (Guillaume 1952, Benveniste 1962.93, Valin 1964.7) ou Jespersen, malgré ses incompréhensions évidentes (Jespersen, *Selected Writings* 389, Jespersen 1933.109 et sv., Gardiner 1932.107, Sommerfelt 1962.90). D'ailleurs, étant donné l'intérêt de Saussure pour la « langue vivante », pour la parole, on a même cherché des rencontres avec des positions très éloignées, comme celles de Gilliéron (Jaberg 1937.123-127, Terracini 1957.10, Iordan-Bahner 1962.203-204, 223) et de Schuchardt (Iordan-Bahner 1962.80).

Aux limites entre la linguistique et d'autres disciplines, les idées saussuriennes ont été mises à profit en psychologie du langage (Delacroix 1930.9,53-54, Sechehaye 1930, Kainz 1941.10-11, 19-21, Kainz 1954.334, Kainz 1965.10-11,213, Garvin 1944.54, Bresson 1963.15,27, Ajuriaguerra 1966.123 ; pour les rapports avec Kantor, cf. Garvin 1944.54, Kantor 1952.69, 162, 172), science dans laquelle Osgood (1966.204-205) s'en est remis à la distinction entre *langue* et *parole* pour fonder la distinction entre linguistique et psycholinguistique. Des idées saussuriennes ont été adoptées avec profit en linguistique appliquée à l'enseignement (Guberina 1961, Titone 1966.43-44, M. A. K. Halliday, A. McIntosh, P. Strevens, *The Linguistic Sciences and Language Teaching*, Londres 1964.148), dans la théorie mathématique de la communication et des faits linguistiques (Mandelbrot 1954.7 et sv., 13, 26, Guiraud 1959.19, Ellis in *Zeichen und System* 48, Wein 1963.5, I. I. Revzin, *Models of Language*, Londres 1966.2) ; en particulier, G. Herdan 1966.13 a affirmé : « There is a close relationship between this book as an exposition of quantitative linguistics and that classic of general linguistics, De Saussure's *Cours de ling. gén.*, and, insofar, my work may be described as the quantification of de Saussure's *langue-parole* dichotomy » (cf. déjà Herdan 1956.80, De Mauro, *Statistica linguistica*, in *Enciclopedia italiana*, App. III, 2 vol. Rome 1961). Les idées de Saussure sont également passées en sociologie (G. Braga, *Comunicazione e società*, Milan 1961.193, 197 et sv.) et dans l'œuvre de Marcel Mauss, en anthropologie (C. Lévi-Strauss, *L'analyse structurale en linguistique et en anthropologie*, « Word » I, 1945.33-53, p. 35).

Saussure est moins connu des philosophes. Bühler a amplement utilisé et discuté le C. L. G. (Laziczius 1939.162-167, Lohmann 1943, Garvin 1944.54, Laziczius 1945). On a cherché des convergences entre Saussure et Cassirer (Güntert 1925.9, Lerch 1939.145), qui ne cite pourtant jamais Saussure dans la *Philosophie der symbolischen Formen* et ne le mentionne qu'une fois ailleurs (Cassirer 1945.104). De la même façon, on a cherché la possibilité de rapprocher de Saussure Husserl (Pos 1939.358-359, Urban 1939.50, Alonso 1945.8, Merleau-Ponty 1967.119 et sv., Derossi 1965.33-34), Morris (Wein 1963.5-6), Wittgenstein (Verburg 1961, Wein 1963.5, De Mauro 1965.133 et sv., 152 et sv.), et même Croce (Leroy 1953.461-462, Lepschy 1966.19-20), qui cite peu Saussure (voir *infra* le numéro 4 des *Addenda*) et ignorait le C. L. G. (qu'il ne possédait pas dans sa bibliothèque), mais qui ressent pourtant vivement le problème de l'identité des formes linguistiques qui sont pour lui comme pour Saussure, sur le plan de la simple occurrence concrète, absolument différentes les unes des autres, et qui dans ses derniers écrits commence à concevoir la langue dans son lien avec la vie sociale (De Mauro 1965.156 et sv.).

On peut déjà constater que la redécouverte de la pensée saussurienne dans toute son authenticité réveille un intérêt croissant pour les thèses de Saussure chez tous ceux qui sont à différents titres engagés dans l'analyse de la réalité linguistique. Le passage suivant ne vaut certes pas uniquement pour ses auteurs, ni même pour le seul milieu de la psycholinguistique, pourtant vaste : « We take it that De Saussure's classic distinction between *langue* and *parole* is necessary if any sense is to be made of an area as complex as language functioning. A description of a language, in this sense, is a description of the *knowledge of the language* which has been internalized by a mature, idealized "speaker-listener" » (R. J. Wales, J. C. Marshall, *The Organization of Linguistic Performance*, in *Psycholinguistics. Papers*, Edimbourg 1966.29-80, p. 29).

10. LA QUESTION DES PRÉCURSEURS

Un texte de diffusion aussi large que le C. L. G. ne pouvait pas ne pas rencontrer sur son chemin des résistances et des désaccords de tous genres. Une des façons les plus communes, et académiquement les plus impeccables et les moins répréhensibles, dont se manifeste l'hostilité à l'égard du *Cours* est l'indication des « précurseurs ». Il y a naturellement dans plus d'une des études citées ci-dessous quelque chose de scientifiquement valide : l'intention, historiquement justifiée, de retrouver les *auctores* qui peuvent avoir compté dans la formation de Saussure. Les pages qui suivent ont donc une double fin : rappeler d'une part, à travers l'analyse des « précurseurs » proposés, quelle dimension a atteint l'opposition mal dissimulée au C. L. G. ; préparer d'autre part des matériaux pour cette recherche étendue sur la formation de Saussure dont on ressent vivement l'urgence (Lepschy 1966.48) et à laquelle dans les pages précédentes (sur Pictet, Whitney, Baudouin et Kruszewski, 322-323, 332, 339) comme dans celles qui suivent et dans l'appendice sur Noreen (390-394), la présente recherche veut contribuer.

Pāṇini, le grammairien indien du vᵉ ou du ivᵉ siècle avant Jésus-Christ, aurait avec les *Aṣṭādhyāyī* offert à Saussure le point de départ de son élaboration de la notion de « signe zéro » (C. L. G. 255), ainsi qu'à d'autres modernes, comme Sweet, etc. (W. S. Allen, *Phonetics in Ancient India*, Oxford 1953, p. 13 note 4). Cela a été affirmé de façon polémique par Collinder (1962.6-11, 15) et plus objectivement par Allen (1955.112). En effet, un passage comme Pāṇini VI 1 66-67 *lopo veḥ* « amuissement du v » atteste *lopa* avec le signifié « zéro », conformément à la définition de *lopa* comme *adarśana* « absence » donnée en I 1 60 (cf. aussi L. Renou, *Term. gramm. du sanscrit*, Paris 1957, *lopa, lup-*).

Stoici veteres, Augustin (une analyse aiguë des idées linguistiques d'Augustin en rapport à la sémiologie moderne a été donnée par R. Simone, *Semiologia agostiniana*, « La cultura » 7, 1969.88-117), Suger, H. Gomperz (Robins 1951.26, 82-83, repris dans Jakobson 1966.22-23) seraient les précurseurs de la distinction entre *signifié* et *signifiant* et de la théorie saussurienne de la duplicité du signe linguistique. On trouve effectivement dans Crisippe (S. V. F. 2.48, 18) le couple σημαίνοντα-σημαινόμενα ; à dire vrai, comme pour bien d'autres éléments prétendus « stoïciens », il s'agit d'une distinction conceptuelle et terminologique que l'on trouve déjà chez Aristote (cf. *Poet.* 1457a, τὰ σημαίνοντα opposé à ἄσημα, et *Rhet.* 1405 b 8 τό σημαινόμενον « signifié ») et que la tradition a considérée comme « stoïcienne » (de la même façon que l'on qualifie d'humboldtienne des idées qui sont en réalité lockiennes ou leibniziennes). La distinction passe d'Aristote à Augustin par Crisippe (Robins cit. et K. Barwick, *Probleme der stoischen Sprachlehre und Rhetorik*, Berlin 1957, p. 8 et sv.), puis se retrouve dans la logique médiévale, spécialement dans la doctrine des *modi significandi* de Suger et, enfin, chez H. Gomperz. Celui-ci (sur lequel cf. aussi Ogden et Richards 1923. 274 et sv.), *privat-docent* à Berne en 1900, est l'auteur d'une *Weltanschauungslehre* (2 vol. Iéna 1905-1908) dont le second volume (que cite Jakobson) s'intitule *Noologie* : la « noologie » de Gomperz s'articule en une science des contenus des signes (*Semasiologie*) et une science de leur vérité (*Aléthologie*). Les volumes de Gomperz ne figurent pas dans la bibliothèque de Saussure. On ne peut cependant pas exclure que Saussure en ait tiré la suggestion terminologique en question, remplaçant donc dans les cours de linguistique *concept* et *image acoustique* (C. L. G. 100) par *signifié* et *signifiant*.

L'interprétation banalement conventionnaliste du principe saussurien de l'arbitraire (C. L. G. 100) a fait croire à une foule de précurseurs : une liste récente dans E. Coseriu, *L'arbitraire du Signe. Zur Spätgeschichte eines aristotelisches Begriffes*, « Arch. f. d. Studium der neueren Sprachen u. Lit. » 204, 1967.81-112. On signale avant tout comme antécédent Platon (Robins 1955.10 et sv., Jakobson 1966.25), mais il serait juste d'indiquer également Parménide, une partie des sophistes, Démocrite, Aristote, les stoïciens, une partie des épicuriens, Augustin (particulièrement le passage des *Conf.* I 8 cher à Wittgenstein, *Phil. Unters.* § 1), etc. ; on a en outre indiqué Leibniz (Perrot 1953.12), c'est-à-dire (peut-on croire) le livre III des *Nouveaux essays sur l'entendement humain* (*Opera philosophica*, éd. J. E. Erdmann, Berlin 1860, p. 296-335), livre qui reprend le point de vue analogue de Locke (*An Essay Concerning the Understanding, Knowledge, Opinion and Assent*, l. III, en particulier chap. II, § 8) [11] ; Turgot, *Étymologie*, dans la grande *Encyclopédie* (Perrot 1953.12) ; G. Boole, *An Investigation on the Laws of Thought*, Londres 1854, p. 25-26 (voir Benveniste 1964.131-132) ; A. Manzoni, *Prose Minori*, 2e éd., Florence 1923, p. 317 (cité dans Bolelli 1965.85) ; P. Valéry, compte rendu de l'*Essai*

---

11. Signalons toutefois que le renvoi à Leibniz comme théoricien de l'arbitraire au sens aristotélicien du terme est pour le moins discutable : avec Locke et Vico, Leibniz défend une conception de la langue comme formation historique (même dans ses aspects sémantiques), même si l'on peut encore observer chez lui, comme chez Vico et différemment de chez Locke, Berkeley et Hume, certains résidus universalistes (cf. le passage cité in De Mauro 1965.58, et pour tout ce problème le même travail p. 55-59). Il est improbable que Saussure ait connu directement les textes de Locke, Hume, Leibniz : on ne saurait expliquer autrement sa façon d'attribuer aux « philosophes » sans autres déterminations des idées aristotéliciennes, port-royalistes, rationalistes. Il semble plus probable qu'il en ait assimilé la sève à travers la connaissance des idées de Kruszewski (*supra* note 7).

de sémantique de M. Bréal (*Œuvres* II, 1453 ; cité dans Benveniste 1964.132-133) ; Madvig (Jespersen 1917) ; Whitney (Jespersen 1917, Sechehaye 1917.9, Delacroix 1930.62, Bolelli 1965.152, Jakobson 1966.25).

On a signalé des anticipations de la *sémiologie* préconisée par Saussure en l.VI de *De dignitate et augmentis scientiarum* (F. B. *Opera omnia*, Francfort 1665.144-47), en particulier dans la doctrine des *characteres non nominales* : « Hoc igitur plane statuendum est, quicquid scindi possit in differentias satis numerosas ad notionum varietatem explicandam (modo differentiae illae sensui perceptibiles sint) fieri posse vehiculum cogitationum de homine in homine » (cf. Verburg 1952.203-208) ; également dans la *semiotica* de Locke (Wein 1963.6) et de Ch. S. Peirce (Wein 1963.6, Jakobson 1966.23-25) [12]

Si Apel (1963.117 et sv.) cherche à éclairer quelques distinctions du *De Vulgari Eloq.* de Dante (*locutio, sermo, loquela, lingua ydioma*) en se servant de la distinction entre *langue* et *parole,* d'autres ont cherché les sources de ces deux notions saussuriennes dans la notion de « fait social » de Durkheim (Doroszewski 1930, Doroszewski 1933. 146, Doroszewski 1933 *b*, Doroszewski 1958.544 note 3, [*contra* Meillet cité par Doroszewski 1933. 147 et Sommerfelt 1962. 37, 89-90], Mathesius [Doroszewski 1933. 147], Vvedenskij 1933. 16-18, Budagov 1954. 11, 13, Kukenheim 1962. 83) et dans la reconnaissance du rôle de l'individu propre à Tarde (Delacroix 1930. 66, Doroszewski 1933 *b*, Doroszewski 1958. 544 note 3, S. M. 282).

On a aussi cité comme précurseur de la distinction de *langue* et *parole* prises comme équivalents de « patrimoine collectif » et « utilisation individuelle du patrimoine », H. Paul qui, dans les *Prinzipien der Sprachgeschichte* (1ʳᵉ éd. Halle 1880, 5ᵉ éd. Halle 1920), distingue *Sprachusus* et *individuelle Sprechtätigkeit* (p. 31 et sv., 286 et sv.),

---

12. Locke utilise σημειωτική dans le dernier paragraphe de l'*Essay* (IV 21, 4) au sens de « doctrine des signes » : « Sa tâche est de considérer la nature des signes dont fait usage l'esprit pour l'entendement des choses, ou pour transmettre aux autres ses connaissances. » Contrairement à l'opinion exprimée par N. Abbagnano dans son *Dizionario di filosofia* par ailleurs estimable (*semiotica*), il faut dire que la sémiotique de Locke est une chose très différente de la « logique traditionnelle ». C'est en réalité une des trois grandes régions du savoir humain (les autres sont la « physique » et la « pratique ») dont la logique n'est qu'une partie. Il est probable que l'usage lockien oit une délimitation de la *semiotica* en usage chez les médecins ; cf. σημειωτιχόν μέρος « science des symptômes » in Galien, *Op.* XIV 689 Kühn. Comme le souligne Abbagnano, *Semiotik* apparaît comme titre de la troisième partie du *Neues Organon* de J. H. Lambert (*Neues Organon oder Gedanken über die Erforschung und Bezeichnung des Wahren und dessen Unterscheidung von Irrthum und Schein,* 2 vol., Leipzig 1764). Mais déjà quatorze ans auparavant, *semiotica* apparaît dans le *synopsis* de l'*Aesthetica* de Baumgarten (éd. Bari 1936, p. 53) comme titre du chapitre III de l'*Aesthetica theoretica*, ou comme nom de la science « de signis pulcre cogitatorum et dispositorum » (*op. cit.* 58) ; mais la *pars altera* de l'œuvre, parue en 1758, s'arrêta grosso modo à la fin du chapitre I, et il n'y eut pas de suite à cause de la mort de Baumgarten (1763). Quoi qu'il en soit, ceci semble montrer que le terme ᵈevait être utilisé dans les cercles leibniziens et wolffiens même avant Lambert.

trace d'une façon qu'on a cru analogue à celle de Sàussure le circuit
de la *parole* (p. 14 ; où on remarquera entre autres que Paul parle de
Seele et Saussure de *cerveau*), et parle de « deskriptive Grammatik »
en la définissant cependant comme « eine Abstraktion » (p. 404) au
sens courant, négatif du terme (Alonso 1945.23 et sv., Iordan-Bahner
1962.326, Wartburg-Ullmann 1962.41, Coseriu 1962.18, 282, et surtout
Vvedenskij 1933.6 et sv.). On a de la même façon mentionné la
Sprachwissenschaft de Gabelentz (1891.3-4) où l'on distingue « Sprache
als Erscheinung, als jeweiliges Ausdrucksmittel für den jeweiligen
Gedanken » (= *Rede* = *parole*) et « Sprache als einheitliche Gesamtheit solcher Ausdrucksmittel für jeden beliebigen Gedanken »,
« als Gesamtheit derjenigen Fähigkeiten und Neigungen, welche
die Form derjenigen sachlichen Vorstellungen, welche den Stoff
der Rede bestimmen... » (= *Sprache* = *langue*) (L. Spitzer, *Auf-
sätze zur romanischen Syntax und Stilistik*, Halle 1918, p. 345,
Kainz 1941.20-21, Meier 1953.529, Iordan-Bahner 1962.326, Coseriu 1962.282, Rensch 1966.33-36). Hjelmslev (1928. 112-113)
observe chez Gabelentz la distinction entre *Stoff-substance* et *Form-
forme* ; cf. aussi E. et K. Zwirner, *Grundfr. der Phonometrie*, 2e éd.
Berne-New York 1966, p. 81, 101-105, 166.

On a vu un autre précurseur de la distinction entre *langue* et
parole dans F. N. Finck, *Die Aufbau und Gliederung der Sprachwissenschaft*, Halle 1905 (Jaberg 1937.128-130, Coseriu 1962.282).

E. Coseriu a voulu revenir une fois encore sur les rapports Gabe-
lentz-Saussure. Selon lui, à part deux exceptions, Spitzer et Iordan
(Coseriu 1967.75) ; « On ignore la parenté très étroite entre les idées
de Ferdinand de Saussure et celles de Gabelentz ». Il échappe à Coseriu que d'autres, à part Spitzer et Iordan, avaient déjà remarqué
des analogies entre les notions saussuriennes et les idées de la *Sprachwissenschaft* (voir *supra*). La différence radicale entre le C. L. G. et
la *Sprachwissenschaft* ne lui échappe cependant pas : « Saussure est
beaucoup plus systématique que Gabelentz... Aussi n'arrive-t-il
[*Gabelentz*] pas aux conclusions que Saussure tire de certaines pré-
misses identiques ou *presque* [c'est moi qui souligne]. Deuxièmement,
Saussure... définit presque toujours explicitement les notions essentielles de son système. Gabelentz au contraire se limite souvent à
employer des distinctions déjà reconnues par l'usage linguistique
allemand... Mais, surtout, il manque à Gabelentz la notion précise
de fonctionnalité et d'opposition... Il ne parvient pas à la notion d'opposition distinctive. On ne trouve rien chez Gabelentz qui puisse être
comparé à la seconde partie du C. L. G. (linguistique synchronique)
et, en particulier, au chapitre sur les identités et les valeurs linguistiques... » (p. 91) ; « On concédera que les idées de Gabelentz ne restent
pas sans modifications chez Saussure. Ce qui en Gabelentz n'était
souvent qu'intuition ou même, parfois, observation marginale devient

chez Saussure thèse explicitement formulée, partie d'un système... »
(p. 99). Coseriu marque par là la différence de stature entre Gabelentz
et Saussure : d'une part un savant comme Gabelentz, qui se rendait
compte avec beaucoup de bon sens des différences entre patrimoine
collectif et usage linguistique individuel, entre description d'une langue
en une certaine phase et description du développement de cette
langue, entre histoire des formes et fonctions d'une langue et histoire de la culture et de la civilisation (distinctions présentes chez
tant d'autres savants du xixᵉ siècle invoqués comme précurseurs
de Saussure : voir p. 380-389) ; d'autre part l'homme de génie qui,
avec bien peu d'autres (Peirce, Noreen), se soumet à la nécessité d'une systématisation formelle de ce que les meilleurs spécialistes avaient noté comme exigence intuitive, et transforme le bon
sens en science. L'utilisation que fait V. Pisani des études de Coseriu
semble, pour cela, injustifiée, lorsqu'il écrit (« Paideia » 22, 1967.377-
378 note 3) que « tra questi feticismi saussuriani... c'è l'assegnazione
a lui [à Saussure], come inventore, di teorie che si trovavano già
nel Gabelentz e che il linguista ginevrino ha fatto sue : cf. E. Coseriu, G. v. d. Gab. et la linguistique synchronique, da apparire nei
Mélanges Martinet, che ho potuto vedere in manoscritto ».

Godel écrit, avec équilibre et précision, au sujet des rapports entre
Saussure et Gabelentz (Godel 1967.116-117) : « Parmi ses précurseurs
[de Saussure] à cet égard [synchronie-diachronie], on a parfois cité
G. von der Gabelentz. L'an dernier encore, dans la revue Phonetica,
un certain R. H. Rensch a fait remarquer que dans son livre, Die
Sprachwissenschaft etc., von der Gabelentz avait séparé et opposé
« avant Saussure » die sprachgeschichtliche et die einzelsprachliche
Forschung. On peut d'ailleurs signaler d'autres concordances. Saussure... ne l'a jamais cité ; et, dans une note de 1894 [cf. S. M. 33] il
écrit qu'il a acquis depuis de nombreuses années la conviction que la
linguistique est une science double (c'est-à-dire synchronique et diachronique), ce qui serait un mensonge s'il avait pris cette idée dans
un livre publié à peine trois ans auparavant [en effet, cf. ici aux pages
330, 331, 337, les témoignages relatifs aux intuitions de la différence
entre linguistique statique et linguistique évolutive remontant au Mémoire, à la thèse et aux leçons parisiennes de 1881, « ce qui enlève presque tout son intérêt au problème des sources », comme l'observe G. Mounin, 1968.46]. Dans ce cas et dans d'autres, on doit se borner à
constater une concordance de vues, sans parler d'influence ou de dépendance. Saussure était d'ailleurs très scrupuleux sur ce point : il n'a
pas revendiqué la priorité pour la découverte, qu'il avait faite avant
Brugman, de la nasale sonante, il a souvent reconnu sa dette à l'égard
du linguiste américain W. D. Whitney, et marqué une estime particulière pour les linguistes de l'école de Kazan, Baudouin de Courtenay
et Kruszewski. »

En réalité, plus que par de présumés « feticismi », le problème des « sources » de Saussure semble vicié par l'opinion que l'originalité de Saussure est dans l'énonciation de tel ou tel point de vue particulier. Saussure lui-même, dans sa conversation avec Riedlinger du 19.1.1909 retranscrite ici (p. 354), nous permet de la réfuter : « La théorie doit être un système aussi serré que la langue. Là est le point difficile, car ce n'est rien de poser à la suite l'une de l'autre des affirmations, des vues sur la langue ; le tout est de les coordonner en système. » Nous devons encore une fois au fin esprit méditatif de Godel d'avoir exprimé mieux que tous le sens, le mouvement profond de la pensée saussurienne : « On est en droit de parler d'une linguistique saussurienne. Si cette linguistique s'insère dans un courant d'idées dont Whitney et Winteler sont les premiers témoins, elle n'est pas moins originale. Plus que tout autre, Saussure a eu le souci d'approfondir les problèmes, de dégager les principes d'une véritable science du langage, non subordonnée à la psychologie ni bornée à l'étude historique, et d'ordonner ces principes en une axiomatique rigoureuse. Ces préoccupations sont celles d'un esprit philosophique... »

Un autre groupe de précurseurs est constitué par ceux qui auraient anticipé la distinction entre synchronie et diachronie : G. I. Ascoli (Terracini 1929, et de façon moins marquée Terracini 1949, 134 et sv. ; pour les rapports personnels entre Ascoli et Saussure, cf. Gazdaru 1967), ainsi que Baudouin (Jakobson 1933.637 et *supra* note 7), Masaryk (*supra* 374), A. Comte (avec sa distinction entre sociologie statique et sociologie dynamique : Schuchardt 1917 = Schuchardt 1922.329-330), Gabelentz (Rensch 1966.36-38), Marty (Funke 1924. 20-25, Wartburg-Ullman 1962.9, Coseriu 1962.282), déjà cités et qui doivent être examinés de plus près [13].

13. Avec A. Noreen, Anton Marty hérita du destin d'une attention réduite : il est mentionné par hasard, sans indications spéciales, dans Tagliavini 1963.201, et parmi les différents manuels d'histoire des doctrines linguistiques seul Arens 1955.386-87 le cite, donnant un résumé de ses idées. Si l'on tient compte cependant de sa proximité idéale de Saussure (dans la bibliothèque duquel il n'y a pourtant pas trace des œuvres de M.) et du fait qu'il a eu une part notable dans la formation de R. Jakobson (comme lui-même me l'a courtoisement fait savoir), il mériterait une plus grande attention (Otto 1954.3, Vidos 1959.109).

Marty, suisse d'origine (1847-1914), élève de Brentano, fut professeur à la Deutsche Universität de Prague de 1880 à 1913 et là, avec Meinong et Ehrenfels, constitua l' « école (philosophique) de Prague » (cf. Oesterreich 1923.500-502). Sa principale œuvre, tout comme *Vårt Språk* ou le C. L. G., a eu des vicissitudes éditoriales complexes : le premier volume, sous le titre de *Untersuchung zur Grundlegung der allgemeinen Grammatik und Sprachphilosophie, I.B.*, parut en 1908 à Halle où, en 1910, paraît non pas le second volume mais l'appendice du second volume, *Zur Sprachphilosophie. Die « logische » « lokalistische » und andere Kasustheorien.* Une partie du second volume a vu le jour de façon posthume grâce à l'œuvre de O. Funke.

Selon Marty, la « Sprachphilosophie » est la partie de la « Sprachwissenschaft » qui s'occupe de « alle auf das Allgemeine und Gesetzmässige an den sprachlichen Erscheinungen gerichteten Problemen » ce qui n'est possible qu'en rapport avec la psychologie (p. 9). Elle se divise en « descriptive » et « génétique » (p. 21), division s'étendant à sa partie qui, dans l'état arriéré des études sur le signifié,

Un dernier groupe est formé par ceux qui, avant ou en même temps que Saussure, ont fait la distinction entre réalisation phonique concrète, particulière, et caractéristiques fonctionnelles de la réalisation, entre son et phonème, entre phonétique défonctionnalisée (la *phonologie* de Saussure, notre *phonétique, phonetics, fonetica*) et la phonétique fonctionnelle (la *Phonologie* des Pragois, notre *phonemics, phonématique, fonem (at) ica, fonetica funzionale*). Outre les linguistes slaves déjà signalés (Baudouin, Kruszewski, Ščerba, Fortunatov: *supra* note 7), il faut rappeler :

J. Winteler qui dans *Die kerenzer Mundart des Kantons Glarus*, Leipzig 1876 (œuvre que Saussure possédait dans sa bibliothèque) avait différencié les distinctions phoniques liées à des distinctions sémantico-grammaticales des autres distinctions phoniques (Trubeckoj 1933.288, Malmberg 1954.22, Belardi 1959.66 et sv., Lepschy 1966.60) ;

H. Sweet qui dans *A Handbook of Phonetics*, Oxford 1877, p. 103 et sv., avait distingué entre une « broad transcription », se limitant à transcrire avec des graphèmes distincts des sons qui « occuring in a given language are employed for distinguishing one word from another » et une « narrow transcription » qui représente de façon graphiquement différente jusqu'aux sons dont les différences ne servent pas à diversifier, dans une langue donnée, des mots différents : le principe fut pris comme base de travail de la Phonetic Teacher's Association (1886) qui réunit, outre Sweet, P. Passy (déjà élève de Saussure : *supra* 336), O. Jespersen, W. Viëtor, A. Lundell, élabora ensuite en 1888 l'International Phonetic Alphabet, puis prit en 1897 le nom de Association Phonétique Internationale-A. P. I. (*The*

---

est la plus riche de développements intéressants, c'est-à-dire à la « Sémasiologie » : « Die Semasiologie... scheiden wir naturgemäss in einen deskriptiven und genetischen Teil und es bedarf keiner besonderen Bemerkung mehr, dass die Grundsätze richtiger wissenschaftlicher Methodik fordern, die deskriptiven Fragen im allgemeinen von den genetischen zu trennen und ihre Lösung nur soweit miteinander zu verbinden, als die eine für die andere eine Hilfe und Vorarbeit liefert. In ander Zweigen des Wissens ist eine solche Trennung der deskriptiven und genetischen Untersuchungen teils bereits durchgedrungen (ich erinnere an die Zweiteilung der Geologie in Geognosie und Geologie im engeren Sinne, der Biologie in Anatomie und Physiologie usw.), teils in der Durchführung begriffen (p. 52). » Le primat logique et effectif est accordé aux recherches descriptives (p. 52). Avec un *revival* compréhensible d'une problématique leibnizienne (cf. note 10) et une anticipation impressionnante des thèmes chomskiens, M. conteste donc que les différentes structures sémasiologiques des langues impliquent (comme l'avaient cru Steinthal et Humboldt) l'impossibilité de reconstruire une logique unique et universellement valide pour l'ensemble de la pensée humaine (cf. p. 86 et sv.). Les pages 99-203 sont consacrées à la réfutation de l'équation *Form* = forme externe, *Stoff* = contenu sémantique, et on y soutient au contraire la notion de « Form als das Gestaltgebende, Bestimmende, Wertvollere ». Elle est indispensable pour l'étude du signifié et des changements de signifié et, de façon plus générale, pour comprendre « die Sprache » qui est définie comme une « totalité organique » (même si elle a des lacunes), universellement humaine, mais arbitraire (p. 3).

Principles of the International Phonetic Association, Londres 1949, p. 2-4 de couverture et p. 1).

O. Jespersen, *Lehrbuch der Phonetik*, Leipzig-Berlin 1904, 2ᵉ éd. 1913 (utilisée in C. L. G. 66 et sv.) se situe sur les mêmes positions.

Pour ce qui concerne les néogrammairiens, on a souligné avec justesse la façon dont Saussure a assimilé leurs thèses relatives au caractère fortuit, non « spirituel » et téléologique, des changements qui interviennent et modifient un système (Kukenheim 1962.114, Alonso 1945.28 et voir note 176 et sv. au C. L. G. 119-121).

Il faut enfin rappeler les plus grands créditeurs de Saussure : Whitney et Humboldt.

Nous avons déjà longuement discuté dans ces notes des rapports entre Saussure et Whitney (*supra* 332, 361) : selon Sechehaye (1917.9) *La vie du langage* agit sur Saussure encore très jeune ; surtout, Saussure fut stimulé par la doctrine de l'institutionnalité de la langue, comme l'exposait Whitney, pour élaborer la théorie de l'arbitraire (Saussure, *Notes* 1954.60 et cf. Jespersen 1917, Jakobson 1966.26) et, comme Whitney, il déduisit (d'une façon qui ne cesse de surprendre les gens de bon sens) de cette même doctrine de l'institutionnalité (et ensuite de celle de l'arbitraire) que l'individu *uti singulus* ne pouvait avoir que peu de part dans la réglementation et la transformation du fonctionnement de la langue, car la conventionnalité même du code comporte la superindividualité du code (Delacroix 1930.62, Derossi 1965. 20-22). Et pourtant, comme le relevait déjà Croce (dont le jugement, débarrassé de son aspect négatif, semble devoir être conservé), « il Whitney ritornava... alla dottrina antica della parola quale segno o mezzo d'espressione del pensiero umano » (*Estetica come scienza dell' espressione e linguistica generale. Teoria e storia*, 8ᵉ éd. Bari 1945, p. 449). En effet, selon Whitney (*La vita e lo sviluppo dellinguaggio*, trad. italienne, Milan 1876), « prima abbiamo una idea e dopo le facciamo un nome » : comme on le voit, la limite de la théorie whitneyenne de la conventionnalité est qu'elle s'arrête devant le *signifié*, conçu comme donnée prélinguistique, logico-naturelle, la langue étant ainsi ramenée à un système d'étiquettes, à une simple nomenclature dans laquelle l'arbitraire n'opère que sur le plan de la forme externe. Si Saussure évite après une certaine époque de parler de conventionnalité (S. M. 195), cela est dû à ces implications de la théorie whitneyenne de la conventionalité (Derossi 1965.94-95), qui a pourtant été pour lui le premier pas vers la conception de l'arbitraire radical de la langue.

Si cet arbitraire est compris dans sa portée réelle, il est synonyme d'historicité radicale de toute systématisation linguistique, en ce sens qu'une systématisation n'a pas hors d'elle-même mais en elle la norme par laquelle on divise l'expérience en signifiés et les phonies en signifiants : elle est par là liée non pas à la structure objective des choses ou des réalités acoustiques mais, en les adoptant comme matière, elle est principalement conditionnée par la société qui, en fonction de ses propres besoins, lui donne vie. C'est pourquoi la langue est radicalement sociale et historique. Dans cette perspective d'exégèse, les rencontres avec les positions plus anciennes de Whitney et des néogrammairiens ou avec les philosophies du langage de l'époque romantique qui, comme nous le savons aujourd'hui, bien loin d'innover, reprenaient les philosophies du langage de la fin du XVIIe siècle et du XVIIIe (Verburg 1952.413-417, 468-469, De Mauro 1965.47-63), perdent leur caractère de simple curiosité. Les *Antinomies linguistiques* (Paris 1896) de Victor Henry, qui auraient mis Saussure en contact avec les idées hégéliennes relatives à la dialectique des processus réels et cognitifs (Jakobson 1933.637-638, Alonso 1945.10), pourraient en réalité n'avoir qu'encouragé Saussure à parcourir une route que « le grand révélateur des antinomies linguistiques » (Jakobson 1962.237) avait déjà entamée autrement. En réalité, comme nous l'avons déjà montré (supra 323, 362), Saussure eut des rapports avec les philosophes de l'époque romantique et avec Hegel dès les années de sa prime jeunesse, grâce à Pictet et, par son intermédiaire, à sa grande-tante Albertine-Adrienne. Il n'est donc pas improbable que Saussure ait réellement eu devant les yeux la théorie du signe de Fr. Schlegel (Nüsse 1962.26, 70) et qu'il ait tiré profit des recherches de l'humboldtien Steinthal (Hjelmslev 1928.112-113, Buyssens 1961.26). Il est même probable qu'il connaissait au moins l'œuvre fondamentale de Steinthal, la *Charakteristik der hauptsächlichsten Typen des Sprachbaues* (Berlin 1860), réélaborée par le linguiste suisse Franz Misteli (1841-1903), professeur à Bâle, dans l'édition de 1893, qui figure comme volume II de l'*Abriss der Sprachwissenschaft* de Steinthal et Misteli (Arens 1955.217 et sv., 325, Tagliavini 1963.136-137).

Dans ce cadre, les rencontres avec Humboldt acquièrent nne certaine probabilité (Mathesius 1933, Trier 1934.174, Porzig 1950.396). L'œuvre posthume d'Humboldt, *Über die Verschiedenheit des menschlichen Sprachbaues und ihren Einfluss auf die geistige Entwickelung des Menschengeschlechts* (Berlin 1836), avec la notion de « innere Sprachform » (CVII-CVXII) aurait fourni à Saussure l'idée du caractère amorphe de la pensée hors de la forme que lui donnent les signifiés d'une langue (C. L. G. 155 et sv., Alonso 1945.9, Buyssens 1961.26) ; la distinction *érgon-enérgeia* (p. LVII) anticiperait celle de *langue-parole* (Laziczius 1939, Coseriu 1962.52, Iordan-Bahner 1962.426 ; seul Verhaar 1964.749 note justement que Humboldt réfute cependant que *die Sprache* soit un *érgon*, si bien que la rencontre est plutôt une contradiction), la distinction entre *Form* et *Stoff* (p. LXI et sv.) anticiperait celle entre *forme* et *substance* (Coseriu 1962.178) et celle de la langue comme forme (Hartmann 1959 = 1963.24-26) ; on peut par conséquent supposer que Saussure a été influencé par l' « holisme », la notion de systémacité des entités linguistiques (p. LIX et LXII : Chomsky 1964.60), et la distinction (p. XVIII) entre l'étude comparative et l'étude de la langue comme un « innerlich zusammenhängenden Organismus » (Wartburg-Ullmann 1962.9-10) [14].

14. Devant cette foule d'anticipations et de précurseurs on pourrait croire que R.-L. Wagner (1947.21) avait raison lorsqu'il affirmait que Saussure doit être célébré « moins pour avoir émis des vues révolutionnaires que pour avoir systématisé sous une forme très dense des notions qui, jusqu'à lui, avaient été un peu flottantes ». Il n'y a qu'un pas à franchir pour conclure, avec B. Collinder (1962), que Saussure n'est que le médiocre répétiteur des bonnes idées des autres.

On peut répondre de différentes façons à des affirmations de ce genre. En mettant en lumière le processus tourmenté de formation des thèses saussuriennes (*supra* 353-358), en les exposant à nouveau dans leur profonde originalité (*supra* 358-366), en observant l'incompréhension qui a entouré ceux qui comme Noreen et Marty furent ses voisins idéaux (*supra* 385, *infra* 390-394), incompréhension qui est le signe de l'avance qu'avaient certaines idées par rapport à la moyenne des savants contemporains. Il y a pourtant encore une façon de répondre. De Crisippe à Finck, aucun de ceux qu'on a désignés comme précurseurs de Saussure n'a joui de la série de critiques et parfois de véritables injures qui ont accompagné le C. L. G. Une description même schématique de la fortune de l'œuvre de S. ne peut pas ignorer ce type de réactions.

La conception de l'arbitraire compris comme simple absence de motivation du signifié (voir note 137 au C. L. G. 100) a été diversement attaquée : elle ne saisit qu'une partie de la réalité linguistique et non pas le langage concret, poétique et vivant qui serait au contraire motivé et symbolique (Lerch 1939, Alonso 1950.19-33) ; elle introduit subrepticement la réalité extralinguistique (Pichon 1937.25-30, Jakobson 1966.22 et sv., 1962.653, Pichon 1941) ; en la formulant, Saussure aurait indûment généralisé des conditions particulières au bilinguisme suisse (Pichon 1937 cit.) et aurait péché par « remarkable ignorance of the normal procedure » du processus définitoire et, en somme, par « naivety » (Ogden et Richards 1923.5 note 2). Tautologies, contradictions, « etwas mager » dans la définition du signe sont, parmi d'autres, signalées par Ogden et Richards (cit.), Graur (in *Zeichen und System*, 59), Nehring 1950.1, Otto 1954.8. La distinction entre *langue* et *parole* mène à une conception « abstraite » de la langue (Meillet 1916.35, Schuchardt 1917, Budagov 1954), crée de « fatales équivoques » (Palmer 1954.195), est psychologisante pour Antal (1963.17 et sv.), mathématisante pour Schuchardt (cit.), idéaliste pour Cohen (1956.89-90), positiviste pour Pisani (1959.10). De la même façon, la distinction entre synchronie et diachronie, lorsqu'elle n'a pas été considérée comme vieille et depuis longtemps connue, a été rejetée avec les motivations les plus variées (voir note 176 au C. L. G. 119). Saussure, enfin, serait « obscur » (Bühler 1934.17), incapable d'expliquer comment fonctionne le langage (Ogden-Richards 1923.232), « filosoficamente rozzo e grossolano » (Pisani 1966.298).

On peut trouver un recueil des affirmations devenues ensuite *loci communes* de l'antissaussurisme dans le compte rendu du C. L. G. par H. Schuchardt, ensuite largement transfusé dans *Hugo Schuchardt-Brevier* (édité par L. Spitzer, Halle 1922) : Saussure y pèche par psychologisme (411-412), par éloignement du concret (418), par anti-historisme dans la distinction entre diachronie et synchronie (420), par mathématisme (434), par sociologisme et positivisme grossier dans la conception de la synchronie (318-320, 329-330), par abstraction (368-387). Un bon collectionneur de ces affirmations est Roger 1941 : Saussure est aprioriste, ses thèses reposent « in der Luft » (164), il indique des tâches mais ne dit pas comment les accomplir (163), il ne considère pas la langue dans sa complexité concrète (165-166), est logicisant dans la théorie de l'arbitraire (166-167), générique dans sa définition de la langue comme « fait social » (167-168), subit la mauvaise influence de la sociologie (167-173).

APPENDICE

NOREEN ET SAUSSURE

Noreen, ignoré par différentes histoires de la linguistique (cf. par exemple Leroy 1965, Bolelli 1965, etc.), a été signalé par B. Collinder, son élève (Hjelmslev 1944. 140-141), comme précurseur de la phonologie pragoise (Collinder 1938, Lepschy 1966. 70-71) et comme précurseur de Saussure (Collinder 1962. 6, 13, 14). Malheureusement, Collinder a visé non pas à analyser les théories de Noreen, mais à contester l'originalité des positions saussurienne et pragoise. Mais il est vrai que dans la troupe variée des « précurseurs » de Saussure, Noreen est un des rares à exiger une attention spéciale.

Adolf Gotthard Noreen (cf. B. Bergmann, nécrologie in « Svenska Akademiens Handlinger » 1925. 27-47, Lotz 1954), de trois ans l'aîné de Saussure (Herresta 13-3-1854-Ärtemorks 13-6-1925), docteur en philosophie en 1877 à Uppsala, puis professeur (à partir de 1877) et directeur du séminaire de langues nordiques (à partir de 1878) dans la même ville, se rendit en Allemagne en 1879 pour se perfectionner et séjourna à Leipzig où il entretint des rapports avec A. Leskien et son entourage. De retour dans sa patrie en 1887 il devient professeur de langues nordiques. Après sa thèse (*Fryksdalsmålets ljudlära*, Uppsala 1877) il se spécialise dans les langues germaniques septentrionales et en particulier en suédois (tout comme Whitney s'était consacré à l'anglais et Saussure se consacrera à la phonologie française), dans une perspective synchronique et en relation avec ses problèmes de linguistique générale (rappelons, à titre de commentaire, les mots de Saussure dans son cours inaugural genevois de 1891 : « Ce ne sont pas les linguistes... qui embrassent à peu près tous les idiomes du globe qui ont jamais fait faire un pas à la connaissance du langage ; mais les noms qu'on aurait à citer dans ce sens seraient les noms de romanistes..., de germaniste..., des noms de l'école russe s'occupant spécialement de russe et de slave... » : *Notes* 66). Noreen est parmi les rares à reconnaître la valeur des théories du *Mémoire* saussurien ; Saussure, pour sa part, cite de Noreen l'*Altislandische und altnorwegische Gramm. unter Berücksichtigung des Urnordischen* (Halle 1884 ; rééditée sous le titre *Altislandische Gramm.*, 1892, 1903, 1923) dans une note M. S. L. 6, 1889.53 = *Rec.* 408) ; et en connaissait sans doute soit l'attitude favorable au *Mémoire*, soit les travaux de germaniste dans le *Grundriss* de Paul (*Gesch. der nord. Sprachen*, Strasbourg 1889) et dans la *Sammlung* de Braune (*Altschwedische Gramm. mit Einschluss des Altgudnischen*, Halle 1904). Noreen connaissait-il les théories générales de Saussure ? L'unique élève suédois de Saussure dans la période parisienne, Anders A. Enander, celtiste qui fréquenta les cours en 1884-1885 et 1885-1886 (Fleury 1965.46), pourrait avoir servi d'intermédiaire : or Saussure fait justement en 1885-1886 « quelques leçons consacrées à des généralités sur la méthode linguistique et la vie du langage » (Fleury 1965.62 et Benveniste 1965.33). Il est au contraire très difficile que Noreen puisse avoir tiré profit de l'aperçu de la sémiologie saussurienne divulgué par A. Naville en 1901 (voir *supra* 352 note 9). Par ailleurs, s'il est vrai que Saussure ignorait le suédois (renseignement dû à R. Jakobson ; mais pour un germaniste un texte suédois ne présente pas de difficultés excessives), il est probable qu'il a ignoré *Vårt Språk*. Naturellement, il est raisonnable de supposer que n'a pas échappé à Saussure le long article de Noreen *Über Sprachrichtigkeit*, trad. du suédois (*Om språkriktighet*, 2ᵉ éd., Uppsala 1888) par A. Johannson, IF I, 1892. 95-157, dans lequel il soutenait, polémiquant avec les *Detailforschungen* prédominantes, l'utilité de la linguistique générale et, dans la conclusion, affirmait que « Die Sprache ist... wie Kleider, Wohnung und Werkzeuge, wesentlich ein Kunstprodukt..., das sich allerdings verändert, weil es benutz und dabei abgenutz wird... » (p. 156). Ajoutons que le nom de Saussure est absent de la liste des participants et des *tabulae gratulatoriae* des deux mélanges en honneur de N. (*Nordiska Studier*, Uppsala 1904 et *Nordiska Ortnamn*, Uppsala 1914). Quoi qu'il en soit, en l'absence de preuves certaines attestant la connaissance réciproque en matière de théorie générale, les coïncidences entre les théories de Saussure et de Noreen ne peuvent s'expliquer que par un développement parallèle. Mis à part *Folksetymologier* (Stockholm 1880) qui, avec sa collection de « monstres », prélude à la thèse de Saussure sur la *Volksetymologie*, les coïncidences concernent surtout le C. L. G. et *Vårt Språk*. L'histoire éditoriale de cette œuvre est d'une complexité incroyable (Lotz 1954). Il suffit ici de rappeler que les fascicules 1-5 du volume I parurent à Lund en 1903, en même temps que le fascicule 1 du volume IV ; en 1905 parut le fascicule 1 du volume III ; à la fin de 1906 paraît le sixième et dernier fascicule du volume I ; entre 1907 et 1924 parurent une bonne partie des autres fascicules des dix volumes dont l'œuvre devait être constituée. En 1923, éditée en réalité par Noreen lui-même, parut une synthèse en allemand : *Einführung in die wissenschaftliche Betrachtung der Sprache. Beiträge zur Methode und Terminologie der Grammatik*, vom Verfasser genehmigte und durchgesehene Übersetzung ausgewählter Teile seines schwedischen Werkes « V. S. » von H. Pollak, Halle. Il est surprenant que dans cet écrit Noreen qui, avec trente ans d'avance sur tous, voit parfaitement l'importance de travaux comme la *Vermenschlichung der Sprache* de J. Baudouin de Courtenay, Hambourg 1893, les *Études sur les changements phonétiques*, Paris 1890, de Paul Passy (p. 144 et *alibi*) et surtout l'œuvre de Marty, le seul avec Saussure et Kruszewski qui puisse lui être comparé, *Untersuchungen zur Grundlegung der allgemeinen Grammatik und Sprachphilosophie*, volume I, Halle 1908 (p. 222), ne cite au contraire j a m a i s le C. L. G. Voici le passage sur le « son qualitativement déterminé » (= phonème) que Lepschy (1966. 71) qualifie d'« impressionnant » et la tripartition de la linguistique encore plus « impressionnante ».

Med ett visst, kvalitativt bestämdt ljud i motsats mot ett annat dylikt mena vi vanligen...icke ett under alla omständigheter identiskt lika ljud...Utan vi mena t.e. med det nysvenska *i*-ljudet e mängd ljudvarieteter. son äro hvarandra så pass lika -akustiskt och vanligen äfven genetiskt sedt- att de af de talande och hörande antingen icke alls eller åtmistone blott med stor svårighet till sin olikhet uppfattas, och hvilkas kvalitetsdifferens, om ock den skulle vara för örat märkbar, i alla händelser icke användes i språkligt syfte, dvs. såson bärare af någon betydelsdifferens. På grund däraf kan en dylik grupp af minimalt olika ljud lämpligen betraktas såsåsom varande inom sig alldeles homogen, ochhvarje ljudindivid inom gruppen kan sålunda utan olägenhet få bära samma namm — t.e. « i-lju(d)et » — som alltså är ett artnamn, icke ett egennamn (·V. S., Lund 1903[et non pas 1905] page 407) [1].

Då språket väsentligen är—liksom kläder, boning och verktyg—en konstprodukt, så måste det för betraktelsen kunna erbjuda lika många och samma hufvudsynpunkter som hvarje annan sådan nämligen materialets (det ämne, hvaraf konstprodukten förfärdigats), innehållets (det ämne, som konstprodukten « föreställer » eller « behandlar » ; den uppgift, som den har att « lösa », ändamålet) och formens (det sätt, hvarpå uppgiften medelst det begagnade materialet lösts ; strukturen, byggnadsstilen). Dessa trenne synpunkter bestämma grammatikens hufvudindelning.

1. Ljudläran eller fonologien, som redogör för det fysiska materialet, hvilket i fråga om det primära och viktigaste språket, talspråket, utgöres af de « artikulerade språkljud », genom hvilka idéinnehållet meddelas. Fonologien

1. [Par un certain son qualitativement déterminé en opposition à un autre nous n'entendons pas un son semblable à lui-même dans tous les cas... Nous entendons au contraire, par exemple pour le son *i* suédois moderne une quantité de variantes qui sont tellement semblables les unes aux autres, acoustiquement ou en général génétiquement, qu'elles ne sont pas distingables par celui qui parle ou écoute, du moins pas sans grande difficulté, et que leurs différences qualitatives, même si elles étaient perceptibles à l'oreille, ne sont de toute façon exploitées à des fins linguistiques, c'est-à-dire qu'elles ne portent pas de différences de sens. Sur cette base un simple groupe de sons distincts minimums peut être considéré avec raison comme entièrement homogène, et chaque individu phonique de ce groupe peut ainsi porter le même nom (par ex. « son *i* ») sans inconvénients, nom qui est un nom de genre et non pas un nom propre].

får icke såsom stundom skett, förväxlas med sin närmaste hjälpvetenskap « fonetiken », och är naturligtvis ännu skarpare skild från dennas hjälpvetenskap « akustiken »...

2. Betydelseläran eller semologien, som redogör för språkets psykiska innehåll : de idéer som genom språkljuden meddelas och på så sätt utgöra dessas « betydelse ». Semologien år noga att skilja icke blott från sin närmaste hjälprentenskap « språkfilosofien », utan äfven från den del af psykologien, som handlar om föreställningarna och de ännu högre förnimmelserna, samt — och detta kan icke nog kraftigt inskärpas — från « logiken », läran om begreppen såsom sådana (och icke blott så vidt de fått språkligt uttryck) och om dessas (men icke de språkliga uttryckens) förbindelser. Ty mot hvarje med betydelse försedt språkligt uttryck svarar ingalunda ett särskildt begrepp, liksom ännu mindre tvärtom. Och dock har en dylik missuppppfattning och däraf följande sammanblandning af de båda vetenskaperna förekommit samt visat sig ödesdiger både för grammatiken och än mer för logiken ; ungefär på samma sätt som ljudläran länge lidit men — om ock i minde grad och framför allt under kortare tid — af förblandningen af ljud och bokstaf och den därpå beroende totala eller partiella sammanblandningen af fonologi och ortografik.

3. Formläran eller morfologien, som redogör för det särskilda sätt, hvarpå ljudmaterialet i betydelseinnehållets tjänst formas till « språkformer ». Formläran utgör grammatikens centrala och viktigaste del, hvadan den ock är skarpt skild från andra vetenskaper (V. S. I, p. 50-51) [1].

1. [La langue étant en substance un produit artificiel, comme les vêtements, les maisons, les outils, elle doit offrir à l'analyse autant de points de vue que tout autre produit artificiel, et des points de vue semblables, c'est-à-dire celui du matériau (c'est-à-dire ce dont est fait le produit), celui du contenu (c'est-à-dire ce que le produit « représente » ou ce dont il « traite » ; la tâche qu'il doit remplir ; sa fin), et celui de la forme (la façon dont la tâche est exécutée avec l'aide du matériau utilisé ; la structure, l'architecture). Ces points de vue...déterminent les principales partitions de la grammaire...

1. La science des sons ou phonologie, qui s'occupe du matériel physique qui, dans la langue première et plus importante, la langue parlée, est constituée de « sons vocaux articulés » grâces auxquels le contenu des idées est différencié. La phonologie ne doit pas, comme cela s'est parfois produit, être confondue avec sa science auxiliaire la plus importante, la « phonétique », et elle est naturellement encore plus séparée de la science auxiliaire de cette dernière, l' « acoustique »...

2. La science du signifié ou sémologie, qui traite du contenu psychique de la langue : les idées qui sont réparties au moyen des sons vocaux et qui constituent sur cette base leur « sens ». La sémologie ne doit pas seulement être soigneusement distinguée de sa discipline auxiliaire la plus importante, la « philosophie du langage », mais aussi de la partie de la psychologie qui traite des représentations et de contenus de conscience encore plus élevés, et en même temps et surtout de la « logique », la science des concepts en tant que tels (et non en tant qu'ils ont trouvé une expression linguistique) et de leurs relations (et non pas des relations des expressions linguistiques). En fait on ne peut en aucune façon dire qu'un concept particulier corresponde à chaque expression linguistique pourvue de signification, et le contraire est encore moins vrai. Cependant cette fausse conception et la confusion des deux sciences qui en découle se sont produites au dommage de la grammaire et encore plus de la logique ; plus ou moins comme la phonologie, quoique dans une moindre mesure, a souffert de l'échange entre lettre et son et de la confusion qui en découle entre phonologie et orthographe.

3. La science de la forme ou morphologie, qui se préoccupe de décrire la façon dont le matériel phonique est modelé au service du contenu significatif en « formes linguistiques ». La morphologie occupe la place centrale et la plus

Si ces passages et ces concepts restèrent ignorés de Saussure, ils ne le restèrent probablement pas de Hjelmslev et, de toute façon, la « sémologie » de Noreen est du plus grand intérêt pour quiconque se préoccupe aujourd'hui de l'analyse des formes du contenu sémantique (cf. en ce sens Malmberg 1966.53 ; Malmberg s'arrête aussi sur un autre savant suédois malchanceux, Carl Svedelius, qui en 1897 tenta dans une dissertation de construire, en rapport avec le français, « une algèbre de la grammaire » ; comme déjà E. Wellander, in « Svenska dagbladet » 29.3.1946, Malmberg 1966.54 se demande aussi si Svedelius n'a pas influencé Saussure ; mais il faut aussi se demander dans quelle mesure Noreen influença Svedelius, influence évidemment beaucoup plus probable que l'autre).

_____

importante de la grammaire, car grâce à la morphologie la grammaire est nettement distincte des autres sciences.]

[Note du traducteur : ces textes de Noreen ne sont pas traduits du suédois mais d'après la trad. ital. de T. De Mauro.]

ADDENDA

1. LA BIBLIOTHÈQUE DE SAUSSURE

En 1921 Jacques et Raymond de Saussure déposèrent à la bibliothèque publique de Genève 465 volumes et recueils de mélanges, numérotés, qui, à part un écrit de Regard de 1919 (n. 337) avaient été la propriété de Saussure et portent en partie des notes de sa main. Y dominent les écrits de linguistique historico-comparative indo-européenne (326 sur 465), tandis qu'il y a à peine 10 écrits de linguistique générale, auxquels peuvent s'ajouter les quelques 26 écrits de phonétique et de phonologie. Nous nous trouvons donc devant la bibliothèque d'un linguistique historien d'où émergent avec évidence les intérêts pour les études germaniques (132 titres, soit plus d'un quart de l'ensemble) et pour le groupe balte (36 titres), outre les intérêts plus courants pour le grec, le latin et l'indien ancien. Un groupe discret d'œuvres et quelques recueils de mélanges (23) concernent spécifiquement les cycles des légendes des différents peuples indo-européens, germaniques en particulier ; nombreux sont également les traités de métrique (13 titres). Le groupe des œuvres et des mélanges (27 en tout) relatifs à phonologie historique et descriptive, à la phonétique expérimentale, à la graphémique, est assez important pour l'époque. Dans le groupe se détachent les travaux de Baudouin de Courtenay (n. 2), les *Studies from the Yale Psychological Laboratory*, Yale 1902 (phonétique expérimentale), P. Passy, *Étude sur les changements phonétiques* (voir *supra* 338, 392 et cf. note 116), E. Sievers, *Grundzüge der Phonetik*, Leipzig 1881, J. Winteler, *Die Kerenzer Mundart*, etc. (v. *supra* 386).

Parmi les rares études de linguistique générale, notons F. N. Finck, *Die Haupttypen des Sprachbaus*, Leipzig 1910 (manque au contraire *Aufbau und Gliederung*: voir *supra* 383), différents essais de Whitney (165), V. Henry, *Étude sur l'analogie*, Lille 1883 (manque au contraire le travail sur les antinomies linguistiques : *supra* 388) et enfin la traduction allemande de l'œuvre fondamentale de Kruszewski (voir *supra* 340) : notons que ni le nom de Kruszewski ni le titre (*Prinzipien* etc.) ne figurent dans le catalogue genevois ; l'œuvre ayant été publiée par livraisons dans l' « Internationale Zeitschrift für Allgemeine Sprachwissenschaft », seul le titre de la revue apparaît dans le catalogue (146-150, correspondant aux livraisons dans lesquelles parut l'œuvre du grand savant polonais). Kruszewski (et d'autres savants slaves) est également présent par une série d'opuscules rassemblés en mélanges (32). Les *Prinzipien* de H. Paul manquent parmi les livres de Saussure (*supra* 382). Il ne faut certes pas surévaluer les absences : il suffit d'observer que manquent dans la bibliothèque de Saussure l'*Essai de Sémantique* de Bréal et *Programme et méthodes* de Sechehaye, deux livres que Saussure connaissait bien, au point même d'avoir préparé une ébauche de compte rendu (Bibliothèque publ., Ms fr 3951.16 et 3951.21).

Une reconstitution plus complète de ce que fut la bibliothèque personnelle de Saussure nécessitera de toute façon une exploration du fond Bally. Par exemple l'exemplaire de la *Sprachwissenschaft* de Gabelentz appartenant à Saussure a fini parmi les livres de Bally et n'est pas enregistré parmi les 465 volumes catalogués comme ceux de Saussure. Le cas ne serait pas unique d'après R. Godel (aimable information privée).

2. NOREEN, SAUSSURE ET LE SUÉDOIS

On trouve, comme il fallait s'y attendre, dans la bibliothèque de Saussure l'*Altislandische Grammatik* de Noreen dans les éditions de 1884 et de 1903 (notes 43 et 418 : voir *supra* 390). Aucun autre écrit de Noreen n'apparaît dans le catalogue. Toutefois, pour compléter ce que nous avons dit au sujet de la connaissance du suédois par Saussure, observons qu'il y avait dans la bibliothèque de S. différentes œuvres en suédois (380, 110) ainsi que le *Praktisches Lehrgang der Schwedischen Sprache*, Leipzig 1882, de E. Funk, et la *Grammaire suédoise* de A. Th. Paban. Il semble donc que Saussure pouvait tout simplement lire des textes en suédois.

3. SAUSSURE, WACKERNAGEL ET LES SAVANTS DE LANGUE ALLEMANDE

Léopold Gautier, qui fut près de Saussure dans les dernières années et qui nous a donné des articles et des témoignages précieux pour connaître la pensée et la vie du maître (voir 8, 324, 344, 353, 354,

358), possède deux lettres que Saussure lui envoya le 30 janvier et le 20 juillet 1908, alors qu'il fréquentait l'université de Göttingen. Toutes deux montrent l'affectueuse sollicitude avec laquelle Saussure suivait les jeunes savants et, en même temps, le sens de l'isolement dont il souffrit (voir *supra* II-III et 358). La seconde, écrite peu après la cérémonie de juillet 1908 (*supra* 358), répond à une lettre de vœux que lui avaient adressée de Göttingen des étudiants et des savants parmi lesquels Trautmann et Wackernagel. Saussure écrit : « Je ne pouvais être que très particulièrement touché d'entendre, parmi les signataires du télégramme, le nom de notre commun maître Wackernagel — il acceptera ce nom [*de ma part* rayé] parce que j'ai plus appris par ses écrits que par ceux d'aucun maître effectif. » Rappelons, pour évaluer mieux les mots de Saussure, non seulement l'exceptionnelle stature du grand indianiste de Bâle mais aussi le fait qu'il fut parmi les très rares à mentionner de digne façon le *Mémoire* (voir *supra* note 5, page 329). A l'admiration de Saussure répond celle de Wackernagel qui, outre dans l'*Altindische Grammatik* et le compte rendu du C. L. G. en 1916, apparaît aussi dans un article du « Journal de Genève » (24 avril 1922), cité par L. Gautier, *Le silence de Saussure*, « Journal de Genève » 22-23 avril 1961, p. 18.

Le cas de Wackernagel est significatif et n'est pas isolé. La fortune de Saussure dans les pays de langue allemande (à part de rares et récentes exceptions) a été en bonne partie liée à des savants d'origine suisse qui ont écrit en allemand et ont même souvent enseigné dans des universités allemandes. Outre Wackernagel, c'est le cas de W. von Wartburg (voir *supra* 374) ou de Glinz (*infra* note 219), dont on se rappelle *Die innere Form des Deutschen. Eine neue deutsche Grammatik*, Berne 1952, qui dès l'introduction révèle son inspiration saussurienne. Il est à espérer que le maigre paragraphe consacré à Saussure dans les pays de langue allemande (*supra* 374) apparaîtra dans quelques années comme le témoignage d'une situation dépassée par la linguistique d'Autriche et des deux Allemagnes.

4. UN JUGEMENT NÉGATIF DE CROCE SUR SAUSSURE

Le *Cours* de Saussure est, selon un vieux linguiste italien, Vittore Pisani, un livre « rozzo e grossolano ». V. Pisani écrivait il y a quelque temps dans la revue qu'il dirige, « Paideia » (*Profilo storico della linguistica moderna*, « P » 21, 1966, p. 297-308, aux pages 297-98 : « La place prééminente donnée [*par Leroy*] à Saussure... peut apparaître à certains d'entre nous comme excessive et trompeuse pour ce qui concerne la perspective... Et je voudrais ici rappeler le jugement porté, ce me semble, par Croce (mais je n'arrive pas à retrouver où) sur le *Cours*, comme un livre fruste et grossier. » Nous ne voulons pas discuter ici les opinions du savant de Milan mais examiner un aspect du problème des rapports Croce-Saussure.

Croce eut certainement connaissance de l'existence de Saussure. Il est vrai que dans le riche index de L' « *editio ne varietur* » *delle opere di B. C.* (Naples 1960) du regretté Fausto Nicolini le nom de Saussure n'apparaît jamais. Cependant beaucoup se rappellent que Saussure a été mentionné au moins une fois par le philosophe napolitain, et précisément dans le compte rendu du livre de G. Nencioni (*Idealismo e realismo nella scienza del linguaggio*, Florence, 1946) qui, intitulé *Sulla natura e l'ufficio della linguistica*, parut dans les « Quaderni della Critica » 6, 1946, 33-37, puis dans *Letture di poeti*, Bari, 1950, 247-251. On y lit (« Quad. » p. 34) :

> « Il senso di « ridenti » e « fuggitivi » non è reso da nessun vocabolario, perché si trova solamente in quel verso e in quella canzone del Leopardi. Cio ammesso per pacifico, ne consegue che ogni indagine della singola parola, della « langue en elle-même et pour elle-même » (come dice il De Saussure e il Nencioni ripete), non riguarderà l'espressione fantastica, musicale e poetica che è l'unica realtà del linguaggio, ma qualcosa che non è il linguaggio, e che è fuori del linguaggio, e che è altro dal linguaggio... Che cosa sono dunque i singoli vocaboli, oggetto di tali investigazioni? « Parole », a dire propriamente, no, o tali soltanto per modo di dire corrente... Ho proposto, e ripropongo, di chiamarli « segni » : segni fonici, mimici, grafici o combinati tra loro, o come altro si enumerino e classifichino. »

Étant donné les expressions utilisées dans ce texte crocien, la mention de Saussure a tout l'air d'être faite de seconde main. Où est donc le passage dont Pisani se rappelle sans se souvenir de l'endroit? En feuilletant les index des volumes crociens on trouve une autre référence à Saussure. Dans une note à peine postérieure à 1932 est rapporté un dur jugement que Leo Spitzer, à l'occasion de la publication de la *Silloge linguistica... Ascoli* (Turin 1929), avait porté sur la linguistique italienne (in « Indogermanische Forschungen », 50, 1932. 147-153). Au dire de Spitzer la linguistique italienne après Ascoli (et mises à part les théories de Croce) n'avait rien produit d'important et de neuf, comme cela s'était au contraire produit en Russie avec Trubeckoj et Jakobson, en « France » avec Saussure et Meillet, etc. Croce cite les mots de Spitzer et, avec eux, le nom de Saussure (*Pagine sparse*, vol. II, Bari, 1960, p. 395).

Si l'on pense au fait que le C. L. G. semble n'avoir jamais existé dans la bibliothèque de Croce, on serait tenté d'exclure que le passage crocien rappelé par Pisani ait jamais existé. Et pourtant le passage existe (et il a été retrouvé par un savant belge, M. Deneckere, qui prépare un travail sérieux sur les idées linguistiques de Croce). Il s'agit du compte rendu de la première édition de la traduction française du livre de W. von Wartburg, *Problèmes et méthodes de la linguistique* (« Quaderni della Critica », 8, 1947, p, 80-82, réimprimé in *Nuove pagine sparse, II. Metodologia storiografica. Osservazioni su libri nuovi*, Naples, 1949).

Parlant de l'ouvrage de Wartburg, Croce écrivait :

Io lo prendo in esempio e conferma di cio che ho scritto sui concetti della Linguistica, che sono deboli et confusi presso i linguisti. Mi restringo alle pagine introduttive...Pag. 6 : « Nous opérons avec Saussure une distinction sévère entre la l a n g u e d'une part et le l a n g a g e, la parole de l'autre part. La langue est un fait s o c i a l, la parole est un fait i n d i v i d u e l. La langue comprend tout ce qu'il y a d'essentiel, elle constitue un vaste tout : la parole, elle, se borne à évoquer u n e f a i b l e p a r t i e de cet ensemble dont elle se sert pour reproduire un contenu de conscience m o m e n t a n é et s t r i c t e m e n t i n d i v i d u e l. » Le sottolineature sono mie. Cosicché l'uomo che parla non creerebbe il linguaggio, ma ne trasferirebbe qualche pezzo da una massa esistente fuori di lui ; e creata da chi ? Forse dalla società ? E la società non si compone d'individui ? Ma l'autore (pp. 4-5) aveva già messo la parola alle dipendenze della società, con questa sentenza : « La parole, si nous faisons provisoirement abstraction du monologue, présuppose au moins deux personnes » ; e con quell'intercalato « se » si riduceva a dire : la parola, se si fa astrazione dal monologo, non è monologo ma dialogo...Ora, all'autore, che è un linguista e non ha la capacità e la pratica filosofica dell'analisi dei concetti, non cade in mente di domandare che cosa sia, dove stia, come sia nata, da chi sia stata creata questa lingua da cui i parlanti prenderebbero qualche pezzetto fuggevolmente. Se si fosse fatta questa domanda, se avesse seguito davvero questa indagine sarebbe di necessità pervenuto alla conseguenza che la lingua non è altro che un *ens rationis*, foggiato dai grammatici, e che sola realtà sono gli individui che parlano e creano incessantemente parole e linguaggio... A questo *ens rationis* [*la langue*] corrisponde una realtà che è appunto il fine per il quale esso fu foggiato, dapprima didascalico-estetico e poi di interpretazione storica, cioè del vario senso delle parole e delle altre forme del dire ; cose cui a volta a volta si referiscono la storia del costume o la storia della civiltà. Ma questa conclusione è preclusa al linguista, e il Saussure, che ha posto la lingua come il fatto essenziale e primario e il linguaggio come fuggevole e secondario, ha anche, con pari r o z z e z z a o i n n o c e n z a l o g i c a, stabilito un'assoluta distinzione tra sincronia e diacronia del linguaggio, simultaneità e successione, descrizione del presente linguistico e storia del passato : quando già da quaranta e più anni l'intelligente linguista Hermann Paul aveva ammonito che lo studio della lingua è sempre studio storico (p. 7-11).

Pisani avait donc raison de parler, même vaguement, d'un jugement négatif de Croce sur Saussure. On notera cependant, par souci d'exactitude, que le Saussure accusé par Croce de « rozzezza e innocenza logica » est le Saussure qui lui est connu à travers W. von Wartburg, c'est-à-dire le Saussure de la « vulgate saussurienne », et non pas le Saussure authentique du C. L. G., livre que Croce semble n'avoir jamais lu. Nous ne voudrions pas avoir l'air de chercher à tout prix à disculper Croce. Mais si l'on pense à l'absence effective de liens logiques entre les différents « points » auxquels se réduisait la pensée de Saussure entre 1920 et 1950-55, et si l'on pense que c'est à *ce* Saussure que Croce, à travers Wartburg, devait nécessairement se référer, le jugement négatif du philosophe italien apparaît moins injustifié qu'à première vue. Ce qui est injustifié, c'est qu'il soit repris, et qu'il soit repris par des spécialistes qui pourraient et devraient se documenter sur la pensée authentique de Saussure.

5. SAUSSURE ET CHOMSKY

La question des rapports entre Saussure et Chomsky présente quelques problèmes. Chomsky s'est formé à l'école de Z. S. Harris (Lepschy 1970.126 et sv.), c'est-à-dire dans un milieu bloomfieldien dans lequel (voir *supra* 371) Saussure était ignoré par principe. Comme nous le verrons plus loin, quelques éléments typiques du bloomfieldianisme sont également restés dans les théories de Chomsky (K. V. Teeter relève également des éléments bloomfieldiens chez Chomsky, *Leonard Bloomfield's Linguistics*, « Language Sciences » 7, octobre 1969.1-4). Il est donc tout à fait naturel qu'à l'époque de ses premiers écrits (*Semantic considerations in Grammar*, in *Meaning and Language Structure*, Washington 1955, p. 141-155, *Syntactic Structures*, La Haye 1957), il ne tire pas profit du C. L. G. Il est d'autre part connu que dès ses premiers écrits, Chomsky se rebelle contre une série de points de vue bloomfieldiens. Il en réfute en particulier l'inductivisme, l'idée qu'en partant de l'analyse d'un *corpus* limité d'énoncés on puisse et on doive reconstruire une langue ; il oppose à l'observation du corpus la nécessité d'élaborer la théorie du « system lying behind it », du système sous-jacent, dont Hjelmslev, pas entendu des Américains, avait déjà parlé. Comme on sait, Hjelmslev avait repris, ordonné et développé, pour théoriser ce système, les théories saussuriennes sur la *langue*. Il est donc naturel que Chomsky, se plaçant sur la même route, ait à un certain point rencontré Saussure.

Au début des années soixante les mentions de Saussure sont fréquentes et positives. Chomsky-Miller 1963. § 6.2 et Chomsky 1964.86 soulignent la validité de la théorie phonétique du C. L. G. 63 et sv., Chomsky 1963. § 1.1 (qui est une véritable profession de foi saussurienne) et Chomsky 1964.52 et 60 se réclament avec un plein accord de la distinction entre *langue* et *parole* et de la conception de la *langue*. Chomsky limite à cette époque son adhésion à la doctrine saussurienne en déclarant ne pas vouloir s'occuper du côté sémantique de la langue (1963. § 1.1) et en reprochant à Saussure d'avoir ignoré la récursivité des règles syntaxiques (Chomsky 1963. § 1.1 et 1964.59-60). Mais ces limitations n'entament pas l'évaluation positive d'ensemble : on parle de la « lucidité » de Saussure dans sa pénétration de questions essentielles, et on affirme que Saussure est le pionnier de la linguistique scientifique moderne (affirmation qui, pour un linguiste américain avant Chomsky et, aujourd'hui, de nouveau après Chomsky, est un délit grave).

Il faut cependant signaler que dès la moitié des années soixante le comportement de Chomsky change. Au début des *Aspects* (Chomsky 1965.4) Saussure est encore mentionné honorablement, mais on l'y accuse déjà d'une « naïve view » du langage (ce qui est en réalité « naïve », c'est ce que Chomsky comprend en lisant Saussure : voir la note 225 du C. L. G.). Saussure sera plus tard assimilé à Whitney (on trouve déjà une allusion dans ce sens dans Chomsky 1964.59) et accusé d'avoir une conception « appauvrie » du langage (Chomsky 1968).

Les rapports entre C. L. G. et grammaire transformationnelle sont donc bien loin d'être univoques et bien définis. Beaucoup ont eu la tentation d'insister sur certains éléments d'accord et de continuité. C'est ainsi le cas de certains chomskiens à propos des dichotomies *langue-parole* et *competence-performance* (Ruwet 1967.18 et 50 et sv., Antinucci 1970.XIII et XVIII) et à propos de la notion de grammaire (Ruwet 1967.366) ; sur les traces de Chomsky 1963 et 1964, ils ont répété que Chomsky se séparerait de Saussure essentiellement parce que le linguiste de Genève n'avait pas compris que la phrase appartient à la langue, ou bien n'avait pas compris le caractère créatif de la langue (Ruwet 1967.51, 375, Antinucci 1970.XVIII) et avait ignoré la distinction entre « rule-changing creativity » et « rule-governed creativity » (Ruwet 1967.51).

D'autres savants ont également insisté sur les aspects de continuité. En effet, face à certains chomskiens pour lesquels l'histoire de la linguistique commence avec Chomsky, il est difficile de résister à la tentation d'indiquer tout ce que Chomsky doit à ses prédécesseurs, et avant tout à Saussure. Ainsi Robert Godel écrit par exemple : « Chomsky et ... ses adeptes... n'opposent pas parole à langue, mais *performance* à *compétence*. La différence, à mon avis, est surtout terminologique, car les critiques de Chomsky à l'adresse de Saussure ne sont pas entièrement fondées. » Godel ajoute : « Il n'est pas exact que Saussure ait conçu le système de la langue comme un simple classement, en réservant à la parole tout l'aspect créateur du langage, il n'a pas non plus méconnu la créativité régulière (*rule-governed creativity*) qui se manifeste dans l'usage ordinaire de la langue. Mais sur le « mécanisme de la langue » il n'a donné que des indications sommaires (C. L. G. (176-180 ; cf. 173) ; et surtout il l'a observé au niveau de la morphologie plutôt que de la syntaxe, à l'occasion des créations analogiques (C. L. G. 3e p., ch. IV). De même, c'est à ce niveau qu'il a discerné, à côté de la création novatrice (*rule-changing creativity*), la création — ou recréation — régulière (C. L. G. p. 236 : analogie latente) » (Godel 1970.35-36).

De cette façon, cependant, on accrédite l'image d'un Chomsky qui s'éloigne de Saussure essentiellement parce qu'il est transformationnaliste. En réalité, les divergences sont beaucoup plus radicales et profondes. Il y a certainement des analogies. La principale se trouve dans le commun refus de la méthodologie inductiviste et de l'épistémologie positiviste, ou dans le commun refus de ce que Mulder (1968.1), citant Bacon, a défini comme « the way of the ant », la voie de celui qui se contente d'accumuler des faits. Mais déjà dans cette perspective très générale, émergent des différences.

1) Il ne paraît pas exact de dire que Saussure, comme Chomsky, est plus intéressé par la théorie que par la méthodologie des recherches (Ruwet 1967.380) : en termes biographiques (car Saussure est parti de la conscience des difficultés de la recherche linguistique concrète) comme en termes théoriques (cf. la note 305 et le « plan » idéal esquissé par Saussure in 427-429 B Engler), l'épistémologie de Saussure prévoit pour la linguistique « the way of the bee » (pour utiliser la comparaison baconienne reprise par Mulder), la voie d'une élaboration théorique en dialectique continue avec la matérialité des faits. Chomsky suit au contraire « the way of the spider », la voie d'un calcul théorique inconditionnel.

2) Saussure a un profond intérêt pour le « côté ethnographique » des langues qui est entièrement absent chez Chomsky et ses adeptes. Grâce à cet intérêt, Saussure a toujours vu la langue en rapport avec les autres moyens et systèmes de communication et il a cherché à donner un horizon sémiologique à sa linguistique. Toute perspective sémiologique est au contraire absente chez Chomsky.

3) Saussure parvient également à la nécessité de lier la linguistique générale à la sémiologie car, à la recherche d'une axiomatisation et d'une formalisation effective de sa théorie, il ne peut laisser de côté une définition explicite et une théorie du signe : le signe linguistique n'est qu'une catégorie particulière de l'univers plus vaste des signes, tout comme la langue n'est qu'un des codes sémiologiques possibles. On chercherait en vain dans les pages de Chomsky une définition du signe (Mulder 1968.33). Et même ce qui est pour lui la principale, voire l'unique catégorie de signes linguistiques pris en considération, c'est-à-dire même pour la phrase (restrictivement conçue comme phrase verbale), il faut dire que « la notion de phrase est, en grammaire générative, tenue pour un terme primitif, non défini, de la théorie » (Ruwet 1967.366). L'absence d'intérêt sémiologique se lie à l'absence d'intérêt pour la construction d'une théorie sémiologique dans laquelle placer la théorie linguistique, et ceci repose sur la conviction (qui, comme l'a signalé Mulder 1968.33, unit Chomsky à ses ennemis bloomfieldiens) selon laquelle on saurait parfaitement ce qu'est un signe et comment il s'identifie.

4) Précisément parce que le problème clef de la théorie sémiologique et linguistique saussurienne est la définition et l'identification du signe, pour Saussure la « base de toute étude » linguistique ne peut pas ne pas inclure la considération de la signification des

signes. En conformité avec l'absence d'une perspective sémiologique
et formelle rigoureuse et, probablement, à cause de l'absence d'intérêt
pour le « côté ethnographique » des langues, Chomsky se propose au
contraire de laisser hors de son cadre théorique la considération de
la face sémantique de la langue. Que la seule et simple face externe
d'un signe, qu'une séquence de ce que les bloomfieldiens et Chomsky
appellent « forme », qu'en somme une « chaîne » soit ce qu'elle est
par vertu intrinsèque, indépendamment de toute considération de la
valeur qu'y attache une communauté de locuteurs, voilà ce qui pour
Chomsky est indubitable, comme cela l'était pour les bloomfieldiens
(Mulder).

5) Certes, Chomsky bouleverse les théories bloomfieldiennes. Celles-ci
étaient dominées par une certitude de type inductiviste : partant
de la considération des *utterances* dans leur matérialité acoustique
et dans leurs rapports avec des stimuli matériels, les bloomfieldiens
pensaient pouvoir induire, sans recours au sens et de façon univoque,
les structures d'une langue. Chomsky pense au contraire qu'il est
possible d'étudier en soi et pour soi les structures (syntaxiques) d'une
langue, laissant de côté comme secondaires, « superficielles », les
considérations sémantiques. Cela lui a été reproché à l'intérieur comme
à l'extérieur de son école (cf. Bibliographie in De Mauro, *Introduction
à la sémantique*, Paris, 1969), mais sans résultats visibles. Les deux
conceptions, bloomfieldienne et chomskienne, apparaissent et, sous
bien des aspects, sont en effet aux antipodes : pour les bloomfieldiens
la physicité de la *parole* est tout, et avec le seul secours de l'oreille
ou du magnétophone et de la distribution statistique, ils prétendent
reconstruire, voire « arranger » la langue ; pour Chomsky la *parole*
ne compte pas, les aspects sémantiques et phonétiques sont de pures
et simples « interprétations » de la réalité de la langue, laquelle serait
connaissable par voie analytique une fois connues les universelles
capacités d'organisation grammaticale du cerveau humain. On observe
cependant que les deux théories ignorent les mêmes choses : le jeu, le
jeu vraiment créateur et libre, de la masse des locuteurs qui boule-
versent à plaisir les rapports entre *parole* et *mécanisme de la langue*,
si bien que le *mécanisme* de toute *langue* doit être *étudié* en particulier
et qu'en général, on peut dire bien peu de choses valables pour
tout *mécanisme* (d'où, probablement, la parcimonie de Saussure
dans ses indications générales sur ce point) ; l'arbitraire qui domine
à chaque niveau de la langue et assigne, ôte et modifie la valeur
(le réseau de rapports formels) des entités phoniques et sémantiques
d'une langue. Or ce sont justement là les points sur lesquels porte
la théorie de la langue de Saussure : le caractère socialement contingent
et temporellement caduc des mécanismes linguistiques qui servent
à produire et à interpréter des signes linguistiques, l'arbitraire, en
dernière analyse, de ces signes et des mécanismes mêmes.

6) La théorie sémiologique et linguistique de Saussure cherche à expliquer comment la capacité unique et universelle du *langage* (identifier les caractéristiques permanentes de celui-ci est pour Saussure une des tâches de la linguistique, ni plus ni moins qu'une des tâches) donne lieu à une pluralité de *langues*, conformées différemment à tous les niveaux de leur « mécanisme » de production et d'interprétation, déformées dans les usages synchroniques et parcourues de tensions opposées et de tendances généralisantes, en transformation diachronique continue. La théorie de Saussure réussit à expliquer ce rapport, le rapport entre unité biologique de l'espèce humaine et pluralité historique des langues, grâce à la théorie du caractère arbitraire de chaque partie du système linguistique (l'aspect central du principe de l'arbitraire dans l'édifice théorique saussurien ne sera jamais assez souligné). Il serait erroné de dire que les théories de Chomsky « ne peuvent pas » expliquer cela : il est plus correct de dire qu'elles ne s'en préoccupent pas ou qu'elles ne le veulent pas. Le monde de la variété et du devenir historique des langues constitue, comme l'écrivent Chomsky et Halle dans la préface de *Cartesian Linguistics*, « the still puzzling phenomenon of language changing ». Leur premier intérêt est la *compétence* qui, au contraire de la *langue* de Saussure, n'admet pas de pluriel, est une entité (semblable en cela au *langage* saussurien) née une fois pour toute, partie intégrante du cerveau humain.

A la dialectique entre naturalité et historicité, entre *langage* et *langues*, tracée par Saussure, Chomsky oppose la tentative de résorber le monde de la multiplicité et de la variété historique dans l'immobilité (présumée) de la nature, de l'hérédité biologique. Le désintérêt pour les aspects ethnographique et sémantique, l'absence de perspectives sémiologiques, l'absence d'approfondissement adéquat de la théorie de l'arbitraire, ne laissent à Chomsky et aux chomskiens d'autre voie que celle-là. Une voie radicalement différente de celle sur laquelle s'est placée, au début de ce siècle, la recherche silencieuse et problématique de Saussure.

Tullio de MAURO.

NOTES

(1) Voir page 332 et sv., 351, 355 et sv.

(2) Sur Wertheimer, voir *supra* 324, pour la succession, 353.

(3) Sur les trois *cours*, voir *supra* 353 et sv.

(4) Il s'agit des *notes* éditées par R. Godel selon la copie de Sechehaye, dans les C. F. S. 12, 1954, 49-71 : les sept premières viennent d'un dossier *Phonologie*, non retrouvé, remontant peut-être à 1897 (S. M. 13) ; la neuvième est le fragment d'un livre ébauché entre 1893 et 1894 (S. M. 36, *supra* 355) ; les notes 10 à 16 viennent de l'ébauche d'un article à la mémoire de Whitney que Saussure conçut au cours de l'été et de l'automne 1894 (*supra*, 356) ; la note 17 est la conclusion de la leçon inaugurale des cours de Genève, prononcée en 1891, le groupe des notes 19-21 (fondamentales pour l'émergence de l'idée de l'arbitraire sémantique et du caractère oppositif et de système de la réalité sémantique) est postérieur à 1894 (S. M. 37). Les notes 8, 18, 23 ne sont pas datables. Toutes les notes manuscrites autographes relatives à la linguistique générale sont aujourd'hui en cours de publication dans la sixième colonne de l'édition critique (on s'y réfère ici par F. Engler).

(5) Sur l'assiduité de Bally et Sechehaye aux cours de Genève, voir 344. Sur le *Mémoire*, voir *supra* 327 et sv.

(6) Certaines des sources manuscrites utilisées par les éditeurs ne sont pas conservées à la bibliothèque publique et universitaire de Genève, et dans certains cas (par exemple les cahiers de P. Regard), elles n'ont pas même été retrouvées par Engler. Par contre des cahiers de notes dont les éditeurs n'avaient pas tenu compte ont été conservés et ont été utilisés par Engler, comme ceux de F. Bouchardy et de E. Constantin. Tout le matériau manuscrit est reproduit dans l'édition critique d'Engler que nous avons déjà citée. Sur la conservation des sources connues des éditeurs et sur les autres sources, cf. S. M. 15, Godel 1959.24, Godel 1960, C. L. G. Engler XI-XII.

(7) Il s'agit des notes sur le cours d'étymologie grecque et latine (1911-1912) prises par L. Brütsch et utilisées dans l'appendice C, C. L. G. 259-260.

(8) A. Riedlinger suivit les cours de linguistique historique de Saussure en 1907, 1908-9, 1910-11, 1911-12 (*supra*, 344 n. 8) et les cours de linguistique générale en 1907 et 1908-9 (*supra*, 353), en y prenant des notes très précises (S. M. 96). Il fréquenta aussi Saussure hors de l'université, et nous avons une trace précieuse de leurs entrevues dans *Interview de M. F. de S. sur un cours de linguistique générale* (19 janvier 1909), conservée à la bibliothèque de Genève (S. M. 17 et 29-30).

(9) Pour les contributions particulières de Sechehaye, v. *infra* n. 13 et cf. S. M. 97.

(10) Il est permis, à cinquante ans de distance, d'exprimer son désaccord avec le jugement des éditeurs : on a, dès 1957, publié intégralement et dans leur ordre les notes des étudiants pour le second cours : *Cours de Linguistique générale (1908-09). Introduction (d'après des notes d'étudiants)*, C. F. S. 15, 1957. 5-103. L'édition Engler contient tout le matériel de notes, disposé dans l'ordre dans lequel les éditeurs ont agencé la matière du cours ; un réseau de renvois internes et un index final permettent la lecture continue des différentes sources manuscrites dans leur disposition d'origine.

(11) Il est probable que l'idée de donner une anthologie des notes ait été proposée par P. Regard qui écrivait quelques années après la publication du C. L.G. : « Quant au livre lui-même et à la question de la publication posthume dans son ensemble, on ne peut que se réjouir du succès brillant qui a couronné la tentative de MM. Bally et Sechehaye. Assurément, et ils l'ont senti mieux que personne, le dessein même qu'ils ont conçu et réalisé est critiquable. Un élève qui a entendu lui-même une part importante des leçons de F. de S. sur la linguistique générale et connu plusieurs des documents sur lesquels repose la publication éprouve nécessairement une désillusion à ne plus retrouver le charme exquis et prenant des leçons du maître. Au prix de quelques redites, la publication des notes de cours n'aurait-elle pas conservé plus fidèlement la pensée de F. de S., avec sa puissance, avec son originalité? Et les variations elles-mêmes que les éditeurs paraissent avoir craint de mettre au jour n'auraient-elles pas offert un intérêt singulier? » (Regard 1919, 11-12.)

(12) Le troisième cours est la base de l'œuvre, mais pas de son organisation. On va dans le cours de l'analyse des langues, à travers laquelle l'étudiant devrait se rendre compte du caractère contingent, historiquement accidentel de l'organisation des signifiants et des signifiés des langues, à l'analyse des aspects universaux, communs à toutes les langues, ou bien à l'analyse de la langue en général. On aurait ensuite dû passer de l'analyse générale de la langue à l'analyse de « l'exécution » individuelle (cf. *supra* 354, et C. L. G. 30 n. 65, 261 n. 291, 317 n. 305). Partant au contraire de l'idée que la « première vérité » devait matériellement figurer à la première place dans le livre (S. M. 98) et d'autres affirmations du même genre (n. 65), les éditeurs ont bouleversé cet ordre. La conséquence en est que dans le C. L. G. on parle avant tout de la langue, puis de quelques problèmes « d'exécution » et enfin des langues (cf. C. L. G. 193 n. 269).

Quoi qu'il en soit, les notes du troisième cours sont la principale source de l'Introduction (moins le chapitre V et les *Principes de phonologie*), des première, deuxième et quatrième parties et des deux derniers chapitres de la cinquième partie. Le premier cours a au contraire fourni la base de la troisième partie (linguistique diachronique) et du chapitre III de la cinquième partie (les reconstructions). Le deuxième cours a été utilisé comme source complémentaire, mais il est à la base de quelques chapitres qui, quoique sacrifiés dans la « lecture » traditionnelle du C. L. G., ont sans doute tout au contraire une importance clef pour une reconstruction plus authentique de la pensée de Saussure : Introduction, chapitre V (éléments internes et externes de la langue ; Saussure souligne l'importance de la linguistique externe et non pas, comme le croit la « vulgate saussurienne », l'inutilité ou l'illégitimité de celle-ci) ; seconde partie, chapitre III (identité, réalité, valeur : c'est le véritable *incipit* du discours de Saussure), chapitre VI (mécanisme de la langue), chapitre VII (la grammaire et ses subdivisions) ; troisième partie, chapitre VIII (unités, identités et réalités diachroniques) ; cinquième partie, chapitre I (les deux perspectives de la linguistique diachronique), chapitre II (la langue la plus ancienne et le prototype).

(13) Sans doute était-il inévitable, dans un travail aussi délicat, que les éditeurs commettent des erreurs de différente nature dont on peut aujourd'hui commencer à se rendre compte grâce à la minutieuse exégèse de R. Godel et R. Engler. Les cas de véritables méprises sont très rares (C. L. G. 13, n. 23, 212, n.

277). Le plus souvent les éditeurs ont rédigé le texte d'une façon telle qu'ils ont perdu des nuances précieuses que l'on retrouve dans les notes (C. L. G. 14 n. 26, 16 n. 32, 30 n. 64, 40 n. 82, 97 n. 129, 107 n. 148, 153 n. 221), ou encore ont dissimulé des oscillations conceptuelles (C. L. G. 25 n. 53, 97 n. 128 et 129, 147 n. 212) ou terminologiques (C. L. G. 19 n. 38, 41 n. 87, 97 n. 128, 98 n. 130, 101 n. 140, 112 n. 162). Une fois décidé de souder des passages parfois éloignés, il était inévitable que figurent dans le texte des interpolations et des ajouts, comme il était inévitable de rendre explicite ce qui dans les notes était implicite afin d'établir un texte grammaticalement correct. Ici et là, les éditeurs n'ont pas eu la main très heureuse, et la pensée de Saussure est un peu forcée (C. L. G. 24 n. 49, 32 n. 70, 66 n. 116, 100 n. 139, 105 n. 147, 112 n. 161, 125 n. 185, 129 n. 192, 131 n. 193, 140 n. 199, 172 n. 250). Les conséquences de ce travail de rapprochement et de soudure sont quelquefois plus graves pour la compréhension même de l'authentique pensée de Saussure (C. L. G. 25 n. 51, 63 n. 111, 99 n. 132, 100 n. 136, 103 n. 145, 124 n. 183). On trouve en différents points des remaniements à la limite de l'arbitraire (C. L. G. 30 n. 63, 30 n. 65, 34 n. 74, 97 n. 128 et 129). Il ne manque pas de véritables altérations, parfois très graves, avec l'introduction de termes que Saussure avait évité en connaissance de cause (C. L. G. 63 n. 111, 110 n. 156, 115 n. 166, 123 n. 182, 140 n. 192, 144 n. 204, 145 n. 206, 157 n. 228, 164 n. 235, 166 n. 240, 176 n. 256, 177 n. 257, 180 n. 259, 198 n. 270, 302 n. 301). La fameuse phrase finale du C. L. G. (p. 317) est un cas de « divination » indue des intentions de Saussure. Il est très difficile de distinguer auquel des éditeurs sont dus tel ou tel de ces changements (voir pour quelques exemples les notes 46 et 119).

(14) Par le terme *sémantique* les éditeurs font référence, comme ils l'expliquent mieux dans leur note au C. L. G., 33, à une discipline « qui étudie les changements de *signification* » ; ils ajoutent dans la même note que Saussure a donné à la page 109 le principe fondamental de la sémantique ainsi comprise, c'est-à-dire de la sémantique diachronique, pages effectivement très importantes pour l'apparition de la diachronie structurale. L'acception des éditeurs est la seule que le terme *sémantique* avait à cette époque (Malmberg, 1966, 186). Cependant, si l'on entend par sémantique non seulement l'étude diachronique mais aussi l'étude synchronique et l'étude générale des signifiés, il va sans dire que Saussure élabore, avec sa notion d'arbitraire du signe et la distinction, qui lui est liée, entre signifiant et signifié, les principes de base de ce secteur de la linguistique avec une netteté que seul, durant des dizaines d'années, Noreen a approché (*supra* et Malmberg, 1966. 185, 194.)

(15) Voir C. L. G. 36-39 et notes, ainsi que la note 305.

(16) Ce n'est que depuis peu que le noble propos des éditeurs a pu trouver un écho, et que la critique a pu distinguer entre le « maître » et « ses interprètes ». Le problème de la validité de la rédaction du C. L. G., posé avec tant de franchise et de délicatesse par les éditeurs, fut repris après la parution du *Cours* par P. Regard dont les critiques (*supra* 347, 354 et note 11) restèrent cependant isolées. En 1931, à l'occasion du congrès international de linguistique de Genève, ce fut encore un des rédacteurs qui mit en garde les savants en leur signalant qu'il y avait à son avis une « faute de rédaction » (voir n. 115) dans un passage du C. L. G. à propos du phonème. Mais l'avertissement resta une fois de plus sans écho, et les savants continuèrent de discuter en considérant comme acquises la fidélité et la cohérence de la rédaction (Godel 1961.295). Il s'est ainsi constitué « une sorte de vulgate idéale... du saussurianisme, absorbé par la pensée européenne (du moins pour ce qui concerne certains points vitaux du *Cours*), sans que soit abordé le problème de la reconstruction (ou de la reconstructibilité) rigoureuse des positions saussuriennes » (Lepschy, 1962. 69-70) ; comme nous aurons l'occasion de le confirmer plus loin, le C. L. G « ne fut pas assimilé par les linguistiques européens dans sa totalité... Ce furent plutôt certains points du *Cours* qui eurent du succès, et ces points furent souvent isolés du contexte de la pensée saussurienne... » (Lepschy, 1961. 200-201). Ces « points »

se trouvent encore aujourd'hui dans certains manuels, détachés l'un de l'autre et de leur matrice (voir par exemple Leroy 1965, 77-94, Lepschy 1966, 42-53 ; Malmberg 1966, 55-70).

Un tel mode d'exposition de la pensée saussurienne a fait son temps. A partir de 1939, avec le début de la controverse sur l'arbitraire (voir n. 137), on commence à prendre conscience du fait que le C. L. G. a durci une pensée dont la forme était sans doute fluctuante, soit, peut-être, pour des raisons conceptuelles profondes, soit, plus certainement, parce qu'elle s'est manifestée à travers toutes les imperfections et les hésitations de la leçon prononcée. En 1950, dans un article qui restera longtemps entre les pages d'une revue mal connue (Engler 1964, 32, Godel 1966, 62), M. Lucidi souligne expressément ce caractère flou du texte du C. L. G. et en indique avec acuité les différentes raisons (Lucidi, 1950, 185 et sv.). Deux ans plus tard, cherchant à vérifier le sens réel (suspecté à juste titre d'être divergent) de *différence* et *opposition*, Frei en premier tente d'examiner les sources manuscrites (Frei, 1952, S. M. 196 et sv., Godel 1961, 295). On commence à se rendre compte de l'étendue de ce travail de couture et de nivellement que les éditeurs avaient d'ailleurs clairement annoncé.

En 1954, Malmberg ne pose plus seulement ce problème, le problème des désaccords et des oscillations pour ainsi dire synchroniques, inhérents à la pensée de Saussure vers 1910 et peut-être dissimulés par les éditeurs ; il pose en même temps le problème de la stratification diachronique du texte, masquée par l'architecture unitaire donnée par les éditeurs à la matière du *cours*. Dans le même fascicule des C. F. S. où paraît l'article de Malmberg, les « ébauches anciennes » revoient le jour dans la copie faite par Sechehaye (voir C. L. G. 8 n. 4). Les effets ne tardent pas à se faire sentir : les deux ou trois dernières pages de l'article de Martinet sur la double articulation et l'arbitraire semblent présupposer la lecture des *Notes* 19-21 (cf. n. 137 et Martinet 1957). Les *Notes* sont dues à R. Godel qui s'est chargé du travail d'exploration minutieuse des sources manuscrites : en trois ans naît l'œuvre à laquelle nous faisons ici référence par S. M. Saussure apparaît sous un nouveau jour (Heinimann 1959) et certains aspects mêmes se révèlent franchement neufs. Au-delà des nouveautés sur lesquelles s'arrêtera ce commentaire du C. L. G., il y a un profond renouvellement de notre type de rapport à Saussure. Face aux problèmes de la formation du texte et, plus encore, de la formation de la pensée saussurienne elle-même, l'architecture unitaire imposée par les éditeurs s'effrite et croule : il en jaillit, problématique, authentique, vitale, la pensée de Saussure, libérée de ce que les éditeurs, avec les meilleures intentions du monde, lui avaient donné de dogmatique et de gratuit (voir n. 65). La pensée de Saussure apparaît en somme comme ce qu'elle fut : non pas un ensemble de dogmes, mais la patiente exploration des liaisons (ignorées en fait par la « vulgate idéale ») entre de multiples « points de vue », selon les mots de Godel, 1961. 295.

Ceux-ci méritent d'être rapprochés des mots par lesquels Wittgenstein ouvrait ses *Philosophische Untersuchungen* : « Après maintes tentatives avortées pour condenser les résultats de mes recherches en pareil ensemble, je compris que ceci ne devait jamais me réussir. Que les meilleures choses que je pusse écrire ne resteraient toujours que des remarques philosophiques ; que mes pensées se paralysaient dès que j'essayais de leur imposer de force une direction déterminée à l'encontre de leur pente naturelle. Ce qui tenait sans doute étroitement à la nature de l'investigation même. Elle nous oblige en effet à explorer en tous sens un vaste domaine de pensée. Les remarques philosophiques de ce livre sont pour ainsi dire autant d'esquisses de paysages nées au cours de ces longs voyages faits de mille détours. Les mêmes points, ou presque les mêmes, n'ont pas cessé d'être approchés par des voies venant de différentes directions, donnant lieu à des images toujours nouvelles » (*Investigations Philosophiques*, Trad. française de P. Klossowski, Paris 1961, p. 111).

Quand on sait que le « vaste domaine » exploré par Wittgenstein est le **même** que celui exploré par Saussure et que beaucoup de sentiers s'y rencontrent, voire coïncident (Verburg 1961, De Mauro 1965. 156, 168, 173, 184, 202 et C. L. G. 43 n. 90, n. 129, n. 157, 125-26 n. 186, 154 n. 223), on comprend bien que la similarité des difficultés rencontrées en se mouvant dans un espace culturel mal connu par la tradition intellectuelle et scientifique de Kant aux débuts du xxᵉ siècle suggère au Viennois et au Genevois la même démarche, la même « méthode ». Il est donc tout à fait normal que les mots de Wittgenstein semblent faire écho à ceux écrits par Saussure soixante ans plus tôt, dans une note restée inédite, au moment de se mettre à rédiger « sans enthousiasme » ce livre de linguistique générale dont il parle à Meillet en 1894 :

« Il y a donc véritablement absence nécessaire de tout point de départ, et si quelque lecteur veut bien suivre attentivement notre pensée d'un bout à l'autre de ce volume, il reconnaîtra, nous en sommes persuadés, qu'il était pour ainsi dire impossible de suivre un ordre très rigoureux.

Nous nous permettrons de remettre, jusqu'à trois et quatre fois, la même idée sous les yeux du lecteur, parce qu'il n'existe réellement aucun point de départ plus indiqué qu'un autre pour y fonder la démonstration » (*Notes*, 56-57).

Toutefois, parmi tous les problèmes inhérents à cette démonstration, déjà durant ces années et plus encore durant les suivantes, Saussure se pose surtout le problème du début et de l'ordre à donner à la matière, au point de sous-estimer totalement le mérite de toute affirmation, avantageant exclusivement l'ordre dans lequel elle sera proposée et justifiée (*supra*, 353, 362). A l'époque du deuxième et du troisième cours, il entrevoyait très probablement une solution valide, et il l'indique comme telle à ses élèves (C. L. G. 317 n. 305, 150 n. 216). Mais la solution relative à l'organisation de sa matière n'était encore et seulement pour lui qu'une hypothèse de travail, d'un travail que la mort l'empêcha de poursuivre. De fait, encore à l'époque des trois cours de linguistique générale, « sa pensée évoluait dans toutes les directions sans pour cela se mettre en contradiction avec elle-même », comme l'écrivaient, encore une fois avec une perception très juste, les éditeurs (C. L. G. p. 9). Aujourd'hui, une fois brisé par S. M. et par l'édition Engler l'aspect extérieur achevé du texte, une fois les « points » de la « vulgate idéale » rendus à leur contexte d'origine, c'est là ce que nous retrouvons, par-delà les acquisitions enrichissant l'exégèse et des invitations à de nouvelles recherches. Dans les notes autographes, les notes d'entretiens, les notes des élèves que nous pouvons aujourd'hui juger fidèles à la voix du maître (C. L. G. Engler XI 2ᵉ paragraphe), enfin et surtout dans ces nombreuses pages du C. L. G. où la perspicacité des éditeurs a su heureusement condenser la pensée saussurienne à partir des sources manuscrites, nous retrouvons la mobilité de la pensée, la capacité de susciter l'envie de nouvelles recherches se développant dans des directions multiples et fécondes : les qualités mêmes qui fascinèrent et entraînèrent les élèves. .

(17) La seconde édition du C. L. G. parut en 1922. Pour les corrections les plus importantes, voir C. L. G. 42 n. 89, 45 n. 94, 59 n. 109, 131 n. 193, 241 n. 286. Voir n. 272 pour une malheureuse erreur d'impression qui apparaît dans la seconde édition de 1922. Ici et là restent dans le texte différentes imperfections et obscurités formelles, surtout dans l'utilisation des pronoms personnels (C. L. G. 100, 3ᵉ paragraphe, *il* renvoie à *idée* [?] ; 129, dernier paragraphe, *ils* renvoie à *lois* [trad. Alonso, p. 163] ; 282 dernier paragraphe, *elle* renvoie à *changements*, etc.). Cf. aussi S. M. 120-121.

(18) La troisième édition du C. L. G. parut en 1931 (effet du congrès de la Haye ?); la quatrième a au contraire attendu dix-huit ans pour voir le jour (1949). Les intervalles se raccourcissent ensuite : en 1955 paraît la cinquième édition qui est réimprimée en 1959, 1962, 1965, 1968, etc. Pour les traductions du C. L. G. et leurs réimpressions, voir *supra* 366. En 1967, l'éditeur Harrassowitz de Wiesbaden commence à publier la fondamentale *édition critique* de Rudolf Engler (la publication est prévue en quatre fascicules).

(19) Des notions d'histoire de la linguistique, schématiques mais pas autant que le texte donné par les éditeurs, furent fournies par Saussure dans quelques notes manuscrites (voir par exemple *infra* n. 32) et surtout dans les leçons du cours II (S. M. 75 : linguistique de 1816 à 1870 et *junggrammatische Richtung*), utilisées également par les éditeurs dans le C. L. G. 295 et sv., et dans la première leçon du troisième cours (S. M. 77). Les considérations négatives faites ici sur la grammaire normative traditionnelle sont à intégrer aux évaluations positives de son point de vue essentiellement synchronique faites dans les leçons du troisième cours sur la linguistique statique et utilisées par les éditeurs dans le C. L. G. 118.

(20) Pour les traductions de ce terme clef de *langue* dans le C. L. G., voir n. 68.

(21) Déjà dans ce passage *objet* est pris dans l'acception technique de la tradition scolastique, ou bien équivaut au grec τέλος et s'oppose à *matière* : voir C. L. G. 20 n. 40, 317 n. 305.

(22) Voir *supra* n. 19 et C. L. G. 118. Pour d'autres critiques saussuriennes des catégories grammaticales traditionnelles d'origine aristotélicienne, voir C. L. G. 153, 185-88 et notes.

(23) Le texte donné par les éditeurs est incompréhensible quand on sait que F. A. Wolf, âgé de 18 ans, n'avait encore rien écrit d'important en 1777. En réalité, on lit dans les notes des leçons : « F. A. Wolf, en 1777, voulut être nommé philologue » (9 B. Engler) et, encore plus clairement, dans les notes de Constantin : « en 1777, comme étudiant, F. Wolf voulut être nommé philologue » (9 B. Engler). On comprend bien à travers les notes que Saussure voulait faire référence à l'épisode, qu'il pouvait peut-être avoir lu dans l'ouvrage alors à peine publié de Sandys, relatif à l'immatriculation de Wolf à l'université de Göttingen : il demanda à s'inscrire comme étudiant de philologie (*studiosus philologiae*) ; le recteur refusa et lui proposa la dénomination habituelle de *studiosus theologiae* ; mais Wolf rompant avec une tradition séculaire tint bon dans sa réclamation et réussit à obtenir que dorénavant le terme *studiosus philologiae* entre dans la nomenclature officielle de l'université (J. E. Sandys. *A History of Classical Scholarship*, 1ʳᵉ éd. New York 1908, réimprimée en 1958, vol. III, p. 51 ; cf. aussi Meillet 1937.463).

(24) La philologie peut très bien, de la même façon qu'elle étudie « l'histoire littéraire, des mœurs, des institutions », étudier les langues en fonction des textes. Celles-ci ne sont cependant pas l' « objet » (au sens technique : C. L. G. 20 n. 40) de son étude qui reste au contraire la critique des textes. La distinction entre linguistique et philologie était un des thèmes favoris de Saussure, jusque dans ses conversations privées : « Il nous avisait souvent, nous autres profanes, de ne confondre point... la vieille philologie avec la linguistique, cette science nouvelle qui a des lois... » (De Crue, in *F. d. S.* 18). Si ce témoignage est fidèle, il laisserait supposer que pour Saussure la distinction entre approche philologique et approche linguistique des faits linguistiques réside dans le caractère systématique de la seconde qui ramène les faits à des « lois », à un système (voir C. L. G. 20 n. 40 et 40-43). De toutes façons, son insistance sur ce thème est sans doute un résidu de l'opposition entre linguistique et philologie, qui dura pendant tout le début de xixᵉ siècle et s'apaisa, du moins en partie, avec l'œuvre de G. Curtius (G. Thomsen, *Historia de la Lingüistica*, trad. du danois. Madrid 1945, p. 92-93, Meillet 1937, 462-63, L. Rocher, *Les philologues classiques et les débuts de la grammaire comparée*, « Revue de l'Université de Bruxelles » 10, 1958, 251-86 ; Leroy 1965, 31-32 ; pour Curtius en particulier voir C. L. G. n. 31). Cependant la distinction entre linguistique et philologie demeure problématique : on fait observer d'un côté que l'acceptation de l'hypothèse structuraliste force l'analyse linguistique à rechercher la plus grande exactitude philologique (voir *supra* 350) ; on soutient d'autre part que la philologie est intrinsèquement une « traduction » (Mounin 1963. 243-45). On trouve une intégration étroite de la linguistique à la

philologie dans la critique sémantique de A. Pagliaro (*Saggi di critica semantica*, 1ʳᵉ éd. Messine-Florence 1953, 2ᵉ ivi 1961, p. VII et sv., *Nuovi saggi di critica semantica*, ibi 1956, p. 236-58). Voir aussi C. L. G. 42 n. 81.

(25) Friedrich Wilhelm Ritschl (1806-76) se consacra à des études sur Plaute et s'intéressa beaucoup à la linguistique de la latinité archaïque qu'il fut un des premiers à explorer.

(26) Fr. Bopp (1791-1867), à la fin d'un séjour à Paris où il étudia le sanscrit, l'arabe et le persan, publia l'œuvre citée dans le texte : *Über das Conjugations-system der Sanskritsprache in Vergleichung mit jenem der griechischen, lateini-schen, persischen und germanischen Sprache*, Francfort s. M. 1816. La principale œuvre de Bopp est la *Vergleichende Grammatik des Sanskrit, Send, Armeni-schen, Griechischen, Lateinischen, Altslavischen und Deutschen*, 1ʳᵉ éd. Berlin 1833-52, 2ᵉ 1857-63, 3ᵉ 1868-70. Sur le problème de la position de Bopp dans l'histoire de la linguistique, cf. De Mauro, 1965, 60-62, 73 et sv. (mais *contra* T. Bolelli, « Saggi e studi linguistici » 6, 1966, 207-08), et Mounin 1967, 152-59, 168-75. Sur ce point particulier et sur tous les avatars de la linguis-tique Saussure avait des opinions plus claires et plus nuancées que ce qui apparaît dans le texte, comme le montrent les sources manuscrites pour lesquelles cf. B 18-25 Engler :

« On fait dater ⟨la fondation de⟩ la linguistique du premier ouvrage de F. Bopp, *Du système de la conjugaison sanscrite comparé avec celui des langues latine, grecque, persane et germanique*, 1816. Quoiqu'Allemand de Mayence, c'est surtout à Paris, où il passa quatre ans (1808-1812), ⟨qu'il prépare ce pre-mier travail⟩, que Bopp fit connaissance avec ces langues et avec Schlegel, Humboldt. Ce qu'il y avait de neuf dans cet ouvrage, ce n'était pas ⟨précisé-ment⟩ que pour la première ⟨fois⟩ le sanscrit fût réclamé et appliqué comme un proche parent du grec et du latin : ⟨sans doute c'est à la lumière du sanscrit que Bopp a reconnu la famille indo-européenne ; mais⟩ ce n'est pas Bopp qui a reconnu le premier ⟨les analogies du sanscrit avec les autres langues indo-européennes⟩. Les premiers indianistes devaient reconnaître nécessai-rement cette parenté. Il faudrait citer, au point de vue de cette reconnaissance, un Français ⟨à Pondichéry⟩, le P. Cœurdoux (1767), qui sur une question que lui avait posée l'abbé Barthélemy (helléniste) répondit par un mémoire adressé à l'Académie des Inscriptions : *D'où vient que dans la langue samscroutane ⟨il y ait un grand nombre de mots communs avec le grec et surtout avec le latin⟩*. W. Jones, ⟨orientaliste anglais très connu⟩ 1786, dans son séjour dans l'Inde (9 ans ⟨† 1794⟩), connu comme un des premiers philologues qui se soient occupés du sanscrit, fit une communication à l'Académie de Calcutta sur la langue sanscrite ⟨où il dit : « La langue sanscrite, quelle que soit son antiquité, est d'une structure plus parfaite que le grec et le latin », et il affirme leur pa-renté⟩. Il groupe en quelques lignes les principaux descendants de l'indo-européen autour du sanscrit auquel il ne donne que la situation de frère (pas père!) dans la famille. Parle déjà du gothique et du celtique (dont on ne savait ⟨presque⟩ rien!)... Mais ces quelques ⟨tentatives isolées, ces quelques⟩ éclairs ⟨qui tombent juste⟩ ne veulent pas dire qu'en 1816 on soit arrivé ⟨d'une manière générale à comprendre la valeur du sanscrit⟩. ⟨Ce qui le prouverait, c'est le⟩ *Mithridates oder allgemeine Sprachenkunde* ⟨de⟩ Christophe Adelung, descrip-tion de toutes les langues du globe dont on avait connaissance sans aucune critique ⟨ou tendance scientifique⟩ : le sanscrit figure ⟨seulement⟩ parmi les langues asiatiques qui ne sont pas monosyllabiques, ce qui ne l'empêche pas de donner 26 pages de mots du sanscrit comparés avec des mots grecs, latins et allemands ; ⟨il reconnaît de l'analogie⟩, mais à aucun moment il ne songe à ⟨changer⟩ le plan de son ouvrage, à déplacer tel ou tel idiome pour le classer dans une même famille. Le premier volume de Adelung est de 1806 : ⟨c'est la⟩ date ⟨qui est⟩ intéressante, avant 1816! Un catalogueur d'une langue comme Adelung, quoique informé de ce qu'avait dit Jones, ne sait apercevoir ⟨auc⟩

une conséquence ⟨sérieuse⟩ découlant de cette similitude. C'est pour lui une chose curieuse, embarrassante. « Il semblait que, cette similitude aperçue, dit Bréal, les ⟨philologues⟩ n'avaient ⟨plus⟩ qu'à laisser la place ⟨à l'ethnologue et à l'historien⟩. » L'originalité de Bopp est grande ⟨et elle est là : d'avoir démontré qu'une similitude de langues n'est pas un fait qui ne regarde que l'historien et l'ethnologue, mais est un fait susceptible d'être lui-même étudié et analysé⟩. Son mérite n'est pas d'avoir découvert la parenté du sanscrit avec d'autres langues d'Europe, ⟨ou qu'il appartient à un groupe plus vaste⟩, mais d'avoir conçu qu'il y avait une matière d'étude dans les relations exactes de langue parente à une autre langue parente. Le phénomène de la diversité des idiomes dans leur parenté lui apparaît comme un problème digne d'être étudié pour lui-même. Éclairer une langue par l'autre, ⟨expliquer si possible une forme par l'autre⟩, voilà ce qu'on n'avait jamais fait ; ⟨qu'il y ait à⟩ expliquer quelque chose dans une langue, on ne s'en était jamais douté : les formes sont quelque chose ⟨de donné qu'il faut apprendre⟩. »

(27) Sur William Jones (1746-1794) voir la note précédente et cf. Waterman, 1963. 15-16, 21.

(28) Signalons que Saussure utilise ici et ailleurs le signe *ǵ* avec un souscrit pour transcrire le signe devanagari de palatale sonore alors qu'on utilise le signe *j* depuis le IXᵉ congrès des orientalistes, tenu précisément à Genève.

Herman 1931 reprochera à Saussure d'avoir cité la forme *janassu* parce que celle-ci, selon lui, « ist eine jüngere Form des Lokativs deren Erwähnung keinen Sinn hat ». En réalité, *janassu* et *janahsu* coexistent en sanscrit et *janassu*, forme déjà védique, est aussi la plus vieille du point de vue de la chronologie relative (cf. A. Thumb, R. Hauschild, *Handbuch des Sanskrit*, Heidelberg 1958, I, 1, §§ 333 et 150). Enfin, *janassu* est la forme la plus claire pour le but que poursuit ici Saussure.

(29) J. Grimm (1795-1863) est l'auteur de la monumentale *Deutsche Grammatik* (où *Deutsche* signifie non pas « allemand » mais bien plutôt « germanique »), vol. I, 1ʳᵉ éd., Göttingen 1819, 2ᵉ éd. 1822, vol. II-IV, ibi 1822-36.

August Friedrich Pott (1802-1887), connu pour ses *Etymologische Forschungen auf dem Gebiete der indogermanischen Sprachen*, 1ʳᵉ éd., 2 vol., Lemgo 1833-36, eut une part importante dans l'abandon des études sémantiques au profit d'une étude consacrée aux aspects morphophonologiques des langues (Meillet 1937, 462).

Adalbert Kuhn fonda en 1852 « KZ », c'est-à-dire la « Zeitschrift für vergleichende Sprachforschung » (Meillet 1937, 463-64) ; v. C. L. G. 307.

Theodor Benfey (1809-1881), orientaliste et linguiste, fut professeur à Göttingen.

Theodor Aufrecht donna, peu après M. Müller (*infra*), une édition du texte védique aujourd'hui encore fondamentale (*Die Hymmen des Rigveda*, 1ʳᵉ éd. 2 vol., Bonn 1851-63, 2ᵉ, ibi 1877).

(30) Max Müller (1823-1900), élève de Bopp, éditeur du texte védique en Angleterre où il s'était installé, divulgateur heureux de la linguistique, surtout avec les *Lectures on the Science of Language* (Oxford 1861) traduites en différentes langues.

(31) Georg Curtius (1820-1885), auteur des fondamentaux *Grundzüge der griechischen Etymologie*, Leipzig 1858-62, 5ᵉ éd. ibi 1879, maître de K. Brugmann et de Saussure, contribua à faire accepter la linguistique comparée aux philologues classiques (v. *supra* n. 24).

(32) August Schleicher (1821-68), auteur du célèbre *Compendium der vergleichenden Grammatik der indogermanischen Sprachen*, 1ʳᵉ éd. Weimar 1861, joua un rôle fondamental dans l'histoire de la glottologie (Leroy 1965, 33 et sv., Bolelli 1965, 120-36). On trouve dans les *Notes* 59 (= 52 F Engler) plus que dans ce que dit Saussure dans les leçons et ce que rapportent les éditeurs, le dur jugement du Genevois sur Schleicher :

« Ce sera ⟨pour tous les temps⟩ un sujet de réflexion philosophique, que pendant une période de cinquante ans, la science linguistique, née en Allemagne, développée en Allemagne, chérie en Allemagne par une innombrable catégorie d'individus, n'ait jamais eu la même velléité de s'élever à ce degré d'abstraction qui est nécessaire pour dominer d'une part *ce qu'on fait*, d'autre part en quoi *ce qu'on fait* a une légitimité et une raison d'être dans l'ensemble des sciences ; ⟨mais⟩ un second sujet d'étonnement ⟨sera de voir que⟩ lorsqu'enfin cette science semble ⟨triompher⟩ de sa torpeur, elle aboutisse à l'essai risible de Schleicher, qui croule sous son propre ridicule. Tel a été le prestige de Schleicher pour avoir simplement *essayé* de dire quelque chose de général sur la langue, qu'il semble que ce soit une figure hors pair ⟨encore aujourd'hui⟩ dans l'histoire des études ⟨linguistiques, et qu'on voit des linguistes prendre des airs comiquement graves, lorsqu'il est question de cette grande figure... Par tout ce que nous pouvons contrôler, il est apparent que c'était la plus complète médiocrité (ce qui n'exclut pas les prétentions)⟩. »

(33) La théorie de l'alternance vocalique en indo-européen reconstruit fut pour la première fois systématisée dans le *Mémoire* de Saussure (cf. *supra* 327-329).

(34) Friedrich Christian Diez (1794-1876), auteur de la *Grammatik der romanischen Sprachen*, 3 vol. Bonn, 1836-43, est le fondateur de la linguistique romane qui, avec la linguistique germanique, a toujours été considérée par Saussure comme un secteur de pointe de la linguistique. Cf. C. L. G. 292, 297.

(35) Ce point de vue, déjà exprimé par Saussure dans la leçon inaugurale des cours de Genève (voir le passage cité, *supra* 339, n. 7), fut également défendu avec vigueur par K. Brugmann et par H. Osthoff dans la préface des *Morphologische Untersuchungen auf dem Gebiete der indogermanischen Sprachen*, I, Leipzig 1878.

(36) Sur Whitney, voir 332-334, 360-361, 382, 387-388 et C. L. G. 26, 110.

(37) Malgré la violente polémique que les chefs du mouvement néogrammairien avaient menée contre les théories de reconstruction et les méthodes d'analyses structurales du jeune Saussure (cf. *supra* 328-330), celui-ci conserva toujours une attitude empreinte du plus grand respect pour les personnes et même pour certaines idées directrices de recherche de la *junggrammatische Richtung*. K. Brugmann (1849-1919), enseignant à Leipzig durant les années où y était Saussure, qui eut l'occasion de l'approcher (*supra* 327), fut professeur dans la même université à partir de 1882. H. Osthoff (1847-1909), professeur à Heidelberg, fit aussi des cours à Leipzig lorsque Saussure y était (*supra* 326) et fut le critique le plus rigoureux de Saussure et de Möller (*supra* 328). W. Braune et E. Sievers furent directeurs de la revue d'études germaniques la plus importante, « Beiträge zur Geschichte der deutschen Sprache und Literatur », avec Hermann Paul (1846-1921), auteur d'un des principaux textes théoriques de l'époque, certainement le plus cité, les *Prinzipien der Sprachgeschichte*, Halle 1880. Outre les leçons d'histoire de la langue allemande de Braune, Saussure suivit aussi à Leipzig les cours de. slave et de lituanien de A. Leskien (1840-1916), premier défenseur du principe de la régularité des évolutions phonétiques (*supra* 326). Pour les rapports entre les théories saussuriennes et l'antitéléologisme des néogrammairiens, voir *supra* 387.

(38) Les préoccupations terminologiques sont une constante dans la biographie intellectuelle de Saussure : voir *supra* 360 ; pour chaque terme utilisé, Saussure se préoccupe d'en examiner la motivation : « on ne croirait pas avoir affaire à un promoteur du principe de *l'arbitraire du signe* » (Engler 1966, 39). En réalité, précisément parce qu'il défend le principe de l'arbitraire et, donc, la notion de langue comme forme déterminée précisément par les articulations arbitraires de la substance phonique et sémantique, Saussure sait très bien que le point de vue dans lequel il se place pour considérer les faits linguistiques est essentiel pour les représenter comme tels (comme entités de *langue*) ou bien comme phénomènes purement phoniques, cognitifs ou psychologiques, etc.

(*supra* 361). D'où l'extrême attention pour tout ce qui constitue le point de vue : aux « choses » (C. L. G. 31 n. 68) non moins qu'à la terminologie (n. 133). D'où également une extrême prudence tant pour introduire que pour exclure des termes. Pour *organisme* en particulier, voir *infra* C. L. G. 40 n. 83. Pour d'autres termes saussuriens discutés dans ce commentaire voir C. L. G. 20 n. 40 et 41 ; 25 n. 53 ; 30 n. 63 à 68 ; 32 n. 70 ; 37 n. 78 ; 40 n. 83 ; 55 n. 103 ; 63 n. 111 ; 65 n. 115 ; 83 n. 122 ; 86 n. 123 ; 97 n. 128 ; 98 n. 130 ; 100 n. 134 ; 101 n. 140 ; 103 n. 145 ; 109 n. 155 ; 110 n. 156 ; 112 n. 162 ; 117 n. 169 ; 121 n. 178 ; 123 n. 182 ; 128 n. 190 ; 140 n. 199 ; 144 n. 204 ; 145 n. 206 ; 147 n. 211 ; 158 n. 231 ; 164 n. 236 ; 166 n. 240 ; 170 n. 247 ; 171 n. 248 ; 172 n. 250 ; 176 n. 255 ; 180 n. 259 ; 185 n. 266 ; 235 n. 282.

Conscient de la nouveauté des problèmes abordés, Saussure non seulement ne répudie pas d'innocentes métaphores « animistes » mais encore cherche sans cesse des comparaisons éclaircissant les concepts qu'il sentait justement comme radicalement nouveaux.

La langue est une symphonie indépendante des erreurs d'exécution (C. L. G. 36) ; elle est comme le jeu d'échec : pour en jouer il importe peu de savoir qu'il est originaire des Indes et de Perse (43, et voir n. 90), il a des règles qui survivent au simple mouvement (135) ; elle est comme l'alphabet morse, qui est indépendant du fonctionnement de l'appareil électrique de transmission (36) ; c'est un contrat (104) ; c'est une algèbre aux termes toujours complexes (168) ; c'est un fleuve qui, sans repos, coule toujours (193) ; c'est une robe couverte de rapiéçages faits, au cours des temps, avec sa propre étoffe (235).

Ce n'est que pour certains aspects que la langue peut être comparée à une plante qui tire sa nourriture de l'extérieur (41) ; en réalité elle vaut par sa force interne, de la même façon qu'un tapis est ce qu'il est par les oppositions de couleurs, les techniques de sa facture n'important pas (56) ; tout est dans la combinaison des pièces, comme à chaque phase du jeu d'échec (149).

Un signe unit un signifié et un signifiant en un lien bien plus réel que celui d'âme et de corps (145), bien plus indivisible qu'un composé chimique (145) ; signifié et signifiant sont comme le *recto* et le *verso* d'une même feuille de papier (157, 159), les signes sont comme les ondulations qui apparaissent à la surface de la mer au contact de l'air (156). L'identité d'une entité linguistique est celle d'une pièce du jeu d'échec : importe non pas de quoi elle est faite mais comment elle fonctionne (153-54) ; c'est celle du train de vingt heures quarante-cinq ou d'une rue que l'on refait mais qui reste toujours la même (151) ; ce n'est pas l'identité d'un vêtement que l'on t'a volé et qui, si tu le remplaces par un autre semblable mais d'étoffe neuve, n'est plus le tien (152) ; c'est l'identité des lettres de l'alphabet : l'important est qu'elles ne se confondent pas entre elles (165). Un mot est comme une monnaie : il importe peu qu'elle soit de métal ou de papier, ce qui importe, c'est sa valeur nominale (160, 164).

Un état de langue immobile est comme la limite vers laquelle tendent les séries logarithmiques : nous la postulons même si nous ne l'atteignons pas (142) ; c'est la projection d'un corps sur un plan donné, et le corps est la diachronie (152) ; c'est une coupe transversale, la coupe longitudinale étant la diachronie (125) ; comme un état du jeu d'échec, il est indépendant des états antérieurs (125-27, voir aussi 162). Un panorama se dessine d'un point de vue fixe : ce n'est ainsi, que dans l'immobilité d'un état que l'on peut donner un tableau de la langue (117). Mais la langue est aussi toujours plongée dans le temps, toujours destinée à changer : celui qui imagine une langue immuable est comme la poule qui a couvé l'œuf d'une cane : le caneton est né et s'en est allé vaquer à ses affaires (111).

(39) La source est la leçon inaugurale du IIIe cours (28 octobre 1910).

(40) Pour Saussure, *matière* est l'ensemble de tous les faits qui, au niveau du langage courant, peuvent être considérés comme « linguistiques ». Une telle masse est hétéroclite (C. L. G. 23 et sv.) et, en tant que telle, elle peut être

étudiée par de multiples disciplines ; par rapport auxquelles la linguistique se qualifie parce que son *objet* est la *langue*. C'est C. H. Borgström 1949, I (cf. aussi H. Frei, *A propos de l'éditorial du vol. IV*, A. L. 5, 1949 et la réponse de L. Hjelmslev, ainsi que, dans le même sens, Hjelmslev 1954, 163) qui a souligné l'importance de la distinction entre *matière* et *objet*.

Ce dernier terme est utilisé par Saussure au sens de « finalité d'une activité », c'est-à-dire au sens scolastique pour lequel l'*obiectum* est, comme le τέλος aristotélicien, le terme d'une opération et, dans le cas de l'*obiectum* d'une science, c'est la matière du savoir en tant qu'elle est apprise et connue (« obiectum operationis terminat et perficit ipsam et est finis eius », selon Thomas d'Aquin, *In 4 libros sent. mag. Petri Lombardi*, I, 1 2.1 ; cf. aussi Duns Scot, *Opus Oxoniense*, Prol. q. 3, a. 2, n. 4 ; et, pour le rapport avec le grec τέλος cf. De Mauro, *Il nome del dat. e la teoria dei casi greci*, « Rend. Accad. Lincei », 1965, p. 1-61, p. 59). Ce sens est resté vivant dans la tradition philosophique (Eisler 1927, Abbagnano 1961 s.v.). Ainsi, par exemple, J. Dewey écrit à la fin du chapitre VI de sa *Logic* :

« Le mot *objet* sera réservé à la matière traitée dans la mesure où elle a été produite et ordonnée sous forme systématique au cours de la recherche ; les objets sont donc les *objectifs* de la recherche. L'ambiguïté que l'on pourrait rencontrer dans l'utilisation du terme « objet » en ce sens (puisque la règle veut que ce mot s'applique aux choses observées ou pensées) n'est qu'apparente. En fait, les choses n'existent pour nous *comme* objets qu'en tant qu'elles aient été au préalable déterminées comme résultats de recherche. »

Le lien avec *matière* et l'évidence des deux chapitres concordent à montrer que pour Saussure la *langue* est non pas la chose sur laquelle, à l'exclusion de toute autre, la linguistique devrait faire porter sa recherche, mais, bien différemment, elle est l'*obiectum* de la recherche linguistique qui, en partant de tout ce qui d'une façon ou d'une autre est qualifiable de « linguistique » et reélaborant de façon critique la conscience subjective des locuteurs (C. L. G. 253 et sv.), doit parvenir à reconstruire le système linguistique agissant dans une situation historique déterminée. La totalité des faits qualifiables de linguistique est la *matière*, la *langue* comme système formel est l'*objet*.

Bien entendu, *objet* a dans plusieurs passages le sens habituel de « chose » : voir par exemple C. L. G. 125.

Les équivoques dans l'interprétation du C. L. G. sont pour une bonne part liées à la mauvaise perception de cette distinction : une fois *objet* compris au sens banal, c'est-à-dire au sens de *matière*, et une fois oublié, comme tant d'autres passages, l'exorde de ce deuxième chapitre, on a attribué à Saussure une vision exclusive de la linguistique, qui devrait couper les ponts avec les autres disciplines (v. C. L. G. 25 n. 51) et ne s'occuper que du système, que de la *langue*, et non pas de l'univers intégral des faits linguistiques au sein duquel se détermine la *langue*, *in re* et pour le linguiste. Ainsi par exemple, l'opinion de Saussure serait selon Rogger 1941, 163 que « für den Sparchforscher kommt es nur darauf an das Verhältnis der einzelnen Erscheinungen einer Sprache unter sich festzulegen ». La linguistique de Saussure est, au contraire, attentive à chaque type de considération (psychologique et sociologique, physiologique et stylistique) des faits linguistiques, et se pose seulement le problème permanent de coordonner la pluralité des considérations dans l'unité d'un but spécifique, la reconstruction du système de valeurs qui fait d'une entité linguistique cette entité linguistique particulière. L'expression de R. Jakobson (« Linguista sum : linguistici nihil a me alienum puto ») est l'expression d'un point de vue authentiquement saussurien, dont la récupération s'exprime dans les différents domaines de la recherche (pour une indication sur ces domaines, cf. De Mauro, *Unità e modernità della linguistica*, in *Almanacco letterario* Bompiani 1967, Milan 1966, p. 162-165, et cf. Heilmann 1966, XXIV-XXV et N. Chomsky, M. Halle, *Preface* p. IX-XI, in Chomsky 1966). Voir aussi C. L. G. 40 n. 83. Contre cette interprétation : B. Vardar, in « Quinzaine Littéraire » 57, 16-30 septembre 1968 ; favorables : Baumer 1968. 88-89, Engler 1969.16, Godel 1970. 38.

(41) Dans le C. L. G., *histoire* semble souvent s'opposer à *description* et équivaloir donc à *diachronie*. Certaines réserves apparaissent dans C. L. G. 116 sur la possibilité d'utiliser le terme *histoire*, considéré avec raison comme pouvant faire référence aussi bien à une évolution qu'à un état. En effet, Saussure luimême avait adopté dans la leçon inaugurale de Genève, *histoire* en un sens bien différent :

« Plus on étudie la langue, plus on arrive à se pénétrer de ce fait que *tout* dans la langue est *histoire*, c'est-à-dire qu'elle est un objet d'analyse historique et non d'analyse abstraite, qu'elle se compose de *faits* et non de *lois*, que tout ce qui semble *organique* dans le langage est en réalité *contingent* et complètement accidentel » (cité par Engler 1966, 36).

Ce passage est à rapprocher d'un autre, antérieur au premier cours (« aucune loi se mouvant entre termes contemporains n'a de sens obligatoire » [variantes b arrées : « force obligatoire », « sens impératif » S. M. 51 et n.]), et des considérations développées dans le texte de 1894 sur Whitney à propos des convergences occasionnelles entre français et sémitique (*Notes* 61-62 et C. L. G. 311 et sv.). Ces points de vue, et en fin de compte la conception accidentaliste et antitéléologique de la diachronie, n'ont jamais été abandonnés par Saussure, même s'ils ont été encadrés d'une vision différente de la synchronie (v. *infra* C. L. G. 114-140 et notes).

(42) Le problème des universaux du langage parvient à Saussure par Bréal, *Les idées latentes du langage*, Paris 1868, en particulier p. 7-8 (cf. Mounin 1967 218-19). Il a été posé à nouveau récemment, tout aussi nettement : d'abord dans l'article de B. et E. Aginsky, *The importance of Language Universals*, W 3, 1948, 168-72, resté quelque temps isolé, puis, sur la base des positions théoriques de R. Jakobson et N. Chomsky, de plus en plus souvent (cf. Lepschy 1966, 38, 76, 124-28). Cf. aussi Mounin 1963, 191-223 et *passim*, et voir C. L. G. 79, 134-35 n. 199, C. L. G. 263 n. 305.

(43) Pour l'importance que Saussure, en vertu de ses présupposés sur l'arbitraire, devait attribuer à cette tâche, voir *supra* 362 et sv.

(44) Saussure fait évidemment référence ici à l'anthropologie comme discipline biologique, et non pas à l'anthropologie culturelle, dont les rapports avec la linguistique sont particulièrement étroits aux U. S. A. : cf. Jakobson 1953, Martinet 1953, H. Hoijer, *Anthropological Linguistics*, in *Trends in European and American Linguistics 1930-1960*, Utrecht-Anvers 1961, p. 110-127, Leroy 1965, 144-45.

(45) C'est là le premier des passages dans lesquels Hjelmslev 1943, 37 et sv. signala la présence de la notion de *langue* comme « schéma », ou bien comme « forme pure » (voir aussi C. L. G. 36 n. 76, 56 n. 103, 164 n. 234, etc., et C. L. G. 30 n. 65 pour l'historique de la question) ; à côté de cette notion coexistent chez Saussure les notions de *langue* comme norme de réalisation, ou comme forme matérielle (C. L. G. 32 n. 70) et de *langue* comme *usage* ou comme « ensemble d'habitudes verbales » (C. L. G. 37, 112). La problématique hjelmslevienne, fruit d'une des premières lectures attentives de l'ensemble du C. L. G., a été ensuite reprise par Frei, Coseriu (voir C. L. G. 30 n. 65) et par A. Martinet (C. L. G. 162 n. 232). Sur les notions hjelmsleviennes signalées ici, voir note 225.

(46) Les sources du § 1 sont la seconde leçon du cours trois (4 nov. 1910 : S. M. 77), la première leçon de la seconde partie du même cours (25 avril 1911 : S. M. 81), la première leçon du cours deux (S. M. 66) et, en outre, deux notes autographes, l'une de 1893-94 (*Notes* 55 et sv.), utilisée sur proposition de Sechehaye (S. M. 97) et l'autre qui devait être le compte rendu de l'ouvrage de Sechehaye, *Programme et Méthodes* etc., Genève 1908. La note de 1893-94, que Bally aurait voulu laisser de côté, est utilisée dans le second alinéa du chapitre : « Il représente peut-être le nœud des réflexions de F. de S. » (S. M. 136).

(47) Voir C. L. G. 20 n. 40.

(48) Comme l'a affirmé Jakobson 1938 = 1962. 237, Saussure est « le grand révélateur des antinomies linguistiques » ; il s'agit d'un penchant naturel (*supra* 323, 359) qui a pu être renforcé (et non pas créé) par la lecture des *Antinomies linguistiques* (Paris 1896) de Victor Henry : la mise au clair des antinomies est déjà faite dans les Notes entre 1891 et 1894.

(49) Le passage est intéressant pour montrer comment ont procédé les éditeurs afin d'expliquer, en la forçant parfois quelque peu, la pensée saussurienne. Saussure, contrairement à ce qui apparaît dans le texte des éditeurs, ne lie pas le problème du langage enfantin à celui de l'origine du langage. Signalant des tentatives de trouver « l'objet intégral » en partant de l'analyse de tel ou tel aspect de la réalité linguistique, il cite la tentative qui part de l'analyse du langage enfantin (146 B Engler), aussi peu satisfaisante que les autres. Il poursuit immédiatement par la phrase « Ainsi, de quelque côté etc. ». La phrase intermédiaire (« Non, car c'est une idée très etc. ») vient d'une tout autre leçon (147 B Engler) et les mots « Non, car » sont un ajout des éditeurs pour relier le problème du langage enfantin à celui des origines du langage. Pour d'autres références au langage enfantin, voir C. L. G. 31 n. 69, 37, 106, 205, 231.

(50) Cette thèse sur l'origine du langage avait déjà été exposée par H. Paul, pour justifier la position négative prise par la linguistique du XIXe siècle dont une manifestation typique fut, en 1866, la décision de la Société de Linguistique de Paris (M. S. L. 1, 1868, p. 111) de ne pas recevoir de communications relatives à ce problème. Il a cependant été repris récemment : cf. A. Tovar, *Linguistics and Prehistory*, W. 10, 1954. 333-350, A. Leroi-Gourhan, *Le geste et la parole*, 2 vol. Paris 1964-65, et voir *infra* notes 54, 55.

(51) Le texte manuscrit d'où provient cette phrase déclare : « Pour assigner une place à la linguistique, il ne faut pas prendre la langue par tous ses côtés. Il est évident qu'ainsi plusieurs sciences (psychologie, physiologie, anthropologie, grammaire, philologie, etc.) pourront revendiquer la langue comme leur objet. Cette voie analytique n'a donc jamais abouti à rien. » On remarquera l'absence ici comme dans les autres passages semblables des notes manuscrites de l'incise « que nous séparons nettement de la linguistique ». Cette phrase contraste avec la thèse de Saussure (voir C. L. G. 32 et sv.) selon laquelle la linguistique est une partie de la sémiologie, celle-ci étant à son tour une partie de la psychologie sociale. Elle contraste aussi avec l'attitude de Saussure, vivement intéressé en tant que linguiste historique et théoricien de la langue par des sciences voisines, de la phonétique à l'ethnographie, à l'économie politique, etc. La préoccupation de Saussure, ici et ailleurs, est de déterminer s'il y a un but spécifique à la recherche linguistique, et quel est ce but ; elle n'est pas de fermer la porte aux échanges avec d'autres disciplines. Les éditeurs lui ont pourtant prêté cette préoccupation.

(52) Pour les questions soulevées autour du concept saussurien de *langue*, voir C. L. G. 30 n. 65. Pour la définition dans les sources manuscrites, voir *infra* C. L. G. 30 n. 64.

(53) Saussure, à l'origine, avait pensé différemment. Il écrivait dans *Notes* 65 (c'est-à-dire dans un texte remontant à 1891) : « Langue et langage ne sont qu'une même chose ; l'un est la généralisation de l'autre » (cf. S. M. 142). La distinction manque encore au début du second cours (S. M. 132).

(54) La question de la naturalité du langage se trouve aujourd'hui placée à l'intersection de secteurs de recherche en rapide progression. Il y a encore peu d'années (1955), on reliait l'apparition du genre *homo* à celle des protoanthropes ou arcanthropes (pithécanthrope, sinanthrope, atlanthrope) et les australopithèques, une fois surmontée une incertitude initiale, étaient considérés comme des pré-hominidés (ainsi A. Leroi-Gourhan, *Les hommes de la préhistoire*, Paris 1955). Mais en 1959 les époux Leakey découvrirent (Oldoway, Tanganyika) un crâne d'australopithèque et des ustensiles : ce qui laisse aujourd'hui penser que

les australopithèques sont des ancêtres de l'homme (R. Furon, *Manuale di preistoria*, Turin 1961 p. 161-62). Puisque « outil et langage sont liés neurologiquement » et que « l'un et l'autre sont indissociables dans la structure sociale de l'humanité » (A. Leroi-Gourhan, *Le geste et la parole, I : Technique et langage*, Paris 1964 p. 163), la « possibilité » du langage verbal se trouve repoussée à l'époque de l'apparition de l'australopithèque, c'est-à-dire à la fin de l'ère tertiaire, il y a environ un million d'années (ce qui, soit dit pour compléter le C. L. G. 24 n. 50, 263, rend impossible la proposition de toute recherche tendant à former des hypothèses sur la forme qu'ont pu avoir les langues d'une époque aussi lointaine par rapport aux premiers documents linguistiques). Une telle « possibilité » est confirmée par le fait que, mise à part l'exception des lobes frontaux (pour lesquels voir *infra* n. 57), les centres cérébraux du langage verbal sont déjà développés chez l'australopithèque (Leroi-Gourhan, *op. cit.*, 314 n. 45). L'exercice de la faculté de langage remonte donc à une antiquité reculée et ses origines chronologiques ne font qu'un avec les origines du genre *homo*.

Le problème est ensuite compliqué par des études, toujours plus nombreuses et plus probantes, sur la communication chez d'autres genres de l'ordre des primates et chez d'autres ordres animaux (Cohen 1956. 43-48, *Animal Sounds and Communication*, édité par W. E. Lanyon, W. N. Tavolga, Washington 1960), d'où il ressort que la capacité de discrimination entre différentes situations associant de façon bi-univoque des classes d'états à des classes de signaux (de nature variée : mimique-visuelle, non-vocale-auditive, vocale-auditive, etc.) est commune à beaucoup d'autres espèces que l'espèce humaine. Cette dernière porterait donc en elle-même le langage depuis les stades très anciens de l'évolution. L'acquisition sociale ne regarderait donc pas tant la capacité de langage que la possession d'une langue particulière, pas tant la capacité de discrimination sémantique et de communication que la possession des discriminations spéciales et des signes spéciaux d'une langue déterminée.

(55) Voir pour les rapports entre Saussure et Whitney n. 36. La thèse de Whitney, déjà discutée dans l'esquisse de commémoration de Wh. en 1894 (S. M. 44, 166-68 F Engler), est rediscutée dans le second cours (166 B Engler). Elle avait été exposée par le savant américain dans *Life and Growth cit.*, p. 291 et dans *Language and the study of language, cit.*, p. 421-23.

Les rapports entre langage gestuel et langage verbal ont été conçus comme rapports de succession chronologique par N. Marr tout d'abord puis par J. van Ginneken, *La reconstruction typologique des langues archaïques de l'humanité*, La Haye 1939, tous deux pensant que l'homme ne se serait servi que de signaux gesto-visuels jusqu'à une époque relativement récente (3 500 av. J.-C.). Cette thèse ne repose sur aucun indice, comme toute affirmation relative aux caractéristiques de *langue* du parler humain à l'époque préhistorique ; cf. Cohen 1956. 75, 150. Une communication gesto-visuelle aussi richement articulée que la communication audio-vocale est bien entendu tout à fait possible, comme on l'a plusieurs fois montré depuis l'étude de G. Mallery, *Sign Language* (First annual report of the bureau of american anthropology), New York 1891 (mais ce type d'intérêt est ancien, il suffira de rappeler la « chironomie » : V. Requeno, *Scoperta della Chironomia ossia Dell'Arte di gestire con le mani*, Parme 1797), jusqu'aux travaux plus récents de G. Cocchiara, *Il linguaggio del gesto*, Turin 1932 (bibliographie riche), M. Critchley, *The Language of Gesture*, Londres 1939, P. Vuillemey, *La pensée et les signes autres que ceux de la langue*, Paris 1940 et jusqu'aux recherches sur la communication tactile et visuelle et sur la « kinésique » du groupe « Explorations » (1953-1959) : cf. l'anthologie *Explorations in Communication*, éditée par E. Carpenter et M. McLuhan, Boston 1960.

Pour la complémentarité entre signaux gesto-visuels et signaux verbaux, cf. G. Meo-Zilio, *Consideraciones sobre el lenguaje de los gestos*, « Boletín de filología » (Santiago du Chili) 12, 1960. 225-48, *El lenguaje de los gestos en el Uruguay*, ibid., 13, 1961. 75-162. Pour ce qui concerne l'utilisation écrite de la langue (et mis à part les cas des bandes dessinées, *comics* et assimilés) cette complémentarité est normalement absente, ce qui a des effets notables sur l'organisation de l'usage écrit par rapport à l'usage parlé : v. C. L. G. 41 n. 86.

(56) Mettant en pratique ce que Saussure déclare dans le C. L. G. 20 (« La tâche de la linguistique sera... de chercher les forces qui sont en jeu d'une manière permanente et universelle dans toutes les langues ») nous pouvons apercevoir ici la première indication d'un « universel » linguistique (v. C. L. G. 20 n. 42). La faculté de constituer des systèmes de signifiés (discriminations entre les significations possibles) et de signifiants (discriminations psychiques [v. C. L. G. 32 n. 70] des réalisations phoniques possibles) associés en signes est antérieure à la constitution des langues elles-mêmes, transcendentale par rapport aux signes (en ce sens que, étant antérieure à chaque langue particulière, elle n'existe cependant pas sans une quelconque de ces langues). Toutefois, cette faculté est conditionnée par la capacité d'élaborer « tout un système de ' schèmes ' qui préfigurent certains aspects des structures de classes et relations » (où « schème est... ce qui est généralisable en une action donnée »), selon les indications de J. Piaget, *Le langage et les opérations intellectuelles*, p. 54, dans *Problèmes de psycholinguistique*, Paris 1963, p. 51-61.

(57) En 1861 le chirurgien français P. Broca montra qu'un malade avait perdu la faculté de parler à cause d'une lésion à la troisième circonvolution gauche frontale (W. Penfield, L. Roberts, *Langage et mécanismes cérébraux*, Paris 1963, p. 11-12). Cette découverte donna un nouveau crédit aux études sur les localisations cérébrales des fonctions mentales. Aujourd'hui, la carte des aires corticales afférentes à l'interprétation, à la conception et à l'articulation du langage est bien plus complexe que ce que Broca aurait jamais pu supposer et, étant donnés les moyens dont il disposait, établir : pratiquement, différentes aires de l'hémisphère gauche interviennent (Penfield, Roberts, *op. cil.*, p. 126 et sv.) ainsi que des centres subcorticaux (*ibid.* 220 et sv.). Cf. aussi *Brain Function*. Le cerveau est le centre de la langue, comme Saussure le répète plusieurs fois (C. L. G. 30, 32, 44 et v. *infra* n. 64).

(58) V. *infra* n. 60 et 68.

(59) Les sources sont trois leçons du troisième cours, la seconde (du 4 novembre 1910) et deux leçons des 25 et 28 avril 1911.

(60) Remarquons que l'on trouve un point de départ semblable chez L. Bloomfield et chez les post-bloomfieldiens, pour lesquels cependant la seule réalité linguistique effective est le comportement linguistique individuel, la série des actes de *parole*, tandis que la *langue* est un pur « arrangement » scientifique (Garvin, 1944. 53-54 et v. *supra* 371).

(61) Au contraire, comme nous le savons aujourd'hui, l'audition est bien loin de pouvoir être considérée comme un simple mécanisme réceptif, un enregistrement inerte. Voir par exemple la conclusion à laquelle arrive G. A. Miller, *Langage et Communication*, Paris 1956, p. 111 : « Percevoir le discours n'est pas chose passive et automatique. Celui qui perçoit assume une fonction sélective en répondant à certains aspects de la situation globale et non à d'autres. Il répond aux stimuli selon une organisation qu'il leur impose. Et il remplace la stimulation absente ou contradictoire d'une manière compatible avec ses besoins et son expérience passée. » Cf. A. Thomatis, *L'oreille et le langage*, Paris 1963.

(62) V. *supra* n. 56.

(63) Le remaniement éditorial du texte manuscrit 160 B. Engler a ôté toute clarté dans le C. L. G. 25 à la définition de la *langue* et ici à celle de la *parole*. On lit dans le manuscrit : « La *langue* est un ensemble de conventions nécessaires adoptées par le corps social pour permettre l'usage de la faculté du langage chez les individus < définition >. La faculté du langage est un fait distinct de la langue, mais qui ne peut s'exercer sans elle. Par la *parole* on désigne l'acte de l'individu réalisant sa faculté au moyen de la convention sociale qui est la langue < définition >. » La définition supprime toute ambiguïté : celui qui comme Valin 1964. 23

reprochera à Saussure de ne pas avoir appelé *discours* la *parole* fait fausse route. Ainsi l'affirmation de Belardi dans Lucidi 1966. xvii n'est que partiellement exacte : « Chez Saussure... la ' parole ' n'est pas la *res acta* mais principalement le ' parler ' de l'individu » ; v. C. L. G. 31 n. 67.

(64) Voici les sources manuscrites de ce passage dont l'importance est évidente (229-240 Engler) : « *La partie réceptive et coordinative, voilà ce qui forme un dépôt* chez les différents individus, qui arrive à être *appréciablement conforme chez tous les individus*. La langue est un produit social. On peut se représenter ce produit d'une façon très juste. Si nous pouvions examiner le dépôt des images verbales dans un individu, conservées, placées dans un certain ordre et classement, nous verrions là le lien social qui constitue la langue. Cette partie sociale est purement mentale, psychique (voir < un > article Sechehaye : « La langue a pour siège le cerveau seul », « Un équilibre s'établit entre tous les individus »). Chaque individu a en lui ce produit social qu'est la langue. Langue est le trésor déposé en prenant ce qui est virtuellement dans notre cerveau, dans le cerveau d'un ensemble d'individus dans une même communauté, complet dans la masse, plus ou moins complet dans chaque individu. »

(65) La distinction entre *langue* et *parole* a un caractère évidemment dialectique (cf. Frei 1952) : la *langue* (prise également ici comme « schéma » : C. L. G. 21 n. 45) est le système des limites (naturellement arbitraires et, par là même, d'origine sociale et historique : C. L. G. 99 et sv., 194 et s.) dans lequel se trouvent, s'identifiant fonctionnellement (C. L. G. 150 n. 217) les « significations » et les réalisations phoniques du parler, c'est-à-dire les significations et les phonies des actes de *parole* particuliers ; un tel système gouverne la *parole*, existe au-dessus d'elle ; et c'est là que réside son unique raison d'être (ses limites, c'est-à-dire la distinction entre un signifié et un autre, entre une entité signifiante et une autre, ne dépendent d'aucune cause déterminante inhérente à la nature du monde et de l'esprit, ou à celle des sons) ; si bien que l'on peut dire que la *langue* ne vit que pour gouverner la *parole*.

Selon Hjelmslev 1942. 29 (= 1959. 69) cette distinction est la « thèse primordiale » du C. L. G. Ceci est probablement vrai au sens chronologique : dès les années de Leipzig et du voyage en Lituanie, Saussure a perçu la distinction entre considération relationnelle des entités linguistiques et considération physiologique, entre étude « historique » et étude « physiologique » des « sons » (v. 298, 304, 327), même si la distinction terminologique entre *langue* et *parole* est bien plus tardive (S. M. 142). Au sens logique l'affirmation de Hjelmslev doit être plutôt liée à d'autres que corrigée. La publication des discussions avec Riedlinger (S. M. 30) confirme que pour Saussure, en 1911, la distinction est effectivement la « première vérité » de son système de linguistique générale ; d'autre part, durant le troisième cours, Saussure présente l' « arbitraire du signe » comme « premier principe » (C. L. G. 100 et sv.). Il n'y a pas contradiction entre les deux choses, pourvu que l'on comprenne à fond la notion saussurienne d'arbitraire du signe.

D'un autre côté, pour comprendre cette dernière notion, il est nécessaire de partir de l'examen de la *parole* dans son aspect concret. Ce n'est qu'à travers un tel examen que nous pouvons rendre compte du fait que, étant données les significations et les phonies d'actes de *parole* particuliers prises comme réalités individuelles et irrépétables (C. L. G. 150 et sv.), nous pouvons identifier (comme on le fait à tout instant en parlant) deux phonies différentes de signification différente comme « le même mot » ayant le « même signifié » à une seule condition : en prenant comme base de l'identification non pas la réalité phonico-acoustique des phonies ou la réalité psychologique des significations (qui restent, sur le plan acoustique et sur le plan psychologique, irrémédiablement différentes), mais ce que valent ces phonies et ces significations, leur *valeur*. La façon de dire *guerre* est différente d'un moment à l'autre du même discours, la signification du terme peut être différente d'un moment à l'autre, et la différence phonico-acoustique et psycho-sémantique croît si l'on passe d'un individu à l'autre : l'identité entre les différentes réalisations n'est possible que si l'on pose qu'elles représentent la même valeur. Ainsi deux pièces de cinq francs différentes restent une « même » monnaie parce qu'elles représentent la même valeur (C. L. G. 160) ; ainsi l'express Genève-Paris de vingt heures quarante-cinq reste chaque jour le même, quoique les voitures, les voyageurs, etc. soient différents (C.L.G. 151). Les valeurs des phonies sont les signifiants d'une langue, les valeurs des significations en sont les signifiés. De telles valeurs, n'étant pas déterminées par les phonies ou par les significations, sont arbitraires du point de vue phonico-acoustique comme du point de vue logico-psychologique. Elles se délimitent réciproquement, c'est-à-dire qu'elles font un système (C. L. G. 155 et sv.). Et ce système de valeurs est quelque chose de différent (dialectiquement et transcendantalement) des réalisations phoniques et significatives (v. n. 231) des actes de *parole* particuliers.

Il vaut la peine d'ajouter tout de suite que ce système de valeurs signifiantes et signifiées n'est par conséquent pas formé de matériaux phonico-acoustiques et logico-psychologiques, mais il transforme précisément en figures déterminées de tels matériaux : il est en ce sens *forme* (C. L. G. 157). Cette forme est abstraite du point de vue du concret perceptible (mais Saussure a du mal à la dire telle, après un siècle et demi d'exaltation du concret : *infra* n. 70) ; elle est concrète du point de la conscience des locuteurs qui s'en tiennent à elle lorsqu'ils parlent (C. L. G. 144 et sv.). Tirant d'eux et d'eux seuls sa validité, la langue comme forme (précisément en tant que telle) est radicalement sociale (C. L. G. 112 et sv.). On n'évalue ses caractères formels qu'en synchronie ; mais puisque ces caractères sont les résultats d'accidents de différents ordres qui se sont produits au cours des temps (C. L. G. 113), la langue comme forme est aussi radicalement historique (*ibid.*).

Si notre interprétation est exacte (elle sera vérifiée au fur et à mesure dans les notes correspondant aux différents points cités) on comprend bien ce que voulait dire Saussure en parlant de « première vérité » et de « premier principe ». L'arbitraire du signe a la première place dans l'*ordo rerum* : il est la base sur laquelle s'élève l'édifice de la langue comme forme, il est la règle fondamentale de tout jeu linguistique. La distinction entre langue comme forme et *parole* comme réalisation significative et phonico-acoustique est la première vérité à laquelle on aboutit une fois reconnu le caractère radicalement arbitraire du signe. Mais pour reconnaître ce caractère, il faut « redescendre jusqu'au concret » (Prieto) des actes de *parole* particuliers, individuels et irrépétables. Ce qui signifie que le *prius* dans l'exposé ne devrait pas être la « thèse primordiale » ou « le premier principe », mais l'analyse du concret, c'est-à-dire la discussion de la question que nous lisons dans 1759-1765 B Engler, et qui se ramène à se demander sur quelle base les locuteurs identifient deux actes qui, du point de vue phonico-acoustique et psycho-sémantique, sont différents. En d'autres termes, si toute cette interprétation est exacte, le C. L. G. aurait dû s'ouvrir par les pages 249-250 et 150-152 sur l'identité diachronique et synchronique, puis se poursuivre par la reconnaissance du caractère arbitraire du signe et donc du caractère formel de la langue, et enfin se conclure, pour sa première partie, par la distinction méthodologique entre la considération d'un phénomène linguistique en tant qu'il représente une certaine valeur (*langue*) ou en tant que manifestation phonico-acoustique ou psychologique (*parole*).

Au contraire, entraînés par la matérialité de l'affirmation faite par Saussure à Riedlinger sur la priorité de la distinction entre *langue* et *parole*, les éditeurs ont mis cette distinction au début du C. L. G. : sans aucun contexte, sans aucune justification autre que la finalité de garantir aux linguistes l'autonomie (v. n. 51), elle apparut comme gratuite et elle fut, de diverses façons, combattue et mal comprise. De la même façon fut mal compris le « premier principe » de l'arbitraire, décroché de toute justification (mis à part un médiocre exemple didactique) et placé en ouverture de la première partie (v. C. L. G. 99, 100). Tout ce commentaire voudrait prendre le contre-pied de tous ceux qui ont affirmé que les grandes thèses saussuriennes sont suspendues « in der Luft » (Rogger) : mais il faut reconnaître que, avant que Godel (S. M.) ne restitue le sens authentique de la pensée saussurienne, l'impression des Rogger était difficilement évitable (seules des personnalités géniales comme Hjelmslev pouvaient reconstruire par intuition les bases solides et profondes des thèses de Saussure). Tout ce commentaire voudrait prendre le contre-pied de ceux qui ont présenté et présentent la pensée de Saussure comme un ensemble de thèses qui se succèdent sans aucun lien logique, interne : mais une telle présentation est presque inévitable si l'on prend pour base la « vulgate » du C. L. G., dans laquelle les liens réciproques entre les différentes thèses, liens à la détermination desquels Saussure a consacré sa vie, sont bouleversés dans la dislocation des différentes parties à laquelle se sont livrés les éditeurs.

Il était presque inévitable, étant donné tout ceci, que l'exégèse traditionnelle interprète la distinction entre *langue* et *parole* comme la distinction entre deux réalités séparées et opposées, deux « choses » différentes (l'une dans la société, l'autre peu ou prou dans l'âme des individus) ; il ne restait qu'à reprocher à Saussure d'être coupable, de différentes façons (par idéalisme selon les matérialistes, par positivisme grossier selon les spiritualistes), de cette séparation.

Aperçus historiques sur les problèmes d'exégèse et sur les développements théoriques : Coseriu 1951 = 1962. 18 et sv., Spence 1957 (cf. aussi Spence 1962), Slusareva 1963. 35 et sv. (critiques en U. R. S. S.).

On trouvera ci-dessous une bibliographie plus spécifiquement relative à la distinction : Absil 1925, Amman 1934. 261-62 (caractère abstrait de la *langue*), 267-68 (difficulté de la distinction), Baldinger 1957. 12 (*langue* virtuelle collective, *parole* individuelle actualisée), 21 (la distinction est le fondement de celle entre sémasiologie et stylistique), Bally 1926, Bolelli 1949. 25-58, Bröndal 1943. 92 et sv., Budagov 1954. 11 (reproche l'abstraction de la *langue*), Čikobava 1959. 97-99, Devoto 1951. 3-11, Doroszewski 1930, 1933 *a* et *b*, 1958 (sources de la distinction), Gardiner 1932. 62, 106 et sv. (défense de la distinction face aux critiques), Gardiner 1935, Gill 1953, Gipper 1963. 19 et sv., Heřman 1936. 11, Jespersen 1927. 573 et sv., 585 et sv. (critique très négative), 1933. 109 et sv. (*id.*), Selected Writings 389 (*id.*), Jespersen 1925. 11, 12, 16-23, 125, Junker 1924. 6 et sv., Kořinek 1936, Laziczius 1939 *a* et *b*, Lepschy 1966. 45-46, Leroy 1965. 85-87, Lohmann 1943, Malmberg 1945. 5-21, 1954. 10-11, 1963. 8 et sv., Möller 1949, Otto 1934. 179 et sv., Pagliaro 1952. 48-61, Paglioro 1957. 377, Palmer 1954. 195, Penttilä 1938, J. L. Pierson *Three Linguistic Problems*, S. L. 7, 1953. 1-6, *Langue-parole? Signifiant-signifié-signe?*, S. L. 17, 1964. 13-15, Rogger 1941. 173-83, Rogger 1954 (contre la thèse de l'actualisation), Ščerba 1957, Schmidt 1963 (*langue* comme potentialité, *parole* comme actualité), Sechehaye 1933, Sechehaye 1940, Spang-Hanssen 1954. 94, Terracini 1963. 24, 26 (abstraction), *Tezisy* 1962, Vasiliu 1960, Vendryes 1921 (= 1952. 18-25), Verhaar 1964. 750 et sv., Vidos 1959. 108-10, Vinay-Darbelnet 1958. 28-31, Volkov 1964, Wartburg-Ullmann 1962. 4-6, Waterman 1963. 64.

Pour les précurseurs de la distinction saussurienne, voir *supra* 382 et sv. ; ajoutons l'opinion de Pisani selon qui la distinction dériverait, « sous des apparences sociologiques », de A. Schleicher et de Max Müller.

Pour les parallèles de la distinction saussurienne en linguistique mathématique et en théorie de l'information dans la sémiotique morrissienne et dans la philosophie du dernier Wittgenstein, cf. Herdan 1956. 80, Ellis in *Zeichen u. System* I. 48, Vienne 1963. 3 et sv., et cf. *supra* 378, *infra* n. 66.

La distinction saussurienne est rejetée comme idéaliste par Cohen 1956. 89-90 (cf. aussi S. Timpanaro, *Considerazioni sul materialismo*, « Quaderni piacentini » 5 : 28, 1966. 76-97, p. 96-97, discuté dans De Mauro, *Strutturalismo idealista?*, « La Cultura » 5, 1967. 113-116).

(66) L'interprétation de la langue comme « code » remonte donc à Saussure : on trouve ce point de vue repris par exemple chez Martinet 1966. 29, Lepschy 1966. 30-31, etc.

(67) La *parole* est donc pour Saussure aussi bien une action de communication que le résultat particulier, le matériel linguistique particulier utilisé dans l'action comme il est employé dans cet acte de communication (v. *supra* n. 63). On parle encore aujourd'hui, avec Prieto 1964, pour désigner les deux faces de la *parole*, de « signification » et de « phonie » : les deux termes sont *nomina actionis* également utilisés comme *nomina rei*. On peut reprocher à Saussure de ne pas avoir distingué terminologiquement entre *Sprechhandlung* et *Sprachwerk* (pour reprendre la distinction et la précision de Bühler 1934. 48 et sv.), mais dans ce passage la distinction est conceptuellement claire et l'absence de distinction terminologique est commune, dans des cas analogues, à toutes les langues indo-européennes, ainsi que dans la terminologie linguistique. Vachek 1939. 95-96 soutient au contraire qu'il s'agit d'une erreur conceptuelle dans la mesure où le 1º (« les combinaisons par lesquelles... ») appartiendrait à la sphère de la *langue*. La pensée de Saussure oscille sur ce point : C. L. G. 173 n. 251.

(68) Cette déclaration a une odeur positiviste : elle se retrouve au début du *Trattato di sociologia generale* de V. Pareto (I, 1, 108-119). En réalité, la « discussion avec les choses », le fait de « partir des choses et non pas des mots », etc., sont des mirages de professeurs, ou des métaphores peu heureuses. Nous ne nous libérons jamais du filet des symboles verbaux par lesquels nous identifions notre expérience : sauf dans la mesure où nous pouvons abandonner un filet pour un autre, ou modifier celui dont nous disposons en l'enrichissant, en l'améliorant, etc. On trouve d'ailleurs une preuve du fait que Saussure ne se libéra jamais des mots dans les difficultés, les discussions, les polémiques autour du problème de la traduction en d'autres langues du trio *langue-parole-langage* (mais cela même prouve aussi que le travail scientifique peut réordonner, d'une façon propre à certaines fins techniques, les usages linguistiques courants). Nous examinons ci-dessous les traductions de ce trio dans différentes langues :

ARABE : *lisān* « langue », *kalām* « parole » (Kainz 1941. 19-20).

ÉGYPTIEN : *mūdet* « langue », *ro* « parole » (Gardiner 1932. 107).

GREC : γλῶττα « langue », λόγος « langage » (Kainz, 1941. 19-20).

LATIN : *lingua* « langue », *sermo* « langage-parole », *oratio* « langage-parole » (Kainz 1941. 19-20).

ALLEMAND : Plus encore qu'en anglais, comme nous le verrons ci-dessous, la traduction des termes saussuriens en allemand fait problème : à un niveau courant, le terme *Sprache* oscille entre les valeurs de *langue* et *langage*, le terme *Rede* entre celles de *langue*, *parole* et *discours*. D'où la nécessité d'introduire au niveau technique un troisième terme et de préciser en même temps les deux termes déjà existants. Il en résulte une pluralité de tentatives qui révèlent l'absence d'une solution généralement adoptée. La solution de la traduction de Lommel (p. 13 et sv.) est de fixer *Sprache* avec le sens de *langue*, de rendre *langage* par *menschliche Rede* (« discours humain ») et *parole* par *das Sprechen* (« le parler », c'est la solution adoptée d'une façon plus ou moins stable par Dieth-Brunner 1950. 3, 16, Wartburg-Ullmann 1962. 4, Gipper 1963. 19). D'autres ont préféré rendre *parole* par *Rede* (Baldinger 1957. 12, 21, Penttilä 1938, Wartburg-Ullmann 1962. 6) ; ce qui, étant donné la bi- ou trivalence de *Sprache* au niveau usuel (Gipper 1963. 22 et sv.) mène à utiliser par souci de clarification des composés ou des dérivés de différents types : *Sprachtum* « langue », *Sprechakt* « parole », *Sprache* « langage » (Heřman 1936. 11, Otto 1934. 179, 182) ; *Sprachgebilde* « langue », *Sprechakt* « parole », *Sprache* « langage » (Trubeckoj 1939 5) ; *Sprachbesitz* « langue », *Gespräch, das wirkliche Sprechen* « parole », *Sprache* « langage » (Porzig 1950. 108) ; (*Mutter*)*Sprache* ou (*Einzel*) *Sprache* « langue », *Sprech(akt)* « parole », *Sprach(fähigkeit)* « langage » (Gipper 1963. 22 et sv.).

ANGLAIS : La traduction des trois termes saussuriens est plutôt problématique. L'emprunt à l'ancien français *language* a couramment la valeur d'« idiome » plutôt que celle d' « activité linguistique », et il a pu être nettement identifié comme équivalent de *langue* (cf. Palmer 1924. 40, Jespersen 1925. 11-12, Gardiner 1932. 107, etc., jusqu'à la récente traduction de Baskin ; mais Lepschy, dans son index terminologique par ailleurs soigné en cinq langues *in* Martinet 1966. 207 et sv., propose *language* comme équivalent ambigu de *langue* et de *langage*). Les traductions de *parole* et de *langage* sont plus oscillantes, et on a adopté avec des sens et des fortunes divers les termes *speech* et *speaking*. *Speech* correspond à *parole* selon Gardiner 1932. 107 (mais voir *infra*), Kainz 1941. 19-20, Sommerfelt 1952. 79, Carroll 1953. 11-12, Malmberg 1963. 9, mais il semble signifier *langage* chez le même Gardiner 1935. 347 (voir Coseriu 1962. 24) et signifie *langage* chez Palmer 1924. 40, Jespersen 1925. 11-12. La traduction de W. Baskin présente une solution brillante dont on peut penser qu'elle sera définitive : il a choisi *language* pour *langue*, *speech* ou *human speech* pour *langage* et *speaking*, « le parler », pour *parole*.

ESPAGNOL : *Lengua, lenguaje* et *habla* (cf. par exemple la traduction de A. Alonso, p. 54 et sv.) sont les correspondants ponctuels de *langue, langage* et *parole* (on trouve pourtant aussi *circuito de la palabra, palabras*, p. 53-54).

NÉERLANDAIS : L'usage est également oscillant ; *taal* signifie généralement *langue* (Gardiner 1932. 107), *spraak* signifie *langage* et *parole*, et cette seconde valeur peut aussi être rendue par *rede* (Gardiner, mais cf. Kainz 1941. 19-20).

HONGROIS : *langue* est rendu par *nyelv* (« idiome »), *parole* par *beszéd* (« discours »), *langage* par *nyelvezet* (E. Lörinczy, *Saussure magyar forditása* elé cit., p. 282).

ITALIEN : la traduction du couple *langue-langage* ne présente aucune difficulté en italien, étant parfaitement calcable par *lingua-linguaggio*. La précision au sens saussurien de la signification de ces deux termes est désormais quasi générale : seuls quelques philosophes de la science et du langage, influencés par le terme anglais *language* et peu au courant des choses linguistiques, continuent d'utiliser *linguaggio* avec le sens de « langue » (cf. récemment la traduction des *Philosophische Untersuchungen* de L. Wittgenstein, Turin 1967, par M. Trinchero, p. 9, 10 et sv.). La traduction du terme *parole* fait au contraire problème. L'équivalent italien le plus immédiat est évidemment *parola*. Hors contexte, cette traduction peut paraître plausible : sur les 21 acceptions du mot *parole* présentées par exemple par le *Petit Larousse*, une à peine (*porter la parole*) n'est pas ou est mal rendue par le terme italien *parola*, et dans un dictionnaire italien de dimensions semblables à celles du Larousse, dans le Zingarelli par exemple, toutes les acceptions de *parola* peuvent être rendues par le français *parole*. Mais l'analyse des deux dictionnaires révèle une divergence dans l'utilisation effective des deux termes dans leurs différentes acceptions : sur les 21 indiquées par le Larousse, seule une est voisine de « vocable », tandis que les vingt autres sont plutôt voisines de « façon de s'exprimer, manifestation verbale » ; c'est l'inverse dans le dictionnaire italien analogue où les exemples sont pour moitié voisins de « vocable ». Et, si l'on se livre à une analyse plus minutieuse, on voit que les phrases italiennes dans lesquelles *parola* a le sens de « manifestation verbale » sont relativement exceptionnelles (vieillies : *Se io ho ben la tua parola intesa*, majestueuses : *la parola del Signore, il dono della parola*, semi-bureaucratique : *chiedere la parola, dare la parola*) et que les emplois de *parola* au sens de « vocable » sont au contraire courants, alors que la situation est exactement inverse en français. En d'autres termes, dans la plus grande partie des cas, l'italien *parola* correspond non pas au français *parole* mais au français *mot*. C'est là l'origine évidente de la difficulté : dans un texte où l'on ne parle pas de *mot*, *parole* peut très bien être traduit, en forçant quelque peu l'usage courant, par *parola* ; mais dans un texte où l'on parle aussi de *mot* et dans lequel apparaîtra donc aussi *parola* au sens de « vocable », la traduction de *parole* par *parola* nous expose à d'évidentes ambiguïtés. Cette traduction a cependant été adoptée par Pagliaro 1957. 32, Lepschy dans Martinet 1966, elle a été écartée de la trad. italienne du C. L. G. Il en est d'autres déjà adoptées ou possibles : imprimer PAROLA quand le mot signifie *parole* et *parola* quand il signifie *mot* (Devoto, lettre personnelle du 12 février 1964) ; traduire par « atto linguistico » (M. E. Conte, « Sigma » 10, 1966. 45) en perdant cependant l'ambivalence de *parole* (v. *supra* n. 66) ; traduire par (*il*) *parlare* ou *espressione*, ce qui nous met à l'abri du danger précédent mais donne lieu à des locutions très pesantes dans le premier cas, et risque dans le second cas de nous mener à des ambiguïtés de nature culturelle, étant donné le lien instauré à un niveau cultivé entre *espressione* et la conception crocienne esthético-linguistique. Il est préférable de conserver en italien le mot français.

POLONAIS : *langue* est rendu par *język*, *langage* par *mowa* et *parole* par *mowa jednostkowa*.

RUSSE : *langage* est traduit par la périphrase *rečevaja dejatel' nost'* (Vvedenskij 1933. 12 ; Lepschy dans Martinet 1966. 211 donne au contraire comme équivalent *jazyk*), *langue* et *parole* sont traduits par *jazyk* et *reč'* (Vvedenskij *cit.*, Volkov 1964, Lepschy *cit.*, etc.).

SUÉDOIS : *langue* est rendu par *språk*, *parole* peut être rendu par *tal*, mais de préférence avec la précision *tal som konkret fenomen* (ou une précision du même genre), dans la mesure où *tal*, comme mot isolé, peut rendre aussi *langage* (Regnéll 1958. 10, B. Malmberg, *Språket och människan*, Stockholm 1964, p. 12, et Kainz 1941. 19-20).

Il est difficile de ne pas conclure que Saussure, malgré sa profession de foi en les « choses », a pu élaborer plus facilement sa classique tripartition parce qu'il s'est servi du français (voir en ce sens Kronasser 1952. 21).

(69) Sur ce problème de l'apprentissage de la langue, L. Wittgenstein a écrit des pages désormais classiques et profondément saussuriennes (*Philosophische Untersuchungen*, § 1 et sv.).

Le problème de l'apprentissage de la langue maternelle par l'enfant a été à peine effleuré par Saussure (voir *supra* C. L. G. 24 n. 49) ; il existe aujourd'hui sur ce point une bibliographie immense, qu'on peut tirer d'œuvres de synthèse comme G. Miller, *Langage et communication*, Paris 1956 (on lira encore avec profit les pages 191-234, inspirées d'un point de vue associationniste), *Language Acquisition, Bilingualism and Language Change* (essais de J. B. Carroll, R. Jakobson, M. Halle, W. F. Leopold, J. Berko et d'autres encore) dans *Psycholinguistics*, New York 1961, p. 331 et sv., R. Titone, *La psicolinguistica oggi*, Zurich 1964. Il vaut la peine d'observer que, puisque avant la capacité d'utiliser une langue historico-naturelle il y a, pour Saussure, la double capacité de discriminer et de regrouper des sens en signifiés et des exécutions phoniques en signifiants, associant les uns et les autres (voir la note 56), le C. L. G., en fait de théorie de l'apprentissage, est plutôt en harmonie avec les positions de J. Piaget (n. 56) qu'avec les positions comportementistes et associationnistes. D'où la vaste utilisation des thèses saussuriennes dans les études récentes sur la théorie de l'apprentissage : cf. G. Francescato, *Il linguaggio infantile. Strutturazione e apprendimento*, Turin 1970, p. 25, 26, 78-79, 107, 109-111, 113, 114, 119, 192, 195.

(70) Selon Hjelmslev 1942. 37 et sv. il faudrait aussi voir dans ce passage la présence de la notion de langue comme norme réglant les comportements linguistiques des différents groupes sociaux (voir C. L. G. 21 n. 45).

Notons que dans les sources manuscrites de l'alinéa 4 il n'y a aucune référence à l'écriture (263-269 Engler). L'idée selon laquelle on trouverait confirmation de l'aspect concret et réalisable des signes dans la possibilité de les fixer par écrit n'est donc pas de Saussure, mais représente une tentative des éditeurs d'interpréter sa pensée.

Aujourd'hui, dans un cadre épistémologique profondément différent de celui dans lequel Saussure a développé sa pensée, les termes de ce problème nous sont clairs. Saussure a montré que l'identification de deux phonies ou de deux significations différentes ne se fonde pas et ne peut pas se fonder sur des ressemblances phoniques ou psychologiques, mais qu'elle se fonde dans l'interprétation de l'une et l'autre phonies et /ou de l'une et l'autre significations comme répliques d'un même type, comme utilisations physiquement et psychologiquement différentes d'entités linguistiquement identiques. Cette identité, privée de justifications physico-acoustiques ou logico-psychologiques, est la seule garantie du fait que dans le sein d'une société et d'une culture déterminées les significations sont réunies dans certaines classes plutôt que dans d'autres (signifiés) et les réalisations phoniques dans certaines classes plutôt que dans d'autres (signifiants), l'introduction de délimitations dans la masse des significations et dans la masse des phonies étant donc une introduction arbitraire (non motivée par des caractères physiologiques, acoustiques, psychologiques, logiques, etc. des réalités délimitées). De telles délimitations sont donc des schèmes abstraits sur lesquels s'établissent les significations et les phonies concrètes. Il va de soi que de telles abstractions opèrent effectivement de façon « concrète » lorsqu'elles règlent les comportements linguistiques individuels.

En tirant cette double conclusion (caractère « abstrait » des entités de la langue et leur efficacité « concrète »), Saussure se heurtait à une difficulté épistémologologique et terminologique liée à son temps et à sa culture. Les analyses de Saussure se placent sur l'arrière-plan de l'épistémologie kantienne, idéaliste, positiviste. Dans une telle épistémologie, l'abstraction est « eine negative Aufmerksamkeit » (Kant), elle est le limité, le séparé, ou encore le « Falsch » (Hegel), elle n'a pas, dans les interprétations positivistes les plus rudimentaires, la force du « fait » (Eisler 1927. sv. *Abstrakt, Abstraktion*, Abbagnano 1961. sv. *astrazione*). Tandis que l'*Abstrakt* est « ein isoliertes, unvolkommenes Moment des Begriffs » (Hegel, *Werke*, V, p. 40), le vivant est « schlechthin Konkrete » (Eisler, *cit.*).

Le mouvement de réévaluation de l' « abstrait » a des racines complexes et multiples : du point de vue philosophique et épistémologique général on peut indiquer la redécouverte du rôle des entités symboliques conventionnelles et abstraites accompli, en partant de différentes positions, par Ch. S. Pierce, *Coll. Pap.* 4.235, 5.304 ; E. Mach, *Erkenntnis und Irrtum. Skizzen zur Psychologie der Formen*, Leipzig 1905, chap. VII, E. Cassirer, *Philosophie der symbolischen Formen*, 2e éd. 3 vol. Oxford 1954, J. Dewey, *Logic, Theory of Inquiry*, New York 1938, chap. 23, R. Carnap, *Empiricism, Semantics and Ontology*, « Revue Internationale de Philosophie », 4, 1950. 20-40, et cf. les incompréhensions et les discussions citées par F. Barone, *Il neopositivismo logico*, Turin 1953, p. 371 et sv. A. Marty a joué un rôle dans ce mouvement philosophique (cf. Eisler, *Abstrakt*). Outre les philosophes, il faut rappeler certains secteurs scientifiques : psychologie de la perception, épistémologie génétique ont diversement contribué à la mise en valeur de l'importance primordiale des processus d'abstraction et des entités abstraites. Saussure s'inscrivit aux origines de ce mouvement. Mais, pour cette raison même, privé de références épistémologiques valides et d'une terminologie adéquate, il est obligé d'une part de reconnaître et de souligner le caractère non concret, formel, et donc abstrait, des entités linguistiques (C. L. G. 157) ; d'autre part, englué dans une terminologie et une épistémologie dans lesquelles *abstrait* ne signifie que « marginal « (Peirce), « irréel », « faux », il est obligé de déclarer que les entités de la langue « ne sont nullement abstraites » (263 Engler), dans la mesure où elles opèrent effectivement (C. L. G. 189, 251 et sv.). Et, pour en dénoter le caractère non concret, non essentiel, il s'aventure à dire qu'elles sont « spirituelles » (263 Engler), sans être cependant spiritualiste du tout (voir les constantes références à la réalité neurologique et cérébrale de la *langue* : C. L. G. 26, 29, 30, etc.), ou « psychiques » (265 Engler).

Face aux mêmes difficultés les éditeurs ont donné une interprétation quelconque (certes peu satisfaisante) à la pensée de Saussure, introduisant la référence à l'écriture, inexistante dans les sources.

(71) Les sources du paragraphe sont quatre leçons : deux (4 novembre 1910 et 25 avril 1911) du troisième cours et deux (12 et 16 novembre 1908) du second : cf. S. M. 66-67, 77, 103.

(72) Certainement parce que l'élaboration et le contrôle du fonctionnement des autres systèmes sémiologiques possibles sont, pour l'homme, internes à une quelconque langue historique. En outre une langue historique, et c'est ce qui la différencie des systèmes sémiologiques non linguistiques, est construite de façon à rendre sémantisable chaque expérience humaine possible (le pseudo « inexprimé » n'est tel que par rapport à une meilleure expression, il doit toujours être exprimé d'une façon ou d'une autre pour qu'on en puisse parler).

(73) Saussure a sans doute pensé à la sémiologie avant 1900, il en parle à Naville en 1901 (voir p. 352, n. 9).

Pour le terme, voir 382 et n. 12.

Pour les rapports avec Peirce, voir C. L. G. 100 n. 139.

Sur la *sémiologie* (dont l'utilité est contestée : Borgeaud-Bröcker-Lohmann 1943. 24) cf. Frei 1929. 33, 246, Firth 1935. 50 et sv., E. Buyssens, *Les langages et les discours. Essai de linguistique fonctionnelle dans le cadre de la sémiologie*, Bruxelles 1943, Spang-Hanssen 1954. 103-105, Hjelmslev 1961. 107 et sv. (qui, outre les études de Buyssens, voit les applications de la sémiologie dans les recherches d'ethnologie structurale de P. Bogatyrev). En ce domaine, les recherches les plus systématiques et les plus avancées ont été développées par L. Prieto, dont cf. les *Principes de Noologie*, La Haye 1964 et *Messages et signaux*, Paris 1966. Cf. aussi pour une interprétation connue de ce domaine d'études R. Barthes, *Éléments de sémiologie*, Paris 1964.

(74) Il ressort des sources manuscrites que Saussure insistait longuement sur la critique de la conception de la langue comme nomenclature (302 et sv. Engler). On en trouve une reprise dans Hjelmslev 1961. 49 et sv. (remontant à 1943), Martinet 1966. 15-17 (remontant à 1960). Cette critique est restée dans l'ombre pour les éditeurs du *Cours*, comme elle l'est restée pour une bonne partie de la linguistique contemporaine, qui n'en a pas compris la portée et continue de s'en tenir à la conception de la nomenclature dont l'origine remonte à Aristote (De Mauro 1965. 73 et sv.). On en trouve des exemples dans les théories sémantiques de S. Ullmann ou de L. Antal (De Mauro 1965. 170-173 ; pour Ullmann, voir aussi *supra* 372 et n. 129). On comprend donc bien comment la notion d'arbitraire du signe dans le C. L. G. a pu rester si longtemps obscurcie par un exemple malheureux et, surtout, par une interprétation banale : la notion se fonde sur la découverte de l'arbitraire des regroupements de significations en signifiés discrets, découverte liée à la critique de la conception de la langue comme nomenclature. Mais pour cela, voir C. L. G. 100-101 et notes.

(75) Les sources du chapitre sont différentes leçons du deuxième et du troisième cours : S. M. 103.

(76) C'est la notion de langue-schéma selon Hjelmslev (voir C. L. G. 21 n. 45). Cf. cependant C. L. G. 79 où une certaine place est faite au phénomène de l'inertie des organes phonatoires comme condition de la structure des systèmes phonématiques. Mais, ces conditions n'agissant pas de manière déterminante, les distinctions phonématiques peuvent être et sont différentes d'une langue à l'autre, et l'étude de la phonation ne donne donc pas le cadre des systèmes phonématiques.

La comparaison du rapport langue-parole au rapport symphonie-exécution apparaît aussi de façon significative chez les chomskiens J. J. Katz, P. M. Postal, *An Integrated Theory of Linguistic Description*, Cambridge (Mass.) 1964, p. IX.

Dans le paragraphe suivant, où se trouve tracée l'efficacité indirecte des altérations phonétiques sur l'organisation de la langue, apparaît selon Hjemslev la notion de la langue comme *usage*, pour laquelle on se reportera à C. L. G. 112 n. 159.

(77) Pour l'utilisation du terme *psychique* pour qualifier la *langue* et son étude, v. *supra* C. L. G. 32 n. 70.

(78) Voir *supra* n. 65.

(79) Pour l'interprétation de la *langue* comme « modèle » et plus généralement pour l'utilisation des modèles en linguistique cf. Guiraud 1959. 19, De Mauro, *Modelli semiologici. L'arbitrarietà semantica*, « Lingua e stile » I, 1966. 37-61, aux pages 37-41, et I. I. Revzin, *Models of Language*, traduction du russe, Londres 1966.

(80) Voir n. 63, C. L. G. 31 n. 67, 173 n. 251.

(81) Une opinion répandue dit de la *parole* que, parce qu'elle est « das ständig Wechselnde », elle « nicht Gegenstand der Wissenschaft sein kann » (Bröcker 1943. 382). En réalité, on ne voit pas pourquoi la description scientifique ne devrait s'occuper que de réalités qui n'oscillent pas ; elle s'en occupera en repérant les constantes de ces oscillations. Et les constantes de la *parole* ne sont pas les entités de la *langue* mais sont des constantes de la psychologie, de la physiologie et de l'acoustique.

Sur la linguistique de la *parole*, voir Buyssens 1942, Čikobava 1959. 111-125, Skalička 1948. Pour le primat de la linguistique de la *parole* (« Au commencement était la parole » : v. C. L. G. 138), cf. Sechehaye 1940. 9, Quadri 1952. 84. En Italie, A. Pagliaro a effectué une analyse objective et scientifique de la *parole* avec sa propre critique sémantique, qui est donc une véritable linguistique de la *parole* (Pagliaro 1957. 377-378).

Pour la psycholinguistique comme linguistique de la *parole* (selon Osgood) v. *supra* 378.

(82) La principale source du chapitre est une leçon du second cours, prononcée en novembre 1908 (S. M. 68-69). Le titre de la leçon, dans les notes de Riedlinger, est *Division intérieure des choses de la linguistique*. En effet, le titre choisi par les éditeurs pour ce chapitre n'est pas très heureux : il aurait mieux valu substituer *linguistique* à *langue*.

(83) Voici les notes manuscrites intégrales de Riedlinger, sources du premier paragraphe du chapitre :

« On a fait des objections à cet emploi du terme *organisme* : la langue ne peut être comparée à un être vivant, est à tout moment le produit de ceux ⟨de⟩ qui elle dépend! On peut cependant employer ce mot sans dire que la langue est un être à part, existant en dehors de l'esprit, indépendant. ⟨Si l'on préfère⟩, on peut au lieu de parler d'*organisme* parler de système. Cela vaut mieux et cela revient au même. Donc — ⟨définition⟩ — linguistique externe = tout ce qui concerne la langue sans entrer dans son système. Peut-on parler de linguistique externe? Si l'on a quelque scrupule, on peut dire : *étude interne et externe de la linguistique*. Ce qui rentre dans le côté externe : histoire et description externe. Dans ce côté rentre[nt] des choses importantes. Le mot de linguistique évoque surtout l'idée de cet ensemble » (370-374 Engler).

Comme on le voit, l'étude externe de la langue est pour Saussure une partie importante de la linguistique car les facteurs externes prennent une part importante dans la constitution de la langue. Cf. aussi Regard 1919. 10-11. La distinction entre étude externe et étude interne est déjà envisagée par Paul 1880. 12. Mais pour lui, cependant, la linguistique ne devrait s'occuper que des rapports dans lesquels le *Vorstellungsinhalt* trouve une expression : c'est, comme on voit, la thèse exclusiviste (l'étude externe n'est pas linguistique) attribuée à tort à Saussure (voir C. L. G. 20 n. 40). Vvedenskij 1933. 12 critique la distinction comme « bourgeoise » précisément sur la base d'une telle attribution injustifiée.

(84) Pour d'autres considérations sur ce point, v. C. L. G. 281-289, 304-316 et notes, et cf. Amman 1934. 276-277.

(85) Sur le rapport entre événement politico-social et événement linguistique cf., pour une introduction au problème et une bibliographie, Cohen 1956. 273-354.

Pour la romanisation linguistique de l'Italie voir De Mauro, *Storia ling. dell'Italia Unita*, Bari 1963 : 306 et sv. ; peut-être Saussure pensait-il à A. Budinszky, *Die Ausbreitung der lateinischen Sprache über Italien und die Provinzen des römischen Reiches*, Berlin, 1881, ou à des travaux de Schuchardt.

Pour l'avatar de la Norvège qui, ayant abandonné la vieille langue littéraire médiévale, a utilisé le danois (*riksmaal*) durant toute la période de l'union au Danemark, se recréant ensuite (sur la base de parlers paysans) une langue littéraire autonome (le *landsmaal*), cf. G. Indrebö, *Norsk malsoga*, Bergen 1951, D. A. Seip, *Norsk språkhistorie til omkring 1370*, 2e éd., Oslo 1955.

Sur la notion de langue spéciale (ou mieux, d'usage spécial d'une langue), cf. Cohen 1956. 175-226, De Mauro, *Il linguaggio della critica d'arte*, Florence 1965. 21-28.

(86) On s'est appuyé sur ce passage pour soutenir que Saussure est resté lié au préjugé positiviste de l'aspect non naturel de l'usage cultivé et littéraire d'une langue, principe déjà soutenu par Paul 1880. 48, et on a rattaché ce passage au C. L. G. 207 (voir n. 273). En réalité, Saussure propose ici une idée d'un grand intérêt, que nous ne sommes en mesure d'apprécier qu'aujourd'hui. Comme nous le savons désormais, un signe linguistique n'est pas interprétable hors de son rapport avec la situation dans laquelle il est produit (De Mauro 1965 147 et sv.). Ce rapport bénéficie dans l'usage parlé de la langue d'une pluralité de concours qui disparaissent de l'usage écrit. D'où la nécessité pour cette dernière de ce conformer à des règles supplémentaires (ordre des mots, systématicité et cohérence syntagmatique, différenciation graphique de séquences phonématiquement identiques, etc.) si bien qu'on en arrive à la limite à la constitution (comme l'a vu L. Prieto pour le français qui est certes un cas limite) d'une autre *langue*, d'un système différent (voir C. L. G. 44 et sv.).

(87) Voir C. L. G. 261 et sv. Pour l'utilisation de *organisme*, v. *supra* n. 83.

(88) Dans ce passage les lignes de « Prenons comme exemple... » à « une langue s'est développée » sont une interpolation des notes dans les leçons ; les éditeurs l'ont tirée de *Notes* 61.

(89) Le texte de l'édition de 1922 et des suivantes présente une variante par rapport au texte de 1916. Ce dernier déclarait : « Pour certains idiomes tels que le zend et le paléoslave, on ne sait même pas quels peuples les ont parlés ». Mais on lit dans les manuscrits (409 B Engler), de façon correspondant mieux à l'état de la question : « Il y a des idiomes dont on ne sait pas par quels peuples ils ont été parlés (ainsi le zend : langue des Mèdes ? le paléoslave : est-ce l'ancienne langue bulgare ou slovène ?) ». Informés par le compte rendu de Wackernagel 1916. 166, les éditeurs ajoutèrent, pour atténuer le texte de la première édition, l'adverbe « exactement ». Pour d'autres variantes entre 1re et 2e éd., v. C. L. G. 45 n. 94, 59 n. 109, 241 n. 286 et voir n. 17.

La phrase servant de conclusion au paragraphe (« En tout cas... ») est un ajout des éditeurs.

(90) Il s'agit d'une comparaison que l'on sait chère à Saussure : voir C. L. G. 125-127 ct 153-154 n. 223. La comparaison apparaît aussi dans les *Philosophische Untersuchungen* de L. Wittgenstein (§§ 31, 136, 200) ; cf. Verburg 1961 et voir notes 16 et 38.

(91) La conception de la langue comme système (langue-schéma de Hjelmslev : C. L. G. 21 n. 45), déjà énoncée aux pages 24 et 32, se trouve ici pour la première fois définie de la façon la plus nette. Pour l'importance de cette conception pour la linguistique et pour toute l'épistémologie scientifique moderne, cf. Frei 1929. 39, Jakobson 1929 = 1962. 16 et sv. (« pierre angulaire de la théorie contemporaine de la langue »), Bröndal 1943 92 et sv., Cassirer 1945. 104, Cikobava 1959. 13, Gipper. 1963 20, Benveniste. 1966. 21. Rosiello 1966, Garroni 1966. 14-16, Mounin 1966.

(92) Les sources du paragraphe sont deux leçons distinctes du troisième cours (S. M. 77, 79, 103). Sur le problème des rapports entre usage oral et usage écrit de la langue, voir C. L. G. 41 n. 86 ; pour des considérations sémiologiques sur la graphie voir C. L. G. 165 n. 238. Cf. Laziczius 1961. 15.

(93) La chose n'a plus aujourd'hui ce caractère exceptionnel. Même pour un domaine relativement peu étudié comme l'italien, il existe désormais de nombreux centres où est recueillie de la documentation parlée, le principal en étant l'*archivio etnico linguistico-musicale* de la Discothèque Nationale.

(94) Sources du paragraphes : outre la seconde leçon du troisième cours citée à la note 92, certaines observations sont tirées d'autres leçons (S. M. 104). Dans la quatrième ligne avant la fin du second paragraphe de la deuxième édition du C. L. G. (et des suivantes) on lit « une image aussi fidèle de... » etc. ; dans l'édition de 1916 on lisait : « une image plus fidèle de... ». Il s'agit dans ce cas également d'une façon de forcer le texte manuscrit (Saussure avait dit que le lituanien, par son ancienneté, présente « plus d'intérêt, pour le linguiste, que le latin deux siècles avant Jésus-Christ » : 453 Engler), qui fut corrigée après l'intervention de Wackernagel 1916. 166. Voir *supra* C. L. G. 42 n. 17 et 89.

Sur la lenteur des changements phonétiques qui ne sont pas notés par la graphie, cf. Menéndez-Pidal 1956. 532-533.

(95) G. Deschamps (né en 1861), polygraphe français très connu à la fin du siècle dernier, avait affirmé en 1908, parlant à l'Académie de P. E.M. Berthelot (1827-1907), que le savant s'était « opposé à la ruine de la langue française » en se prononçant contre les tentatives de réforme de l'orthographe entreprises par les autorités françaises entre 1901 et 1905 (F. Brunot, Ch. Bruneau, *Précis de grammaire historique de la langue française*, 4e éd., Paris 1956, p. xxxiii et 474 B Engler).

(96) Pour les sources du paragraphe, voir n. 94 (S. M. 104).

(97) Sur l'écriture aux périodes les plus anciennes, cf. I. J. Gelb, *A Study of Writing. The Foundation of Grammatology*, Londres 1952, M. Cohen, *La grande invention de l'écriture*, 3 vol., Paris 1958 et sv., Ch. F. Hockett, *A Course in Modern Linguistics*, New York 1958, p. 539-549, Belardi 1959. 39-45, R. H. Robins, *General Linguistics*, Londres 1964, p. 121-125, A. Leroi-Gourhan, *Le geste et la parole*, 2 vol., Paris 1964-65, I, p. 261-300, II, p. 67-68, 139-162, Mounin 1967. 28-32, 35-47, 52-57, 71-81.

(98) Pour les sources, voir n. 94 (S. M. 104).

(99) Pour les sources du paragraphe, voir *supra* n. 94 (S. M. 104).

(100) Étant donné qu'il y a une correspondance biunivoque entre une grande partie des phonèmes latins et une grande partie des lettres de l'alphabet latin (avec l'exception des douze phonèmes vocaliques et semi-vocaliques rendus graphiquement par seulement cinq lettres), et étant donné qu'aussi bien le système phonématique que l'orthographe de l'italien littéraire sont restés proches du latin, les oppositions entre graphie et phonie sont relativement rares en italien. Signalons par exemple que l'articulation [tʃ] est transcrite, selon les contextes, par le graphème *c* (*cena*) ou par le digramme *ci* (*ciocco*) ; par ailleurs, le graphème *c* transcrit soit [tʃ] (*cena*) soit [k] (*caro*), etc.

(101) Dans l'évolution de la phonologie italienne, la tendance à calquer la prononciation sur la graphie a occupé une place de premier plan : cf. De Mauro, *Storia linguistica dell'Italia unita*, Bari 1963, p. 258-60.

(102) Les sources du paragraphe sont deux allusions, dans le second cours, à la négligence des boppiens pour la phonologie et à l'intérêt, au contraire, des néogrammairiens (S. M. 104 et 75), une leçon du troisième cours (décembre 1910 ; S. M. 104 et 79) et, pour le rapport entre ce que Saussure appelle *phonétique* et ce qu'il appelle *phonologie*, une note manuscrite de Saussure lui-même (640 F Engler).

(103) *Phonology* est utilisé dans les pays anglo-saxons dès 1817 par P. S. Duponceau (Abercrombie 1967. 169). En France, l'utilisation de *phonologie*

remontait à A. Dufriche-Desgenettes, *Sur les différentes espèces d'r et d'l*, B. S. L.
3 : 14, 1875. 71-76, et elle fut reprise et généralisée par Saussure (voir C. L. G. 63
n. 111). Pour le rapport *phonologie-phonétique* selon Saussure, cf. Dieth-Brunner
1950. 8. En général aujourd'hui, on ne fait plus référence par *phonétique-
phonetics-fonetica* et autres termes semblables à l'étude diachronique ou synchronique d'un système phonématique (cependant, en particulier dans la linguistique historique indo-européenne, l'utilisation vieillie de ce terme continue
d'avoir un certain poids, comme on peut s'en rendre compte dans les travaux
de Meillet et de ses élèves : cf. par exemple dans A. Meillet, J. Vendryes, *Traité
de grammaire comparée du grec et du latin*, 2ᵉ éd. Paris 1948, p. 26 : « La connaissance que l'on a du phonétisme du grec et du latin dépend naturellement de la
façon dont les sons ont été notés ; c'est-à-dire que l'étude phonétique de ces
langues doit commencer par l'examen de leur alphabet ») ; mais on se réfère
plutôt à l'étude (articulatoire, auditive, acoustique) de la *parole*. L'étude fonctionnelle, synchronique et diachronique, des aspects phoniques de la langue est
désignée par des termes comme *phonemics* ou *fonematica*, ou bien, en renversant
l'usage saussurien suivi en France par M. Grammont, par *phonologie* et, dans les
écrits en allemand des Pragois, *Phonologie* (pour ce renversement, voir n. 115).
En Italie, *fonetica* est généralement utilisé pour les études physiques, tandis
que l'étude fonctionnelle synchronique et diachronique est désignée par les
termes *fonematica* ou *fonologia*. Il en est de même en France avec *phonétique* dans
le premier cas et *phonématique* ou *phonologie* dans le second.

(104) Les sources de ce paragraphe et du suivant sont quelques leçons du
troisième cours (S. M. 104 et 79-80).

(105) On a suivi deux voies différentes pour la représentation graphique des
phénomènes phoniques : *a*) représentation non-alphabétique, dans laquelle on
cherche à rendre compte avec des symboles spécifiques de chaque mouvement
ou de chaque modalité de l'articulation (il y aura donc un symbole pour la sonorité, un autre pour l'absence de sonorité, un pour l'aspect vocal, un pour l'aspect
non vocal, un pour l'aspect dental, etc.), *b*) représentation alphabétique dans
laquelle on cherche à indiquer par un symbole spécifique chacune des combinaisons possibles de mouvements et de modalités d'articulation (il y aura
donc un symbole pour la combinaison occlusive sonore dentale non nasale,
un symbole pour la combinaison vocale antérieure non nasale, etc.).

Le premier système a inspiré au xixᵉ siècle le *Visible Speech* de A. M. Bell
(à ne pas confondre avec les recherches spectrographiques de R. K. Potter,
G. A. Kopp, Harriet C. Green, *Visible Speech*, New York 1947), et la notation
non alphabétique de O. Jespersen (reprise et utilisée dans le C. L. G. 66 et sv.,
mais ayant eu pour le reste peu de succès : Abercrombie 1967. 114, 174). Le
second système a inspiré différentes tentatives parmi lesquelles celles de Marey,
Rousselot, F. Techmer (dont cf. *Zur vergleichenden Physiologie der Stimme und
Sprache. Phonetik*, Leipzig 1880, en particulier p. 55-58 et notes), J. Pitmann,
jusqu'au *Standard Alphabet* de Lepsius (pour ces premières tentatives, cf. R.
W. Albright, *The International Phonetic Alphabet : its Backgrounds and Development*, « International Journal of American Linguistics », Part III, 24 : I, 1958,
p. 19-37). C'est à partir de l'un de ces systèmes, le *Romic* de H. Sweet
(Albright, *op. cit.*, 37-42), que s'est développé, une fois créée l'Association Phonétique Internationale, l'Alphabet Phonétique International, qui est aujourd'hui
de loin le système de transcription le plus répandu (Albright cit., 47-65, et cf.
*The Principles of the I. Ph. Ass. being a Description of the International Pho-
netic Alphabet*, Londres 1948, nouvelle éd. 1958, et N. Minissi, *Principi di
trascrizione*, Naples, s. d.).

Le point de vue de Saussure sur les problèmes de la transcription paraît
aujourd'hui relativement discutable : cependant, comme on le verra, les critiques sont purement saussuriennes. Saussure semble ici convaincu qu'il est
possible de parvenir à une transcription phonétique (ou, pour utiliser ses termes,

« phonologique ») « sans équivoques », fondée sur l'analyse préalable de la « chaîne parlée » en ses « éléments » successifs, et sur la classification, sur des bases toujours et uniquement phonétiques, de ces segments. Une telle conviction serait fondée si, contrairement à ce que Saussure démontre par ailleurs, les phénomènes physio-acoustiques avaient une quelconque capacité intrinsèque et une quelconque raison de se réunir en classes distinctes et si, dans les séquences phoniques, il y avait des limites de nature physio-acoustique. Saussure avait sans doute accordé un certain crédit à ce point de vue à l'époque des trois conférences sur la phonologie (v. C. L. G. 63 et sv.) et à l'époque des cours de linguistique générale, pour ce qui concerne le problème limité de la transcription (ce point de vue a continué de trouver des défenseurs chez les linguistes américains postbloomfieldiens comme Pike, Bloch, etc., convaincus de la possibilité de segmenter la chaîne acoustique, sans aucune référence aux phonèmes, en segments classables ensuite sur des bases exclusivement phonétiques en « familles de sons » ou « phonèmes »). Mais il s'agit là d'un point de vue contredit avant tout et précisément par les pages saussuriennes sur la nature intrinsèquement amorphe de la substance phonique : voir C. L. G. 155 et sv. , et v. aussi C. L. G. 63 n. 111. En développant ce point de vue saussurien, on est au contraire amené à conclure qu'une segmentation faisant abstraction d'une analyse phonématique préalable est impossible ou, plus exactement, qu'elle est possible mais qu'elle mène à des résultats variant de *parole* à *parole* ou, pour une même *parole*, variant selon l'articulateur pris comme point de référence pour juger des maxima et des minima qui définiraient les segments (cf. pour la démonstration de ceci Belardi 1959. 124-132) ; de la même façon, une classification des segments de *parole* sur des bases purement physiologiques ou acoustiques mène à des résultats des plus imprévisibles et, de toute façon, ne coïncidant pas avec les unités fonctionnelles phonématiques (pour tout ce problème cf. De Mauro 1967). Il en résulte que la classification à travers des graphèmes des articulations repérables dans les *paroles* soit aboutit à des résultats variables, soit, si elle présuppose une segmentation sur critères phonématiques, aboutit toujours à des résultats jusqu'à un certain point approximatifs et, donc, équivoques : étant donné la façon de prononcer le mot *cane* (chien) d'un sujet donné en un moment donné, on pourra transcrire ['ka : ne] pour souligner la longueur du [a], ['ka:+ne] pour souligner le caractère également avancé de la même articulation, ['k+a :+ne] pour ajouter une indication sur l'éventuel caractère moyen du [k], ['k+̦ a:+ne] pour ajouter encore l'indication de la fermeture particulière de e, etc. etc. La multiplication des indications ne s'accordera jamais à la quantité innombrable des caractéristiques phonico-acoustiques d'un acte de *parole* concret. C'est pourquoi une transcription phonétique est toujours d'une certaine façon simplificatrice et donc, par rapport à la *parole* concrète, équivoque. Bien sûr, la marge d'équivoque est réductible selon les finalités d'une transcription phonétique : c'est précisément pourquoi il est important de savoir « pourquoi et pour qui l'on transcrit » (cf. A. Martinet, savwar purkwa ɛ pur ki l'õ trăskri, « Le Maître phonétique », 1946. 14-17, G. Hammarström, *Representation of Spoken Language by Written Symbols*, « Miscellanea Phonetica » 3, 1958. 31-39).

Pour une interprétation différente possible des positions de Saussure, voir *infra* C. L. G. 63 n. 111.

(106) Saussure pense probablement à des cas comme celui des affriquées, notées dans l'alphabet phonétique international par [tʃ], [ttʃ], [pf], [ppf] etc., ou des consonnes nasales sourdes, notées [hm], [hn], etc. (cf. *The Principles*, cit., p. 14-16).

(107) Malgré ces considérations de Saussure et d'autres ensuite, les propositions de réforme de l'orthographe réapparaissent souvent, même là où on n'en aurait que très peu besoin. C'est le cas de la graphie italienne qui, par rapport à d'autres graphies européennes, est presque phonologique (cf. n. 100) et qui est pourtant soumise (du moins dans les désirs et dans la prose de certains

savants) à des réformes périodiques. Voir à ce sujet E. Castellani, *Proposte ortogràfiche*, « Studi linguistici italiani » 3, 1962.

(108) Voir *supra* n. 104.

(109) Dans l'édition de 1916 suivait ici une observation sur l'avestique (687 Engler) que les éditeurs avaient tirée d'allusions très schématiques dans les notes des étudiants. Cette observation fut critiquée par Wackernagel 1916. 166 et Meillet 1916. 23, et donc supprimée dans l'édition de 1922.

(110) K. Nyrop, *Grammaire historique de la langue française*, 6 vol., I, 3ᵉ éd., Copenhague 1908 (II-VI, 1930).

(111) Pour les sources de ce paragraphe et des suivants, voir *infra* n. 112.

Le terme *phonème* fut utilisé pour la première fois par le phonéticien français A. Dufriche-Desgenettes (sur lequel cf. S. M. 160) dans une communication à la Société de linguistique de Paris du 24 mai 1873 *Sur la nature des consonnes nasales* (B. S. L. 2 : 8, 1873. LXIII), résumée dans la « Revue critique » I, 1873. 368 par un anonyme pour qui « le mot *phonème*... est heureusement trouvé pour désigner d'une façon générale les voyelles et les consonnes ». Le terme, ainsi que celui de *phonologie*, apparaît dans d'autres travaux de A. Dufriche-Desgenettes (v. C. L. G. 56 n. 103). Il fut adopté par Saussure dans le *Mémoire* et utilisé d'une manière conforme à la valeur plus moderne de « élément d'un système phonologique où, quelle que soit son articulation exacte, il est reconnu différent de tout autre élément » (S. M. 272, et cf. *Rec.* 114).

Dans son compte rendu des travaux de Brugmann et du *Mémoire*, Kruszewski reprend le terme et, se fondant sur l'usage du *Mémoire*, propose la distinction entre « son » et « phonème », acceptée ensuite par Baudouin de Courtenay (*Versuch einer Theorie phonetischer Alternationen. Ein Kapitel aus der Psychophonetik*, Strasbourg 1895, p. 6 et sv. ; voir en outre *supra* 339, n. 7), pour qui le phonème est « eine einheitliche, der phonetischen Welt angehörende Vorstellung, welche mittelst psychischer Verschmelzung der durch die Ausprache eines und desselben Lautes erhaltenen Eindrücke in der Seele entsteht = psychischer Aequivalent des Sprachlautes. Mit der einheitlichen Vorstellung Phonems verknüpft sich (associert sich) eine gewisse Summe einzelner anthropophonischer Vorstellungen ».

Le phonème est donc conçu par B. de Courtenay comme une représentation psychique abstraite des sons linguistiques. C'est, effectivement, la conception de Trubeckoj. Et, de ce point de vue, il est juste de dire qu'il y a une filiation Kruszewski-Courtenay-Trubeckoj, dans laquelle Saussure occupe une place relativement limitée (Trubeckoj 1933. 229 et sv., Firth 1934, Jones 1950. vi et 213, Fischer Jörgensen 1952. 14 et sv., Lepschy 1966. 60-61 et notes). R. Jakobson (lettre privée du 4.3.1968) ajoute un important témoignage personnel : « Trubetzkoy's acquaintance with Baudouin's ideas is very late and likewise with Saussure. I must confess that the early influence of Saussurian and Baudouin's or rather Scherba's views were received by Trubetzkoy through me. On the dependence of my conception and term " phonology " (then accepted by Trubetzkoy and Prague Circle) from Sechehaye's *Programme et Méthodes*, see my review of van Wijk's *Phonology*, reprinted in my S. W., vol. I. »

Saussure a en effet approfondi la notion « d'élément du système phonologique », désignée dans le *Mémoire* par le terme *phonème*, jusqu'à le concevoir comme un élément purement différentiel et oppositif, un pur schéma formel dénué de toute conformation phonique précise et, par conséquent, impossible à abstraire des réalisations phoniques (v. *infra*). D'où son refus d'appeler cet élément *phonème* : « C'est parce que les mots de la langue sont pour nous des images acoustiques qu'il faut éviter de parler des " phonèmes " dont ils sont composés » (C. L. G. 98). Saussure évite par conséquent avec soin de parler dans ses cours de *phonème* quand il veut faire référence aux « unités irréductibles » du signifiant (C. L. G. 180). Il veut au contraire se référer, par le terme *pho-*

nème, aux entités identifiables dans la *parole,* dans la réalisation phonique : la définition du C. L. G. 65 ne laisse aucun doute à ce sujet.

Cette interprétation de l'attitude saussurienne concorde avec le refus d'appeler *phonologie* l'étude fonctionnelle des « éléments irréductibles » du signifiant (voir *supra* C. L. G. 56 n. 2) et avec l'attention avec laquelle il évite dans les leçons d'utiliser le terme *phonique* en référence au signifiant (C. L. G. 145 notes 204 et 206). Elle est en outre en parfaite harmonie avec la conception de la langue comme forme (C. L. G. 157) et avec celle, corrélative, des « entités concrètes de la langue » (C. L. G. 144 et sv.), conceptions dont elle n'est qu'un corollaire, alors que toutes deux ont pour prémisse la conception de l'arbitraire du signe comprise comme indépendance de l'organisation des signifiants et des signifiés par rapport aux caractères intrinsèques de la substance phonique et de la substance significative (C. L. G. 99 et sv.).

Malheureusement, le sens de la position saussurienne n'apparut pas très clairement aux éditeurs qui, commettant l'erreur de ne pas « prendre au sérieux l'exclusive prononcée dans le troisième cours... contre le terme *phonème* » (S. M. 113), ont introduit ce terme dans une série de points dans lesquels Saussure ne l'avait pas utilisé pour la raison vue plus haut, ne parlant pas de réalisations phoniques mais des *unités irréductibles* (v. C. L. G. 180, 164 n. 236, 198, 284), de la même façon qu'ils ont introduit indûment le terme *phonique* en référence au signifiant (C. L. G. 144, 145, 147, 166, 167, 176, 218). Ajoutons que, contre les intentions de Saussure, la linguistique structurale a continué à utiliser le terme *phonème* (et ses correspondants dans d'autres langues) pour désigner les unités fonctionnelles minima. L'on comprendra alors le chaos qui s'est produit dans l'exégèse des décennies durant autour des formulations saussuriennes (v. C. L. G. 65 n. 115), puisque les critiques, voire des disciples bien intentionnés, n'avaient pas compris que ce que Saussure appelle *phonème* est une entité matérielle et non pas formelle, cernable non pas sur le plan de la *langue* mais dans les *paroles,* que c'est en somme le précurseur du « segment » de Pike (et que c'est un problème de phonétique que de décider si un tel segment minimum est individualisable sur un plan purement phonétique, comme le pense Pike, ou au contraire n'est pas individualisable sans recours subreptice à une analyse acoustique préalable, comme d'autres le pensent plus justement : v. C. L. G. 56 n. 105) ; tandis que, d'autre part, ce que presque tous nous appelons *phonème* correspond en fait chez Saussure aux « unités irréductibles », purement différentielles et formelles.

Il faut cependant reconnaître que Saussure a pour le moins fourni un point d'appui à cette équivoque (selon Malmberg 1954. 20-21, il en a tout simplement été la victime) avec sa conception des unités irréductibles et des signifiants comme « images acoustiques » : conformément à son opinion sur l'inactivité absolue de l'apparat auditif (v. C. L. G. 29 n. 61), il voulait sans doute par là insister sur le caractère non opératoire mais purement schématique et formel des entités signifiantes. Mais le résultat fut en réalité un accroissement de l'équivoque : étant donnée la nature reconnue opératoire et donc « matérielle » (non formelle) de la perception auditive, c'est-à-dire étant donnée la multiplicité des perceptions auditives subsumées dans le même schéma signifiant, et étant donné que Saussure désigne aussi par *acoustique* une face de la *parole* (voir n. 113), on a pu croire d'autant plus facilement qu'il concevait le signifiant comme abstraction (phonico-)acoustique, comme ensemble des éléments communs à plusieurs (réalisations-)perceptions.

(112) Ce paragraphe et les autres paragraphes du chapitre ainsi que les chapitres suivants de l'appendice viennent de la fusion de deux sources distinctes : un groupe de leçons au début du premier cours (1906, S. M. 54 numéros 4-6) et les sténogrammes pris par Ch. Bally aux trois conférences de 1897 sur la théorie de la syllabe. Malmberg 1954. 11-17, induit peut-être en erreur par le fait qu'il n'a pas vu que, lorsqu'il parle de *phonème,* Saussure entend se référer à

tout autre chose qu'au phonème (voir *supra* n. 111), a émis des doutes sur l₁
qualité de la rédaction des éditeurs et a justement insisté sur le fait que, pou₁
comprendre ce que Saussure pensait du phonème (en notre sens postsaussurien), il vaut mieux se référer au C. L. G. 163-169. Quoique cette dernière opinion
apparaisse comme entièrement acceptable, les doutes sur la rédaction n'ont pas
de raison d'être, si l'on comprend *phonème* au sens que lui donne Saussure et
que nous avons éclairci à la note 111.

(113) *Acoustique* signifie ici « auditif » : « il y a deux côtés dans l'acte phonatoire : *a)* le côté articulatoire (bouche, larynx), *b)* le côté acoustique (oreille) »
(715 B Engler). Ailleurs, comme dans C. L. G. 98, *acoustique* signifie « relatif à
l'image psychique du son » (S. M. 253, s. v. *acoustique*). L'ambiguïté a favorisé
l'équivoque signalée à la fin de la note 111.

L'ambiguïté d'autre part agit de façon plus profonde et peut-être, si l'on
nous permet un jugement de valeur, non négative. En d'autres termes, une
interprétation plus complexe de la position saussurienne est peut-être possible.
Nous avons déjà signalé l'inanité de l'entreprise, propre à Pike, Bloch et d'autres
post-bloomfieldiens, consistant à segmenter la chaîne parlée en unités articulatoires successives (« segments ») avant toute analyse en phonèmes. Cette segmentation n'est en réalité pas possible ou plutôt, elle est possible (rien n'interdit
de fractionner en un ou plusieurs points la succession continue des articulations),
mais elle mène à des résultats différents selon l'articulateur choisi comme
point de référence (pour la démonstration de ceci, voir Belardi 1959. 128 et sv.).
L'étude phonétique des segments qui correspondent aux phonèmes présuppose
l'analyse phonématique : « Un analyste qui croit pouvoir identifier dans une
séquence une unité phonétique [n] sans tenir compte de son éventuelle fonction
linguistique, ne s'aperçoit pas de ce que l'idée de la convergence des coefficients
articulatoires vers une unité complexe lui est suggérée uniquement par ce qui
se produit sur le plan de la langue et de ce qu'on ne peut pas parler de convergence
en unités ailleurs que sur ce plan, où le phénomène a une raison d'être ; hors de
cela, il y a la voix inarticulée » (Belardi 1959. 128). Il n'est pas improbable que
Saussure se soit tenu ce même raisonnement et que, préoccupé de trouver un
objet d'étude à ce qu'il appelait la *phonologie* (notre phonétique : C. L. G.
56 n. 103), il l'ait vu dans les unités phoniques et auditives qui sont dans la
parole les correspondants des « éléments irréductibles » des signifiants (et déter-
minables d'après eux). Notre interprétation semble étayée par des passages
des notes comme : « Or ce n'est pas le premier [côté] qui nous est donné, mais le
second, l'impression ⟨acoustique,⟩ psychique » (716 B Engler), où il semble
que l'on doive souligner *psychique*, en rapport au C. L. G. 32 n. 69.

Cette même interprétation pourrait donner un sens aux affirmations de
Saussure sur les transcriptions qui devraient être sans équivoque (C. L. G. 56
n. 105). Alors que cela, comme nous l'avons vu dans la note correspondante, serait
impossible pour une transcription purement phonétique, les transcriptions de la
séquence de phonèmes (au sens non saussurien du terme) peuvent être et sont
sans équivoque, fondées sur une correspondance biunivoque entre graphèmes
et phonèmes. On pourrait également trouver des transcriptions relativement
sans équivoque chez celles qui rendraient compte de types de réalisations
phonico-acoustiques en correspondance avec les phonèmes d'une langue :
c'est-à-dire des transcriptions phonétiques présupposant une analyse phonématique. Si c'est là le point de vue de Saussure, l'ambiguïté des sens du terme
acoustique n'a certainement pas contribué à sa clarté.

(114) L'affirmation saussurienne du primat de l'acousticité (sans qu'en fus-
sent distinguées les ambiguïtés) fournit à Jakobson (1929 = 1962. 23 n. 18)
l'occasion de reprendre la même thèse, développée ensuite, dans la théorie
connue des *distinctive features*, sur une base acoustico-auditive. L'importance
historique de la thèse saussurienne du primat de l'acousticité a été soulignée,
avec une compréhension différente, par Malmberg 1954. 17-19, 21-22. La décou-

verte de Saussure est d'autant plus remarquable qu'il ne connaissait pas les travaux de phonétique acoustique que H. L. F. von Helmholtz avait amorcés grâce à son résonateur (1856) (*Die Lehre von den Tonempfindungen*, Braunschweig 1863, *On the Sensation of Tone*, Londres-New York 1895), et qu'avaient poursuivis L. Hermann (cf. F. Trendelenburg, in *Manual of Phonetics*, La Haye 1957, p. 19-21) et Hugo Pipping.

(115) Pour ce qui concerne les considérations sur l'analyse implicite sous-tendant l'invention de l'écriture alphabétique, cf. (outre la bibliographie citée à la note 97) A. Meillet, *Aperçu d'une histoire de la langue grecque*, 1ʳᵉ éd. Paris 1913, 7ᵉ éd. 1965, p. 59-60, et surtout A. Meillet, *La langue et l'écriture*, « Scientia » 13 : 90, 1919 290-293, où il y a peut-être un écho de l'enseignement de Saussure (et aussi du C. L. G.).

Pour ce qui concerne la définition du *phonème*, elle est conforme à ce que nous disions *supra* n. 111. Et, comme nous l'avons souligné, c'est à partir d'elle que s'est développé ce que nous pourrions appeler, si le respect dû à ses participants ne nous en empêchait, une comédie des équivoques. En marge de l'exposé de Mathesius au second congrès des linguistes (Mathesius 1933), W. Doroszewski attaqua cette définition du *phonème* en croyant manifestement qu'elle faisait référence à l' « unité irréductible », au phonème dans le sens non saussurien du terme. Bally, démontrant que l'erreur avait déjà été commise par les éditeurs, descendit généreusement dans l'arène pour défendre le maître (Bally 1933. 146) : il affirma que Saussure avait ici en vue non pas le *phonème*-unité fonctionnelle, mais le *son*, entité purement phonétique, ce qui est exact ; mais, au lieu d'éclaircir le fait qu'il y avait un usage terminologique différent propre à Saussure qui appelait *phonème* l'entité phonétique (et « unité » ou « élément irréductible » l'entité fonctionnelle de la *langue*), Bally ajouta que ce passage était dû à une « faute de rédaction ». En réalité il n'y a là aucune « faute ». Dans 752 B Engler on lit en effet : « phonème — la somme des impressions acoustiques et des actes articulatoires, l'unité entendue et parlée, l'une conditionnant l'autre ». Aggravant les choses avec les meilleures intentions du monde, Bally ajoutait : « Au cours de l'ouvrage du maître, nous nous rendons compte de la véritable définition du ph. : un son qui a une fonction dans la langue, fonction déterminée essentiellement par son caractère différentiel. » Or, ceci est vrai pour l'entité de la langue que nous appelons *phonème* (et qu'on ne voit être appelée phonème dans le C. L. G. que par l'erreur des éditeurs : v. *supra* n. 111 et C. L. G. 164 n. 235), mais non pas pour ce que Saussure appelait *phonème*. Par sa « défense », Bally avalisait l'équivoque d'interprétation déjà commise par R. Jakobson. Celui-ci, cependant, contrairement à Bally qui en son temps avait eu sous les yeux les manuscrits, avait parfaitement le droit de la commettre sur la base du texte du C. L. G. Il faisait observer sur cette base (1929 = 1962. 8) que l'on tirait du passage du C. L. G. 65 comme caractère définitoire du phonème le fait qu'il était le plus petit élément de la séquence phonique, du C. L. G. 68-69 le fait qu'il était une combinaison simultanée de traits pertinents, et du C. L. G. 164 le fait qu'il était une entité « oppositive, négative et relative ».

On peut se demander s'il n'y a pas un raffinement excessif de l'exégèse à relever ainsi l'équivoque commise par Jakobson puisque, en fin de compte, les deux caractères qu'il attribue à ce qu'il appelle *phonème* (étant autorisé, vu l'état du C. L. G., à croire que Saussure l'appelait aussi *phonème*) sont précisément aussi les caractères de cette « unité irréductible » que Saussure n'appelait pas *phonème*, mais qui est cependant la mère légitime, sur le plan conceptuel, du phonème de Sapir, des Pragois, de toute la linguistique postsaussurienne. Nous croyons pourtant qu'il est nécessaire d'insister sur cette équivoque : en alliant les deux caractères déjà mentionnés (dont un seul, le premier, est aussi caractère de ce que Saussure appelle *phonème*) au caractère d'entité phonico-acoustique propre au *phonème* de Saussure, Jakobson aboutissait à la conception du *phonème* (et plus généralement du signifiant) comme ensemble des caractères phonico-acoustiques qui, dans les réalisations phonétiques, restent constants pour éviter toute confusion avec d'autres éléments du système. Le phonème, et plus généralement l'entité signifiante, perd alors son caractère de forme pure pour assumer le caractère d' « abstraction phonétique ».

On peut peut-être ajouter que l'aspect équivoque de la notion de *phonème* chez Saussure a favorisé une autre équivoque : celle qui a fait croire que *phonologie* désignait chez Saussure l'étude synchronique du système des éléments différentiels minima (phonèmes au sens postsaussurien). Il s'agit d'une équivoque à laquelle n'échappe pas même E. Alarcos Llorach, *Fonología española*, 2ᵉ éd., Madrid 1954, p. 23. Nous le relevons parce qu'il est possible que cette équivoque ait joué un rôle dans le renversement du sens de *phonologie* lors du passage de Saussure aux Pragois (n. 103). Outre l'ambiguïté du sens de *phonème*, l'équivoque peut avoir été facilitée par la confusion entre le caractère idiochronique de la phonologie des structuralistes postsaussuriens et l'extratemporalité de la *phonologie* de Saussure : « La phonologie est en dehors du temps », lit-on dans le C. L. G. 56.

(116) La phrase « On en trouvera... » est un ajout des éditeurs, un de ceux visant le plus à donner au C. L. G. l'apparence d'un manuel achevé de linguistique générale. Les indications complètes sur les œuvres citées en note par les éditeurs sont : E. Sievers, *Grundz. d. Phon.*, 5ᵉ éd., Leipzig 1901 ; O. Jespersen, *Lehrbuch d. Phon.*, 2ᵉ éd., Leipzig 1913, 5ᵉ éd, 1932 ; L. Roudet, *Éléments dephonétique générale*, Paris 1910.

Dans les leçons, Saussure affirme (709 B Engler) : « Grand progrès actuellement. ⟨Vietor en Allemagne ; Paul Passy en France » (ou encore, 709 C Engler : « Vietor (Allemagne), P. Passy en France : ont réformé les idées »). Les éditeurs auraient donc pu citer utilement W. Vietor, *Elemente der Phonetik des Deutschen, Englischen und Französischen*, 7ᵉ éd., Leipzig 1923, et surtout l'excellent volume de l'élève de Saussure, P. Passy, *Petite phonétique comparée des principales langues européennes*, Leipzig 1901, dont Saussure semble s'être inspiré surtout dans la reconnaissance du rôle primordial de la cavité orale dans l'articulation (un peu obscure dans le C. L. G. 68 alinéa 1, plus nette dans 777 B Engler).

(117) Pour des données précises sur l'œuvre de Jespersen, voir *supra* n. 116. Malmberg 1954. 22 affirme que dans les pages 68-69 on a non seulement une vague idée mais la première systématisation du trait pertinent. Il est très probable que, historiquement, ces pages ont été lues et ont eu de l'influence comme les pages dans lesquelles on parlait des « éléments différentiels » des unités minima (ainsi, impressionné par Jakobson et ignorant Godel, Lepschy encore en 1965. 24 n. 7), c'est-à-dire des traits pertinents du phonème au sens postsaussurien ; mais, quoi qu'on ait dit (*supra* notes 111, 113, 115), ces considérations se réfèrent en réalité pour Saussure aux éléments différentiels des différentes espèces d'entités phonétiques.

(118) Pour les sources du paragraphe, voir *supra* n. 112. Sur l'aperture orale, cf. Grammont 1933. 59.

(119) Ce paragraphe et les paragraphes suivants du chapitre sont parmi les rares sections du C. L. G. attribuées à un seul des éditeurs, dans ce cas particulier Ch. Bally (S. M. 97).

Tout le chapitre est important pour la théorie moderne de la syllabe (Malmberg 1954. 23-27). Les segments phoniques (les *phonèmes* au sens saussurien) vivent, pour ainsi dire, dans la syllabe. Étant donnée une séquence de phonèmes anglais /m/ /a/ /i/ /t/ /r/ /e/ /i/ /n/ nous aurons deux séquences différentes selon qu'il s'agit de /mai trein/ ou de /mait rein/. Dans le premier cas on a *ai* « fully long », *t* « strong », *r* « voiceless » ; dans le second cas on a *ai* « shorter allochrone », *t* « weak », *r* « fully voiced », ou bien l'on a des variations « non pertinentes » du point de vue pragois qui, cependant, donnent sur le plan de la norme des indications précieuses sur la structure syllabique (et, donc, monématique), comme cela se produit en italien dans la réalisation de *un'amica* (une amie) et *una mica* (une miette) et dans d'autres cas semblables (cf. B. Malmberg, *Remarks on a Recent Contribution to the Problcm of the Syllable*, S. L. 15, 1961. 1-9 ; l'analyse spectrographique type *Visible Speech* a repris avec de nouveaux moyens d'analyse les intuitions saussuriennes : cf. Martinet 1955. 23-24).

(120) Saussure pensait (883 B Engler) par exemple à H. Sweet, *A Handbook of Phonetics*, Oxford 1877, *A Primer of Phonetics*, 3ᵉ éd., Oxford 1906, *A Primer of Spoken English*, Oxford 1890.

De cette affirmation de Saussure se dégage un comportement tendant à chercher, en phonétique également, l'essentiel ; cf. Puebla de Chaves 1948. 100.

(121) Pour la rédaction du paragraphe, voir n. 119. Dans le dernier alinéa (« On a émis la théorie... », la critique est destinée à A. Meillet, *Introduction à l'étude* etc., (Meillet 1937), 1ʳᵉ éd. , Paris 1903, p. 98.

(122) Une bonne partie du paragraphe vient du sténogramme de Bally (969-982, 984-90 B Engler). Ceci vaut également pour les paragraphes suivants.

(123) Pour la rédaction, voir *supra* notes 119, 122.

Sur la théorie saussurienne de la syllabe, cf. Vendryes 1921. 64 et sv., Frei 1929. 102 et sv., Grammont 1933. 98 et sv., Dieth-Brunner 1950. 376, Rosetti 1959. 13, Laziczius 1961. 174 et sv.

Face au terme habituel de *consonne* (opposé à *voyelle*), Saussure introduit ici le terme *consonante* pour désigner les éléments non sonantiques.

Sur ces termes, cf. Abercrombie 1967. 79-80 n. 15 (qui cite comme antécédent de Saussure H. D. Darbishire, *Relliquiae philologicae*, Cambridge 1895, p. 194 et sv., pour le terme *adsonant*).

(124) Voir notes 119, 122.

(125) V. n. 119, 122.

(126) V. n. 119, 122.

(127) Saussure veut en réalité faire référence à Brugmann (1059, 1061 B Engler).

(128) Durant le troisième cours (S. M. 82 n. 114), lors de la leçon du 2 mai, Saussure aborde le chapitre deux de la partie « La langue » : après avoir traité le chapitre « La langue séparée du langage » (S. M. 81, n. 111), utilisé par les éditeurs comme base de l'introduction du C. L. G. (p. 27 et sv.), il passe au deuxième chapitre qu'il propose tout d'abord d'appeler « Nature du signe linguistique ». Dans le *signe*, « une image acoustique est associée à un concept » (C. L. G. 1095 B. Engler). Deux semaines plus tard, en appendice à la leçon du 19 mai (S. M. 85, n. 124), Saussure revient sur le chapitre second en proposant un nouveau titre et en introduisant deux nouveaux termes. Le nouveau titre est : « La langue comme système de signes » (1083-1084 B Engler). Il vient évidemment du fait que, une fois les deux principes fondamentaux éclaircis et discutés, et une fois arrêtées les conséquences concernant les entités de la langue (S. M. 83-84), Saussure a dû percevoir avec clarté la possibilité de proposer comme thème du chapitre non plus une recherche générale sur « la nature du signe », mais une thèse spécifique sur l'interprétation de la langue comme système de signes.

Le nouveau titre a été ignoré par les éditeurs.

Quant aux nouveaux termes, il s'agit des deux termes fameux, clefs de voûte de l'extrême systématisation conçue par Saussure : « Une amélioration peut être apportée à ces formules [celles de la leçon du 2 mai] en employant ces termes : *signifiant, signifié* » (1084 B Engler). Quel est le sens de l'introduction de ces termes? On y a vu le calque d'un couple terminologique stoïcien (voir p. 380). Elle est en réalité le sceau, sur le plan terminologique, de la pleine conscience de l'autonomie de la langue, comme système formel, par rapport à la nature auditive ou acoustique, conceptuelle, psychologique ou d'objet des substances qu'elle organise. *Signifiant* et *signifié* sont les « organisateurs », les « discriminants » de la substance communiquée et de la substance communicante. C'est-à-dire que l'introduction des deux termes est une conséquence du principe de l'arbitraire radical du signe linguistique. Les éditeurs ont mélangé (par peur de perdre quelque chose) la vieille et la nouvelle terminologie. On y perd quelque chose, en fait : le sens du contraste possible entre les deux terminologies, le lien entre la nouvelle terminologie et le sens le plus profond du principe de l'arbitraire.

(129) Pour es origines aristotéliciennes de la conception de la langue comme nomenclature et pour sa permanence à l'époque moderne à travers la grammaire rationaliste de Port-Royal, cf. De Mauro 1965. 38-47, 56-58, 73-83. Après Saussure, la critique de cette conception a surtout été reprise, chez les linguistes, par L. Hjelmslev dès 1943 (Hjelmslev 1961. 49-53) et par A. Martinet, 1966. 15-17. Pour ce qui concerne la tradition philosophique, la même conception, après avoir été objet de critiques au xviie et au xviiie siècle (De Mauro 1965. 47 et sv. ; on ne peut exclure l'hypothèse que ces critiques ne se rattachent, à travers Kruszewski, à Saussure d'une façon ou d'une autre : voir *supra* 340), émerge à nouveau au xixe siècle et a trouvé au xxe en L. Wittgenstein son défenseur le plus cohérent à l'époque du *Tractatus* et plus tard, à l'époque des *Philosophische Untersuchungen*, son critique le plus radical. Le dernier Wittgenstein a soutenu que ce n'est pas l'objet qui est la base du sens des mots, mais que c'est au contraire l'usage du mot qui rassemble des expériences disparates du point de vue perceptif, constituant ainsi, dans des conditions et pour des raisons socialement déterminées, ce que l'on appelle l' « objet ». Wittgenstein parvient ainsi à une conception très voisine de celle de Saussure, malgré leur point de départ très différent (De Mauro, *Ludwig Wittgenstein. His Place in the Development of Semantics*, Dordrecht 1967). Ce serait une erreur de croire que la portée de ces critiques ait été communément comprise par les linguistes. Ogden et Richards 1923. 11, en proposant le « triangle sémantique » dans lequel le symbole phonique est lié (par une relation causale) à un concept (*thought*) à son tour déterminé causalement par la « chose » (*referent*), restent à l'évidence en deçà de la critique de Saussure dont ils montrent ne pas avoir compris la pensée (C. L. G. 101 n. 140). Et, même parmi les professions de fidélité à Saussure, S. Ullmann, en acceptant le triangle sémantique de Ogden et Richards (Ullmann 1962. 55-57), montre que lui aussi n'a pas assimilé la substance de la position saussurienne (Godel 1953, De Mauro 1965. 172-73) : « la sémantique d'Ullmann appartient à l'ère présaussurienne » (Frei 1955. 51). Les conséquences de cette incompréhension sont comparables à celles de l'incompréhension autour de la notion de *phonème* : les unes et les autres ont gravement amoindri la possibilité de comprendre la doctrine saussurienne de l'arbitraire du signe, de la langue comme forme, de la valeur. Sur la critique saussurienne, cf. en outre Mounin 1963. 21-26.

La suite du passage résulte de la fusion de deux sources différentes. Avant tout les notes de la leçon du troisième cours : « Pour certains philologues, il semble que le contenu de la langue, ramenée à ses premiers traits, ne soit qu'une nomenclature. Mais même en admettant ce cas où l'origine de la langue serait une nomenclature, on peut montrer en quoi consiste l'élément linguistique, *objets* [dessins de l'arbre, du cheval] *noms [arbos equos]*. Il y a bien deux termes : d'une part un objet, hors du sujet ; d'autre part le nom, l'autre terme — vocal ou mental : *arbos* peut être pris dans ces deux sens différents » (1085, 1092, 1087, 1093, 1090 B Engler). Ici, comme pour la suite, les notes ont fourni l'échafaudage du chapitre. Il est important de souligner ceci, étant donné le caractère des notes : il s'agit nettement d'un discours *ad usum Delphini*, dont le schéma est : « Enfin si la langue était une nomenclature (bien que cela ne soit pas), le caractère double du signe linguistique n'en serait que mieux mis en relief. » Le discours se développe donc dans une direction évidemment didactique : il faudra s'en souvenir pour évaluer certaines autres formulations.

L'autre source, adoptée seulement partiellement par les éditeurs qui l'ont condensée en trois phrases (« cette conception... égards », « elle suppose... aux mots », « enfin elle laisse supposer... être vrai »), est la longue note autographe déjà en partie éditée (*Notes* 68 et sv.) sur la base d'une copie faite par Sechehaye et ici reproduite intégralement (1085-1091, 1950-1956 F Engler).

« Le problème du langage ne se pose à la plupart des esprits que sous la forme d'une *nomenclature*. Au chapitre IV de la *Genèse*, nous voyons Adam donner des noms ⟨......⟩ Au chapitre *sémiologie* : ⟨La plupart des conceptions que se font, ou du moins qu'offrent les⟩ philosophes du langage font songer à ⟨notre premier père⟩ Adam appelant près de lui les ⟨divers⟩ animaux et leur donnant à chacun leur nom. Trois choses sont invariablement absentes de la donnée qu'un philosophe croit être celle du langage :

1° ⟨D'abord cette vérité sur laquelle nous n'insistons même⟩ pas, que le fond du langage ⟨n'est⟩ pas constitué par des noms. C'est un accident quand le signe linguistique se trouve correspondre à un objet défini pour les sens comme *un cheval, le feu, le soleil*, ⟨plutôt qu'à une idée comme ἔθηκε " il posa "⟩. Quelle que soit l'importance de ce cas, il n'y a aucune raison ⟨évidente⟩, bien au contraire, de le prendre comme type du langage. Sans doute, ce n'est, dans un certain sens, ⟨de la part de qui l'entend ainsi,⟩ qu'une faute sur l'exemple.

Mais il y a là, implicitement, quelque tendance que nous ne pouvons ⟨méconnaître, ni⟩ laisser passer sur ce que serait ⟨en définitive⟩ le langage : savoir, une nomenclature d'objets. ⟨D'objets d'abord donnés.⟩ *D'abord* l'objet, puis le signe ; donc (ce que nous nierons toujours) base extérieure donnée au signe et figuration du langage par ce rapport-ci :

$$\text{objets} \left\{ \begin{array}{l} * \text{———} a \\ * \text{———} b \\ * \text{———} c \end{array} \right\} \text{noms}$$

alors que la vraie figuration est : a — b — c, hors de toute ⟨connaissance d'un rapport effectif comme * — a fondé sur un objet⟩.

Si un objet pouvait, où que ce soit, être le terme sur lequel est fixé le signe, la linguistique cesserait instantanément d'être ce qu'elle est, depuis ⟨le sommet⟩ jusqu' ⟨à la base⟩ ; du reste, l'esprit humain, du même coup, comme ⟨il est évident à partir de cette discussion.⟩ Mais ce n'est là, nous venons de le dire, que le reproche incident que nous adress⟨eri⟩ons à la manière traditionnelle de prendre le langage quand on veut le traiter philosophiquement. — Il est malheureux ⟨certainement⟩ qu'on commence par y mêler comme un élément primordial ⟨cette donnée⟩ des *objets désignés*, lesquels n'y forment aucun élément quelconque. Toutefois ce n'est rien là de plus que ⟨le fait d'⟩un exemple mal choisi, et en mettant à la place de ἥλιος, *ignis* ou *Pferd* quelque chose comme [], on se place au-delà de cette tentation de ramener la langue à quelque chose d'externe.

Beaucoup plus grave est la seconde faute où tombent généralement les philosophes, et qui est de se représenter :

2° Qu'une fois un objet désigné par un nom, c'est là un tout qui va se transmettre, sans autres phénomènes à prévoir! Du moins si une altération se produit, ce n'est que du côté du nom ⟨qu'elle peut être à craindre⟩, à ce qu'on suppose *fraxinus* devenant *frêne*. Cependant aussi du côté de l'idée : []. Voilà déjà de quoi faire réfléchir sur le mariage d'une idée et d'un nom quand intervient ce facteur imprévu, absolument ignoré, dans la combinaison philosophique, LE TEMPS. Mais il n'y aurait là rien encore de frappant, rien de caractéristique, rien de spécialement propre au langage, s'il n'y avait que ces deux genres d'altération, et ce premier genre de dissociation par lequel l'idée quitte le signe, spontanément, que celui-ci s'altère ou non. ⟨Les⟩ deux ⟨choses⟩ restent encore jusqu'ici des entités séparées. Ce qui est caractéristique, ce sont les innombrables cas où ⟨c'est⟩ l'altération du signe qui change, l'idée même et où on voit tout à coup qu'il n'y avait point de différence du tout, de moment en moment, entre la somme des idées distinguées et la somme des signes distinctifs.

Deux signes, par altération phonétique, se confondent :

l'idée, dans une mesure déterminée (déterminée par l'ensemble des autres éléments) se confondra.

Un signe se différencie par le même procédé aveugle :
infailliblement, il s'attache à cette différence qui vient de naître.

Voici des exemples, mais constatons tout de suite l'entière insignifiance d'un point de vue qui part de la relation d'une idée et d'un signe hors du temps, hors de la transmission, qui seule nous enseigne, expérimentalement, ce que vaut le signe.

(130) Sur le remplacement de *concept* et *image acoustique* par *signifié* et *signifiant* voir *supra* n. 128 ; pour *acoustique*, voir C. L. G. 63 n. 111, pour *image* voir C. L. G. 103 n. 145.

Sur la définition saussurienne du signe, voir la bibliographie donnée à C. L. G. 100-101 et notes, et cf. spécifiquement : Weisgerber 1927, Weisgerber 1928. 310 et sv., Bally 1939, Lerch 1939, Lohmann 1943, Gardiner 1944, Bröcker-Lohmann 1948, Nehring 1950 I, Spang-Hanssen 1954. 94 et sv., Otto 1954. 8, Fónagy 1957, Ammer 1958. 46 et sv., Vinay-Darbelenet 1958. 28-31, Hjelmslev 1961. 47, Christensen 1961. 32, 179-91, Graur dans *Zeichen und System* I.59, Gipper 1963. 29 et sv., Miclău 1966. 175.

Saussure semble vouloir ici faire référence par *signe* (comme le montre la référence, fût-elle polémique, à *nom*) à une entité plus petite que la phrase, probablement au vocable ; le même Saussure écrit cependant ailleurs : « Dans la règle, nous ne parlons pas par signes isolés, mais par groupes de signes, par masses organisées qui sont elles-mêmes des signes » (C. L. G. 177). Si bien que Godel 1966. 53-54 peut affirmer avec raison que la définition convient aussi bien à toute entité linguistique monème, syntagme, proposition, phrase). Pour éviter les équivoques, Lucidi a proposé en 1950 d'introduire le terme *hyposème* pour désigner les éléments fonctionnels ressortant de l'analyse du signe, compris comme le produit d'un acte linguistique complexe (Lucidi, 1966. 67 et sv.).

Buyssens 1960 a également senti le besoin de préciser la définition saussurienne : le signe linguistique serait le plus petit segment qui, par la prononciation ou par la signification, permet deux opérations complémentaires : associer des phrases par ailleurs différentes et opposer des phrases par ailleurs semblables.

Sur le glissement de *signe* de « signe » à « signifiant » voir C. L. G. 99 n. 133.

(131) Sur l'utilisation saussurienne de *psychique*, voir C. L. G. 32 n. 70.

Sur la condamnation par la suite du terme *phonème*, voir C. L. G. 63 n. 111.

(132) C'est là un des passages qui révèlent les conséquences assez graves des interventions apparemment modestes des éditeurs. Seules les deux premières figures proviennent des sources manuscrites : la troisième, avec le dessin de l'arbre, a été ajoutée, ainsi que les flèches dans les trois figures, la phrase « Ces deux éléments sont intimement unis et s'appellent l'un l'autre » (phrase qui traduit les flèches en mots) et l'emploi de *mot* pour désigner *arbor*. Le résultat de tout ceci est que le lecteur a l'impression que pour Saussure le signifiant est le vocable, le signifié l'image d'une chose, et que l'un appelle l'autre comme le soutiennent ceux qui pensent que la langue est une nomenclature. On glisse ainsi aux antipodes de la conception saussurienne. Cf. S. M. 115-116.

(133) A travers tout le passage apparaît à l'évidence la préoccupation, typique de Saussure, d'éviter tout néologisme technique : pour cette attitude à laquelle le C. L. G. doit peut-être certaines ambiguïtés superficielles mais certainement l'absence radicale de toute mystification, voir n. 38 et cf. S. M. 132-133, Engler 1966. Pour l'attitude très analogue d'un autre fondateur de la science moderne on peut voir aujourd'hui l'intelligente étude de M. L. Altieri Biagi, *Galileo e la terminologia tecnico-scientifica*, Florence 1965. Pour *signe = signifiant*, voir n. 155.

(134) Voir C. L. G. 97 n. 128. Pour les textes qui peuvent avoir suggéré à Saussure l'introduction des deux termes, v. 380-381.

Signifiant et *signifié* comme participes substantivés n'avaient pas de tradition en français avant Saussure et ont posé quelques problèmes de traduction dans les différentes langues : les traducteurs de Saussure ont eu recours à *das Bezeichnete* et *das Bezeichnende, signified et signifier* pour l'allemand et l'anglais, l'italien utilise pour *signifié significato* qui correspond en réalité au français *signification* et l'espagnol, qui possède un traditionnel *significado*, est en position analogue à celle de l'italien. Il n'est pas certain que l'italien, possédant un mot courant comme *significato* pour rendre sans difficulté le *signifié* saussurien, en soit avantagé. On a parfois l'impression que, avec la facile équation linguistique, se déverse sur la notion saussurienne (technique et, comme nous le verrons, peu équivoque) tout le « vague et l'indéfinissable » (Lucidi 1966. 75) que connote le mot courant *significato* et, dans d'autres langues, des mots comme *Sinn, Bedeutung, meaning, signification,* etc.

(135) « Premier principe primaire : le signe linguistique est arbitraire. Ainsi le concept *sœur* n'est lié par aucun etc. » (1121, 1123, 1224 B Engler). Sur les sources manuscrites du paragraphe, cf. Engler 1959. 128-131 et *infra.*

(136) La phrase mélange la première formulation donnée par Saussure (v. n. 135) avec celle dónnée après avoir introduit les termes *signifiant* et *signifié* (voir *supra* n. 128 et S. M. 86 n. 124) : « Le lien unissant le signifiant au signifié est radicalement arbitraire » (1122 B Engler). « Radicalement » a disparu dans le texte des éditeurs : s'agissant d'une formulation à laquelle Saussure a pensé et repensé, on peut difficilement imaginer que l'adverbe soit utilisé comme pléonasme général de renforcement. Il est plus légitime de supposer qu'il a ici son sens plein : le lien est arbitraire *radicitus,* dans ses fondements même, dans la mesure où il relie deux entités semblablement produites grâce à un découpage arbitraire dans la substance acoustique et dans la substance significative (v. n. 231).

(137) En référence à cette notion d'arbitraire comme absence de motivation des signifiants de deux langues différentes par rapport à un « signifié » que l'on présume stable et identique, on a pu accuser Saussure d'incohérence (v. C. L. G. 101 notes 138 et 141) et on a pu en faire l'épigone de ceux qui, des sophistes, de Platon et d'Aristote (et non pas seulement des stoïciens) jusqu'à Boole et P. Valéry, ont conçu la langue comme une nomenclature, c'est-à-dire comme un ensemble de noms dont chacun est accolé θέσει, « par convention », aux choses ou à leurs équivalents mentaux ταὐτὰ πᾶσι « identiques pour tous » (voir *supra* 380). La source immédiate de cette conception conventionnaliste fut certainement pour Saussure Whitney (v. *supra* 332) : cf. *Language and the Study of Language* cit., page 32 (« Inner and essential connexion between idea and word... there is none, in any language upon earth », si bien que le signe est « arbitrary and conventional »), 71, 102, 132, 134, 400 (« arbitrary signs for thought »), etc. ; *Life and Growth of Language* cit., pages 19, 24, 48, 282, 288. Il faut observer, du point de vue terminologique, que chez Whitney *arbitrary* est étroitement associé dans ses différents contextes à *conventional* : comme nous l'avons vu (*supra* 382), ce terme est soigneusement évité par Saussure en 1894 et ensuite, avec des motivations théoriques, dans la mesure où il signale avec juste raison que la conventionnalité implique nécessairement une conception du signifié et du signifiant comme deux faits sur lesquels opère secondairement la convention humaine pour les associer. En d'autres termes, comme nous l'avons vu (364), le conventionnalisme ne porte pas atteinte à la conception de la langue comme nomenclature. Saussure abandonne par conséquent le terme *conventional* comme qualificatif du signe ; et il semble à une certaine époque avoir tendancè à remplacer aussi l'autre terme du couple whitneyen par (*symbole*) *indépendant* (S. M. 45, 143 et voir n. 140) ou *immotivé.* Il faut tenir compte de tout ceci pour apprécier l'utilisation de *arbitraire* dans le C. L. G. On ne peut pas attribuer *sic et simpliciter* à Saussure une conception conventionnaliste : tout le C. L. G. (v. *supra* notes 128 et 129 et C. L. G. 155 et sv.) est précisément un combat contre cette conception. Saussure en est venu

à utiliser *arbitraire* parce que l'adjectif exprimait bien l'inexistence de raisons naturelles, logiques, etc., dans la détermination des *articulations* de la substance acoustique et sémantique. Cependant, dans les pages 100 et 101 du C. L. G. (il semblerait que certains n'aient lu que ces deux pages) affleure la notion whitneyenne de l'arbitraire et, avec elle, la conception de la langue comme nomenclature. L'ambiguïté du terme *arbitraire*, lourd encore du sens whitneyen, peut avoir joué un certain rôle en provoquant dans ces deux pages, c'est-à-dire dans la leçon du 2 mai, un glissement, un retour vers des conceptions critiquées et liquidées par Saussure lui-même. Il semble cependant plus probable que Saussure, avec l'exemple de *sœur* et de *bœuf*, et avec le rappel de la conception conventionnaliste de l'arbitraire, ait seulement voulu donner une idée, en première approximation, de l'arbitraire « radical » (voir n. 136) du signe, de la même façon que, pour donner une idée de la dualité fondamentale du signe, il rappelait à ses élèves la conception de la langue comme nomenclature (voir C. L. G. 97 et la note 129).

Lucidi avait déjà compris en 1950 que les problèmes soulevés autour de ces deux pages (v. *infra* n. 138) étaient quelque peu dramatisés : « Les... passages se ressentent de cette approximation qui envahit toute l'exposition du *Cours*, conséquence inévitable de la genèse du livre, notoirement né de leçons orales et organisé en plusieurs cours qui n'étaient pas destinés à la publication. Ainsi par exemple la proposition « le signifié " bœuf " a pour signifiant *b-ö-f* d'un côté de la frontière et *o-k-s* (Ochs) de l'autre » est inexacte par rapport aux développements ultérieurs de la théorie saussurienne, dans la mesure où le signifié étant uniquement la contrepartie du signifiant, on ne peut pas parler d'un signifié " bœuf " en général s'opposant aux signifiants *b-ö-f* et *o-k-s*, mais d'un signifié " bœuf " et d'un signifié " Ochs ". Cette inexactitude est cependant extrinsèque, car l'indéniable contradiction avec le développement ultérieur de la théorie se justifie si l'on observe que cette façon impropre de s'exprimer est favorisée par le fait que De Saussure se sert encore ici de définitions provisoires (signifié = concept) » (Lucidi 1966. 49). Ce dernier passage est d'autant plus remarquable qu'il a été écrit plusieurs années avant que l'analyse des manuscrits ne révèle que cet exemple malheureux (1124 B Engler) appartient à la première leçon de Saussure sur ce sujet, antérieure à l'introduction des termes plus appropriés de *signifiant* et *signifié* (v. *supra* n. 128).

(138) Le paragraphe est un fidèle reflet des sources manuscrites (1125-1127 B Engler) ; les notes de Constantin (non utilisées par les éditeurs) portent encore plus clairement : « La place hiérarchique de cette vérité-là est tout au sommet. Ce n'est que peu à peu que l'on finit par reconnaître combien de faits différents ne sont que des ramifications, des conséquences voilées de cette vérité-là » (1225-1227 E Engler). Le passage est important pour au moins deux raisons : il nous pousse à considérer que Saussure avait trouvé dans le principe de l'arbitraire le *prius* de sa systématisation des « théorèmes » de la théorie linguistique (v. 363 et note 65) ; et en outre, en confirmation de la note précédente, il montre que Saussure considérait par cette formulation n'avoir accompli qu'un premier pas sur la voie de la compréhension profonde du principe de l'arbitraire. Ceci implique que le sens profond du principe de l'arbitraire, sur l'indication explicite de Saussure lui-même, doit être compris non pas en regardant seulement la formulation de ces deux pages, mais en regardant tout le C. L. G. : on doit considérer avant tout la doctrine de la langue comme forme (C. L. G. 157, 169) ; en second lieu la doctrine connexe selon laquelle les distinctions de la langue sont « indépendantes » (v. n. 137) des caractéristiques intrinsèques de la substance sémantique et de la substance acoustique dans lesquelles sont introduites ces distinctions. Cependant, pour parvenir à cette conclusion-interprétation, « bien des détours » ont été nécessaires au cours des polémiques liées à l'équivoque et au débat compliqué sur « l'arbitraire du signe ».

Histoire de la question de l'arbitraire : Engler 1962, Lepschy 1962, Engler 1964, Leroy 1965. 81-84, Derossi 1965. 70-103. L'interprétation conventionnaliste de l'arbitraire saussurien a été initialement la plus commune : cf. Jespersen 1917, Devoto 1928. 243, Amman 1934. 263 et sv., Jaberg 1937. 133-134, Pichon 1937. 25-30 (attribue à Saussure une vue conventionnaliste, selon laquelle le signe est conventionnel par rapport à l'objet ; la critique, parce qu'il y a au contraire une « union spirituelle » entre signifiant et signifié ; et y voit une rationalisation de l'expérience du bilinguisme suisse). Certaines des thèses de Pichon furent reprises deux années plus tard par Benveniste, dans un article sur la *Nature du signe linguistique,* publié dans le premier numéro de « Acta Linguistica » (A. L. I, 1939. 23-29 = Benveniste 1966. 49-55). Benveniste insiste lui auss sur le fait que le rapport entre signifiant et signifié est « nécessaire » et non pas arbitraire ; mais, à la différence de Pichon (lequel revendiqua donc à tort par la suite un droit de paternité sur la question de l'arbitraire : Pichon 1941), Benveniste souligne (avec raison) le contraste entre le principe de l'arbitraire compris de façon conventionnelle (et on ne peut que le comprendre ainsi sur la base des pages 100-101) et le reste de la pensée saussurienne. Ceci, en tant que critique du conventionnalisme et de la conception de la langue comme nomenclature, porte à conclure qu'il n'est pas possible de concevoir un « signifié » autonome par rapport aux « signifiants » d'une langue déterminée. Il n'est par conséquent pas possible de prendre un signifié « bœuf » comme entité commune à deux langues et de montrer ainsi que, puisque les formes phoniques des signifiants qui dans les deux langues désignent le signifié présumé commun sont différentes, les signifiants mêmes sont arbitraires. Benveniste, avec raison, voit la substance de la pensée saussurienne dans le C. L. G. 155 et sv., dans la conception de la langue comme système de valeurs relationnelles et donc, en tant que telles, incomparables. L'article de Benveniste ouvrit avant tout la voie à une série de critiques qui attaquaient Saussure en lui attribuant une position conventionnaliste et en soutenant que le signe n'est pas arbitraire : Lerch 1939. Rogger 1941. 166-167, Naert 1947, Bolelli 1949. 36-40 (sur ses équivoques, cf. Lucidi 1966. 56, 63-64), Bolinger 1949. Alonso 1952. 19-33, Jakobson 1962. 653, Jakobson 1966. 26 et sv. D'autres, descendant parfois dans l'arène pour une défense pour ainsi dire trop généreuse (comme le notait déjà Lucidi en 1950, ces défenseurs de la position saussurienne défendent la validité du conventionnalisme), donnent pour acquis que Saussure est réellement un conventionaliste : Bally 1940, Bally, Sechehaye, Frei 1941, Ullmann 1959. 83 et sv. (cf. page 85 : « Is there any intrinsic reason for the existence in English of a word signifying " arbor "? The answer is obviously : Yes. The reason lies in the existence in extra-linguistic reality of some feature which has to be named » : c'est exactement ce que nie le C. L. G. 155 et sv. ; mais sur les limites du saussurisme de Ullman voir *supra* 372 et n. 129), Waterman 1963. 62-63, Abercrombie 1967. 12.

Parmi les critiques, pour lesquels il est acquis que le signe est motivé d'un point de vue onomatopéique, esthétique, spirituel, etc., et les défenseurs, pour lesquels il est tout aussi acquis que le signe est arbitraire puisque nous trouvons pour le même signifié des signifiants différents dans différentes langues, il y a un peloton au départ bien maigre qui se rend compte de deux exigences. La première est l'exigence d'approfondir l'interprétation analytique du texte du C. L. G., dont on commence à remarquer les mailles filées, les sutures forcées, les juxtapositions ambiguës ; la seconde est l'exigence d'approfondir la valeur intrinsèque de la notion même d'arbitraire, spécialement sous son aspect sémantique : car si la phonématique a progressivement approfondi la notion saussurienne de l'aspect relationnel des valeurs phonématiques, la sémantique pour sa part, à l'époque du débat, lorsque certains s'en occupent, reste généralement accrochée à la croyance aristotélicienne de l'universalité des signifiants. L'entrelacement problématique des deux exigences est évident chez Buyssens 1941 (p. 86 : arbitraire veut dire que le choix des sons n'est pas imposé par les sons eux-mêmes), Sechehaye 1942. 49 (et cf. déjà Sechehaye 1930. 341), Borgeaud-Bröcker-Lohmann 1943, Gardiner 1944 (en particulier pages 109-110), Rosetti 1947. 13, Wells 1947, Ege 1949, Lucidi 1950 (= Lucidi 1966), Devoto 1951. 12-15, Mandelbrot 1954. 7 et sv. Les travaux de Lucidi et de Ege posent nettement l'exigence de vérifier sur les sources le texte du C. L. G. D'autre part l'approfondissement de la notion de langue comme forme pure, et la notion de forme du contenu que la linguistique doit à L. Hjelmslev, font la lumière sur le caractère doublement arbitraire du signe et sur le caractère entièrement relationnel du signifié. S. M. de R. Godel est la réponse à la première exigence. Et à la même époque, dans les « Cahiers Ferdinand de Saussure », l'article de A. Martinet, *Arbitraire linguistique et double articulation* (Martinet 1957. 105-116) définit dans l'essentiel la solution du problème : « C'est au lecteur [du C. L. G.] à découvrir que l'attribution " arbitraire " de tel signifiant à tel signifié n'est qu'un aspect d'une autonomie linguistique dont une autre face comporte le choix et la délimitation des signifiés. En fait, l'indépendance de la langue vis-à-vis de la réalité non linguistique se manifeste, plus encore que par le choix des signifiants, dans la façon dont elle interprète en ses propres termes cette réalité, établissant en consultation avec elle sans doute, mais souverainement, ce qu'on appelait ses concepts et ce que nous nommerions plutôt ses oppositions. »

(139) Signalons que dans les lignes suivantes « moyen d'expression » et « système d'expression » ne proviennent pas des sources manuscrites où l'on parle de « systèmes autres qu'arbitraires » (1128 B Engler) et de « systèmes arbitraires » (1129 B Engler). Dans le passage, et encore plus clairement dans la source manuscrite, Saussure suggère que l'une des tâches de la sémiologie sera de classer les différents systèmes selon leur aspect plus ou moins arbitraire : « Où s'arrêtera la sémiologie? C'est difficile à dire. Cette science verra son domaine s'étendre toujours davantage. Les signes, les gestes de politesse par exemple, y rentreraient ; ils sont un langage en tant qu'ils signifient quelque chose ; ils sont impersonnels — sauf la nuance, mais on peut en dire autant des signes de la langue — ne peuvent être modifiés par l'individu et se perpétuent en dehors d'eux. Ce sera une des tâches de la sémiologie de marquer les degrés et les différences » (1131 B Engler).

Cette tâche de la sémiologie, à peine esquissée ici par Saussure, avait en réalité déjà été abordée par Ch. S. Peirce dans des écrits demeurés mal connus jusqu'à la publication des *Collected Papers*, 6 vol., Cambridge, Mass. 1931-1935. Dans sa *Semeiotic* (qu'il avait proposé en 1867 d'appeler *Universal Rhetoric* : Ogden et Richards 1923. 282) les *signs* sont divisés en *icons*, *indices* et *symbols* selon leur degré plus ou moins grand d'arbitraire. Les thèses de Peirce ont été plusieurs fois reprises par R. Jakobson, pour souligner la présence d'éléments non symboliques mais iconiques dans les signes linguistiques : cf. Jakobson 1966. 24, 27 et sv., et le recueil d'essais de Jakobson 1966. 7, 27, 57 et sv., 68 et sv.

(140) Le terme *symbole* a été utilisé par Saussure en 1894 dans sa commémoration de Whitney : « Des philosophes, des logiciens, des psychologues ont pu nous apprendre quel était le contrat fondamental entre l'idée et le symbole [première rédaction, corrigée par la suite : *entre un symbole conventionnel et l'esprit*], en particulier un symbole indépendant qui la représente. Par symbole indépendant, nous entendons les catégories de symboles qui ont ce caractère capital de n'avoir aucune espèce de lien visible avec l'objet à désigner et de ne plus pouvoir en dépendre même indirectement dans la suite de leurs destinées » (cit. in S. M. 45). Il préféra ensuite le laisser de côté pour les raisons indiquées dans le C. L. G. et remontant au second cours (dans le premier cours, *symbole* apparaît encore une fois). Cependant, comme nous l'avons vu, *signe* ne satisfaisait pas pleinement Saussure, préoccupé du glissement de « unité à deux faces » vers « face externe de l'unité » (C. L. G. 99). D'où la tentative d'innovation terminologique qui a lieu dans une note dont la date est inconnue (mais v. *infra*) : le vocable, argumente la note, privé de vie, réduit à sa *substance phonique*, n'est plus qu'une

masse amorphe, un *sôme* (et il ajoute : « La relation du sens au sôme est arbitraire », tandis que le vocable vivant est un *sème* : S. M. 51). Saussure souligne toutefois déjà dans cette note la difficulté de trouver des termes qui désignent le signe dans son intégralité sans glissement équivoque vers l'une seulement des deux faces. C'est sans doute précisément la conviction de l'inévitabilité de ce risque d'équivoque qui doit l'avoir ramené, après le premier cours où *signe* paraît évité (S. M. 192), vers *signe* (et v. n. 155).

Le refus saussurien de *symbole* a été âprement critiqué par Ogden et Richards 1923. 5-6 n. 2, qui y ont vu un « specimen » de la « naivety » qui à leur avis caractériserait Saussure.

Sur *symbole* et *signe* cf. Frei 1929. 132 et surtout Buyssens 1941. 85 qui observe (contre Lerch 1939) que le signe linguistique, quelles que soient les valeurs onomatopéiques ou iconiques que l'on veuille y voir. est caractérisé par le fait qu'il est grammatical, solidaire d'un système, et que c'est de cela, et non pas de son éventuel aspect « symbolique » ou « iconique », qu'émerge la valeur.

(141) Pour le sens de *arbitraire* et la discussion de ce passage, cf. *supra* notes 136, 137, 138.

(142) Jespersen 1922. 410 (cf. Kantor 1952. 172) critique la thèse de Saussure sur les onomatopées et lui reproche de confondre synchronie et diachronie. Saussure est évidemment bien loin de cette confusion, lui qui rappelle simplement aux partisans de l'origine onomatopéique des mots (c'est-à-dire aux personnes qui, oubliant l'aspect synchroniquement fonctionnel et non onomatopéique, projettent dans le temps le moment où un mot aurait été une onomatopée) que, bien au contraire, il arrive très souvent que des mots dans lesquels on pourrait voir quelque chose d'onomatopéique, se révèlent être non onomatopéiques si l'on en retrouve les phases antérieures. De toute façon, les mots qui sont d'origine réellement phonosymbolique ou qui peuvent apparaître tels à une époque donnée sont une infime minorité dans le lexique. Et ce qu'observe Buyssens 1941. 85 vaut aussi pour eux : c'est-à-dire qu'ils sont aussi ce qu'ils sont dans la mesure où ils sont intégrés dans un système grammatical et dans un système phonématique particulier, tous deux dénués de liens avec l'onomatopée. Sur la thèse de Saussure, voir aussi Derossi 1965. 62.

Il serait erroné de nier le fait que, dans des collectivités linguistiques données de langue déterminée, on puisse percevoir des valeurs phonosymboliques dans tels ou tels mots ou dans telles ou telles classes de sons : et l'on sait que dans l'organisation des signes linguistiques en fonction poétique un certain rôle peut parfois être volontairement assigné aux signifiants dont l'auteur entend exploiter la valeur phonosymbolique qu'on leur donne : cf., pour la très vaste littérature sur ces deux points, les pages de Ullmann 1959. 266 et sv., 305. Grammont 1933, avec ses recherches et ses notations sur la « phonétique impressive », et beaucoup d'autres savants après lui, ont tenté de donner une dimension panchronique à ce type de recherches, soutenant par exemple que l'on associerait l'idée de « petitesse » à des sons du type [i] (en citant des mots comme *piccino*, *minor*, *minimus*, *petit*, *little*) ; mais il est facile de trouver des mots d'une façon ou d'une autre proches du sens de « petitesse » sans aucune articulation [i] (*small*, *parvus*), et des mots avec [i] proches du sens opposé (*big*, *infini*), et, à l'évidence, des légions de mots de toutes les langues dans lesquels apparaissent les articulations [i] sans qu'on puisse en aucune façon établir un lien entre leur sens et la « grandeur », la « petitesse » et autres choses semblables.

L'évidence des considérations précédentes n'empêche pas que, périodiquement, des savants se consacrent à la discussion de semblables problèmes. Et l'on écrit des pages et des pages de recherches, pour établir si les mouettes s'appellent ou ne s'appellent pas *Emma* (Morgenstern a nettement affirmé dans une de ses poésies lyriques qu'elles s'appellent Emma). Curieusement, ou peut-être par synnoémie panchronique, on se souvient en lisant cette belle littérature d'une anecdote que l'on raconte sur Benedetto Croce. Un jour, à une imbécile qui lui demandait avec affectation comment s'appelait le « délicieux » minet qui trônait dans son bureau, le philosophe répondit d'un ton sec : « Et comment voulez-vous qu'il s'appelle ? Il s'appelle chat. »

(143) Fónagy dans *Zeichen und System* I. 52 et Guiraud 1966. 29 et sv. critiquent l'affirmation de Saussure parce qu'à leur avis les interjections seraient bien conventionnelles mais non pas immotivées. Vendryes 1921. 136 et J. Wackernagel, *Vorlesungen über Syntax*, 2 vol., Bâle 1926, I. 70 et sv. soulignent, plus correctement, le fait que les interjections sont en marge du système linguistique. Cela est évident du point de vue de la structure comme de celui de la consistance phonématique : dans beaucoup de langues, bien des phonosymboles entrent mal dans le cadre du système phonématique normal et c'est souvent un problème que de les transcrire graphiquement, précisément à cause de leur singularité.

(144) Ce paragraphe provient également de la fusion des leçons du 2 mai (S. M. 83 n. 115) et du 19 mai (S. M. 85 n. 123), cette dernière étant postérieure à l'introduction du couple *signifiant-signifié* (*supra* n. 128). Tandis que le premier principe est un principe sémiologique général, valable pour n'importe quelle sorte de signe (S. M. 203 et Godel 1966. 53-54), le second principe ne concerne que le signifiant, et est donc spécifique des signes à signifiant acoustique, c'est-à-dire des signes du langage verbal. Pour les problèmes d'interprétation, voir n. 145.

(145) Le signifiant du signe linguistique, étant non pas une « image » au sens banal, mais une « figure » (une classe de configurations possibles) de substance acoustique (1138 B Engler), est organisé de façon que ses éléments se répartissent en suites. Ces éléments sont, pour Saussure, les syntagmes et les entités concrètes de la langue, ou encore, pour adopter le terme de Frei, les monèmes, et ne paraissent pas être les phonèmes. Les sources manuscrites (1168-70 B et surtout E Engler) favorisent cette interprétation : « De ce principe-là découlent nombre d'applications. Il saute aux yeux. Si nous pouvons découper les mots dans les phrases, c'est une conséquence de ce principe. Il exprime une des conditions auxquelles sont assujettis tous les moyens dont dispose la linguistique. Par opposition à telle espèce de signes (signes visuels par exemple) qui peuvent offrir une complication en plusieurs dimensions, le signe acoustique ne peut offrir de complications que dans l'espace, qui seront figurables dans une ligne. Il faut que tous les éléments du signe se succèdent, fassent une chaîne. » La référence à « découper les mots dans les phrases » ne laisse aucun doute sur le fait que Saussure utilise *signe* et *signifiant* dans l'acception la plus large des termes (v. *supra* C. L. G. 98 n. 130), et, d'autre part, ne fait pas référence à la succession des « unités irréductibles », à la succession de phonèmes dans l'acception non saussurienne du terme (v. C. L. G. 63 n. 111). En ce sens, voir Godel S. M. 203 et sv.

Le principe saussurien a généralement été compris comme faisant aussi et surtout référence à la succession de phonèmes (au sens non saussurien du terme) : cf. par exemple Martinet 1966. 21 (« Le caractère linéaire des énoncés explique la successivité des monèmes et des phonèmes. Dans ces successions, l'ordre des phonèmes a valeur distinctive tout comme le choix de tel ou tel phonème... La situation est un peu différente en ce qui concerne les unités de première articulation »). Le principe a été compris dans le même sens par R. Jakobson pour qui il contredit la définition du phonème comme « a set of concurrent distinctive features » (Jakobson 1956. 60-61, 1962. 207). On peut naturellement répliquer à Jakobson que la définition du *phonème* donnée dans le C. L. G. 68 et sv. ne concerne pas le phonème au sens non saussurien, au sens de Jakobson (v. C. L. G. 65 n. 115 et 66 n. 117), c'est-à-dire ne concerne pas ce que Saussure appelle « unités irréductibles » et que nous appelons aujourd'hui « phonème ». Mais l'objection décisive est ailleurs. Saussure parle d'un principe qui régit la structure des signifiants ; il ne pense pas aux « unités irréductibles » (que convienne ou non pour celles-ci une définition qui les conçoive comme des

combinaisons de traits distinctifs), puisque ces unités sont des éléments du signifiant mais non pas des signifiants : pour Saussure, il n'y a pas de signifiant là où
il n'y a pas de signifié, il n'y a pas de signifiant autre que le *recto* d'un *verso*
sémantique, et les « unités irréductibles » n'ont pas de signifié, ne sont pas des
signes, mais des éléments constitutifs d'un signe. Le principe de la linéarité ne
vaut pas pour elles, mais pour les signifiants, si bien qu'il ne peut pas y avoir
de contradiction entre ce principe et l'éventuelle nature simultanément composite des unités irréductibles, des phonèmes en notre sens moderne.

Sur ce problème cf. aussi Lepschy 1965 (qui d'ailleurs considère encore, avec
Jakobson, que le C. L. G. 68-69 fait référence au phonème au sens non saussurien : p. 24 n. 7), utile pour d'autres questions et d'autres critiques relatives au
second principe saussurien, particulièrement par rapport à la notion de syntagme.

(146) Les sources de ce paragraphe et du suivant sont les leçons de la fin du
mois de mai 1911, suivant immédiatement le groupe de leçons sur les entités
concrètes de la langue, sur les limites de l'arbitraire et sur la précision des deux
principes d'arbitraire et de linéarité du signe (S. M. 85-86, notes 125-130).
Saussure lui-même (1175 B Engler) avertit les élèves que ce chapitre sur l'immutabilité et la mutabilité du signe se place juste après le chapitre sur la nature
du signe linguistique, et l'indication a été respectée par les éditeurs.

Ce chapitre se trouve dans une des zones les moins lues du C. L. G., coincé
comme il est entre les pages sur l'arbitraire et celles sur la distinction entre synchronie et diachronie qui ont polarisé l'attention des spécialistes, en les hypno-
tisant. Le sens non conventionnaliste de l'arbitraire saussurien, la profonde conscience de la nécessité historique du signe, la conscience en somme de la radicale
historicité des systèmes linguistiques, trouvent dans ces pages peu lues leur
manifestation la plus rigoureuse. En lisant ces pages, on a peine à croire que
Saussure ait été loué ou plus souvent blâmé comme le créateur d'une linguistique
anti-historique et virginale, d'une vision de la langue comme système statique,
hors de la vie sociale et de la durée historique. C'est pourtant ce fantôme qu'on a
trop souvent combattu au lieu de Saussure.

(147) Les sources manuscrites parlent, plus exactement, de « l'origine des
langues » (et non pas « du langage » ; 1191 B Engler). Pour l'attitude de Saussure
face à ce problème, voir C. L. G. 24 notes 49 et 50. On trouve à la fin du paragraphe les mots : « c'est-à-dire résiste à toute substitution arbitraire ». Il s'agit
d'un ajout des éditeurs dans lequel *arbitraire* est pris au sens banal de « capricieux
dépendant de l'arbitraire individuel », c'est-à-dire au sens non saussurien, et ceci
dans un contexte dans lequel on parle justement (voir la fin du paragraphe
précédent) de l'arbitraire au sens saussurien.

(148) Notons que ce point, placé par les éditeurs à la quatrième place (même
avec la mention du fait qu'il « prime » tous les autres), est le premier dans les
sources manuscrites (1226 B Engler).

(149) C'est là le concept de la nécessité historique du signe sur lequel A. Pagliaro 1952. 60-61 a principalement insisté.

(150) Si les signifiés reflétaient des distinctions objectives leur préexistant,
si les signifiants avaient une conformation donnée pour des causes inhérentes à
la substance acoustique, si le lien entre signifié et signifiant dépendait des analogies entre l'un et l'autre, si, en somme, les signes n'étaient pas radicalement
arbitraires, la tradition n'en disposerait différemment que de façon superficielle, mais les signes dans leur structure profonde n'auraient rien à voir avec l'histoire (ainsi, il est probable que l'on s'est déplacé différemment sur les pilotis, sur
les pierres de la Voie Sacrée et sur nos modernes routes asphaltées : mais il s'agit
de différences superficielles qui n'ont aucune répercussion sur la mécanique fondamentale du mouvement). Si les signes n'étaient pas arbitraires ils seraient naturels et donc en-deçà de l'histoire. Et, réciproquement, le fait que les discriminations des significations en signifiés, les distinctions des phonies en signifiants, les

associations des signifiés et des signifiants soient des phénomènes ne se fondant sur rien d'autre que sur des choix historiques, temporellement, géographiquement et socialement définis, tout cela, c'est-à-dire la radicale historicité des signes, les rend de la même façon radicalement arbitraires.

(151) Pour les sources du paragraphe v. *supra* n. 146 ; les deux derniers alinéas de la page 110 proviennent des notes autographes sur Whitney (v. *infra* notes 157, 158).

(152) La note des éditeurs à ce passage montre à l'évidence leur trouble devant la reconnaissance de la dialectique qui s'établit dans la langue entre continuité et transformation. Voir également l'attitude d'incompréhension de Rogger 1941. 169 et sv.

(153) Saussure pense à la morphologie diachronique, à la sémantique diachronique, etc., et, comme il apparaît dans les sources manuscrites, à la théorie de ces domaines de recherche (1246 B Engler).

(154) Nous avons ici une des preuves du fait que pour Saussure l'étude diachronique est menée en liaison avec les considérations sur la fonctionnalité globale du système. Voici, dans sa formulation ignorée par les éditeurs et particulièrement organisée, le manuscrit des cahiers de Constantin :

« Ne parlons pas de l'altération des signes comme nous venons de le faire momentanément pour plus de clarté. Cela nous fait croire qu'il s'agit seulement de phonétique : de changement dans la forme des mots, de déformations des images acoustiques, ou bien de changement de sens. Ce serait mauvais. Quels que soient les différents facteurs de l'altération et leur nature tout à fait distincte, tous agissant de concert aboutissent à l'altération du rapport entre idée et signe, ou du rapport entre signifiant et signifié. Il vaut peut-être mieux dire : au déplacement du rapport entre idée et signe » (1248-1250 E Engler).

Ou bien : si distinctes et accidentelles qu'elles soient, les mutations des parties de la *langue*, dans la mesure où elles opèrent sur des parties systématiquement corrélées, *a*) agissent « de concert », *b*) provoquent une dislocation différente du rapport entre signifiants et signifiés, c'est-à-dire mènent à une configuration différente du système. V. C. L. G. 119 n. 176.

(155) C'est un des nombreux endroits où, même dans les sources manuscrites, *signe* a manifestement glissé vers la valeur de *signifiant* ; v. C. L. G. 99 n. 133, et pour *signe* dans le sens de signifiant, C. L. G. 26, 28, 33, 163, 164, 166, etc.

(156) L'expression « matière phonique » ici aussi vient des éditeurs : voir C. L. G. 63 n. 111.

(157) L'alinéa provient des notes de 1894 sur Whitney. Nous citons le texte (1261 et sv. F. Engler) car il y est mis un accent, disparu dans l'utilisation des éditeurs, sur le caractère différent que présente l'histoire des langues par rapport à l'histoire des autres institutions qui ne sont pas radicalement arbitraires :

« Les autres institutions, en effet, sont toutes fondées à des degrés divers sur les rapports naturels, sur une convenance entre des choses comme principe final. Par exemple, le *droit* d'une nation, ou le système politique, ou même la mode de son costume, même la capricieuse mode qui fixe notre costume, qui ne peut pas s'écarter un instant de la donnée des proportions du corps humain. Il en résulte que tous les changements, que toutes les innovations... continuent de dépendre du premier principe agissant dans cette même sphère, qui n'est situé nulle part ailleurs qu'au fond de l'âme humaine. Mais le langage et l'écriture ne sont pas fondés sur un rapport naturel des choses... C'est ce que Whitney ne s'est jamais lassé de répéter pour mieux faire sentir que le langage est une institution pure. Seulement cela prouve beaucoup plus, à savoir que le langage est une institution *sans analogue* (si l'on y joint l'écriture) et qu'il serait vraiment présomptueux de croire que l'histoire du langage doive ressembler même de loin, après cela, à celle d'une autre institution » (1261, 1264 F. Engler).

B. Croce a insisté dès 1908 (*Filosofia della pratica*, 1ʳᵉ éd. Bari 1908, 6ᵉ éd. Bari 1950, p. 148, 379-380) sur le caractère institutionnel de la langue, mais dans un autre but, se préoccupant surtout du rapport entre l'expression individuelle et la coordination inter-subjective de l'expression. Dans cette perspective (dans laquelle Croce reprend, en l'empruntant au *Woldemar* de F. E. Jacobi, la comparaison entre langue et droit, dont les historiens du droit s'étaient servis au XIXe siècle) la langue apparaît comme une « habitude », une « institution ». Ceci a surtout été développé par des linguistes italiens comme Nencioni 1946. 155 et sv. et G. Devoto, *Studi di stilistica*, Florence 1950, p. 3-53, Devoto 1951 (cf. P. Piovani, *Mobilità, sistematicità, istituzionalità della lingua e del diritto*, in *Studi in onore di A. C. Jemolo*, extrait, Milan 1962, De Mauro 1965. 158-160, 165-168). Enfin cf. G. Devoto, *Il metodo comparativo e le correnti linguistiche attuali*, communication au Xe Congrès international de linguistique (28 août-2 septembre 1967, Bucarest), p. 13 de l'extrait.

Beaucoup plus proche du fond de la position saussurienne est la notion de signifié comme « usage » (*Gebrauch*) défendue par Wittgenstein dans les *Philosophische Untersuchungen* (cf. De Mauro 1965. 169 et sv.).

(158) Pour les indications relatives à Whitney, v. *supra* C. L. G. 100 n. 137.

(159) Pour ce qui concerne les langues « universelles » et les langues « internationales auxiliaires » artificielles, l'ample traité de L. Couturat, L. Leau, *Histoire de la langue universelle*, Paris 1907, illustra l'histoire des tentatives ; pour des débats récents, cf. *Actes du sixième congrès international de linguistes*, Paris 1949, p. 93-112, 409-416, 585-600, et, pour leur fin, Leroy 1965. 146-147.

(160) Pour un approfondissement du problème, voir un peu plus loin et C. L. G. 128.

(161) C'est là, selon Hjelmslev 1924. 37 et sv., le passage saussurien qui illustre le mieux l'idée de *langue-usage* : v. C. L. G. 21, n. 45. Toute cette partie du C. L. G., et ceci nous ramène à ce que nous disions *supra* n. 146, témoigne de la profonde historicité de la vision saussurienne de la langue dans sa totalité.

(162) Comme il est dit dans les notes autographes, on peut parler « d'anti-historicité du langage » pour un simple état, dans la mesure où « n'importe quelle position donnée a pour caractère singulier d'être affranchie des antécédents » (1484 F Engler) : c'est là l'unique idée que l'on ait considérée comme saussurienne. En réalité nous trouvons dans ce passage du C. L. G. le développement ultérieur de l'idée et le sens total de la comparaison avec le jeu d'échecs : « Une langue n'est comparable qu'à la *complète* idée de la partie d'échecs, comportant à la fois des *changements* et des *états* » (1489 F Engler). C'est en ce sens que l'*objet* de la linguistique « peut être historique » (1485 F Engler). Quand Malmberg 1967. 4 écrit « le facteur temps est extra-linguistique », il reflète la pensée de Saussure par rapport au simple état de langue, non pas à la *langue*, non pas à la « langue vivante » qui est une réalité temporelle, historique.

(163) Les sources de ce paragraphe et des paragraphes suivants sont un groupe de leçons de la fin du troisième cours (S. M. 86-88, notes 130-139) mélangées à certaines notes du second cours et à quelques notes autographes (S. M. 106).

(164) Wells 1947. 30-31 critique le point de vue de Saussure et affirme que même l'astronomie, la géologie et l'histoire politique peuvent être étudiées en synchronie et en diachronie ; mais Saussure est précisément de cet avis (voir en particulier C. L. G. 115 alinéa 1), et il veut seulement établir une gradation : des sciences dans lesquelles le facteur temps est *de facto* ignoré ou secondaire (mais pourrait être utilement introduit, en distinguant des considérations synchroniques et diachroniques), aux sciences de choses ayant une valeur, dans lesquelles la distinction se pose *de facto*, et aux sciences comme la linguistique dans lesquelles la distinction est indispensable, dans la mesure où seules les différences entre substances ont une valeur, c'est-à-dire que les valeurs consistent uniquement en un système de différences.

(165) Le passage est intéressant car il montre que Saussure était non seulement attentif au débat sociologique entre Durkheim et Tarde (v. 382), mais

aussi (et nous pouvons ici le dire avec la certitude fournie par son témoignage personnel explicite) au débat entre l'école « historique » et l'école « théorique » en économie politique à son époque : il s'agit du *Methodenstreit* qui s'alluma après qu'en 1883 Carl Menger ait attaqué (avec les *Untersuchungen über die Methode der Socialwissenschaften und der Politischen Oekonomie insbesondere*, Leipzig 1883) l'école historique menée par Gustav von Schmoller (cf. J. A. Schumpeter, *History of Economic Analysis*, New York 1955, p. 809, 814-815). Il est difficile de trouver dans l'immense littérature du *Methodenstreit* les œuvres auxquelles Saussure a pu vouloir faire référence : dans les leçons (1314 B et E Engler) il parle d'œuvres non seulement « récentes » mais « qui tendent à être scientifiques » : cela pourrait entre autre faire penser au *Manuale di economia politica* de Vilfredo Pareto paru en 1906 et traduit en français en 1909, caractérisé par ses fondements mathématiques. Pour une autre allusion aux questions économiques, voir C. L. G. 159-160, et pour une autre allusion possible à Pareto, voir n. 68.

(166) La dernière phrase ne reflète qu'en partie et dans sa première moitié la pensée de Saussure comme elle apparaît dans les sources manuscrites : « Avec l'économie politique on est en face de la notion de valeur — mais à un moindre degré qu'avec la linguistique — et de système de valeurs. L'économie politique étudie équilibre entre certaines valeurs sociales : valeur du travail, valeur du capital » (1317, 1318 E Engler). La seconde partie de la phrase (« dans les deux sciences... signifiant ») est un ajout des éditeurs, assez arbitraire étant donné la comparaison qu'elle contient (S. M. 116).

(167) Le passage montre avec une grande clarté le lien entre l'arbitraire du signe et la méthode d'analyse synchronique. Traçons une fois encore le cheminement de la pensée saussurienne : le signe linguistique est radicalement arbitraire, dans ses deux composantes, signifié et signifiant. Par conséquent, la seule raison qui détermine la configuration particulière d'un signifié ou d'un signifiant est le fait que les autres signifiés ou les autres signifiants coexistant avec lui dans le même système le délimitent ainsi et pas autrement. D'un point de vue objectif cela signifie que toute la valeur d'un signe dépend, à travers le système, de la société qui donne vie d'une certaine façon à l'ensemble du système et, donc, des avatars historiques de la société (c'est la thèse du chapitre précédent, négligée à tort par ceux qui conçoivent Saussure comme anti-historique), si bien que la valeur linguistique est radicalement sociale et radicalement historique (ou, si l'on préfère un terme moins équivoque, contingente). Du point de vue de la méthode de recherche, cela signifie que pour étudier un signe dans sa réalité de signe, il faut le considérer dans le système dont il tire sa valeur. Contrairement à ce qu'affirmait Trubeckoj 1933. 243 et sv., il nous faut donc admettre que l'insistance de Saussure sur la synchronie ne dépend pas de pures raisons de polémique contingente.

(168) Voir C. L. G. 20 n. 41, n. 162 et C. L. G. 185. Voir aussi n. 199.

(169) Les sources manuscrites révèlent une hésitation encore plus importante, qui n'apparaît pas dans le texte des éditeurs lorsqu'ils proposent les deux termes de « statique » et « évolutif » (1338-1342 B Engler).

Pour un développement de la notion d' « état de langue », voir C. L. G. 142-143 et cf. Frei 1929. 29-30.

(170) Dans ce couple de termes, dont la fortune après Saussure fut immense, seul le second, *diachronique*, est inventé par Saussure : on le lit pour la première fois dans un cahier (S. M. 48 n. 12) dans lequel apparaît aussi *sémiologie* : le cahier semble postérieur à 1894 (S. M. 47, n. 26).

Saussure emploie de préférence *idiosynchronique* : v. *infra* n. 191. Pour les antécédents de la distinction saussurienne, v. 382-383.

(171) Voir *supra* n. 163.

(172) Bien qu'elles aient eu un tout autre débouché, les réactions de L. Spitzer à l'enseignement du néo-grammairien W. Meyer-Lübke étaient en partie semblables : « Mais quand je commençai à fréquenter les leçons de linguistique française

de mon grand maître Wilhelm Meyer-Lübke, on ne nous y offrit pas une image du peuple français ou de son esprit de la langue : dans ces leçons... nous ne contemplions jamais un phénomène au repos, nous ne le regardions jamais en face : nous regardions toujours ses voisins ou ses prédécesseurs, nous regardions toujours derrière notre épaule... Face à une forme française donnée, Meyer-Lübke citait des formes de vieux portugais, de bergamasque moderne, des formes allemandes, celtiques, des formes de latin archaïque... » (L. Spitzer, *Critica stilistica e semantica storica*, Bari 1966, p. 74). L'exigence d'une description scientifique synchronique était certainement dans l'air. En 1910 K. von Ettmayer, dans un texte au titre significatif (*Benötigen wir eine wissenschaftlich deskriptive Grammatik?*, in *Prinzipienfragen der romanischen Sprachwissenschaft*, 2 vol. Halle 1910 p. 1-16), concluait : « So meine ich denn, hier setze der Weg zu einer modernen, wissenschaftlich deskriptiven Grammatik ein, — es gilt nur bewusst alle historischen Ziele und Hintergedanken beiseite zu lassen, und die Wortfunktionen soweit sie syntaktisch unterscheidbar sind zu untersuchen » (p. 16). C'est à Saussure qu'il appartint de réaliser cette exigence commune, en en trouvant et en en donnant la justification théorique profonde (v. n. 167).

(173) Voir C. L. G. 13 n. 19. La réévaluation de la *Grammaire* de Port-Royal a été reprise avec prudence par Verburg 1952. 330 et sv., et récemment accentuée par N. Chomsky, *Cartesian Linguistics*, New York 1966, p. 33 et sv. ; en ont souligné les aspects négatifs (préhistoricité, universalisme, apriorisme, contenutisme) Glinz 1947. 28 et sv., De Mauro 1965. 57, 171 et sv., Mounin 1967. 126-128. Voir : C. L. G. 153 notes 219, 221.

(174) Au moins dans les vœux de Saussure la nouvelle linguistique statique devrait conserver la trace des études diachroniques : elle est en cela, comme le faisait remarquer avec bonheur Vendryes 1933.173, le réel dépassement d'une antithèse entre études diachroniques et synchroniques. Cependant la réévaluation chomskienne marquée de la grammaire rationaliste laisse entrevoir la possibilité que, ignorant encore une fois Saussure, la linguistique en vienne à se consacrer à une étude statique sans histoire, avec l'illusion (appelée « hypothèse de travail ») que les langues reflètent (au besoin à un niveau de profondeur insondée) des règles et des structures logiques universelles innées dans « l'esprit » de l'homme.

(175) Voir *supra* note 163.

(176) Nous nous trouvons devant une autre *crux* de l'exégèse et de la continuation des thèses saussuriennes. Presque tous ceux qui sont intervenus se sont prononcés pour le « dépassement » de la « séparation » entre synchronie et diachronie. On a cru communément que la distinction se place, pour Saussure, *in re* : l'objet « langue » a une synchronie et a une diachronie, comme monsieur Durand a un chapeau et une paire de gants. Face à la distinction ainsi comprise se sont dressées des objections venant du côté historiciste et du côté structuraliste : on a dit que des éléments diachroniques sont présents dans la synchronie (archaïsmes, néologismes, apparition de nouvelles tendances, dépérissement de parties du système), et on a dit d'autre part que le système opère aussi en diachronie et que les évolutions diachroniques sont dominées par l'intentionalité. Pour avoir affirmé que les évolutions sont au contraire accidentelles et ne forment pas un système entre elles, Saussure serait resté lié à la vision néogrammairienne de l'évolution linguistique ou serait anti-structuraliste : en d'autres termes pour avoir ignoré que s'affrontent dans l'état de langue des tendances affleurantes et des tendances languissantes, il serait anti-historique.

La discussion est ouverte en 1929 par les jeunes linguistes de Prague : Jakobson, Karcevskij, Trubeckoj 1929 attaquent la conception anti-téléologique du système (phonologique) et soutiennent que les modifications du système se produisent « en fonction » de la réorganisation du système lui-même ; la thèse de la « cécité » des transformations du système (C. L. G. 209) est à nouveau attaquée dans les *Thèses* de 1929, où l'on soutient qu'il ne faut pas mettre de « barrières insurmontables » entre analyse synchronique et analyse diachronique, car d'une part en synchronie il y a chez les locuteurs la conscience des stades en voie d'apparition ou en voie de dépassement, si bien qu'on ne peut pas éliminer des considérations diachroniques de la considération synchronique (Thèses 1929.7-8), et d'autre part la conception du système fonctionnel est également adoptée en diachronie car c'est en vue du système que se produisent les transformations (Thèses 1929.78). En appui aux Pragois surviennent d'un côté plus traditionaliste W. von Wartburg qui, dans de nombreux écrits (Wartburg 1931, 1937, 1939, Wartburg-Ullmann 1962.11, 137-147), revient sur la nécessité du dépassement en insistant surtout sur la nécessité de considérations diachroniques dans la description synchronique, et, du côté modernisant, van Wijk 1937, 1939 a, 1939 b. 305-308, qui insiste au contraire sur la nécessité de recourir à la notion de système pour l'analyse diachronique. Les Pragois reviennent plusieurs fois à l'attaque de la distinction saussurienne : Trubeckoj 1933.245, Trnka 1934 et surtout Jakobson (voir déjà Jakobson 1928 a, 1928 b) 1929.17 et passim, 1931.218, 1933.637-638. Dépasser la séparation saussurienne, se réjouir du dépassement effectif, deviennent les thèmes communs d'une vaste troupe de contributions : Amman 1934.265-273, 281, Rogger 1941.183-193, 203 et sv., Porzig 1950.255 et sv., Benveniste 1954 = 1966.9, Budagov 1954.18, Žirmunskij 1958, Vidos 1959.108-121, Čikobava 1959.105-111, Žirmunskij 1960, Leroy 1965.88-90. Des écoles linguistiques nationales tout entières se plongent dans la critique de la dichotomie saussurienne : les Espagnols (Catalán Menéndez Pidal 1955.28-29, 33-37), les Russes (Slusareva 1963.44 et sv.). Devant la convergence des attaques, les Genevois se replient, selon le mot d'Alonso 1945.19 (et cf. aussi p. 12 et sv.), dans une « honrosa retirada » : Bally 1937 (polémique avec Wartburg 1931), Sechehaye 1939, Sechehaye 1940. Enfin ceux qui sentent la valeur de la distinction saussurienne (ainsi Lepschy 1966.44) éprouvent le besoin d'envisager la possibilité d'une « diachronie structurale » que « comme il semble qu'on puisse le comprendre à travers le Cours », Saussure n'aurait pas vue, envisageant également, comme recherche à faire dans le futur, « l'examen attentif des points de " déséquilibre ", les " franges " du système, c'est-à-dire ces secteurs dans lesquels le système change et pour lesquels le modèle synchronique se révèle moins satisfaisant » (Lepschy 1966.45).

Comme d'autres discussions sur le C. L. G., celle-ci a également subi un certain degré d'équivoque, bien que dans ce cas beaucoup moins favorisé par l'état du texte que dans d'autres cas (mais voir note 183). L'attitude fondamentale de Saussure est que l'opposition entre synchronie et diachronie est une opposition de « points de vue » ; elle a un caractère méthodologique, concerne le chercheur et son objet (au sens éclairci dans le C. L. G. 20, n. 40) et non l'ensemble des choses dont s'occupe le chercheur, sa matière. Un chercheur se trouve toujours face à une époque linguistique : dans celle-ci, Saussure non seulement sait mais encore dit explicitement (et il est incroyable qu'on l'ait oublié) que « à chaque instant il [le langage] implique à la fois un système établi et une évolution ; à chaque moment il est une institution actuelle et un produit du passé » ; et il ajoute : « Il semble à première vue très simple de distinguer entre ce système et son histoire, entre ce qu'il est et ce qu'il a été ; en réalité, le rapport qui unit ces deux choses est si étroit qu'on a peine à les séparer » (C. L. G. 24). Saussure, accusé de donner des indications vides, sans jamais se préoccuper de chercher comment les vérifier (ainsi Rogger 1941 : voir 351) s'est dirigé lui-même ici (comme, bien sûr, dans d'autres cas également) sur le chemin de la réalisation. Les pages sur « analogie et évolution » (C. L. G. 231-237) vérifient la thèse désormais exposée : « La langue ne cesse d'interpréter et de décomposer les unités qui lui sont données... Il faut chercher la cause de ce changement dans la masse énorme des facteurs qui menacent sans cesse l'analyse adoptée dans un état de langue » (232) ; « quelle que soit l'origine de ces changements d'interprétation, ils se révèlent toujours par l'apparition de formes analogiques » (233) ; « l'effet le plus sensible et le plus important de l'analogie est de substituer à des anciennes formations, irrégulières et caduques, d'autres plus normales, composées d'éléments vivants. Sans doute les choses ne se passent pas toujours aussi simplement: l'action de la langue est traversée d'une infinité d'hésitations, d'à peu près, de demi-analyses. A aucun moment un idiome ne possède un système parfaitement fixe d'unités » (234). L'aspect dynamique de la situation d'un idiome est de nouveau souligné au C. L. G. 280 et sv. Saussure est donc bien conscient de l'exigence des points de déséquilibre, des franges dans toute langue. La notion « d'économie » de la langue (même si le terme paraît venir des éditeurs : cf. C. L. G. n. 282) est parfaitement atteinte dans le C. L. G. Des études comme Frei 1929, Malmberg 1942 sont parfaitement dans le prolongement d'une telle notion, dans la mesure où elles soulignent le fait que, dans un idiome, dans la langue en tant qu'ensemble d'habitudes collectives (C. L. G. 112), coexistent une pluralité de systématisations fonctionnelles (Malmberg 1945.22-32, Coseriu 1958). On a donc tort de reprocher à Saussure d'avoir négligé le fait que dans une situation linguistique particulière on rencontre des tendances ancrées dans le passé et des tendances anticipant (comme nous pouvons en juger par référence au passé) l'avenir (voir aussi C. L. G. 247, alinéa 2).

Pour ce qui concerne sa conception des transformations linguistiques, avant de nier le fait qu'il y ait chez Saussure une vision structurale de la diachronie, il faut bien voir que dans cette vision, qui est représentée par les œuvres des Pragois, de van Wijk, de Martinet, coexistent deux éléments différents : a) le téléologisme (pour lequel les changements se produisent « avec raison », en vue d'une organisation meilleure, ou tout au moins différente, du système) ; b) l'antiatomisme (par lequel les changements sont considérés dans leurs liens réciproques, en tant que conditionnés par un système sur lequel ils ont une incidence). De ces deux éléments, seul le premier est décidément étranger à Saussure, mais non pas le second. De ce point de vue la conclusion de l'essai sur les adjectifs du type *caecus* est exemplaire (*Rec.* 599). Mais surtout, le C. L. G. est, à ce propos, très clair : les changements naissent accidentellement, sans finalité, ils frappent aveuglément une entité ou une classe d'entités et non pas dans le but de passer à une organisation différente du système ; mais justement parce que la langue, grâce à l'analogie, tend au système, les changements « conditionnent » le système (122 alinéa 2), le changement d'un élément peut faire naître un autre système (121 alinéa 4, 124 alinéa 3). L'exclusion du téléologisme est aussi forte que l'affirmation de la systémacité des conséquences de tout changement, même minime : « La valeur d'un terme peut être modifiée sans qu'on touche ni à son sens ni à ses sons, mais seulement par le fait que tel autre terme voisin aura subi une modification » (C. L. G. 166). Si bien que Burger 1955.20 et sv. peut affirmer avec raison que si les critiques de la conception saussurienne des changements visent l'absence, dans l'évaluation de ces changements, de référence au système, ces critiques manquent leur but, car cette référence est explicite dans le C. L. G., dans la comparaison avec les effets sur le système du plus simple mouvement sur un jeu d'échec (C. L. G. 126) ; si au contraire elles visent la thèse du caractère fortuit des conséquences des changements, les critiques se trouvent face à une thèse effectivement saussurienne qui, comme le montre Burger, n'est pas facile à démentir : il est nécessaire pour ce faire que les partisans des changements téléologiques attribuent à la langue un esprit, revenant ainsi à des positions mythologiques contre lesquelles Saussure a beau jeu de réaffirmer que « la langue ne prémédite rien » (C. L. G. 127) et Frei de souligner qu'il est impossible de prévoir si et comment une innovation particulière sera acceptée (Frei 1929.125).

Saussure donc, de la même façon qu'il est conscient de l'aspect dynamique des situations linguistiques en une certaine époque, est parfaitement conscient des conséquences que tout changement a sur le plan du système. Comme l'a justement observé Ullmann 1959.36, « it is not the language that is synchronistic or diachronistic, but the approach to it, the method of investigation, the science of language ». Du point de vue de la méthode de recherche et d'exposition, on ne voit pas comment l'on peut nier la duplicité de la perspective synchronique et de la perspective diachronique : peut-être veut-on soutenir que la valeur d'une entité linguistique dépend de la valeur qu'elle a eue en une phase linguistique antérieure? Mais alors, et mise à part toute autre objection, quelle valeur auraient donc les néo-formations? Ou bien veut-on dire que l'organisation synchronique d'une langue détermine les changements futurs? Mais alors, comment donc passerait-on d'un arrangement systématique unique à des idiomes différents? Et pourquoi, étant donnée une langue, ses futurs développements ne sont-ils pas prévisibles? En réalité la linguistique ne peut pas renoncer à la double perspective sans se condamner d'une part à nier que la valeur d'une entité dépend du jeu synchronique dont elle fait partie et d'autre part à tomber dans une vision animiste ou faussement déterministe des changements linguistiques. Les deux perspectives méthodologiques, rigoureuse conséquence de la notion d'arbitraire du signe (voir C. L. G. 116 n. 167), sont l'indispensable instrument d'une vision historique et positive de la réalité linguistique, et celui qui a souligné leur valeur d'innovation a eu tout à fait raison (Wein 1963. 11-13).

(177) Voir *supra* n. 176.

(178) Voir *supra* n. 176. Les expressions *agencement, agencé* sont ici des éditeurs : on lit seulement dans les manuscrits : « Ces faits diachroniques ont-ils du moins le caractère de tendre à changer le système? A-t-on voulu passer d'un système de rapports à l'autre? Non, la modification ne porte pas sur le système mais sur les éléments du système » (1401-1402 B Engler).

(179) « Un état fortuit est donné et on s'en empare : état = état *fortuit* des termes. Dans chaque état l'esprit vivifie une matière donnée, s'y insuffle. On n'aurait jamais acquis cette notion par grammaire traditionnelle [exempte d'expériences diachroniques : voir C. L. G. 118-119], et qu'ignorent aussi la plupart des philosophes qui traitent de la langue. Rien de plus important philosophiquement » (1413-1417 B Engler). Cf. aussi l'essai sur les adjectifs indo-européens du type *caecus* cit. à la note 176.

(180) De la même façon dans le passage du latin à l'italien l'élimination de la quantité comme trait distinctif des oppositions vocaliques et une autre série d'événements mineurs (passage de quelques |i| prévocaliques à |j|, etc.) se sont trouvées dans un nouveau système accentuel : tandis que l'accent latin est mobile mais conditionné par la structure phonématique du syntagme accentuel, l'accent italien est mobile et non conditionné : une séquence phonétique étant donnée, la place de l'accent est imprévisible (cf. *càpitano, capitàno, capitanò*).

(181) Pour la notion de « zéro » voir C. L. G. 163 note 234.

Herman 1931 relève une méprise de Saussure ; *slovo* n'a pas nom. plur. *slova*, instr. *slovemŭ*, et il vaudrait donc mieux utiliser l'exemple *dělo, dělomu, dělo, dělu*, etc.

(182) L'expression *signe matériel* est étrangère au système terminologique que développe Saussure (S. M. 112); on lit en effet dans les sources : « Pas besoin d'avoir toujours figure acoustique en regard d'une idée. Il suffit d'une opposition et on peut avoir *x/zéro* » (1441-1442 B Engler).

(183) Dans la première phrase du paragraphe, la proposition « ne peuvent être étudiées qu'en dehors de celui-ci » est un ajout des éditeurs (cf. 1448 B Engler), qui trahit, en le forçant, la pensée de Saussure : les altérations sont certainement externes au système, non déterminées par celui-ci ni de façon causale ni de façon finaliste mais, chacune ayant « son contrecoup dans le système », il paraît nécessaire de dire qu'il est pour le moins possible d'étudier les altérations en rapport avec le système (voir *supra* note 176).

(184) Voir *supra* notes 163 et 38.

(185) Cf. Godel S. M. 114 pour une analyse de la manière peu heureuse dont les éditeurs ont utilisé les sources manuscrites.

(186) La comparaison, chère à Saussure (voir C. L. G. 43 n. 89, ainsi que n. 38 et C. L. G. 153-154 n. 223), montre, comme l'a fait observer Burger 1955.20, que pour Saussure aussi tout changement a des conséquences pour l'ensemble du système.

(187) En réalité, « le système linguistique peut être considéré de façon encore plus synchronique que le jeu d'échecs », étant donné que « les règles des échecs comprennent, de façon curieuse, certaines informations que l'on peut appeler diachroniques : il faudra par exemple savoir dans certaines circonstances si le roi s'est déplacé pour ensuite revenir à sa place pour décider si l'on peut roquer, ou bien savoir si un pion s'est déplacé ou non au coup précédent pour décider si l'on peut prendre au passage, ou bien tenir compte, dans les finales, du nombre de coups joués à partir d'un certain point. Rien de semblable ne joue pour la langue... » (Lepschy 1966.44-45).

(188) Le titre du paragraphe est des éditeurs, ainsi que le début (1493-1494 B Engler). Ont également été utilisées dans ce paragraphe des notes du second cours (voir *supra* n. 163 et 1498, 1500 et sv. B. Engler).

(189) Pour le renvoi au « savoir » des locuteurs comme point de référence de l'analyse linguistique synchronique, voir C. L. G. 251-253.

Il vaut la peine de noter que la « conscience » est pour Saussure la capacité positivement vérifiable de produire des syntagmes selon des modules analogiques donnés (C. L. G. 233-234 ; et v. aussi 251-258). Sur les deux perspectives de la linguistique diachronique, cf. C. L. G. 291 et sv.

(190) Les termes *perspective prospective* et *perspective rétrospective* ont fait problème, en ce qui concerne le premier couple, pour la traduction du C. L. G. en italien : en effet *perspective* et *prospective* se traduisent par le même terme (*prospettiva*). Aussi le couple est-il traduit par *prospettiva prospettica*.

(191) Sur les deux termes voir C. L. G. 117 note 170. La notion d'idiosynchronie est reprise par Hjelmslev 1928.102 et sv.

(192) Sur la notion saussurienne de loi, voir Frei 1929.23 ; pour une critique de l'attribution d'impérativité aux lois de la société cf. Wells 1947.30. Observons cependant que la référence aux lois juridiques est des éditeurs, les manuscrits ne parlant que de la « notion de loi » en général (1525-1526 B Engler); cf. S. M. 116.

(193) L'alinéa 3 du C. L. G. 131 est notablement remanié entre l'édition de 1916 et celle de 1922 ; signe d'un certain malaise des éditeurs qui ont profondément manipulé cette partie des notes : dans les pages suivantes (132-134) « toute la démonstration (faits sémantiques, transformations syntaxiques et morphologiques, changements phonétiques) est des éditeurs (S. M. 116).

(194) Voir *supra* n. 176.

(195) L'idée de construire une « panchronie » a été reprise par Hjelmslev 1928. 101-111, 249-295, qui proposait de distinguer panchronie, pansynchronie, pandiachronie, idiochronie, idiosynchronie, idiodiachronie (cf. Sommerfelt 1938 = 1962.59-65). Pour l'approche panchronique cf. Ullmann 1959. 258 et sv. ; pour le problème des universaux cf. C. L. G. 20 n. 42.

(196) Le paragraphe utilise des exemples tirés du second cours : v. n. 163. L'exemple de *dépit* dans la locution *en dépit de* développé non pas synchroniquement mais par référence au latin *in despectu*, est tiré de A. Hatzfeld, A. Darmesteter, A. Thomas, *Dictionnaire général de la langue française*, *dépit*, I.

(197) La base du paragraphe est fournie par les notes du troisième cours.

(198) Voir C. L. G. 30 n. 63, 31 notes 65 et 67, 38 n. 81.

(199) L'utilisation du terme *historiquement* opposé à *statiquement* est des éditeurs et manque dans les sources manuscrites (1656 B Engler) : en effet Saussure semble avoir pensé avoir raison à partir d'un certain moment que « historique » s'applique aussi bien à un état qu'à l'évolution d'un état : voir C. L. G. 116 et 20 n. 41.

Distinguant entre la disparité « superficielle » et l'unité « profonde » des langues, Saussure pense sans doute aux aspects universels de la réalité linguistique, pour lesquels voir n. 42.

(200) Le chapitre vient d'une leçon du troisième cours (S. M. 88-89).

(201) Cf. pour cela Firth 1956.133, Malmberg 1967.1 et sv.

(202) Il est difficile d'établir avec précision à quel type de simplification pensait Saussure : peut-être, comme le suspecte Sechehaye dans une note manuscrite, « il s'agit probablement de la convention qui consiste à considérer les dispositions linguistiques de tous les individus comme identiques, alors qu'elles ne le sont pas » (cit. in S. M. 89 n. 98).

Pour la notion d'état de langue et la difficulté de délimiter les états cf. Frei 1929.29-30, Firth 1935.51 n. 1, Malmberg 1967.

(203) Les sources du paragraphe sont deux leçons du 5 et du 9 mai 1911 (troisième cours), résumées in S. M. 83. Le titre du chapitre proposé par Saussure aux élèves était : « Quelles sont les entités concrètes qui composent la langue ? » (1686 B Engler).

(204) La locution *substance phonique* est introduite par les éditeurs : voir n. 111. Tout le passage donne dans les sources manuscrites connues des éditeurs : « Si nous prenons la suite des sons, n'est linguistique que si elle est le support matériel de l'idée. Une langue inconnue n'est pas linguistique pour nous [utilisé dans l'alinéa 3]. Le mot matériel, pour nous, est une abstraction. Les différents concepts (*aimer*, *voir*, *maison*) si on les détache d'un signe représentatif, ce sont des concepts qui, considérés pour eux-mêmes, ne sont plus linguistiques. Il faut que le concept ne soit que la valeur d'une image acoustique. Le concept devient une qualité de la substance acoustique » (1962-97 B Engler).

La pensée apparaît encore plus clairement dans les notes correspondantes de Constantin (1693-1697 F Engler) : « Ainsi, si nous prenons le côté matériel, la suite des sons, elle ne sera linguistique que si elle est considérée comme le support matériel de l'idée ; mais envisagé en lui-même, le côté matériel, c'est une matière qui n'est pas linguistique, matière qui peut seulement concerner l'étude de la parole, si l'enveloppe du mot nous représente une matière qui n'est pas linguistique. Une langue inconnue n'est pas linguistique pour nous. A ce point de vue-là, on peut dire que le mot matériel, c'est une abstraction au point de vue linguistique. Comme objet concret, il ne fait partie de la linguistique. Il faut dire la même chose de la face spirituelle du signe linguistique. Si l'on prend pour eux-mêmes les différents concepts en les détachant de leur représentateur ⟨d'un signe représentatif⟩, c'est une suite d'objets psychologiques : ⟨*aimer*, *voir*, *maison*⟩. Dans l'ordre psychologique, on pourra dire que c'est une unité complexe. Il faut que le concept ne soit que la valeur d'une image ⟨acoustique⟩ pour faire partie de l'ordre linguistique. Ou bien, si on le fait entrer dans l'ordre linguistique, c'est une abstraction. Le concept devient une qualité de la substance acoustique comme la sonorité devient une qualité de la substance conceptuelle. »

Les notes ci-dessus se prêtent à deux remarques terminologiques : l'utilisation d'*abstraction* pour « chose irréelle » (voir n. 70), et l'utilisation de *représentateur*, terme technique que Saussure devait avoir essayé pour *signifiant*, ou pour *signe* glissant vers *signifiant*, et qui coïncide curieusement avec le terme *representamen* de Ch. S. Peirce (Jakobson 1966.24).

(205) Le développement de la comparaison vient des éditeurs : Saussure se contente d'indiquer les limites de sa comparaison, disant que même si l'on sépare les deux éléments du composé, on reste toujours dans le même « ordre chimique » ; tandis qu'en séparant les éléments de « l'eau linguistique » on sort de la linguistique proprement dite (1699 B Engler). Peut-être la scission de l'atome permettrait-elle aujourd'hui à Saussure de trouver une comparaison adéquate : en scindant l'atome en ses particules élémentaires on passe d'une entité qui a des propriétés chimiques (ou qui est définissable par sa valence,

etc.) à une entité privée de propriétés chimiques et n'ayant que des propriétés physiques (masse, énergie cinétique, etc.) qui sont de toute façon présentes dans l'entité chimique tout aussi bien, mais ne la qualifient pas comme telle.

(206) L'expression « chaîne phonique » est étrangère à Saussure : voir *supra* n. 204.

(207) Une fois encore Constantin donne la version la plus limpide de la pensée de Saussure : « Au contraire, si on décompose l'eau linguistique on quitte l'ordre linguistique : on n'a plus d'entité linguistique. Ce n'est que pour autant que subsiste l'association que nous sommes devant l'objet concret linguistique. On n'a rien fait encore sans délimiter cette entité ou ces unités. Les délimiter est une opération non purement matérielle mais nécessaire ou possible parce qu'il y a un élément matériel. Quand nous aurons délimité, nous pourrons substituer le nom d'*unités* à celui d'*entités* » (1699-1701 E Engler).

Les *unités* saussuriennes sont demeurées longtemps sans dénomination plus précise. Frei 1941.51 proposa la dénomination de *monème* (alors défini comme « signe dont le signifiant est indivisible »), confirmée ensuite (Frei 1948, 69 n. 24, Frei 1950.162 n. 4 : « dont le signifiant est insécable, c'est-à-dire n'est pas divisible en signifiants plus petits » ; Frei 1954.136). En 1960 Martinet a fait sienne cette dénomination dans les *Éléments* chap. I § 9 (Martinet 1966.20). Cf. Sollberger 1953.

Dans la tradition de la linguistique des États-Unis les unités minimums correspondant aux monèmes sont appelées *morphemes* (« minimum meaningful elements in utterances » : Hockett, *A Course*, cit., p. 93).

Lucidi, sur les positions saussuriennes, proposa au contraire la dénomination d'*iposema* (cf. Lucidi 1966.71-72), reprise avec des sens un peu divergents entre eux et par rapport au sens de Lucidi par Belardi 1959.20, Godel 1966.62 (cf. aussi De Mauro 1965.32, 81, 86-87 etc. et De Mauro 1967).

(208) Ici aussi les sources manuscrites parlent de la matière phonique qui a pour caractère de se présenter à nous comme une « chaîne acoustique », « ce qui entraîne immédiatement le caractère temporel, qui est de n'avoir qu'une dimension » (1705 B Engler).

L'idée exprimée dans la dernière proposition de la phrase est *grosso modo* de Saussure, mais le terme *significations* ne se trouve pas dans les sources qui parlent de la nécessité d' « associer l'idée » à ce que l'on entend pour « faire les coupures » : pour le recours au signifié, voir *infra* n. 210.

(209) La source du paragraphe est une leçon du troisième cours (S. M. 83).

(210) La proposition de renoncer au sens pour délimiter les unités linguistiques (monèmes ou morphèmes et phonèmes) a été faite par B. Bloch, *A Set of Postulates for Phonemic Analysis*, Lg 24, 1948.3-46, p. 5 et sv. ; malgré les critiques évidentes auxquelles elle prête le flanc (cf. Belardi 1959.127 et sv., P. Naert, *Limites de la méthode distributionnelle*, S. L. 15, 1961.52-54), elle a été reprise par N. Chomsky, *Semantic Considerations in Grammar*, in *Meaning and Language Structures*, « Georgetown Univ. Monograph Series on Language and Linguistics » 1955.141-150, *Syntactic Structures*, La Haye 1957, p. 94, et est considérée comme fondée théoriquement par Martinet 1966.38-39, R. Jakobson, C. G. Fant et M. Halle, *Preliminaries to speech analysis*, Cambridge, Mass., 1963, p. 11. Outre les mentions critiques de Belardi et Naert, cf. Frei 1954, 1961 et De Mauro 1965.135-139, 1967.

(211) « Phonique » est ici aussi un ajout des éditeurs : voir C. L. G. 63 n. 111.

(212) Le paragraphe provient fondamentalement d'une leçon faite durant le second cours, en novembre 1908. Pour les oscillations des idées de Saussure sur le problème des unités et de leur délimitation, voir S. M. 211 et sv.

(213) Cf. A. Martinet, *Le mot*, in *Problèmes du langage*, Paris 1966, p. 39-53.

(214) Cf. par exemple G. Frege, *I fondamenti dell'aritmetica*, trad. de l'allemand par L. Geymonat in *Aritmetica e logica*, Turin 1948, p. 125 ; L. Wittgenstein, *Tractatus logico-philosophicus*, 3.3 (« Seule la proposition a un sens ; ce n'est

qu'en rapport avec la proposition que le nom a un sens » ; la reprise de l'affirmation de Frege est un peu différente dans les *Phil. Untersuchungen* § 37, où le contexte qui fournit le sens est plutôt l'équivalent du *système* saussurien que de la proposition). La même idée apparaît chez B. Croce, *Estetica come scienza dell'espressione e linguistica generale*, 1re éd. Palerme 1903, 8e éd. Bari 1945, p. 159 : « L'espressionne è un tutto indivisibile ; il nome e il verbo non esistono, in essa, ma sono astrazioni foggiate da noi col distruggerre la sola realtà linguistica, ch'è la proposizione. La quale ultima è da intendere, non già al modo solito delle grammatiche, ma come organismo espressivo di senso compiuto, che comprende alla pari una semplicissima esclamazione e un vasto poema » ; p. 163 : « Del resto, i limiti delle sillabe, come quelli delle parole, sono affatto arbitrari, e distinti alla peggio per uso empirico. Il parlare primitivo o il parlare dell' uomo incolto è un continuo, scompagnato da ogni coscienza di divisione del discorso in parole e sillabe, enti immaginari foggiati dalle scuole. »

Cf. chez les linguistes, avec des motivations techniques, Lucidi 1966.69 : « L'acte linguistique comme acte expressif se réalise uniquement et spécifiquement dans le signe considéré dans sa totalité, non pas dans un mot ou plus, jamais dans un mot ou plus pris comme tel. Celui qui parle s'exprime non pas parce qu'il prononce des mots mais parce qu'en les prononçant il réalise un acte linguistique : ce n'est donc pas dans les mots prononcés en eux et pour eux mais dans l'accomplissement de l'acte linguistique réalisé qu'un signe signifie ce qui a été exprimé. L'acte linguistique et lui seul, formé d'un ou de plusieurs mots — et lorsqu'il se réalise en un seul mot celui-ci cesse d'être un mot — est l'unité significative par excellence, seule susceptible par conséquent de se réaliser en une entité qui puisse prétendre au nom de signe. » Ces idées de Lucidi rencontrent en partie L. Prieto 1964.16, qui définit l'acte de *parole* simple comme producteur d'un signe qui a un signifié (Prieto, contrairement à Lucidi, admet la possibilité d'une analyse en *noèmes*).

(215) Le paragraphe dérive du second cours (S. M. 67).

(216) Le chapitre dérive en grande partie des leçons faites au début du second cours (30 novembre, 3 décembre 1908) et consacrées à la nature de la langue considérée de l'intérieur (S. M. 68). Le chapitre est donc chronologiquement antérieur au précédent. Mais il lui est également antérieur logiquement. Il peut être considéré comme l'approche idéale de la rédaction finale de la pensée saussurienne : dans l'entretien avec Riedlinger du 6 mai 1911 (S. M. 30) Saussure, à propos de ce « système de géométrie » que devrait être à son avis la « linguistique générale », affirme que dans un tel système la « première vérité » est la suivante : « La langue est distincte de la parole. » Cette affirmation a indubitablement convaincu les éditeurs de mettre la distinction *langue-parole* dans l'introduction du C. L. G. Mais pourquoi donc est-ce la « première vérité » ? Pourquoi donc est-il nécessaire de distinguer la *langue* de la *parole* ? Le chapitre III de l'introduction du C. L. G. se contente d'illustrer les avantages de la distinction : elle servirait, à ce qu'il paraît, à garantir l'autonomie de la linguistique. Du seul point de vue général de la science (et non pas de celui des professeurs de linguistique) cette distinction, si sa seule raison est de garantir l'autonomie de la linguiste, est absolument gratuite. Et elle est apparue comme telle à beaucoup, fourvoyés par le fondement qui a été donné au C. L. G. par les éditeurs. En réalité, on peut trouver dans ce chapitre des raisons scientifiquement valides pour la distinction. Plus exactement, ces raisons se trouvent dans la nécessité de donner une réponse aux questions que pose le chapitre. Et avant tout à la première, qui peut donc être considérée comme un des *incipit* les plus efficaces de la linguistique saussurienne : voir C. L. G. 30 n. 65.

(217) La formulation de Saussure est en réalité plus large : c'est le problème général (et non pas simplement synchronique) des raisons qui permettent d'identifier deux faits comme deux manifestations d'une chose qui demeure identique. Le problème se présente avant tout à la conscience réfléchie d'un

linguiste du xixᵉ siècle dans ses termes diachroniques : qu'est-ce qui permet d'identifier le français *chaud* au latin *calidus*? Cette question et la discussion qui s'y rapporte ont été reléguées par les éditeurs aux pages 249-250, alors que Saussure les a traitées en relation avec la question plus radicale de l'identité synchronique (1759 et sv. B Engler), en réduisant le problème diachronique au synchronique. Celui-ci consiste à établir sur quelle base nous identifions (comme locuteurs ou comme linguistes) deux phénomènes comme des *exemplaires* d'une même entité, comme des *variants* d'un même *invariant* (Hjelmslev 1961. 60 et sv.).

(218) Dans ce chapitre également, l'intention de Saussure est surtout *destruens*, tendant à jeter le doute sur l'ensemble des catégorisations et des définitions à base ontologico-universaliste que les grammaires modernes ont hérité de la tradition aristotélico-rationaliste.

(219) L'exigence d'une critique des définitions traditionnelles des *partes orationum* et des autres catégories syntaxiques fut vivement ressentie par Saussure (entretien avec Riedlinger cité in S. M. 29) ; la critique, amorcée par lui, a été reprise par Glinz 1947 (qui a pris pour exergue la phrase de Saussure qui suit immédiatement cette note), E. Benveniste, *La phrase nominale*, B. S. L. 46 : I, 1950.19-36 (= 1966.51-67), A. Pagliaro, *Logica e grammatica*, « Ricerche linguistiche » I : 1, 1950.1-38, E. Coseriu, *Logicismo y antilogicismo en la gramática*, Montevideo 1957, Benveniste 1966.63-74, 168 et sv. Je me permets de renvoyer également au travail *Accusativo, transitivo, intransitivo*, « Rendiconti dell'Accademia nazionale dei Lincei » 14 : 5-6, 1959.233-258, et à la tentative consécutive, *Frequenza e funzione dell'accusativo in greco*, ibid., 15 : 5-6, 1960.1-22. Cette direction critique n'a malheureusement pas retenu l'attention des linguistes qui, avant Chomsky, n'ont été que peu intéressés par l'analyse formelle du contenu (pour adopter les termes hjelmsléviens) et se sont plutôt consacrés à l'analyse de l'expression. Le résultat mélancolique qui apparaît dans le courant chomskien est que les études syntaxiques, remises à l'honneur, en viennent à se développer selon les vieilles, équivoques et grotesques catégories, entre verbes « qui passent » et verbes « qui ne passent pas », agents et patients, substances, accidents, accidents des accidents, qualités substancielles, etc. Le lien entre l'oubli des critiques portées à la syntaxe de tradition rationaliste et la reprise des vieilles catégories syntaxiques apparaît par exemple chez Chomsky qui, faisant référence aux thèses rationalistes de Port-Royal, affirme candidement : « On croit généralement que ces propositions ont été réfutées, ou que le développement ultérieur de la linguistique a révélé qu'elles étaient sans portée pratique. A ma connaissance il n'en est rien. Ou, plutôt, elles sont simplement tombées dans l'oubli, parce que etc. » (in *Problèmes du langage*, Paris 1966, p. 16). Voir aussi C. L. G. 118 n. 173, 187 n. 265.

(220) La phrase « Qu'on cherche... pour ordonner les faits de son ressort » est définie dans S. M. 116 comme « une insertion ». Elle est en réalité dérivable de 1801 B Engler.

(221) Se trouve ici réaffirmé, sur le plan de l'analyse syntaxique, le principe de la « biplanarité » (Hjelmslev) du signe linguistique et des entités en lesquelles il s'analyse (Miclău 1966.175) : il n'existe pas de catégories, d'entités, de classes du contenu hors de leur individualisation sur le plan de l'expression ; mais les catégories, les entités, les segments ne sont pas même individualisables sur le plan de la « matière phonique » en ignorant, ou en se proposant de feindre d'ignorer (à la manière de Bloch), que celle-ci n'est segmentable qu'en référence aux « éléments significatifs ». La pensée de Saussure est encore plus claire dans les notes des étudiants que dans la formulation des éditeurs : « Ne pourrait-on pas parler de catégorie ? Non, car il faut toujours dans le langage une matière phonique ; celle-ci étant linéaire, il faudra toujours la découper. C'est ainsi que s'affirment les unités... L'idée d'unité serait peut-être plus claire pour quelques-uns, si on parlait d'unités significatives. Mais il faut insister sur le terme *unité*.

Autrement, on est exposé à se faire une idée fausse et à croire qu'il y a de
mots existants comme unités et auxquels s'ajoute une signification. C'est
au contraire la signification qui délimite les mots dans la pensée » (1802 E
Engler). Voir C. L. G. 144 n. 204, 146 n. 210, 187, n. 267.

(222) Pour le rapport *valeur* : *signifié* : *signification*, voir la note au chapitre
suivant.

(223) Il faut, pour l'attitude fonctionnaliste et la comparaison avec les échecs,
joindre à cette page saussurienne fondamentale différents paragraphes des
Philosophische Untersuchungen de Wittgenstein : par exemple, 6 (fin), 35 (alinéa 3), 108. Voir note 16, C. L. G. 43 n. 90, 125-126 notes 186-187. Pour les analogies entre Wittgenstein et Saussure, cf. en outre De Mauro 1965.156, 168,
173, 184, 202.

(224) La principale source de ce paragraphe et des paragraphes suivants
du chapitre est le groupe des dernières leçons du troisième cours, entre le 30 juin
et le 4 juillet 1911. Son auditoire étant désormais relativement entraîné (S. M.
29), Saussure peut commencer à lui exposer les points les plus ardus de sa
doctrine de la langue.

(225) De tous les passages du C. L. G., celui-ci est peut-être celui qui donne
le démenti le plus direct à la singulière affirmation de N. Chomsky, *Aspects
of a theory of syntax*, Cambridge, Mass., 1965, p. 7-8, selon qui Saussure aurait
péché par « naïve view of language » donnant l' « image of a sequence of
expressions corresponding to an amorphous sequence of concepts » : mais si
Saussure veut contester quelque chose, c'est bien justement une telle image
de la langue. Sur le sol américain, rompant le silence des postbloomfieldiens,
Chomsky a plusieurs fois attiré l'attention sur Saussure, et a affirmé avec
décision le rapport entre les positions et les problèmes qu'il soumet à la
linguistique, et les positions et les problèmes saussuriens, à commencer par la
reconnaissance du fait que la réalité linguistique ne se limite pas à une séquence
d'*utterances*, d'actes de *parole*, dans la mesure où, outre le simple comportement verbal, il y a la *langue* (Chomsky 1965.4). Cependant il ne semble pas avoir
toujours compris parfaitement la position saussurienne : ceci en est précisément un exemple.

La critique développée par Hjelmslev a une autre consistance. Il fait observer
que la thèse de la nébulosité pré-linguistique de la « pensée » n'est démontrable
qu'après « l'apparition de la langue », si bien que ce que propose Saussure n'est
qu'un « pedagogical *Gedankenexperiment* », peut-être efficace du point de vue
didactique, mais certainement pas correct du point de vue théorique. En
fait, en cohérence avec la thèse que l'on veut soutenir, il faut dire que nous
ne rencontrons jamais de contenu de pensée linguistiquement encore informe
qui nous permette de dire si, avant la langue, la pensée est ou n'est pas informe.
Selon Hjelmslev 1961.49-54 (qui est le meilleur commentaire du passage) la
preuve correcte de l'affirmation saussurienne doit être cherchée par une autre
voie. Celle-ci, en acceptant les suggestions du linguiste danois, peut se présenter
comme suit. Voici une série de phrases :

jeg véd det ikke	danois
I do not know	anglais
je ne sais pas	français
en tiedä	finnois
naluvara	esquimau
non so	italien
nescio	latin

Se pose ici un problème théorique relatif au droit de confronter ces phrases et
ces phrases seules : en le confrontant, ne sortons-nous pas de l'idiosynchronie ?
Le droit, c'est-à-dire la justification théorique de la confrontation, est exac-

tement le même droit que celui qu'on a lorsque, avec Peirce, on admet que, étant donné un signe, il est toujours possible d'en trouver un autre plus clair et plus explicite : la confrontation entre deux signes différents d'une même langue est possible dans la mesure où, dans une série de circonstances, ils servent (même si leurs signifiés sont différents) à caractériser les mêmes situations (*referrings*) ou, en d'autres termes, ont les mêmes significations. Sur cette même base nous pouvons confronter des signes appartenant à des langues différentes. En particulier, sur la base de l'existence de significations identiques possibles, nous pouvons conclure que les sept signes précédents ont quelque chose de commun. « This common factor we call *purport*... This purport, so considered, exists provisionally as an amorphous mass, an unanalyzed entity, which is defined only by its external functions, namely its function to each of the linguistic sentences we have quoted » (Hjelmslev 1961.50-51). Ce *purport* peut être analysé de différentes façons. Pour symboliser la diversité des analyses il nous faut choisir une (méta)langue de description : Hjelmslev loc. cit. adopte « un » anglais ; nous adopterons ici « un » latin (nous ne pouvons pas dire « l'anglais », la langue-idiome réelle, qui, malgré sa flexibilité, n'admet pas comme grammaticales *I know it not*, qui est l'équivalent métalinguistique de la phrase danoise, ou *not know-do-I*, qui est l'équivalent de la phrase italienne ; de la même façon nous ne pouvons pas dire « le latin »). La solution du problème d'une métalangue symbolisant les signifiés des différentes langues, la solution du problème d'un « alphabet sémantique international » est décisive pour le sort futur de la sémantique fonctionnelle (ou noologie). Un tel « alphabet sémantique international » pouvant être fourni par l'ensemble des terminologies scientifiques (De Mauro 1967 § 7) et celles-ci étant soit latines (nomenclatures botanique et assimilées) soit largement dominées par les latinismes, nous adopterons ici un symbolisme métalinguistique d'origine latine. En termes métalinguistiques, nos sept phrases deviennent :

EGO SCIO ID NON	danois
EGO AG(O) NON SCI(RE)	anglais
EGO NON SCI(O) PASSUM	français
EGO-NON-FACIO SCIRE	finlandais
NON-SCIENS-(SU)M-EGO-ID	esquimau
NON SCIO	italien
NON-SCIO	latin

La diversité de la « forme » sémantique que prend le *purport* dans les différentes langues est aggravée par le fait que dans chaque langue existent, à côté de celle que nous avons indiquée, des phrases ayant la possibilité de significations identiques (italien : *io non so, non lo so, l'ignoro, forse*, etc., français : *je n'en sais rien, je ne le sais pas, je l'ignore*, etc.), et que la série de ces phrases est différente d'une langue à l'autre, tout comme sont différentes les attaches paradigmatiques propres à chacun des éléments des sept phrases. « We thus see that the unformed purport extractable from all these linguistic chains is formed differently in each language. Each language lays down its own boundaries within the amorphous " thought-mass " and stresses different factors in it in different arrangements, puts the center of gravity in different places and gives them different emphases... Just as the same sand can be put into different molds, and the same cloud can take on ever new shapes, so also the same purport is formed or structured differently in different languages. Purport remains, each time, substance for a new form, and has no possible existence except through being substance for one form or for another. We thus recognize in the linguistic *content*, in its process, a specific *form*, the *content-form*, which is independent of, and stands in arbitrary relation to, the *purport*, and forms it into a *content-substance* » (Hjelmslev 1961.52). La diversité de la série des signes coexistant avec le signe indiqué pour chacune des sept langues repose sur la diversité du

« *system* of content » pour lequel on peut dire la même chose : le système des formes dans lesquelles s'articule la masse des expériences possibles, le système des signifiés propres des monèmes lexicaux et/ou grammaticaux est variable d'une langue à l'autre. Ou encore, chaque langue à sa manière, selon un système de formes qui lui est propre, réduit en substance du contenu (*content-substance*) les expériences possibles. « In. this sense, Saussure is clearly correct in distinguishing between form and substance » (Hjelmslev 1961.54).

(226) L'alinéa provient du second cours (1830 B Engler). Il est utile de le rappeler car, sur un point, il n'exprime peut-être pas la pensée finale de Saussure mais un moment de passage. Il s'agit de l'expression « fait en quelque sorte mystérieux » : en effet, l'organisation du système linguistique paraît et ne peut pas ne pas paraître mystérieuse hors du cadre social dans lequel elle se place, et plus généralement le fonctionnement du langage (Saussure parle dans l'alinéa de *langage* ; *langue* est une substitution des éditeurs) est incompréhensible hors d'un contexte social (De Mauro 1965.152 et sv., 169 et sv.). Après les vigoureuses affirmations du lien entre langue et société remontant à 1894 (on en trouve trace dans les derniers alinéas du C. L. G. 112-113), l'aspect radicalement social de la langue et du langage rentre dans l'ombre, et l'intérêt de Saussure se porte sur des problèmes de méthodologie de la linguistique et sur d'autres questions. Durant le second cours, comme on l'a déjà relevé ailleurs (De Mauro 1965.153 et sv.), Saussure réaffirme le caractère social des phénomènes sémiologiques, mais on ne trouve une pleine consécration de l'aspect radicalement social de la langue et du langage que dans les leçons de mai 1911 (S. M. 85-86, notes 125-129), prises comme base du chapitre sur la mutabilité et l'immutabilité du signe (C. L. G. 104 et sv.).

(227) Dans les sources manuscrites, le texte donne : « Ce qui est remarquable, c'est que le son-pensée (ou la pensée-son) implique des divisions qui sont les unités finales de la linguistique. Son et pensée ne peuvent se combiner que par ces unités. Comparaisons avec deux masses amorphes : l'eau et l'air. Si la pression atmosphérique change, la surface de l'eau se décompose en une succession d'unités : la vague (= chaîne intermédiaire qui ne forme pas substance). Cette ondulation représente l'union, et pour ainsi dire l'accouplement de la pensée avec cette chaîne phonique, qui est elle-même amorphe. Leur combinaison produit une forme. Le terrain de la linguistique est le terrain qu'on pourrait appeler dans un sens très large le terrain commun, des articulations, c'est-à-dire des *articuli*, des petits membres dans lesquels la pensée prend conscience (valeur ? B. [ouchardy : la leçon *valeur* est confirmée par Constantin : 1832 E Engler]) par un son. Hors de ces articulations, de ces unités, ou bien on fait de la psychologie pure (pensée), ou bien de la phonologie (son) » (le texte de Riedlinger est cité in S. M. 213-214, ainsi bien sûr que chez Engler).

Le concept saussurien de langue comme forme est le prédécesseur direct et déclaré de la langue-schéma de Hjelmslev : voir C. L. G. 21 n. 45. Ce concept trouve à son tour un prédécesseur dans la conception humboldtienne de la langue, comme, en correction de Fischer Jörgensen 1952.11, on l'a souvent fait remarquer (voir page 383).

Pour ce qui concerne la célèbre comparaison avec la feuille de papier, elle a été commentée par Vendryes 1952.8 qui en souligne la validité en termes psychologiques ; Wartburg-Ullmann 1962.157 rapproche du point de vue de Saussure l'hypothèse Sapir-Whorf. On observe cependant que, alors que dans l'hypothèse Sapir-Whorf la pensée n'a pas d'existence autonome hors de la langue et par conséquent, les langues étant différentes, ce que nous appelons pensée devrait être différent d'un peuple à l'autre, ces conséquences improbables sont évitées dans la conception saussurienne, dans la mesure où Saussure se contente de dire que la pensée est linguistiquement amorphe hors de la langue. Saussure, de la même façon qu'il ne nie pas qu'il existe une phonation indépendamment des langues (il est au contraire partisan des droits autonomes d'une science de la phonation), ne nie pas qu'il existe un monde des perceptions, des idéalisations, etc., indépendamment des langues et que la psychologie peut étudier : il y a là une différence évidente par rapport aux thèses de Whorf.

(228) Pour la notion d'arbitraire, voir *supra* C. L. G. 100 notes 137-138. La dernière phrase de l'alinéa est un exemple de rédaction malheureuse de l'authentique pensée saussurienne. Les sources connues des éditeurs (d'ailleurs confirmées par les cahiers de Constantin) donnaient : « Mais les valeurs restent parfaitement relatives parce que le lien est parfaitement arbitraire » (1841 B Engler). En d'autres termes, l'arbitraire r a d i c a l vient d'abord, la relativité des valeurs signifiantes et signifiées (des *articuli* dans les deux masses amorphes) en est la conséquence. On écrit encore plus nettement dans 1840-1841 E Engler : « Si ce n'était pas arbitraire, il y aurait à restreindre cette idée de la valeur, il y aurait un élément absolu. Sans cela les valeurs seraient dans une certaine mesure absolues. Mais puisque ce contrat est parfaitement arbitraire, les valeurs seront parfaitement relatives. » Dans la rédaction des éditeurs, la relativité des valeurs passe d'abord, « et voilà pourquoi », ajoutent-ils, « le lien... est... arbitraire ».

(229) Pour l'aspect radicalement social de la langue, voir *supra* n. 226 et C. L. G. 104-113 et notes. L'alinéa suivant est à l'origine de la notion de « champ sémantique » : Ullmann 1959.78 et sv.

(230) Voir *supra* n. 224.

(231) Dans la traduction italienne du C. L. G., le mot *signification* a été rendu par *significazione*, et ce terme est désormais largement adopté (quoiqu'il soit étranger au fond commun de la langue italienne et soit donc un technicisme) avec son adjectif *significazionale*, à côté de l'autre paire *significato* et *significativo*, et en opposition avec elle. Traduction et usages terminologiques reposent sur l'acceptation des exégèses de Burger 1961 et des thèses théoriques de Prieto 1964 (sur la distinction entre *signifié*, classe abstraite de significations qui se trouve dans la *langue*, et *sens* ou *signification*, utilisation concrète, individuelle du *signifié*, « rapport social particulier institué par un acte sémique »).

Godel (in S. M. 241-242) avait considéré que *signification* et *sens* étaient synonymes de *signifié* (en notant cependant quelques résistances dans les textes) et avait conclu en affirmant que « l'inutilité des mots *sens, signification* saute aux yeux » (cf. aussi S. M., *signification*), car Saussure voulait par ces termes soit désigner le *signifié* et donc la valeur, soit désigner le concept pris par abstraction, c'est-à-dire quelque chose d'étranger à la langue.

Burger 1961.5-8 a montré qu'il n'y a pas de doute que Saussure voulait distinguer nettement entre *signification* et *valeur* (comme en fait foi l'affirmation du troisième cours utilisé ici par les éditeurs : « La valeur, ce n'est pas la signification », 1854 B Engler) et distinguait la *signification* du *signifié* : la phrase du C. L. G. 161 (« Les verbes *schätzen* et *urteilen* présentent un ensemble de significations qui correspondent en gros à celles des mots français *estimer* et *juger* » : bonne reprise de 1888 B Engler), puisque pour Saussure un signifiant ne peut avoir qu'un seul signifié, laisse entrevoir que, Saussure parlant d'un « ensemble de significations », les « significations » d'un mot sont une chose différente de son *signifié*. Une phrase qui laisse quelques doutes à Burger (1834 B Engler : « Le signe est double : $\dfrac{\text{signification}}{\text{syllabes}}$ »), lequel pense que la distinction n'était peut-être pas encore éclaircie pour Saussure lors du second cours, nous donne au contraire une confirmation ultérieure. Nous savons bien que les « syllabes » sont pour Saussure une réalité « phonologique », et non pas de *langue*, mais de *parole* ; et ce n'est donc pas par hasard que Saussure parle de « significations » en rapport aux « syllabes » plutôt que de « concepts » (terme qui dans le second cours n'avait pas encore été remplacé par *signifié* : voir *supra* n. 128). Si bien que, comme Burger l'a bien vu, la « signification » est pour Saussure l'équivalent de la phonation (*phonie* de Prieto), c'est-à-dire qu'elle est la réalisation du *signifié* d'un *signe* faite au niveau de la *parole*, de l'exécution.

La thèse de Burger a été acceptée par Godel 1966.54-56, qui intègre avec raison les considérations de Burger à celles de Bally 1940.194-195 et écrit : « On voit qu'A. Burger, tout en situant, comme Bally, la signification dans le " discours ", en conçoit tout autrement le rapport avec la valeur. Il rejoint probablement la conception de Saussure lui-même ; et sur ce point, je lui rends volontiers les armes. Toutefois, l'idée de Bally mériterait d'être retenue : il est exact que, dans la parole, les signifiés s'accordent à la réalité du moment, et il y a peut-être avantage à appeler signification ce qui résulte de cet accord... On peut donc reconnaître une *valeur* à chacun des éléments qui appartiennent au système d'une langue, y compris les phonèmes [non pas dans le sens saussurien du terme, bien sûr, mais dans le sens moderne], l'accent, etc. La signification en revanche est d'abord une propriété de l'énoncé. Elle ne procède pas uniquement des valeurs utilisées pour la composition du message, c'est-à-dire du signifié de phrase : elle dépend aussi de la situation, des relations, des interlocuteurs, de leurs préoccupations communes. » Comme on le voit, développant indépendamment de Prieto les idées saussuriennes interprétées par Burger, R. Godel rejoint les positions de la *noologie* de Prieto pour ce qui concerne le rapport *signification-signifié*.

Du côté de l'analyse linguistique plus raffinée, Saussure répond à une exigence soulignée par les meilleurs logiciens : celle qui pousse à distinguer entre *a*) la référence concrète, au moyen d'un signe, à un objet particulier, et *b*) la façon dont le signe propose à notre représentation subjective cet objet ou d'autres possibles. Le signe *Vénus* a des références différentes selon qu'il renvoie à l'étoile luisante qui est en train de briller ou à une jeune fille fascinante qui passe dans la rue ; dans le premier cas il peut avoir la même référence qu'un autre signe, l'*étoile du matin*. Cependant l'*étoile du matin* peut avoir des références que ne peut pas avoir *Vénus*, et vice versa : ceci implique que les deux signes, en raison de leurs virtualités référentielles différentes, lorsqu'ils se trouvent avoir des références semblables, les proposent de façons différentes. La distinction entre référence concrète et façon de la faire est rendue par Saussure avec *a*) *signification* (ou *sens*) et *b*) *signifié*. G. Frege, avant Saussure, l'avait déjà bien vu, lui qui dans *Ueber Sinn und Bedeutung*, « Zeitschrift für Philosophie und philosophische Kritik » 100, 1892.25-50, p. 26 distingue entre *a*) *Bedeutung* et *b*) *Sinn*, reprenant les problèmes déjà posés par Bolzano (cf. R. Egidi, *Ontologia e conoscenza matematica. Un saggio su G. Frege*, Rome 1963, p. 213 et sv.). La claire distinction de Saussure est malheureusement souvent obscurcie par de mauvaises traductions : ainsi C. Ogden, traduisant le *Tractatus* de Wittgenstein, rend *Bedeutung* par *meaning* au lieu de *referring* ou quelque chose d'approchant comme le propose avec raison G. E. M. Anscombe, *Introd. al Tractatus*, Rome 1966, p. 13.

Sur le lien entre *valeur* et système, cf. Ipsen 1930.15-16, Čikobava 1959.102-104, Christensen 1961.179-191, plus l'article déjà signalé de Bally 1940.193 et sv.

(232) A propos de cette dernière phrase, qui résume le point de vue de Saussure mais n'a pas de correspondant exact dans les sources manuscrites (1897 B Engler), Martinet 1955.47 note qu'elle n'implique pas que le champ de dispersion d'une entité linguistique (Martinet se réfère en particulier au phonème) ne trouve ses limites que dans les autres entités de la *langue* : la norme de réalisation est une autre limite. C'est-à-dire que la langue n'est pas seulement l'ensemble des caractéristiques différentielles des entités (au niveau des phonèmes, pas seulement l'ensemble de ce qui est phonologiquement pertinent) comme l'a cru Troubeckoj, *Principes*, 1-15, mais qu'elle est l'ensemble de tout ce qui est arbitraire, donc non seulement les complexes différentiels mais aussi, au niveau des phonèmes, des classes de variantes. Elle est en somme l'addition de la langue-schéma et de la langue comme norme de réalisation de Hjelmslev (v. C. L. G. 21 n. 45). Voir pour des idées semblables Coseriu 1952 = 1962.90 et sv.

(233) Selon Malmberg 1954.11-17 ce paragraphe et en particulier les pages 163-164 représentent le meilleur passage du C. L. G.

(234) Sur la notion de « zéro », outre Allen 1955 et Haas 1957.34, 41, 46, voir 380. Préoccupé par « la légion de fantasmes » suscitée par la théorie saussurienne du signe zéro (autres passages classiques : C. L. G. 123-124, 191, 255), Godel 1953 souligne que le signe zéro n'est pas l'absence de signe, mais est un signe implicite, c'est-à-dire un signe dont le signifié émerge des rapports mémoriels et/ou discursifs (pour utiliser la terminologie de H. Frei) et dont le signifiant n'admet pas de réalisation phonique.

Jakobson 1939.143-152 a cherché la contrepartie sémantique du signifiant zéro, c'est-à-dire le signifié zéro. Godel objecte que sur le plan des signifiés on ne peut avoir que des neutralisations (Godel 1953.31 n. 1).

On peut cependant citer en faveur de la thèse de Jakobson des cas comme, par exemple, les phrases itératives en dialecte romain : un exemple relativement célèbre en est le début de la *Scoperta de l'America* de C. Pascarella (« Ma che dichi? Ma leva mano, leva! »), où l'on pourrait douter que le *leva* réitéré ait une quelconque signification. Mais on a des exemples comme : *Si t'acchiappo, sitta, Ma l'hai sentito, l'hai ? So' venuto da casa, so* ; et dans ces cas les syllabes réitérées ont une fonction purement et simplement rythmique, sont des segments signifiants à signifié zéro.

(235) Autre passage essentiel pour éclairer la notion de la langue comme forme pure, de la langue-schéma de Hjelmslev : voir note 45.

(236) On parle, dans les sources manuscrites du passage, d' « éléments phoniques » ou « sonores », non pas de « phonèmes », terme introduit ici et ailleurs par les éditeurs pour désigner les unités fonctionnelles : voir n. 111.

(237) Qu'on pense par exemple en italien à l'extrême latitude que l'on a, en fait de lieu d'articulation, pour les réalisations du phonème /r/, de [la même façon qu'en français ; ou bien à la possibilité d'articuler comme une sourde ou comme une sonore le /j/ dans des mots comme *piede, chiave*, etc.

(238) Saussure reprend ici, en l'amplifiant, la mention du C. L. G. 45. Ont attiré l'attention sur l'étude sémiologique de l'écriture Vachek 1939 et surtout, dès 1943, Hjelmslev (Hjelmslev 1961.105, et biblio.). Cf., pour d'autres indications bibliographiques sur ce thème, Lepschy 1965.28-29 et note.

(239) Pour les sources v. *supra* n. 224.

(240) En rapport avec la rédaction de ce passage, on observe que l'adjectif *phonique* manque dans les sources manuscrites. Saussure parle de « différences des signifiés » et « entre signifiants », c'est-à-dire entre classes d'entités abstraites : v. n. 111.

(241) Il s'agirait selon Godel (S. M. 117) d'une insertion des éditeurs depuis « différences conceptuelles » jusqu'à la fin de l'alinéa ; il rappelle la phrase finale du C. L. G. 121, également ajoutée à son avis par les éditeurs. En réalité 1942-1943 B Engler (notes de Riedlinger) montre que la phrase « la preuve... une modification » a un correspondant précis dans les sources où l'on lit : « Comme pour toute valeur dépendant de facteurs sociaux ce n'est pas ce qui entre dans un signe linguistique qui peut donner une idée de ce qu'est ce signe. Tout cela n'est que la matière utilisée ; la valeur peut varier sans que ces éléments varient. » La présence de ce correspondant dans les sources manuscrites n'est pas intéressante du seul point de vue philologique ; il s'agit d'un passage d'importance théorique : il implique, *in nuce*, ce structuralisme diachronique que l'opinion commune reprochera à Saussure d'avoir négligé (v. C. L. G. 119 n. 176).

(242) Le passage a une grande importance théorique. La combinaison de signifiant et de signifié, c'est-à-dire le signe, est une réalité positive ; c'est-à-dire que le signe est une « entité concrète ». Mais cet aspect concret est le résultat d'une opération complexe de systématisation en (et de liaison de) classes abstraites des phonies et des significations concrètes.

Il subsiste entre les signes un rapport d'opposition que Saussure tend à concevoir comme différent du rapport de différence (Frei 1952, S. M. 196 et sv.).

La dernière phrase du passage (« c'est même la seule espèce... ») est un ajout des éditeurs : 1949 B Engler.

(243) C'est là le phénomène de l'individualisation fonctionnelle, répondant à une exigence générale d'économie par laquelle une partie des éléments redondants dans une certaine phase linguistique sont fonctionnalisés, pris comme distinctifs, dans une phase suivante. Au niveau phonématique, c'est le cas des phénomènes de phonématisation des variantes combinatoires : ainsi en latin du ve siècle [tʃ] et [k] étaient des variantes combinatoires (articulations en distribution complémentaire, dont la première apparaissait toujours et seulement devant des voyelles palatales devant lesquelles n'apparaissait jamais [k]) ; en italien, après des accidents diachroniques variés (/kl/ et /kw/ latins donnant /k/ devant /i/ et /e/, comme dans *chi, che, inchino* ; gallicismes, hispanismes, arabismes adaptés avec *cio-, cia-, chi-* ; refonte analogique des pluriels en *-chi* ; passage du latin /kjo/, /kja/ à /tʃo/, /tʃa/, etc.) l'articulation occlusive et l'articulation affriquée ont fini par pouvoir apparaître dans les mêmes contextes phonématiques, si bien que se sont créées des paires minimales (/ki/ et /tʃi/, /'kimit ʃi/ et /'tʃimitʃi/, /bruka/ et /brutʃa/, etc...), et la différence entre les deux articulations est devenue phonématiquement pertinente.

Au niveau lexical, des phénomènes d'individualisation fonctionnelle se sont produits au cours de l'histoire linguistique italienne récente, par exemple dans la différenciation sémantique de *coltura* et *cultura, la fronte* et *il fronte*, etc... (cf. pour ces cas et pour d'autres De Mauro, *Storia linguistica dell'Italia unita* cit., pages 31, 178, 260). Un cas classique d'individualisation fonctionnelle se trouve à l'origine du mot *missa*, « messe », en latin postérieur au ve siècle : la formule finale du service religieux chrétien, *Ite, missa est*, calquait une formule grecque, πέμπεται, « c'est envoyé », avec une référence sous-entendue à l'eucharistie qui à la fin de la messe était envoyée aux malades et aux absents du rite. L'habitude se perdit mais on conserva religieusement la formule qui ne fut plus comprise, et le *missa* du participe passé fut pris comme substantif, donnant lieu à un mot féminin *missa* (cf. A. Pagliaro, *Altri saggi di critica semantica*, Messine-Florence 1962, pages 129-182).

La phrase suivante est un ajout des éditeurs (1957 B Engler), pas entièrement immotivé.

(244) Selon Tesnière 1939.174, la phonologie pragoise a son origine dans ce passage ; pour le problème des rapports de celle-ci avec Saussure, voir *supra* 378 et v. C. L. G. 55 n. 103, 56 n. 105, 103 n. 145, 119 n. 176.

(245) Ici aussi la *langue* est la forme pure, le « schéma » de Hjelmslev : v. n. 45.

(246) Les sources de ce paragraphe sont une leçon faite en janvier 1909 lors du second cours (S. M. 72-73 notes 74 et 75) et deux leçons des 27 et 30 juin 1911, durant le troisième cours (S. M. 89-90 notes 143-147).

Dans le développement du chapitre, Saussure reprend les mentions (C. L. G. 26 et 29, et v. n. 56 au C. L. G. 26) de la capacité d' « articuler » la substance phonique et significative, capacité qui est à la base du langage. Une telle « faculté d'association et de coordination » se manifeste par la constitution de « groupes » de mots : or, spécifie Saussure (1892 B Engler, qui n'est pas passé dans le texte des éditeurs), nous entendons par « groupe » aussi bien le « rapport » entre *contre, contraire, rencontrer*, etc., que le « rapport » entre *contre* et *marche* dans *contremarche*. Ou encore (comme cela est précisé dans la leçon du second cours : S. M. 72) nous avons dans le premier cas des « unités d'association », ou « groupes au sens de familles », et dans le second cas des « unités discursives », ou « groupes au sens de syntagmes ». Jakobson 1967.8-9, 19-20 indique Kruszewski comme source de l'idée de double type de rapports.

(247) Reprenant les termes du second cours (v. *supra* n. 246) Frei 1929.33 propose de définir comme « discursifs » les rapports syntagmatiques. Il vaut la peine de noter que les éditeurs trouvent dans les sources, sans l'utiliser, le terme

« structure » pour dénoter ce qu'ils appellent « chaîne de la parole » (1986 B Engler) : v. n. 259.

(248) Frei 1929.33 propose de définir comme « mémoriels » les rapports associatifs. L'usage a consacré le terme *paradigmatique*, absent chez Saussure mais suggéré par des passages dans lesquels les paradigmes flexionnels sont cités comme exemples typiques de rapports associatifs : cf. par exemple C. L. G. 174-175, 179, 188. Sur le lien entre rapports associatifs et syntagmatiques, cf., entre autres, Vendryes 1933.176 (= 1952.30), Ombredane 1951.280, Spang-Hanssen 1954.101-103, Lepschy 1966, 46-48.

(249) Voir *supra* n. 246.

(250) Dans les sources manuscrites, Saussure, dans le doute sur ce point (v. *infra* n. 251), se contente d'une simple mention (« locutions comme *s'il vous plaît* » : 2014 B Engler). Les autres exemples sont des éditeurs (qui semblent avoir pensé à des syntagmes qui du point de vue sémantique représentent des métaphores cristallisées et vidées de sens). Notons, dans le passage ajouté, l'usage peu rigoureux de *signification* (v. n. 231).

(251) C'est là un des points « ouverts » de la conception saussurienne, et il nous faut remercier les éditeurs qui, dans ce cas, n'ont pas tenté de dissimuler l'incertitude de Saussure. Les raisons de cette incertitude sont déclarées avec une évidence suffisante. D'une part les combinaisons étendues de syntagmes sont sujettes à variations pour ce qui est de la place des éléments constitutifs, variations dépendant de choix individuels libres : donc, les syntagmes d'une certaine étendue, et en particulier les phrases, en tant que sujettes au libre choix individuel, semblent appartenir au domaine de la *parole* (C. L. G. 30 n. 63, 31 n. 67). D'autre part, non seulement les éléments minimums (monèmes) mais aussi les syntagmes comme *cheval, le cheval, chevalin, il est à cheval,* etc., appartiennent à l'inventaire mémoriel et semblent donc appartenir à la *langue*. Il y a aussi un fait plus subtil : même si un syntagme donné peut être inconnu d'un individu, le « type » syntagmatique appartient à la langue : par exemple, même si on n'a jamais utilisé le substantif *chomskisation*, il appartient à la *langue* en tant qu'il est réalisé selon un certain « type » syntagmatique. Or, affirme Saussure, « dans la phrase il en sera de même » (2021 B Engler) : les modèles réguliers, les types généraux de phrase appartiennent à la langue. En ce sens, tous les syntagmes possibles, y compris les phrases, semblent appartenir à la langue.

En ce même sens, par lequel les phrases appartiennent à la langue, deux autres données de fait que l'on trouve dans le C. L. G. et que confirment les sources manuscrites viennent témoigner : 1) in C. L. G. 31 (= 258 A B C E Engler) on affirme, pour utiliser l'expression notée par Constantin, que « quand nous avons devant nous une langue morte, son organisme est là bien que personne ne la parle » : or il est clair qu'une langue morte se présente à nous à travers des phrases qui apparaissent donc comme autre chose que de la *parole* ; 2) in C. L. G. 38 (= 258 Engler) on affirme que la *parole* comprend les « combinaisons individuelles, dépendant de la volonté de ceux qui parlent », et les sources complètent « combinaisons individuelles, p h r a s e s, dépendant de la volonté de l'individu et répondant à sa pensée individuelle » (258 E Engler) : ou encore, les phrases et les syntagmes appartiennent à la *parole* dans la mesure où elles dépendent de la volonté individuelle et, donc, n'appartiennent pas à la *parole* dans toute leur réalité.

Les oscillations de la pensée de Saussure sur ce point sont attentivement analysées in S. M. 168-179. Comme déjà Wells 1947 § 19, Godel est tenté de compléter la pensée de Saussure en saisissant pour ainsi dire sa direction fondamentale d'évolution. Celle-ci coïncide sans doute plus avec la seconde des deux solutions qu'avec la première : la solution selon laquelle t o u s les syntagmes, phrases comprises, appartiennent à la *langue* « en puissance ». Godel (S. M. 178-179) cite l' « observation profonde, faite au sujet de la création analogique », c'est-à-dire une affirmation du premier cours : « Ainsi le mot *indécorable* existe en puissance dans la langue, et sa réalisation est un fait insignifiant en comparaison de la possibilité qui existe de sa formation » (Godel a ultérieurement perfectionné sa thèse interprétative et théorique : Godel 1970 ; dans le même sens, R. Amacker est très important, *La sintagmatica di Henri Frei*, in *La sintassi. Atti del III convegno internazionale di studi della Società di Linguistica italiana (Rome 17-18 mag. 1969)*, Rome 1970 pages 45-111). Saussure tend à appliquer ce même point de vue « profond » à tous les syntagmes : « Nous parlons uniquement par syntagmes, et le mécanisme probable est que nous avons ces types de syntagmes dans la tête » (2073 B Engler). (L'application est synchronique et non pas diachronique comme l'affirme Lyons 1963.31-32, qui saisit d'ailleurs bien le lien avec Chomsky.) En effet, ce n'est pas par hasard que nous disons « les phrases d'une langue » : les phrases appartiennent à la langue tout autant que leurs éléments composants. Le fait qu'on y trouve, ainsi que plus généralement dans les syntagmes d'une certaine étendue, une certaine liberté de disposition ne doit pas nous empêcher de les admettre dans la langue : de la même façon qu'au niveau des monèmes on peut trouver des choix entre deux séquences phonématiquement différentes mais monématiquement équivalentes (allomorphes), par exemple dans les paires italiennes *devo/debbo, tra/fra*, etc. ou en français *je peux/je puis*, etc., on peut trouver au niveau des syntagmes des choix entre deux séquences monématiquement différentes mais syntagmatiquement équivalentes. Ainsi, en supposant que les deux phrases suivantes sont réellement équivalentes du point de vue du signifié (ce qui serait prouvé si toutes les significations possibles de l'une étaient celles de l'autre et vice versa), *i fratelli e le sorelle sono arrivati, sono arrivati i fratelli e le sorelle*, nous aurions deux phrases en rapport allosyntagmatique. L'exploration de la théorie de phrase en tant que fait de langue n'en est qu'à ses débuts pour ce qui concerne le plan du contenu, avec les études indépendantes de Tesnière, Prieto et Chomsky. Pour ce qui concerne le plan de l'expression, elle a été développée aux U. S. A. par les postbloomfieldiens : cf. par exemple Hockett, *A Course* cit., p. 199 et sv., 307 et sv.

Il est probable que l'application de ces études à des langues particulières réservera quelques surprises, en ce sens que même dans les langues comme l'italien, qui jouiraient selon la *communis opinio* d'une grande liberté syntagmatique au niveau des phrases, le nombre de phrases réellement allosyntagmatiques (ou vraiment équivalentes du point de vue du signifié, au sens précisé ci-dessus) se révélera beaucoup moins important que ce que l'on pourrait attendre.

(252) Voir n. 246.

(253) Sur les rapports associatifs mémoriels cf. Frei 1942, Bresson 1963.27. L'idée de champs associatifs s'est révélée fructueuse en sémantique pour une approche structurale du lexique : Weisgerber 1927, 1928, Bally 1940, Wartburg-Ullmann 1962.156, Lyons 1963.37 et sv.

La théorie freudienne des *lapsus linguae* peut être considérée comme une confirmation clinique de l'hypothèse linguistique de Saussure (cf. par exemple S. Freud, *Psychopathologie de la vie quotidienne*, Paris, Payot, p. 5 et suiv.). Après les études de Jung sur les associations verbales (C. G. Jung, *Studies in Word-Associations*, trad. anglaise, Londres 1918) considérées non plus dans une perspective pathologique mais comme faits physiologiques et normaux, une foule d'études psychologiques de la plus grande importance pour les linguistes s'est accumulée en ce sens (cf. Miller *Langage et communication* cit., chap. IX, p. 236-251), confirmant *ad abundantiam* l'intuition fondamentale que Saussure avait héritée de Kruszewski.

Godel 1953.49 rappelle que la série d'associations fondées sur de simples rencontres phonématiques (*enseignement-clément-justement...*) est, dans le graphique de la page 175, un ajout des éditeurs ; ceci n'est pas entièrement exact : même si les exemples sont des éditeurs, l'idée fondamentale est de Saussure qui, comme le montrent les sources, affirmait : « Il pourra y avoir association simplement au nom du signifié : *enseignement, instruction, apprentissage, éducation,* etc. et d'autres encore. On peut avoir simple communauté d'images auditives : *blau* (bleu), *durchbläuen* etc. » (2026 B Engler). L'exemple *blau-durchbläuen* a été utilisé par les éditeurs dans la note à la page 174 et à la page 238.

(254) La thèse de Saussure a été contredite par Jakobson pour qui le nominatif, étant le cas zéro, serait le premier dans les paradigmes flexionnels (Jakobson 1966.49).

(255) Le paragraphe a des sources multiples : une leçon du premier cours sur la dépendance de la valeur d'un élément du contexte syntagmatique (S. M. 59, n. 27) ; deux leçons du second cours (11 et 14 janvier 1909) sur le lien, dans le « mécanisme d'un état de langue », entre les rapports syntagmatiques (ou *discursives*) et associatifs (ou *intuitives*) (S. M. 72-73 notes 74 et 76) ; une leçon du troisième cours sur les syntagmes déjà utilisée in C. L. G. 170-173 (S. M. 89 n. 143).

(256) Le premier et le deuxième alinéas sont une couture typique créée par les éditeurs avec des éléments en partie bâtards (« différences phoniques et conceptuelles » est l'habituelle expression aussi chère aux éditeurs qu'étrangère à Saussure : S. M. 113 et v. n. 131), en partie d'origine saussurienne plus certaine : telle est par exemple la locution « solidarités syntagmatiques » (et « associatives ») pour laquelle cf. 2105 B Engler.

(257) La dernière phrase de l'alinéa est un ajout des éditeurs (2053 B Engler et S. M. 117), fondé sur une curieuse équivoque. Saussure dit de façon très explicite qu'un syntagme *roulis* est analysé comme $roul \overset{+}{\underset{\times}{}} is$, et précise : « + parce que, comme toujours, il y a une succession, × parce que *roulis* est un produit dont *roul-* et *-is* sont les facteurs » (2052 B Engler). Sur cette base, les éditeurs prêtent à Saussure une autre idée, à savoir que la valeur du syntagme dépend non seulement de la somme et du produit de ses composants, mais aussi du rapport entre la totalité somme-produit et les composants. L'équivoque revient in C. L. G. 182 alinéa 2 : « *dix-neuf* est solidaire... syntagmatiquement de ses éléments *dix* et *neuf* ».

Notons en outre que l'*incipit* de l'alinéa suivant (« C'est là un principe général... ») comme les trois premières phrases de l'alinéa d'après sont des ajouts relativement gratuits des éditeurs. En particulier, dans le dernier alinéa du paragraphe, l'objection présumée (phrases monorèmes et monomonématiques comme *oui, non, déjà*) a peu de sens : de la même façon que nous disons que les monèmes sont composés de phonèmes même s'il y a des monèmes monophonématiques, nous pouvons dire que les syntagmes sont composés de monèmes, même s'il y a des phrases monomonématiques.

(258) Les sources du paragraphe sont deux leçons du second cours (S. M. 72-73, notes 75-76).

(259) Nous trouvons dans le dernier alinéa du paragraphe une des nombreuses occurrences saussuriennement indues de *phonème* et de *éléments phonologiques* ; dans ce cas, malgré le caractère indû de l'insertion, il est clair qu'un passage de ce genre n'a pas peu stimulé l'élaboration de la théorie de la commutation des phonèmes (voir n. 131). La source manuscrite (2079 B Engler) parle simplement d'*élément*.

Un peu plus loin apparaît le terme *structure* qui, pour ce passage précis, n'est pas dans la source manuscrite (2086 Engler) mais qui est cependant certainement adopté par Saussure, en ce sens, dans d'autres passages : voir n. 247 et C. L. G. 244 (2696 B Engler) et 256 (2807 B Engler). Le terme est donc certainement saussurien : il est inexact de dire que Saussure n'a jamais adopté *structure* (Benveniste 1962 = 1966.92, mais Benveniste est dans le vrai lorsqu'il dit que Saussure, pour dénoter le système, n'adopte pas *structure* mais bien *système* : voir *infra*) ou qu'il ne l'adoptera que pour le refuser (Mounin 1966.24) : en réalité, comme cela est plus évident dans les sources manuscrites que dans le C. L. G. 244, Saussure a plutôt des doutes pour *construction*, non pas pour *structure*. D'autre part, Kukenheim se fourvoie totalement lorsqu'il écrit de Saussure : « Ce que le deuxième tiers du xxᵉ siècle retiendra surtout de sa théorie, c'est le mot magique de *structure* » (Kukenheim 1962.94). Dans le deuxième tiers du xxᵉ siècle, *structure* a été adopté de façons très diverses et dans des proportions beaucoup plus importantes que l'emploi modéré de Saussure, qui n'utilise pas ce terme comme un de ses mots-clef (cf. Benveniste cité).

Enfin, il faut remarquer que dans tous les passages des manuscrits ou du C. L. G. dans lesquels apparaît *structure*, le mot désigne toujours le regroupement syntagmatique, linéaire : c'est-à-dire qu'il est employé dans l'acception « américaine » plutôt que dans l'acception du structuralisme européen.

(260) Les sources du paragraphe sont deux leçons du troisième cours en mai 1911 (S. M. 84 n. 121).

(261) Dans les sources manuscrites (2100 B Engler) l'exemple que l'on lit est celui de *sé-* en français (*séparer*, *séduire*, *sélection*) dont Saussure se demande « à quel point il existe » comme « préfixe connu ».

(262) Sur l'arbitraire relative cf. Bally 1940, Catalán Menéndez Pidal 1955.18, Zawadowski 1958, Wartburg-Ullmann 1962.129, Antal 1963.81, Jaberg 1965.146. Autres indications dans Ullmann 1959.86 et sv.

(263) Les considérations de la dernière phrase de l'alinéa sont de la main des éditeurs (2112, 2114 B Engler et S. M. 117-118). Mais tout le reste du paragraphe, traçant si clairement une vision historicisante de la dynamique linguistique, reflète les notes manuscrites des leçons.

(264) La recherche sur les langues lexicologiques et grammaticales a été poursuivie avec succès : la comparaison entre l'allemand, grammatical, et le français, lexicologique, a été reprise par Bally, *Ling. gén.* cit. p. 341-345 ; W. von Wartburg, *La posizione della lingua italiana*, Florence 1940, p. 93 et sv. compare au contraire le français, plus lexicologique, et l'italien, plus grammatical. Les considérations de Saussure et la notion d'économie linguistique élaborée sur les traces de Saussure par Martinet fournissent un cadre théorique plus précis à des études typologiques respectant les faits et les méthodes objectives de la linguistique scientifique.

(265) Les sources du paragraphe sont deux leçons distinctes du deuxième cours : S. M. 72 (n. 73) et 73-74 (n. 80).

(266) Pour la réserve sur l'utilisation d'*historique* en relation avec *grammaire* v. C. L. G. 20 n. 41, 116.

(267) Les sources du paragraphe sont différentes leçons du second cours : S. M. 72 (n. 73) et 73 (n. 76-78). Du point de vue de la méthode des études syntaxiques, les considérations de Saussure ont la plus grande valeur : reprises également dans le chapitre suivant et dans le C. L. G. 248, elles frappent à la racine les méthodes contenutistes dominant largement la syntaxe traditionnelle, ainsi que la syntaxe dite historique. L'exigence de partir, dans toute analyse syntaxique, de la reconnaissance de classes d'indices individualisables sur le plan de la forme de l'expression a été réaffirmée, par exemple, par H. Spang-Hanssen, in *Actes du VIᵉ congrès international de linguistique*, Paris, 1949, p. 379-391, à la page 390, et J. Whatmough, *Language. A Modern Synthesis*, Londres 1956, p. 390. Cf. De Mauro, *Frequenza e funzione dell'accusativo in greco*, cit. Voir aussi n. 219.

(268) Le source est une leçon du troisième cours : S. M. 83-84 (n. 120). Dans la leçon, l'on voit combien Saussure est embarrassé de devoir employer le terme *abstrait* pour désigner des processus et des schémas effectivement présents au locuteur : voir note 70.

(269) Dans ce chapitre de suture typique, les éditeurs utilisent des sources disparates : une leçon du premier cours (S. M. 61 n. 32), deux leçons, relative-

ment éloignées, du second cours (S. M. 70, n. 67, et 74 n. 83), une leçon du troisième cours (S. M. 78, 100).

Dans les chapitres suivants de cette partie les éditeurs ont utilisé, en les distribuant de façon variée, les leçons du premier cours suivant l'Introduction et les *Principes de phonologie* (S. M. 55-63, n. 9, 11-18, 25, 26, 28, 31, 32, 35-39). Dans le plan ultime de Saussure l'analyse des phénomènes historico-évolutifs devait non pas suivre mais précéder la présentation de la *langue* (voir *supra* notes 12, 65). Indubitablement, si les éditeurs avaient suivi cette voie, les troisième, quatrième et cinquième parties du C. L. G. auraient été considérées avec plus d'attention, et la vision historicisante de la langue élaborée par Saussure aurait apparu plus clairement au lecteur. Au contraire, non seulement ces considérations n'ont pas eu lieu, mais en outre des savants d'ordinaire perspicaces en sont venus à penser et à affirmer que la seconde moitié du C. L. G. n'avait pas d'importance ou de nouveauté particulière : cf. Jaberg 1937.136 et A. Varvaro, *Storia, problemi e metodi della linguistica romanza*, Naples 1966, p. 212).

(270) Voir note 269. Au début du premier paragraphe on lit dans les sources manuscrites, comme d'habitude, *élément*, et, comme d'habitude, les éditeurs, contre l'intention de Saussure, ont introduit le terme *phonème* : voir n. 131. Toute la première phrase du second paragraphe est des éditeurs.

(271) Nous pouvons interpréter les changements « spontanés » comme des processus de phonématisation de variantes libres et les changements « combinatoires » comme des processus de phonématisation de variantes combinatoires.

(272) Le texte de l'édition de 1916 est « ne l'est que dans... » (2281 A Engler) : à partir de l'édition de 1922 apparaît ici une erreur d'impression (« ne l'est pas dans... ») qui altère complètement le sens de la phrase, la rendant erronée.

(273) Wartburg-Ullmann 41 reprochera à Saussure cette phrase : voir note 86.

(274) On ne parle pas, dans les sources manuscrites, de *signe*, mais plus correctement de *symbole phonétique* (S. M. 112 n. 34).

(275) Sur le caractère « aveugle » de l'évolution phonétique selon Saussure et sur la polémique à ce propos voir note 176.

(276) Voir note 269.

(277) Comme on l'a fait observer (Herman 1931) *bizan* n'est pas germanique occidental en général, mais spécifiquement Hochdeutsch : dans ce cas encore l'erreur n'est pas de Saussure car, dans les sources manuscrites (2366 B Engler), on ne nomme pas la langue à laquelle appartiennent les vocables en question.

Dans le passage du latin à l'italien on a aussi (mais beaucoup plus rarement, étant donné le caractère conservateur du système phonématique toscan) des cas de rupture du lien grammatical dans des mots de tradition directe : ainsi *domus* et *domesticus* donnent *duomo* et *domestico* (avec intervention d'une évolution divergente des signifiés), *ductia* et *(aquae) ductus* donnent *doccia* et *acquedotto*.

(278) La formule « différences phoniques » est, comme d'habitude, étrangère aux manuscrits (v. n. 131).

(279) Pour les sources, voir n. 269.

(280) Sur la conception saussurienne de l'analogie cf. Frei 1929.27, Delacroix 1930.265, Wartburg-Ullmann 1962.60. En outre voir *supra* n. 251 pour le rôle que joue l'analogie dans la formation des syntagmes : rôle essentiel si l'on tient compte du fait que pour Saussure les syntagmes sont non seulement les « mots », mais aussi les phrases, si bien que l'analogie est source de la créativité de la langue, la voie à travers laquelle la langue génère l'ensemble théoriquement infini des phrases. Saussure intitule avec raison les leçons sur ce thème : *Analogie, principe général des créations de la langue* (S. M. 57), titre utilisé par les éditeurs pour le troisième paragraphe de ce chapitre : *infra* 226.

(281) Voir note 176.

(282) Le terme *économie* ne semble pas se trouver dans les manuscrits (2570

B Engler). Il a été heureusement introduit par les éditeurs pour dénoter l'équilibre entre les différentes tendances agissant sur la langue : il a été repris dans cette acception par A. Martinet 1955 qui en a fait un terme-clef de la conception structurale moderne de la réalité linguistique.

(283) Pour les sources, voir n. 269.

Il y a sur l'étymologie populaire une très vaste littérature pour laquelle cf. Ullmann 1959.91. Pour les polémiques anti-saussuriennes de Iordan, Wartburg et Ullmann, v. *infra* n. 286. Cf. en outre J. Orr, *L'étymologie populaire*, « Rev. ling. rom. » 18, 1954.129-142 et J. Vendryes, *Pour une étymologie statique*, B. S. L. 49 : I, 1953.1-19. Th. Hristea, *Tipuri de etimologie populară*, « Limba Română », 16, 1967.237-251 reprend la classification de Saussure.

(284) Les examens universitaires (ce qui donnerait raison à la thèse de l'aspect pathologique de la *Volksetymologie*) sont une assez bonne source d'étymologies populaires difficiles à remarquer par un professeur peu attentif : bien des étudiants en philologie classique sont persuadés que la distraction homérique est ainsi dite à cause de l'absence d'attention néfaste du poète grec (*quandoque bonus...*) ; beaucoup pensent que le *signifiant* est la personne qui dit quelque chose, etc.

(285) Autre exemple d'étymologie populaire : en italien, *doppiare* (« doubler » un film) emprunté à l'argot *to dub* et rattaché à *doppio* (« double »), en français *ouvrable* rattaché à *ouvrir* (en fait, *œuvrer* = « travailler »).

(286) Dans l'édition de 1916 ce passage (2670 A Engler) donnait : « L'étymologie populaire est un phénomène pathologique ; elle n'agit donc etc. » ; les mots de *est à elle* furent supprimés à partir de l'édition de 1922, sans doute en hommage aux tendances linguistiques de l'époque, qui tendaient à concevoir la langue comme un tissu d'onomatopées, d'interjections, de mots « affectifs », d'étymologies populaires, etc. Mais la réelle pensée saussurienne est précisément celle que les éditeurs ont corrigée et censurée : « Il y a là [dans l'étymologie populaire] quelque chose qui peut passer pour vicieux, pour pathologique, quoique ce soit une application extrêmement particulière de l'analogie » (2670 B Engler). Cf. Iordan-Orr 1937.173 n. 1 = Iordan-Bahner 1962.204 n. 1. Wartburg-Ullmann 1962.125 combattent l'opinion de Saussure.

(287) Pour les sources voir n. 269. Sur l'*agglutination* cf. Frei 1929.109. A noter page 244 la discussion sur le terme *structure*, pour lequel voir n. 259.

(288) Ce chapitre, de grande importance pour l'origine de la problématique saussurienne (voir notes 216 et 217), est un centon de différentes leçons du second cours (S. M. 110, notes 60, 64, 69, 71) parmi lesquelles émerge la leçon sur la « question des identités » (S. M. 60) que les éditeurs ont coupée en deux, reléguant ici la question de l'identité diachronique et laissant au C. L. G. 150 l'autre question fondamentale de l'identité synchronique (S. M. 119).

L'analyse de l' « état » du grec primitif est essentielle pour illustrer la conception saussurienne de la diachronie prospective : un ordre particulier, initialement indifférent, dû à des causes accidentelles, est à l'origine d'une réorganisation complexe du système syntagmatique et morphosyntaxique du grec classique au terme de laquelle se trouve la disparition de la valeur autonome du génitif. Il faut encore une fois remarquer que l'antitéléologisme de Saussure n'implique pas tout à fait la négation d'une vision organique des phénomènes évolutifs ; il implique seulement la contestation rigoureuse de toute conception mystique des changements. Voir n. 176.

(289) Le titre de cette section du texte est, à partir de l'édition de 1916 et dans toutes les éditions suivantes, *Appendices aux troisième et quatrième parties*. Il s'agit en réalité d'appendices aux s e c o n d e et t r o i s i è m e parties : mais la seconde et la troisième partie avaient été dans un premier temps pensées comme troisième et quatrième parties par les éditeurs qui imaginaient de faire des chapitres sur l'écriture et la phonologie (C. L. G. 44-95) une première partie, selon d'ailleurs le schéma du premier cours (S. M. 54). A un certain moment,

probablement en liaison avec toute l'architecture donnée au matériel saussurien (voir n. 65), les pages sur l'écriture et la phonologie ont été englobées dans l'*Introduction*, et la troisième (synchronie) et quatrième (diachronie) parties sont devenues seconde et troisième, mais les éditeurs ont négligé de corriger le titre des appendices (cf. S. M. 100).

Pour ce qui concerne les sources manuscrites, les trois appendices utilisent des leçons du premier cours (S. M. 110).

(290) Pour les sources, voir n. 7. Selon Malkiel (*infra*) Saussure (c'est-à-dire, en réalité, les éditeurs) relègue en appendice le discours sur l'étymologie parce que ce secteur de recherche n'a pas son autonomie. Sur le statut méthodologique général de cette branche importante de la recherche linguistique, cf. Y. Malkiel, *Etymology and General Linguistics*, in *Linguistic Essays on the Occasion of the Ninth Inter. Congr. of Linguists*, W 18, 1962.198-219. Malkiel rejette en outre également la proposition de Vendryes, *Pour une étymologie stat.* cit. (v. n. 283).

(291) Dans la conception finale qu'eut Saussure de l'ordre à donner aux théorèmes de sa linguistique, les pages sur « les langues » devaient être les premières : du point de vue pédagogique, le lecteur profane (et nous savons combien ceci comptait pour Saussure pour qui la linguistique ne devait pas rester le domaine privé de ces spécialistes que, d'ailleurs, il estimait très peu : C. L. G. 21-22) et surtout l'étudiant en linguistique (et Saussure fut toujours sensible aux aspects didactiques : *supra* 336, 343-345, 354) auraient ainsi avant tout eu affaire à l'accidentalité historique qui domine la vie des langues. Partant de ce point de vue, Saussure ouvre donc son troisième et dernier cours par les leçons sur la pluralité des formes de langue, sur l'entrelacement et le broiement des idiomes dans l'espace et dans le temps, sur leur mutation (« pas de caractères permanents » : S. M. 81), sur leurs rapports avec les accidents historiques externes, etc. (S. M. 77-81, n. 97-110). Partant de cette vision de l'aspect historique concret, le lecteur et l'étudiant auraient ensuite été conduits à prendre conscience d'une dimension générale des phénomènes linguistiques, et le discours serait passé des « langues » à la « langue » (v. *supra* 354). Cette organisation de la matière a été bouleversée par les éditeurs pour des raisons et de façon déjà examinées (v. n. 65). Et, comme ultime résultat de ce bouleversement, la matière qui devait ouvrir le C. L. G. a échoué dans les deux dernières parties.

Pour les constantes phoniques et psychiques auxquelles fait allusion le dernier alinéa, v. n. 42.

(292) Voir n. 291.

(293) Voir n. 291.

Pour un commentaire du chapitre, cf. Amman 1934.273-276.

(294) Les atlas linguistiques se sont ensuite multipliés. Pour une introduction détaillée à la « verdadera montaña de estudios de geografía lingüística » (A. Alonso) cf. S. Pop, *La dialectologie*, 2 vol., Louvain 1950. Cf. aussi Vidos 1959. 44-90 ; Malmberg 1966.82-107 ; C. Grassi prépare actuellement une nouvelle synthèse d'introduction à cette matière.

L'enquête sur les patois romands à laquelle se réfère Saussure page 277 est le *Glossaire des patois de la Suisse romande*, rédigé par L. Gauchat, J. Jeanjaquet, E. Tappolet, E. Muret, P. Aebischer, O. Keller et autres, d'abord dirigé par Gauchat, puis par K. Jaberg. La récolte des matériaux commença en 1899.

(295) Pour les sources voir note 291.

Pour le rapport dynamique entre « force d'intercourse » et « esprit de clocher » cf. Frei 1929.292.

Sur le problème du rapport entre changement phonétique et emprunts cf. Jakobson 1962.239.

A la fin du premier paragraphe, « emprunt de phonème » représente simplement « emprunt » des sources manuscrites : voir C. L. G. 63 n.111.

(296) Le travail de J. Schmidt est de 1872, non pas de 1877, date répétée plus loin, 3058, 3059 B Engler.

(297) Les éditeurs réutilisent ici des leçons du second cours (S. M. 74, n. 81) et du premier cours (S. M. 63, n. 41) déjà utilisées. Toute la cinquième partie est le collecteur des morceaux non utilisés ailleurs : voir n. 291.

Sur les deux perspectives, v. C. L. G. 119 et notes 176, 128, et cf. Ullmann 1959, 38.

(298) Le titre est des éditeurs ; on lisait dans la première édition « et la langue primitive », qui fut ensuite corrigée en « prototype » (3108 Engler).

Ces pages proviennent des leçons du second cours (S. M. 75) consacrées à l'histoire de la linguistique de Bopp aux néo-grammairiens, pages résumées par les éditeurs dans le premier chapitre de l'introduction (C. L. G. 13-19).

(299) Sur Pictet, voir *supra* 322-323 et C. L. G. 306-307.

(300) La source est fournie par le groupe de leçons du premier cours sur *La méthode reconstructive et sa valeur* (S. M. 64-65) : Saussure y annonce pour la première fois le thème de la langue comme forme pure (voir n. 45) : « La véritable manière de se représenter les éléments phoniques d'une langue ce n'est pas de les considérer comme des sons ayant une valeur absolue, mais avec une valeur purement oppositive, relative, négative... La langue ne demande que la différence... Dans cette constatation il faudrait aller beaucoup plus loin et considérer toute valeur de la langue comme oppositive, et non comme positive, absolue » (S. M. 65).

Nous nous trouvons devant des considérations « anciennes » : sans doute le p r e m i e r noyau de réflexions théoriques de Saussure, nées en marge de l'expérience du *Mémoire*, sous la pression de la polémique avec Osthoff, au contact avec la recherche de Kruszewski et Baudouin (328-330, 339-340), dans le but d'obliger les linguistes comparatistes à « comprendre ce qu'ils font ».

(301) Dans les sources manuscrites, les « faits » sont en réalité « deux » : le premier et le second. Le troisième est ajouté comme troisième fait par les éditeurs (S. M. 119), alors qu'il est en réalité plutôt la condition générale du premier et du second.

(302) Dans tout le chapitre les éditeurs mélangent la leçon du second cours sur les erreurs de la linguistique postboppienne (voir *supra* n. 298) et la leçon d'introduction au « tableau » des familles linguistiques dans laquelle Saussure insiste sur sa thèse fondamentale de l'aspect historique accidentel des systématisations linguistiques : « Il n'y a pas de caractères permanents, soustraits à l'action du temps » (S. M. 80).

Sur langue et race chez Saussure, cf. Amman 1934.276-277.

Page 309 ligne 4 « beau-frère — mari de la sœur » est une erreur présente dans les manuscrits, pour « beau-frère — frère du mari » (= grec δαήρ) : cf. S. M. 121.

(303) Sur ce thème chez Saussure, cf. Amman 1934.277-280 et Ullman 1953. L'objectif des critiques de Saussure est constitué par la prétention de tirer des déductions sur les caractéristiques de l'« esprit » ou du « génie » d'un peuple en parlant de la considération des faits phonomorphologiques. Mais cela ne signifie point que la linguistique doive ignorer que, parce que radicalement liée aux contingences historiques, une langue ne vit qu'en rapport avec une société déterminée, plongée dans le devenir historique, selon la thèse du C. L. G. 104-113. La reconnaissance du principe de l'arbitraire, dans la mesure où elle exclut que l'organisation du parler humain reproduise sur le plan de l'expression et sur le plan du contenu des structures phonico-acoustiques ou psychologico-ontologiques « naturelles », pré-constituées, implique que tout dans la langue, signifiants et signifiés, ne s'appuie que sur le consensus social. Cela ne trouve une limite et une condition que dans la nécessité de garantir et de perpétuer dans le temps les distinctions opérées sur le plan des signifiants et des signifiés, en respectant l'exigence de créativité, c'est-à-dire la possibilité de produire un

ensemble infini de nouveaux signes grâce au mécanisme de l'analogie. Une telle vision de la fonctionnalité de la langue, de son essence vitale et de sa vie effective, impose à la linguistique d'organiser sa recherche en lien avec d'une part la théorie générale des signes et de l'autre les recherches socio-psychologiques, selon la classification esquissée dans le C. L. G. 32-35. Cependant il n'y a pas de phénomène qui, qualifiable de linguistique au niveau du langage commun, puisse être exclu de l'horizon de recherche de la linguistique purement saussurienne ; toute sorte de faits linguistiques est matière de la discipline (C. L. G. 20-22 40-43), dans la mesure précisément où lui incombe la tâche de rechercher la « norme de t o u t e s les autres manifestations du langage » (C. L. G. 25), c'est-à-dire la langue, qui est forme du parler. Pour ce type d'interprétation, voir notes 40, 51, 56, 65, 83, 129, 137, 138, 150, 167, 176, 204, 225, 226, 227, 231.

(304) Ce dernier chapitre est également construit avec des morceaux de leçons disparates du troisième cours (S. M. 80-81, n. 105, 106, 109).

(305) Comme l'a révélé le premier R. Godel (S. M. 119 et 181), le dernier alinéa du C. L. G. est la « conclusion des éditeurs » : autrement dit, rien dans les sources manuscrites ne montre que Saussure ait prononcé cette célèbre phrase, et évidemment encore moins qu'elle représente « l'idée fondamentale » de son enseignement. Selon Jaberg 1937.128-130 l'autonomie de la linguistique dans la conception saussurienne repose sur cette dernière phrase. Il reste pourtant dans l'affirmation de Jaberg une marge d'équivoque qui pourrait à notre avis la rendre acceptable. Une expression non équivoque de cette mécompréhension du sens d'*objet* et de toute la proposition finale se trouve dans un morceau comme celui de Leroy : « Il y a enfin l'affirmation qui clôt le *Cours* et qui en exprime le suc : « la linguistique a pour unique et véritable objet la langue envisagée en elle-même et pour elle-même ». Ce qui, en conclusion de cette longue méditation qu'est le *Cours de linguistique générale*, est défini comme linguistique par excellence est la même chose que ce qu'à l'époque précédente on appelait linguistique interne par opposition à linguistique externe. L'attention prioritaire accordée au système lui faisait considérer comme secondaires les phénomènes externes » (Leroy 1965.90-91). Si tout ceci est, comme nous allons le voir, discutable du point de vue de l'interprétation correcte de la pensée de Saussure, Leroy a pleinement raison lorsqu'il souligne « la fonction de programme que cette phrase... a eue dans le développement des doctrines linguistiques des dernières quarante années » (p. 91) : il est bien vrai qu'une bonne partie de la linguistique d'inspiration structuraliste a cru que respecter Saussure voulait dire ignorer les déséquilibres du système, la dynamique synchronique, les conditionnements sociaux, les phénomènes évolutifs, le lien entre ces derniers et les différentes contingences historiques, tout le flot de phénomènes linguistiques dont et g r â c e a u x q u e l s la langue est forme. L'ajout de la dernière phrase est le sceau d'une manipulation éditoriale des notes saussuriennes qui porte en partie la responsabilité de l'attitude exclusiviste du structuralisme, spécialement dans les courants postbloomfieldiens des U. S. A.

Les éditeurs, pour écrire cette phrase, n'ont certainement pas créé *e nihilo* : Godel avait déjà souligné le fait qu'ils ont cru écrire quelque chose de conforme au principe du C. L. G. 25 : « il faut se placer de prime abord sur le terrain de la langue et la prendre pour norme de toutes les autres manifestations du langage ». Mais Saussure, comme on l'a plusieurs fois relevé (*supra* note 303), n'entendait pas du tout décréter par là une attitude exclusiviste. La *langue* est norme et forme d'une matière extrêmement hétérogène et composite qui rentre toute (C. L. G. 20-22) dans le domaine légitime de l'étude linguistique. La langue est donc l'*objet* spécifique de la linguistique non pas au sens vulgaire de « Gegenstand » (Lommel), de « chose », mais dans le sens de principe ordonnant les connaissances linguistiques (voir note 40). « Revenons au plan. Reprenons ce terme : *les langues*. Linguistique n'a à étudier que le produit social, la langue. Mais ce produit social se manifeste par une grande diversité de langues (objet concret est donc ce produit social déposé dans le cerveau de chacun). Mais ce qui est donné, ce sont *les* langues. Il faut d'abord étudier les langues, une diversité de langues. Par observation de ces langues, on tirera ce qui est universel. Il aura alors devant lui un ensemble d'abstractions : ce sera *la* langue, où nous étudierons ce qui s'observe dans les différentes langues. En troisième lieu il restera à s'occuper de l'individu. Exécution a une importance, mais n'est pas essentielle. Il ne faut pas mêler dans étude phénomène général et mécanisme d'exécution individuelle » (427-429 B Engler). Des multiples langues, instruments élaborés par des corps sociaux à l'historicité définie, à la reconnaissance des aspects universels de la technique linguistique, considérée, au-delà de sa disparité « superficielle », dans son « unité profonde » (C. L. G. 140), à la considération renouvelée du « côté exécutif » (C. L. G. 30), de l' « exécution individuelle » : c'est là l'*Umweg* que Saussure propose à la linguistique.

LISTE DES ABRÉVIATIONS BIBLIOGRAPHIQUES

Pour les autres abréviations, en particulier celles des œuvres de Saussure, voir *supra* 319, note 1. On a utilisé dans cette liste les sigles suivants pour les revues : A. L. « Acta Linguistica », B. S. L. « Bulletin de la Société de Linguistique de Paris », C. F. S. « Cahiers Ferdinand de Saussure », I. F. « Indogermanische Forschungen », J. P. S. « Journal de psychologie normale et pathologique », K. Z. « Zeitschrift für vergleichende Sprachforschung », Lg. « Language », N. ph. « Neophilologus », P. B. B. « Paul und Braune's Beiträge zur Geschichte der deutschen Sprache und Literatur », T. C. L. C. « Travaux du Cercle linguistique de Copenhague », T. C. L. P. « Travaux du Cercle linguistique de Prague », V. Ja. « Voprozy Jazykoznanija », V. R. « Vox Romanica », W. « Word », Z. R. Ph. « Zeitschrift für romanische Philologie ».

BIBLIOGRAPHIE

V. I. ABAEV, *Lingvističeskij modernizm kak degumanizacija nauki o jazyke*, V.Ja. 14.3, 1965.22-43.

N. ABBAGNANO, *Dizionario di filosofia*, Turin, 1961.

E. ABEGG, compte rendu du C. L.G. [2] « Wissen und Leben » 10 août 1923. 919-920.

D. ABERCROMBIE, *Elements of General Phonetics*, Édimbourg, 1967.

Th. ABSIL, *Sprache und Rede. Zu de Saussure's « Allgemeiner Sprachwissenschaft »*, N.ph. 10, 1925.100-108, 186-193.

J. de AJURIAGUERRA, *Speech Disorders in Childhood*, in *Brain Function* 1906. 117-130.

W. S. ALLEN, *Zero and Panini*, « Indian Linguistics » 16, 1955.106-113.

A. ALONSO, *Prólogo a la edición española*, in F. d. S., *Curso de lingüística general*, Buenos Aires, 1945, p. 7-30.

D. ALONSO, *Poesía española. Ensayo de métodos y límites estilísticos*, 1re éd. Madrid, 1950, 2e 1952.

H. AMMANN, *Kritische Würdigung einiger Hauptgedanken von F. d. S. « Grundfragen der Sprachwissenschaft »*, I. F. 52, 1934.261-281.

H. AMMANN, compte rendu de F. d. S., *Grundfragen der allgem. Sprachwissenschaft*, I. F. 52, 1934.304.

K. AMMER, *Einführung in die Sprachwissenschaft*, Halle, 1958.

L. ANTAL, *Questions of Meaning*, La Haye, 1963.

F. ANTINUCCI, *Introduzione*, in N. Chomsky *Le strutture della sintassi*, trad. et introduction de F. A., Bari, 1970, p. VII-XXXI.

K. O. APEL, *Die Idee der Sprache in der Tradition des Humanismus von Dante bis Vico* (« Archiv. f. Begriffgesch. », VIII), Bonn, 1963.

H. ARENS, *Sprachwissenschaft. Der Gang ihrer Entwicklung von der Antike bis zur Gegenwart*, Monaco, 1955.

K. BALDINGER, *Die Semasiologie. Versuch eines Überblicks* (« Deutsche Akad. der Wissens. zu Berlin. Vorträge und Schriften » Heft 61), Berlin, 1957.

Ch. BALLY, in « Journal de Genève » 18 juillet 1908 (= *F. d. S.* 32-33).

Ch. BALLY, *Traité de stylistique française*, 2 vol. Heidelberg, 1909.

Ch. BALLY, in « La semaine littéraire », 1000, 1er mars 1913 (= *F. d. S.* 51-57).

Ch. BALLY, *F. de Saussure et l'état actuel des études linguistiques. Leçon d'ouverture du cours de linguistique générale, lue le 23 octobre 1913*, Genève, 1913 (= *Le langage et la vie*, 3e éd., Genève, 1952, p. 147-160).

Ch. BALLY, *Langue et parole*, J. Ps. 23, 1926.693-701.

Ch. BALLY, *ap.* Mathesius, 1933.

Ch. BALLY, *Synchronie et diachronie*, V. R. 2, 1937.345-352.

Ch. BALLY, *Qu'est-ce qu'un signe ?* J. Ps. 36, 1939.161-174.

Ch. BALLY, *L'arbitraire du signe. Valeur et signification.* « Le français moderne », 8, 1940.193-206.

Ch. BALLY, *Sur la motivation des signes linguistiques,* B. S. L. 41, 1940.75-88 (= *Linguistique générale et linguistique française,* 2ᵉ éd., Berne, 1944, §§ 197-212).

Ch. BALLY, voir V. Martin.

I. BAUMER, Compte rendu de F. de Saussure, *Corso di linguistica generale,* introduction, traduction et commentaire de T. De Mauro, 1ʳᵉ éd. Bari, 1967, C. F. S. 24, 1968.85-94.

W. BELARDI, *Elementi di fonologia generale,* Rome, 1959.

E. BENVENISTE, *Nature du signe linguistique,* A. L. 1, 1939. 23-29 (= 1966. 49-55).

E. BENVENISTE, *Tendances récentes en linguistique générale,* J. Ps. 47-51, 1954, 130-145 (= 1966. 3-17).

E. BENVENISTE, « *Structure* » *en linguistique,* in *Sens et usage du terme « structure » dans les sciences humaines et sociales,* édité par R. Bastide, La Haye 1962 [trad. italienne, *Usi e significati del termine « struttura »,* Milan, 1965, p. 27-35] (= 1966.91-98).

E. BENVENISTE, *Saussure après un demi-siècle,* C. F. S. 20, 1963.7-21 (= 1966. 32-45).

E. BENVENISTE, *Documents pour l'histoire de quelques notions saussuriennes, réunis et présentés par E. B.,* C. F. S. 21, 1964.131-135.

E. BENVENISTE, 1964 = Saussure, *Lettres* 91, 126, 129-130.

E. BENVENISTE, *Ferdinand de Saussure à l'école des Hautes Études,* « École Pratique des Hautes Études, IVᵉ section, Annuaire 1964-1965 » 1965.21-34.

E. BENVENISTE, *Problèmes de linguistique générale,* Paris, 1966.

H. BIRNBAUM, *F. d. S. och den moderna språkvetenskapen. Till 100-årsjubileet av hans födelse,* « Filol. meddelande f. Ryska inst. v. Stochholms högskola » I, 1957.7-10 (litogr.).

L. BLOOMFIELD, compte rendu de Sapir, *Language,* « Classical Weekly » 15, 1922.142-143.

L. BLOOMFIELD, compte rendu du C. L. G., « Modern Language Journal » 8, 1924.317-319 (= C. F. S. 21, 1964.133-135).

L. BLOOMFIELD, *A Set of Postulates for the Science of Language,* Lg. 2, 1926. 153-164.

L. BLOOMFIELD, *Language,* New York, 1933.

T. BOLELLI, *Tra storia e linguaggio,* Arona, 1949.

T. BOLELLI, *Per una storia della ricerca linguistica,* Naples, 1965.

D. L. BOLINGER, *The sign is not arbitrary,* « Boletín del Instituto Caro y Cuervo », 5, 1949.52-62.

W. BORGEAUD, W. BRÖCKER, J. LOHMANN, *De la nature du signe,* A. L. 3, 1942.43.24-30.

C. H. BORGSTRÖM, *The Technique of Linguistic Descriptions,* A. L. 5, 1945-49. 1-14.

C. H. BORGSTRÖM, *Innföring i Sprogvidenskap,* 3ᵉ éd., Oslo-Bergen-Lund, 1963.

B. BOURDON, compte rendu du C. L. G. « Revue philosophique », janvier 1917. 90-96.

Brain Function III : Speech, Language and Communication, édité par E. C. Carterette, Los Angeles, 1966.

M. BRÉAL, « Le Temps » 25 février 1913 = *F. d. S.* 49-50.

F. BRESSON, *La signification,* in *Problèmes de psycholinguistique,* Paris, 1963, p. 9-45.

W. BRÖCKER, *Über die Prinzipien einer allgemeiner Grammatik,* Z. R. Ph. 63, 1943.367-383.

W. Bröcker, J. Lohmann, *Vom Wesen des sprachlichen Zeichens*, « Lexis » I, 1948.24-33.

V. Bröndal, *Linguistique structurale*, in *Essais de linguistique générale*, Copenhague, 1943.

R. A. Budagov, *Iz istorii jazykoznanija (Sossjur i sossjurianistvo)*, Moscou, 1954.

K. Bühler, *Die Axiomatik der Sprachwissenschaft*, « Kantstudien » 38, 1933. 19-90.

K. Bühler, *Sprachtheorie. Die Darstellungsfunktion der Sprache*, Iéna, 1934.

A. Burger, *Phonématique et diachronie. A propos de la palatalisation des consonnes romanes*, C. F. S. 13, 1955.19-33.

A. Burger, *Significations et valeur du suffixe verbal français -e*, C. F. S. 18, 1961.5-15.

E. L. Burnet, S., *F. de*, in *Dictionnaire historique et biographique de la Suisse*, Neuchâtel, 1930, 6 vol.

E. Buyssens, *La nature du signe linguistique*, A. L. 2, 1940-41. 83-86.

E. Buyssens, *Les six linguistiques de F. de S.*, « Revue des langues vivantes », 1942.15-23, 46-55.

E. Buyssens, *Mise au point de quelques notions fondamentales de la phonologie* C. F. S. 8, 1949.37-60.

E. Buyssens, *Dogme ou libre examen ?*, C. F. S. 10, 1952.47-50.

E. Buyssens, *Le structuralisme et l'arbitraire du signe*, in *Omagiu lui Al. Graur* = « Studii și Cercetări Lingvistice » II, 1960.403-416.

E. Buyssens, *Le signe linguistique*, « Revue belge de philologie et d'histoire », 38, 1960.705-717.

E. Buyssens, *Origine de la linguistique de Saussure*, C. F. S. 18, 1961. 17-33.

J. B. Carroll, *The Study of Language. A Survey of Linguistics and Related Disciplines in America*, Cambridge, Mass., 1953.

E. Cassirer, *Structuralism in Modern Linguistics*, W. 1, 1945.99-120.

D. Catalán Menéndez Pidal, *La escuela lingüística española y su concepción del lenguaje*, Madrid, 1955.

N. Chomsky, *Formal Properties of Grammars*, in *Handbook of Math. Ling.* (voir Chomsky, Miller), 1963, p. 323-418.

N. Chomsky, *Current Issues in Linguistic Theory*, in J. A. Fodor, J. J. Katz, *The structure of Language. Readings in Philosophy of Language*, Englewood Cliffs, N. J. 1964.

N. Chomsky, *Aspects of a theory of syntax*, Cambridge, Mass., 1965.

N. Chomsky, *Cartesian Linguistics. A Chapter in History of Rationalistic Thought*, New York, 1966, trad. française, Paris, 1969.

N. Chomsky, *Language and Mind*, New York, 1968, trad. française, Paris, 1970.

N. Chomsky, G. A. Miller, *Introduction to the Formal Analysis of Natural Languages*, in *Handbook of Mathematical Psychology*, édité par R. D. Luce, R. R. Bush, E. Galanter, 2 vol., New York, 1963, vol. II, p. 269-322.

N. E. Christensen, *On the Nature of Meaning. A Philosophical Analysis*, Copenhague, 1961.

A. S. Čikobava, *Problema jazyka kak predmeta jazykoznanija*, Moscou, 1959.

A. Čikobava, *K voprosu o putjah razvitija sovremennoj lingvistiki*, VJa. 15 : 4, 1966.45-61.

M. Cohen, *Pour une sociologie du langage*, Paris, 1956.

B. Collinder, *Lautlehre und Phonologismus*, in *Actes du 4e Congr, int. des linguistes. 1936*, Copenhague, 1938, 122-127.

B. Collinder, *Les origines du structuralisme*, « Acta Societatis linguisticae Uppsaliensis », I, 1962, 1-15.

E. Coseriu, *Sincronia, diacronia e historia*, Montevideo, 1958.

E. Coseriu, *Teoria del lenguaje y lingüistica general. Cinco estudios.* Madrid, 1962.

E. Coseriu, *Georg von Gabelentz et la linguistique synchronique*, « Word » 23, 1967.74-100.

B. Croce, *Sulla natura e l'ufficio della linguistica*, « Quaderni della Critica » 6, 1946.33-37 (= *Letture di poeti*, Bari, 1950, p. 247-251).

J. E. David, « Gazette de Lausanne », 25 février 1913 (= F. d. S. 35-39).

H. Delacroix, *Le langage et la pensée*, 2ᵉ éd. Paris, 1930.

De Mauro, *Studi italiani di filosofia del linguaggio* (1945-1955), « Rass. di filosofia », 4, 1955.301-329.

De Mauro, *Introduzione alla semantica*, Bari, 1965 (4ᵉ éd. 1972), trad. française, *Une introduction à la sémantique*, Paris, 1969.

De Mauro, *Eliminare il senso ?*, « Lingua e stilè » 2, 1967.131-151.

G. Derossi, *Segno e struttura linguistici nel pensiero di F. d. S.*, Trieste, 1965.

G. Derossi, compte rendu de F. de Saussure *Corso di linguistica generale*, introduction, trad. et commentaire de T. De Mauro, Bari 1967, « Il pensiero » 3, 1968.327-330.

G. Devoto, *Una scuola di linguistica generale*, « La cultura » 7, 1928.241-249.

G. Devoto, *I fondamenti della storia linguistica*, Florence, 1951.

E. Dieth, *Vademekum der Phonetik. Phonetische Grundlagen für das wissenschaftliche und praktische Studium der Sprachen*, unter Mitwirkung von R. Brunner, Berne, 1950.

F. P. Dinneen, *An Introduction to General Linguistics*, New York, 1967.

W. Doroszewski, « *Langue* » et « *parole* » (*une page de l'histoire des idées générales en linguistique*), « Otbitka z prac filolog, », 45, 1930.485-497.

W. Doroszewski, *Sociologie et linguistique (Durkheim et de Saussure)*, in *Actes du 2ᵉ congrès international de linguistes. Genève 25-29 août 1931*, Paris, 1933, 146-148.

W. Doroszewski, *Quelques remarques sur les rapports de la sociologie et de la linguistique : Durkheim et F. de Saussure*, J. Ps. 30, 1933.82-91.

W. Doroszewski, *Le structuralisme linguistique et les études de géographie dialectale*, in *Proceedings of VIII Int. Congr. Ling.* Oslo, 1958, 540 et sv.

H. Duchosal, *Les Genevois célèbres. Notes et souvenirs sur un linguiste de génie : F de S.*, « Tribune de Genève » 27 décembre 1950.

N. Ege, *Le signe linguistique est arbitraire*, T. C. L. C. 5, 1949 (= *Recherches structurales 1949. Interventions dans le débat glossématique publiées à l'occasion du cinquantenaire de M. Louis Hjelmslev*, Copenhague).

R. Eisler, *Wörterbuch der philosophischen Begriffe. Historisch-quellenmässig bearbeitet*, 4ᵉ éd., Berlin, 1927.

J. Ellis, in *Zeichen und System I*. 48.

R. Engler, *C. L. G. und S. M. : eine kritische Ausgabe des « Cours de linguistique générale »*, « Kratylos » 4, 1959.119-132.

R. Engler, *Théorie et critique d'un principe saussurien : l'arbitraire du signe*, C. F. S. 19, 1962.5-66.

R. Engler, *Compléments à l'arbitraire*, C. F. S. 21, 1964.25-32.

R. Engler, *Remarques sur S., son système et sa terminologie*, C. F. S. 22, 1966, 35-40.

R. Engler, *Lexique de la terminologie saussurienne*, Utrecht-Antwerp, 1969.

R. Engler, compte rendu de F. de Saussure, *Corso di linguistica generale*, introduction, traduction et commentaire de T. De Mauro, 1ʳᵉ éd. Bari, 1967, in V. R. 1970 (tiré à part de 19 pages).

E. Favre, *Allocution de M. E. F. prononcée à la séance du 24 février 1913*, in « Bulletin de la Société d'histoire et d'archéologie de Genève », 3 : 8, 1913. 342-346 = F. d. S. 27-34.

F. d. S. (= *Ferdinand de Saussure (1857-1913)*, éd. hors commerce, 1ʳᵉ éd. Genève, 1915, 2ᵉ 1962).

J. R. Firth, *The word « phoneme »*, « Le maître phonétique », avril-juin 1934. 44-46.

J. R. Firth, *The Technique of Semantics*, « Transaction of the Philological Society », 1935, p. 36-72.

J. R. Firth, *Linguistic Analysis and Translation*, in *For Roman Jakobson. Essays on the Occasion of his Sixtieth Birthday*, La Haye, 1956, p. 133-139.

E. Fischer Jörgensen, *On the Definition of Phonemic Categories on a distributional Basis*, A. L. 7, 1952.8-39.

M. Fleury, *Notes et documents sur F. d. S. (1880-1891)*, « École Pratique des Hautes Études. IVᵉ section. Annuaire 1964-1965 », 1965.35-67.

I. Fónagy, *Über die Eigenart des sprachlichen Zeichens (Bemerkungen zu einer alten Streitfrage)*, « Lingua » 6, 1956-1957.67-88.

I. Fónagy, in *Zeichen und System* I.52.

H. Frei, *La grammaire des fautes*, Paris-Genève-Londres, 1929.

H. Frei, *Qu'est-ce qu'un dictionnaire de phrases*, C. F. S. 1, 1941.43-56.

H. Frei, *Ramification des signes dans la mémoire*, C. F. S. 2, 1942.15-27.

H. Frei, *Note sur l'analyse des syntagmes*, W. 4, 1948.65-70.

H. Frei, *La linguistique saussurienne à Genève depuis 1939*, A. L. 5, 1945-1949. 54-56.

H. Frei, *Zéro, vide et intermittent*, « Zeitschrift f. Phonetik » 4, 1950.161-191.

H. Frei, *Saussure contre Saussure ?* C. F. S. 9, 1950.7-28.

H. Frei, compte rendu de V. Bröndal, *Théorie des prépositions, Introduction à une sémantique rationnelle*, trad. P. Naert, Copenhague 1950, C. F. S. 13. 1955.45-50.

H. Frei, *Langue, parole et différenciation*, JPs. 45, 1952.137-157.

H. Frei, *Critères de délimitation*, W. 10, 1954.136-145.

H. Frei, compte rendu de Ullman, *Principles*, C. F. S. 13, 1955.50-61.

H. Frei, *Désaccords*, C. F. S. 18, 1961.35-51.

O. Funke, *Innere Sprachform: eine Einführung in A. Marty's Sprachphilosophie*, Reichenberg, 1924.

G. von der Gabelentz, *Die Sprachwissenschaft, ihre Aufgaben, Methoden und bisherigen Ergebnisse*, Leipzig, 1891.

A. H. Gardiner, *The theory of Speech and Language*, 1ʳᵉ éd., Londres 1932 (réimprimé Oxford 1951, 1960).

A. H. Gardiner, *The Distinction of « Speech » and « Language »*, in *Atti del 3. Congr. Internaz. di linguisti*, Florence, 1935, p. 345-353.

A. H. Gardiner, *De Saussure's Analysis of the « signe linguistique »*, A. L. 4, 1944.107-110.

E. Garroni, *Introduzione a Il Circolo linguistico di Praga, Le tesi del'29*, Milan, 1966, p. 11-18.

P. L. Garvin, *Referential Adjustement and Linguistic Structure*, A. L. 4, 1944. 53-60.

R. Gauthiot, in « Bulletin de l'Association des élèves et anciens élèves de l'École Pratique des Hautes Études » 1914.49-55 = *F. d. S.* 87-95.

L. Gautier, *La linguistique générale de F. d. S.*, « Gazette de Lausanne », 13 août 1916.

D. Gazdaru, *Correspondancia F. d. S.-G. I. Ascoli*, in *Controversias y documentos lingüísticos*, La Plata, 1967, p. 179-184.

L. Geschiere, *Plaidoyer pour la langue*, N.ph. 45, 1961.21-37.

L. Geschiere, *La « langue »: condamnation ou sursis ?* N.ph. 46, 1962.201-210.

A. Gill, *La distinction entre langue et parole en sémantique historique*, in *Studies in Romance Philology and French Literature presented to John Orr*, Manchester 1933, p. 90-101.

H. Gipper, *Bausteine zur Sprachinhaltsforschung. Neuere Sprachbetrachtung im Austausch mit Geistes- und Naturwissenschaft*, Düsseldorf, 1963.

H. Glinz, *Geschichte und Kritik der Lehre von den Satzgliedern in der deutschen Grammatik*, Berne, 1947.

R. Godel, *Ch. Bally*, C. F. S. 6, 1947.68-72.

R. Godel, compte rendu de S. Ullmann, *Précis de sémantique française*, C. F. S. 11, 1953.49-50.

R. Godel, *La question des signes zéro*, C. F. S. 11, 1953.31-41.

R. Godel, compte rendu de A. Martinet, *Économie des chang. phonét.*, C. F. S. 14, 1956.56-59.

R. Godel, *Nouveaux documents saussuriens: les cahiers E. Constantin*, C. F. S. 16, 1958-1959.23-32.

R. Godel, *Inventaire des manuscrits de F. d. S. remis à la bibliothèque publ. et univ. de Genève*, C. F. S. 17, 1960.5-11.

R. Godel, *L'école saussurienne de Genève*, in *Trends in European and American Linguistics 1930-1960*, édité par C. Mohrmann, A. Sommerfelt, J. Whatmough, Utrecht-Anvers, 1961, p. 294-299.

R. Godel, *De la théorie du signe aux termes du système*, C. F. S. 22, 1966.53-68.

R. Godel, *F. d. S. et les débuts de la linguistique moderne*, in *Semaine d'études Genève 1967*, Aarau 1967, p. 115-124.

R. Godel (ed.), *A Geneva School Reader in Linguistics*, Bloomington, 1969.

R. Godel, *Théorie de la phrase*, in *La sintassi. Atti del III convegno della Società di Linguistica Italiana*, Rome, 1970, p. 11-41.

Z. Gombocz, compte rendu de F. d. S. C. L. G., « Magyar Nyelv » 21, 1925. 41-43.

M. Grammont, compte rendu du C. L. G., « Revue des langues romanes », 59, 1917.402-410.

M. Grammont, *Traité de phonétique*, 1re éd. Paris, 1933, 2e éd. 1939.

Al. Graur, in *Zeichen und System*, I. 59.

A. Grégoire, compte rendu du C. L. G.², « Revue belge de philol. et d'hist. », 1923.107-108.

A. J. Greimas, *L'actualité du saussurisme*, « Le français moderne » 24, 1956. 191-203.

P. Guberina, *La méthode audio-visuelle structuro-globale et ses implications dans l'enseignement de la phonétique*, « Studia romanica et anglica Zagrabiensia » 11, 1961.3-20.

G. Guillaume, *La langue est-elle ou n'est-elle pas un système ?* « Cahiers de linguistique de l'Université de Québec », I, Québec, 1952.

P. Guiraud, *Problèmes et méthodes de la statistique linguistique*, Dordrecht, 1959.

P. Guiraud, *La semantica*, Milan 1966 (trad. it. de *La sémantique*, Paris, 1955).

H. Güntert, *Grundfragen der Sprachwissenschaft*, Leipzig, 1925.

W. Haas, *Zero in Linguistic Description*, in *Studies in Linguistic Analysis*, Oxford, 1957, p. 33-53.

Z. S. Harris, compte rendu de Trubetzkoy, 1939, Lg. 17, 1941.345-349.

P. Hartmann, *Die Sprache als Form*, La Haye, 1959.

P. Hartmann, *Theorie der Grammatik*, La Haye, 1963.

Sh. Hattori, *Saussure no langue to Gengokateisetsu*, « Gengo Kenkyū » 32, 1957.1-42.

A. G. Haudricourt, A. G. Juilland, *Essai pour une histoire structurale du phonétisme français*, Paris, 1949 (avec une préface de A. Martinet, p. ix-xiv).

L. Havet, compte rendu de *Mélanges de linguistique offerts à M. F. d. S.*, « Journal de Genève » 16-23 novembre 1908 (v. Favre 1913).

L. Heilmann, *Introduzione*, in Jakobson, 1966.VII-XXV.

S. Heinimann, *F. de Saussure « Cours de ling. gén. » in neuer Sicht*, Z. R. Ph. 75, 1959.132-137.

G. Herdan, *Language as Choice and Change*, Groningen, 1956.

G. Herdan, *The advanced Theory of Language as Choice and Chance*, Berlin, 1966.

H. Herman, compte rendu de F. d. S., *Grundfragen der Sprachwissenschaft*, Trad. H. Lommel, « Philologische Wochenschrift » 51, 1931.1388-1390.

K. Heřman, *Die Anfänge der menschlichen Sprache*, 2 vol., Prague, 1936-1938.

F. Hintze, *Zum Verhältnis der sprachlichen « Form » zur « Substanz »*, « Studia linguistica » 3, 1949.86-106.

L. Hjelmslev, *Principes de grammaire générale*, Copenhague, 1928.

L. Hjelmslev, *Langue et parole*, C. F. S. 2, 1942.29-44 (= Hjelmslev, 1959. 69-81).

L. Hjelmslev, compte rendu de B. Collinder, *Introduktion i språkvetenskapen*, Stockholm, 1941, A. L. 4, 1944.140-141.

L. Hjelmslev, *Prolegomena to a Theory of Language*, trad. du danois (*Omkring sprogteoriens grundlaeggelse*, Festskrift udgivet af Köbenhavns Universitet i anledning af Universitets Aarsfest, November, 1943, pp. 3-133 ; 1re éd. angl. trad. F. J. Whitfield, Memoir 7 of « Internat. Journal of American Linguistics », Baltimore, 1953), 2e éd., Madison, 1961.

L. Hjelmslev, *Structural Analysis of Language*, « Studia Linguistica », I, 1947. 69-78 (= Hjelmslev, 1959.27-35).

L. Hjelmslev, *Metod strukturnogo analiza v lingvistike*, A. L. 6, 1951.57-67.

L. Hjelmslev, *La stratification du langage*, W. 10, 1954.163-188.

L. Hjelmslev, *Essais linguistiques* (T. C. L. C. 12), Copenhague, 1959.

Ch. F. Hockett, compte rendu du T. C. L. C. 5, 1949, « International Journal of American Linguistics » 13, 1952.86-99.

I. Iordan, *Einführung in die Geschichte und Methoden der romanischer Sprachwissenschaft*, ins deutsche übertragen, ergänzt und teilweise neubearbeitet von W. Bahner, Berlin, 1962.

G. Ipsen, *Sprachphilosophie der Gegenwart*, Berlin, 1930.

H. Izui, *Recent Trends in Japanese Linguistics*, in *Trends in Modern Linguistics*, 1963, p. 38-55.

K. Jaberg, *Ferdinand de Saussure's Vorlesungen über allgemeine Sprachwissenschaft* (« Sonntagsblatt des Bundes » 17-12-1916.790-795, 24-12-1916. 806-810 =) *Sprachwissenschaftliche Forschungen und Erlebnisse*, 1re éd., Paris-Zurich-Leipzig, 1937.

K. Jaberg, *Sprachwissenschaftliche Forschungen und Erlebnisse*, 2e éd., 2 vol., Zurich, 1965.

R. Jakobson, *O hláskoslovném zákonu a teleologickém hláskosloví*, « Časopis pro moderní filologii » 14, 1928.183-184 = Jakobson, 1962.1-2.

R. Jakobson, *Quelles sont les méthodes les mieux appropriées à un exposé complet et pratique de la grammaire d'une langue quelconque ?* in *Premier congrès international de linguistes*, Propositions, Nimègue, 1928, p. 36-39 = Jakobson, 1962.3-6.

R. Jakobson, *Remarques sur l'évolution phonologique du russe comparée à celle des autres langues slaves*, T. C. L. P. 2, 1929 = Jakobson, 1962.7-116.

R. Jakobson, *Prinzipien der historischen Phonologie*, T. C. L. P. 4, 1931, 247-267 (trad. et remaniement in Troubetzkoy, 1949.315-336) = Jakobson, 1962.202-220.

R. Jakobson, *La scuola linguistica di Praga*, « La Cultura » 12, 1933.633-641.

R. Jakobson, *Sur la théorie des affinités phonologiques entre les langues*, in *Actes du 4e Congrès international de linguistes tenu à Copenhague du 27 août au 1er septembre 1936*, Copenhague, 1938, p. 48-58 = Troubetzkoy, 1949.35-165 = Jakobson, 1962.234-246.

R. Jakobson, *Signe zéro*, in *Mélanges Ch. Bally*, Genève, 1939, p. 143-152.

R. Jakobson, *Notes autobiographiques de N. S. Troubetzkoy communiquées par R. J.*, in Troubetzkoy, 1949, xv-xxix.

R. Jakobson, *An appraisal of Anthropology Today*, édité par S. Tax, L. C. Eiseley, I. Rouse, C. F. Voegelin, Chicago, 1953, p. 310-311.

R. Jakobson, *Two Aspects of Language and Two Types of Aphasic Disturbances*, in R. Jakobson, M. Halle, *Fundamentals of Language*, La Haye, 1956, p. 53-82.

R. Jakobson, *Serge Karcevski*, C. F. S. 14, 1956.9-13.

R. Jakobson, *Selected Writings. I : Phonological Studies*, La Haye, 1962.

R. Jakobson, *A la recherche de l'essence du langage*, in *Problèmes du langage*, Paris, 1966, p. 22-38.

R. Jakobson, *Saggi di linguistica generale*, Milan, 1966.

R. Jakobson, *L'importanza di Kruszewski per lo sviluppo della linguistica generale*, « Ricerche slavistiche » 1967 [1965].1-20.

R. Jakobson, S. Karcevskij, N. S. Troubeckoj, in *Actes du Premier congrès international de linguistes à La Haye*, Leiden s. d. (mai 1929), p. 33-36.

O. Jespersen, compte rendu du C. L. G. « Nordísk Tidskrift for Filologi » 6, 1917.37-41 (= Jespersen, 1933.108-115).

O. Jespersen, *Language. Its Nature, Development and Origin*, 1re éd. Londres, 1922, réimprimé 1949.

O. Jespersen, *Mankind, Nation and Individual from a Linguistic point of view*, 1re éd., Oslo, 1925 (réimprimé Londres, 1946).

O. Jespersen, *L'individu et la communauté linguistique*, J. Ps. 1927.573 et sv. (= Jespersen, 1933.119-133).

O. Jespersen, *Linguistica. Selected Papers in English, French and German*, Londres, 1933.

O. Jespersen, *Selected Writings*, Londres-Tokyo s. d.

D. Jones, *The Phoneme. Its Nature and Use*, Cambridge, 1950.

H. F. J. Junker, *Die indogermanische und die allgemeine Sprachwissenschaft*, in *Stand und Aufgaben der Sprachwissenschaft. Festschrift für Wilhelm Streitberg*, Heildeberg, 1924, p. 1-64.

F. Kainz, *Psychologie der Sprache*, vol 5 : I. *Grundlagen der allgemeinen Sprachpsychologie*, Stuttgart, 1941 ; III. *Physiologische Psychologie der Sprachvorgänge*, Stuttgart, 1954 ; V, l. *Psychologie der Einzelsprachen*, Stuttgart, 1965.

J. R. Kantor, *An Objective Psychology of Grammar*, Bloomington (Ind.) 1952.

I. Kobalava, *Ponologiis ist'oriidan (Ponologiis sak'itxebi P. de-Sosiurtan)*, « Iberiul-k' avk'asiuri enatmecniereba », 14, 1964.89-99.

F. Kolmar-Kulleschitz, *Ist das Phonem ein Zeichen ? (Stratifizierung der Bedeutung)*, « Phonetica », 5, 1960.65-75.

F. Kolmar-Kulleschitz, *Einige Bemerkungen zum de Saussureschen Zeichenschema (Stratifizierung der Bedeutung)*, « Phonetica », 6, 1961.137-161.

J. M. Kořinek, *Einige Betrachtungen über Sprache und Sprechen*, T. C. L. P. 6, 1936.23-29.

H. Kronasser, *Handbuch der Semasiologie. Kurze Einführung in die Geschichte, Problematik und Terminologie der Bedeutungslehre*, Heidelberg, 1952.

L. Kukenheim, *Esquisse historique de la linguistique française et de ses rapports avec la linguistique générale*, Leiden, 1962.

J. von Laziczius, *Das sogenannte dritte Axiom der Sprachwissenschaft*, A. L. 1, 1939.162-167.

J. von Laziczius, *Die Scheidung langue-parole in der Lautforschung*, in *Proceedings of the 2nd Intern. Congr. Phonetic Sciences 1938*, Gand, 1939, p. 13-23.

J. von Laziczius, *La définition du mot*, C. F. S. 5, 1945.32-37.

J. von Laziczius, *Lehrbuch der Phonetik*, Berlin, 1961.

A. A. Leontev, *I. A. Boduen de Kurtene i peterburgskaja škola russkoj lingvistiki*, V.Ja. 10 : 4, 1961.112-124.

G. Lepschy, *Aspetti teorici di alcune correnti della glottologia contemporanea*, « Ann. Scuola Norm. Sup. di Pisa » 30, 1961.187-267, 34, 1965.221-295.

G. Lepschy, *Ancora su « l'arbitraire du signe »*, « Ann. Scuola Norm. Sup. di Pisa », 31, 1962.65-102.

G. Lepschy, *Sintagmatica e linearità*, « S. S. linguistici » 5, 1965.21-36.

G. Lepschy, *La linguistica strutturale*, Turin, 1966 (mise à jour et refonte de Lepschy, 1961 ; Lepschy, 1965. 221 et sv.), trad. française, *La linguistique structurale*, Paris, 1967.

G. Lepschy, *A Survey of Structural Linguistics*, Londres, 1970 (remaniement de Lepschy, 1966).

E. Lerch, *Vom Wesen des sprachlichen Zeichens oder Symbols*, A. L. I, 1939. 145-161.

M. Leroy, *Benedetto Croce et les études linguistiques*, « Revue internat. de philosophie » 7, 1953.342-362.

M. Leroy, *Profilo storico della linguistica moderna*, trad. italienne de A. Davies Morpurgo, avec ajouts et corrections (*Les grands courants de la linguistique moderne*, Paris-Bruxelles, 1963), Bari, 1965.

J. Lohmann, *Karl Bühlers « Drittes Axiom »*, A. L. 3, 1942-1943.5-16.

H. Lommel, compte rendu du C. L. G. « Götting. Gelehrt. Anzeig. » 1921.232-241.

H. Lommel, compte rendu du C. L. G. « Philologische Wochenschrift » 42, 1922.252-257.

H. Lommel, compte rendu du C. L. G. ² « Deutsche Literaturzeit. » 45, 1924. 2040-46.

J. Lotz, *Plan and Publikation of Noreen's Vårt Språk*, « Studia Linguistica » 8, 1954.82-91.

M. Lucidi, *L'equivoco de « l'arbitraire du signe » L'iposema*, « Cultura neolatina » 10, 1950.185-208 (= Lucidi, 1966.47-76).

M. Lucidi, *Saggi linguistici*, Naples, 1966.

J. Lyons, *Structural Semantics. An Analysis of Part of the Vocabulary of Plato*, Oxford, 1963.

J. Lyons, *Introduction to Theorical Linguistics*, Cambridge, 1968.

B. Malmberg, *Die Quantität als phonetisch-phonologischer Begriff. Eine allgemeinsprachliche Studie*, Lund-Leipzig, 1944.

B. Malmberg, *Système et méthode. Trois études de linguistique générale*, « Vetenskaps-societeten i Lund. Årsbok », Lund, 1945.

B. Malmberg, *Till frågan om språkets systemkaraktär*, « Vetenskaps-societeten i Lund. Årsbok », 1947.147-173.

B. Malmberg, *F. de Saussure et la phonétique moderne*, C. F. S. 12, 1954, 9-28.

B. Malmberg, *Structural Linguistics and Human Communication*, Berlin-Göttingen-Heidelberg, 1963.

B. Malmberg, *Les nouvelles tendances de la linguistique*, Paris, 1966.

B. Malmberg, *Synchronie et diachronie, rapport au X* congrès intern. des linguistes (28 août-2 septembre 1967)*, Bucarest, 1967.

B. Mandelbrot, *Structure formelle des textes et communication*, « Word » 10, 1954. 1-27.

J. Marouzeau, compte rendu du C. L. G.² « Revue des études latines » I, 1922. 61-62.

V. Martin, Ch. Bally, *Albert Sechehaye*, C. F. S. 6, 1947.63-67.

A. Martinet, *La double articulation linguistique*, T. C. L. C. 5, 1949.30-37.

A. Martinet, *Structural linguistics*, in *Anthropology Today. An Encyclopedic Inventory*, Chicago, 1953, p. 574-586.

A. Martinet, *Économie des changements phonétiques. Traité de phonologie diachronique*, Berne, 1955.

A. Martinet, *Arbitraire linguistique et double articulation*, C. F. S. 15, 1957. 105-116.

A. Martinet, *Elementi di linguistica generale* (trad. augmentée des *Éléments de linguistique générale*, Paris, 1960), 1re éd. Bari, 1966, 2e 1967.

V. Mathesius, *La place de la linguistique fonctionnelle et structurale dans le développement général des études linguistiques*, in *Actes du 2e congrès internat. de linguistes. Genève 24-29 août 1931*, Paris, 1933, p. 145-146.

G. F. Meier, *Ein Beitrag zur Erforschung der Zusammenhänge von Sprache und Denken und der Entwicklungsgesetzmässigkeiten der Sprachen*, « Wissenschaftliche Zeitschrift der Karl-Marx-Universität Leipzig. Gesellschafts- und sprachwissenschaftliche Reihe » 4-5, 1952-1953.517 et sv.

A. Meillet, *F. d. S.*, B. S. L. 18 : 61, 1913.CLXI-CXXXV (= *Linguistique historique et ling. générale*, II, Paris, 1936, p. 174-184) = *F. d. S.* 69-85.

A. Meillet, compte rendu du C. L. G., B. S. L. 20 : 64, 1916.32-36.

A. Meillet, compte rendu du C. L. G., « Revue critique de philologie et d'histoire » 83, 27 janvier 1917.49-51.

A. Meillet, *Introduction à l'étude comparative des langues indo-européennes* (1re éd. Paris, 1903), 8e éd. Paris, 1937.

R. Menéndez Pidal, *Orígines del español*, 4e éd. Madrid, 1956.

M. Merleau-Ponty, *Signes*, Paris, 1960.

P. Miclău, *Le signe dans les fonctions du langage*, in Zeichen und System, III. 174-194.

F. Mikuš, *Edward Sapir et la syntagmatique*, C. F. S. 11, 1963.11-30.

K. Möller, *Contribution to the Discussion concerning « Langue » and « Parole »*, T. C. L. C. 5, 1949.87-94.

G. Mounin, *Les problèmes théoriques de la traduction*, Paris, 1963.

G. Mounin, *La notion de système chez Antoine Meillet*, « La linguistique », 2 : 1, 1966, 17-29.

G. Mounin, *Histoire de la linguistique des origines au xxe siècle*, Paris, 1967.

G. Mounin, *Saussure ou le structuralisme sans le savoir*, Paris, 1968.

M. Mourelle-Lema, *The Geneva School of Linguistics: a Biobibliographical Record*, in Godel, 1969.1-25.

E. Muret, « Journal de Genève » 26 février 1913 = *F. d. S.* 41-48.

J. W. F. Mulder, *Sets and relations in phonology. An axiomatic approach to the description of speech*, Oxford, 1968.

P. Naert, *Arbitraire et nécessaire en linguistique*, « Studia Linguistica » I, 1947. 5-10.

A. Nehring, *The problem of linguistic sign*, A. L. 6, 1950.1-16.

G. Nencioni, *Idealismo e realismo nella scienza del linguaggio*, Florence, 1946.

M. Niedermann, compte rendu du C. L. G. « Zürcher Zeitung », août 1916.

H. Nüsse, *Die Sprachtheorie Friedrich Schlegels*, Heidelberg, 1962.

C. E. Ogden, I. A. Richards, *The Meaning of Meaning. A Study of Influence of Language upon Thought and of Science of Symbolism*, 1re éd : Londres, 1923 (10e, dont viennent les citations, 1949 ; traduction italienne de L. Pavolini, Milan, 1966).

T. K. Oesterreich, *Die deutsche Philosophie des XIX Jahrhunderts und der Gegenwart (Friedrich Überwegs Grundiss der Gesch. der Philos., III T., 12e éd.)*, Berlin, 1924.

A. Oltramare, *La résurrection d'un génie*, « La semaine littéraire » 27 mai 1916. 256-259.

A. Ombredane, *L'aphasie et l'élaboration de la pensée explicite*, Paris, 1951.

Ch. E. Osgood, *Contextual Control in Sentence Understanding and Creating*, in Brain Function 201-229.

E. Otto, *Grundfragen der Linguistik*, I. F. 52, 1934.177-195.

E. Otto, *Stand und Aufgaben der allgemeinen Sprachwissenschaft*, Berlin, 1954.

A. Pagliaro, *Sommario di linguistica arioeuropea*, Rome, 1930.

A. Pagliaro, *Il segno vivente. Saggi sulla lingua e altri simboli*, Naples, 1952.

A. Pagliaro, *La parola e l'immagine*, Naples, 1957.

H. Palmer, *Memorandum on Problems of English Teaching*, Tokyo, 1924.

L. R. Palmer, *The Latin Language*, Londres, 1954.

H. Paul, *Prinzipien der Sprachgeschichte*, 1re éd. Halle 1880 (5e, d'où viennent les citations, 1920).

A. Penttilä, *Einige Bemerkungen über die Unterscheidung von Sprache und Rede*, in *Actes du 4e Congrès international de linguistes*, Copenhague, 1938, p. 157-163.

J. Perrot, *La linguistique*, Paris, 1953.

E. Pichon, *La linguistique en France. Problèmes et méthodes*, J. Ps. 34, 1937. 25-48.

E. Pichon, *Sur le signe linguistique. Complément à l'article de M. Benveniste*, A. L. 2, 1940-1941.51-52.

R. Pipping, *Om några grundtankar i F. d. S. föresläsningar över allmän språkvetenskap*, « Vetenskaps-societeten i Lund. Årsbok » 1946.17-28.

V. Pisani, *Saggi di linguistica storica. Scritti scelti*, Turin, 1959.

V. Pisani, *Profilo storico della linguistica moderna*, « Paideia » 21, 1966.297-308.

W. Porzig, *Das Wunder der Sprache. Probleme, Methoden und Ergebnisse der modernen Sprachwissenschaft*, Berne, 1950.

H. J. Pos, *Phénoménologie et linguistique*, « Revue internationale de philosophie » I, 1939.354-365.

S. Pospelov, *O lingvističeskom nasledstve S. Karcevskogo*, V.Ja. 6 : 4, 1957.46-56.

L. Prieto, *Principes de noologie*, La Haye, 1964.

M. V. A. Puebla de Chaves, *Problemas de fonética experimental* ; La Plata, 1948.

B. Quadri, *Aufgaben und Methoden der onomasiologischen Forschung. Eine entwicklungsgeschichtliche Darstellung*, Berne, 1952.

G. Redard, *F. d. S. Pionnier de la linguistique*, « Journal de Genève », 23-24 novembre 1957.

P.-F. Regard, *Contribution à l'étude des prépositions dans la langue du Nouveau Testament*, Paris, 1919.

H. Regnéll, *Semantik. Filosofiska och språkvetenskapliga grundfrågor inom betydelseläran*, Stockholm, 1958.

R. H. Rensch, *F. d. S. und Georg von der Gabelentz*, « Phonetica » 15, 1966. 32-41.

R. H. Robins, *Ancient and Medieval Grammatical Theory in Europe, with Particular Reference to Modern Linguistic Doctrine*, Londres, 1951.

R. H. Robins, *General Linguistics in Great-Britain, 1930-60*, in *Trends in Modern Ling.*, 1963.11-37.

K. Rogger, *Kritischer Versuch über de Saussure's Cours général*, Z. R. Ph. 61, 1941.161-224.

K. Rogger, compte rendu de Sechehaye, 1940, Z. R. Ph. 62, 1941 : 98-106.

K. Rogger, *Langue-parole und die Aktualisierung*, Z. R. Ph. 70, 1954.341-375.

J. Ronjat, *Le Cours de linguistique de F. d. S.*, « Journal de Genève », 26 juin, 1916.

A. Rosetti, *Le mot. Esquisse d'une théorie générale*, 2e éd, Copenhague-Bucarest, 1947.

A. Rosetti, *Sur la théorie de la syllabe*, La Haye, 1959.

L. Rosiello, *La semantica moderna e l'opera di S. Ullmann*, voir Ullmann, 1962.

L. Rosiello, *Struttura, uso e funzioni della lingua*, Florence, 1966.

A. Rossi, *Gli anagrammi di Saussure: Poliziano, Bach e Pascoli*, « Paragone-Letteratura » 19, 1968.113-127.

J. Rudhardt, *Réflexions philosophiques à l'occasion d'un exercice de traduction*, C. F. S. 21, 1964.55-85.

N. Ruwet, *Introduction à la grammaire générative*, Paris, 1967.

L. V. Ščerba, *Russkie glasnie v kačestvennom i količesivennom otnošenii*, Pétersbourg, 1912.

L. V. ŠČERBA, *I. A. Boduen de Courtenay i jego značenie v nauke o jazyke*, in *Izbrannie raboty po russkomu jazyku*, Moscou, 1957, p. 85-96.

A. SCHAFF, *Sprache und Erkenntnis* (Trad. de *Jezik a poznanie*, Varsovie, 1964), Vienne, 1964.

A. SCHAFF, *Introduzione alla semantica* (de la trad. anglaise de *Wstep do semantyki*, Varsovie, 1960), Rome, 1965.

W. SCHMIDT, *Lexikalische und aktuelle Bedeutung. Ein Beitrag zur Theorie der Wortbedeutung*, Berlin, 1963.

H. G. SCHOGT, *Baudouin de Courtenay and Phonological Analysis*, « La linguistique » 2 : 1, 1966.15-29.

H. SCHUCHARDT, compte rendu du C. L. G., « Literaturblatt für germanische und romanische Philologie », 38, 1917.1-9 (= *Hugo Schuchardt-Brevier*, édité par L. Spitzer, 1re éd. Halle, 1922, 2e 1928, p. 135, 318-320, 329-330, 408-409, 411-412, 418, 420, 434).

A. SECHEHAYE, *Programme et méthodes de la linguistique théorique. Psychologie du langage*, Paris-Leipzig-Genève, 1908.

A. SECHEHAYE, *Les problèmes de la langue à la lumière d'une théorie nouvelle*, « Rev. Philos. » 84, 1917.1-30.

A. SECHEHAYE, *L'école genevoise de linguistique générale*, I. F. 4, 1927.217-241.

A. SECHEHAYE, *Les mirages linguistiques*, J. Ps. 27, 1930.337-366.

A. SECHEHAYE, *La pensée et la langue ou comment concevoir le rapport organique de l'individuel et du social dans le langage ?* J. P. 30, 1933.57-81.

A. SECHEHAYE, *Évolution organique et évolution contingentielle*, in *Mélanges Bally*, Genève, 1939, p. 19 et sv.

A. SECHEHAYE, *Les trois linguistiques saussuriennes*, V. R. 5, 1940.1-48.

A. SECHEHAYE, Ch. BALLY, H. FREI, *Pour l'arbitraire du signe*, A. L. 2, 1940-41, 165-169.

A. SECHEHAYE, *De la définition du phonème à la définition de l'entité de langue*, C. F. S. 2, 1942.45-55.

A. SECHEHAYE, compte rendu de Buyssens 1942, C. F. S. 4, 1944.65-69.

C. SEGRE. *Nota introduttiva*, in Ch. Bally, *Linguistica generale e linguistica francese*, trad. du franc. Milan, 1963, p. 11-35.

B. SIERTSEMA, *A Study of Glossematics. Critical Survey of its Fundamental Concepts*, La Haye, 1955.

V. SKALIČKA, *The Need for a Linguistics of la parole*, « Recueil linguistique de Bratislava » I, 1948.21-38.

N. SLUSAREVA, *Quelques considérations des linguistes soviétiques à propos des idées de F. de Saussure*, C. F. S. 20.1963.23-46.

E. SOLLBERGER, *Note sur l'unité linguistique*, C. F. S. 11, 1953.45-46.

A. SOMMERFELT, *Points de vue diachronique, synchronique et panchronique en linguistique générale*, « Norsk Tidsskrift for Sprogvidenskap » 9, 1938.240-249 = Sommerfelt 1962.59-65.

A. SOMMERFELT, *Tendances actuelles de la linguistique générale*, « Diogène » 1, 1952.77-84.

A. SOMMERFELT, *Diachronic and Synchronic Aspects of Language*, La Haye, 1962.

H. SPANG-HANSSEN, *Recent Theories on the Nature of the Language Sign*, T. C. L. C. 9, 1954.95-99.

N. C. W. SPENCE, *A Hardy Perennial : the Problem of la langue and la parole*, « Archivium linguisticum » 9, 1957.1-27.

N. C. W. SPENCE, *Langue et parole yet again*, N. ph. 46, 1962.192-201.

O. SPRINGER, *Probleme der Bedeutungslehre*, « The Germanic Review » 13, 1938 157-174.

J. STAROBINSKI, *Les anagrammes de Ferdinand de Saussure, textes présentés par J. S.*, « Mercure de France » 350, février 1964.243-262.

J. STAROBINSKI, *Les mots sous les mots : textes inédits des cahiers d'anagrammes de Ferdinand de Saussure*, in *To Honor Roman Jakobson. Essays on the Occasion of his Seventieth Birthday*, La Haye-Paris, 1967, p. 1906-1917.

J. STAROBINSKI, *Le nom caché. Textes inédits extraits des cahiers d'anagrammes de F. d. S.*, in *L'analisi del linguaggio teologico: il nome di Dio*, Rome, 1969, p. 55-70.

S. STELLING-MICHAUD, *Notice biographique* [Serge Karcevskij] C. F. S., 14, 1956.5-7.

W. STREITBERG, *F. d. S.*, « Indogermanisches Jahrbuch » 2, 1914 (1915) 203-213.

E. H. STURTEVANT, *An Introduction to Linguistic Science*, New Haven, 1947.

C. TAGLIAVINI, *Introduzione alla glottologia*, 2 vol., Bologne, 1963.

B. A. TERRACINI, compte rendu du C. L. G., « Bollettino di filologia classica », 25, 1919.73-78.

B. A. TERRACINI, *Paleontologia ascoliana e linguistica storica*, in *Silloge linguistica dedicata alla memoria di G. I. Ascoli*, Turin, 1929, p. 649-655.

B. A. TERRACINI, compte rendu de Troubetzkoy, 1939, « Revista de filología hispánica » 4, 1942.173-180.

B. A. TERRACINI, *Guida allo studio della linguistica storica*, Rome, 1949.

B. A. TERRACINI, *Pagine e appunti di linguistica storica*, Florence, 1957.

B. A. TERRACINI, *Lingua libera et libertà linguistica. Introduzione alla linguistica storica*, Turin, 1963.

L. TESNIÈRE, *Phonologie et mélange de langues*, T. C. L. P. 8, 1939.183-194.

Tezisy dokladov na konferencii « jazyk i reč », Moscou, 1962.

Thèses. Mélanges linguistiques dédiés au premier congrès des philologues slaves, T. C. L. P. 1, 1929.5-29.

R. TITONE, *Le lingue estere. Metodologia didattica*, avec la collaboration de J. B. Carroll, Zurich, 1966.

Trends in Modern Linguistics. Edited in the occasion of the Ninth International Congress of Linguists, by Chr. Mohrmann, F. Norman, A. Sommerfelt, Utrecht, 1963.

J. TRIER, *Deutsche Bedeutungforschung*, in *Germanische Philologie. Festschrift für O. Behagel*, Heidelberg, 1934. p. 174-200.

B. TRNKA, *Synchronie a diachronie v strukturálnim jazykozpytu*, « Časopis pro moderni filologii » 20, 1934.62-64.

N. S. TROUBETZKOY [Trubeckoj], *Principes de phonologie*, trad. [de Trubetzkoy, 1939] par J. Cantineau, 1ʳᵉ éd. Paris, 1949 (2ᵉ éd. 1964), avec *Notes autobiograph...* par R. Jakobson, p. XV-XXIX.

N. S. TRUBECKOJ, *La phonologie actuelle*, J. Ps. 30, 1933.227-246.

N. S. TRUBETZKOY [Trubeckoj], *Grundzüge der Phonologie* (= T. C. L. P. 7), Prague, 1939.

C. C. UHLENBECK, compte rendu du C. L. G. ², « Museum », juillet 1923, col. 257.

S. ULLMANN, *Word-form and Word-meaning*, « Archivum linguisticum » 1, 1949. 126-139.

S. ULLMANN, *The Principles of Semantics*, 1ʳᵉ éd. Glasgow-Oxford, 1951, 2ᵉ éd. (avec ajouts) 1959.

S. ULLMANN, *Descriptive Semantics and Linguistic Typology*, W. 9, 1953.225-240.

S. ULLMANN, *Semantics: An Introduction to the Science of Meaning*, Oxford, 1952 (trad. ital., Bologne, 1966, avec int. de L. Rosiello, p. VII-XLVI).

W. M. URBAN, *Lenguaje y realidad. La filosofía del lenguaje y los principios del simbolismo* (trad. de l'anglais, *Language and Reality*, Londres, 1939) Mexico, 1952.

J. VACHEK, *Zum Problem der geschriebenen Sprache*, T. C. L. P. 8, 1939.94-104.

R. VALIN, *La méthode comparative en linguistique historique et en psychomécanique du langage*, Québec, 1964.

C. Vallini, *Problemi di metodo in Ferdinand de Saussure indoeuropeista*, « Studi e saggi linguistici », 9, 1969 (tiré à part de 84 pages).

N. Valois, *F. d. S.*, « Comptes rendus de l'Académie des inscriptions » 1913. 68-70 = Saussure *Lettres* 126-128.

E. Vasiliu, « *Langue* », « *parole* », *stratification*, « Revue de linguistique » 5, 1960. 27-32.

J. Vendryes, *Le caractère social du langage et la doctrine de F. d. S.*, J. Pş. 18, 1921-617-624 = Vendryes, 1952.18-25.

J. Vendryes, *Le langage. Introduction linguistique à l'histoire*, 1ʳᵉ éd., Paris, 1921, 5ᵉ éd. Paris, 1950.

J. Vendryes, *Sur les tâches de la linguistique statique*, J. Ps. 30, 1933.172-184 = Vendryes, 1952.26-38.

J. Vendryes, *Sur la dénomination*, B. S. L. 48, 1952.1-13.

J. Vendryes, *Choix d'études linguistiques et celtiques*, Paris, 1952.

J. V. M. Verhaar, *Speech, Language and Inner Form (Some Linguistic Remarks on Thought)*, in *Proceedings of the 9th Internat. Congress of Linguists. Cambridge, Mass., 1962*, La Haye, 1964, p. 748-755.

P. A. Verburg, *Taal en funktionaliteit*, Wageningen, 1952.

P. A. Verburg, *Het schaakspel-model bij F. d. S. en bij Wittgenstein*, in *Wijsgerig perspectief op maatschappij en wetenschap*, Amsterdam, 1961, p. 227-234.

B. E. Vidos, *Manuale di linguistica romanza*, Trad. du néerlandais, Florence, 1959.

J. P. Vinay, J. Darbelenet, *Stylistique comparée du français et de l'anglais*, Paris, 1958.

A. G. Volkov, *O teoretičesckich osnovanijach dichotomičeskoj gipotezy jazyka i reči F. de Sosjura*, « Vestnik Moskovskogo Universiteta » VII, 19 : 2, 1964. 40-53.

V. N. Vološinov, *Marksism i filosofija jazyka*, Léningrad, 1930.

D. N. Vvedenskij, *F. d. S. i ego mesto v lingvistike*, in *F. d. S. Kurs obščej lingvistiki*, Moscou, 1933, p. 5-30.

J. Wackernagel, *Ein schweizerisches Werk über Sprachwissenschaft*, « Sonntagsblatt der Basler Nachrichten », 15 et 22 octobre 1916.165-166, 172.

R. L. Wagner, *Introduction à la linguistique française*, Genève, 1947.

W. von Wartburg, *Das Ineinandergreifen von deskriptiver und historischer Sprachwissenschaft*, « Berichte über die Verhandlungen der Sächsischen Akademie der Wissens. zu Leipzig », Phil.-hist. Kl. 83 : 1, 1931.1-23.

W. von Wartburg, *Betrachtungen über die Gliederung des Wortschatzes*, Z. R. Ph. 57, 1937. 296-312.

W. von Wartburg, *Betrachtungen über das Verhältnis von historischer und deskriptiver Sprachwissenschaft*, in *Mélanges de ling. offerts à Ch. Bally*, Genève, 1939, p. 3-18 (partiellement repris in W. v. Wartburg, *Von Sprache und Mensch*, Berne, 1956, p. 159-165).

W. von Wartburg, *Einführung in Problematik und Methodik der Sprachwissenschaft* (1ʳᵉ éd. Halle, 1943), zweite, unter Mitwirkung von S. Ullmann verbesserte und erweiterte Auflage, Tübingen, 1962.

J. T. Waterman, *F. d. S. Forerunner of Modern Structuralism*, « Modern Language Journal » 40, 1956.307-309.

J. T. Waterman, *Perspectives in Linguistics. An Account of the Background of Modern Linguistics*, Chicago, 1963.

H. Wein, *Sprachphilosophie der Gegenwart. Eine Einführung in die europäische und amerikanische Sprachphilosophie des 20. Jahrhunderts*, La Haye, 1963.

L. Weisgerber, *Die Bedeutungslehre — ein Irrweg der Sprachwissenschaft?* « Germanisch-Romanische Monatsschrift » 15, 1927.171-183.

L. Weisgerber, *Vorschläge zur Methode und Terminologie der Wortforschung*, I. F. 46, 1928.305-325.

L. WEISGERBER, compte rendu de F. d. S. *Grundfragen der allgemeinen Sprach-wissenschaft*, « Teuthonista » 8, 1932.248-249.

R. S. WELLS, *De Saussure's System of Linguistics*, W. 3, 1947.1-31.

R. S. WELLS, compte rendu de *Recherches structurales 1949* (= T. C. L. C. 5), Lg. 27, 1951.554-570.

N. VAN WIJK, *Umfang und Aufgabe der diachronischen Phonologie*, in *Mélanges de ling. et de philol. offerts à J. v. Ginneken*, Paris, 1937, p. 93-99.

N. VAN WIJK, *De Saussure en de phonologische school*, in *Album philolog. voor Th. Baader*, Amsterdam, 1939, p. 9-14.

N. VAN WIJK, *L'étude diachronique des phénomènes phonologiques et extrapho-nologiques*, T. C. L. P. 8, 1939.297-300.

L. ZAWADOWSKI, *The So-Called Relative Motivation in Language*, in *Procee-dings of 8th Congr. Ling.*, Oslo, 1958. p. 420-422.

L. ZAWADOWSKI, *The So-Called Relative Motivation in Language*, in *Omagiu lui Iorgu Iordan*, Bucarest, 1958, p. 927-937.

Zeichen und System der Sprache, Veröffentlichung des I. Internationalen Sym-posium « Z. u. S. d. S. » vom 28.9. bis 2.10.1959 in Erfurt, 3 vol., Berlin, 1961-1964.

V. M. ŽIRMUNSKIJ, *O sinhronii i diahronii v jazykoznanii*, V. Ja. 7 : 5, 1958.4? 52.

V. M. ŽIRMUNSKIJ, *O sootnošenii sinhronnogo analizia i istoričeskogo izučen jazyka*, Moscou, 1960.

INDEX

(Les chiffres renvoient aux pages)

Ablaut, 217 sv. ; 220.

Accent de syllabe, 89.

Accent latin et — français, 122 sv.

Agglutination, définition, 242 ; trois phases de l'—, 243 ; opposée à l'analogie, 243 sv. ; la précède toujours, 245 note.

Aires des faits dialectaux, 273 sv.

Alphabet, v. Ecriture ; — emprunté, 49 sv. ; — grec, sa supériorité, 43, 64.

Altération du signe, 109 ; — linguistique, toujours partielle, 121, 124.

Alternance, 215 sv ; définition, 216 ; de nature non phonétique, 216 sv. ; lois d'—, synchroniques et grammaticales, 218 ; l'— resserre le lien grammatical, 219 sv.

Analogie, 221-237 ; son importance, 235 ; contrepoids aux changements phonétiques, 221 ; définition, 221 ; erreur des premiers linguistes à son sujet, 223 ; l'— est une création, non un changement, 224 sv. ; son mécanisme, 224 ; elle est d'ordre grammatical, 226 ; a son origine dans la parole, 226 sv., 231 ; forme analogique, quatrième terme d'une proportion, 222, 226, 228 ; deux théories à ce sujet, 228 sv. ; — et éléments formatifs, 223, 233 ;

— facteur d'évolution, 232, 235 sv. ; indice des changements d'interprétation, 232 sv. ; — facteur de conversation, 236 sv. ; — opposée à l'étymologie populaire, 238 sv. ; — opposée à l'agglutination, 243 sv.

Analyse objective, 251 sv. ; — subjective, 251 sv. ; — subjective et délimitation des sous-unités, 253 sv.

Ancien, trois sens du mot — appliqué à la langue, 295 sv.

Anthropologie et linguistique, 21, 304.

Aperture, base de la classification des sons, 70 sv. ; — et sons ouvrants et fermants, 81.

Aphasie, 26 sv.

Appareil vocal, 66 sv.

Arbitraire du signe, définition, 100 ; arbitraire = immotivé, 101 ; — facteur d'immutabilité de la langue, 106 ; — facteur d'altération, 110 ; — absolu et — relatif, 180 sv. ; rapports avec le changement phonétique, 208, 221, avec l'analogie, 228.

Articulation et impression acoustique, 23 ; image de l'—, 98 note ; deux sens du mot —, 26, 156 sv. ; — buccale, sa diversité, 68 sv., sa valeur pour la classi-

fication des sons, 70 sv. ; — sistante ou tenue, 80 et note.
Aspects du verbe, 162.
Association, faculté d'—, 29.
Atlas linguistiques, 276 sv.

Bopp, 14, 46, 252, 295.
Broca, 27.

Cartographie linguistique, 276 sv.
Cavité buccale, — nasale, 67 sv.
Chaîne phonique (ou parlée), son analyse, 64 sv., 77 sv., 79 sv.
Chaînon explosivo-implosif, 83 sv. ; — implosivo-explosif, 84 ; — explosif, 84 sv. ; — implosif, 86 ; — rompu, 84 sv., 86, 89 sv.
Changements de la langue, ont leur origine dans la parole, 37, 138 ; sont toujours partiels, 121 sv., 124.
Changements phonétiques, 198, 220 ; étrangers au système de la langue, 36 sv. ; atteignent les sons, non les mots, 133 ; leur régularité, 198 ; — absolus et conditionnels, spontanés et combinatoires, 199 sv .; v. aussi Phonétique.
Changements sémantiques, 132, — morphologiques et syntaxiques, 132.
Circuit de la parole et ses subdivisions, 27 sv.
Climat et changements linguistiques, 203, 272.
Comparaison de langues non parentes, 263 ; de l. parentes, 264 ; — dans la parenté implique reconstruction, 16 sv., 272, 299.
Comparatiste, erreurs de l'école —, 16 sv., 46, 223, 252, 286 sv., 295.
Composés, produits de l'analogie, 244 sv., 245 note ; — germaniques, 195, 311 ; — indo-européens, 245 note, 311.

Concept, 28, 98 ; = signifié, 99, 144, 158 sv.
Consanguinité et communauté linguistique, 305.
Conservation des formes linguistiques, deux facteurs de —, 237.
Consonante, 87 sv.
Consonnes, 75, 87 sv. ; — moyennes ou « tenues », 58 sv.
Construction et structure, divers sens de ces mots, 244.
Coordination, faculté de —, 29.
Cordes vocales, 67.
Curtius, Georges, 16.

Degrés du vocalisme, 17.
Délimitation des unités linguistiques, 146 sv. ; – des phonèmes, 64.
Dentales, 71 sv.
Déplacement du rapport entre signifiant et signifié, 109 sv.
Dérivés, produits de l'analogie, 244.
Désinence, 254 ; — zéro, ibid.
Diachronie, 117 ; v. aussi Linguistique diachronique.
Dialectales, formes — empruntées, 214.
Dialectaux, caractères —, 276.
Dialectes naturels, inexistants, 276 ; distinction entre — et langues, 278 sv. ; — et langue littéraire, 41, 267 sv.
Diez, 18.
Différences, leur rôle dans la constitution de la valeur, 159 sv., 163 sv. ; il n'y a que des — dans la langue, 166.
Différenciation linguistique, sur territoire continu, 272 sv. ; — sur territoires séparés, 285 sv.
Diphtongue, chaînon implosif, 92 ; — « ascendante », ibid.
Diversité des langues, 261 sv. ; — dans la parenté, 261, 270 ; — absolue, 263.
dominus, étymologie de —, 309 sv.

Doublets, leur caractère non phonétique, 214 sv.

Dualités linguistiques, 23 sv.

Echecs, jeu d'—, comparé au système de la langue, 43, 125 sv., 153.

Economie politique, 115.

Ecriture et langue, 32 ; — comparée au système linguistique, 165 ; nécessité de son étude, 44 ; distincte de la langue, 45 ; n'est pas une condition de la stabilité linguistique, 45 ; son importance accrue par la langue littéraire, 47 ; change moins vite que la langue, 48 sv. ; empruntée, 49 sv. ; inconséquences de l'—, 50 sv. ; — étymologique, 50 ; interprétation de l'—, 58 sv. ; explosion et implosion marquées par l'—, 81, 82, 91, 93 ; — phonologique, 56 v. ; ne peut remplacer l'orthographe usuelle, 57.

Ecriture, systèmes d'—, 47 sv. ; — idéographique (chinoise), phonétique, 48 ; syllabique (cypriote), 47, 65, 77 ; consonantique (sémitique), 65.

Emprunts, 42, 60, 214, 308.

Enfants, leur rôle dans l'évolution phonétique, 205.

Entités concrètes de la langue, 144 sv. ; — abstraites, 189 sv.

Espèces phonologiques, 66 ; leur caractère abstrait, 82.

Esprit de clocher ou force particulariste, 281 sv. ; n'est que l'aspect négatif de l'intercourse, 285.

Etat de langue, 142 et passim.

Ethnisme, 305 sv. ; — italo-germanique, 310.

Ethnographie et linguistique, 21, 40, 304.

Etrusques et Latins, 306.

Etymologie, 259 sv. ; incertitude de

l'—, 307 sv. ; — et orthographe, 50, 53.

Etymologie populaire, 238 sv. ; — sans déformation, 239 ; — avec déformation, ibid. ; incomplète, 239 sv. ; comparaison avec l'analogie, 238, 240 sv.

Evolution linguistique, 24 ; commence dans la parole, 37, 138 ; — des faits grammaticaux, 196 ; — phonétique, v. Changements phonétiques.

Exclamations, 102.

Expiration, 68 sv.

Explosion, 79 sv. ; sa durée, 90 sv.

Extension géographique des langues, 41 ; v. Linguistique géographique.

Faculté du langage, 25, 26 sv. ; — d'évoquer les signes, 29 ; — d'association, 27.

Faits de grammaire et unités linguistiques, 168.

Familles de langues, 20, 262 sv. ; n'ont pas de caractères permanents, 313 ; f. indo-européenne, 14, 279 sv., 286 sv. ; — bantoue, 262 ; — finno-ougrienne, 263.

Fortuit, caractère — d'un état de langue, 121 sv.

Fricatives, 72 sv.

Formules articulatoires des sons, 71.

Frontière de syllabe, 86 sv.

Furtifs, sons —, v. Sons.

Gilliéron, 276.

Glotte, 67 sv.

Gotique, 297.

Grammaire, définition, 185 ; — générale, 141 ; — comparée, 14 ; — traditionnelle ou classique, son caractère normatif, 13, et statique, 118 ; « historique », 185, 196, et 197 note.

Graphies indirectes, 51 ; — fluctuantes, 51 sv. ; v. aussi Ecriture.

Grimm, Jacob, 15, 46.

Gutturales, 71 sv. ; — palatales, — vélaires, 72, 73 et note.

h aspiré, 76 ; — aspiré du français, 52 sv.

Harmonie vocalique des langues ouralo-altaïques, 315.

Hiatus, 89 sv.

Hirt, 307.

Histoire de la linguistique, 13 sv., 117 sv. ; — politique dans ses rapports avec la langue, 40 ; avec les changements phonétiques, 206.

Identité synchronique, 150 sv. ; — diachronique, 249 sv.

Idiome, 261 sv.

Image acoustique, 28, 32, 98 note ; sa nature psychique, 98 ; = signifiant, 99 ; — graphique, 32, 46.

Immotivé, v. Arbitraire,.

Immutabilité du signe, 104 sv.

Implosion, 79 sv. ; sa durée, 90 sv.

Inconséquences de l'écriture, 50 sv.

Indo-européen, ses caractères, 313 sv.

Institution sociale, la langue est une —, 26, 33.

Isoglosses, lignes —, 277.

Intercourse ou force unifiante, 281 sv. ; deux formes de son action, 282.

Jeu d'échecs, v. Echecs.

Jeu de mots et prononciation, 60 sv.

Jones, 14.

Koinè ou langue grecque littéraire, 268.

Kuhn, Adalbert, 15 sv., 307.

l dental, palatal, guttural, nasal, 74.

Labiales, 71 sv.

Labio-dentales, 73.

Langage, langue et parole, 112 ; caractère hétéroclite du —, 25 ; —, faculté naturelle, 25 ; — articulé, 26.

Langue, norme des faits de langage 25 ; ne peut être réduite à une nomenclature, 34, 97 ; de nature sociale, homogène et concrète, 31 sv. ; distincte de la parole, 30 sv., 36 sv., 112, 227 ; elle en est cependant solidaire, 37 ; mode d'existence de la —, 38 ; elle est une forme, non une substance, 157, 169 ; langues et dialectes, 278.

Langue littéraire et orthographe, 47 ; et dialecte local, 41, 267 sv. ; indépendante de l'écriture, 268 sv. ; sa stabilité relative, 193, 206 sv.

Langues, frontières entre les —, 278 sv. ; — superposées sur un même territoire, 265 sv. ; — « lexicologiques » et — « grammaticales », 183, 225 ; — spéciales, 41 ; — artificielles, 111.

Langues germaniques, 298 ; étude des — germaniques, 18 ; — romanes, 297 ; étude des — romanes, 18, 292 ; — sémitiques, leurs caractères, 315 ; un de leurs caractères syntaxiques, 311.

Larynx, 67 sv.

Latérales, consonnes —, 74 sv.

Lautverschiebung, v. Mutation consonantique.

Lecture et écriture, 57.

Lexicologie, ne peut être exclue de la grammaire, 186.

Limitation de l'arbitraire, base de l'étude de la langue, 183 sv.

Limite de syllabe, 86 sv.

Linguistique, relève de la sémio-

logie, 32 sv. ; — de la langue et
— de la parole, v. Langue ; —
externe et — interne, 40 sv. ; —
synchronique ou statique, 117,
140, 141 sv. ; — «historique »,
116 sv., ou évolutive ou diachronique, 117, 140, 193 sv. ; —
géographique, 261 sv.
Liquides, 70, 74 sv.
Lituanien, 45, 296.
Loi de Verner, 200 sv.
Lois linguistiques, 129 sv. ; — synchroniques, sont générales, mais
non impératives, 131 sv. ; —
diachroniques, sont impératives,
mais non générales, 131 sv. ; —
phonétiques, 132 sv. ; formulation incorrecte des — phonétiques, 200 sv. ; — d'alternance, 217.
Longues de nature et — de position, 90 sv.
Luette, 67.

Masse parlante, 112.
Mécanisme de la langue, 176 sv.,
179, 226.
Métrique, v. Versification.
Méthode comparative, 16 sv. ; —
de la linguistique externe et de
la l. interne, 43 ; — de la linguistique synchronique et de la
l. diachronique, 127 sv. ; — prospective et rétrospective, 291 sv.
Migrations, 279 sv. ; théorie des —,
286.
Mode (la), 110, 208.
Moindre effort, cause des changements phonétiques, 204.
Morphologie, inséparable de la
syntaxe, 185.
Motivation, motivé, 181 sv.
Mots, distincts des unités, 147 sv.,
158.
Mouvements articulatoires d'accommodation, 84.

Muller, Max, 16.
Mutabilité du signe, 108 sv.
Mutations consonantiques du ger-
manique, 46, 199, 282.

Nasales, 72 ; — sourdes, 72.
Nasalisé, son —, 70.
Néogrammairiens, 18 sv., 253.
Noms de parenté en indo-euro-
péen, 308 sv.

Occlusives, 71 sv.
Ondes d'innovation, 277, 282.
Onomatopée, 101 sv.
Opposition et différence, 167.
Orthographe, 47 ; v. aussi Ecri-
ture et Graphie.
Osthoff, 19.
Ouvrants, sons —, 80.

Palais, 67.
Palatales, 70, 72 sv.
Paléontologie linguistique, 306 sv.
Paléoslave, 42, 297.
Panchronique, point de vue — en
linguistique, 134 sv.
Paradigmes de flexion, types de
rapports associatifs, 175.
Parole, acte individuel, 30 ; dis-
tincte de la langue, v. Langue ;
mode d'existence de la —, 38 ;
elle est le siège de tous les chan-
gements de la langue, 37, 138
sv., 197 note, 231.
Parole, circuit de la —, 27 sv.
Participe présent français, 136.
Parties du discours, 152, 190.
Paul, 18.
Pensée, son caractère amorphe,
155.
Permutation, synonyme d'alternance, 219.
Perspective synchronique et — diachronique, 117, 124 sv., 128 ; —
prospective et — rétrospective,
291 sv.

Philologie, sa méthode, 13, 21 ; — comparative, 14.

Phonation, étrangère à la langue, 36.

Phonèmes, en nombre déterminé, 32, 58, 66, 164, 302 ; leur délimitation fondée sur la donnée acoustique, 63, leur description sur l'acte articulatoire, 65 ; mode d'identification des —, 68 sv. ; leur caractère différentiel, 83, 164, 303 ; — et sons, 98 ; leurs rapports syntagmatiques et associatifs, 180.

Phonétique, 55 sv. ; distincte de la phonologie, 55 sv. ; relève de la linguistique diachronique, 194 ; — et grammaire, 36 sv., 209 ; ce qui est — est non significatif, 36, 194.

Phonographiques, textes —, 44.

Phonologie, 55, 63-95 ; faussement appelée phonétique, 55 ; relève de la parole, 56 ; — combinatoire, 78.

Phonologiques, espèces —, v. Espèces.

Phrase, type de syntagme, 172 ; — considérée comme unité, 148 ; équivalents de —, 177.

Physiologie et linguistique, 21.

Physiologie des sons, v. Phonologie.

Pictet, Adolphe, 297, 306 sv.

Pluriel et duel, 161.

Point vocalique, 87.

Pott, 15.

Préfixe, 257.

Préhistoire et linguistique, 21, 306 sv.

Prépositions, inconnues de l'indo-européen, 247.

Préverbes, inconnus de l'indo-européen, 247.

Procédé, opposé à processus, 242.

Prononciation et écriture 51 sv. ; fixée par l'étymologie, 53 ; déformée par l'écriture, 53 sv. ; liberté relative de la —, 164 sv.

Prospective, perspective —, v. Perspective.

Psychologie sociale et linguistique 21, 33.

r roulé et — grasseyé, 74.

Race, dans ses rapports avec la langue, 304 sv. ; — et changements phonétiques, 202 sv.

Racine, définition, 255 ; caractères de la — en allemand, 256, en français, 256 sv., en sémitique, 256, 315 sv.

Radical ou thème, 254.

Rapports syntagmatiques et associatifs, 170 sv. ; leur interdépendance, 177 sv. ; leur rôle dans la fixation des phonèmes, 180 ; ils sont la base des divisions de la grammaire, 187 sv. ; deux espèces de — syntagmatiques, 172 ; deux caractères des rapports associatifs, 174.

Réalité synchronique, 152 ; — diachronique, 249.

Reconstruction linguistique, 299 sv.

Résonance nasale, 68 sv.

Rétrospective, perspective, v. Perspective.

Rotacisation en latin, 199, 201.

Sanscrit, découverte du —, sa valeur pour la linguistique indo-européenne, 14 sv. ; rôle exagéré accordé au —, 295, 297 ; son ancienneté, 296.

Schleicher, 16.

Schmidt, Johannes, 277, 287.

Sciences économiques, 115.

Sémantique, 34 note.

Sémiologie, définition, 33 ; se fonde essentiellement sur les systèmes de signes arbitraires, 100 sv.

Semi-voyelles, 75.

Séparation géographique et différenciation linguistique, 285 sv.

Sievers, 18, 88, 92, 94.

Signe linguistique, sa composition. 98 sv. ; son immutabilité, 104 ; sa mutabilité, 109 sv. ; — considéré dans sa totalité, 166 sv. ; — immotivé et — relativement motivé, 181 ; — zéro, 124, 163, 257, 254.

Signes de politesse, 101.

Signifiant, définition, 99 ; son caractère linéaire, 103, 170 ; — n'existe que par le signifié et réciproquement, 144.

Signification, opposée à la valeur, 158 sv.

Signifié, 99 sv., 144 ; v. Signifiant.

Silbenbildend et *silbisch*, 89, 92.

Sociologie et linguistique, 21.

Solidarités syntagmatiques et associatives, 176, 182.

Son, caractère complexe du —, 24 ; — et impression acoustique, 63 sv.; — et bruit, 75 ; — laryngé, 68 sv. ; — étranger à la langue, 164.

Sons, classification des —, 70 sv. ; — sonores, — sourds, 70 sv. ; — — fermants et ouvrants, 80 ; — furtifs, 83, 84, 302 ; caractère amorphe des —, 155.

Sonante, 87.

Sonantes indo-européennes, 79, 95.

Sonorité des phonèmes, 70 ; son rôle dans la syllabation, 88.

Sous-unités du mot, 148, 176, 178, 253 sv.

Spirantes, 72 sv.

Stabilité politique et changements phonétiques, 206 sv.

Substrat linguistique antérieur et changements phonétiques, 207 sv.

Suffixe, 257 ; — zéro, 256.

Syllabe, 77, 86 sv.

Symbole, opposé au signe, 101.

Synchronie, 117 ; v. Linguistique synchronique.

Syntagme, définition, 170 ; v. Rapports.

Syntaxe, rapport avec la morphologie, 185, avec la syntagmatique, 188.

Système de la langue, 24, 43, 106 sv., 115, 157, 182 ; v. aussi Mécanisme.

Système phonologique, 58, 303.

Systèmes d'écriture, v. Ecriture.

Temps, action du — sur la langue, 108, 113, 270 sv.

Temps du verbe, 161.

Temps homogènes de la chaîne parlée, 64.

Tenue, 80 et note.

Terminologie linguistique inexacte, 19 note ; — phonologique imparfaite, 70.

Thème ou radical, 254.

Tolérance de prononciation, 164 sv.

Trombetti, 263.

Type linguistique et mentalité du groupe social, 310 sv. ; — et famille de langues, 313.

Umlaut des langues germaniques, 45 sv., 120, 216.

Unité du mot et changements phonétiques, 133 sv.

Unités linguistiques, 145 sv. ; définition et délimitation, 146 sv. ; — complexes, 148, 172 ; problème des —, son importance, 154 ; caractère différentiel des —, 167 sv. ; — et faits de grammaire, 168 sv. ; répartition nouvelle des —, 232, sv., 246 ; — diachroniques, 248.

unsilbisch, 92.

Valeur en général, 115 sv. ; facteurs constitutifs de la —, 159 sv.

Valeur linguistique, 153 sv., 155 sv. ; son aspect conceptuel, 158 sv. ; distincte de la signification, 158 ; son aspect matériel 163 sv.

Vélaires, 72, 73.

Versification, 60.

Verner, loi de —, 200 av.

Vibrantes, 74.

Vibrations laryngiennes, 68.

Voile du palais, 67.

Voyelles, opposées aux consonnes, 75 ; opposées aux sonantes, 87 sv. ; — ouvertes et — fermées, 76 ; — chuchotées, 76 ; — sourdes, 76.

Wellentheorie, 287.

Whitney, 18, 26, 110.

Wolf, Friedrich August, 13.

Zend, 42.

Zéro, v. désinence —, signe —, suffixe —

POSTFACE

LIRE SAUSSURE AUJOURD'HUI

par Louis-Jean Calvet

Les historiens savent depuis longtemps que le passé change avec le présent, c'est-à-dire avec le point de vue dont on l'analyse, et cette réévaluation constante des événements et des œuvres est d'autant plus importante que sont importants l'événement ou l'œuvre. Ferdinand de Saussure n'échappe pas à la règle et le jugement que l'on peut porter en 1985 sur sa postérité diffère nécessairement de celui que l'on aurait pu porter il y a 15 ou 30 ans et de celui que l'on portera dans 15 ou 30 ans. Car si l'auteur du *Cours de Linguistique Générale* est toujours une figure centrale des études linguistiques modernes, un point de référence incontournable, il l'est différemment, pour d'autres raisons. Et la lecture de son œuvre, qui fut longtemps considérée comme le premier pas obligé de toute initiation à **la** linguistique (je reviendrai plus loin sur ce **la**), a lentement été relativisée, par les études saussuriennes elles-mêmes tout d'abord (je pense en particulier aux travaux initiateurs de Robert Godel sur les sources manuscrites du *Cours*) puis par l'évolution de la science. En d'autres termes, la figure de Saussure s'est transformée : père fondateur pour la linguistique structurale, il est ensuite devenu une référence historique parmi d'autres, auteur d'une théorie criticable et critiquée, en même temps que l'on mettait en lumière la complexité de sa pensée indûment ramenée à un seul ouvrage qu'il n'avait d'ailleurs pas écrit et qu'il n'aurait peut-être pas écrit s'il avait vécu plus longtemps. Lire Saussure aujourd'hui est donc toujours un exercice stimulant, mais un exercice différent, et cet ouvrage qui fut longtemps considéré comme la Bible linguistique doit plutôt être pris comme le témoignage d'un moment de l'histoire d'une science. Moment dont il n'est pas question ici de discuter l'importance mais bien plutôt de la mettre en perspective historique.

1916-1960 : la linguistique.

On sait que la première édition de ce livre date de 1916, et que cette publication ouvre une ère, celle de la linguistique générale et de l'étude du langage. Ces deux termes, **linguistique générale** et **langage,** apparaissent d'ailleurs subitement à partir du début des années 20 dans l'intitulé d'un nombre invraisemblable d'ouvrages et avec une concentration dans le temps qui laisse rêveur, d'autant que bien des livres ont quasiment le même titre. Pour ne pas lasser le lecteur, je n'en donne ci-dessous que quelques exemples significatifs, liste tout à fait incomplète mais qui, telle quelle, témoigne déjà d'une tendance manifeste : E. Sapir, *Language,* 1921 ; A. Meillet, *Linguistique historique et linguistique générale,* 1921 ; J. Marouzeau, *La linguistique ou science du langage,* 1921 ; O. Jespersen, *Language,* 1923 ; J. Vendryes, *Le langage,* 1923 ; L. Bloomfield, *Language,* 1933 ; L. Hjelmslev, *Prolégomènes à une théorie du langage* (en danois), 1943 ; Ch. Bally, *Linguistique générale et linguistique française,* 1950 ; J. Perrot, *La linguistique,* 1953 ; H. A. Gleason, *Introduction to descriptive Linguistics,* 1955 ; A. Martinet, *Eléments de linguistique générale,* 1960...

Du *Cours de linguistique générale* de Saussure aux *Eléments de linguistique générale* de Martinet, de 1916 à 1960 donc, toute une série de manuels, de livres de vulgarisation ou d'initiation, témoignent nettement d'un point de vue assez général : **la** linguistique existe en tant que science unifiée, **le** langage ou **la** langue en sont objet. Ces articles définis, **la linguistique, le langage, la langue,** sont caractéristiques d'un moment de la science. Dans la dichotomie proposée par Saussure entre **parole** et **langue,** c'est cette dernière qui est prise comme objet d'étude, la parole n'étant que l'objet concret à partir duquel on peut avoir accès à l'abstraction langue. C'est-à-dire que, pour des raisons d'efficacité, on a créé la science linguistique en travaillant sur un squelette, la langue, en évacuant la chair de la parole ainsi que le concret des situations de communications. Si l'on ajoute à ce point de vue réducteur quelques autres dichotomies saussuriennes, en particulier synchronie/diachronie et paradigme/syntagme, nous avons là l'essence du **structuralisme,** non pas seulement en linguistique mais dans l'ensemble des sciences humaines. C'est en effet au tout début des années 30 que l'ouvrage de Saussure lu par les linguistes du Cercle de Prague, Jakobson, Troubetzkoy et Karcevski, va devenir le catalyseur de l'approche structurale des faits de langue d'abord, des faits plus généralement sociaux ensuite. Car, il faut le rappeler avec force, sans l'œuvre de Saussure et sans l'enseignement dispensé par Jakobson à New York pendant la Seconde Guerre mondiale il n'y aurait pas eu de Lévi-Strauss par exemple, ou du moins pas d'anthropologie structurale. Et l'image de marque dont jouissait la linguistique dans les années 60, considérée comme science pilote, comme modèle pour les autres sciences humaines, tient précisément à cette rencontre entre une pensée, celle de Saussure, et un courant historiquement marqué par un certain refus du marxisme. André Martinet aura beau tenter, dans le domaine linguistique, de réconcilier synchronie et diachronie, structure et histoire (*Economie des changements phonétiques,* 1955), l'héritage de Saussure restera résolument coupé de l'histoire et la linguistique restera une science dans laquelle la description des codes tiendra lieu de description de la communication.

Ce resserrement de la science autour de quelques concepts fondateurs, cette vision unifiée des faits de langue est à l'évidence le legs de Saussure, à travers un livre dont nous avons rappelé qu'il n'en est pas vraiment l'auteur. **1916-1960,** ces deux dates marquent donc les pôles visibles d'un moment de l'histoire. Après 1960, et même si les titres (en particulier les titres de revues : **Language, Langages, La linguistique...**) témoignent encore de cette illusion d'une science unifiée, ce sera l'éclatement. Mais avant 1916 ?

1878-1916 : les prolégomènes.

La période ici délimitée voit, à Paris, dans le domaine qui servira de terreau à la linguistique à naître, la domination des gens qui tous ou presque sont formés aux langues romanes. G. Paris (Hautes Etudes), A. Darmesteter (Hautes Etudes et Sorbonne), J. Gillié-

ron (Hautes Etudes), P. Meyer (Collège de France) sont romanistes, la seule exception notable étant M. Bréal, orientaliste, qui
enseigne au Collège de France[1]. C'est à cette époque que la
phonétique connaît des progrès importants, que les premiers
travaux de sémantique voient le jour (Bréal, bien sûr, ainsi que
Darmesteter), que la dialectologie enfin opère une percée qui
aboutira au gigantesque *Atlas linguistique de la France* de Gilliéron
et Edmont. Tous ces travaux, qui seront à des degrés divers ensuite
récupérés par la linguistique générale, ne comptent que peu dans la
formation théorique de Saussure (on ne trouve cité dans le CLG
que Gilliéron, alors qu'il a suivi à Paris les cours de Bréal et de
Darmesteter), et ne comptent bien sûr pas du tout lorsqu'il rédige,
en 1878, son *Mémoire sur le système primitif des voyelles dans les
langues indo-européennes*. Or ce texte revêt une importance
fondamentale pour qui s'intéresse à l'histoire de la pensée de
Saussure et porte déjà l'essence de ce qui traversera l'enseignement
des dernières années à Genève. On a souvent insisté sur la
précocité de l'auteur (il est alors âgé de 21 ans), beaucoup moins
sur le fait qu'une bonne partie de la vision théorique du CLG se
trouve déjà là. Il y a en effet deux points au moins dans le *Mémoire*
qui annoncent le *Cours*. La notion de **système** tout d'abord (ce
qu'on appellera plus tard **structure**), puisque le travail démontre
qu'à partir du **a** c'est de l'ensemble des voyelles qu'il faut traiter et
dont on traite : le *Mémoire* est à l'évidence une œuvre structuraliste. Mais surtout, le travail porte paradoxalement sur des unités
linguistiques qui n'existent pas, ou du moins qui n'ont pas de
réalisation concrète, phonétique, et ceci est fondamental pour la
suite de la pensée de Saussure puisqu'il est au fond confronté ici à
une **langue** sans **parole,** et que ce travail préfigure donc la
linguistique de la langue qui dominera toute la première moitié du
siècle suivant. C'est dire que, d'un certain point de vue, la pratique
d'une approche structurale de la langue vient ici avant sa théorie.

Mais le *Mémoire* et le *Cours* n'épuisent pas les documents dont
nous disposons pour approcher l'évolution de cette pensée. On
savait déjà, grâce aux travaux de Starobinski[2], que, parallèlement

---

1. Voir sur ce point G. Bergounioux, *La science du langage en France de 1870 à
1885 : du marché civil au marché étatique,* Langue Française, n° 63, septembre 1984.
2. Jean Starobinski, *Les mots sous les mots,* Paris, 1971. Voir aussi Louis-Jean
Calvet, *Pour et contre Saussure,* Paris, 1975.

au Saussure des cours publics, il y a un Saussure de l'ombre, celui des anagrammes. Un don des fils de Ferdinand de Saussure à l'université de Harvard nous donne un autre corpus, encore peu exploité : il s'agit d'une collection de manuscrits qui vont d'un texte de jeunesse, écrit à l'âge de 15 ans *(Essai pour réduire les mots du grec, du latin et de l'allemand à un petit nombre de racines),* à de nombreux essais indologiques en passant par l'esquisse d'un long traité de phonétique dont l'origine est sans doute dans la volonté de répondre aux dures critiques qu'Osthoff avait adressées au *Mémoire* de 1879 à 1881. Roman Jakobson a levé une partie du voile sur ce travail [1], insistant sur son aspect novateur en ce qui concerne la **phonétique sémiologique** et concluant : « Ainsi, l'idée de Saussure d'une phonétique sémiologique, jetée dans un essai que l'on n'a conservé que par hasard et qui est resté ignoré jusqu'à ces derniers temps, représente néanmoins un message vraiment historique dans l'opiniâtre progression de la pensée linguistique internationale. » Mais il reste un gros travail d'édition, de critique et d'exégèse à opérer sur ces textes.

Aujourd'hui : l'éclatement.

J'ai souligné le resserrement de la science qu'avait opéré Saussure, délimitant tout à la fois un objet d'étude, la langue, et une méthode de description de cet objet : le consensus dont témoignent les titres de manuels cités plus haut sur l'existence de **la** linguistique est de ce point de vue significatif. Toute cette période proprement saussurienne de l'histoire de la science du langage a d'abord fonctionné sur une trilogie canonique, **syntaxe/phonologie/ sémantique,** dont on trouvera l'écho jusque dans les années 70 chez les générativistes qui, après avoir essentiellement travaillé sur les traces de N. Chomsky dans le domaine de la syntaxe, se préoccuperont d'élaborer des phonologies puis des sémantiques génératives. Mais, en même temps, d'autres directions de recherches, en marge

---

1. « Réflexions inédites de Saussure sur les phonèmes », in *Essais de linguistique générale 2,* Paris, 1973.

de cette trilogie, apparaissent. Intégrées d'abord dans **la** linguistique, sous forme d'approches annexes, de chapitres de fin de livres,
de cours marginaux dans les programmes universitaires, la **sémiologie,** la **sociolinguistique,** la **psycholinguistique,** l'**ethnolinguisti-
que,** etc., vont lentement se dégager de la gangue structurale et
faire éclater le modèle unique, l'idée d'une science unifiée. Car ces
nouvelles approches que l'on avait un temps classées comme des
chapitres supplémentaires des manuels de linguistique générale
vont peu à peu mettre en question le primat de la langue sur la
parole et donc toute la linguistique née avec Saussure et refoulant
au moins deux éléments fondamentaux de la communication (ou, si
l'on préfère, de l'**usage** de la « langue ») : l'**individu** et la **société.**
Sous des formes et des appellations diverses (**pragmatique, linguistique variationniste, énonciation...),** on retrouve aujourd'hui le
concret de la parole en même temps que l'on souligne l'incapacité
de la linguistique structurale, y compris sa variante générative, à
prendre en compte tous les aspects de l'usage de la langue. Ceci
pour dire qu'il est devenu à mon sens impossible d'écrire un livre de
linguistique générale et qu'un enseignement portant sur ce thème
ne saurait dorénavant qu'être historique. Bien sûr, on trouve
encore des tentatives de rejet, opposant le **noyau dur** de la
linguistique (traduisez : la vraie linguistique) à la **périphérie,** à ce
que certains linguistes allemands ont appelé avec humour la
linguistique molle (Weichesprachwissenschaft). Mais ceci ne
change pas grand-chose à l'évolution en cours, qui récupère tout à
la fois l'Histoire, le sujet et les conflits sociaux et qui tend à
montrer que le dur est dans le mou et réciproquement.

Nous sommes loin de Saussure ? Peut-être pas. Car d'une part le
livre que le lecteur a entre les mains n'a été en fait lu que de façon
sélective. Ce sont toujours les mêmes passages qui sont cités,
concernant les dichotomies célèbres, le signe linguistique et la
valeur : les troisième, quatrième et cinquième parties du *Cours*
méritent de ce point de vue une relecture à la lumière des voies
aujourd'hui explorées. Mais d'autre part reste le Saussure de
l'ombre, celui des anagrammes, bien sûr, des manuscrits de
Harvard, et une évaluation de l'ensemble de cette pensée plurielle
et multiforme devra réfléchir sur la façon dont a fonctionné le
développement de la science linguistique, figeant d'abord une
pensée dans une « vulgate » douteuse puis excluant les manuscrits

considérés comme inacceptables parce que ne convenant pas à l'image du père fondateur. C'est en cela que lire Saussure aujourd'hui reste une activité passionnante et, surtout, un travail épistémologique urgent.

Louis-Jean CALVET.

TABLE DES MATIÈRES

	Pages
Introduction	1
Préface de la première édition	7
Préface de la seconde édition	11

INTRODUCTION

Chapitre I. — *Coup d'œil sur l'histoire de la linguistique* 13

Chapitre II. — *Matière et tâche de la linguistique ; ses rapports avec les sciences connexes* 20

Chapitre III. — *Objet de la linguistique.*
§ 1. La langue ; sa définition 23
§ 2. Place de la langue dans les faits de langage 27
§ 3. Place de la langue dans les faits humains. La sémiologie .. 32

Chapitre IV. — *Linguistique de la langue et linguistique de la parole* 36

Chapitre V. — *Eléments internes et éléments externes de la langue* 40

Chapitre VI. — *Représentation de la langue par l'écriture.*
§ 1. Nécessité d'étudier ce sujet 44
§ 2. Prestige de l'écriture ; causes de son ascendant sur la forme parlée 45
§ 3. Les systèmes d'écriture 47

§ 4. Causes du désaccord entre la graphie et la prononciation 48
§ 5. Effets de ce désaccord 50

CHAPITRE VII. — *La phonologie.*
§ 1. Définition... 55
§ 2. L'écriture phonologique 56
§ 3. Critique du témoignage de l'écriture................. 58

APPENDICE

PRINCIPES DE PHONOLOGIE

CHAPITRE I. — *Les espèces phonologiques.*
§ 1. Définition du phonème 63
§ 2. L'appareil vocal et son fonctionnement 66
§ 3. Classification des sons d'après leur articulation buccale ... 70

CHAPITRE II. — *Le phonème dans la chaîne parlée.*
§ 1. Nécessité d'étudier les sons dans la chaîne parlée 77
§ 2. L'implosion et l'explosion........................... 79
§ 3. Combinaisons diverses des explosions et des implosions
dans la chaîne 83
§ 4. Frontière de syllabe et point vocalique 86
§ 5. Critique des théories de la syllabation 88
§ 6. Durée de l'implosion et de l'explosion................. 90
§ 7. Les phonèmes de quatrième aperture. La diphtongue.
Questions de graphie 91
Note des éditeurs 93

PREMIÈRE PARTIE

PRINCIPES GÉNÉRAUX

CHAPITRE I. — *Nature du signe linguistique.*
§ 1. Signe, signifié, signifiant 97
§ 2. Premier principe : l'arbitraire du signe 100
§ 3. Second principe : caractère linéaire du signifiant 103

CHAPITRE II. — *Immutabilité et mutabilité du signe.*
§ 1. Immutabilité 104
§ 2. Mutabilité 108

CHAPITRE III. — *La linguistique statique et la linguistique évolutive.*

§ 1. Dualité interne de toutes les sciences opérant sur des valeurs 114
§ 2. La dualité interne et l'histoire de la linguistique 117
§ 3. La dualité interne illustrée par des exemples 119
§ 4. La différence des deux ordres illustrée par des comparaisons 124
§ 5. Les deux linguistiques opposées dans leurs méthodes et leurs principes 127
§ 6. Loi synchronique et loi diachronique 129
§ 7. Y a-t-il un point de vue panchronique ? 134
§ 8. Conséquences de la confusion du synchronique et du diachronique 135
§ 9. Conclusions 138

DEUXIÈME PARTIE

LINGUISTIQUE SYNCHRONIQUE

CHAPITRE I. — *Généralités* 141

CHAPITRE II. — *Les entités concrètes de la langue* 144
§ 1. Entité et unité. Définitions 144
§ 2. Méthode et délimitation 146
§ 3. Difficultés pratiques de la délimitation 147
§ 4. Conclusion 149

CHAPITRE III. — *Identités, réalités, valeurs* 150

CHAPITRE IV. — *La valeur linguistique.*
§ 1. La langue comme pensée organisée dans la matière phonique 155
§ 2. La valeur linguistique considérée dans son aspect conceptuel 158
§ 3. La valeur linguistique considérée dans son aspect matériel 163
§ 4. Le signe considéré dans sa totalité 166

CHAPITRE V. — *Rapports syntagmatiques et rapports associatifs.*
§ 1. Définitions 170
§ 2. Les rapports syntagmatiques 172
§ 3. Les rapports associatifs 173

CHAPITRE VI. — *Mécanisme de la langue.*

§ 1. Les solidarités syntagmatiques 176
§ 2. Fonctionnement simultané des deux ordres de groupements 177
§ 3. L'arbitraire absolu e t l'arbitraire relatif 180

CHAPITRE VII. — *La grammaire et ses subdivisions.*

§ 1. Définition ; divisions traditionnelles 185
§ 2. Divisions rationnelles 187

CHAPITRE VIII. — *Rôle des entités abstraites en grammaire* 189

TROISIÈME PARTIE

LINGUISTIQUE DIACHRONIQUE

CHAPITRE I. — *Généralités* 193

CHAPITRE II. — *Les changements phonétiques.*

§ 1. Leur régularité absolue 198
§ 2. Conditions des changements phonétiques 199
§ 3. Points de méthode 200
§ 4. Causes des changements phonétiques 202
§ 5. L'action des changements phonétiques est illimitée 208

CHAPITRE III. — *Conséquences grammaticales de l'évolution phonétique.*

§ 1. Rupture du lien grammatical 211
§ 2. Effacement de la composition des mots 212
§ 3. Il n'y a pas de doublets phonétiques................... 214
§ 4. L'alternance 215
§ 5. Les lois d'alternance 217
§ 6. Alternance et lien grammatical 219

CHAPITRE IV. — *L'analogie.*

§ 1. Définition et exemples 221
§ 2. Les phénomènes analogiques ne sont pas des changements 223
§ 3. L'analogie principe des créations de la langue 226

CHAPITRE V. — *Analogie et évolution.*

§ 1. Comment une innovation analogique entre dans la langue 231

§ 2. Les innovations analogiques symptômes des changements d'interprétation   232
§ 3. L'analogie principe de rénovation et de conservation   235

Chapitre VI. — *L'étymologie populaire*   238

Chapitre VII. — *L'agglutination.*
§ 1. Définition...   242
§ 2. Agglutination et analogie   243

Chapitre VIII. — *Unités, identités et réalités diachroniques*   246

Appendices.
A. *Analyse subjective et analyse objective*   251
B. *L'analyse subjective et la détermination des sous-unités*   253
C. *L'étymologie*   259

QUATRIÈME PARTIE

LINGUISTIQUE GÉOGRAPHIQUE

Chapitre I. — *De la diversité des langues*   261

Chapitre II. — *Complication de la diversité géographique.*
§ 1. Coexistence de plusieurs langues sur un même point   265
§ 2. Langue littéraire et idiome local   267

Chapitre III. — *Causes de la diversité géographique.*
§ 1. Le temps, cause essentielle...........................   270
§ 2. Action du temps sur un territoire continu...............   272
§ 3. Les dialectes n'ont pas de limites naturelles   275
§ 4. Les langues n'ont pas de limites naturelles   278

Chapitre IV. — *Propagation des ondes linguistiques.*
§ 1. La force d'intercourse et l'esprit de clocher   281
§ 2. Les deux forces ramenées à un principe unique   284
§ 3. La différenciation linguistique sur des territoires séparés...   285

CINQUIÈME PARTIE

**QUESTIONS DE LINGUISTIQUE RÉTROSPECTIVE
CONCLUSION**

CHAPITRE I. — *Les deux perspectives de la linguistique diachronique* 291

CHAPITRE II. — *La langue la plus ancienne et le prototype* 295

CHAPITRE III. — *Les reconstructions.*
  § 1. Leur nature et leur but 299
  § 2. Degré de certitude des reconstructions 302

CHAPITRE IV. — *Le témoignage de la langue en anthropologie et en préhistoire.*
  § 1. Langue et race 304
  § 2. Ethnisme.. 305
  § 3. Paléontologie linguistique 306
  § 4. Type linguistique et mentalité du groupe social 310

CHAPITRE V. — *Familles de langues et types linguistiques* 313

NOTES BIOGRAPHIQUES ET CRITIQUES SUR F. DE SAUSSURE............ 319

APPENDICE : NOREEN ET SAUSSURE 390

ADDENDA 395

NOTES 405

LISTE DES ABRÉVIATIONS BIBLIOGRAPHIQUES 479

BIBLIOGRAPHIE 481

INDEX 497

POSTFACE 507

Achevé d'imprimer le 15 septembre 1985
sur presse CAMERON,
dans les ateliers de la S.E.P.C.
à Saint-Amand-Montrond (Cher)

N° d'impression : 1404.
Dépôt légal : septembre 1985.
Imprimé en France